sakine cansız

mein ganzes leben war ein kampf

2. band

EDITION MEZOPOTAMYA

Gegen Zensur und die Einschränkung der Meinungsvielfalt in Deutschland

Die Edition Mesopotamya ist eine Gemeinschaftsedition der Verlage edition 8, Mandelbaum Verlag und Unrast Verlag und wird herausgegeben von:

agimos verlag, Kiel | Gökay Akbulut, MdB Die LINKE | a.k.i. Verlag (analyse & kritik), Hamburg | Altstadtbuchhandlung Bonn | Annabee Buchladen, Hannover | Antiquariat Walter Markov, Bonn | Arbeitskreis Internationalismus der IG Metall Berlin | Argument Verlag mit Ariadne, Hamburg | Assoziation A | Redaktionskollektiv der Avanti O., Oberhausen | Dr. Dr. Dario Azzellini, Politikwissenschaftler und Soziologe, Berlin/Ithaca | Simone Barrientos, Bundestagsabgeordnete, Kulturpolitische Sprecherin Fraktion DIE LINKE | Rolf Becker, Schauspieler, Hamburg | Esther Bejarano, Sängerin, Auschwitzüberlebende, geb.1924 | Bertz + Fischer Verlag, Berlin | black mosquito, Flensburg | Dr. Nikolaus Brauns, Berlin | Buchhandlung BiBaBuZe, Düsseldorf | Buchhandlung el libro, Leipzig | Buchhandlung Nievergelt, Zürich | Lisette Buchholz, persona verlag, Mannheim | Buchladen Le Sabot, Bonn | buchladen oh*21, Berlin | Buchladen Rote Strasse, Göttingen | Buchladen Schwarze Risse, Berlin | Buchladen ZAPATA, Kiel | Prof. Dr. Gregor Büchel, Technische Hochschule Köln | Contraste – Monatszeitung für Selbstorganisation | Diether Dehm, MdB Die LINKE | Karl-Heinz Dellwo, Autor, Verleger und Dokumentarfilmer, Hamburg | Prof. Dr. Frank Deppe, Marburg | Die Buchmacherei, Berlin | Kollektiv der edition assemblage, Münster | Edition Aurora, Berlin | edition karo - Literaturverlag Josefine Rosalski | Edition Nautilus, Hamburg | Klaus Farin, Berlin, Schriftsteller | Jürgen Fischer, München (Mitglied IG Metall) | Prof. Dr. Andreas Fischer-Lescano, Universität Bremen | Galerie der abseitigen Künste GbR, Hamburg | Dr. Rolf Gössner, Rechtsanwalt/Publizist, Kuratoriumsmitglied der Internationalen Liga für Menschenrechte | Nicole Gohlke, MdB Die LINKE | Thomas Gutzeit Multimedia, Düsseldorf | Erich Hackl, Schriftsteller, Wien | Felix Halle Verlag, Düsseldorf | Prof. Dr. Dr. h.c. Wolfgang Fritz Haug, Berlin | Hirnkost, Berlin | Prof. Dr. Ute Holl, Universität Basel | Andrej Hunko, MdB Die LINKE | International Initiative Edition | Internationalismus Verlag, Arno Kundlatsch, Hannover | Ulla Jelpke, MdB Die LINKE | JUMP UP Schallplattenversand | Prof. Dr. Ulf Kadritzke, Berlin | Kelifer - antiquarischer Buchversand in Flensburg | Prof. Thomas Kilpper, Künstler, Universität in Bergen | Kollektivbibliothek und Plakatearchiv New Yorck im Bethanien, Berlin | Dr. Gregor Kritidis, Hannover | Redaktion LabourNet Germany | Monika Lange-Tetzlaff/Robert Tetzlaff, Buch & Plakat, Stuttgart | Prof. Dr. Michael Meyen, Universität München | PD Dr. Monika Mokre, Wien | mox & maritz Verlag Stefan Ehlert, Bremen | Müßiggang, Second-Hand-Buchladen, Patrick Krause, Berlin | Neofelis Verlag, Berlin | Ralf Nestmeyer, Vizepräsident des deutschen PEN-Zentrums, Beauftragter für Writers in Prison | Neuer ISP Verlag, Köln/Karlsruhe | Prof. Peter Ott, Filmemacher, Merz Akademie, Stuttgart | Prof. Dr. Norman Paech, Universität Hamburg | PapyRossa Verlag, Köln | Heinrich Peuckmann, Generalsekretär des deutschen PEN-Zentrums | Prolit Verlagsauslieferung GmbH, Fernwald | Prometheus Antiquariat, Wilhelmshaven | Britta Rabe, Referentin beim Komitee für Grundrechte und Demokratie | Heinz Ratz, Musiker, Kiel | Dr. Karl Reitter, Sozialphilosoph, Wien | Jürgen Repschläger, kulturpolitischer Sprecher der Linksfraktion Bonn | Dana Saky, Bezirksvorsitzender Die LINKE Reinickendorf | Kerem Schamberger, München | Dr. Thomas Schmidinger, Politikwissenschaftler, Wien | Dr. Kay Schweigmann-Greve, Hannover | Berthold Seliger, Konzertagent und Autor, Berlin | sova Sozialistische Verlagsauslieferung GmbH, Maintal | Leander Sukov, Vizepräsident des deutschen PEN-Zentrums, Beauftragter für Writers in Exile | The Lower Class Magazine, Berlin | Verlag 8. Mai GmbH, Berlin | Tageszeitung »junge Welt« | Detlef Thursch, abooks.de, Lissendorf | Unionsverlag, Zürich | Regula Venske, Präsidentin des deutschen PEN-Zentrums | Versandbuchhandlung Che & Chandler, Fürstenberg | Martin Wähler, Bundesgeschäftsführer Die Linke.SDS | Peter Wawerzinek, Schriftsteller | Michèle Winkler, Referentin beim Komitee für Grundrechte und Demokratie | Brigitte Wolf, Stadträtin der LINKEN, München | Prof. Dr. Lothar Zechlin, Universität Duisburg - Essen sakine cansız

mein ganzes leben war ein kampf

2. band

gefängnisjahre

EDITION MEZOPOTAMYA

Sakine Cansız: Mein ganzes Leben war ein Kampf, 2. Band
Edition Mezopotamya, Oktober 2019

Die Edition Mezopotamya ist eine Gemeinschaftsausgabe der Verlage

edition 8, Zürich, info@edition8.ch	ISBN 978-3-85990-502-3
Mandelbaum Verlag, Wien, office@mandelbaum.at	ISBN 978-3-85476-974-3
Unrast Verlag, Münster, kontakt@unrast-verlag.de	ISBN 978-3-89771-862-3

Titel der Originalausgabe: Hep kavgaydı yaşamım, 2. Cilt

Übersetzung: Agnes v. Alvensleben
Satz: Unrast Verlag, nach einer Vorlage von Annett Bender, Wolfgang Struwe
Druck: Interpress, Budapest

Inhalt

vorwort des verlags zur deutschen Erstausgabe

Sakine Cansız (Sara) schloss sich der kurdischen Befreiungsbewegung in Dersim zu einer Zeit an, in der sich die Bewegung gerade erst formierte. Bis zu ihrem gewaltsamen Tod am 9. Januar 2013 setzte sie ihren Kampf ohne Unterbrechung fort. Die Arbeit an diesem Buch begann sie 1996. Es ist vermutlich das erste Buch, das die Befreiungsbewegung aus Frauensicht beschreibt.

Der erste Band dieser Trilogie behandelt die Zeit von Sakine Cansız' Kindheit bis zu ihrer Festnahme im Jahr 1979. Zwischen 1977 und 1979 trieb Sakine Cansız außer in Dersim auch in İzmir, Ankara, Bingöl und Elazığ die Organisierung von Frauen voran und setzte damit den Grundstein für die Entstehung einer kurdischen Frauenbewegung. Als eine von nur zwei Frauen nahm sie 1978 am Gründungskongress der PKK teil. 1979 organisierte Sakine Cansız eine Frauenversammlung mit über achtzig Teilnehmerinnen. Viele von ihnen schlossen sich danach der Befreiungsbewegung an.

Für Sakine Cansız stand von Beginn an fest, dass der Kampf für Befreiung nicht ohne Frauen geführt werden kann. Zu dieser Zeit gab es weder in den linken Organisationen der Türkei noch bei den nationalistischen kurdischen Organisationen eine spezifische Frauenarbeit. Als Sakine Cansız im Namen der kurdischen Befreiungsbewegung mit dieser Arbeit begann, entstanden parallel dazu ähnliche Ansätze in anderen Organisationen. Keiner war jedoch so erfolgreich wie die Arbeit von Sakine Cansız.

Der vorliegende zweite Band handelt von den Jahren, die Sakine Cansız zwischen 1979 und 1990 in den türkischen Gefängnissen von Elazığ, Malatya, Diyarbakır, Amasya und Çanakkale verbrachte. Ein besonderer Schwerpunkt liegt auf dem legendären Widerstand, den die Gefangenen nach dem Militärputsch in der Türkei im Jahr 1980 im Gefängnis von Diyarbakır leisteten. Schonungslos berichtet Sakine Cansız, was es bedeutete, sich als Frau in Haft zu befinden, und welcher Preis von kurdischen und revolutionären Gefangenen im Kampf um Menschenwürde gezahlt wurde. Besonderes Augenmerk wird in dieser Schilderung darauf gelegt, wie ein grausamer, faschistischer Repräsentant des unmenschlichen Putschregimes mit den Frauen der PKK umging: Esat Oktay Yıldıran, oberster Befehlshaber im Militärgefängnis Diyarbakır.

Sakine Cansız wird gemeinsam mit zwei GenossInnen am 7. Mai 1979 in einer Wohnung in Elazığ festgenommen und in ein Folterzentrum gebracht. Trotz tagelanger Folter sagt sie kein Wort. Konfrontiert mit Aussagen anderer Gefangener, beginnt sie, sich politisch zu verteidigen und legt ein Teilgeständnis ab, ohne jedoch Namen zu verraten. Sie war mit den Geschichten von HeldInnen, die »wie ein Grab« zu schweigen vermochten, aufgewachsen. Niemals würde sie sich dem Feind beugen, immer den Kopf aufrecht halten – diesen Anspruch hält sie aufrecht.

Aus Elazığ wird Sakine Cansız über Malatya nach Diyarbakır verlegt. Am Gefängnistor empfängt sie besagter Esat Oktay Yıldıran. Esat ist ein Sadist, der die Schmerzensschreie von Frauen als »wunderschöne Melodie« bezeichnet. Vor ihm, dem obersten Verantwortlichen im Gefängnis, sollen alle auf die Knie gehen. Ihm gegenüber steht jedoch Sakine Cansız, die sich niemals beugt.

»Wie heißt du?«

»Sakine.«

»Bist du Türkin oder Kurdin?«

»Ich bin Kurdin.«

Er versetzt ihr eine Ohrfeige und fragt erneut: »Bist du Türkin oder Kurdin?«

Sakine Cansız antwortet: »Ich bin vor allem Revolutionärin. In der Revolution ist die Herkunft nicht so wichtig, aber ich bin Kurdin. Wäre ich Türkin, würde ich es zweifellos zugeben.«

Esat ist eine derart aufrechte Haltung nicht gewöhnt. Einer Frau von der PKK begegnet er zum ersten Mal. Diese Frau zu brechen, wird ihm zu einer fixen Idee.

Er unterzieht sie der Bastonade. Mit einem Schlagstock schlägt er zu. Einmal, zweimal, dreimal... fünfzehnmal, sechzehnmal...

Er will etwas hören... einen Schmerzensschrei... ein Flehen... Vielleicht wird er dann aufhören. Aber er hört nur die Stockschläge... zwanzig, fünfundzwanzig, dreißig... Niemand kann sie noch zählen... Er will es nicht glauben und schlägt noch härter zu. Selbst die Wächter und Soldaten können den Anblick nicht ertragen und halten sich die Augen zu. Sakine Cansız verliert das Bewusstsein. Erst jetzt ist Esat befriedigt und lässt von ihr ab.

Auf die Fortsetzung der Geschichte soll an dieser Stelle verzichtet werden. Das Grauen im Gefängnis von Diyarbakır ist hinreichend bekannt. Als Frau, Kurdin und Revolutionärin war es jedoch besonders schwierig, den jahrelangen Angriffen standzuhalten und die Selbstachtung zu wahren. Daher hat der Name Sakine Cansız einen Ehrenplatz in der modernen Geschichte Kurdistans.

Sakine Cansız war fest entschlossen zu verhindern, dass eine ihrer Mitgefangenen zum Feind überlief. Und sie war erfolgreich ... Weder Esat noch einem anderen faschistischen Offizier gelang es, eine Gefangene aus dem Frauentrakt zur Zusammenarbeit mit dem Regime zu bewegen. Es fand ein unerbittlicher Kampf statt, den Sakine Cansız gewann.

Wie bereits im ersten Band schildert Sakine Cansız auch diese Zeit ihres Lebens offen und unverfälscht. Hören wir uns an, wie sie den Widerstand im Gefängnis erlebt hat. Für ihre Mitgefangenen galt sie als Schutzgöttin des Kerkers von Diyarbakır.

mezopotamien verlag

anmerkung der übersetzerin

Wie bereits im ersten Band der Biographie, die Sakine Cansız in den Jahren 1996 und 1997 auf Anregung Abdullah Öcalans verfasste, hat uns auch im zweiten Teil die Aktualität der Themenbreite überrascht. Das vorliegende Buch beschreibt die elf Jahre, die Sakine Cansız nach ihrer Verhaftung 1979 bis zu ihrer Entlassung im Jahr 1990 in türkischen Gefängnissen verbrachte. Es handelt vom Widerstand gegen Entmenschlichung, von Willensstärke und unerschütterlicher Hoffnung. Für die kurdische Frauenbewegung ist es ein bedeutendes Dokument ihrer Entstehungsgeschichte. Heute wird in der PKK grundsätzlich keine Entscheidung mehr ohne Frauen gefällt. Dieses Recht forderten Frauen wie Sakine Cansız im Gefängnis von Diyarbakır bereits Anfang der achtziger Jahre ein, als die kurdische Frauenbewegung noch nicht viel mehr als eine Idee war. Der Kampf kurdischer Frauen findet heute an vielen Orten und auf vielen Ebenen statt. Er hat die kurdische Gesellschaft nachhaltig verändert. In den letzten Jahren haben Kurdinnen vor allem durch ihren Kampf gegen die IS-Mörderbanden weltweit Beachtung gefunden. Sakine Cansız berichtet als Zeitzeugin von den Wurzeln dieses Kampfes und führt uns vor Augen, wie es zu dieser Erfolgsgeschichte kommen konnte.

Ein weiteres wichtiges Thema, mit dem sie sich in ihren Erinnerungen offen und selbstkritisch auseinandersetzt, ist die Liebe. In den westlichen Medien wird oft lapidar behauptet, bei der PKK seien Liebesbeziehungen verboten. Abdullah Öcalan erklärte dazu im vergangenen Jahr:

»Ich habe von der Unmöglichkeit kurdischer Liebesbeziehungen gesprochen. Zu dieser Zeit kann ich nur folgendes sagen: Liebe kann von KurdInnen und ihren FreundInnen, die sich auf den Weg zu einem freien Bewusstsein gewagt haben, nur kollektiv und (...) platonisch gelebt werden. Selbst ich in meinem Alter bin äußerst vorsichtig, was die Frage der Privatisierung und Monopolisierung von Liebe angeht. Bisher habe ich keine positive Antwort auf diese Frage gefunden.«

Der Frage, wie sich Liebesbeziehungen mit dem Kampf um Befreiung vereinbaren lassen, geht auch Sakine Cansız in dem vorliegenden Buch nach. Sie beschreibt ihre Wünsche, Hoffnungen und Träume ebenso wie ihren Schmerz, ihre Ängste und Enttäuschungen. Für Sakine Cansız bilden die Begriffe Leben, Kampf und Liebe eine Einheit. Ihre damaligen Erfahrungen sind auch heute eine wertvolle Bereicherung dieser noch nicht abgeschlossenen Diskussion.

Keine Regierung der Welt hat aus der Ermordung von Sakinc Cansız, Fidan Doğan und Leyla Şaylemez am 9. Januar 2013 in Paris öffentlich Konsequenzen gezogen, obwohl die Täterschaft des türkischen Geheimdienstes MIT inzwischen außer Frage steht. Bislang wurde niemand für diese Tat zur Rechenschaft gezogen. Aber Tausende Frauen führen den Kampf unserer drei Freundinnen fort.

Für die unermüdliche Unterstützung bei der Arbeit an der deutschsprachigen Ausgabe danke ich Anja Flach, Anita Friedetzky, Annett Bender, Anja Hansen, Mehrzad Sepehry, Wolfgang Struwe und Mehmet Zahit Ekinci sowie dem Frauenrat Rojbîn und der Informationsstelle Kurdistan (ISKU e.V.).

Agnes v. Alvensleben
Hamburg, Oktober 2015

vom feind überrumpelt

Es war sehr ruhig an diesem Morgen des 7. Mai 1979. Nur wenige Fahrzeuge waren auf den umliegenden Straßen unterwegs. Auf dem Weg zum Stadtteil 1800 Evler waren nur wir. Außer den Polizeiwagen, die an der Razzia beteiligt waren, gab es keine Autos.

1800 Evler war ein Viertel am Stadtrand an der Straße, die nach Malatya führte. Es war einer der ärmeren Stadtteile, die erst einige Jahre zuvor entstanden waren. Vor allem aus Dersim zugewanderte Arbeiterfamilien lebten hier in provisorisch errichteten Behausungen. Wir waren in dieser Gegend aktiv, führten Bildungsarbeit und Versammlungen durch, verteilten zu bestimmten Anlässen Flugblätter und hängten Plakate auf. Die soziale Struktur der Bevölkerung bot sich für eine solche Arbeit an. Ich war gelegentlich hier gewesen. Die jungen Frauen zeigten Interesse an uns und unter den Studierenden gab es SympathisantInnen. Der Widerstand gegen feudale Gruppierungen und der Einsatz revolutionärer Gewalt gegen faschistische Strukturen hatten das Interesse der Bevölkerung und insbesondere der jungen Menschen an uns geweckt.

Dieses Mal war meine Fahrt nach 1800 Evler jedoch anders. Ich ging davon aus, dass die Polizei uns an irgendeinen Ort hier im Viertel bringen würde. Die Polizeiwagen überquerten rasch die Hauptstraße und fuhren zu einem abgelegenen Gebäude außerhalb des Viertels, an dem mit großen Buchstaben »Behörde für landwirtschaftliche Ausstattung« geschrieben stand. Niemand konnte die Schreie hören, die durch diese Mauern drangen.

Die Polizisten, die uns festgenommen hatten, waren bester Laune. Die Razzia war für sie völlig risikolos abgelaufen. Es hatte keine Schießerei gegeben und der Verrat hatte die Angelegenheit für sie sehr vereinfacht. Sie hatten durch Folter erpresste Informationen, und so war der erste Abschnitt der Operation aus ihrer Sicht erfolgreich. Anfangs hatten sie lediglich ein paar Personen verhaftet, aber mittlerweile war der Großteil derjenigen, die in diesem Gebiet tätig waren, geschnappt worden. Die ortsfremden Kader standen schon seit langer Zeit auf der Suchliste der Polizei. Uns war diese Liste zugespielt worden, wir hatten unsere Namen darauf gesehen. Die Polizei war also schon lange hinter uns her.

Warum hatten wir diese Wohnung dennoch als Treffpunkt genutzt und uns überhaupt noch in dieser Gegend aufgehalten? Es war doch eindeutig, dass die letzten Festnahmen nicht zufällig erfolgt waren. Wir hatten zwar darüber gesprochen, aber in der Praxis keine ernsten Vorsichtsmaßnahmen getroffen, die wir konsequent durchgehalten hätten. Das kam uns jetzt teuer zu stehen. Es war kaum zu fassen, dass wir uns gerade in dieser Zeit, in der wir unseren Arbeitsbereich dermaßen vergrößert hatten, erwischen lassen hatten.

Dieser Gedanke machte mir am meisten zu schaffen. Wir hatten einen wesentlichen Fehler begangen, uns unentschuldbar leichtsinnig verhalten. Es war furchtbar, so einfach in die Hände des Feindes gefallen zu sein. Fluchen machte die Sache auch nicht besser. In unseren Augen spiegelte sich die Wut über uns selbst. Jetzt waren wir drei jedoch direkt mit dem Feind konfrontiert. Ungeachtet der Stürme, die in uns tosten, war es nun wichtiger als alles andere, nicht zusammenzubrechen und uns auf den Kampf, der bevorstand, mit Willensstärke und Bewusstsein vorzubereiten. Schritt für Schritt bewegten wir uns auf diesen Krieg zu. Von dieser Stunde an zählte alles: Jeder Blick, jedes Wort, die Mimik, die Stimmlage, die Haltung. Denn der Feind achtet auf alles und wo auch immer er eine Schwachstelle findet, dort schlägt er zu.

keine beweise

Die Autos hielten im Vorgarten des Gebäudes nahe der Türe. Die Polizisten stiegen aus und liefen hin und her. Alles war in Bewegung. Aus ihrer Sicht war es ein Freudenfest. Zunächst brachten sie uns drei gemeinsam in einen Raum. Der Fußboden war uneben und voller Pfützen. Es lagen Knüppel, Autoreifen und schmutzige Stoffstreifen herum. Außerdem stand ein Stuhl im Raum. Ganz offensichtlich handelte es sich nicht um einen normalen Warteraum. Vor uns war hier bereits gefoltert worden.

Die Gegenstände im Raum waren für die Bastonade[1] genutzt worden. Die Stoffstreifen dienten als Augenbinde und um Hände und Füße zu fesseln. Wofür der Autoreifen war, wusste ich noch nicht. Wir waren ohnehin nicht in der Lage, darüber nachzudenken. Ich kontrollierte meine Taschen und holte einige Notizen heraus, die ich heute Morgen in der Wohnung nicht mehr hatte vernichten können und daher eingesteckt hatte, um sie in einem geeigneten Moment herunterzuschlucken. Ich zerriss sie in win-

1 Arabisch: falaka; Foltermethode, bei der Hiebe auf die Fußsohlen versetzt werden.

zige Stücke und weichte sie in einem nassen Stofffetzen auf. Da bei der Razzia keine Polizistin anwesend gewesen war, war ich nicht durchsucht worden. Hier konnte jedoch jederzeit eine auftauchen. Daher warnten wir uns gegenseitig ein letztes Mal mit Blicken, nichts zu vergessen, was wir am Körper trugen. Hamili war nervös, seine Schläfen pochten.

»War irgendetwas wichtiges in der Wohnung? Da ist nichts gefunden worden, oder?« fragte er.

»Nein.« antwortete ich.

Bevor ich die Tür geöffnet hatte, hatte ich einige Sachen verbrannt und andere aus dem Küchenfenster geworfen. In der Wohnung waren nur eine Ausgabe des Buches »Geschichte der bolschewistischen Partei« sowie Teile des Vervielfältigungsgeräts und der Schreibmaschine gewesen: Pauspapier und -farbe, Kohlepapier und normales Papier. Eine Schreibmaschine konnte sich in jeder normalen Wohnung befinden, damit konnten sie uns nichts anhängen, dachte ich mir. Wir wussten jedoch nicht, dass sich unter den Papieren ein Flugblatt mit der Überschrift »An unser heldenhaftes Volk« befunden hatte. Daher betrachteten wir die beschlagnahmten Gegenstände nicht als großes Problem. Das Problem war eher etwas anderes.

Der Feind hatte unsere organisierte Struktur in diesem Gebiet direkt angegriffen. Şahin Dönmez war hier in der Gegend und es bestand die Möglichkeit, dass auch andere FreundInnen von außerhalb hierher kommen würden. Drei Personen aus dem Gebietskomitee befanden sich in der Hand des Feindes. Nach Ali waren Hamili und ich gefasst worden, außerdem einige Freunde aus den Unterkomitees. Metin der Taube und Hüseyin Topgüder waren draußen. Hüseyin war eigentlich nach Antep versetzt worden. Sollten keine Vorsichtsmaßnahmen getroffen werden, konnten noch viele weitere Kader gefasst werden. Die Wohnung, von der wir angenommen hatten, dass niemand sie kenne, war aufgeflogen. Offenbar hatte jemand der Folter nicht standgehalten. Somit konnte es zu weiteren Festnahmen kommen.

Obwohl soviel passiert war, hatte Şahin sich sehr locker gegeben. Normalerweise übernachtete er bei Freunden. Diese Wohnungen waren allgemein bekannt. Wer eine Wohnung der Organisation auffliegen ließ, würde diese Wohnungen noch viel eher preisgeben.

Ich erinnerte mich an die letzte Auseinandersetzung mit Rıza Sarıkaya. Er war sehr aufbrausend gewesen. Es fand ein gefährliches Spiel statt.

Innerhalb der Organisation gab es Leute, die bewusst oder unbewusst Probleme verursachten und damit alles in Gefahr brachten. Nach Antep und Dersim war auch in Elazığ versucht worden, innerhalb der organisierten Strukturen Chaos anzurichten. Ob diese Provokationen in Elazığ greifen würden? Nach Ansicht bestimmter Personen bestand das oberste Komitee ausschließlich aus ortsfremden Kadern. Wir waren die ›Fremden‹, die von außerhalb gekommen waren. Es konnte nicht schwer sein, die Aufmerksamkeit derer, die ohnehin Probleme hatten, auf diesen Punkt zu lenken.

Rıza war von *Dev-Genç*[2] zu uns gekommen. Er galt in Elazığ als ein alter Kaderanwärter und konnte sich nicht damit abfinden, ständig die zweite Geige zu spielen. Sein karrieristischer Charakter führte zu einem gefährlichen Konkurrenzkampf. Wir hatten versucht, das Problem zu lösen, indem wir mit ihm über seine Irrtümer und Fehler diskutierten, aber dadurch änderte sich nicht viel. Letztendlich war Cemil gekommen, um mit ihm zu reden. Dadurch war das Problem vorübergehend beigelegt worden. Es war darüber gesprochen worden, dass Rıza an einen anderen Ort gehen könnte, wo Bedarf herrschte. Das war eine gute Idee gewesen, um etwas Zeit zu gewinnen und ihn besser kennenzulernen, aber er war auch damit nicht zufrieden. Und genau in dieser Phase war er festgenommen worden. Vielleicht hatte der Feind von seiner Unzufriedenheit Wind bekommen. In Elazığ gab es viele Spitzel. Die Art, wie die Gruppen sich bewegten und arbeiteten, war nach Möglichkeit offen und so erfuhr der Feind alles sehr schnell. Wir waren uns zwar nicht sicher, hatten jedoch einen Verdacht, was Rızas Aussage nach seiner Festnahme betraf.

Als wir uns jetzt gegenseitig an die abgesprochenen Aussagen erinnerten, war dies auch Ausdruck einer bestimmten Sorge. Die Geschehnisse waren in keiner Hinsicht erfreulich. Massenfestnahmen hatten immer den Nachteil, dass die Schwäche oder der Fehler eines Einzelnen den Feind ermutigte. Der Feind versuchte dann, die Festgenommenen zu spalten und gegeneinander aufzubringen. Als Hüseyin eine Woche zuvor festgenommen und wieder freigelassen worden war, hatte er etwas in dieser Richtung gesagt. Alle Festgenommenen waren einzeln untergebracht und verhört worden. Neben dem psychologischen Druck war es eine

2 Die Föderation der Revolutionären Jugend der Türkei (türkisch: Türkiye Devrimci Gençlik Federasyonu, kurz: Dev-Genç) war eine 1965 gegründete und 1971 verbotene links-radikale Organisation in der Türkei, aus der viele weitere linksgerichtete Gruppen hervorgingen.

gängige Methode, die Betroffenen beim Verhör gegeneinander aufzubringen und ihre vermeintlichen Aussagen als Beweismittel einzusetzen. Diese Methode war manchmal sogar erfolgreicher als brutale Folter.

wir hätten fliehen können

Als die Polizei bei der Durchsuchung fragte, wem die Wohnung gehöre, hatte ich sofort die Verantwortung übernommen und geantwortet: »Es ist meine Wohnung. Ab und zu kommen meine Geschwister zu Besuch. Ich bin gerade erst eingezogen. Meine Familie trägt die Kosten. Ich bin auf Arbeitssuche. Mit Politik habe ich nichts zu tun. Ich bin lediglich ein progressiver, gebildeter Mensch.«

Die Polizisten waren überrascht über meine ruhige, selbstsichere Antwort. Einige schüttelten den Kopf, andere grinsten hämisch, als wollten sie sagen: »Wir werden dir schon zeigen, wer du wirklich bist.« Unter ihnen befand sich ein Kommissar, dessen Namen ich erst später anhand einer Liste erfuhr, die an der Tür des Raums hing, in den sie uns einsperrten: Zafer Karaosmanoğlu. Die Namen vieler Folterer erfuhr ich auf diese Weise.

Der Kommissar verhielt sich ruhig. Er war wohl davon ausgegangen, dass sich noch viel mehr Personen in der Wohnung aufhielten, und hatte somit nicht ganz das gefunden, was er gesucht hatte. Der Hinweis, den sie bekommen hatten, ging in eine andere Richtung. Sie beschäftigten sich lange mit der Anzahl der schmutzigen Gläser in der Küche. Wahrscheinlich hatten sie erwartet, auch Şahin und andere dort anzutreffen. Bei der Durchsuchung stellten sie sofort viele Fragen, um unsere Reaktionen zu testen.

Der erste Eindruck, die erste Prüfung, der erste Angriff und die ersten Empfindungen sind sehr wichtig. Der Eindruck, den man auf seinen Gegner macht, wirkt sich auf die weiteren Entwicklungen aus.

Mit der Polizei hatte ich erstmalig in İzmir zu tun. Ich war wegen des Arbeiterwiderstands in Bornova festgenommen worden. Damals waren wir sehr viele. Aber jetzt war es anders, da es sich um einen gezielten Angriff handelte und ich Verantwortung für die Organisation trug. Es ging jetzt darum, die Werte der Organisation zu schützen, alles zu vermeiden, was ihr schaden konnte und standhaft an meinem Willen und meinen Überzeugungen festzuhalten. Das erforderte einen schweren

Kampf, der zudem unter sehr ungleichen Bedingungen stattfand. Der Feind setzt alle möglichen Mittel ein, und du kannst nur auf deinen revolutionären Willen bauen. Ich hatte mehrere Romane darüber gelesen: »Widerstandskrieg«[3], »Roter Fels«[4] und »Reportage unter dem Strang«[5]. Sie handelten von unglaublichen Foltermethoden und dem unvergleichlichen Widerstand dagegen. Und sie beschrieben die Realität, all das hatte wirklich stattgefunden. Es ist wichtig, den Gegner richtig einzuschätzen. Nur dann kann man richtig kämpfen und auch siegen.

Jeder Moment, jede Sekunde, die verstrich, war wichtig. Rasend schnell gingen mir unendlich viele Dinge durch den Kopf. Niemals zuvor hatte ich an so vieles gleichzeitig gedacht. Manches muss man wohl selbst erleben, um es zu begreifen. Oder anders ausgedrückt: Gedanken und Gefühle konkretisieren sich, wenn man eine solche Situation erlebt.

»Hätten wir an diesem Morgen nicht flüchten können? Wäre es nicht möglich gewesen, ins Nachbarhaus zu gelangen?« Machte ich mir Gedanken über das Unmögliche? Ich hatte ja früher bereits mehrfach versucht, ein Brett aus dem Küchenfenster zum Nebengebäude zu legen, aber das Brett war nicht stabil genug gewesen. Und niemand hatte sich darum gekümmert, ein dickeres Brett zu finden. Gegenüber wohnte ein nettes junges Paar aus Siverek. Als ich zu der Frau gesagt hatte, wir könnten den Weg über die Fenster nutzen, wenn es ein Problem mit dem Schlüssel oder ähnliches gebe, hatte sie eingewilligt.

Wären wir also besser vorbereitet gewesen, hätten wir die Polizisten hinhalten und über das Nachbarhaus verschwinden können. Und dann war da auch noch das Dachgeschoss. Verdammt! Wäre ich nur ein paar Minuten früher wegen der Motorengeräusche der Polizeiwagen misstrauisch geworden und hätte aus dem Fenster gesehen, hätten wir auch die Möglichkeit gehabt, über das Dach zu entkommen. Bis die Polizisten die Treppe hochgekommen wären, hätten wir bereits ins Nachbarhaus gelangen können. Wir hätten von Gülay andere Kleidung und Kopftücher bekommen können und wären so getarnt einfach weggegangen. Aber dafür war es nun zu spät. Es waren gute Ideen, allein die Vorstellung war schön, aber jetzt waren wir mit der Realität konfrontiert. Wir waren nicht mehr in der Wohnung, sondern in einem Verhörraum. Es ging jetzt

3 »Widerstandskrieg – Kampf in den Kerkern von Saigon« von Nguyen Duc Thuan

4 »Roter Fels« von Luo, Guang-bin und Yang, Yi-yän, China 1949

5 »Reportage unter dem Strang« von Julius Fučík

nicht darum, sich auszumalen, was alles hätte sein können. Ich ärgerte mich über mich selbst. Wir hätten uns einfach nicht auf so billige Weise erwischen lassen dürfen.

Bereits in den ersten Stunden wurde die Methode des Feindes deutlich, seinem Gegenüber keine Gelegenheit zum Nachdenken zu geben. Wir hatten höchstens zehn Minuten Zeit, um zu denken und uns auszutauschen. Zeit war also ein wichtiger Faktor, sowohl für den Feind als auch für uns. Alle Zeit, die sie verstreichen ließen, gab uns die Möglichkeit, klar zu denken und uns vorzubereiten und war somit für uns ein Gewinn. Jeder genutzte Moment wirkte sich auch auf die kommende Zeit positiv aus.

Mich holten sie als erste. Sie brachten mich in einen Raum auf der rechten Seite am Ende des Flurs. Der Raum war voll. Die komplette Mannschaft, die die Durchsuchung durchgeführt hatte, war anwesend. Sie grinsten und sahen dabei aus, als ob sie einen Stierkampf in der Arena verfolgen würden. Zuschauer und Stier standen bereit, nur der Matador fehlte noch.

»Jetzt sind wir dran«, sagte einer von ihnen.

kapitulation, verrat und widerstand

Ein anderer rief: »Schaut nur, wie sie reinkommt! Mit welchem Hass sie uns anguckt!« Der Polizist, der am Tisch saß, legte mir ein Protokoll vor und sagte: »Unterschreiben!« Ich las die Liste mit den beschlagnahmten Gegenständen durch und sagte:

»Das unterschreibe ich nicht. Das sind nicht die Sachen, die bei mir gefunden wurden. In der Wohnung habe ich bereits eine Liste unterschrieben.« Ich stieß das Papier zurück. Das machte sie wütend. Als sie nach Angaben zu meiner Identität fragten, antwortete ich spöttisch und herablassend. Es gefiel mir, ihnen meine Verachtung zu zeigen. Dabei verfolgte ich keinen bestimmten Plan, aber aus einigen ihrer Fragen wurde deutlich, dass sie Informationen über mich eingeholt hatten und sich auf Aussagen anderer stützten. Ich nahm das nicht weiter ernst. Gerade bei den Punkten, die ihnen wichtig erschienen, tat ich so, als seien sie nebensächlich.

Diese Phase des ersten Kennenlernens dauerte nur kurz. Sie waren schnell. Die Art der Fragen änderte sich.

»Wir wissen alles über dich. In der Wohnung wohnen Cemil Bayık, Metin und Şahin. Gestern Abend wart ihr zusammen. Aus der Anzahl der benutzten Gläser kann man sehen, dass mehrere Personen da waren. Wo habt ihr die Waffen versteckt? Du gehörst zu den Köpfen der Organisation. Dass du lediglich ein ›progressiver, gebildeter Mensch‹ bist, kannst du sonstwem erzählen! Was soll das denn sein, deine Progressivität? Deine Wohnung gehört der Organisation.« Sie stellten eine Frage nach der anderen.

Offensichtlich wussten sie selbst noch nicht genau, worauf sie hinaus wollten. Sie versuchten lediglich, die Informationen, die sie erhalten hatten, zusammen zu fügen und so ein klareres Bild von mir zu bekommen. Das eigentliche Verhör hatte noch nicht begonnen. Dann fragten sie nach den Freunden, die zuvor festgenommen worden waren. Sie legten mir die Ausweise von Zeki Budak, Rıza Sarıkaya, Aytekin Tuğluk, Saim Dursun, Hüseyin Taze und Ali Gündüz vor und wollten wissen, ob ich sie kenne. Ich antwortete, dass mir keiner von ihnen bekannt sei. Sie hielten mir vor, dass diese mich jedoch kennen würden und meine Funktion genannt hätten. Vor allem mit Ali Gündüz hielten sie sich lange auf.

»Möglicherweise kennt er mich aus Dersim. Dersim ist klein, vielleicht hat er dort meinen Namen gehört. Das ist ganz normal«, entgegnete ich.

Dann kamen Hamili und Ayten an die Reihe. Ich gab erneut an, dass wir uns aus Dersim kennen würden. Ayten sei meine Nachbarin gewesen und sie sei nach Elazığ gekommen, weil sie krank sei. Da ich meine Aussage ohne Zögern und Widersprüche machte, wussten sie bald nicht mehr, was sie fragen sollten. Es machte sie selbst nervös, sich ständig zu wiederholen. Um so mehr genossen sie mein Zucken und meine Schreie, als sie das Kabel, das sie an meine Finger angeschlossen hatten, unter Strom setzten. Die Stromschläge schleuderten mich an die Wand. Das war es also, was sie gemeint hatten, als sie sagten: »Lach' du nur, gleich werden wir lachen.«

Sie erhöhten die Wirkung der Stromschläge, indem sie Wasser auf mich schütteten. Meine Schreie wurden zunehmend dumpfer. Sie hatten mir auch Schuhe und Strümpfe ausgezogen, aber die Bastonade wandten sie noch nicht an. Sie stellten mir weitere Fragen. Schließlich erklärten sie, mich nicht in Ruhe zu lassen und ich solle darüber nachdenken, und brachten mich in einen anderen Raum.

Dieser Raum war eine kleine Zelle. Er enthielt eine Toilette und Doppelbetten mit schmutzigen, blutverschmierten Decken und Matratzen. Die Fenster waren zugenagelt und übertüncht.

Nach einer Weile hörte ich Schreie. Es war eine Männerstimme. Hamili wurde verhört. Die Zeit zog sich hin. Die Schreie, die von den Stromschlägen herrührten, vermischten sich von Zeit zu Zeit mit dem Klang von Knüppelschlägen. Aytens Stimme hörte ich nicht. Ich ging davon aus, dass sie bei ihr vorsichtiger sein würden, weil ich angegeben hatte, dass sie schwanger sei. Daher war die Folter bei ihr riskant. Sie forderten eine Polizistin an, um Ayten zum Arzt zu bringen und herauszufinden, ob sie tatsächlich schwanger sei. Da sich die Ankunft der weiblichen Kollegin verzögerte, brachten sie Ayten zunächst in meine Zelle. Wir lachten über meine Aussage, aber Ayten war die Angelegenheit auch ein wenig peinlich.

Diese Einzelbegegnungen mit dem Feind waren erfolgreich. Auf diese Weise erfuhren wir auch etwas über die Art und Weise, mit der der Feind gegen uns vorzugehen gedachte. Und die Episode hatte ja gerade erst begonnen. Abgesehen davon, dass der Feind im Umgang mit uns noch unerfahren war, wollte er nicht direkt bis zum Äußersten gehen. Sie gingen geplant vor. Der Kampf gegen den Feind lässt sich ja nicht auf einen bestimmten Zeitabschnitt, einen Vorfall oder ein Gebiet begrenzen. Es geht darum, jeden Moment im Leben zu beherrschen, zwischen allen Begebenheiten Brücken zu bauen und sich nicht vom Ziel abbringen zu lassen. Ist das nicht das wichtigste Merkmal eines revolutionären Lebens? Der Feind hatte schon viele Gruppen verhört und über so gut wie alle auf die eine oder andere Weise Informationen bekommen. Die Erinnerung an die staatliche Repression der siebziger Jahre gegen sämtliche progressiven und revolutionären Strömungen war immer noch frisch.

Die Beschaffenheit des Staates ließ sich anhand der Hinrichtungen, der Folter und vieler Massaker erkennen. Über das Verhörsystem aus der Zeit des 12. März[6] waren bereits ganze Bücher geschrieben worden. Einige kapitulierten und wurden zu Verrätern, andere leisteten Widerstand. Der Verrat war manchmal soweit gegangen, dass die Köpfe der engsten Angehörigen dem Feind überreicht wurden. Darüber wurde in Schulungen gesprochen und es wurden dafür Beispiele von Konsequenzen genannt, die dieses Verhalten nach sich zog.

6 Militärputsch von 1972

Zweifellos handelte es sich dabei um eine Seite unserer gesellschaftlichen Realität. Verrat hatte bei allen Niederlagen eine wichtige Rolle gespielt, aber alles ließ sich damit nicht erklären. Die Auswirkungen von Verrat standen in direktem Zusammenhang mit dem Grad der Organisiertheit. Bei sozialen Aufständen spielt die Basis, auf die sich der Widerstand stützt, eine wichtige Rolle. In Kurdistan gab es bis in die siebziger Jahre keine zeitgemäße Avantgarde und Organisierung. Die notwendigen Bedingungen für einen organisierten Kampf waren noch nicht geschaffen.

In der Geschichte unseres Kampfes hatte es vorübergehende WeggefährtInnen gegeben, von denen einige gestrauchelt waren; andere hatten sich in verschiedener Form aufgedrängt. In Antep hatte das Vorgehen einiger Provokateure Wirkung gezeigt. Sie waren bestraft worden. In Dersim hatte Tekoşin einen solchen Verrat versucht. Zuletzt hatte Celal Aydın in Elazığ und vor allem in Malatya unsere Grundwerte verraten. Wir hatten Briefe abgefangen, aus denen hervorging, dass er während seiner Zeit in Malatya alles daran gesetzt hatte, die Entwicklung der Organisation aufzuhalten. Allerdings wurde das schnell erkannt und unterbunden.

Und Şahin war nach Karakoçan gefahren. Er wollte lediglich Informationen einholen und mischte sich nicht weiter ein. Ali Gündüz war nach dem Vorfall mit Celal Aydın ein paar Tage lang niedergeschlagen. Es war das erste Mal, dass er einen Menschen getötet hatte, und er haderte mit sich selbst.

Revolutionäre Rache erfordert ein tiefgreifendes Klassenbewusstsein. Hass, Rache, Wut und Liebe verfehlen das Ziel, wenn sie nicht die richtige Grundlage haben. Sind Bewusstsein, Gefühle und Wünsche nicht an ein Ideal gebunden, kann auch nicht von Mut, Tugend und Vertrauenswürdigkeit die Rede sein.

das feuer, das uns zusammenbrachte

Die Persönlichkeit eines Menschen zu erkennen, ist unter allen Umstängen möglich. Jeder Mensch spiegelt unterschiedliche Facetten seiner Persönlichkeit wider. Um eine Persönlichkeit zu begreifen, muss man sich lediglich bewusst werden, was gerade geschieht. Man muss versuchen, es zu verstehen und wissen, wozu es führen kann. Es gibt jedoch

Umstände, die es erleichtern, einen Menschen wirklich kennenzulernen. Unter bestimmten Bedingungen kann man sein wahres Wesen nicht mehr verbergen. Jede Situation zeigt dann deutlich, wer du wirklich bist. Jedes Auge kann dich sehen und jedes Ohr dich hören. Anhand deiner Herzschläge und der Farbe deines Blutes wird offenbar, was du fühlst. Alles verrät dich! Denn an diesem Punkt hast du alles Menschliche hinter dir gelassen. Du bist eine entleerte Persönlichkeit.

Mit Şahin hatte ich mich nie wirklich anfreunden können. Zwischen uns gab es keine aufrichtige, sich selbständig entwickelnde Liebe und Achtung. Ich habe viele Persönlichkeiten kennengelernt, die kalt und negativ auf mich wirkten. Dadurch entstand ein beidseitig distanziertes Verhältnis. Die genossenschaftlichen Beziehungen unter uns in jener Zeit waren jedoch von einem Feuer gekennzeichnet, das die Herzen erwärmte und eine unvergleichliche Verbundenheit schuf. Dieses Feuer war die Grundlage aller genossenschaftlichen Beziehungen und es war das, was uns zusammen gebracht hatte. Auch Şahin war ein Mitglied der Bewegung. Er gehörte zu der ersten organisierten Gruppe in Dersim. Damals hatten wir nicht direkt etwas miteinander zu tun. Wir trafen uns erst, als ich Dersim bereits verlassen hatte. Und in dieser Zeit lernte ich ihn wirklich kennen.

Der erste Eindruck ist immer wichtig. Den ersten Eindruck von Şahin hatte ich damals bei der Versammlung in İzmir-İnciraltı gewonnen. Sein späteres Verhalten in Elazığ und Bingöl hatte mein Urteil nur bestätigt. Er war und blieb mir fremd. Die Hitze des Feuers hatte ihn nicht erfasst. Seine Haltung auf dem Kongress hatte mich auf dem Rückweg schließlich dazu gebracht, Cemil meine Meinung über Şahin zu sagen. Dabei beschränkte ich mich jedoch auf Andeutungen.

Daher erfüllte es mich mit tiefer Sorge, als ich erfuhr, dass auch er gefasst worden war. Es war eine Katastrophe. Gleichgültig um wen es sich handelte, es war immer schlimm, wenn jemand von uns in die Hände des Feindes fiel. Aber meine Reaktion auf diese Nachricht ging darüber hinaus. Nach wie vor waren keine Vorsichtsmaßnahmen getroffen worden. Offenbar hatte niemand eine Lektion aus unserem Fehler gelernt und das Gebiet verlassen. Warum war Şahin immer noch dort? Warum ging er weiter in Wohnungen, die doch längst aufgeflogen waren? Er wurde gemeinsam mit Haydar Eroğlu in dessen Wohnung im Stadtviertel Fevzi

Çakmak gefasst. Es war unglaublich. Mich machte jedoch auch noch etwas andere nervös.

An jenem Morgen war ich einem besonderen Verhör unterzogen worden. Sie setztten die Bastonade in einem Raum ein, in dem sich auch Aytekin, Zeki Budak, Rıza, Ali und Hamili befanden. Ich erkannte sie an ihren Stimmen, vielleicht waren noch mehr Menschen anwesend. Meine Augen waren verbunden, die der anderen sicherlich auch. Ich hielt an meiner Aussage fest, dass ich lediglich eine »progressive Intellektuelle« sei. Die Polizei hatte mir von Beginn an nicht geglaubt und von Aussagen anderer über mich gesprochen. Dieses Mal ließen sie mich direkt zuhören.

Anfangs gab ich überhaupt keinen Ton von mir. Es war nicht schwer, den Schmerz der Knüppelschläge auszuhalten. Sie schlugen willkürlich auf meine Beine, zwischen meine Beine und auf den Rücken. Es war diese Art von Schmerz, der das Gehirn betäubt. Ich explodierte erst, als meine Mitgefangenen anfingen zu sprechen. Es waren unterwürfige, widerwillig hervorgebrachte Wörter. Ich beschimpfte sowohl meine eigenen Leute als auch die Polizisten, aber vor allem die Genossen. Natürlich achtete ich darauf, dass meine Verfluchungen keinen politischen Inhalt hatten.

»Ihr Tiere! Ich kenne euch überhaupt nicht! Ich kenne nur Hamili, weil seine Frau im selben Viertel wie ich gelebt hat. Dersim ist ein kleiner Ort, vielleicht hat Ali meinen Namen dort gehört, aber zwischen uns gibt es keinerlei Beziehung. Ihr verdammten Tiere, ihr Eselssöhne, was sollen diese Unterstellungen?« Ich setzte meine Beschimpfungen fort, bis die Polizisten ihre bisherige Taktik bereuten, denn außer Rıza wiederholte niemand seine Aussage. Schließlich wurde ich aus dem Raum geholt. Wahrscheinlich hatten die Polizisten auch ein wenig Angst bekommen, da ich stark blutete. Offenbar nutzte es, sich zu wehren! Bei jedem meiner Verhöre war Zafer Karaosmanoğlu, der Verantwortliche vor Ort, anwesend, und stets spielte er eine väterliche Rolle. Das war Teil ihrer psychologischen Kriegsführung. Jetzt jammerte er, als ob er bei der Folter nicht selbst dabei gewesen wäre. Er brachte mir sogar ein Unterhemd, um die Blutung zu stoppen, und sagte: »Es ist keine Watte da, würdest du das benutzen?«

Alleine verhört zu werden, war anders. Dann bist nur du mit dem Feind konfrontiert. Aber warum machten sie jetzt diese Gegenüberstellungen? Rıza hatte ich ja noch verstanden, und auch Alis Verhalten überraschte mich nicht besonders, aber warum hatten die anderen geredet? Der Umfang ihrer Aussagen war verschieden, nicht alle hatten vollständig kapituliert, aber für den Feind war jedes einzelne Wort, jede kurze Erklärung ein Trumpf, den er einzusetzen wusste. Die festgenommenen Freunde waren alle aus der Gebietsleitung. Jede Schwäche, die sie zeigten, würde sich auch auf alle anderen negativ auswirken.

Diese Form des Gruppenverhörs wandten sie bei mir nicht noch einmal an. Ich hatte die Freunde beeindruckt. Als sie in ihre Zellen zurück gebracht wurden, soll Aytekin gesagt haben: »Wenn sie mich nochmal mit ihr zusammen bringen, sage ich gar nichts mehr.« Auch Hamili war die Sache nahe gegangen. Es war jedoch klar, dass der Feind jede Schwäche ausnutzen würde. Nach diesem Vorfall wünschte ich mir geradezu, mit den anderen gemeinsam verhört zu werden. Wann immer mir die Polizisten die Aussage eines Genossen vorhielten, verlangte ich unverzüglich nach einer Gegenüberstellung. Damit gewann ich auch psychologisch an Überlegenheit. Es bedeutete Selbstvertrauen. Die Polizisten reagierten gereizt auf meine Forderungen. Eine Situation, die in dem einen Moment von Vorteil war, konnte im nächsten Moment wieder ins Gegenteil umschlagen.

Dabei erfuhr ich bei diesen Gegenüberstellungen natürlich auch Dinge, die meine Stimmung drückten. Ich verlor zwar nicht jegliches Vertrauen, aber schließlich hatten Genossen, an die ich geglaubt und denen ich vertraut hatte, organisationsinterne Geheimnisse verraten. Dennoch war ich nicht gänzlich pessimistisch, sondern betrachtete diese Tatsache als eine Schwäche, die sie nicht weiter auf die Spitze treiben würden. Bei mir rief ihr Verhalten eher eine Trotzreaktion hervor. Gerade deshalb würde ich nichts sagen! Aus mir würden sie nichts herausholen.

Um Ayten zu schonen, berichtete ich ihr nicht alle Einzelheiten. Sie wurde nach mir zum Verhör geholt. Auch über sie waren Aussagen gemacht worden. Sie wurde jedoch nicht geschlagen. Vielmehr wollten sie sie als Trumpf gegen Hamili einsetzen. Ayten stand daher unter Druck.

An diesem Tag herrschte wieder Tumult. Es waren Autos und unmenschliche Schreie zu hören. Daher wussten wir, dass es Neuzugänge gab.

Es war kein gutes Omen, dass ich früh morgens hastig zum Verhör gebracht worden war. Sie wollten, dass die Neuankömmlinge meine Schreie hörten. Es handelt sich dabei um eine wirkungsvolle Form der psychologischen Folter. Frauenschreie haben eine ganz eigene Wirkung. Bei einigen wird dadurch nur der Hass auf den Feind verstärkt. Bei anderen jedoch dringt die Angst bis ins Knochenmark. Angst ist die beste Voraussetzung für eine Niederlage.

Sie ließen es zu, dass ich zur Toilette ging, aber ich konnte nicht mehr laufen. Ayten stützte mich auf einer Seite, ein Wächter auf der anderen. Auf dem Weg erblickte ich durch einen Türspalt in einem anderen Verhörraum Şahin. Als er mich sah, biss er sich auf die Lippen und riss angsterfüllt die Augen auf. Ich tat so, als interessiere mich das nicht, und ging weiter. Mit Sicherheit hatten sie die Tür absichtlich offen gelassen. In dem Raum befanden sich weitere Personen. Wollten die Polizisten seinen Gemütszustand testen oder mir vielmehr die frohe Botschaft seiner Festnahme vermitteln? Sie behaupteten ständig, alle Freunde gefasst zu haben: »Wir haben Cemil, Hüseyin Topgüder, Apo und alle anderen geschnappt!« Natürlich handelte es sich dabei bloß um eine Methode, um den Druck zu erhöhen.

Şahins Anblick erschütterte mich mehr als alles andere zuvor. Ich misstraute ihm derartig, dass ich mir wünschte, sie hätten irgendwen anderes festgenommen. Hatten sich einige Begebenheiten in meinem Unterbewusstsein festgesetzt? War es richtig, sofort Misstrauen zu verspüren? Schließlich hatten andere Genossen, denen ich vertraut hatte, bereits geredet. Aber nein, trotzdem traute ich ihnen soweit, dass ihre Schwäche nicht über einen bestimmten Punkt hinaus gehen würde.

Wo, in welcher Wohnung war Şahin gefasst worden? Wen hatte es noch erwischt? Es war wie Folter, die Antworten auf diese Fragen nicht zu kennen.

Merkwürdigerweise fühlte ich mich in Şahins Anwesenheit immer stärker und mutiger als sonst. Mein Selbstvertrauen wuchs dann an. Es ist ja so, dass du bei manchen Menschen plötzlich schüchtern wirst, oder du fühlst eine Nähe, die dir Vertrauen und Ruhe gibt. Bei anderen wirst du ängstlich, weil ihre Persönlichkeitsstruktur dir Sorgen bereitet und es keine Seelenverwandtschaft gibt. Bei Şahin verspürte ich immer Unsicherheit, weil ich bei ihm kein Verantwortungsgefühl für die Organisation erkennen konnte. Das bewirkte bei mir, dass mein Verantwortungsbewusstsein wuchs und ein Verteidigungsreflex ausgelöst wurde. Seine Schwäche war für mich Anlass, dort einzuspringen, wo es nötig war. An einem Ort wie diesem Folterkeller war es unermesslich wichtig, sich nicht ängstlich und unentschlossen zu zeigen. Daher sagte ich mir: »Wenn er dem Feind mit seiner Haltung angenehm ist, dann mache ich es ihnen so unangenehm, dass sie vor Wut platzen.« Das geschah natürlich nicht geplant und durchdacht, sondern entwickelte sich von selbst. So war es auch jetzt, als ich ihn im Verhörraum sah. Ich hatte beim Gehen große Schmerzen in den Füßen. Als ich ihn jedoch in so einem kümmerlichen Zustand sah, änderte sich sofort meine Haltung. Ich hob den Kopf und ging entschlossen weiter.

Gegen Abend wurde er in einem Raum neben unserer Zelle verhört. Die Polizei nannte das »zwitschern lassen.« Die Stimmen waren gut zu hören. Wir pressten unsere Ohren an die Wand. Ich vernahm das Geräusch einiger Knüppelschläge und die brüllende Stimme von Şahin, der dauernd »Abi[7]« sagte. Das war alles! Das war Şahins Widerstand! Und dann begann er zu erzählen. Ich konnte es nicht ertragen und schlug mit der Faust gegen die Wand. Ayten sagte: »Hör auf, sie können das hören!« Das war wahrscheinlich der Moment in meinem Leben, in dem ich die allermeisten Flüche ausstieß. Es gab ja auch nichts anderes, was ich hätte tun können.

Ich hatte mich also nicht geirrt. Ohnehin hatte ich diesemReckskerl niemals getraut und ihn nicht gemocht. Mein Bruder Haydar hatte Recht gehabt. Vielleicht war Şahin bereits damals in Dersim zum Verräter geworden, als so viele Leute wegen des Bombenanschlags auf die Polizeistation festgenommen und gefoltert worden waren. Auch damals hatte er keine Schläge bekommen und die Polizisten mit »Abi« angeredet. Später hatte er nicht das notwendige Verantwortungsbewusstsein für die Organisation gezeigt und sich auf dem Kongress merkwürdig verhalten. Ob der Vorsitzende wohl davon wusste? Er war sehr geduldig gewesen. Aber der Vorsitzende war ja immer ruhig und bemüht, zu verstehen. Şahin war sogar ins Zentralkomitee gewählt worden, obwohl er es gar nicht verdient hatte! Hätten die anderen Freunde sich nicht alle zurückgezogen, wäre es niemals so weit gekommen. Was hatte es mit Şahins merkwürdigem Karrierismus, seiner Beharrlichkeit und dem hässlichen Konkurrenzdenken auf sich? Aber jetzt hatte es keinen Nutzen mehr, sein Verhalten zu interpretieren. Der Verrat war bereits geschehen, jetzt ging es nur noch um die Konsequenzen.

Ich hatte dröhnende Kopfschmerzen. Seine Aussage umfasste nicht nur seine eigene Arbeit oder die Gebiete Elazığ und Dersim. Es handelte sich auch nicht um eine Form der Schwäche angesichts polizeilicher

7 Türkisch für: großer Bruder

Folter. Sie folterten ihn ja nicht einmal. Dennoch erzählte er alles genau so, wie es war. Sein Bericht darüber, warum er sich in Elazığ aufhielt, seit wann er hier war, wann er nach Ağrı gefahren, was er dort gemacht hatte und wie er erneut nach Elazığ zurückgekehrt war, dauerte Stunden.

Inständig hoffte ich, dass er nichts weiter sagen werde. Ich wünschte, anstelle von Şahin sei Cemil oder ein anderer festgenommen worden. Dieser niederträchtige Feigling ermutigte den Feind, der ja eigentlich kaum etwas über uns wusste und nicht den Unterschied zwischen uns und anderen linken Organisationen sah. Sie konnten ja nicht mal die richtigen Fragen stellen, weil ihnen Informationen fehlten. Warum hatte der Mistkerl Elazığ nicht verlassen, obwohl es zu den ganzen Festnahmen gekommen war?

Er erzählte weiter und weiter, ohne dass die Polizisten überhaupt Fragen stellten. Schließlich begann er, vom Kongress zu sprechen. Ich drehte durch und schlug meinen Kopf gegen die Wand. Ich konnte meine Wut nicht unter Kontrolle kriegen, wollte schreien, aber es ging nicht. Um keinen Lärm zu machen, biss ich mir auf die Lippen. Meine Kehle brannte. Ayten war überrascht, mein Zustand machte ihr Angst. »Mach jetzt keinen Unsinn, die Typen dürfen nichts mitkriegen«, sagte sie. Ihr war die Dimension des Verrats nicht bewusst. Sie ging davon aus, dass er unter der Folter irgendetwas erzählte. Aber Şahins Position war eine andere, er wusste einfach zu viel. Und das war erst der Anfang, es war ungewiss, wie es weiter gehen würde. Die anderen Freunde wussten bisher von nichts. Von ihren Zellen aus war Şahin nicht zu hören. Es fanden auch gleichzeitig Verhöre in anderen Räumen statt.

Wo waren Überzeugung, Willenskraft und die Interessen der Organisation geblieben? Wie weit würde Şahins Verrat gehen? Aufgrund seiner Aussagen ließ der Feind die anderen ein paar Tage lang in Ruhe. Şahin erzählte ja sowieso alles.

Eines Morgens hörte ich Stimmen aus dem Vorhof. Als ich auf das Etagenbett kletterte und nach draußen blickte, sah ich Dutzende Menschen in einer Reihe stehen. Die Polizisten verhielten sich hektisch und riefen: »Holt eure Ausweise heraus und leert eure Taschen. Wenn wir irgendetwas bei euch finden, hat das Konsequenzen.« Alle legten den Inhalt ihrer Taschen auf den Boden. Ich erkannte Hüseyin Taze, İlhan, Nail und einige andere. Meine Augen blieben an dem Letzten in der Reihe hängen. Erst konnte ich es nicht glauben, aber es war Genosse

Cemil[8]. Er war sehr ruhig und hielt lässig die Hände hinter dem Rücken verschränkt. Er trug sogar einen Anzug, nur die Krawatte fehlte. Ich verspürte gleichzeitig Freude und Trauer. Ein weiteres Mal dachte ich: »Wäre doch bloß anstelle von Şahin Cemil verhaftet worden, dann hätte der Feind nicht die ganzen Informationen bekommen.« Das war natürlich Unsinn. Schließlich wirkte es sich negativ auf den Kampf aus, wenn Kader in Gefangenschaft gerieten.

Die Polizisten waren damit beschäftigt, die Ausweise zu kontrollieren. Ab und zu betrat einer von ihnen das Gebäude und kehrte wieder in den Hof zurück. Einige blickten zum Fenster des Nebenraums. Offenbar erhielten sie Zeichen von drinnen. Innerlich flehte ich, dass Cemil nicht verhaftet werden würde. Der Gedanke an Şahin machte mich verrückt.

Nach einer Weile wurde eine Gruppe abgesondert. Darunter befanden sich Hüseyin, Nail, İlhan und Ercan. Die anderen wurden aufgefordert, wieder in die Autos zu steigen. Den Polizisten wurde der Befehl erteilt, sie ins Zentrum zu bringen. Was bedeutete das? Würden sie frei gelassen werden? Offenbar war Cemil nicht erkannt worden. Er hatte ständig zur Seite geblickt. Vielleicht hatte sich auch bei den Verrätern das Gewissen geregt und sie hatten nichts gesagt. Alles war möglich.

Nachdem auch die Neuzugänge angegeben hatten, mich zu kennen, wurde ich noch am gleichen Tag zum Verhör geholt. Die Polizisten waren bester Stimmung. »Wir haben sie erwischt, sowohl Cemil Bayık als auch Hüseyin Topgüder. Sie singen wie die Nachtigallen. Du leistest ganz umsonst Widerstand«, sagten sie. Hätte ich gewusst, dass Cemil Elazığ bereits verlassen hatte und sich in Sicherheit befand, hätte ich geantwortet: »Ihr Spatzenhirne, Cemil ist längst weg, ihr habt ihn laufen lassen.« Das wäre eine wundervolle Methode gewesen, um sie wahnsinnig zu machen. Mühsam hielt ich mich zurück. Jetzt war noch klarer geworden, wieviel sie logen. Dinge dieser Art behaupteten sie oftmals. Auch wenn ich ihnen nicht glaubte, konnte ich es niemals ganz ausschließen, und so blieb immer die Ungewissheit.

pir ahmet fiel im krankenhaus

Die Tage vergingen mit Verhören und Folter. Die Festnahmen brachen nicht ab. Offenbar nahmen sie inzwischen alle mit, die ihnen irgendwie

8 Cemil Bayık, heute Kovorsitzender der KCK

verdächtig erschienen. Die UKO[9]-AnhängerInnen waren etwas besonderes. Da reichte schon die Ähnlichkeit eines Namens oder eine sehr entfernte Verbindung. Eines Tages brachten sie einen Mann aufgrund eines ähnlichen Namens her. Wir wussten nicht, wie lange er schon da und wie stark er gefoltert worden war. Jetzt folterten sie ihn einen ganzen Tag lang nackt draußen vor unserem Fenster. Es war keine Sitzung mit Stromschlägen, Aufhängen und Bastonade. Sie taten einfach unmenschliche Sachen mit seinen Organen und seinem gesamten Körper. Sie taten alles, was einen Menschen erniedrigen und entwürdigen kann. Danach ließen sie ihn liegen. Es war nicht eindeutig, ob er noch lebte oder bereits tot war. In jener Zeit kam es auch zu Todesfällen. Es gab zum Beispiel einen Mann, den sie frei ließen, weil sie wussten, dass er nicht überleben werde. Sobald er sein Zuhause erreichte, starb er. Später wurden viele solcher Vorfälle bekannt.

In der Zeit, als wir festgenommen wurden, gab es einen Angriff auf Musa Duman, einen Arzt aus dem Staatskrankenhaus. Er wurde dabei verletzt. Aufgrund dieses Vorfalls gab es mehrere Festnahmen. Der Arzt war ein Faschist. Er hatte Pir Ahmet Solmaz, einem Revolutionär der TİKKO, der bei der Folter ins Koma gefallen war, attestiert, gesund zu sein, und damit die Polizisten von jeder Schuld frei gesprochen. Pir Ahmet war dann im Krankenhaus gestorben und es wurde eine Racheaktion durchgeführt. Auch bei diesem Vorfall wurde versucht, irgendwem die Verantwortung dafür zuzuschieben.

Mit dem Verrat Şahins wurde die Folter intensiviert. Die Verhöre basierten jetzt hauptsächlich auf seinen Aussagen. Täglich wurde in dem Verhörraum neben unserer Zelle gefoltert. Şahin war woanders untergebracht. Von dort aus benachrichtigte er die Polizisten, dass er noch etwas vergessen habe und erneut vorgeführt werden wolle. Inzwischen wussten auch die anderen Freunde Bescheid. Natürlich hatten alle mehr oder weniger irgendetwas zugegeben. In diesem Gemütszustand konnten sie kaum über Şahin urteilen. Es gab aber noch einen Unterschied. Die Niedertracht, mit der er die Organisation verraten hatte, war nicht dieselbe wie die Schwäche, die die anderen gezeigt hatten. Diese Unterscheidung war wichtig, um Schlimmeres zu verhindern.

Zafer Karaosmanoğlu kam häufig in unsere Zelle, um seine »weiche« Form des Verhörs fortzusetzen. Er konnte gar nicht genug davon be-

9 Ulusal Kurtuluş Ordusu, türkisch für: Nationale Befreiungsarmee

kommen, über den Begriff »Progressivität« zu diskutieren. Über mich war bereits ausgesagt worden, dass ich Mitglied des Gebietskomitees, verantwortlich für das Frauenkomitee und die Propanda- und Agitationsarbeit sei, dass ich Versammlungen geleitet, anderen Aufgaben zugeteilt und am Kongress teilgenommen habe. Dennoch bestand ich weiterhin darauf, ein »progressiver, gebildeter Mensch« zu sein. Über Ayten hatte ich lediglich gesagt, dass ich sie aus der Nachbarschaft kenne. Später hatte ich noch gesagt, sie sei kleinbürgerlich und habe mit revolutionären Ideen nichts zu tun.

Hamili und Ayten hatten noch nicht ausgesagt, dass sich ihre Wohnung in Elazığ befand. Die Wohnung war eigentlich sicher, niemand kannte sie. Tagelang zerbrachen wir uns den Kopf darüber, ob sie wohl auffliegen werde. Nur Hüseyin und Şahin kannten sie. Bei Hamili oder Ayten war auch der Schlüssel gefunden worden. Sie hatten jedoch ausgesagt, aus Dersim gekommen zu sein. Einige Dinge hatten sie eingestanden, aber diese waren nicht besonders bedrohlich. Dennoch war ich besorgt. Ayten wurde von Zeit zu Zeit vorgeführt, aber nicht gefoltert. Das machte die wachhabenden Soldaten draußen wütend. Einer der Soldaten, die vor unserem Fenster Wache schoben, hieß Murat, er stammte aus Çermik. Mit den Worten »Ich bin auch Kurde« warf er mir ein Stück Brot durch das Fenster zu. Ich konnte kaum etwas essen. Das Essen war sehr schlecht, aber daran lag es nicht. Ich bekam einfach nichts herunter. Murat wusste wohl nichts von diesem Essen, vielleicht wollte er auch nur einen Anlass für eine Kontaktaufnahme schaffen. Hauptsächlich aber wollte er mich warnen. Ähnliches sagte auch ein Soldat aus Serhat, ebenfalls ein Kurde: »Vertraue dieser Frau bloß nicht, sie ist ein Spitzel. Sie hat noch nicht einmal eine Ohrfeige bekommen. Sie bieten ihr Tee an und geben ihr Zigaretten. Außerdem geben sie ihr die Möglichkeit, sich mit ihrem Mann zu treffen. Die geht los und verpfeift dich! Erzähle ihr bloß nichts!« Ich entgegnete: »Nein, nein, ihr irrt euch, ich kenne sie. Sie ist kein schlechter Mensch.« Die Soldaten waren sich jedoch sehr sicher, ihre Beobachtungen richtig interpretiert zu haben.

Den Soldaten war natürlich nicht zu trauen, es war Vorsicht geboten. Bei einigen war es jedoch möglich, dass sie aufrichtig waren. Die beiden Soldaten aus Çermik und Serhat kamen vor allem, wenn sie gemeinsam Wachdienst hatten und ich allein war. Sie wechselten sich ab. Einer von ihnen hielt Wache, um den anderen nötigenfalls warnen zu können. Sie verhielten sich nicht übel und mein Zustand machte sie betroffen. Viele der Soldaten reagierten betroffen auf meine Schreie während der Folter. Manchmal konnten sie ihr Missfallen nicht verbergen und sagten: »Diese H...söhne! Was wollen die bloß von dir?«

Ich dachte lange darüber nach, ob ich Murat darum bitten solle, eine Botschaft nach draußen zu schmuggeln. In der Wohnung von Hamili und Ayten gab es ein Archiv, das unbedingt beseitigt werden musste. Die Wohnung lag im zweiten Stock und war von außen nicht zu erreichen. Ich hatte nicht viel Hoffnung, dass die übrig gebliebenen Freunde dafür sorgen würden. Metin der Taube wusste von dem Archiv. Ob er wohl die nötigen Maßnahmen treffen würde? Ich machte mir Sorgen. Am besten eignete sich Nadire. Für den Soldaten wäre es einfach, ihre Adresse herauszufinden. Schließlich bat ich ihn, eine kurze Botschaft an meine Verwandtschaft zu überbringen. Er willigte ein.

Die Wohnung befand sich im Stadtteil Raziye. Ich schrieb etwas wie: »Wie geht es meiner Tante Raziye? Ich vermute, es geht ihr nicht gut. Geht doch mal vorbei und kümmert euch um sie. Helft ihr beim Putzen der Wohnung, sie ist schließlich krank...« Ich ließ ein Stück des Papiers leer und legte außerdem ein Haar darauf, bevor ich es zuklebte. So konnte man sehen, ob der Brief geöffnet worden war. Der Soldat steckte das Papier in die Tasche und sagte: »Mach dir keine Sorgen, ich überbringe den Brief eigenhändig und bringe dir auch die Antwort.« Das war ein Trost. Es bestand auch kein Risiko, sollte der Brief entdeckt werden. Ich würde sagen, dass ich mit Nadire verwandt sei. Ich hatte auch ihren Namen geschrieben. Nach zwei Tagen bekam ich Antwort: »Mach dir keine Sorgen um deine Tante, wir haben sie besucht und ihr geholfen. Metin ist ins Dorf gefahren, mach dir auch um ihn keine Sorgen.« Das erleichterte und freute mich. Jetzt war es nicht mehr wichtig, ob die Wohnung aufflog oder nicht.

Eines Tages, als wir zur Toilette geführt wurden, kam ich schnell heraus und kehrte zur Zelle zurück, während der Wächter auf Ayten wartete. Ich nutzte die Gelegenheit und blickte aus dem Fenster auf die Seite, auf der Hamili und die anderen untergebracht waren. Der Korridor hatte eine L-Form. Die Freunde konnten es hören, wenn die Tür geöffnet wurden. Ohnehin beobachteten sie die Umgebung durch das Loch in der Tür und das Fenster. Es war ein schöner Zufall, durch das Fenster konnte ich Aytekin und Hamili an ihrem Fenster stehen sehen. Wir grüßten uns. Aytekin lachte. Hamili hielt sich zurück. Auch er lachte, aber dann sagte er: »Nach diesem Tag haben wir uns geschworen, dass sie dich nicht noch einmal vor unseren Augen foltern werden. Aber du hast uns auch arg beschimpft, vergiss das nicht!« Aytekin fügte hinzu: »Das war aber gut. Wir sind erst durch deine Verfluchungen wieder zu Verstand gekommen.« Schließlich meinte Hamili: »Sie ist unsere Schwester Seko, sie kann uns ruhig beschimpfen.« Ich sagte zu Hamili: »Die Wohnung ist gesäubert worden, weißt du das schon?« Er freute sich und fragte, woher ich das wisse. »Da war ein guter Soldat, dem habe ich eine Botschaft mitgegeben. Ich habe auch Antwort erhalten. Metin der Taube ist vermutlich untergetaucht.« Ich sprach in einem Atemzug. Beide waren unrasiert und sehr dünn geworden. Auch ihnen ging nahe, wie stark ich abgenommen hatte. »Pass gut auf dich auf, alles wird gut!«, sagten sie noch, dann ging ich weiter. Unsere gegenseitigen Blicke waren wohltuend gewesen. Trotz aller Fehler gab es zwischen uns noch die Wärme und das Vertrauen, die genossenschaftliche Beziehungen ausmachen.

Solche heimlichen Zufallstreffen taten mir gut. Folterten die Polizisten die ganze Nacht hindurch, war es manchmal morgens ruhig. Wir sprachen auch über Şahin. »Wir hören auch, was er erzählt«, sagten sie. Sie teilten mir mit, dass sie glaubten, er sei woanders hingebracht worden. Die Polizisten wollten uns im Unklaren über seine Lage lassen. Manchmal versuchten sie auch, eine Aussage, die nur von ihm stammen konnte, anderen anzuhängen. Ganz offensichtlich wollten sie ihn in jeder Hinsicht benutzen. Wir mussten wachsam bleiben.

hausputz

Bis zum elften oder zwölften Tag hielt ich trotz allem an der Rolle der »progressiven Intellektuellen« fest. Es waren keine Archive oder Schriftstücke beschlagnahmt worden. Zwar setzten sie auf Şahins Aussage, aber ich konnte immer weitere Ausflüchte finden. Schließlich gab Hamili jedoch zu, dass er eine Wohnung in Elazığ hatte. Bei der Durchsuchung wurden mehrere Schriftstücke in Fensterrahmen, Ofenrohren und ähnlichen Orten entdeckt. Darunter waren auch von mir handschriftlich verfasste Texte. Das eröffneten mir die Polizisten jedoch nicht sofort. Ein oder zwei Tage fragten sie nach, worum es in den Texten gehe und von wem sie stammen könnten. Es gab ohnehin nicht mehr viel aus unserem

Gebiet, das noch nicht gesagt worden war. Şahin hatte alles ausgesagt, was er wusste. Daraufhin waren Lagepläne angefertigt worden. Rıza hatte das gesagt, was von der unteren Ebene noch nicht bekannt war. Die meisten der Festgenommenen waren in irgendwelchen Komitees und Einheiten. Die Aussagen und die Namen der Festgenommenen ergänzten sich gegenseitig. Für den Feind war das sehr praktisch.

Unter den Schriftstücken befanden sich auch Texte über die Frauenarbeit. Es waren Recherchen über die soziale Struktur und die Situation von Frauen in Orten wie Çüngüş, Çermik und Siverek. Sie waren in Form von Berichten von Studentinnen aus der jeweiligen Region geschrieben worden. Über unsere Kontakte an den Schulen war bereits alles ausgesagt worden, soweit es bekannt war. Es fehlten nur noch die Vor- oder Nachnamen einiger, die vergessen worden waren. Es gab auch eine Namensliste, auf der die Nachnamen jedoch nicht vermerkt waren. Das war gut so. Ansonsten hätten sie viele der jungen Frauen von den Schulen hierher gebracht. Da die anderen über die Frauenarbeit nur ausgesagt hatten, dass ich dafür zuständig gewesen sei, wurde dieser Teil mir überlassen. Aber ich war fest entschlossen zu verhindern, dass auch nur eine einzige der jungen Frauen hierher verschleppt wurde. Diese Freude wollte ich den Polizisten nicht gönnen.

Ayten berichtete mir alles, was sie über die Wohnung erfuhr. Manchmal kamen die Polizisten, um uns psychologisch unter Druck zu setzen. Dabei entfuhr ihnen einiges über die in der Wohnung beschlagnahmten Gegenstände: »Jetzt ist die Wohnung aufgeflogen, die deinen angeblich unschuldigen Gästen gehört. Was ist da nicht alles gefunden worden! Das mit der Unterdrückung haben wir ja verstanden, aber warum sind Frauen dreifach unterdrückt?« Sie lachten. Offenbar hatten sie die Texte gelesen. Außerdem sagten sie: »Wir werden alle Mädchen aus dem Frauenkomitee festnehmen. Einige haben wir schon, vom Stadtteilkomitee.« Ich versuchte mich daran zu erinnern, was in der Wohnung gewesen war. Eigentlich ging ich davon aus, dass wir kaum Schriftstücke dort gelassen hatten, weil es zu riskant war. Ich wusste es jedoch nicht genau.

Einmal verlangten sie von mir eine Schriftprobe. Das hatten sie bereits ganz am Anfang getan. Meine Handschrift war gebeugt und das A war langgezogen. Einige Buchstaben stimmten überein, aber insgesamt gab es keine Ähnlichkeit. Sie nannten mir verschiedene Wörter aus den Texten, die sie gefunden hatten. Es brachte ihnen jedoch nicht viel. Es konnten auch nicht besonders viele Texte sein. Handschriftlich hatte ich vielleicht Namenslisten und Organisierungschemata aufgezeichnet, aber auch das hatte eher Ali Gündüz übernommen. Es gab eine schematische Aufzeichnung des Gebietskomitees. Es war eher eine Kladde. Eigentlich war es Unsinn, Schriftstücke aufzubewahren. Wir hatten die Inhalte ohnehin ans Zentralkomitee weitergeleitet und hätten sie im Kopf behalten können. Es war ein Fehler, der aus Unerfahrenheit und Unvorsichtigkeit resultierte.

In gewisser Weise waren auch die Polizisten unerfahren. Sie hatten einfach planlos angefangen herumzubohren. Hätten wir uns klüger verhalten, hätten wir zumindest verhindern können, dass die Schwäche Einzelner so große Auswirkungen hatte. Die psychologische Dimension von Verrat spielt eine wichtige Rolle. Der Feind profitierte vor allem von unseren internen Schwächen. Ansonsten war sein Vorgehen nicht besonders raffiniert. Sie setzten auf Brutalität und Folter und stellten plumpe Fragen. Mit der Zeit wurde die Angelegenheit jedoch ernster. Die Ermittlungen wurden mit neuen Einheiten ausgeweitet. Şahin fungierte dabei als Ratgeber. Er verriet einfach alles, was er wusste - und er kannte ja die meisten Betroffenen. Für die Polizei erleichterte er die Sache sehr.

Die fünfzehntägige Festnahmedauer war abgelaufen und weitere zwei Wochen wurden beantragt. Die Polizisten nutzten die Verlängerung als Drohung: »Wir haben euch in der Hand und lassen euch nicht laufen, bevor ihr alle singt wie die Nachtigallen.« Sie sprachen auch oft von einer Operation in Antep und sagten, sie hätten in Mardin, Diyarbakır, Urfa, Dersim und anderen Orten alle FreundInnen gefasst. Manchmal nannten sie sogar Namen, um ihre Lügen glaubhafter zu machen. »Mit der UKO ist es vorbei. Ihr wolltet also einen kurdischen Staat gründen? Wir haben sogar Apo erwischt, dem ihr doch so vertraut habt.« Ein anderer meinte: »Soll doch Apo kommen und euch retten. Aber der ist ja nur hinter Frauen und Luxusappartments her. Wie konntet ihr ihm trauen?« Damit widersprachen sie sich selbst.

Eines Tages wurden Ayten und ich gemeinsam zum Verhör geholt. In dem Raum befanden sich auch Hamili und Ali Gündüz. Ich begriff nicht sofort, welches Spiel hier gespielt wurde. Mit Hamili und Ayten war ich in einer Wohnung festgenommen worden. Ali war ich bisher noch nicht gegenüber gestellt worden. Ein einziges Mal hatten sie mich mit der Gruppe zusammengebracht, aber das hatte ihnen nichts gebracht.

Ich blieb auf der Türschwelle stehen und dachte: »Das ist wohl eine neue Form des Verhörs.« Dieses Mal waren meine Augen nicht vebunden. Ich sah Hamili fragend an. Die Polizisten beobachteten uns genau. Hauptakteur war wieder einmal Zafer Karaosmanoğlu:

»Kommt mal her. Jetzt guckt uns doch nicht so böse an. Die beiden haben selbst darum gebeten. Hamili wollte seine Frau treffen und Ali dich.«

Ich entgegnete: »Worüber sollte ich mit jemandem sprechen, den ich nicht einmal kenne?« Ich versuchte ruhig zu bleiben und zu begreifen, was hier ablief.

»Aber er kennt dich. Stimmt's, Ali?« sagte er. Ali ergänzte: »Komm Sakine, setz dich. Ich möchte mit dir reden.«

Erneut blickte ich Hamili an. Er war wie erstarrt. Auch Ayten war überrascht. Die Situation ähnelte weniger einem Verhör als vielmehr einem Besuch. Was sollte ich tun? Sollte ich sagen, dass es nichts zu reden gebe, und hinaus gehen? Oder sollte ich die Vorteile meiner Rolle als »progressive Frau« nutzen und ohne weitere spitze Ausfälle versuchen zu begreifen, was hier vor sich ging?

Ali wiederholte: »Ich war es, der dieses Treffen gefordert hat.« Auf zaza sagte er: »Komm, wir müssen reden.« Ich wandte mich erneut an die Polizisten und sagte unschuldig: »Was ist das jetzt wieder für ein Spiel? Ihr kommt dauernd mit neuen Leuten an, die merkwürdige Sachen behaupten. Deshalb kann ich euch nicht trauen.«

Unwillig setzte ich mich. Ali zögerte, als ob er nicht wisse, wie er anfangen solle: »Lass uns ein bisschen reden. Offenbar weißt du nichts von den Entwicklungen. Şahin hat gestanden. Der erste von uns, der gestanden hat, war Rıza. In der Wohnung sind Schriftstücke gefunden worden. Für einige davon haben wir die Verantwortung übernommen. Wir mussten einige Sachen zugeben, die keinen weiteren Schaden anrichten. Auch was dich betrifft, ist alles gesagt worden. Wir haben angegeben, dass wir im gleichen Komitee gearbeitet haben. Du solltest dich vor allem mit Frauen beschäftigen, diese Aufgabe hast du gerade erst übernommen.« In diesem Stil fuhr er fort.

Was sollte das? War das etwa kein Geständnis? Bestätigte er auf diese Weise nicht einfach Şahins Aussagen? Ich wurde wütend und meine Stimme lauter. Die Polizisten am Tisch taten so, als ob sie das alles nicht interessiere, hielten jedoch in dem großen Raum ihre Augen und Ohren auf uns gerichtet. Ali redete weiter:

»Die Polizei will dich für besonders viele Sachen verantwortlich machen. Sie werden dich nicht in Ruhe lassen. Wir können doch einige Sachen zugeben und auf diese Weise die Organisation verteidigen.« Ich entgegnete: »Wie verteidigt man denn die Organisation? Auf diese Weise? So willst du die Organisation verteidigen? - Ich werde eine politische Verteidigung machen. Alle stehen unter dem Einfluss von Şahins Verrat. Der Feind behauptet ständig, die Organisation existiere nicht mehr. Viele der Freunde haben gewisse Schwächen gezeigt und lassen sich von dieser psychologischen Kriegsführung beeinflussen. Nein, ich werde die Organisation offen verteidigen. Alles andere ist jetzt nicht mehr wichtig. Ohnehin sind alle organisationsinternen Geheimnisse verraten worden. Es spielt überhaupt keine Rolle, ob ich im Komitee bin oder nicht. Es ist mir völlig gleichgültig, was alles über mich ausgesagt wird.«

Ali dachte wohl, ich sei verrückt geworden, und sagte lediglich: »Wie du meinst.« Die Polizisten machten einen unzufriedenen Eindruck. Sie hatten mitbekommen, dass wir uns stritten und hier keine freundliche Unterhaltung ablief. Ich stand auf und sagte, dass ich in meine Zelle zurück wolle. Ayten kam später nach. Gemeinsam analysierten wir das Treffen. Die Polizisten hatten uns reingelegt. Was dem Feind mit der Folter nicht gelang, versuchte er auf höfliche Weise zu erreichen. Die Polizisten waren nicht dumm. Ayten war Hamilis Frau, natürlich versuchten sie, sie gegen Hamili zu benutzen. Sie drohten oft mit Vergewaltigung. Das war die wichtigste Waffe beim Verhör. An die Drohung, »einen Knüppel reinzustecken«, hatte man sich längst gewöhnt.

Ayten sagte, auch Hamili habe gewisse Dinge zugegeben. Er sei kaum in Elazığ, sondern mehr unterwegs gewesen. Ayten habe unter meiner Leitung gearbeitet. Er wisse nichts von den Texten, die in der Wohnung gefunden worden seien, davon wüssten nur Ali, Metin und ich. Es ging nicht darum, dass einige möglichst heil aus der Sache herauskamen. Es ging darum, die organisatorischen Verbindungen zu schützen und alle Freunde zu retten. Die Angelegenheit nahm einen bösen Verlauf an.

der verrat breitet sich aus

Die Polizisten gaben uns Fragebögen und forderten schriftliche Aussagen von uns. Ob wir wohl der Staatsanwaltschaft vorgeführt werden sollten? Sollte das Verfahren schon zum Abschluss gebracht werden?

Die Entwicklungen deuteten eher auf eine Verlängerung der Verhörphase hin. Ständig fanden Operationen und Razzien statt. Die Leute aus anderen Gruppen wurden meistens schnell wieder frei gelassen. Einmal wurden Studierende und LehrerInnen aus Hozat und Çemişgezek hergebracht. Darunter waren auch Frauen, die meisten wurden frei gelassen. Die Polizei konzentrierte sich mehr auf unsere Leute. Die Fragen, die wir beantworteten sollten, waren merkwürdig. Sie fragten nach unseren Familien, der Anzahl unserer Geschwister, unserer Stellung innerhalb der Organisation, dem Zweck der Organsition, wen wir angeworben hatten und einiges mehr. Für meine schriftliche Verteidigung erschien es mir sicherer, sie selbst mit der Hand zu schreiben. So konnte nichts verändert oder hinzugefügt werden. Im schlimmsten Fall würden sie sie zerreißen. Das war nicht so wichtig. Ich konnte die Gelegenheit nutzen, um die Ziele der Organisation zu verteidigen und klar zu stellen, dass ich eine Revolutionärin war.

Sie fragten auch öfter nach, warum ich mich von meinem Mann getrennt hatte. Oftmals behaupteten sie: »Die Organisation hat die Trennung durchgesetzt, du musst sehr wichtig sein innerhalb der Organisation.« Ich sagte, ich habe auf Wunsch meiner Familie geheiratet, dann eine Weile in İzmir gelebt und mich schließlich getrennt, weil wir uns nicht verstanden hätten. Sie hielten an diesem Punkt fest und forderten sogar bei der Polizei in İzmir mein Vorstrafenregister an. So kam heraus, dass ich aufgrund von Arbeiterstreiks zwei Mal festgenommen worden und eine Zeitlang im Gefängnis gewesen war. Ich hatte ja ohnehin angegeben, ein progressiver Mensch zu sein. Da war es nur natürlich, dass ich mich gegen Ungerechtigkeit wehrte. Auch in dem Fragebogen fragten sie erneut, warum ich mich von meinem Mann getrennt habe. Diese schriftliche Aussage war bindend. Was ich hier zu Protokoll gab, musste ich gut durchdenken. Die Polizei sollte es nicht gegen uns verwenden können, gleichzeitig wollte ich die Organisation als eine Sympathisantin verteidigen.

In meinem Lebenslauf schrieb ich kurz: »Mein Vater ist Arbeiter in Deutschland. Meine Geschwister gehen zur Schule und zur Universität.« Damals wusste ich noch nicht, dass mein Bruder Metin Ende April gemeinsam mit Doğan festgenommen worden war. Ich glaube, Mustafa Yıldırım war auch dabei. Es war zu einer Schießerei gekommen und er war verletzt worden. Das erfuhr ich erst später. Die Festnahmen blieben aber auf die drei beschränkt. In dieser Hinsicht war es von Vorteil, dass sie in Erzincan aufgeflogen waren.

Meine Mutter Zeynep hatte mir im April, als ich wegen der Scheidungsformalitäten in Dersim war, von ihren Träumen erzählt. Später hatte sie noch einer Freundin eingeschärft: »Sie soll bloß gut auf sich aufpassen, ich träume in letzter Zeit sehr schlecht. In meinen Träumen ist sie immer in Bedrängnis.« Diese Frau hatte einen unglaublichen siebten Sinn! Jetzt war das eingetroffen, wovor sie sich die ganze Zeit gefürchtet hatte. »Mein Sohn ist auch weg gegangen. Fürchtet ihr euch nicht vor Allah? Andere Kinder machen von Zuhause aus ihre revolutionäre Arbeit. Ihr seid beide weg. Das geht doch nicht«, jammerte sie. Da sie ständig an uns dachte, waren wir auch in ihren Träumen präsent. Wir machten uns darüber lustig und sagten: »Sie ist eben vom Stamm der Kureyş.« Aber letztendlich waren ihre Träume wahr geworden.

Bei der Frage »Seit wann bist du bei der UKO?« stellte ich gründliche Berechnungen an. Ich wollte weitere Fragen vermeiden.

»Ich ging nach İzmir und kehrte für die Scheidungsformalitäten wieder zurück. In dieser Zeit wohnte ich bei meiner Mutter. Ich bekam ein Flugblatt der Kurdistan-Revolutionäre in die Hand. Mich hat vor allem der Mord an Haki Karer beeinflusst, also die Tatsache, dass er kein Kurde war und trotzdem für die kurdische Sache eintrat. So entwickelte sich bei mir Sympathie. Ich nahm an offenen Seminaren teil. Da ich Interesse zeigte, wurde sich um mich gekümmert. Ali Haydar Kaytan sprach mit mir. Später bin ich nach Elazığ gegangen und habe eine Wohnung gemietet. Es ist meine Wohnung. Dann hat mich Ali Gündüz gefunden. Ich bin im April aus Dersim gekommen.« Ich schrieb alles so auf, wie wir es abgesprochen hatten.

Es musste glaubhaft sein. Wir hatten die letzte Wohnung irgendwann im März angemietet und waren nur ab und zu dort gewesen. Sollte der Vermieter befragt werden, würde kein großer Widerspruch entstehen, da sich die Aussagen ähneln würden.

Ich schrieb weiter, ich habe Bücher gelesen und auch die *Serxwebûn*[10]. »Da ich noch nicht lange hier bin, kenne ich die Gegend und ihre Menschen nicht gut. Nadire und ihre Familie habe ich kennengelernt, weil sie mit Metin Turgut verwandt sind. Ich bin zu einem Beileidsbesuch gegangen.« Zu diesen Namen musste ich mich äußern, weil ständig danach

10 Kurdisch für: Unabhängigkeit, Zeitung der PKK

gefragt wurde. Daraus konnte ich schließen, dass von den Menschen, um die ich mich bemüht habe, nur diese wenigen Namen bekannt waren. Über Ayten sagte ich, sie sei keine Revolutionärin, zeige kein Interesse und ich hätte mich lediglich ein wenig um sie gekümmert. »Da ich selbst eine Frau bin, war es passend, dass ich unter Frauen Propagandaarbeit mache. Ich war gerade erst dabei, die Gegend kennenzulernen, da bin ich auch schon ohne etwas unternommen zu haben festgenommen worden. Die Organisation verfolgt das Ziel, ein unabhängiges, vereintes, freies, demokratisches und wohlhabendes Kurdistan zu gründen. Unser Land ist eine halbfeudale Kolonie. Aus diesem Grund werden wir eine demokratische Revolution gegen die türkische Kolonialisierung als unseren Hauptfeind und ihre lokalen Kollaborateure durchführen. Diese Revolution wird auf dem Bündnis der Arbeiter und Bauern beruhen. Die Arbeiterklasse wird dabei eine Führungsrolle spielen ...«

Beim Schreiben steigerte ich mich in Begeisterung und fühlte mich dabei, als ob ich dem Feind und Şahin zum Trotz meine Überzeugungen herausschreien würde: »Das und das sind unsere Ziele, und sie werden eines Tages Wirklichkeit werden!« Ich wünschte mir, sie würden nur solche Fragen stellen.

Es gab auch Fragen wie: »Glaubst du an die Ziele der UKO?« Sie stellten diese Fragen sehr bewusst. Mit anderen Fragen wollten sie anscheinend provozieren: »Wie sehen Sie den Staat Republik Türkei`? Was sagen Sie zu den Sicherheitskräften?« Die Fragen hörten nicht auf: »Woher bekommt die Organisation Geld und Waffen? Mit wie vielen Personen leben Sie in der Organisationswohnung?« Die letzte Frage war allerdings die interessanteste und sie war sehr bewusst gestellt: »Bereuen Sie?« Ich antwortete: »Bis jetzt habe ich nichts getan, was ich bereuen könnte.«

Meine Aussage bewegte sich in diesem Rahmen. Ich gab meine Verbindung zur Organisation zu und vermied dabei alles, was der Organisation, den FreundInnen und mir schaden konnte. Nachdem ich die Aussage abgegeben hatte, machten einige Polizisten von der Tür aus Sprüche: »Du hast doch behauptet, du wärst bloß ein progressiver Mensch? Wir wussten ja von Anfang an, wer du bist. Aber du hast gar nichts geschrieben, wir haben diese Aussage zerrissen. Wir sind ja nicht blöd.« Es waren die Polizisten, die eher für die brutale Folter zuständig waren. Die anderen, die die eigentlichen Ermittlungen durchführten, verhielten sich bedächtiger. Zafer Karaosmanoğlu und ein Polizist namens Mehmet, wollten immer diskutieren. Sie hatten mir sogar erzählt, dass sie die *Serxwebûn* lesen würden. Dabei hatten sie Schwierigkeiten, das Wort auszusprechen. Sie sprachen es auf merkwürdige Weise falsch aus, um mich dazu zu bringen, es richtig zu sagen. Aber auch ich hatte Probleme bei der Aussprache. Die FreundInnen machten sich manchmal darüber lustig und nannten es »vornehmes Kurdisch«.

Der Inhalt der Diskussion mit den Polizisten änderte sich mit der Zeit. Der Polizist Mehmet sagte sogar, er sei beeindruckt, es gebe aber weiterhin Sachen, die er nicht verstehe, und ich möge doch versuchen, ihn zu überzeugen. Damit versuchte er, meinen Bewusstseinsgrad zu messen. Sie waren so dumm! Als ob das noch wichtig gewesen wäre! Mir war es gleichgültig, wie sie meine Stellung innerhalb der Organisation bewerteten. Es änderte einfach nicht mehr viel. Ich diskutierte offen mit ihnen, aber es ging mir nicht darum, sie zu überzeugen. Schließlich stand ich dem Feind gegenüber und sie behaupteten sowieso ohne Unterlass, die Organisation sei am Ende. Ihrer Ansicht nach bestand die Organisation im wesentlichen aus Şahin und mit seinem Verrat war auch die Organisation zerschmettert. Das war der Trumpf, den sie einsetzten. Eigentlich wussten sie es selbst besser. Es handelte sich um einen Krieg und sie wussten ihre vorteilhafte Position zu nutzen. Wir hatten nur unsere Ideologie, unsere Überzeugungen und ich hatte keine Bedenken, sie bei jeder Gelegenheit lautstark herauszuschreien.

Ich verfluchte mich nicht mehr selbst, wie ich es in den ersten Tagen getan hatte. Vielmehr versuchte ich, mich ständig bei guter Stimmung zu halten. Das verlangten die Entwicklungen von mir. Ja, es hatte ein Verrat stattgefunden. Şahin Dönmez hatte sehr schnell Verrat geübt und alles erzählt, was er wusste, unsere gesamte organisierte Arbeit verraten. Viele FreundInnen wurden davon negativ beeinflusst, aber der Kampf ging mit vielen anderen Kadern weiter. Verrat, Geständnisse unter Folter waren Schwachstellen, die Zerstörungen anrichteten, aber nicht die gesamte Organisation bedrohten. Ich hielt an meiner Überzeugung fest, dass die FreundInnen draußen die notwendigen Vorsichtsmaßnahmen treffen würden. Natürlich hatte ich dennoch Angst. Genosse Cemil wäre beinahe gefangen genommen worden. Vielleicht gab es auch andernorts Festnahmen. So schlimm wie in Elazığ konnte es jedoch nirgendwo sein. Daher blieb nur die Alternative, sich angesichts der Realität stark zu zeigen und nicht zusammen zu brechen.

»du wehrst dich ganz umsonst«

Ich schrieb Textausschnitte und Parolen an die Wände und die übertünchten Fenster unserer Zelle. Genosse Fuat[11] hatte im Gefängnis das Gedicht »Ich war ein Mensch« und einige gute Analysen geschrieben, die ich auswendig gelernt hatte. Vor allem einen Ausschnitt hatte ich mir gemerkt:

»... Es stimmt, wir sind Lebewesen, die aus Schwachpunkten entstanden und fähig sind, sich fortzupflanzen und zu entwickeln. Ihr aber seid erfolglose greise Jungfern, die behaupten, aus der Tugend hervorgegangen zu sein, und dabei verrotten.

Wir schwören bei unseren Gefallenen, selbst wenn wir nur eine winzige Gruppe sind, wir werden kämpfen, bis Kurdistan die Unabhängigkeit erreicht hat.«

Dieser Schwur wurde im Knast oft an die Wände geschrieben, für Flugblätter verwendet, in Foren vorgetragen und von vielen FreundInnen auswendig gelernt. Vielleicht konnte in dem Moment niemand diese Worte lesen, dennoch tat es gut, sie für sich selbst zu wiederholen, den Glauben daran aufzufrischen, ihren Inhalt im Herzen zu bewegen und irgendwo einzuritzen, als ob man sie herausschreien würde. Daraus konnten wir in dieser abstoßenden Atmosphäre Kraft schöpfen. Es war die stille Verewigung von Worten voller Hoffnung und Kampfesmut.

Die Verhöre liefen unterdessen weiter.

»Auch İbrahim Kaypakkaya hat gesungen wie eine Nachtigall, obwohl über ihn Propaganda gemacht wurde, er sei lieber gestorben, als Verrat zu begehen. Willst du auch so sein? Wir haben sämtliche Informationen über dich. Wir haben auch Apo gefasst, er ist unten im Keller. Wir können ihn herbringen, wenn du uns nicht glaubst. Auch er hat gesungen wie eine Nachtigall, warum spielst du hier immer noch die Heldin?«, sagte einer der Polizisten. »Dann bringt ihn her«, entgegnete ich. »Was wirst du tun, wenn wir ihn tatsächlich vorführen?« - »Dann wird er mir Quelle der Kraft und Inspiration sein«, sagte ich. Daraufhin änderte sich der vorgetäuscht freundliche und gleichzeitig triumphierende Gesichtsausdruck des Polizisten. Er presste die Lippen zusammen und verzog wütend das Gesicht. Gleich würden sie angreifen. Egal, es tat mir gut, sie wütend gemacht zu haben. Sollten sie doch tun, was sie wollten. Als der

11 Ali Haydar Kaytan

Knüppel meinen Kopf traf, geriet ich ins Schwanken. Danach bekam ich eine Ohrfeige. Der Polizist sagte: »Guckt euch die Schlampe an, sie will uns drohen!« Ich sagte in scharfem Tonfall: »Hör auf, mich zu beschimpfen!« Zafer Karaosmanoğlu mischte sich ein: »Hört auf, Frau Sakine zu beschimpfen.« Er nannte mich meistens »Frau Sakine«. Er hielt an seiner Rolle des guten Polizisten fest.

Ein anderer sagte: »Du wehrst dich hier ganz umsonst. Was versuchst du immer noch zu verteidigen? Das war's mit der Organisation. Es sind noch ein paar von euren Leuten draußen, wenn wir die auch noch erwischen, ist die Angelegenheit erledigt. Wir sind ihnen auf den Fersen.«

Als ich entgegnete, »Auch wenn alle hier Verrat üben, wenn ihr alle festnehmt, wenn nur Apo bleibt, reicht das aus«, kehrte für einen Moment Schweigen ein. Alle blickten mich merkwürdig an. Dann taten sie so, als würden sie meine Worte nicht ernst nehmen. Auch dabei handelte es sich um eine Taktik.

Dann ging es weiter. Einer der Polizisten las etwas von einem Blatt ab: »Die Versammlung fand im Dorf Fis statt. Daran teilgenommen haben Haydar, Duran, Resul...« Ein anderer unterbrach ihn: »Warte mal, sie ist doch bloß Sympathisantin und ganz neu in der Organisation. Sie hat doch gerade erst begonnen, ein oder zwei Mädchen gegenüber Propaganda zu machen. Sie kann das gar nicht verstehen.« Sie machten sich über mich lustig und brachen in schmutziges Gelächter aus. Zafer Karaosmanoğlu betrachtete meinen Gesichtsausdruck. Er wollte meine Reaktion prüfen. Dieses Thema griffen sie erstmalig auf. Vermutlich würden die Ermittlungen in dieser Richtung weiterlaufen. Şahin hatte mich anscheinend auf der Liste gelassen. Die Polizisten lasen meinen Namen bewusst nicht vor. Ich interpretierte ihr Verhalten dahingehend, dass sie auf eine Schwäche meinerseits warteten, um dieses Thema fortzusetzen.

Der Feind hielt sich weiterhin bedeckt, was das Ausmaß von Şahins Verrat anging. Eines Tages herrschte Bewegung im gesamten Gebäude. Es ging das Gerücht um, dass jemand im Keller einen Selbstmordversuch unternommen habe. Die Wächter und Soldaten brüllten sich gegenseitig an. Ich bekam Angst und sah Ayten an. Gleichzeitig fragten wir uns gegenseitig: »Wer kann es sein?« Ob sie jemanden zu Tode gefoltert hatten und die Tat als Selbstmord vertuschen wollten? Nein, nein, Hamili konnte es nicht sein. Aytekin? Oder wer sonst? Solche Momente der Ungewissheit waren wie Folter. Oder wurde dieses Gerücht bewusst gestreut?

»Der Keller ist überfüllt«, sagten die Soldaten. Es waren auch Menschen aus anderen Gruppen hergebracht worden, unter anderem von *Aydınlık*. Interessant war die Festnahme von Adil Turan, einem Journalisten. In jener Zeit hatte die PDA uns den heiligen Krieg erklärt. Sie verhinderten die Verteilung unserer Zeitung in Siverek, Hilvan, Batman und anderen Orten und benahmen sich wie die Laufburschen der Kolonialisten. War der Journalist hierher gebracht worden, um über Şahins vermeintlichen Widerstand und Selbstmordversuch zu berichten? Es gab auch Festgenommene von *Halkın Kurtuluşu*, *Kawa*, *TİKKO*, *Dev-Yol* und *Dev-Sol*. Einige hatten unmittelbar nach ihrer Freilassung Propaganda für Şahin gemacht. Schließlich gab es bereits viele Festnahmen bevor Şahin erwischt worden war. Es hatte Geständnisse gegeben und Wohnungen waren verraten worden. Offenbar war der Plan, die von Şahin erhaltenen Informationen auszuwerten und ihn bei einer Operation dafür zu benutzen, weitere Freunde festzunehmen. Wir analysierten alle Informationen, die wir bekamen. Es war in der Zelle wichtig für uns, die Machenschaften des Feindes zu durchschauen.

Ob die FreundInnen wohl über alles Bescheid wussten? Diese Frage stellte ich mir immer wieder. Ich machte mir auch ein wenig Sorgen, dass den Gerüchten über Şahins angeblichen Widerstand und Selbstmordversuch Glauben geschenkt werden könnte. Aber nein! Aus dem Vorgehen des Feindes konnte geschlossen werden, dass Şahin die Informationsquelle war. Die Geschichte von seinem Suizidversuch war einfach Unsinn. Wie wurde er denn angeblich gerettet? Handelte es sich um eine Aktion, deren Ziel der Erfolg war, hätte sie auch zum Abschluss gebracht werden müssen. Wie auch immer, nicht die gesamte Organisationsstruktur der Region war aufgerieben worden. Dennoch waren die Geständnisse umfangreich und es mussten organisatorische Vorsichtsmaßnahmen getroffen werden.

Es traf eine neue Mannschaft ein, die offenbar über mehr Einfluss und Kompetenzen verfügte. Tag und Nacht machten keinen Unterschied. Wir konnten ohnehin kaum schlafen und essen. Trotzdem fühlte ich mich erstaunlich agil. Ich gab nicht auf. Der Hass gab mir Kraft und die Wut hielt mich auf den Beinen. Das änderte vielleicht nichts am Ergebnis, aber wenigstens bekam der Feind nicht, was er wollte. Die notwendigen Informationen hatte er ohnehin schon bekommen. Das war von folgenschwerer Bedeutung. Es war ein harter Schlag, dass nun die Organisationsstruktur und die Kontakte bekannt waren. Optimismus war nicht angebracht. Verluste waren nicht nur durch physische Vernichtung gekennzeichnet. Die organisatorische Struktur war angeschlagen. Dennoch verlor ich keine Sekunde lang die Hoffnung oder das Vertrauen. Niemals war ich so pessimistisch, dass ich dachte: »Alles ist vorbei.« Şahin war nicht alles und auch eine Region war nicht alles. Mich hielt die Hoffnung auf den Beinen, dass wir diese Phase überstehen würden. War das wirklich leeres Heldentum? Zeugte meine Selbstsicherheit von einer verkehrten Geisteshaltung, da doch dem Feind alle Informationen geliefert worden waren? Nein! Dennoch hatte ich Ängste und Sorgen. Şahin wusste oder ahnte normalerweise, wo die FreundInnen sich gerade aufhielten. Sollten sie keine Vorsichtsmaßnahmen getroffen haben, könnte hieraus ein großes Unglück entstehen. Der Feind hatte unsere Strukturen und unsere auf die Zukunft ausgerichteten Taktiken zu schnell und zu einfach aufgedeckt.

Ich hatte nicht den geringsten Zweifel mehr an Şahins Niedertracht. Bei den Verhören herrschte mittlerweile ein ziemliches Durcheinander. Die Foltermannschaften arbeiteten inzwischen wie in der Fabrik im Schichtdienst. Die Nachtschicht übergab das Verhör an die Tagschicht. Eines Nachts jedoch fand ein besonderes Verhör statt. Es schien so, als finde ein Wettbewerb zwischen der Mannschaft, von der es hieß, sie sei aus Ankara angereist, und der vorherigen Truppe statt.

Der Wächter, der mich holen kam, machte einen merkwürdig verängstigten Eindruck. Normalerweise stampfte er mit seinen Halbschuhen auf den Boden und riss die Tür plötzlich mit großem Gepolter auf. Bei unserer Ankunft war nur eine Tür da gewesen, später hatten sie zusätzlich eine große Tür mit Eisenstäben eingebaut. Sie hatte ein riesiges Schloss. Jeder konnte es hören, wenn die beiden Türen aufgeschlossen wurden. Dieses unmittelbare Türöffnen war eine weitere beliebte Form der Folter. Um uns psychologisch unter Druck zu setzen und nicht zur Ruhe kommen zu lassen, kamen sie manchmal sogar mit großem Radau herbei, schlossen die erste Tür auf und gingen wieder weg, ohne die zweite Tür zu öffnen. Diesmal war es anders. Zeigte sich der Feind ängstlich, konnte das bedeuten, dass er begriff, dass es keine leichte Beute geben und es ihm nicht gelingen würde, ihr Gegenüber in die Falle zu locken. Folterer sind besonders widerlich, wenn sie armselig und hilflos sind. Sie wechseln dann zwischen stiller Aggression und aggressivem Schweigen hin und her. Als ich in den Raum kam, lief der neue Folterer auf und ab. Zu dem Wächter sagte er: »Geh raus und schließ die Tür.« Mein Blick fiel auf eine am Boden liegende Matratze. Andere Folterinstrumente konnte ich nicht sehen. Auf dem Tisch lag ein Haufen Papiere mit handschriftlich verfassten Texten. Außerdem stand ein Stuhl bereit.

Dabei handelte es sich wohl um den Angeklagtenstuhl. Wäre ein Magnetfeld sichtbar gewesen, hätte es ein elektrischer Stuhl sein können. Aber nein, das könnte einer alleine auch nicht bewerkstelligen. Einer musste die Stromstöße regulieren, ein anderer Fragen stellen und ein weiterer führte die Kabel über die Hände, die Füße oder irgendeine andere Stelle des Körpers spazieren. Wie würde dieses Verhör wohl ablaufen?

Ich fragte spontan: »Wieso schließen Sie die Tür?« In meiner Stimme war keine Angst. Es gelang mir, die Furcht, die ich innerlich verspürte, zu unterdrücken. Mein Tonfall klang eher, als fordere ich Rechenschaft. Ich konnte die Polizisten mittlerweile ganz gut einschätzen. Sie ließen sich davon beeindrucken, wenn man ihnen gleich zu Anfang das Gefühl gab, nicht alles mit einem machen zu können.

Er antwortete: »Was ist los, hast du Angst? Es ist kalt, deshalb bleibt die Tür geschlossen.«

Ich entgegnete: »Nein, es ist nicht kalt, sie soll offen bleiben. Und warum sollte ich Angst haben?« Meine Stimme war jetzt etwas ruhiger.

»Wir wollen uns ein bisschen unterhalten. Ich möchte dich kennenlernen«, sagte er, während er mich von oben bis unten musterte. An seinem schmutzigen Grinsen konnte ich erkennen, dass er betrunken war. Als er näherkam, roch es nach Rakı. Er ging weiter auf und ab. Bei jeder Wendung beobachtete er mich aus den Augenwinkeln. Offenbar wollte er prüfen, wie ich auf die Situation reagiere.

Ich begriff immer noch nicht, was der Zweck dieses nächtlichen Verhörs war. Schließlich ging er zum Tisch und las einige Ausschnitte eines Textes vor. Es ging dabei um die Versammlung in Ankara-Dikmen, um Ağrı, den Verdacht gegen Mehmet Turan und um Celal Aydın. Es waren Aussagen von Şahin.

»Wusstest du davon?« fragte er.

»Das geht mich nichts an«, sagte ich.

»Soll ich auch vorlesen, was über dich gesagt wird?« fragte er. Ich verneinte und versuchte dabei den Anschein zu erwecken, dass es mich nicht interessiere und unwichtig sei. Innerlich wünschte ich mir jedoch, er möge weiterlesen. Natürlich wollte ich wissen, was da noch stand. Er las jedoch nicht weiter und streckte sich stattdessen auf der Matratze aus. Aufgestützt auf seinen Ellenbogen betrachtete er mich. Schließlich richtete er sich halb auf und fragte, ob ich verheiratet sei. Er begann, mit seinen Geschlechtsorganen zu spielen, richtete sich auf, legte sich wieder hin und sagte: »Vermisst du es?«

Ich verbarg mein Missfallen nicht, woraufhin er sich offenbar auch unbehaglich fühlte. Das hatte ich bezweckt. Ich ahnte, was er versuchte. Sie hatten oft damit gedroht, mich zu vergewaltigen oder »einen Knüppel reinzuschieben«. Er sagte jedoch nichts dergleichen. Ich bereitete mich auf einen möglichen plötzlichen Angriff vor. Der Folterer jedoch war ein Angsthase. Ich kam ihm zuvor: »Was soll das hier werden? Ich bin Revolutionärin und habe meine Überzeugungen bewusst gewählt. Sie machen meine Ehre aus. Mit Flüchen, Folter und Vergewaltigung können Sie gar nichts erreichen. Sie irren sich, wenn Sie das glauben. Machen Sie doch, was Sie wollen! Sie können mich jedoch nicht alleine verhören. Außerdem sind Sie betrunken. Ich kenne Sie alle, Zafer Karaosmanoğlu, Mehmet Yılmaz, Kerim…«. Ich zählte noch einige weitere Namen auf, die ich zuvor auf der an der Tür aufgehängten Liste gelesen und auswendig gelernt hatte. Das hatte mir früher bereits genützt. Die Folterer gerieten in Panik, wenn ich ihre Namen nannte: »Wir lassen dich nicht am Leben, du bist so gut wie tot. Vergiss nicht, dass wir dich in den Händen haben, du wirst jahrelang sitzen. Du hast auch keine Freunde mehr, die dich rächen könnten.« Dennoch änderte sich damit der Verlauf der Verhöre. Einige von ihnen taten dann sogar plötzlich ganz freundlich.

Auch dieser Typ richtete sich sofort auf und bemühte sich, mich zu besänftigen: »Nein, nein, verstehen Sie das nicht falsch. Wir reden doch nur freundlich miteinander. Du verstehst es bloß nicht, wenn dir jemand Gutes tun will. Ich habe doch gar nichts gemacht! Ich bin kein Folterer oder so etwas, ich bin Beamter dieses Staates. Ich verteidige die Republik Türkei. Auch ich habe eine Meinung. Wenn dir das hier unangenehm ist, kannst du gehen.«

Ich freute mich über mich selbst. Begriff man erst, wie diese Idioten tickten, konnte man sich ganz einfach auf ihre psychische Verfassung einstellen und ihnen Grenzen aufzeigen. Man konnte sie dazu bringen, nur noch brutale Schläge auszuteilen oder selbst das verhindern. Überlässt man alles der Initiative des Feindes und wartet ab, hat man von

Anfang an verloren. Beugt man sich von vornherein der Niederlage, wird es schwierig.

Ich weiß nicht mehr, wie viele Stunden es dauerte, aber als ich in die Zelle zurückkehrte, ging es Ayten noch schlechter als mir. Erschöpft hockte sie auf der Matratze. Sie hatte den Kopf auf die Knie gelegt und hielt ihre Beine umklammert. Als ich eintrat, sprang sie sofort auf und hielt mich fest, um mich zu untersuchen! Es war nichts passiert, ich war immer noch auf den Beinen! »Was ist geschehen, was haben sie mit dir gemacht? Ich hatte so eine Angst um dich«, sagte sie. Natürlich sah ich nicht besonders gut aus. Ich betrachtete mich in dem halbblinden Spiegel, der über dem Waschbecken in die Wand eingelassen war. Meine Lippen waren ausgetrocknet und ich hatte Ränder unter den Augen. Ich erzählte Ayten von dem Verhör. Sie freute sich und umarmte mich: »Diese hinterhältigen Mistkerle!«

der absturz der krankenschwester elif

Die zweite fünfzehntägige Festnahmefrist war fast abgelaufen. Zwar setzte niemand Hoffnung auf gesetzliche Fristen, dennoch herrschte Besorgnis, da eine Verlängerung bedeutete, dass der Feind weitere Fakten herausfinden wollte.

Ob die Parteigründung wohl inzwischen deklariert worden war? Es war zu erwarten, dass die Bekanntmachung mit größeren Aktionen einhergehen würde. Hatten die Festnahmen sich negativ ausgewirkt? Was sagten die FreundInnen wohl über uns? Wir wurden normalerweise als UKO bezeichnet, jedoch wusste der Feind, dass wir eine Partei gegründet und einen neuen Namen angenommen hatten. Mich quälte die Ungewissheit, da alle Fäden bei Şahin zusammen liefen. War sein Verrat aktuell oder ging das schon länger so? Es kamen immer neue Fragen auf. Wie konnte ich mich mit draußen in Verbindung setzen?

Das Viertel 1800 Evler lag abseits. Ob man wohl einen Weg nach draußen finden konnte? Fenster und Türen waren vergittert. Konnten die FreundInnen einen Überfall machen und uns hier herausholen? Dafür reichten schon drei bis fünf bewaffnete Leute. Der Feind erwartete so etwas nicht. Er war in Gedanken immer nur bei der Folter. Wie würde es weiter gehen?

Ich fand es selbst merkwürdig, dass ich unter diesen widrigen Umständen immer noch so optimistisch war. Mir tat allein die Vorstellung gut, von hier auszubrechen, auch wenn es nur eine Illusion war. Unmöglich war es jedoch nicht. Die Wächter waren hier aus der Gegend. Sie mussten nur über ein Gewissen verfügen, Ehre im Leib haben und bereit sein, ein Risiko in Kauf zu nehmen, dann wäre die Sache ganz einfach. Die Militärposten draußen stellten kein großes Hindernis dar. Ringsherum war freies Feld, es war möglich, in der Dunkelheit zu verschwinden. Ich liebte solche Tagträume.

Aufgrund des Vorfalls mit Celal Aydın kam es in Malatya zu weiteren Festnahmen, darunter war auch eine Frau. Sie hieß Elif Kartal, war Krankenschwester und wurde zunächst in unsere Zelle gebracht. In seinen Aufzeichnungen hatte Celal sie erwähnt. Sie stammte aus Adıyaman-Gölbaşılıydı, trug kein Makeup, hatte dicke Augenbrauen, geschwollene, schwarze Augen und eine Stupsnase. Ihre Haltung und ihre Sprechweise waren plump. Die Agilität einer Krankenschwester fehlte ihr. Sicher hatten die Polizisten auf dem Weg von Malatya bis hierher Druck auf sie ausgeübt. Sie trat jedoch immer noch wie eine Beamtin auf. Da sie in der Gerichtsmedizin in Gülhane arbeitete, war sie an den Umgang mit Militärs und Polizisten gewöhnt. Sie hatte die Aura einer staatlichen Angestellten. Obwohl wir nicht begeistert von ihr waren, versuchten wir dennoch, ihr behilflich zu sein. Wir schärften ihr ein, sich nicht von den Polizeimethoden einschüchtern zu lassen. Ohne weiter auf Einzelheiten einzugehen, deuteten wir an, dass Celal ein Verräter sei und sie keinen Fehler begehen solle.

»Der Feind versucht, interne Widersprüche und Unstimmigkeiten zu benutzen. Es ist nicht richtig, irgendjemandem zu schaden. Vielleicht kennst du einige Menschen, aber verrate sie nicht. Das macht es für dich nur noch schwieriger«, sagte ich.

Sie reagierte gereizt: »Warum haben diejenigen, die mich verraten haben, nicht daran gedacht? Es gibt ohnehin keine Verbindung zwischen mir und der Organisation, aber sie stellen mir viele Fragen. Auch Celal wollte mich nur benutzen. Was ist bloß los, ich verstehe das alles nicht.«

»In Ordnung, einiges ist vielleicht schwierig zu verstehen, du wirst mit der Zeit dahinter kommen. Was jetzt zählt, ist deine Haltung. Die Polizei wird dir eine Menge Sachen anhängen wollen. Das musst du aber nicht akzeptieren. Du bist Krankenschwester und hast deshalb mit vielen Leuten zu tun. Du hast nur deine Arbeit getan. Rede möglichst wenig. Je weniger du sprichst, desto besser«, sagte ich ihr noch zum Schluss.

Elif blieb nicht lange in unserer Zelle. Die Polizisten verstanden etwas von der menschlichen Psyche und ahnten, dass wir Einfluss auf sie ausüben könnten. Natürlich wollten sie von ihr wissen, worüber wir gesprochen hatten. Da sie eine Vorstellung davon hatten, konnten sie Elif leicht zum reden bringen. Ich verstand sofort, was los war, als sie entsprechende Andeutungen machten. Gut, dass sie verlegt worden war. Ich dachte: »Verdammt nochmal! Soll sie doch tun, was sie will, sie macht sich nur selbst lächerlich.«

Elif war jetzt in einer Einzelzelle untergebracht. Sie ging morgens mit Zahnpasta und eigener Seife in der Hand im Nachthemd zum Waschraum. Auch ihr Essen war nicht dasselbe wie unseres. Sie konnte sich frei bewegen, ging sogar in die Verhörräume und lächelte dabei gelassen. Celal Aydın, der uns verraten hatte, und Elif! Ich überlegte, wer wohl wen vom Weg abgebracht hatte, und hinterfragte einige Sachen. Elif hatte sich offener verhalten als Celal und den Freunden von der Situation berichtet. Die Elif jedoch, die sich jetzt in einer Verhörsituation befand, war sofort eingeknickt und hatte sich in dieser widerlichen Atmosphäre eingerichtet. Es war die totale Erniedrigung. Anfangs gaben wir ihr noch nicht sofort die Schuld. Ohnehin bestand keine organisatorische Verbindung zwischen uns. Wir hatten ihr nichts gegeben und erwarteten entsprechend auch nichts. Sie war einfach nur eine Krankenschwester. Die Polizei hätte sie daher sofort laufen lassen können. Stattdessen wollten sie sie benutzen. Elif hatte sich selbst dafür angeboten. In dieser Umgebung, in der es nicht einmal weibliche Polizistinnen aushielten, hatte die Krankenschwester Elif eine Polizistinnenrolle eingenommen. Darüber hinaus war sie für die Polizisten unterhaltsam. Es war wirklich ekelhaft. Einige der Freunde hielten sie sogar für eine Polizistin, weil sie ihre Vorgeschichte nicht kannten. Sie wurden wütend, wenn sie bei der Folter Elifs Gelächter hörten.

Die Frist wurde ein weiteres Mal verlängert. Die Verhöre wurden fortgeführt, Aussagen schriftlich aufgenommen. Ich weiß nicht, ob sie meine Aussage tatsächlich zerrissen hatten, aber dieses Mal stellten sie Fragen und schrieben die Antworten selbst mit der Schreibmaschine. Die Fragen waren dieselben. An manchen Stellen bezogen sich neue Fragen auf die Aussagen anderer. Nach Celal Aydın und der Versammlung in Fis fragten sie jetzt direkt. Sie lasen auch Ausschnitte aus anderen Aussagen vor. Die von Rıza war sehr ausführlich. Aber auch viele andere hatten Aussagen über verschiedene Versammlungen gemacht.

Beim Verhör sagte ich über Celal: »Mit seiner Persönlichkeit und seiner Lebensweise stand er der Organisation feindlich gegenüber. Dementsprechend verhielt er sich. Diese Persönlichkeit aufzudecken, ist Aufgabe der Organisation. In diesem Zusammenhang wurde über die Situation diskutiert. Über eine Bestrafung wird jedoch nicht auf Gebietsebene entschieden, das überschreitet unsere Kompetenzen. Die Anschuldigungen sind nicht wahr.« Dann hieß es, ich hätte mehrere Versammlungen abgehalten. Auf die Frage, wer an diesen Versammlungen teilgenommen habe, antwortete ich, es habe sich lediglich um eine Versammlung gehandelt. Die Teilnehmenden hatten ohnehin schon selbst ausgesagt, dass sie dabei gewesen waren. Ich lehnte es ab, weitere Namen zu nennen und versuchte, den Rahmen so eng wie möglich zu halten. Bei diversen Namen, Ereignissen und Orten widersprach ich: »Das ist gelogen, sie haben aus allem und jedem einen UKO-Anhänger gemacht, das sagen sie doch nur, weil sie Angst haben. Ihr fordert von ihnen Namen und sie nennen jeden, den sie aus dem Stadtteil, von der Straße oder aus der Schule kennen. Diese Aussagen sind erfunden.« An dieser Meinung hielt ich beharrlich fest.

Şahin hatte über den Vorfall mit Celal Aydın nach eigenem Gutdünken berichtet. Die Polizei nahm seine Angaben ernst. Şahin konnte über unsere Arbeit, die er nicht in allen Einzelheiten kannte, nur Vermutungen anstellen, aber den Bestrafungsbeschluss vom Zentralkomitee hatte er selbst überbracht. Für die Polizei war lediglich wichtig, soviele Personen wie möglich zu ergreifen. Und sie wollten Şahins Aussagen bestätigt wissen. Ich wehrte mich dagegen: »Warum fragt ihr mich denn überhaupt? Wenn ihr sowieso überzeugt seid von dem, was die anderen erzählt haben, mache ich keine weitere Aussage dazu.« Ich wusste ja bereits, dass die Aussagen von Şahin und Ali zur Versammlung in Fis übereinstimmten. Eine der beiden Frauen war ich. Den Polizisten war klar, dass sie an diesem Tag nicht die gewünschte Aussage erhalten würden. Aber sie wollten die Verhörphase abschließen und sich nicht länger mit mir abmühen. Über den Kongress, die Zeit davor und danach, war bereits viel ausgesagt worden. Es gab nichts mehr, was ich hätte schützen müssen. Für den Feind war dieser Punkt geklärt. Für mich war die Frage in anderer Hinsicht wichtig: Was würde es ändern, wenn ich sagen würde, ich habe lediglich teilgenommen? Hätte ich zu Beginn nur erklärt, ich sei eine Kurdistan-Revolutionärin, und zu allem Weiteren geschwiegen, wäre das eine ebenso sinnvolle wie durchführbare Form des Widerstands gewesen. Was hätte schon passieren können? Es war schließlich nicht so wichtig, ob ich lebend aus der Sache herauskommen würde oder nicht. Es wäre jedoch die richtige Antwort auf den Verrat und die Gegenangriffe gewesen. Im Moment konnte zwar noch von Widerstand gesprochen werden, aber meine Position in der Organisation war inzwischen bekannt. Ich bereitete also eine sehr begrenzte Aussage zur Versammlung in Fis vor, die nur mich selbst betraf. Ich wusste, dass sie mich erneut zum Verhör holen würden.

»ist das hier ein gericht oder ein verhörraum?«

Der Feind reagierte gereizt darauf, dass ich als eine Frau an einem Ort, wo Wankelmütigkeit und Verrat tiefe Spuren hinterließen, offen für die Organisation eintrat und sie nach Kräften verteidigte. Der Verrat Şahins hatte Schaden angerichtet und unseren Organisationsstrukturen einen Schlag versetzt. Für den Feind war es ein Erfolg, aber die Organisation war damit nicht besiegt. Die meisten Kader waren draußen. Die Polizei hatte auf einen schnellen Zugriff gesetzt, der Organisation damit kurzfristig geschadet und aufgrund der Festnahmen fehlten in einigen Gebieten die Kader, aber dieser Schlag war auch eine Warnung gewesen. Der Polizei war das bewusst. Bei unseren Diskussionen redete ich offen darüber. Diese Tatsache galt für drinnen und draußen. Das Gefühl der Niederlage, das sich anfangs breit gemacht hatte, würde nicht lange anhalten. Der Kampf ging weiter. Jeder Angriff des Feindes rief auch eine Gegenreaktion hervor. Bei den bevorstehenden Gerichtsverhandlungen sollte daher der Verrat in den Vordergrund gestellt werden. Wir ahnten, dass die Medien bereits eine entsprechende Propagandawelle in Gang gesetzt hatten.

Vom Gefängnis aus versuchte Şahin seine Wankelmütigkeit unter den Freunden zu legitimieren und alle Hoffnungen mit Verrat und Kapitulation zu untergraben. Seine Botschaft lautete: »Solltet ihr hier wieder herauskommen, wird sich jeder von euch an einen Ort zurückziehen und einfach sein Leben leben. Ihr werdet Kühe und Hühner halten. Diese Revolution ist vorbei. Ich bin am Ende und damit ist alles vorbei.« Der Feind war realistischer, wie anhand der Verhörmethoden zu spüren war. Was war vorbei und wie weit ging die Niederlage? Die revolutionäre Bewegung hatte die Kapazität, diese Entwicklung ins Gegenteil umzukehren. Wie konnte weiterer Schaden sowohl drinnen als auch draußen verhindert werden? Schließlich sorgten diese Erfahrungen dafür, dass Vorsichtsmaßnahmen getroffen wurden, die langfristig greifen würden. Auch der Feind zog seine Lehren daraus.

Die Aufnahme der Aussagen war fast abgeschlossen. Mir wurde offen mitgeteilt, dass sie mich nicht in Ruhe lassen würden. Ich wurde tagsüber in den Raum gebracht, der genau gegenüber der Zellen der Freunde lag. Es war der Raum, in dem auch mein erstes Verhör stattgefunden hatte. Als ich forderte, meine Augenbinde abzunehmen, erfüllten sie meinen Wunsch sofort. Es war so, als ob ich hier das Kommando hätte. Beim Verhör war es gut, sich gegenüber zu sitzen und von Nahem ansehen zu können. Handelte es sich um ein Zugeständnis? Ich war ruhig und machte deutlich, dass ich nicht gewillt war, ihnen die Inititiative zu überlassen.

»Du machst es uns schwer, weil du überhaupt nichts sagst. Wir haben so viele Beweise, die gegen dich sprechen. Du wirst nicht dem Gericht vorgeführt werden«, sagten sie. Das war eine leere Drohung, aber es war Fakt, dass ihnen meine Aussage moralisch nützen würde. Ich hatte selbst nicht damit gerechnet, aber allein die Tatsache, dass ich aussagte, an der Versammlung in Fis teilgenommen zu haben, wirkte sich negativ auf mich aus. Es war zwar nicht ganz die Aussage, die sie sich gewünscht hatten und ich gab ihnen außer den allgemeinen Inhalten keine Informationen, dennoch fühlte ich mich schlecht. Die Polizisten machten vor Freude einen Heidenlärm, der sich mit den Tönen vermischte, die ich aufgrund der Stromschläge von mir gab. Dass ich weinte, bemerkte nur Zafer Karaosmanoğlu. Die anderen Schergen dachten wohl, es seien normale Schreie unter der Folter. Ich war auf einem Stuhl festgebunden und meine Schreie waren dumpf und gebrochen. Ab und zu wurden sie schrill. Die Freunde in den gegenüberliegenden Zellen gingen davon aus, dass ich vergewaltigt werde. Das erzählten sie mir später.

Zafer Karaosmanoğlu nahm nicht umsonst an meinen Verhören teil. Er nutzte jede Gelegenheit, um zu unserer Zelle zu kommen und mich besser kennenzulernen. Mein Zustand entging ihm nicht. »Was ist mit dir los, warum weinst du? Weil du zugegeben hast, an der Versammlung in

Fis teilgenommen zu haben? Na klar, deine Freunde werden später von dir sagen, dass du nicht widerstanden hast. Das kränkt dich. Wie nennt ihr das doch gleich? Ach ja richtig, revolutionärer Stolz!« Er hatte meinen wunden Punkt getroffen und versuchte das auszunutzen, indem er weiterbohrte. Dann sagte er: »Alle Achtung, du bist die einzige von euch, die uns trotzt, oder mit euren Worten: Die einzige, die Widerstand leistet. Du betrachtest uns als Feinde, nennst uns Faschisten, aber wir tun nur unsere Arbeit. Es ist ja nicht so, dass wir das besonders gerne tun. Ich sage es dir ganz offen, ich habe Respekt vor dir. Hast du von mir je ein böses Wort gehört?«

Seine Worte besaßen einen gewissen Wahrheitsgehalt. Der Mann war ein Fuchs. Mit dieser Methode führte er Krieg und stellte sich gleichzeitig als unschuldig dar. Er stellte weitere Fragen. Ich hatte mich wieder gefasst und antwortete ruhig und bestimmt: »Wenn ihr noch weiter fragt, ziehe ich meine Aussage zurück. Ich habe bereits gesagt, wie ich an der Versammlung teilgenommen habe. Darüber hinaus werde ich nichts sagen. Meinetwegen könnt ihr die Verhöre monatelang weiterführen.« Ich meinte es ernst, mein Entschluss stand fest. Ich wünschte mir, sie würden sich nur mit mir abmühen und die anderen zufrieden lassen. Meine Worte zeigten Wirkung.

An diesem Tag kamen sie nicht zurück. Ich bereitete mich auf meine neue entschlossene Haltung vor. »Ich werde überhaupt nichts mehr sagen. Sollten sie noch eine einzige Frage stellen, werde ich die Aussage verweigern.« Das würde mir mehr nützen. Ich würde nur noch Propaganda für die Partei machen. Eine politische Verteidigung machte ihnen Angst. »Wollen Sie das auch vor Gericht sagen? Dass Sie die Unabhängigkeit Kurdistans durchsetzen werden? Dann werden Sie hingerichtet«, sagten sie. Für sie bedeutete es eine Niederlage, wenn aus dem Verhör Menschen hervorgingen, die ihre Überzeugungen immer noch verteidigten und vor Gericht entsprechend aussagten. Ihr Ziel war es, dem Gericht nur gebrochene und reuige Personen vorzuführen. »Willst du vor Gericht wirklich zurücknehmen, was du hier ausgesagt hast? Dann wirst du wieder hier landen«, sagten sie.

Am nächsten Tag wurde ich erneut geholt, um meine Aussage abzuschließen. Dieses Mal schrieben sie genau auf, was ich sagte. Änderten sie einzelne Begriffe und Ausdrucksformen, griff ich ein.

Die letzte Zeile war interessant. Ohne mich zu fragen, schrieben sie: »Sie zeigte keinerlei Reue.« Über diesen Satz freute ich mich sehr, auch wenn er in ihren Augen gegen mich sprach und das Strafmaß beeinflussen würde.

Wir waren immer noch in 1800 Evler. Die dritte fünfzehntägige Frist war angebrochen. Täglich wurden wir in geschlossenen Fahrzeugen zum Militärgericht im Stadtzentrum gebracht. Auf dem Weg unterhielt ich mich mit den Freunden, die sich im selben Wagen befanden. Die Soldaten intervenierten zwar ständig und erklärten das Sprechen für verboten, aber darum kümmerten wir uns nicht. Şahin wurde in einem gesonderten Auto gefahren. Im Gerichtsgebäude wurden wir alle in den für die Angeklagten vorgesehenen Wartesaal gebracht. Ein Soldat verlas die Liste: »Şahin Dönmez, Ali Gündüz, Sakine Polat, Hamili Yıldırım, Aytekin Tuğluk ...« Die Aufzählung ging noch weiter. Über die Reihenfolge freute ich mich. Ich wünschte mir sogar, ich wäre als Erste an der Reihe.

Die Wahrscheinlichkeit, dass Ayten freigelassen werden würde, war hoch. Ich sagte zu ihr: »Vor Gericht darfst du nichts zugeben, dann lassen sie dich laufen, und das wäre sehr gut! Du kannst dann sofort die Partei von allem unterrichten, damit entsprechende Maßnahmen getroffen werden. Womöglich ist das Ausmaß von Şahins Verrat nicht bekannt.« Ich erfuhr von den Freunden, dass Şahin in einen Umhang gehüllt in Diyarbakır zu einer Operation mitgenommen worden war. Meine Unterhaltung mit Aytekin und Hamili verlief nicht besonders herzlich. Ich war auf sie alle wütend. Die Freunde selbst machten einen traurigen, gebrochenen Eindruck. Einige waren auch verärgert. Die Polizei hatte allen angekündigt, dass sie nach 1800 Evler zurückgebracht werden würden, sollten sie ihre Aussagen vor Gericht nicht wiederholen. Diese Drohung zeigte Wirkung. In den Gerichtsfluren hielten sich auch die Folterer auf.

Ich diskutierte ein bisschen mit Hamili. Wir sprachen über Şahins Verrat. Ich fragte: »Bei ihm ist die Sache klar, aber was ist mit dir und Ali Gündüz?« Ali senkte den Kopf und antwortete selbst: »Auch wir haben Verrat begangen. Ob man das jetzt Schwäche oder Geständnis nennt, ist gleichgültig, es ist nicht zu entschuldigen.« Hamili deutete auf Ayten und sagte: »Die Dreckskerle haben sie gegen mich eingesetzt. Ständig haben sie mit Vergewaltigung gedroht. Da habe ich einige Sachen zugegeben.« Seine Worte machten mich noch wütender: »Um was für einen Ehrbegriff geht es dir eigentlich? Die Polizei droht immer mit solchen Sachen. Die Werte der Partei müssten Vorrang haben.« Unsere Diskussion konnten auch die Freunde um uns herum hören. Rıza hielt seinen Kopf meistens gesenkt. Manchmal tat er so, als sei ihm alles egal.

Als Şahin vom Staatsanwalt zurückkam, wurde ich aufgerufen. Im Vorbeigehen sagte ich: »Ich weiß, was ich zu sagen habe, auch wenn sie sich auf die Aussage dieses Dreckskerls beziehen.« Şahin erklärte unmittelbar nach seiner Rückkehr: »Wir werden wieder zum Verhör gebracht, wenn wir nicht die gleichen Aussagen wiederholen.« Er wollte die anderen Freunde damit beeinflussen, so als ob sein eigener Verrat nicht ausreiche. Wütend betrat ich das Büro der Staatsanwaltschaft. In dem kleinen Raum saß ein dicker Mann mit Brille und rotem Gesicht. Als ich hinterher das Protokoll unterzeichnete, erfuhr ich, dass er Cahit Aydoğan hieß und sogar Oberstaatsanwalt war. »Kommen Sie, setzen Sie sich. Sakine Polat, Cansız. Hmm...« murmelte er. »Kennst du Şahin Dönmez, der gerade hinaus gegangen ist? Er ist die rechte Hand von Apo und hat ganz wunderbar alles erzählt. Es gibt keine Organisation mehr, mit der UKO ist es vorbei, aber du verteidigst sie immer noch, stimmt das?« fragte er. Eigentlich hätte er zunächst die Angaben zur Person erfragen müssen. Er kümmerte sich nicht einmal um die Regeln des Gerichts. Offenbar wollte er meine Schwachpunkte herausfinden und meinen Wissensstand prüfen. Die Staatsanwaltschaft war ja bloß eine übergeordnete Instanz der Ermittlungsbehörden. Ich wollte ihn spüren lassen, dass ich begriff, was hier ablief. Wenn er schon so anfing, dann wollte ich ihm wenigstens auf die Nerven gehen:

»Ist das hier das Gericht oder ein Verhörraum? Die ganzen Polizisten, die uns foltern, sind ja auch alle da. Stellen Sie mir Fragen, dann bekommen Sie Antworten. Ich habe viel zu sagen.«

Cahit Aydoğan war überrascht und lächelte arrogant. »Sie werden aber schnell wütend. Sie befinden sich bei der militärischen Staatssanwaltschaft. Was reden Sie da über Verhör und Folter?«

Ich fuhr fort: »Auch im Verhör haben sich die Polizisten auf die Aussagen von Şahin Dönmez bezogen. Hier wird dasselbe getan.. Şahin ist niemandes rechte Hand, er ist ein Verräter. Sein Verrat hat bloß ihn selbst zerstört, aber nicht die UKO. Und sollten wir alle hier Verrat begehen, wird es die Bewegung trotzdem weiter geben. Apo allein reicht dafür aus.«

Der Mann reagierte perplex: »Ach so. Wie seid ihr bloß verhört worden? Ihr geht alle zurück nach 1800 Evler.« Dann tat er so, als nehme er mich nicht ernst, und begann mit der Personalienfeststellung. Dabei fielen ihm meine beiden Nachnamen auf.

»Ich war verheiratet und habe mich getrennt. Bevor ich meinen Namen auf dem Ausweis ändern konnte, bin ich festgenommen worden«, sagte ich.

»Hat die Organisation die Trennung verlangt?« fragte er.

»Nein. Wir haben uns nicht verstanden, daher haben wir uns getrennt.«

»War es eine politische Trennung?«

»Richtig. Ich bin eine Kurdistan-Revolutionärin. Er war dagegen, daher habe ich mich getrennt.«

Der Staatsanwalt fragte nach meiner Stellung innerhalb der Organisation. Ich erklärte, ich sei Sympathisantin und verweigerte weitere Aussagen. »Vor Gericht werde ich ausführlich aussagen«, sagte ich. Er stellte weitere Fragen, aber ich sah keinen Sinn darin, sie zu beantworten. Ohnehin würde ein Haftbefehl ergehen. Was es zu sagen gab, würde ich vor Gericht sagen.

Als ich in den Warteraum zurückkehrte, sagte ich zu den anderen, die nach mir an der Reihe waren: »Gebt nichts zu und zieht eure Aussagen zurück. Sie drohen bloß damit, dass die Verhöre fortgesetzt werden.« Mein Blick fiel auf Hüseyin Morsümbül, den ich aus Bingöl kannte und vorher nicht gesehen hatte. Er war gesondert verhört worden. Die Freunde sagten: »Er wird wahrscheinlich freigelassen werden.« Während ich beim Staatsanwalt war, hatte er von sich erzählt. Jetzt saß er neben Şahin, der auf ihn einredete: »Es ist vorbei. Noch bevor sie mich festgenommen haben, war bereits alles aufgeflogen.« Ich konnte es nicht ertragen, streifte meinen Schuh vom Fuß und schleuderte ihn ihm entgegen: »Du ehrloser Mistkerl! Mit dir ist es vorbei! Du versuchst doch nur, deinen Verrat zu vertuschen. Und ihr hört diesem Verräter auch noch zu! Er weiß ja, dass er rauskommt, jetzt versucht er alles zu verdrehen. Wir wissen jedoch, wer du bist!« Unsere Stimmen waren draußen zu hören. Die Soldaten forderten uns auf, ruhig zu sein und sagten: »Das hier ist ein Gerichtsgebäude!« Kurz darauf holten sie Şahin aus dem Raum. »Gut so«, sagte ich. Seine Anwesenheit diente nur dem Zweck, unsere Moral zu untergraben. Beim Verlassen des Raums sagte er zu mir: »Du spielst dich ganz umsonst als Heldin auf. Es ist vorbei, was versuchst du zu verteidigen?«

Nachdem er weg war, sprach ich mit Hüseyin Morsümbül. »Şahin lügt. Er hat alles verraten, was er wußte. Das versucht er jetzt zu vertuschen. Außerdem tut er so, als ob es keinen Unterschied gebe zwischen seinem Verrat und den Schwächen, die die anderen beim Verhör gezeigt haben.« Ich bemühte mich nach Kräften, gegen das bei den Freunden herrschende Gefühl, dass alles vorbei sei und es nichts mehr zu retten gebe, anzureden.

Nicht alle Aussagen konnten an diesem Tag aufgenommen werden. Şahins Vernehmung hatte sehr lange gedauert, und auch Ali Gündüz war lange beim Staatsanwalt. Er machte einen hilflosen, niedergeschlagenen Eindruck und redete nicht mit uns. Offenbar war er bei seiner Aussage geblieben und fühlte sich schuldig. Hamili, Aytekin und einige andere Freunde nahmen hingegen ihre Aussagen zurück.

zurück in die folterkammer

Wir wurden alle nach 1800 Evler zurück gebracht. Die staatsanwaltschaftlichen Vernehmungen hätten auch bis in die Nacht fortgesetzt und abgeschlossen werden können. Wir wurden in den Kellerräumen untergebracht. Die Gittertüren von jeweils drei Zellen lagen dicht beieinander. Ayten und ich waren wieder zusammen. Elif brachten sie nicht zu uns. Aytens Aussage war aufgenommen worden. Es war sehr wahrscheinlich, dass sie freigelassen würde, aber bis zum letzten Moment konnte man nicht sicher sein. Aytekin und Hamili waren die ganze Zeit zusammen. Sie gingen mit schnellen Schritten auf und ab. Gelegentlich kam Aytekin an die Tür und machte Witze: »Wir haben endlich Arbeit gefunden, wenn wir hier rauskommen, gehen wir ins Dorf und züchten Rinder, das war ja Şahins Ratschlag.« Als ich sagte: »Wie könnt ihr es nur mit ihm an einem Ort aushalten? Şahin, Rıza, Ali, was ist bloß los? Ihr Verrat wird als ganz normal betrachtet. Wie kann man nur so seine Überzeugungen verlieren?«, meinte Aytekin: »Es kann ja nicht jeder so wie du mit Schuhen um sich werfen.«

Mittags wurde Şahin heraus geholt. Wir wussten nicht, wo sie ihn hinbrachten. Ich warf meinen Teller mit dem Essen auf ihn und schrie: »Du Ehrloser, wo gehst du schon wieder hin!« Daraufhin holten die Soldaten alles, was beweglich war, aus der Zelle und verboten mir, mich der Tür zu nähern. Meine Aktion war ziemlich sinnlos. Vielleicht war es die Reaktion auf die allgemeine Gleichgültigkeit, darauf, dass der Verrat als normal betrachtet wurde. Eine angemessene Reaktion auf einen Verrat war das Werfen mit Schuhen und Tellern sicher nicht. Es diente mehr dazu, mein Gewissen zu erleichtern. Danach wurde Şahin nicht wieder zu den anderen Freunden gebracht. Aber auch sein Weggang hatte für eine angespannte Atmosphäre gesorgt. Es bestand weiterhin die Möglichkeit, dass die Verhöre fortgesetzt wurden. Diese Erwartung erzeugte Stress. Daher näherte sich auch niemand unserer Tür. Außer Aytekin und Hamili vermieden es alle, in meine Richtung zu blicken. Es war traurig.

Die Aufnahme der Aussagen dauerte tagelang. Ungefähr eine Woche lang wurden wir täglich zum Gericht und wieder zurück gebracht. Der Lärm der Folter im Stockwerk über uns brach nie ab. Das war vom Feind als Teil der psychologischen Kriegsführung auch so gewollt.

Ayten wurde am dritten Tag entlassen. Es geschah ganz plötzlich. Beim Abschied flüsterte ich ihr ein weiteres Mal ins Ohr: »Die Freunde sollen Vorsichtsmaßnahmen treffen. Du musst unbedingt Kontakt zu ihnen aufnehmen. Sprich nicht mit jedem darüber, rede nur mit vertrauenswürdigen Freunden.« Wir umarmten uns. Sie umarmte auch Hamili und sagte: »Passt gut auf euch auf.« Dann war sie weg. Ihre Augen waren voller Tränen. Einerseits war sie glücklich über ihre Entlassung, andererseits traurig darüber, uns zurücklassen zu müssen und uns vielleicht nicht wiederzusehen. Ihr Gesicht zeugte von Schmerz. Ich fühlte mich jedoch erleichtert. Für Ayten war es gut und für mich war es leichter, alleine gegen den Feind zu kämpfen.

Am gleichen Tag sah ich plötzlich Hüseyin Yıldırım im Flur der Staatsanwaltschaft vor der Gittertür. Ich lief auf und ab und als ich gerade mein Gesicht zur Tür wendete, standen wir uns gegenüber. Er trug eine Aktentasche und eine Anwaltsrobe. »Sakine, mein Kind, bist du das? Wie siehst du denn aus? Du bist ja nicht wieder zu erkennen!« sagte er. Er blickte sich im Warteraum um und sah, dass auch die anderen in einem erbärmlichen Zustand waren. Hamili kam zu uns, auch ihn konnte er kaum erkennen. Die Soldaten intervenierten sofort: »Du musst eine Genehmigung haben, um mit ihnen zu sprechen.« Er willigte ohne Widerspruch ein. Seine respektvolle Haltung gegenüber den Soldaten, seine offensichtliche Furcht und selbst sein Interesse an uns kamen mir merkwürdig vor. Es war natürlich gut, nach so vielen Tagen einen Anwalt zu sehen, aber es wäre noch besser gewesen, wenn es nicht gerade Hüseyin Yıldırım gewesen wäre. Nach einer Weile kehrte er zurück und sagte: »Ich habe das Mandat für dich, Hamili und Mustafa übernommen. Ihr kommt raus, macht euch keine Sorgen. Eure Familien sind hier in Elazığ.

Braucht ihr irgendetwas? Aber du musst vorsichtig sein. Herr Celal war erstaunt, er meinte, er habe Achtung davor, dass du für deine Überzeugungen eintrittst, aber es ist besser, wenn du nicht ganz so radikale Sachen sagst. Das wird sonst gegen dich verwendet.«

Er gab Ratschläge! Nun ja, in der Not frisst der Teufel Fliegen. Auch wenn ich ihn als Person nicht mochte, war ein Anwalt gut, da er Kontakt zur Außenwelt bedeutete.

Nachdem Ayten fort war, war ich allein in der Zelle im Keller. Eingewickelt in eine schmutzige Decke versuchte ich mich aufzuwärmen. Die Toilettenrohre des oberen Stockwerks verliefen durch meine Zelle. Es war feucht, Kälte und Gestank vermischten sich. Ich war in Gedanken versunken, als ich plötzlich eine Stimme am Fenster hörte: »Sakine, Sakine!« Mit einem Satz sprang ich auf und kletterte in Blitzgeschwindigkeit auf das Etagenbett. Mein Herz schlug wild. Ich dachte nur eins: »Die Freunde! Die Freunde sind gekommen!« Draußen war es dunkel. Das Fenster war klein. Ich sah den Kopf eines Soldaten, es war Murat aus Çermik. Verdammt! Meine Aufregung legte sich.

»Wie geht es dir?« fragte er. Dann erklärte er , er sei aus dem äußeren Sicherheitsbereich abgezogen worden und nur gekommen, um Essen zu bringen. So erfuhr ich den Grund dafür, warum er plötzlich verschwunden war. Vermutlich war man auf ihn aufmerksam geworden, weil er Kurde war. Aufgeregt sagte er: »Ich habe eine Pistole, die ich dir geben möchte.« Ich war überrascht. »Was für eine Pistole? Hast du sie dabei?« Nein, er habe sie mitgebracht, als er aus dem Urlaub zurückgekehrt sei, und könne sie mir geben, wenn ich das wolle. Ich dachte sofort an Flucht. »Lass die Pistole erstmal, du kannst sie den Freunden draußen geben. Wir haben Freunde in Çermik, denen kannst du sie geben. Aber wenn es geht, dann hilf mir, damit ich von hier flüchten kann.« Murat blickte sich nervös um und sagte leise: »Die Kameraden warten im Auto auf mich, ich wollte nur mal nach dir sehen. Das Fenster ist vergittert, sonst würde es gehen.« Ich konnte nur antworten: »Verdammt, das ist Pech.« Murat sagte: »Ich komme dich im Gefängnis besuchen, dort wird es kein Problem sein. Ich denke mir irgendetwas aus und komme.« Dann fragte er, ob ich etwas brauche, und verschwand. Sicherlich hatte ihm mein spontaner Vorschlag Angst gemacht.

Murat hatte nichts für mich tun können, dennoch war ich aufgeregt. Flucht! Ich begann ernsthaft darüber nachzudenken. Eine Traumvorstellung jagte die nächste. Durch die Gefangenschaft entstand ein extremer Wunsch nach Flucht in die Freiheit. Ich machte wunderschöne Fluchtpläne. Zwischendurch versuchte ich, mit einer Haarspange das Türschloss zu öffnen. Um keinen Lärm zu verursachen, wickelte ich mein Taschentuch um die Gitterstäbe. Es funktionierte nicht. Handschellen hingegen konnten mit einer Haarspange geöffnet werden. Im Keller gab es zwei Türen, die überwunden werden mussten: Meine Zellentür und die Tür im Korridor. Dann war da noch die Außentür, die nach oben führte. Um das Gebäude herum war freies Feld. War es einfach, an den wachhabenden Soldaten vorbei zu kommen? Im Viertel lebten Bekannte, würde ich sie finden? Nun ja, hier war es schwierig, ich würde es besser im Gefängnis versuchen.

Nachdem die staatsanwaltschaftlichen Verhöre abgeschlossen waren, wurden wir geschlossen dem Gericht vorgeführt, verhaftet und ins Gefängnis verbracht. In Şahins Fall verkündete das Gericht auf seinen Antrag hin, dass er aus Sicherheitsgründen getrennt von den anderen Gefangenen untergebracht werde. Dieser Dreckskerl! Befand er sich in Lebensgefahr, weil ich Schuhe und Teller auf ihn geworfen hatte? Sowohl er selbst als auch der Feind waren in Sorge. Er kannte die PKK gut und würde seinen Verrat nicht lange geheim halten können.

Ich hatte ihm offen Verrat vorgeworfen. Es war erfreulich, dass er Angst hatte, obwohl wir Gefangene waren. Es war eigentlich Angst vor der PKK. Andererseits war es ärgerlich, dass wir ihn nicht aus dem Weg räumen konnten. Es gab durchaus Freunde, die dazu in der Lage wären. Wäre er nicht von uns abgesondert worden, hätten wir bestimmt einen Weg gefunden. Bis wir ins Gefängnis eingeliefert wurden, wusste ich nicht, wo es war. Einige Freunde hatten gemeint, es liege an der Straße nach Harput[12].

die schulen von harput wurden für uns zum kerker

Wir wurden zu einem zweistöckigen grauen Gebäude gebracht, das abseits gelegen und nur von ein paar Baracken umgeben war. Die Hand-

12 Harput ist eine bedeutende antike Stadt in der Provinz Elazığ. Harput ist reich an Bauwerken, wie einer Festung, Moscheen und anderer Gebäude. Damit gleicht Harput einem Freilichtmuseum und ist heute das Ziel von Touristen.

schellen wurden gelöst und ich wurde von den anderen abgesondert. Aus einem Jeep vor uns stieg Elif. Sie trug keine Handschellen. Warum war sie nicht freigelassen worden? Wurde sie als Zeugin wegen des Vorfalls mit Celal festgehalten? Oder um mir auf die Nerven zu gehen? Sie ging mir wirklich sehr auf die Nerven. Ein Offizier rief: »Die Frauen kommen auf diese Seite!« Ich dachte zuerst, sie wollten uns in den Baracken unterbringen. Das Gebäude sah aus wie ein Wohnhaus und ähnelte keinem der Gefängnisse, die ich bisher gesehen hatte. Es hatte zwei Etagen und im oberen Stockwerk einen Balkon. Die Fenster waren von normaler Grüße und sowohl mit Gitterstäben als auch mit Stacheldraht versehen. Drinnen befanden sich Leute, die uns ansahen. Als der Offizier rief: »Die Männer können jetzt kommen!«, wurden die Handschellen der Reihe nach geöffnet und die Freunde hereingeholt.

Sie wurden in das obere Stockwerk gebracht. Ich beobachtete sie gespannt. Auch sie sahen mich an. Aytekins Blick war fragend. Er wollte wissen, wohin sie mich bringen würden. Ich gab ihm zu verstehen, dass ich es auch nicht wisse. Es hieß, dass im unteren Stockwerk Rechte untergebracht seien. Wir sollten also mit Faschisten im selben Gefängnis sitzen. Wie sollte das gehen? Sie brachten Elif und mich in einen Raum im Erdgeschoss. Im Inneren des Gebäudes konnte man sehen, dass ein Trakt abgesondert worden war. Die Tür war ganz neu. Aus dem Trakt waren Männerstimmen zu hören, es waren die Faschisten. Zwischen uns befand sich bloß eine Wand. Die Stimmen waren teilweise deutlich vernehmbar. Es war ein komisches Gefühl, den Faschisten so nahe zu sein.

Wir hatten die Zelle gerade erst betreten, da holten sie Elif wieder heraus. Ich hatte kein Wort mit ihr gewechselt und sie lediglich böse angeguckt. Sie erschien mir ekelhaft und ich begriff immer noch nicht, warum Haftbefehl gegen sie ergangen war. Hatte sie sich mit ihrem kleinbürgerlichen Hintergrund benutzen lassen? Hatte sie Angst bekommen? Für Charaktere wie sie waren Polizisten wichtige Staatsbeamte. Nach Elif wurde auch ich vorgeführt. Ein Offizier im Rang eines Hauptmanns sagte: »Frau Sakine, Sie sind mit Frau Elif gemeinsam in einer Zelle. Frau Elif gibt jedoch an, Angst vor Ihnen zu haben. Sie sollen böse auf sie sein. Das ist hier ein Gefängnis, wir haben nur diese eine Zelle für Frauen. Anderen Platz gibt es nicht.« Ich entgegnete sofort, dass ich keinesfalls mit ihr zusammen untergebracht werden wollte: »Ich kenne sie gar nicht persönlich. Es ist unklar, ob sie Polizistin, Krankenschwester oder etwas anderes ist. Während der Dauer des Verhörs war sie von uns abgesondert und eigentlich hat sie sich immer frei bewegt. Sie hat sogar bei der Folter zugesehen. Sie müssten sie eigentlich freilassen.« Er antwortete: »Das haben nicht wir zu entscheiden, sondern das Gericht. Was hast du denn vor, wenn wir euch in eine Zelle bringen, bringst du sie dann um? Das glaube ich nicht, du siehst nicht so aus.« Daraufhin sagte ich: »Das habe ich nicht gesagt. Ich will nur nicht mit ihr zusammen in eine Zelle und ich habe auch die Gründe dafür genannt. Sollte sie etwas tun, das meinen Prinzipien widerspricht, werde ich entsprechend reagieren.« Dann wurde ich zurückgebracht. Elif blieb lange weg. Wahrscheinlich wurde Rücksprache mit dem Ausnahmezustands-Gericht gehalten. Letztendlich hieß es, sie müsse bleiben, da es in dem anderen Gefängnis gar keine Frauenzelle gebe.

Das zweite Gefängnis, ehemals eine der antiken Hochschulen, lag nicht weit entfernt. Elif wurde in die Zelle zurückgebracht. Hatte sie den Auftrag, mich zu überwachen? Und wenn schon, auch das war eine Form der Kriegsführung. Lange Zeit kümmerte ich mich überhaupt nicht um sie. Wir teilten eine Zelle, ohne miteinander zu sprechen. Sehr selten tauschten wir uns notgedrungen kurz aus. Schließlich erklärte Elif, sie wolle mit mir reden. Aytekin kannte sie aus Malatya. Hatten wir nacheinander Hofgang, konnte ich mich mit den Freunden kurz unterhalten. Aytekin war freundlich zu ihr und meinte: »Sie war kein schlechter Mensch, als sie noch in Maltaya war. Celal hat Schuld daran. Wahrscheinlich hat sie auch Angst, wir können vielleicht auf sie einwirken. Du bist ziemlich hart, schließlich ist sie eine Frau, sprich mit ihr, Du kannst sie beeinflussen.«

War ich wirklich hart? Natürlich war es nicht gut, Elif dem Feind noch weiter in die Arme zu treiben. Vermutlich hatte sie ihr eigenes Verhalten selbst schon hinterfragt. Vielleicht sollte ich wirklich mit ihr reden und ihr helfen. Sie wurde ein oder zwei Mal zur Verwaltung gerufen, angeblich um Geld und Briefmarken zu erhalten. Ob sie sich wohl immer noch benutzen ließ? Der Verdacht war nicht abwegig. Zu Beginn hatte ich ja versucht, ihr behilflich zu sein und ihr geraten, wie sie sich gegenüber der Polizei verhalten solle. Sie war losgegangen und hatte es den Polizisten erzählt. Das gleiche konnte sie jederzeit wieder tun. Sie sah ja auch alles, was ich tat, und konnte zuhören, wenn ich beim Hofgang mit jemandem sprach, auch wenn wir uns bemühten so zu sprechen, dass sie uns nicht verstehen konnte. Ich war mir sicher, dass wir unter Beobachtung standen. Dennoch fing ich langsam an, mit Elif zu reden. Sie freute sich darüber. Ohne auf ihre eigene Situation einzugehen, nannte ich ihr Beispiele von den Methoden, die der Feind direkt oder indirekt gegen uns einsetzte. Ich wollte wissen, wie sie festgenommen worden und wie die Verhörphase bei ihr verlaufen war. Sie erzählte es mir in groben Zügen. Ich verstand ihren Charakter jetzt besser.

Dinge, die wir für den Alltag brauchten, bekamen wir von den Freunden. Sie rieten mir ständig, nicht so viel zu rauchen, und schrieben manchmal kurze Briefe, die mir gut taten. Hamili und Aytekin nannten mich immer »Seko«. Allein durch dieses Wort wurde das Gefühl von Nähe und Verbundenheit stärker. Draußen waren solche Dinge nicht so wichtig gewesen. Natürlich wurden Liebe, Achtung und Verbundenheit bestimmten GenossInnen gegenüber offen gezeigt. Jede Genossin und jeder Genosse stellte einen Wert dar, aber in einigen Fällen waren es sehr konkrete Werte. In diesem Sinne liebte ich auch Hamili und Aytekin wie verrückt. Draußen waren wir immer bemüht gewesen, das nicht so zu zeigen und uns stets angemessen zu verhalten. Im Gefängnis wuchs diese gegenseitige Verbundenheit dem Feind zum Trotz ins Unermessliche. Obwohl durch die Geschehnisse eine gewisse Distanz zwischen uns entstanden war, liebte und achtete ich Hamili weiterhin. Draußen hatten wir ihn »Kara« genannt. In einem Bericht, den ich nach draußen schickte, äußerte ich mich zu den Entwicklungen vor und nach unserer Festnahme. Was ich über Hamili schrieb, kränkte ihn in seinem Stolz. Ich beschrieb, wie Ayten gegen ihn benutzt worden war und wie er daraufhin schwach geworden war. Das sagte er ja auch selbst. Ich diskutierte mit ihm über seine Auffassung von Ehre und Eigentum, auch wenn wir nur selten dazu Gelegenheit hatten.

Von unseren BesucherInnen erfuhren wir etwas über die Situation außerhalb des Gefängnisses. Die Verhaftungswelle, die Geständnisse und insbesondere die Tatsache, dass dabei Wohnungen von SympathisantInnen verraten worden waren, hatten negative Folgen. Vieles war auch falsch oder übertrieben weitergegeben worden. Es war nur natürlich, dass die Menschen, die wir in unseren Bann gezogen hatten, sich daraufhin zurückzogen. Es würde viel Zeit kosten, neue arbeitsfähige Strukturen aufzubauen. Anhand der bruchstückartigen Informationen, die uns mündlich über die Mutter von Aytekin, die Mutter und Schwestern von Nail sowie gelegentlich über sympathisierende junge Frauen erreichten, konnten wir uns eine Vorstellung von der Situation machen. Die FreundInnen draußen nahmen Verbindung zu uns auf. Uns gelang es, unsere Aussagen und Bewertungen aus dem Gefängis zu schmuggeln.

An Besuchstagen war bei den Freunden immer viel los. Das war vorteilhaft, um schriftliche Botschaften auszutauschen und Gespräche zu führen. In unserem Trakt konnten Gespräche und Verhalten leichter überwacht werden. Wir empfingen Besuch an der Eisengittertür. Außerdem war auch noch Elif dabei. Dennoch sprach ich einige Warnungen bezüglich des Vorgehens des Feindes und notwendiger Vorsichtsmaßnahmen aus.

Meine Familie ließ mich nicht im Stich. Sie waren schon während der Verhörphase gekommen, aber mir war nichts davon gesagt worden. Es war gut, dass sie hinter mir standen. Meine Mutter Zeynep sprach ohne Unterlass von ihren Träumen und Vorahnungen. Dabei waren ihre Augen voller Tränen. Haydar sagte, er sei stolz auf mich. Als er ging, machte er das Siegeszeichen. Ali und die Kleinen hatte das Geschehen mitgenommen. Ihre Liebe und Verbundenheit zu mir waren ebenso gewachsen wie der Hass auf das Vorgehen des Feindes. Das Verfahren gegen meinen Bruder Metin und die anderen wurde mit unserem zusammen gelegt. Auch über sie gab es viele Aussagen. Doğan, Metin, Mehmet Yıldırım und Hamilis Cousin Mustafa Yıldırım wurden nach Elazığ verlegt. Metin und Doğan kamen jedoch in das andere Gefängnis, wo die in Bingöl Verhafteten in der Regel untergebracht waren.

Auch Şahin befand sich dort. In dem Gefängnis gab es zwei getrennte Bereiche. Şahin war in dem Bereich, in dem die als ungefährlich geltenden Gefangenen saßen. Wir hörten davon, dass er weiterhin versuchte, Leute zu beeinflussen, denen die wahre Situation nicht bekannt war. Bei einem Treffen mit Metin sprachen wir darüber. Ich erklärte Metin, dass er und seine Mitgefangenen sehr wachsam sein müssten. Um zu verhindern, dass Neuzugänge unter Şahins Einfluss gerieten, war es wichtiger denn je, organisiert zu sein. Dieser Mistkerl hörte einfach nicht auf. Er wollte, dass mit seinem Ausstieg alles vorbei war. Es war wichtig, die Dimension seines Verrats zu begreifen. Einige Dummköpfe redeten immer noch davon, dass er unter der Folter Geständnisse abgelegt habe. Draußen war seine Haltung nicht geklärt. Dabei hatte die Sache überhaupt nichts mit dem Prestige der Organisation zu tun. Es wurde sogar behauptet, die Partei sorge bewusst dafür, dass die Kenntnis über seinen

Verrat sich nicht ausbreite, um negative Reaktionen bei den Menschen zu vermeiden. Das war jedoch nicht die Position der Partei dazu.

Nails Mutter und seine Schwestern kamen auch bei mir vorbei, wenn sie ihn besuchten. Seine Mutter hatte ihre traditionellen Wertvorstellungen teilweise überwunden. Daher hatten wir ihre Wohnung für Versammlungen und die Bildungsarbeit nutzen können. Auch sie selbst nahm interessiert daran teil. Sie und ihre Töchter hatten eine enge Bindung zu Nail. Ihr Mann zeigte sich desinteressiert, obwohl er Lehrer war. Er war eher kemalistisch geprägt. Die Familie stammte aus Mazgirt und war nach Elazığ in den Stadtteil İstasyon gezogen. Sie waren wütend wegen der Verhaftungen und des Verrats. Ständig fragten sie: »Wird Nail verurteilt werden?« Für uns war es wichtig, dass sie zu Besuch kamen und Informationen weiterleiteten. Ich bat sie, damit weiter zu machen und sagte ihnen, sie sollten nicht so pessimistisch sein. Gerade in einer Zeit wie dieser war es wichtig, sich um die Menschen zu kümmern und den Kontakt nicht abreißen zu lassen. Es gab unendlich viele Leute in Elazığ, die in einer ähnlichen Situation waren. Zu den meisten hatten wir erst in letzter Zeit Beziehungen aufgebaut. Außerdem war der Kreis von SympathisantInnen recht groß. Das Vakuum, das durch die Festnahmen entstanden war, würde sich unweigerlich bemerkbar machen. Wer über ausreichendes Bewusstsein verfügte, konnte vielleicht einen Weg finden und die Verbindung aufrecht erhalten. Die anderen brauchten jedoch Unterstützung dabei. Ich sprach mit Nails Mutter und Schwestern darüber. »Lasst die Verbindungen zu den Menschen in eurem Umfeld nicht abreißen. Wir sitzen hier fest, jetzt müsst ihr unsere Aufgaben übernehmen«, sagte ich. Nails Mutter sah mich gequält an: »Ich wünschte, ich wäre an Nails Stelle hier.« Es war nicht einfach, die Familien zu überzeugen.

Auch andere Familienangehörige kamen zu Besuch. Aytekins Mutter hörte sich an, was ihr Sohn zu sagen hatte und brachte uns manchmal auch Nachricht von den FreundInnen. Ich hatte draußen einen recht guten Kontakt zu ihr gehabt und war öfter bei ihr zu Besuch gewesen. Sie hatte jedoch große Angst und sprach ständig über ihre Sorgen. Jetzt fragte sie bei jedem Besuch: »Mein Mädchen, haben sie dich sehr gefoltert? Bei Aytekin war es ganz schlimm, aber er will es mir nicht sagen. Seine Füße sind immer noch nicht verheilt und ganz gleich, was ich sage, er zeigt sie mir einfach nicht.« Dabei weinte sie. Aysel und Alaattin brachte sie selten mit. Sie wollte nicht, dass ich sie beeinflusse.

Es gab vereinzelt Gefangene von *Dev-Sol*, *TİKKO*, *HK* und *Dev-Yol*. Sie waren im gleichen Trakt wie die Freunde untergebracht. Es war schwierig, Bücher, Zeitungen, Radios und ähnliche Dinge zu bekommen. Außer der Regenbogenpresse waren keine Zeitungen zugelassen. Darüber wurde mit der Verwaltung gesprochen. Die Gefangenen hatten Vertreter, die als Sprecher fungierten. Gelegentlich stellten wir gemeinsam Anträge. Auf diese Weise sorgten wir dafür, dass diese Probleme nicht in Vergessenheit gerieten. Uns war bewusst, dass wir Gefangene waren, dennoch wollten wir nicht alles der Gnade des Feindes überlassen. Schließlich waren wir politische Gefangene, daher waren Bücher, Zeitungen und Radios für uns notwendig. Vieles von dem, was die Angehörigen mitbrachten, wurde von der Verwaltung nicht angenommen. Alles wurde peinlich genau durchsucht, es wurden sogar Nähte von Hemdkragen und Reißverschlüssen aufgetrennt. Selbst Nähnadeln waren verboten. Die Faschisten wurden anders behandelt. Sie wurden ganz offen bevorzugt. Am Gefängnistor fanden an Besuchstagen ständig Auseinandersetzungen deswegen statt. Schließlich wurden unterschiedliche Tage für die Besuchszeiten festgesetzt, aber damit war das Problem nicht gelöst. Es kamen weiterhin Angehörige beider Seiten an den Besuchstagen. Das war nicht ungefährlich, da die BesucherInnen durch die ungleiche Behandlung provoziert und gegeneinander aufgestachelt wurden. Es kam auch zu offenen Drohungen. Für die Familien war es unangenehm.

Auch drinnen war es nicht einfach. Hatten die Freunde Hofgang, wurden sie von den Fenstern aus von den Faschisten angepöbelt und umgekehrt. Man traf auch auf dem Weg zur Verwaltung aufeinander. Auf so engem Raum war das nicht vermeidbar. Unter den Verwaltungskräften, den Befehlshabern und den Soldaten gab es einige, die eine direkte Verbindung zu den Faschisten hatten und sie schützten.

Es gab uns zu denken, dass die Unterbringung auf diese Weise geregelt war, obwohl es ja zwei Gefängnisse gab. Wir vermuteten Absicht dahinter und machten uns auf Provokationen gefasst. Es war nicht zu übersehen, dass etwas im Gange war. Der Feind ging auf vielfältige Weise gegen uns vor. Was ihm an einer Stelle nicht gelang, versuchte er andernorts. Es wurde in verschiedener Form Druck ausgeübt. Auch die vielen Verbote erzeugten eine angespannte Atmosphäre. Wir überlegten fieberhaft, was zu tun sei. Es musste eine gemeinsame Haltung unter den Gefangenen gefunden werden, um dem Feind zu zeigen, dass wir nicht alles mit uns machen ließen. Es gab auch den Wunsch nach einem organisierten Vorgehen. Andererseits hielten die Diskussionen über die Vehörphase weiterhin an. Es wurde abgewägt und analysiert. Der erste Schock war überwunden. Es herrschte Misstrauen und es kam zu gegenseitigen Anschuldigungen. Wer wo stand, hatte die Zeit der Folter gezeigt. Bei einigen zeigte sich die Tendenz, sich aus Furcht zurückzuziehen. Andere verloren ihre Überzeugungen und machten wütend die Partei für ihre eigenen Schwächen verantwortlich. Es gab aber auch Bemühungen, die Geschehnisse und sich selbst zu hinterfragen und für die Partei einzustehen.

Anfangs wurde vieles sehr oberflächlich und falsch bewertet. Es war nicht einfach, eine solche Konfrontation mit dem Feind auszuhalten. Die Lage war ernst, vieles war durcheinander geraten. In solchen schweren Zeiten wird die Bedeutung von Phänomenen wie Überzeugung, Verbundenheit und Willensstärke deutlich.

Die Machenschaften und Pläne des Feindes waren nicht zu unterschätzen. Umso wichtiger war es, die Organisation zu verteidigen, zu vertreten und eine klare Linie zwischen Verrat und Widerstand zu ziehen.

Erstmalig waren die Verantwortlichen eines gesamten Gebiets verhaftet worden. Der Feind wollte unserer Bewegung damit einen wirksamen Schlag versetzen. Vielleicht war dieser Angriff nicht von vornherein so geplant, die Entwicklungen nicht im Detail vorausgesehen worden, dennoch handelte es sich um die ersten Schritte bei der Umsetzung eines langfristig angelegten Plans. Elazığ war ausgewählt worden, da sich die Bewegung hier schnell entwickelte. Die Gesellschaft veränderte sich. Der Feind hatte eine Schwachstelle bei uns ausgemacht und in der Überzeugung zugeschlagen, dass es sich für ihn lohnen werde. Nichts geschah zufällig.

Elazığ war aufgrund unserer organisatorischen Strukturen wichtig. Da es von hier aus Verbindungen zu allen anderen Gebieten gab, hatte die Region auch strategische Bedeutung. Gleichzeitig war der Staat mit seinen Institutionen sehr präsent und die Faschisten waren gut organisiert. Die soziale Struktur ähnelte der in Bingöl, Malatya und Erzincan. Diese konnten über die Verbindung nach Elazığ unter Kontrolle gehalten werden. Elazığ sollte als institutionalisiertes faschistisches Zentrum die Entwicklungen an Orten wie Dersim, Amed, Hilvan-Siverek und Batman unterdrücken.

Außerdem waren der Vorsitzende und weitere führende Kader oft hierher gekommen und hatten Versammlungen abgehalten. Neben Ankara war es der Ort, an dem die wichtigsten Versammlungen stattgefunden hatten. Die Kurdistan-RevolutionärInnen hatten sich hier einen Namen mit ihrer Arbeit gemacht. Es gab auch Gruppen der türkischen und kurdischen Linken sowie Agentenorganisationen, die direkt mit dem Feind in Verbindung standen. Die Grundlagen für radikale Umwälzungen waren gegeben. Dafür brauchte es nur eine organisierte Kraft, die eine Vorreiterrolle spielte. Darüber hinaus waren viele Kader und KaderanwärterInnen hier. Erforderlich war ein Arbeitssystem, das neben der vertikalen Ausbreitung an der Basis auch eine Vertiefung der ideologischen Inhalte der Organisation sicher stellte. Nach dem Gründungskongress waren die Voraussetzungen für eine praktische Entwicklung in dieser Richtung gegeben. Nur die Führungskader waren dazu noch nicht bereit. Wir waren Amateure.

Uns fehlte die Kapazität, mit der erforderlichen Professionalität auf diese Entwicklungen einzugehen. Es gelang uns nicht, uns zur richtigen Zeit am richtigen Ort radikal zu positionieren. Unsere Arbeitsweise war zu schematisch, zu eng gefasst, zu sehr auf die täglichen Anforderungen ausgerichtet. Wie genau war dem Feind das bewusst? Wusste er wirklich alles? Es war schwer zu sagen. Einiges deutete darauf hin und die Konsequenzen unserer eigenen Fehler und Schwächen lagen auf der Hand.

In dem Bericht, den ich nach draußen geschickt hatte, hatte ich die Geschehnisse unter verschiedenen Gesichtspunkten bewertet. Unsere eigenen Fehler konnte ich zum größten Teil klar benennen. Den Verrat bezeichnete ich als Putsch. Die Verhaftungen und die damit verbundenen Konsequenzen waren eine Niederlage. Ich ging jedoch nicht davon aus, dass die gesamte Organisation bedroht war. Mein Vertrauen in die Partei und in den Vorsitzenden war groß. Ich glaubte eher, dass sich angesichts des Verrats eine noch entschlossenere Haltung entwickeln werde. Dennoch war es bedenklich, dass der Verrat vor allem in Bingöl, Elazığ und Dersim offenbar immer noch verheimlicht wurde und selbst die Kader nicht genau Bescheid wussten. Ich wusste zwar nicht genau, was die FreundInnen draußen dachten, aber den Nachrichten, die zu mir vordrangen, konnte ich entnehmen, dass der gesamten Gruppe misstraut wurde. Es machte mich betroffen zu hören, dass von uns allen angenommen wurde, uns schuldig gemacht zu haben. Der Kontakt zur

Organisation wurde über die Besuche von Angehörigen gewährleistet. Die FreundInnen wollten genau wissen, wie die Lage war. Nicht zu wissen, wie sie die Angelegenheit bewerteten, belastete mich.

Schließlich war kein Widerstand geleistet worden, wie es dem Geist unserer Bewegung entsprochen hätte. Der Feind hatte den Verrat genutzt und die gesamte Bewegung angegriffen. Ich machte mir ständig Sorgen darüber, ob es zu weiteren Festnahmen kommen werde. Şahin hatte ausgesagt, dass Hayri und sogar der Vorsitzende sich möglicherweise in Mardin aufhielten.

Rıza verhielt sich so, wie er es auch draußen getan hatte. Er war bemüht, einige seiner Aussagen zu verheimlichen. Für andere erfand er Ausreden. In gewisser Hinsicht war es gut, dass er mit den Freunden zusammen war. Solange er sich nicht vollkommen dem Feind ergab, war vielleicht noch etwas zu retten. Niemand wollte, dass er zum Spielball in den Händen des Feindes wurde. Auch seinen Angehörigen musste die Problematik verdeutlicht werden. Unserer Meinung nach mussten sie Position gegen Rıza beziehen, wenn sie der Organisation wirklich verbunden waren. Auch die FreundInnen draußen hatten den Kontakt zu seiner Familie nicht abgebrochen. Es ging darum, sie auf unsere Seite zu ziehen, damit sie entsprechend auf Rıza einwirkten.

Für den Feind war die Haltung beim Verhör wichtig. Er versuchte weiterhin, jede Schwäche auszunutzen. In diesem Sinne war das Gefängnis die Fortsetzung der Verhörphase. Es ging nicht nur darum, die Gefangenen zu isolieren und unter Kontrolle zu halten. Vielmehr war das Ziel, ihren Willen und ihre Überzeugungen zu brechen und ihnen jeglichen Sinn zu nehmen. Anfangs sah es so aus, als setze der Feind dabei hauptsächlich auf brutale Gewalt. Mit der Zeit wurde jedoch deutlich, mit welch vielfältigen Methoden ununterbrochen versucht wurde, die Menschen zu zermürben und davon abzubringen, sie selbst zu sein. In so einer Situation bist du gezwungen, dich zu fragen, wie du leben willst. Du bist eine Gefangene in den Händen des Feindes und du weisst, was das bedeutet. Es herrscht ein Ungleichgewicht. Wie kannst du dich wappnen? Wie kannst du unter diesen Bedingungen den revolutionären Geist lebendig halten? Auf der einen Seite steht der Feind, auf der anderen der interne Verrat. Du musst kämpfen, aber wie kannst du all dem gerecht werden? Die Situation war sehr lehrreich, aber was lernten die Einzelnen daraus? Und was bedeutete Lernen?

Rıza war anstrengend für die Freunde. Die internen Diskussionen über die Verhörphase gingen weiter. Ich bekam zwar nicht alles mit, konnte mir jedoch vorstellen, um welche Widersprüche und Auseinandersetzungen es dabei ging. Es wurde sogar darüber nachgedacht, Rıza aus der Gefangenengruppe verlegen zu lassen.

Eines Morgens waren wir die Ersten beim Hofgang. Aytekin und Hamili liefen mit schnellen Schritten auf und ab. Sie waren meist zusammen. Nachdem Mustafa Yıldırım ins Gefängnis gekommen war, wurde er offizieller Verantwortlicher. Die Kassiber von draußen waren an ihn gerichtet. Er war aus Erzincan verlegt worden, zusammen mit Metin, Doğan und Mehmet. Die gesamte Elazığ-Gruppe stand in der Kritik der Partei. Es war noch nicht ganz klar, wer welche Rolle spielte. Daher war es nicht selbstverständlich, dass Mustafa eine offizielle Funktion zugesprochen wurde. Niemand erwartete so etwas, auch er selbst nicht. Ausnahmslos alle waren sich bewusst, dass sie Schuld auf sich geladen hatten und sagten, sie seien bereit, jede Strafe der Partei zu akzeptieren. Schon allein die Tatsache, festgenommen zu werden, war ein Vergehen. Dadurch war die Arbeit unterbrochen und die organisatorische Struktur zerstört worden. Der Ernst der Lage war bekannt. Mustafa hielt sich anfangs zurück und ergriff kaum die Initiative. Zwar konnte er anhand seiner Beobachtungen gewisse Schlüsse ziehen und Lagebewertungen anstellen, aber er beherrschte die Situation noch nicht wirklich. Je mehr sich die Freunde in das gemeinsame Leben einbrachten und aus dem Geschehenen lernten, desto mehr entwickelten sich gemeinsame Gedanken und Entschlossenheit.

Elif und ich wurden beim Hofgang an einen gesonderten Ort mit Balkon gebracht. Wir konnten den Platz vor unserem Trakt nicht nutzen, da dort die Faschisten untergebracht waren. Die Freunde waren beim Hofgang auf einem mit Stacheldraht umzäunten Platz. Wir weigerten uns, zum Hofgang zu den Baracken zu gehen, da dort die Soldaten untergebracht waren und wir außerdem von dort aus keinen Kontakt zu den Freunden aufnehmen konnten. Vom Balkon aus konnten wir die Freunde sehen und mit ihnen sprechen. Zwar wurde bei Gesprächen ständig interveniert, aber darum kümmerten wir uns nicht. Der Hofgang fand morgens und nachmittags für jeweils eine Stunde statt. Die Zeit war beschränkt, da die Faschisten den gleichen Platz für den Hofgang nutzten. Unsere schriftlichen und mündlichen Beschwerden bei der Verwaltung darüber wurden stets abgewiesen.

Offenbar war Aytekin nervös. Er rückte ständig an seiner »Mao-Mütze« herum. Zwar versuchte er es zu verbergen, als er mich ansah, aber irgendetwas war los. Auch Hamili schien es ähnlich zu gehen. Selbst aus der Ferne konnte ich erkennen, wie seine Schläfen pochten. Plötzich entstand Chaos, Fäuste gingen auf Rıza nieder. Andere Gefangene, vor allem die aus anderen Gruppen, mischten sich ein. Rıza konnte nichts tun, er wischte sich lediglich das aus seiner Nase tropfende Blut mit den Händen ab und war sehr blass. Die Soldaten begriffen nicht recht, was vor sich ging. Sie standen mit Gewehr im Anschlag in bestimmten Abständen um den mit Stacheldraht umzäunten Platz. Das Durcheinander dauerte nur einige Minuten, dann beruhigte sich die Lage wieder.

Aytekin und Hamili liefen weiter auf und ab. Ich beobachtete sie neugierig und nickte ihnen zustimmend zu. Sie lächelten. Manchmal war es notwendig, Position zu beziehen. Prinzipiell war ich gegen Schläge. Brutale Gewalt war meiner Ansicht nach meistens sinnlos und nicht zielführend. Wurde sie jedoch eingesetzt, um eine Haltung gegen etwas Bestimmtes deutlich zu machen, konnte sie schon sinnvoll sein. Rızas Verhalten resultierte nicht nur aus einer Schwäche, sondern hatte vielmehr mit seinem Ärger auf die Organisation zu tun, der uns schon draußen Probleme bereitet hatte. Dennoch nahm ich ihn nicht so ernst wie Şahin, dessen bloße Existenz mich in den Wahnsinn trieb. Er versuchte weiterhin, Neuzugänge im Gefängnis unter seinen Einfluss zu bringen.

Wir hatten zwar die FreundInnen vor ihm gewarnt, aber wie konnten wir an ihn herankommen? Es war ein Vergehen, ihn leben zu lassen. Jeden Tag machte ich Pläne, ihn auszuschalten. Es war geradezu zu einer fixen Idee geworden. Allein die Vorstellung verschaffte mir Erleichterung, aber das änderte nichts am Ergebnis.

fluchtpläne

Wir begannen einen zweitägigen Hungerstreik mit Forderungen wie der regelmäßigen Übergabe von Büchern und Zeitungen, der Trennung der Besuchstage von denen der Faschisten und der Sicherheit für die Angehörigen, die zu Besuch kamen. Elif beteiligte sich nicht daran, jedenfalls nicht offiziell. Sie aß jedoch kaum etwas. Es war interessant, wie sehr sie darauf achtete, dem Feind zu demonstrieren, dass sie nichts mit uns zu tun habe und dabei Gewissensbisse hatte. Aufgrund ihrer Vorstellung vom Staat glaubte sie dem Versprechen, freigelassen zu werden. Eigentlich hätte sie auch entlassen werden müssen, aber sie sollte weiterhin als Zeugin benutzt werden. Sie verhielt sich noch immer in jeder Hinsicht verdächtig.

Der Hungerstreik fiel auf einen Besuchstag und wir weigerten uns, Besuch zu empfangen. Die Familien sammelten sich am Kontrollpunkt und wir riefen lauthals Parolen: »Es lebe der Widerstand im Hungerstreik! Schluss mit der Repression!« Meine Stimme war unter all den anderen Stimmen herauszuhören. Es war die erste kollektive Aktion, die wir im Gefängnis durchführten. Dadurch enstand sowohl unter uns als auch unter den Angehörigen draußen ein Gefühl der Einheit. Der Gefängnisverwaltung war die Sache unangenehm. Die Mitarbeiter diskutierten mit uns: »Ihr fügt euch nur selbst Schaden zu. Hättet ihr einfach einen Antrag gestellt, wäre die Sache erledigt. Oder werdet ihr von der Organisation dazu gezwungen? Habt ihr den Befehl bekommen, hier eine Aktion zu machen?«

Andere verhielten sich eher mitfühlend und meinten: »Es ist doch schade um euch.« Kaum jemand unterstützte Elif. Insbesondere die Soldaten rümpften die Nase über sie. Selbst der Feind verachtete Charaktere wie sie. Elif wagte es kaum, den Kopf zu heben.

Während des Hungerstreiks tranken wir nur Wasser und ein- oder zweimal am Tag Zuckerwasser. Die Zuckermenge war festgelegt. Bei den Hungerstreiks, die ich in İzmir miterlebt hatte, wurde auch Tee getrunken. Wir achteten jedoch sorgfältig auf die Einhaltung der Regeln. Andere konnten das anders machen, für uns galt das nicht. Die Freunde, die als Vertreter der Gefangenen festgelegt worden waren, führten die Gespräche mit der Gefängnisverwaltung. Vorher war festgelegt worden, welche Forderungen nicht diskutierbar waren und bei welchen Flexibilität gezeigt werden konnte. An der Aktion nahmen auch Vertreter anderer Gruppen teil, aber wir bildeten die Mehrheit. Die Verwaltung betrachtete hauptsächlich unsere Vertreter als Ansprechpartner. Das war ganz natürlich und hatte nichts mit Mehrheitsfragen zu tun. Es reichte bereits aus, dass wir von der PKK waren. Das Image war wichtig. Allerdings wurden wir immer noch UKO genannt, da dies der Name war, der nach unseren Festnahmen öffentlich geworden war.

Unsere Anwälte kamen in bestimmten Abständen. Neben Hüseyin Yıldırım kam auch Mahmut Bilgili, den die Freunde beauftragt hatten, sowie einige von der Anwaltskammer Elazığ, die von Angehörigen beauftragt worden waren. Eine Vielzahl von Anwälten erschien uns positiv, da sie zumindest die Geschehnisse öffentlich machen konnten. Hüseyin Yıldırım hatte das Mandat für fast alle FreundInnen übernommen. Er sagte, dass er auch in anderen Gefängnissen tätig sei. Dennoch bekamen wir keine neue Informationen über ihn. Er war nicht sonderlich beliebt. Diejenigen, die ihn aus Dersim kannten, hielten ihn für einen Trinker. Trotzdem war es positiv, dass er für uns tätig war.

Mahmut Bilgili kam von der Anwaltskammer Ankara. Er war mit der Schwester von Hasan Şerik verheiratet. Ich hatte sie einmal in Tuzluçayır getroffen. Sie hatte den Eindruck gemacht, sich weiter entwickeln zu können, aber dann hatte ich gehört, dass sie geheiratet habe. Eine solche Beziehung förderte zumeist keine Entwicklung. Dennoch betrachteten wir Mahmut als einen Freund. Die Anwaltsgespräche fanden in einem Raum in der Verwaltung statt. Es gab keinen gesonderten Raum, der Feind konnte uns zuhören. Bei jedem Besuch informierte Mahmut uns über die Entwicklungen draußen. Was Hüseyin Yıldırım uns hingegen erzählte, war wenig glaubwürdig und entsprach eher seinen eigenen Interpretationen. Ich schätzte seine Informationen als sehr fragwürdig ein. Als ich den Freunden meine Meinung über ihn mitteilte, fanden sie meine Vorbehalte übertrieben und sagten, ich habe Vorurteile. Es stimmte, dass ich keine konkreten Informationen hatte, die gegen ihn sprachen. Aber meine Erinnerung an ihn in Dersim sowie sein extremes Verhalten weckten mein Misstrauen und riefen Distanz hervor. In meinen Augen war er jemand, der ununterbrochen log. Die Freunde erzählten ihm in guter Absicht von meiner Meinung über ihn. Wahrscheinlich hatte er sich bei ihnen über meine Kälte beschwert und sie wollten das Problem lösen. Ich ärgerte mich trotzdem sehr. Sie konnten doch nicht einfach direkt zu ihm sagen: »Sakine traut dir nicht, sie meint, du lügst.« Angeblich machte ihn das sehr betroffen. Als er versuchte, mit mir darüber zu sprechen, wich ich zunächst aus und sagte dann:

»Einige Ihrer Darstellungen erscheinen mir merkwürdig. Vielleicht meinen Sie es nur gut und wollen mich schonen, weil ich in Gefangenschaft bin, aber das ist nicht richtig. Ich bin kein Kind und ich möchte wissen, was wirklich abläuft. Wenn Sie versuchen, die Realität zu beschönigen, wird es nur schlimmer. Das war es, was ich meinte.« Damit versuchte ich, dieses Thema zu beenden. In meiner Naivität hatte ich meine

Abneigung gegen ihn den Freunden gegenüber deutlich gemacht. Die Freunde waren noch naiver und hatten ihm gleich davon erzählt. Allerdings machte er in der kommenden Zeit überhaupt keinen betrübten Eindruck. Er wurde geradezu ein fester Bestandteil des Gefängnisses und war aktiver als die anderen Anwälte. Den Angehörigen machte er mit seinen Lügen Hoffnungen.

Uns wurden im Gefängnis bestimmte Bücher ausgehändigt, aber nicht alle. Einige waren auch draußen gar nicht käuflich oder die Angehörigen hatten Angst davor, sie zu kaufen. Es gab eine Verbotsliste und vor allem die marxistischen Klassiker lösten Angst aus. Zeitungen und einige Zeitschriften konnten wir bekommen. Wir verfolgten die Nachrichten in den Zeitungen gründlich. In letzter Zeit handelten sie oft von uns. Die Zeitung Aydınlık las sich mittlerweile wie ein staatliches Organ. Sie brachte eine Serie über die UKO heraus, die einer Denunziation gleich kam. Darin wurden Fotos, Namen und Adressen veröffentlicht. Im Namen der »proletarischen Revolution« wurden RevolutionärInnen denunziert! Der Feind machte sich diese offene Frontenbildung zu Nutzen. Eigentlich war es gut, da das wahre Gesicht dieser Gruppen deutlich und die Bevölkerung nicht länger unter der Maske angeblicher revolutionärer Bestrebungen betrogen wurde.

Innerhalb des Gefängnisses machten sich die faschistischen Banden zum Angriff bereit. Es wurde offenkundig, zu welchem Zweck wir gemeinsam untergebracht waren. An einem sonnigen Morgen hatten zunächst die Freunde Hofgang. Die Morgenstunden waren meistens schön. Sonnenstrahlen fielen auf die Hänge von Harput. Das Gebäude stand auf unbewachsenem Grund, aber von der Quelle bis zum Kontrollpunkt wuchsen Weiden und Obstbäume. Das Wasser der Quelle war wunderbar. Beim Wasserholen oder beim Toilettengang verweilte ich lange dort und spielte mit dem Wasser wie ein Kind. Morgens, mittags und abends wusch ich Gesicht und Hände und putzte meine Zähne.

Die Soldaten waren erstaunt darüber, mit welchem Vergnügen ich dieses Ritual wiederholte. Ich war immer noch lebendig, dabei sollte doch das Gefängnis ein unerträglicher Ort der Entbehrungen sein. Die Soldaten waren neugierig. Jeder Neue fragte nach, wer diese Frau sei, die so schwere Straftaten begangen habe. Ihre Vorgesetzten stellten mich als ein Ungeheuer dar, dessen Bewachung höchste Aufmerksamkeit erforderte. Damit wollten sie auch verhindern, dass die Soldaten Sympathien für mich entwickelten. »Sie ist eine Terroristin, eine Mörderin. Sie wollen das Vaterland spalten und einen kurdischen Staat gründen. Seid bloß vorsichtig. Mit ihr zu sprechen, ist verboten. Ihr dürft nur Befehle ausführen und ihr dürft ihr auf keinen Fall entgegenkommen.« Auf diese Weise wurden die Soldaten gedrillt. Dennoch gab es unter ihnen einige, die mehr erfahren wollten und in guter Absicht auch mal ein Auge zudrückten. Sie griffen nicht ein, wenn ich mich beim Hofgang mit den Freunden austauschte, und sie übermittelten Grüße und Botschaften aus dem anderen Gefängnis. Ich wurde sogar öfter gefragt, ob ich etwas brauche. Sie erlaubten auch, dass ich länger an der Quelle verweilte als notwendig. Dabei handelte es sich um Soldaten aus Kurdistan oder um solche aus den Metropolen, die sich als demokratisch und progressiv begriffen. Die Faschisten unter ihnen taten jedoch alles, um uns das Leben noch schwerer zu machen.

Ein Soldat aus Manisa zeigte sich sehr interessiert. Er hieß Murat, ebenso wie der Soldat aus Çermik, der mich sogar besuchen kam und von dem ich glaubte, er könne Revolutionär werden, wenn die Freunde mit ihm Kontakt aufnähmen. Ich erfuhr jedoch nicht, wie es mit ihm weiterging. Mit Murat aus Manisa unterhielt ich mich über İzmir und Manisa. Dass ich in der Gegend gelebt hatte, bot uns den Anlass für eine Unterhaltung. Ich beobachtete die Soldaten genau, um sie einschätzen zu können. Die Lage des Gefängnisses war vorteilhaft. Unsere Zelle hatte zwei Türen, eine aus Holz und eine mit Gitterstäben. Die Holztür wurde selten abgeschlossen, meistens schlossen wir sie von innen. Das Scharnier der Eisentür ließ sich entfernen. Die Tür war eine Handbreit kürzer als der Rahmen. Das Schloss war nicht stabil. Durch das ständige Öffnen und Schließen der Tür hatte es sich abgenutzt. Dazu beigetragen hatten auch die Schläge, die ich der Tür während unseres Hungerstreiks versetzt hatte. Befand sich Elif außerhalb der Zelle, nutzte ich die Gelegenheit und höhlte mit einem Löffel das Betonfundament aus. Es war wunderbar und aufregend. Mir fiel auf, dass die Bettbezüge olivgrün waren. Es konnte nicht schwierig sein, daraus eine Hose zu machen. Das Oberteil war nicht so wichtig, da die Soldaten nachts auch manchmal mit weißen Unterhemden herumliefen. Ich konnte sie sehen, wenn sie die Baracken betraten oder verließen. Meine Haare hatte ich vom Militärfriseur kurz schneiden lassen. Viele fragten nach dem Grund, ich erklärte, ich hätte Haarausfall. Meine Fluchtpläne gingen niemanden etwas an. Es würde reichen, wenn ich in einem passenden Moment einem oder zwei der Freunde etwas sagte.

Murat aus Manisa war mittlerweile so beeindruckt von mir, dass er trotz seiner Angst alles getan hätte, was ich von ihm verlangte. Er kam aus einer Arbeiterfamilie und war sehr emotional. »Es sind viele Männer hier, aber die tun mir kaum leid. Das Gefängnis ist ein Männerort, mit dir habe ich Mitgefühl«, sagte er. Elif zählte er nicht zu den Gefangenen. Ihm gefiel weder ihre gute Beziehung zur Verwaltung noch das, was über sie erzählt wurde. Sie bekam sogar Besuch von einigen Polizisten, die ich aus der Zeit des Verhörs kannte. Als ich nachfragte, gab sie es zu. Dabei waren ihre Angehörigen typische kurdische DorfbewohnerInnen. Sie stammte aus einem Dorf im Kreis Gölbaşı in der Provinz Adıyaman. Ihre Mutter sprach kein Türkisch, ihre Kleidung und ihr ganzes Aussehen waren kurdisch. Elif gehörte zu den KurdInnen, die ihre eigene Herkunft verleugneten. Dieser Widerspruch fiel auch den Soldaten auf. Da wir die einzigen beiden Frauen im Gefängnis waren, war das Interesse an uns groß. Die Soldaten verfolgten alles, was wir taten. Aus diesem Grund versuchte ich alles zu vermeiden, was ihre Aufmerksamkeit wecken konnte. Das Gefängnis eignete sich mit seiner Struktur und seiner Lage sehr gut für einen Ausbruch.

Der beste Ausgangspunkt für eine Flucht war die Quelle. Sie wurde von Soldaten bewacht, nur an bestimmten Punkten gab es Wachtürme in der Umgebung. Da es in unserer Zelle weder Waschbecken noch Toilette gab, mussten wir dorthin gehen. Das Gefängnis war zweifach mit Stacheldraht umzäunt. Die innere Stacheldrahtreihe war gerollt.

Wenn wir zur Quelle gingen, wurden wir meistens von zwei bewaffneten Soldaten begleitet. Nachts kam manchmal nur ein Soldat mit. Sie ärgerten sich, wenn wir nachts zur Toilette wollten, da sie müde waren und froren. Nachts von der Quelle aus zu fliehen, erschien mir ein guter Plan, sollte Murat dabei sein. Tagsüber beobachtete ich die Umgebung. Innerhalb einer Stunde könnte ich Kırkdutlar oder Esentepe erreichen. In offenem Gelände würde es schwieriger sein, mich zu fassen. Baskil kam mir in den Kopf, das war ein guter Ort. Und dann war da noch das Dorf Kellek, in dem sich vor Jahren Familien aus dem Dorf meines Onkels niedergelassen hatten. Ich war früher einmal dort gewesen. Auch dieses Dorf erschien mir passend, sie würden mich verstecken. Allein die Vorstellung, mich im Gelände zu verbergen, erfüllte mich mit freudiger Erregung. Ich durfte nur nichts übereilen. Übereiltes Vorgehen hatte mir schon häufiger geschadet. Ich musste Geduld haben, auf eine passende Gelegenheit warten und damit rechnen, dass etwas schief ging. Der Feind war nicht dumm und traute uns ohnehin nicht. Täglich wurden die Sicherheitsvorkehrungen verschärft. Daher war es besser, schnell zu handeln. Es war wichtig, den richtigen Zeitpunkt zu erwischen. Von Zeit zu Zeit hieß es, das Gefängnis sei für Frauen nicht geeignet. Es war unklar, ob die Verwaltung die Verantwortung nicht übernehmen wollte oder ob wir ihnen leid taten. Ich fürchtete, dass sie uns plötzlich verlegen könnten. Auch die Freunde waren gegen unsere Verlegung. Ich sagte zu ihnen: »Thematisiert das nicht ständig. Wenn ihr sie zu sehr bedrängt, machen sie vielleicht das genaue Gegenteil.«

Der Roman »Papillon«[13] verlieh mir Flügel. Tag und Nacht machte ich Fluchtpläne. Natürlich war der Feind auf so etwas vorbereitet, aber eben nicht bei Frauen. Frauen wurde keine Flucht zugetraut. Zwar wurde den Soldaten ständig eingeredet, wie gefährlich ich sei, trotzdem waren sie nicht besonders aufmerksam. In jenen Tagen hörten wir eine wunderschöne Nachricht. Kemal Pir war nach dem Kongress verhaftet worden. Jetzt hörte ich in den Radionachrichten, dass ihm die Flucht aus dem Gefängnis in Urfa gelungen sei. Ich stieß einen Freudenschrei aus. Ob wohl die Freunde die Nachricht auch gehört hatten? In dem Moment hörte ich Lärm von oben. In ihrem Trakt verbreiteten sich Nachrichten sehr schnell. Sprachen sie mit lauter Stimme, konnten wir sie in unserer Zelle hören. Während des Hungerstreiks hatten wir uns schreiend verständigt. Auch jetzt riefen wir uns wie verabredet zeitgleich die Neuigkeit zu. Aytekin schrie: »Seko, hast du es schon gehört?« Gleichzeitig rief ich: »Habt ihr gehört, Pir ist geflohen! Hurra!« Da das Gefängnispersonal eingriff, setzten wir unsere Unterhaltung nicht fort. »Es ist gar nichts los«, sagte ich, »in Ordnung, wir reden nicht weiter.«

Ja, Pir war die Flucht gelungen! Es war eine wunderschöne Nachricht. Er war schon einmal aus Ordu-Aybastı geflohen. Damals hatten Rıza und andere ihn aus dem Gefängnis befreit. Kemal Pir hatte einen lebhaften Charakter, der sich nicht einsperren ließ. Er war jemand, der nicht nur sagte, dass für einen Revolutionär im Kerker die größte Aktion die Flucht sei. Er setzte diesen Gedanken auch um. Diese Neuigkeit bestärk-

13 1969 erschienener Roman des französischen Schriftstellers Henri Charrière, der wegen Totschlages zu lebenslanger Zwangsarbeit in Französisch-Guayana verurteilt wurde

te mich in meinen Plänen. In naher Zukunft sollte es heißen: »Sakine ist die Flucht gelungen.« Ich konnte kaum noch an etwas anderes denken. Wahrscheinlich hatten alle Freunde im Gefängnis spätestens jetzt ähnliche Gedanken.

Unser Prozess hatte immer noch nicht begonnen. Der Zeitpunkt war unklar. Der Anwalt Mahmut meinte: »Wie ich gehört habe, sollen alle Verfahren in Diyarbakır zusammengeführt werden. Es ist nur ein Gerücht, aber wahrscheinlich stimmt es.« Er berichtete auch von weiteren Festnahmen. Die Operationen wurden in Siverek, Batman und anderen Orten fortgesetzt. Zunehmend wurde auch die Bevölkerung unter Druck gesetzt. Laut Şahins Aussage sollte die offizielle Deklaration der Parteigründung von einer Reihe Aktionen begleitet werden. Sicher hatte er sich auch dazu geäußert, welche Aktionen geplant seien. Wir warteten seit Monaten gespannt auf die Deklaration.

Die Parteigründung wurde Ende Juli mit einer Aktion gegen den Bucak-Clan[14] öffentlich gemacht. Mehmet Celal Bucak wurde dabei verletzt. Der Genosse Salih Kandal verlor sein Leben. In jener Zeit fielen viele Freunde, darunter auch Ahmet und Cuma Tak. Ich kannte sie alle. Wir waren an solche Todesfälle nicht gewöhnt. Der Tod von wertvollen Genossen war nahezu unerträglich. Bei uns allen herrschte Trauer über diese Verluste. Wir erzählten uns gegenseitig unsere Erinnerungen an sie. Die Ereignisse brachen nicht ab. Soweit wir aus den Nachrichten erfuhren, hatten sich die Massenproteste und Auseinandersetzungen ausgeweitet. Die Verluste waren schmerzvoll, aber die Aktivitäten gaben uns Kraft. Der Dreckskerl Şahin hatte propagiert, dass alles vorbei sei. Nein, die Partei gab es weiterhin, der Vorsitzende Apo war draußen und Pir war aus dem Gefängnis ausgebrochen. Wir waren voller Hoffnung. In vielen Revolutionen hatte es vorübergehende Niederlagen und Verrat gegeben. Wir durften nur nicht unseren Glauben daran verlieren, dass diese Revolution weiter ging, dann würde alles gut werden.

Es war unerträglich, im Kerker zu sitzen, während draußen all diese Entwicklungen stattfanden. Ein weiteres Mal sagte ich mir: »Verdammt, warum waren wir bloß so unvorsichtig? Und ausgerechnet in dieser Zeit?«

---

14 Die Mitglieder des Bucak-Clans standen immer auf Seiten des Staates, besonders während des Scheich-Said-Aufstands in den 1920er Jahren. Sie waren auch aktiv im Kampf gegen die PKK. In den 1970ern wurden Hunderte Mitglieder des Clans vom Staat zu »Dorfschützern« (Paramilitärs) in Siverek und Hilvan ernannt.

Gerade in Elazığ hätten wir die Entwicklungen vorantreiben können. Die Faschisten verloren ihre Anhängerschaft. Von den anderen Gruppen war nichts mehr zu sehen. Der Ausnahmezustand machte ihnen Angst. Es war klar, dass sich dadurch auch unsere Arbeitsweise ändern musste. Die Umstände drängten uns zu bewaffneten Aktionen. In letzter Zeit wurde viel darüber diskutiert, den Guerillakampf zu einem Schwerpunkt zu machen.

Es wurde über eine Waffenausbildung nachgedacht. Das war inzwischen notwendig. Hätte es die Festnahmen nicht gegeben, hätten ganz andere Entwicklungen stattfinden können. In der Anfangszeit waren alle damit beschäftigt, das Geschehen zu verarbeiten und sich selbst zu hinterfragen, aber mit der Zeit fühlten wir eine Leere. Wir waren aus unserem Kampfgebiet herausgerissen worden und befanden uns jetzt zwangsläufig auf einem anderen Feld des Kampfes. Mein Gott, es war nicht auszuhalten, wir wollten dabei sein!

Es gab jetzt die PKK, die *Partiyê Karkerên Kurdistan*, die ArbeiterInnenpartei Kurdistans. Anstelle von »UKO« oder »Bewegung« sagten wir jetzt PKK. Als Aytekin mich fragte, ob mir dieser Name bekannt gewesen sei, bejahte ich.

Ich wusste auch, dass Şahin diesen Namen bereits beim Verhör preisgegeben hatte. Trotzdem wollte ich nicht weiter auf dieses Thema eingehen. Zwar war über den Gründungskongress alles ausgesagt worden, dennoch war es nicht richtig, darüber zu sprechen. Im Gefängnis waren Parteidisziplin und Verschwiegenheit noch wichtiger als draußen, selbst wenn der Feind Bescheid wusste.

Wir wurden immer mehr im Gefängnis. Aus Dersim kam Sevim Korkmaz und aus Elazığ eine Frau namens Atiye von *Dev-Sol* hinzu. Natürlich ist es nicht gut, in Gefangenschaft mehr zu werden, dennoch war es erfreulich, neue Gesichter zu sehen. Jeder Neuzugang bedeutete auch neue Informationen. Ich kannte Atiye von einigen Demonstrationen. Auf einer Demonstration hatte sie sich mit einem schwarzen Tuch verhüllt, um nicht aufzufallen. Jede Gruppe interessierte sich für die Frauenarbeit der anderen Gruppen. Im Gefängnis sprach sich schnell herum, wer aus welcher Gruppe neu gekommen war. Wir waren ja in derselben Gegend tätig gewesen und hatten uns manchmal auf der Straße oder auch bei Familienbesuchen getroffen.

Atiye war Tscherkessin. Auch die Mutter von unserem Genossen Bozo Hüseyin war Tscherkessin. Sie waren meistens hochgewachsene, schöne

Frauen. Das war auch bei Atiye so, aber sie sah älter aus als sie war. Sie rauchte sehr viel. Ihre Sucht verursachte bei mir eine heftige Abneigung gegen das Rauchen. Merkwürdigerweise umgab sie eine Aura der herrschenden Klasse. Es erschien mir absonderlich, dass sie als Angehörige eines Volkes, dessen Geschichte von Massakern und Verrat zeugte, den Sozialchauvinismus so tief verinnerlicht hatte. Das Buch »Der letzte Ubych«[15] hatte mir das Herz zerrissen. Der Verrat, dem die Abchasen[16] im osmanisch-russischen Krieg ausgesetzt waren, sowie die Massaker und Genozide, die der türkische Staat zu verantworten hatte, waren eine Sache, Atiyes türkisch-chauvinistischen Gefühle eine andere. Bereits bei unserer ersten Begegnung verspürte ich eine Eiseskälte. Es hatte nichts damit zu tun, dass sie der türkischen Linken angehörte. Nein, es gab viele revolutionäre Menschen von der Linken, die wir als FreundInnen und GenossInnen betrachteten. Atiye führte sich jedoch auf wie eine Generalstochter. Sie hatte früher in Ankara gelebt und als Beamtin gearbeitet. Dementsprechend war sie bürokratisch und egoistisch. Wir diskutierten trotzdem viel miteinander über den Ausnahmezustand, den Genozid von Maraş und die Entwicklungen in Elazığ. Es tat mir gut, ich hatte Bedarf nach inhaltlichen Auseinandersetzungen.

Unsere Sevim passte in keine Schablone. Sie hatte in Dersim viel mit den Gruppen der türkischen Linken diskutiert. Atiyes Ansichten fand sie reaktionär: »Wir haben schon vor langem über die Argumente diskutiert, die du hier vorlegst. Sie haben die gleiche Grundlage wie die Thesen der Sozialchauvinisten. Niemand von *Dev-Sol* sagt jemals etwas anderes.« Atiye wurde wütend und belehrte uns über den Unterschied ihrer Fraktion zu *Dev-Yol* und anderen Gruppen.

Elif empfand offenbar eine Nähe zu Atiye und war jetzt meistens mir ihr zusammen. Obwohl ich Atiye über Elifs Position aufklärte, versuchte sie, Elif auf ihre Seite zu ziehen.

Auch bei den männlichen Gefangenen verhielt sie sich ähnlich. Ein typischer Zug der türkischen Linken: Sie nehmen diejenigen von uns, mit denen wir selbst Probleme haben, mit offenen Armen auf. Ihre politischen Wertmaßstäbe sind dabei sehr flexibel. Atiye sagte: »Wir sind alle im Gefängnis, da können wir doch nicht eine Einzelperson ausschließen,

15 Deutscher Titel des Romans von Bagrad Schinkuba: »Im Zeichen des Halbmonds«, handelt vom Aussterben des Volkes der Ubychen

16 Volksgruppe im Kaukasus

wir treiben sie ansonsten dem Feind in die Arme.« Theoretisch hatte sie Recht, aber Elif ließ sich ja ohnehin benutzen. Atiyes Umgang mit ihr war auch nicht darauf ausgerichtet, etwas zu verändern. Trotzdem freute ich mich. Sollte es Atiye gelingen, Elif zu beeinflussen, konnte es nur gut sein. Sollte Elif doch *Dev-Sol*-Anhängerin werden, wenn sie dadurch von Schlimmerem abgehalten wurde. Es war ja offensichtlich, dass sie große Angst hatte. Während ihrer Zeit in Malatya hatte niemand von uns ihr irgendwelche Inhalte vermittelt. Ausschließlich Celal hatte sich mit ihr beschäftigt, und das nur, um sie hinterhältig auszunutzen.

Sevim war hübsch, lebendig und theoretisch sehr bewandert. Sie hatte die Lehrerschule abgeschlossen und die Universitätsprüfungen abgelegt. Ihr Alter sah man ihr nicht an. Ihr Vater Hasan Korkmaz war Bürgermeister. Früher hatte er als Lehrer gearbeitet. Die Familie gehörte zum Stamm der Yusufhan, der keinen besonders guten Ruf hatte. Der Vater war ein typischer, durch den Kemalismus von der eigenen Kultur entfremdeter Mann aus »Tunceli«. Die revolutionären Bestrebungen seiner Tochter als UKO-Anhängerin lehnte er kategorisch ab. Er selbst tendierte auf merkwürdige Weise zu *Dev-Yol*. Die Verhaftung seiner Tochter machte ihm Angst. Sevim meinte dazu: »In dieser Hinsicht ist es ganz gut, dass ich verhaftet wurde. Vielleicht begreift er jetzt, wie dieser Staat beschaffen ist.« Sie freute sich darüber, dass sie ihrer Familie entkommen war, auch wenn dafür ihre Verhaftung notwendig gewesen war. Das Studium war ihr wichtig. Sollte sie nicht allzu lange im Gefängnis bleiben, wollte sie es fortsetzen. Die Universität war dabei nur Mittel zum Zweck. »Ich wollte oft von Zuhause ausreißen. Sie haben mich sehr unter Druck gesetzt.« sagte sie. Ihr Name war wahrscheinlich bei den Verhören der Elazığ-Gruppe genannt worden. Türkan, Sevim Kaya und alle anderen kannten sie. Beide Sevims wohnten in den staatlichen Unterkünften. Sie musste denunziert worden sei, denn es gab viele junge Frauen, die innerhalb der Organisation wichtiger waren als sie.

Die Monate flossen dahin. Allgemein wird ja angenommen, dass im Gefängnis die Zeit still steht und sich ein Tag wie ein Jahr anfühlt. Aber so war es nicht. Natürlich war es unerträglich, vom Kampf draußen isoliert zu sein. Trotzdem galt es, keinen einzigen Moment dafür zu verschwenden, über die eigene Situation zu jammern. Die Freunde sagten manchmal: »Wir wünschten, du wärst nicht hier, du machst es uns schwer.« Bei den Angehörigen fand ich das ja normal, aber das Jammern der Freunde kam mir komisch vor. Der Feind hatte uns bewusst gefangen genommen und wollte uns jeden Moment spüren lassen, dass wir eingekerkert waren. Gerade deshalb waren wir gezwungen, auch im Gefängnis weiterzuleben, uns nicht unterkriegen zu lassen und unsere Gefühls- und Gedankenwelt lebendig zu halten. Für RevolutionärInnen war das ein Muss. Der Mensch entfaltet ungeahnte Kräfte, wenn er pausenlos mit dem Feind konfrontiert ist. Je größer deine Ideale, je stärker deine Überzeugungen und dein Wille sind, desto besser kannst du den Feind einschätzen. Befindest du dich in der Hand des Feindes, steigt dein Hass ins Unermessliche.

Schließlich trat auch das ein, was wir befürchtet hatten. Der erste Teil des Plans der Verwaltung wurde damit abgeschlossen. Monatelang hatten wir gefordert, nicht mit den Faschisten im selben Gefängnis untergebracht zu sein. Sie waren alle räudige Hunde, aktive Kader und Mörder. Wieviele Revolutionäre und ganz normale Menschen sie auf dem Gewissen hatten, war nicht bekannt. Der Staat schützte die faschistischen Kader, insbesondere Raif Çiçek. Die Fırat-Universität war unter ihrer Kontrolle. Eine große Mehrheit des Lehrkörpers und des Personals war faschistisch. Diese Typen, die an den Schulen und Universitäten brutale Angriffe auf RevolutionärInnen durchführten, befanden sich jetzt direkt vor unserer Nase.

Es geschah an einem Besuchstag. Aytekins Mutter kam nach dem Besuch bei ihrem Sohn zu mir und sagte, Aytekin habe ein »Geschenk« für mich, das er mir bei der nächsten Gelegenheit geben wolle. Was konnte das für ein Geschenk sein? Wahrscheinlich handelte es sich um einen Kassiber von draußen. Ich freute mich sehr und sagte zur Mutter: »In Ordnung, ich habe verstanden. Hätte er es dir doch bloß gegeben.« Vermutlich war das nicht möglich gewesen. Kassiber wurden zumeist, zwischen anderen Gebrauchsgegenständen versteckt, ins Gefängnis geschmuggelt. Vielleicht hatten Aytekin und die anderen ihn selbst nicht finden können. Ich war ungeduldig. Am nächsten Tag gingen die Freunde auf dem Weg zum Hofgang an unserer Tür vorbei. Die Holztür war offen. Manchmal wartete ich an der Tür für den Fall, dass sie mir etwas übergeben wollten. Meistens standen jedoch Soldaten herum, denn die nächste Tür führte zu den Faschisten. Die Soldaten bildeten davor eine Mauer, um Auseinandersetzungen zu verhindern. An diesem Morgen waren einige Faschisten zur Verwaltung gegangen. Als ich Raif Çiçek sah, wie er im Vorbeigehen zu uns hinüber starrte und eine spöttische Bemerkung murmelte, rief ich: »Du faschistischer Mörder! Du hast sechzig Menschen umgebracht!« Sie wollten uns bewusst provozieren. Ihre gute Laune resultierte offenbar aus der Vorfreude auf die Umsetzung ihres Angriffsplans. Während die erste Gruppe noch in der Verwaltung war, wurde die zweite Gruppe herausgeholt. Aus diesem Grund mussten wir in der Zelle bleiben. Wir protestierten dagegen und sagten zu einem Soldaten: »Geh los und sag deinem Vorgesetzten, dass wir zum Hofgang wollen.« Als nichts geschah, schlug ich gegen die Tür. Der diensthabende Offizier hörte den Lärm und kam zu uns.

»Warum werden wir nicht zum Hofgang gebracht?« fragte ich in barschem Ton.

»Wir hatten anderes zu tun«, entgegnete er. »Die Anwälte von einigen der Rechten waren da. Wir wollten verhindern, dass ihr euch begegnet.«

Der Offizier hatte ein sanftes Wesen. Es hieß, er sei TKP-Anhänger. Manchmal diskutierte er mit uns. Er benahm sich respektvoll, achtete jedoch übertrieben auf die Regeln und fürchtete offenbar, dass etwas Unvorhergesehenes geschehen könne. Von den laufenden Intrigen wusste er anscheinend nichts. Er war nur Ersatzoffizier. Von den Faschisten waren zwei immer noch nicht zurückgekehrt. Auf unser Drängen hin wurden wir schließlich auf den Balkon gebracht. Wir grüßten die Freunde draußen auf dem Hof. Aytekin hatte gute Laune. Er war mit Hamili zusammen und spielte mit seiner Mao-Mütze. Neben ihnen standen auch Şadi und Zeki Budak, soweit ich mich erinnere. Sie unterhielten sich und lachten dabei verschmitzt. Ich machte eine fragende Bewegung, auf die sie antworteten: »Das erzählen wir dir später!« Es gab selten die Gelegenheit, aus der Nähe länger miteinander zu sprechen. Manchmal unterhielt ich mich mit Hamili, den ich als meinen Cousin ausgab. Er befand sich auf der einen Seite des Stacheldrahts, ich auf der anderen. Der Vorteil dabei war, dass die Soldaten uns nicht hören und wir uns flüsternd verständigen konnten. Wir zogen es allerdings vor, uns gegenseitig zu schreiben.

Aytekin und die anderen liefen in geregelten Bahnen auf und ab. Andere saßen entweder am Rand oder unterhielten sich in Gruppen. Die Fenster des Traktes, in dem die Faschisten untergebracht waren, waren recht niedrig. Bei jedem Hofgang beauftragten die Freunde zwei von ihnen damit, die Fenster im Auge zu behalten. Wir versuchten gerade, uns gegenseitig etwas zu erzählen, als plötzlich Schüsse fielen. Es brach Panik aus, Schreie waren zu hören. Die Soldaten entsicherten ihre Waffen und brüllten: »Stehenbleiben, sonst wird geschossen!« Es war unklar, woher die Schüsse kamen. Ich sah, wie einige der Freunde hinfielen und in ihrem Blut liegenblieben. »Faschistische Mörder! Mörder! Faschistische Verwaltung!«, schrie ich. Ein Teil der Freunde versuchte sich unterhalb der Fenster in Deckung zu bringen. Die anderen versuchten, den Stacheldraht anzuheben und zu flüchten. Sie wurden dabei verletzt und waren weiterhin voll in der Schusslinie. Die Soldaten waren bereit zu schießen. Der Offizier schrie aus vollem Halse: »Stopp, nicht schießen! Sie fliehen doch bloß vor den Schüssen! Lasst sie raus und kreist sie draußen ein! Nicht schießen!«

Es war ein furchterregender Anblick. Die Soldaten waren in Panik. Vielleicht waren einige von ihnen auch eingeweiht. Der Plan war perfekt, von drinnen sollten die Faschisten angreifen und draußen die Soldaten. Es sollte ein Massaker stattfinden. Dabei ging es um Rache. Im März waren zu Newroz Faschisten erschossen worden.

Ich rief dem Soldaten zu: »Halten Sie diese Soldaten zurück! Wir haben euren Plan durchschaut! Lassen Sie nicht zu, dass sie schießen!« Er entgegnete: »In Ordnung, ich halte sie auf. Bleiben Sie ruhig.« Wir gingen nach drinnen. Im Gebäude befanden sich weitere Freunde, gemeinsam riefen wir Parolen. Sie waren jedoch in ihrem Trakt eingeschlossen. Ich wurde wahnsinnig vor Wut und Sorge. Auf dem Weg nach unten sahen wir zwei der Faschisten. Ich wusste nicht, woher sie kamen. Später hieß es, sie seien beim Haareschneiden gewesen. Als ich sie bemerkte, schnappte ich mir einen Stuhl, der auf der Treppe stand, und schleuderte ihn auf sie. Sie wichen zurück, aber der Stuhl traf einen von ihnen am Knie. Ich hatte mit voller Kraft geworfen. Er rief: »Du Kommunistin!« und ich entgegnete: »Ihr Faschistenhunde! Ihr wart es doch, die geschossen haben!« Ich blickte mich um, fand aber keinen weiteren Gegenstand, den ich hätte werfen können. Die Soldaten führten die Faschisten schnell Richtung Baracken. Wir gingen zu unserer Zelle. Auch in diese Richtung wurde geschossen. Einige der Freunde flüchteten in unsere Richtung, ohne es zu merken. Ich rief ihnen eine Warnung zu.

Im Gebäude wurde überhaupt nicht eingegriffen. Vom Hauptmann und den anderen Diensthabenden war nichts zu sehen. Sie hielten sich bewusst zurück. Der wachhabende Offizier und der Feldwebel wussten in ihrer Panik nicht, was zu tun war. Erst sehr viel später wurde eine Nebelbombe ins Gebäude geworfen. Die Faschisten wurden aufgefordert, die Waffe auszuhändigen. Währenddessen versuchten die Soldaten, uns mit Gewalt zu einer der Baracken zu bringen. Wir wehrten uns. Ich griff nach der Pistole des Offiziers. Er schrie angstvoll auf: »Meine Pistole, meine Pistole!« Daraufhin sammelten sich weitere Soldaten um uns herum. Ich versuchte, die Waffe eines Soldaten an mich zu bringen. Hätte ich sie in die Hände bekommen, hätte ich sofort losgeschossen. »Ihr Mörder, ihr wart das!« schrie ich. Der Offizier schwor: »Nein, wir waren das nicht. Ich wusste von nichts, ich habe mit den Rechten nichts zu tun.« So ging es noch eine Weile weiter, bis der Hauptmann und andere Offiziere kamen. Ich richtete meine Wut jetzt gegen sie: »Ihr faschistischen Mörder! Ihr habt unsere Freunde getötet! Nun sagt schon, wieviele Personen habt ihr ermordet?« Ich fragte auch die Freunde, die sich im Gebäude befanden: »Könnt ihr etwas sehen? Wieviele Leute sind getroffen worden?« Sie gaben keine klare Antwort. Das Durcheinander war zu groß. Ich konnte nicht still stehen, daraufhin gab der Hauptmann den Befehl: »Legt ihr auf dem Rücken Handschellen an und bringt sie weg.« Ich widersprach sofort: »Stoppt diese Mörder, wenn ihr das könnt. Warum legt ihr denen keine Handschellen an? Warum nehmt ihr ihnen nicht die Waffen weg? Ach so, weil ihr sie ihnen selbst gegeben habt. Uns habt ihr nichtmal eine Nähnadel gegeben. Für uns sind Nadeln verboten, aber den Faschisten gebt ihr Revolver!« Schließlich brachten sie mich mit Gewalt weg.

Ich weiß nicht, wieviele Stunden vergangen waren, aber nach einer zermürbenden Zeit des Wartens wurde ein Teil der Freunde mit einem Militärbus zurückgebracht. Sie hatten sich mit dem Gesicht zum Boden auf das offene Feld legen müssen, wo sie bewacht worden waren. Einige der Freunde hatten die Verletzten ins Militärkrankenhaus getragen. Ich versuchte herauszufinden, wieviele Verletzte und Tote es gegeben hatte. Viele der Freunde waren nicht dabei. Ich fragte nach Aytekin, Hamili, Adil, Zeki...

Mustafa sagte: »Beruhige dich, es gibt keine Gefallenen, nur ein Freund ist verletzt. Die meisten haben Fleischwunden vom Stacheldraht. Aytekin hat eine Kugel in der Schulter getroffen, aber es geht ihm gut. Mach dir keine Sorgen.« Ich glaubte ihm kein Wort.

»Was ist mit Aytekin, sag mir sofort die Wahrheit!« beharrte ich. Er war der Erste, der getroffen wurde. Sie hatten gezielt auf ihn geschossen. Später kam eine weitere Gruppe zurück, darunter Hamili. Auch er erzählte nur, dass Aytekin und ein anderer Freund nach Malatya gebracht worden seien.

Also war Aytekins Verletzung ernst. Warum Malatya? Plötzlich wurden meine Knie weich und mir gefror das Blut in den Adern. Aytekin, Aytekin ... ich sah ihn vor mir, sein letztes Lächeln, seine Verschmitztheit, sein Herumspielen mit der Mütze, seine fröhliche, herausfordernde Art und seine schnellen, entschlossenen Schritte ... Eine fürchterliche Ahnung beschlich mich, auch wenn Hamili weiterhin schwor, es sei nichts Ernstes.

Hamili und Mustafa redeten darüber, dass sie in dem Durcheinander im Krankenhaus hätten fliehen können. Aber auch diese Gelegenheit war ungenutzt verstrichen.

Einer der Faschisten wurde als angeblicher Täter vor Gericht gebracht. Dabei war klar, dass von zwei Seiten geschossen worden war. Die Faschisten hatten nur eine Pistole ausgehändigt. Offenbar hatten sie weitere Pläne und wir befanden uns nach wie vor im selben Gebäude. Niemand wurde verlegt. Die Freunde in dem anderen Gefängnis machten aus Protest einen Aufstand. Wir beschlossen, in den Hungerstreik zu treten und setzten ein Schreiben auf, in dem wir darauf hinwiesen, dass die Verwaltung ihren Teil zu dem Vorfall beigetragen habe, indem sie Waffen ins Gefängnis gebracht und entgegen aller Warnungen keine Vorsichtsmaßnahmen getroffen hatte. Wir erklärten auch, dass es nach wie vor keine Sicherheit für unser Leben gab. Der Hungerstreik war eine Warnung, es war besser, als zu schweigen. Wir wollten auch die Angehörigen damit in Bewegung versetzen und forderten sie auf, geschlossen vorzugehen.

Einige Tage später kam Hüseyin Yıldırım. Das Anwaltsgespräch fand wie immer in den Räumen der Verwaltung statt. Der wachhabende Offizier war derselbe wie an dem Tag des Vorfalls. Hüseyin Yıldırım hatte nicht viel Neues aus der Akte zu berichten. Er sagte lediglich, dass die PKK-Verfahren zusammengelegt würden. »Ich habe mit Herrn Cahit gesprochen. Er sagte mir, dass er versuche, diesen Beschluss zu ändern, so dass der Prozess der Elazığ-Gruppe auch in Elazığ stattfinden kann.« Mit »Herrn Cahit« meinte er den Militärstaatsanwalt Cahit Aydoğan. Ich fragte nach den Freunden im Krankenhaus: »Aytekin ist schwer verletzt worden, was ist mit ihm?« Er zögerte und sagte schließlich: »Wir haben Aytekin verloren.« Ich sprang auf und schlug mit der Faust auf den Tisch, an dem der Offizier saß: »Ihr Mörder! Ihr habt ihn ermordet! Ihr habt diese Waffe ins Gefängnis gebracht!« Der Offizier stand auf und sagte: »Beruhigen Sie sich! Ich war das nicht, ich habe nichts mit der Waffe zu tun.« Hüseyin Yıldırım fiel ein: »Sakine, meine Tochter, so beruhige dich doch. Er ist doch ein Offizier!«

Ich packte den Offizier am Kragen: »Ihr seid schuld! Wie oft haben wir davor gewarnt, aber ihr habt nicht einmal eine Durchsuchung gemacht. Wir haben noch nicht einmal eine Nähnadel bekommen, wo kommen dann die Waffen her?« Dann lief ich nach draußen und rief: »Aytekin ist unsterblich!« Die Freunde fingen ebenfalls an, Parolen zu rufen: »Nieder mit den Faschisten!« Sie riefen mich und fragten, was los sei. Im ersten Moment war ich nicht in der Lage, ihnen zu antworten. Ich beobachtete, wie Hüseyin Yıldırım das Gelände in Begleitung von zwei Soldaten verließ. Offenbar war er in Ungnade gefallen, weil er mir die Wahrheit erzählt hatte.

Schließlich teilte ich den Freunden mit, dass Aytekin gefallen sei. Ich saß im Zwischenflur, die Freunde sangen Kampflieder. Dann kamen die anderen Frauen. Sie sollten mich wohl beruhigen. Danach wurde auch die Tür zum Trakt der Freunde geöffnet und sie kamen heraus. Erstaunlicherweise zeigten sich der Offizier und die Verwaltung milde. Normalerweise ließen sie es nicht zu, dass wir uns so nahe kamen.

Bis in die Abendstunden riefen wir Parolen und sangen Kampflieder.

Später hörten wir, dass Aytekin erst im Krankenhaus ermordet wurde. Die Krankenschwester soll den Tropf aus seinem Arm entfernt oder den Durchfluss gestoppt haben.

Handelte es sich um eine Racheaktion wegen Celal Aydın? Es war Aytekin gewesen, der in Malatya eingegriffen und Celal etwas später nach Elazığ geschickt hatte. Celal war nie zurückgekehrt. Im Gefängnis waren Faschisten, die Aytekin aus seinem Stadtteil kannte. Bestimmt waren sie es, die geschossen hatten. Auch draußen war mehrmals versucht worden, ihn zu ermorden.

Aytekins Tod machte uns alle sehr betroffen. Nach all der Folter im Gefängnis erschossen zu werden! Mehrmals hatte er gesagt, er sei dem Tod von der Schippe gesprungen. Der Tod hatte ihn schließlich im Gefängnis erwischt. Die Faschisten hatten zuerst auf ihn gezielt. Ständig sah ich ihn vor mir, wie er draußen gewesen war, wie beim Verhör und wie am letzten Tag. Ich konnte seine Lebendigkeit, seine Herzlichkeit und die revolutionäre Schönheit seiner Seele nicht vergessen. Der Schmerz traf mich tief. »Du darfst nich so emotional sein, du darfst dich nicht gehen lassen, du musst dich daran gewöhnen, du musst stark sein…« All diese gut gemeinten Ratschläge hatten in diesem Moment einen schalen Beigeschmack. »Wie einfach«, sagte ich.

An einem der folgenden Tage sagte Mustafa zu mir: »Ärgere dich nicht, aber den Kassiber an dich habe ich an dem Tag des Vorfalls vernichtet. Ich musste es tun. Ich hatte ihn bei mir und dachte, ich könnte ihn dir vielleicht zuwerfen, wenn wir an deiner Tür vorbeigehen, aber es hat nicht geklappt, weil die Soldaten dort standen. Nach dem Vorfall wurden wir stundenlang draußen festgehalten. Ich dachte, dass sie uns durchsuchen würden, daher habe ich ihn ungelesen vernichtet. Besser gesagt habe ich ihn in einem Erdspalt vergraben. Ich wünschte, ich hätte ihn vorher gelesen. In der Nachricht, die für uns bestimmt war, stand, dass unsere Berichte angekommen sind. Die Festnahmen wurden darin als eine Niederlage bewertet. Außerdem stand da etwas über Şahin, also dass er gesagt haben soll, es sei ganz anders, als es dargestellt werde, bereits vor seiner Festnahme sei alles verraten worden und er habe gezwungenermaßen einige Dinge zugeben müssen.« Wie sollte ich mich nicht darüber ärgern? Im Gegenteil, die Sache beschäftigte mich noch lange Zeit. Was die FreundInnen wohl geschrieben hatten? Der Kassiber kam direkt von der Partei! Wie hatte das nur geschehen können? Es war einfach Unfähigkeit! Die Soldaten waren doch kein wirkliches Hindernis. Ich war sehr bekümmert, aber das nützte auch nichts, der Kassiber lag jetzt unter der Erde. Unsere Berichte waren also angekommen, aber was über Şahin gesagt wurde, ging mir nicht aus dem Kopf. Ich fragte mich, ob ich noch einmal schreiben sollte.

Es ging das Gerücht um, dass alle außer den Faschisten in das andere Gefängnis verlegt werden sollten. Ich hatte mir in den Kopf gesetzt, durch die Tür auszubrechen. Eine Hose zu nähen, war zu auffällig. Nachts würden ohnehin keine Farben zu erkennen sein. Dann geschah jedoch ein Unglück. Es war einfach Pech. Der wachhabende Offizier sprach von der Tür aus mit uns. Dabei stieß er ständig mit dem Fuß gegen den Türpfosten. Das Betonfundament hatte ich mit einem Löffel nach und nach ausgehöhlt. Da die Tür nachträglich eingebaut worden war, war die gesamte Konstruktion ohnehin nicht sehr stabil. Das Schloss saß jetzt so locker, dass der Offizier es plötzlich in der Hand hielt, nachdem er beim Sprechen mit der Hand dagegen geschlagen hatte. Er zuckte zusammen und fragte misstrauisch: »Was ist das denn? Wie kann das so locker sein?«

Dann spielte er mit der Tür herum und entdeckte die Aushöhlung im Fundament. Als er die Tür leicht anhob, stellte er fest, dass sie leicht aus dem Scharnier zu heben war. Sofort rief er die Soldaten herbei: »Wie kann es sein, dass ihr das nicht bemerkt habt? Ihr macht doch jeden Tag die Tür auf und zu.« Dann gab er den Befehl, umgehend einen Schweißer zu holen. An mich gewendet sagte er: »Frau Sakine, Sie wollten doch nicht etwa ausbrechen? Das ist doch nicht normal.« Ich antwortete: »Da habe ich wohl eine gute Gelegenheit verpasst. Welch ein Pech, hätte ich das doch früher bemerkt!« Der Mann war ein Fuchs, der Prototyp von Zafer Karaosmanoğlu. Ihre Menschenkenntnis war nicht zu unterschätzen. Schließlich waren sie sofort auf mich gekommen. Die Sache war nicht gut gelaufen, künftig würden sie ihre Kontrollen verschärfen.

Verdammt, warum war der Mann überhaupt zu uns gekommen? Ansonsten hätte ich in dieser Nacht den Versuch gewagt. Während der Schweißer mit der Tür beschäftigt war, schauten die Soldaten erstaunt zu. Auch die Freunde im oberen Stockwerk wurden neugierig, als sie den Lärm hörten. Aus dem Nichts war ein Verdacht entstanden, das war sehr ungünstig. Jetzt blieb nur noch Murat aus Manisa. Ein solches Gefängnis würde ich kein zweites Mal erleben. Es war eben nicht als Gefängnis erbaut, sondern war eine Militäreinrichtung. Die Sicherheitsvorkehrungen hatten viele Schwachstellen. Wussten die FreundInnen draußen wohl davon? Die organisatorischen Strukturen in der Stadt waren zerstört, vielleicht hielt sich niemand mehr hier auf. Ich fragte mich nicht, ob ich im Recht war oder nicht. Auch eine gut genutzte Gelegenheit wie ein Gefängnisausbruch kann eine Aktion gegen den Feind darstellen. Es wäre sogar ein guter Schlag. Wahrscheinlich war ich zu optimistisch, aber diese Wunschvorstellung war einfach zu schön.

Offen sagte ich zu Murat: »Hilf mir auszubrechen. Mein Vater ist in Deutschland, ich sorge dafür, dass du ins Ausland gehen kannst. Der Militärdienst ist doch unerträglich für dich. Du bist ein Arbeiter, deine Familie ist ebenso eine Arbeiterfamilie wie meine. Ich weiß, dass du mir niemals etwas antun würdest.«

Nach einem kurzen Überrraschungsmoment antwortete er: »So etwas habe ich schon erwartet. Nicht nur Gefangene denken an Flucht, auch Soldaten tun das. Und wenn wir erwischt werden? Bei dir ist es nicht so schlimm, dich stecken sie dann wieder ins Gefängnis. Aber was ist mit mir? Ich schwöre, sie würden mich umbringen.«

»Sie werden uns schon nicht erwischen, vertrau mir.«

»Ich werde darüber nachdenken. Wie soll das denn ablaufen?«

»Das ist ganz einfach. Nachts bei der Wache«, entgegnete ich kurz, ohne auf Einzelheiten einzugehen. Sicher war sicher, vielleicht würde sich herausstellen, dass Murat doch anders war, als er sich gab. Aber ich hatte mich nicht geirrt. Murat war ehrlich und hatte gute Absichten. Er zögerte eine Weile, dann war er bereit zuzustimmen, aber er machte sich Sorgen darüber, was danach geschehen würde.

»Schau mal, auf dieser Seite ist der Stacheldraht ganz niedrig, hier wird Streife gelaufen. Das ist praktisch wie ein Weg«, sagte Murat und deutete in Richtung Quelle. An diese Stelle hatte ich auch schon gedacht. Ich hatte also richtig beobachtet. Die Sache konnte gelingen, nur Murat musste sich noch überzeugen lassen. »Ich denke darüber nach«, sagte er. Dieses Gespräch fand tagsüber auf dem Weg zur Toilette und an der Quelle statt.

Am kommenden Tag wurden wir gesammelt in das andere Gefängnis verlegt. Damit war auch dieser Plan ins Wasser gefallen. Welch ein Pech! Die Gefangenen aus dem Krankenhaus kehrten zurück. »Şadi ist nochmal gut davon gekommen«, meinten die anderen. Er war einer von denen gewesen, die mit Aytekin auf und ab gelaufen waren. Die Kugel hatte seine Stirn gestreift.

Das neue Gefängnis war anders. Es hatte zwei Stockwerke, lange Fenster und zwei durch Korridore getrennte Bereiche. In jedem Bereich waren viele Räume, die durch Türen zum Korridor voneinander getrennt waren. Die Toilette befand sich im Eingangsbereich, wo auch das Essen verteilt wurde. Die Eisentüren waren dick und groß. Der Besuchsraum war mit Gitterstäben und Stacheldraht in zwei Bereiche aufgeteilt. Die Gefangenen saßen in Kabinen und waren von ihren BesucherInnen durch Eisenstäbe, Stacheldraht und eine Glasscheibe getrennt. Im oberen Stockwerk waren die Verwaltung und das Militär untergebracht.

Şahin befand sich im zweiten Bereich. Außer unseren Freunden waren auch Gefangene von der türkischen und kurdischen Linken da. Der Hof war ebenfalls in zwei Bereiche unterteilt und mit Stacheldraht umzäunt. Das gesamte Gelände war Militärgebiet. Vom Gefängnis aus war der Stadtteil Kırkdutlar zu sehen. Die Straße nach Harput befand sich oberhalb des Gebäudes. In einigen Minuten Entfernung war das Militärgericht. Auf dem Gelände waren noch weitere militärische Einrichtungen.

Auch Hüseyin Güngöze war verhaftet worden. Von ihm erhielten wir die neuesten Informationen. Er meinte, draußen werde daran gearbeitet, die Strukturen wieder aufzubauen. Ach Bozo Hüseyin! Ich kannte ihn bereits aus der Studentenwohnung im Garten des Hauses im Dersimer Stadtteil Dağ, in dem wir damals gelebt hatten. Ständig musste ich daran denken, wie er damals fleißig Weizenbällchen hergestellt und verkauft hatte. Er war mit gefälschtem Ausweis in einer Wohnung festgenommen worden. Im Gefängnis war er für den einen Bereich und Mustafa für den anderen zuständig. Durch das Fenster zum Hof und die Scharte in der Zellentür konnte ich mich mit den Freunden unterhalten. Die Zelle lag günstig, da wir nicht von den Freunden isoliert waren. Die Gefangenengruppe war sehr bunt. Reşo aus der Gruppe, die von der MHP zu uns gekommen war, war auch da, er hatte sich mit einer Pistole erwischen lassen. Er war ein Zaza mit einer Anarchistenseele und stammte aus Palu. Ich hatte mit ihm gesprochen, kurz nachdem seine Gruppe zu uns gewechselt war. Er hatte einen entschlossenen Eindruck gemacht. Jetzt war er im Gefängnis. Metin und Doğan waren gemeinsam festgenommen worden. Meto war bei der Schießerei am Knie verletzt worden, die Kugel war immer noch nicht herausgeholt worden. Ihr Verfahren wurde mit dem der Elazığ-Gruppe zusammengelegt. Und dann kam auch noch Baki Polat, er war ebenfalls verhaftet worden. Er saß im zweiten Bereich und wollte mit mir sprechen. Er forderte, in unseren Bereich verlegt zu werden. Als ich ihn beim Hofgang sah, warnte ich ihn, er möge etwas Reife zeigen und verstehen, wo seine Grenzen sind. Er beharrte darauf, dass wir schließlich verwandt seien, daher sei es nur natürlich, dass wir uns unterhielten. Und er verstand natürlich nicht, warum ich es rigoros ablehnte, mit ihm zu sprechen. Ein oder zwei Mal rief er mir vom Hof aus zu: »Sakine, Sakine, lass uns doch ein bisschen reden!« Er war die reinste Plage. In solchen Momente war ich kurz vor einer Nervenkrise. »Es gibt nichts zu reden. Sollte es doch etwas geben, dann sprich mit den Freunden«, antwortete ich. Den Freunden sagte ich, sie sollten keinesfalls einer Verlegung in unseren Bereich zustimmen. Intern regelten wir die Verlegungen selbst. Dabei versuchten wir, ein Gleichgewicht in beiden Bereichen herzustellen. Wir sammelten unsere eigenen Leute mehr auf der einen Seite. Allerdings lag die andere Seite weiter abseits von der Straße. Wir überlegten, von dortaus einen Tunnel zu graben. In den anderen Gruppen gab es ähnliche Pläne. Wir beließen daher einige unauffällige

Freunde auf der anderen Seite, auf der auch Şahin untergebracht war. Auch die Kanalisation sollte als Fluchtweg ausprobiert werden, aber dabei sollte nicht übereilt vorgegangen werden. Es gab schließlich noch anderes zu bedenken. Wir hatten der Partei in Bezug auf Şahin vorgeschlagen, ihn zu bestrafen, und noch keine Antwort erhalten. Sein Verrat war noch nicht einmal offiziell festgestellt worden. Mich machte es wütend, dass uns nicht vertraut wurde.

Schließlich wussten wir am besten über ihn Bescheid. Wir konnten nicht verstehen, dass kein Beschluss gefasst wurde. Ich fand es nach wie vor falsch, nicht auf seinen Verrat zu reagieren. Die Begründung, dass eine Bestrafungsaktion im Gefängnis riskant war, kam mir inkonsequent vor. Eine Einzelperson würde die Verantwortung übernehmen, viele der Freunde kamen dafür in Frage. Eine solche Aktion würde sich drinnen wie draußen positiv auswirken. Viele Freunde fanden es unterträglich, dass sich ein Verräter unter uns befand. Die Haltung der Partei Verrätern gegenüber war mehr oder weniger bekannt. Worauf wurde noch gewartet? Beharrlich hielt ich an unserem Vorschlag fest. Hüseyin meinte, er habe den Vorschlag weitergeleitet, aber die Dinge erforderten »Geduld und Konspirativität«. Ein einziges Mal kam Şahin in unseren Bereich. Vom Fenster aus intervenierte ich sofort: »Dieser Mistkerl kommt nie wieder hierher!« Ich kritisierte die Freunde dafür. In einigen Punkten herrschte bei ihnen immer noch keine Klarheit. Nicht alle bezogen eindeutig Position. Es ist verkehrt, innerhalb der Organisation immer auf einen Befehl von oben zu warten. Vielleicht wussten die FreundInnen draußen nicht genau Bescheid, vielleicht hatten sie sogar gesagt, es solle sich um Şahin gekümmert werden, aber wir wussten schließlich, wer er war und was er getan hatte. Hamili passte die allgemeine Bewertung der FreundInnen von draußen zu den Festnahmen nicht. »Es können doch nicht alle nach den gleichen Maßstäben bewertet werden«, meinte er. Außerdem gefiel ihm nicht, dass anderen Freunden die Verantwortung für die Gefangenen zugesprochen worden war. Ali Gündüz strauchelte, auch sein Zustand war nicht ungefährlich. Es ging gar nicht darum, wer welches Geständnis abgelegt hatte. Vielmehr ging es um die daraus resultierende Geisteshaltung. Ali hatte anfangs Widerstand geleistet und es stimmte, dass er schwer gefoltert worden war. Durch seine Aussagen entstand ein Gefühl der Kapitulation bei ihm. Er verlor seine Überzeugungen ebenso wie sein Selbstvertrauen. Damit bewegte er sich auf einem schmalen Grat zwischen Widerstand und Verrat. Er konnte entweder den Verrat wählen oder sich von dieser Gefühlslage befreien und zum Widerstand zurückkehren. Wir diskutierten darüber. Ich kannte ihn und verstand, was in ihm vor sich ging. Ich teilte auch den Freunden meine Besorgnis mit. Die Erlebnisse machten ihm sehr zu schaffen. Ich las einen Text, den er geschrieben hatte. Er befand sich mitten in einer Depression. Auf der einen Seite verfluchte er die eigene Schwäche, die er als Verrat bewertete, auf der anderen Seite fand er keinen Ausweg. Er wusste, dass der Feind ihn nicht zufrieden lassen würde. Sollte es nicht gelingen, ihn aus diesem Zustand zu befreien, würde er umkippen, soviel war sicher.

Auch die Beziehung zwischen Hamili und Ali Gündüz kam mir nicht sehr gesund vor. Sie beeinflussten sich gegenseitig negativ. Alis Gefühl der Niederlage verband sich mit Hamilis verletztem Stolz. Ich sprach offen mit Hamili darüber. Meine Sorge um Ali war von Misstrauen geprägt. »Er steht so schnell nicht wieder auf«, sagte ich. Um Hamili machte ich mir zwar auch Sorgen, hatte gleichzeitig jedoch Hoffnung. Niemand von uns hatte das Recht, einen anderen einfach so zu bestrafen. Wir waren organisiert. Das eigene Gewissen zu befragen, war eine Sache, eine Bestrafungsaktion nach eigenem Ermessen durchzuführen jedoch eine ganz andere. Dabei handelte es sich um ein großes Vergehen. Ich sagte zu Hamili: »Wir werden das tun, was die Partei sagt. Es wird Kritik geben und vielleicht auch Strafbeschlüsse. Wir sagen ja selbst, dass wir uns schuldig gemacht haben, weil wir uns haben festnehmen lassen und Aussagen gemacht haben. Wir müssen ehrlich sein. Was auch immer die Partei beschließt, werden wir akzeptieren und umsetzen. Alis Haltung ist gefährlich. Du solltest versuchen, auf ihn einzuwirken. Mach die Angelegenheit nicht zu einem individuellen Problem.« Hamili gestand eine weitere Sache: »Ali denkt darüber nach, sich in ein anderes Gefängnis verlegen zu lassen, er hat auch mich darauf angesprochen.« Die Lage war also ernst. Ali wollte weglaufen. Wie kam er überhaupt auf diesen Gedanken? Es gab nahe des Gerichts ein Gefängnis, in dem früher angeblich Gefangene untergebracht waren, die gegen das Militärrecht verstoßen hatten. War Ali ein entsprechendes Angebot gemacht worden? Oder ging es um etwas anderes? Vielleicht fühlte er sich im Umgang mit den Freunden nicht wohl, aber das konnte ja kein Grund sein. Die Einstellung der Freunde zu ihm war ganz natürlich. Sie war sogar viel zu inkonsequent, was mich ärgerte. Meiner Meinung nach verfügten die Freunde nicht über ausreichendes Klassenbewusstsein.

Mein Tonfall wurde härter: »Du bist doch verrückt. Wenn Ali an so etwas denkt, musst du dich eindeutig dagegen positionieren. Du ermutigst ihn ja geradezu mit deiner Haltung. Warum macht er ausgerechnet dir einen solchen Vorschlag und keinem anderen?« Ich machte mir große Sorgen und bekam Angst. Jeder Mensch konnte Fehler machen, wichtig war es nur, sich davon zu befreien. Manchmal rutschten die Menschen einfach weg und was zunächst unwichtig oder nebensächlich erschien, konnte sie an einen Punkt bringen, von dem aus es kein Zurück gab. Ich ließ Ali rufen, um mit ihm durch die Klappe in der Tür zu sprechen. Mein Tonfall erregte die Aufmerksamkeit der anderen. Ich sprach selten mit Ali. Es war unser letztes Gespräch und es war sehr ernst. »Wenn du dich in ein anderes Gefängsnis verlegen lässt, bedeutet es, dass du zum Feind überlaufen willst.« Das war ein harter Brocken. Wütend fuhr ich fort: »Mit deiner Haltung ermutigst du den Feind. Du musst dich davon befreien, ansonsten wirst du eine totale Niederlage erleben.« Ali schämte sich. Er wurde rot und seine Augen füllten sich mit Tränen. So gingen wir auseinander. Die Freunde gaben mir heimlich seine Notizen und Gedichte zu lesen. Darin brachte er offen zum Ausdruck, wie es ihm ging. Er selbst war es, der sich vor seiner eigenen Realtiät am meisten fürchtete. Darin lag die eigentliche Gefahr.

Die Anzahl der Gefangenen erhöhte sich fast täglich. In Dersim war es zu einer Schießerei mit den Tekoşin-Anhängern gekommen. Haydar Alpaslan (Kemal Zap) wurde dabei durch mehrere Schüsse verletzt. Er war in einen Hinterhalt geraten. Die Freunde scherzten: »Du hast eben sieben Leben.«

In diesen Tagen kam auch Hasan Aydın. Er war bei einem Gefecht in der Gegend zwischen Pertek und Çemişgezek festgenommen worden, bei dem zwei sehr wertvolle Freunde starben. Hasan Aydın hatte in Dersim im Namen der HK Propaganda gegen uns betrieben. Er war Direktor der Lehrerschule und jetzt als Mordverdächtiger bei uns im Gefängnis. Es musste etwas getan werden. Ein gemeinsames Leben mit solchen Mördern war unmöglich. Wir diskutierten untereinander und kamen zu einem Konsens. Unseren Vorschlag leiteten wir an die FreundInnen draußen weiter. Es war die einzig richtige Haltung und bei der Umsetzung durften wir keine Zeit verlieren. Wir überlegten, wie wir einen Revolver in das Gefängnis schmuggeln konnten. Meto, Memo und Daimi schliffen schließlich aus Eisenstangen von den Etagenbetten Speere, während die anderen Gefangenen beim Hofgang waren. Sie zeigten mir einen, er war scharf wie ein Schwert. Die Entschlossenheit, die hinter diesen Vorbereitungen steckte, gab mir Kraft. Auch die Gefängnisse sind Kampfgebiete. Ein revolutionärer Geist muss in der Lage sein, den Kampf mit den beschränkten Möglichkeiten, die in Gefangenschaft zur Verfügung stehen, fortzusetzen. Anders ist es nicht auszuhalten. Der Feind versucht, dein gesamtes Leben zu beherrschen und deinen Kampf zu beenden. Dagegen musst du die ganze Kraft einsetzen, die dein Wille und deine Überzeugungen dir geben.

Ich wartete ungeduldig. Die Freunde wollten eine günstige Gelegenheit nutzen. Die anderen HK-Anhänger ließen Hasan keinen Augenblick allein. Auch unter ihnen war es nicht unumstritten, den Mörder zu schützen. Eines Nachts erwischten die Freunde ihn, als er zur Toilette ging. Als ich die Schreie hörte, wusste ich, was los war. Meine Mitgefangenen wussten von nichts und waren besorgt. Sie dachten, es werde gefoltert. »Beruhigt euch, es ist nichts«, sagte ich ihnen. Beim Thema Folter herrschte eine allgemeine Sensibilität, bei dem kleinsten Übergriff riefen wir gemeinsam Parolen und schlugen an die Türen. Jetzt würde der Lärm nur weitere Soldaten anlocken. Für die wenigen Soldaten, die sich im Gebäude befanden, war es schwer, die Täter auszumachen. Ohnehin war der Vorgang vorher abgesprochen worden. Aus mehreren Zellen forderten viele Freunde gleichzeitig, zur Toilette gehen zu können. Während die Soldaten mit den Türschlössern beschäftigt waren, schlugen die Freunde zu. Hasan überlebte mit sieben Stichverletzungen. Auch dieser Dreckskerl hatte offenbar sieben Leben. Er wurde ins Krankenhaus eingeliefert und von dort aus schließlich entlassen. Der Feind wusste seine eigenen Leute zu schützen. Nach dem Vorfall herrschte eine angespannte Atmosphäre im Gefängnis. Die Verwaltung verfiel in Panik und führte Zellendurchsuchungen durch. Die HK und andere Gruppen bildeten wie auch draußen einen sozialchauvinistischen, ignoranten Block. Es herrschte Unklarheit darüber, auf welchen Prinzipien Bündnisse, Freundschaften und gemeinsame Aktionen basieren mussten. Nur allzu schnell wurde von »Widersprüchen zwischen Revolutionären« gesprochen. Die HK brachte ein Flugblatt heraus. Auch wir veröffentlichten ein Flugblatt, in dem wir darlegten, dass Hasan Aydın ein Agent, Provokateur und Mörder von Revolutionären war. Wir riefen die anderen Gruppen dazu auf, sich von ihm zu distanzieren. Die HK forderten wir auf, die Agenten und Provokateure aus ihren Reihen zu entfernen.

Mit den anderen Gruppen fanden Schriftwechsel und Gespräche statt. Einige Gruppen versuchten, eine Blockbildung gegen uns voranzutreiben. Gruppen wie *Kurtuluş* und *Kawa* verhielten sich umsichtiger. Zu dem Anschlag auf Hasan Aydın bekannte sich Mehmet Yıldırım. Er wurde dem Gericht vorgeführt und seine Aussage aufgenommen. Er erklärte, dass er Hasan Aydın aus Dersim kenne und aufgrund seiner provokativen Art nicht leiden könne. Einen politischen Hintergrund gebe es nicht.

Atiye trieb die Konflikte zwischen den Gruppen eifrig voran. Nach dem Vorfall kam es zu heftigen Diskussionen zwischen uns. Sie spielte eine Rolle bei Beschlüssen ihrer Gruppe und strebte nach noch mehr Einfluss. Rethorisch war sie geschickt und da sie ein Kader aus Ankara war, hatte ihr Wort Gewicht. Sie war berechnend und schlau. Ihre Persönlichkeit, ihre Lebensform, die Kontakte mit Leuten außerhalb ihrer Gruppe und mit der Verwaltung waren verdächtig. Besuch empfing sie in den Verwaltungsräumen. Von Zeit zu Zeit wurde sie alleine dem Gericht vorgeführt, obwohl noch andere aus ihrer Gruppe im Gefängnis waren. Außerdem war sie gefräßig und verfügte über eine eigene Kasse. Sie ernährte sich von Milch, Honig, Eiern und Käse. Anstelle von Brot aß sie Kekse!

Einmal meinte Hüseyin Yıldırım: »Wie ist Atiye so? Sie wird gar nicht dem Gericht vorgeführt, sondern spricht nur mit dem Staatsanwalt. Ich kann mehr darüber herausfinden. Sie ist verdächtig.« Er wusste eigentlich genau, mit wem sie aus welchen Gründen sprach. Es wunderte mich nicht, dass ausgerechnet er darüber Bescheid wusste, dennoch sagte ich gezwungenermaßen: »Das kannst du gerne tun.«

Sevim mochte Atiye überhaupt nicht. Elif hielt sich zurück. Ich fand sie unerträglich. Atiye störte sich an meiner guten Beziehung zu den Freunden. Sie war karrieristisch, ehrgeizig, reizbar, unfreundlich und bürokratisch. Ihr fehlten alle Merkmale einer Revolutionärin. Niemand hatte einen positiven Eindruck von ihr, sie war einfach abstoßend. Ich bin auch manchmal nicht einfach, aber wenn jemand eine anziehende Eigenschaft hat und die Wärme ausstrahlt, die der Wunsch nach einem revolutionären Leben mit sich bringt, empfinde ich Achtung und Nähe. Macht ein solcher Mensch einen einzigen Schritt, setze ich mit Sicherheit zehn Schritte. Aber Atiye blieb mir fremd mit ihrem Egoismus. Elif konnte ich zu einem gewissen Grad sogar verstehen, sie barg keine Geheimnisse, aber Atiye war mysteriös. Sie drängte auch ihre Genossen dazu, gegen uns Position zu beziehen. Welche Interessen verfolgte sie damit? Dennoch versuchte ich, so weit es möglich war, Gemeinsamkeiten zu finden und die Bedingungen dafür zu schaffen, an einer Front gegen den Feind zu stehen. Objektiv gesehen befanden wir uns ohnehin an derselben Front. Die Freunde kritisierten mich für meine vermeintliche Härte ihr gegenüber. Ich hingegen kritisierte, dass sie nicht begriffen, was mit Atiye los war.

Mahmut Aktaş war wegen eines Mordanschlags auf einen PDA-Journalisten verhaftet worden. Seine Augen waren blutunterlaufen. Da er während des Verhörs lange Zeit an den Füßen aufgehängt worden war, litt er unter ständigen Kopfschmerzen. Der Journalist Adil Turan überlebte trotz seiner Verletzungen. Die Aktion war nicht erfolgreich verlaufen. Mahmut stammte aus Adıyaman. Er gehörte zu den Freunden, die nach unserer Festnahme in die Region geschickt worden waren.

Haydar Karasungur war mit Flugblättern erwischt worden. Im Bus war ein Stapel Flugblätter entdeckt worden, die ihm angehängt wurden. Beide leisteten unter der Folter Widerstand und verrieten niemanden. Aber Haydars Zustand verschlechterte sich von Tag zu Tag. Er wurde immer dünner. Schließlich wurde er zum Arzt gebracht. Die Freunde wollten mir nichts über die Untersuchungsergebnisse mitteilen. Viele der Freunde hatten nach der Folter Blut im Urin.

Haydar befand sich noch nicht lange in Haft, als er plötzlich entlassen wurde. Später erfuhr ich, dass er Tuberkulose hatte und sein Zustand ernst war. Das ärztliche Attest hatte zu seiner Entlassung beigetragen. Mich tröstete die Vorstellung, dass er draußen vielleicht ärztliche Behandlung bekommen und wieder gesund werden würde.

Wir sprachen zwar nicht offen darüber, aber im Gefängnis wird der Mensch argwöhnisch: War es möglich, dass Haydar nur freigelassen worden war, weil der Feind seinem Bruder, dem Lehrer Mehmet, auf die Spur kommen wollte? Haydar war ein wertvoller Genosse. Er und sein Bruder ähnelten sich sehr, in einigen Punkten waren sie aber auch verschieden. Mehmet hatte einen sehr scharfen Humor, Haydar war viel weicher. Mit seiner natürlichen Bescheidenheit war er so anziehend wie ein ruhig fließender Fluss.

Ich bekam ein Paket von draußen. Darin waren unter anderem moderne Hausschuhe mit Absatz. Die Freunde sagten mir, ich solle die Sohle herausnehmen. Darin fand ich Teile eines Revolvers. Hamili und Hüseyin wollten versuchen, von dem anderen Bereich des Gefängnisses aus zu fliehen. »Die Freunde, die eine harte Strafe zu erwarten haben, sollen raus«, sagten sie. Der Stacheldrahtzaun war nicht weit entfernt. Es musste nur ein Tunnel von wenigen Metern Länge gegraben werden. Der Stacheldraht konnte auch durchgeschnitten werden. Es war auch eine Eisensäge hereingeschmuggelt worden. Damit konnten die Gitterstäbe an den Fenstern durchtrennt werden. Ich freute mich sehr. Allerdings fehlten noch Teile des Revolvers. Weitere Pakete mit Schuhen waren zu auffällig. Die Pakete für die Freunde wurden sehr sorgfältig kontrolliert. Mindestens einmal in der Woche wurden die Zellen durchsucht, oftmals während die Freunde beim Hofgang waren. Für die Durchsuchung der Frauenzelle kamen Polizistinnen, die unsere Wäsche und ähnliches kontrollierten, während die Soldaten sich um den Rest kümmerten. Sie kontrollierten auch, ob irgendwo ein Loch ausgehoben worden oder etwas in den Matratzen versteckt war. Der Feind dachte sich jedes Mal etwas Neues aus.

Ich schlug einen neuen Fluchtplan vor. Aus dem Krankenhaus musste es einfach sein zu fliehen. Im Militärkrankenhaus war es schwierig, daher musste ich für eine Verlegung in ein ziviles Krankenhaus sorgen. Ich sagte, ich brauche eine gynäkologische Behandlung und tätigte die notwendige Geldüberweisung für die Sozialversicherung. Den Freunden gab ich Nachricht und übermittelte ihnen den mutmaßlichen Zeitpunkt der Verlegung. Die FreundInnen draußen gaben ihre Zustimmung. Zu Hamili und den anderen sagte ich: »Ich werde noch vor euch draußen sein.« Ich war mir sehr sicher.

Im Krankenhaus herrschte ein großes Gedränge und ich war mittendrin. Zu meiner Bewachung waren ein paar Soldaten und ein Offizier dabei. Da ich eine Frau war, trauten sie mir nicht viel zu und beobachteten mehr die Menschenmassen. Der Tag und die Uhrzeit waren den FreundInnen übermittelt worden. Von den eingeweihten Freunden im Gefängnis hatte ich mich verabschiedet. Der Offizier war mit meinen Papieren beschäftigt. Alle Menschen um uns herum starrten mich an. Ich trug Handschellen. Die Soldaten waren nervös. Ich beobachtete die Umgebung. Genau jetzt wäre eine gute Gelegenheit. Die Handschellen drückten. Ich brachte einen Soldaten dazu, sie ein wenig zu lockern. Im Behandlungsraum würden sie sie ganz lösen. Ich probierte unauffällig aus, ob ich meine Hand herausziehen konnte. Es ging. Mein Herz schlug wie wild. Jetzt durfte nichts mehr dazwischen kommen. Sicher gab es unter den Ärzten, Krankenschwestern oder dem anderen Personal Bekannte, die mir vielleicht helfen würden. Der Offizier sagte: »Der Arzt ist nicht da. Geht auch ein anderer Arzt?« Um Zeit zu gewinnen, antwortete ich: »Können Sie nachfragen, ob es einen anderen Arzt gibt, zu dem ich gehen kann?« Die Zeit verging und die Freunde waren nicht zu sehen. War etwas schief gelaufen? Zu meiner Freude meinte der Offizier: »Im Zentrum gibt es eine Privatärztin, wir können dorthin gehen.« Im Stadtzentrum war immer viel los und ich kannte mich dort gut aus. Die Praxis von Dr. Aysel Dağdeviren war direkt neben der Haltestelle für die Sammeltaxis nach Hozat. Dort könnte ich es versuchen. Sollte niemand kommen, könnte ich versuchen, einfach in der Menschenmenge zu verschwinden. Vielleicht würden die Freunde auch dorthin kommen. Mir rasten unendlich viele Gedanken durch den Kopf.

Wir fuhren mit dem Jeep ins Zentrum. Als wir ausstiegen, starrten die Männer, die im Kaffeehaus saßen, uns an. Unter ihnen waren bekannte Gesichter. Der Offizier murmelte nervös: »Wo sind wir jetzt hingeraten?« Er rief zwei Feldjäger herbei, die gerade vorbeigingen. Offensichtlich hatte er Angst. Wir stiegen die Treppen hinauf. Auch in der Praxis waren viele Menschen. Die Sprechstundenhilfe sagte: »Sie müssen warten.« Der Offizier wurde noch nervöser. Es kamen Menschen in die Praxis und gingen wieder hinaus. Ein junger Mann warf einen Blick auf mich und verließ das Wartezimmer. »Jetzt wird es klappen«, dachte ich. Die Minuten verstrichen und ich wurde untersucht. Ich bat die Ärztin, aufzuschreiben, dass ich nochmal zur Kontrolle kommen müsse. »Die Soldaten verstehen davon sowieso nichts«, sagte ich. Die Frau willigte lächelnd ein. Sie stellte auch ein Rezept aus. Ich war wirklich krank, was die Sache glaubhafter machte. Dann verließen wir die Praxis.

Auf der letzten Treppenstufe zog ich eine Hand aus der Handschelle und bedeckte sie mit der anderen Hand, um nicht aufzufallen. Der Offizier gab den Befehl anzuhalten und die Menschenmenge vor der Tür aufzulösen. Dann ließ er den Jeep direkt vor der Tür halten. Die Feldjäger waren auch noch da. Sollte ich versuchen zu fliehen, würden sie mich aufhalten. Ich gab meinen Plan vorerst auf. Meine Stimmung sank auf einen Tiefpunkt. Wo waren nur die Freunde geblieben? Ich blickte mich um, aber die Soldaten drängten mich in das Auto und wir fuhren los. Kurz darauf sah ich Bilge und zwei weitere Freunde mit schnellen Schritten auf die Arztpraxis zulaufen. Bilge hatte eine sehr helle Haut, seine Wangen waren gerötet. Ich wollte schreien und konnte mich nur mühsam zurückhalten. Der Anblick der Freunde verschlechterte meine Laune noch mehr. Ich fühlte mich leer. Als ich ins Gefängnis zurückkam, guckten mich alle neugierig an. Hamilis Blick sprach Bände. Später erzählte ich den Freunden durch die Türklappe, was geschehen war. Sie versuchten mich zu trösten: »Das war Pech. Egal, das nächste Mal klappt es. Sei nicht traurig.«

Später erfuhr ich, dass die Freunde zwar zum richtigen Zeitpunkt ins Krankenhaus gekommen waren, jedoch zu lange gebraucht hatten, um ins Zentrum zu fahren. Bei ihrer Ankunft war ich gerade weg. Dieser fehlgeschlagene Fluchtversuch bedrückte mich sehr.

Auch andere Sachen liefen nicht gut. Die anderen Teile des Revolvers kamen nicht an. Wir wiederholten unseren Vorschlag zu Şahin und kritisierten, dass wir seit fast sechs Monaten auf einen offiziellen Beschluss der Partei warteten, um ihn zu bestrafen.

die erste verbannung

Wir diskutierten darüber, wie wir gegen die Haftbedingungen vorgehen wollten. Die verschiedenen Gruppen machten Vorschläge. Unser Vorschlag wurde von mehreren Gruppen unterstützt. Şahin wurde aus Sicherheitsgründen in das Militärgefängnis verlegt. Der Angriff auf Hasan Aydın hatte ihm Angst gemacht.

Wir protestierten dagegen, dass Gefangene erneut zum Verhör gebracht werden sollten und weigerten uns, die Betroffenen aus der Zelle zu lassen. Außerdem richteten wir gemeinsam Protestschreiben an die Verwaltung. Die Soldaten mussten Gewalt anwenden, um die Gefangenen zum Verhör zu bringen. Bei neuen Festnahmen wurden die Gefangenen nochmals verhört oder den Neuzugängen gegenübergestellt.

Wir bereiteten uns langsam auf unseren Prozess vor. Dafür mussten jedoch zunächst die notwendigen Bedingungen hergestellt werden. Unsere Hauptforderungen waren, dass die Gefangenen nicht aus dem Gefängnis heraus wieder zum Verhör gebracht werden, die Prozesse so schnell wie möglich beginnen und die für eine Verteidigung notwendigen Mittel im Gefängnis zugelassen werden. Weitere Forderungen betrafen die Annahme der Gebrauchsgegenstände und Bücher, die unsere BesucherInnen mitbrachten.

Wir bereiteten eine Aktion vor und schrieben einen Text, den wir den anderen Gruppen vorlegten. Außerdem schrieben wir einen Text für unsere eigenen Strukturen, in dem es darum ging, was Gefängnis eigentlich bedeutete, was das Ziel des Feindes sei, wie dagegen revolutionär vorgegangen werden müsse und was die Ziele unserer Gefängnispolitik waren. Um die Wahrscheinlichkeit zu verringern, dass der Text gefunden würde, gab es nur ein einziges Exemplar. Die Freunde lasen es reihum. Ganz zum Schluss kam ich an die Reihe. Es war Badetag. Das Schreiben hatte ich im Batteriefach des Radios versteckt. Dort war bisher bei keiner Durchsuchung nachgeschaut worden. Das sagte ich auch den Freunden, die nachfragten, als ich die Zelle verließ. Bei meiner Rückkehr war der Text verschwunden. Es war merkwürdig. Wir vier Frauen waren gemeinsam ins Bad gegangen. Auf dem Rückweg hatten Sevim und ich uns ein bisschen im Hof aufgehalten. Atiye und Elif waren vorgegangen. Es war merkwürdig. In der Zelle fehlte nur dieses Schreiben. Einen Tag zuvor war Atiye dem Gericht vorgeführt worden und hatte sich lange Zeit in der Verwaltung aufgehalten. Hatte sie etwas verraten? Oder Elif? Wer konnte es sonst sein? Hatte mich jemand belauscht, als ich Hüseyin und den anderen beim Verlassen der Zelle von dem Versteck erzählt hatte? Es war ein Rätsel. Auch die Freunde waren ratlos. Ich verdächtigte Atiye.

Der Feind hatte das Schreiben jetzt in der Hand. Daher mussten wir sofort mit dem Hungerstreik beginnen, bevor Maßnahmen getroffen wurden, die unsere Aktion erschweren würden. Es war noch nicht festgelegt, wie viele Tage der Hungerstreik dauern sollte. Ich hatte eine Woche vorgeschlagen, andere plädierten für drei oder fünf Tage. Wir einigten uns auf fünf Tage. Diese Befristung behielten wir jedoch für uns. In unserer Eingabe an die Verwaltung war von einem unbefristeten Streik die Rede, den wir fortsetzen würden, bis unsere Forderungen erfüllt seien. Einige Gruppen wollten nur zwei oder drei Tage daran teilnehmen, aber das sollte uns nicht hindern. Die Gespräche mit der Gefängnisverwaltung wurden von den Zellensprechern geführt, die gleichzeitig die verschiedenen Gruppen vertraten. Wieder begannen wir die Aktion an einem Besuchstag. Wir empfingen nur die erste Besuchergruppe, um das

Ziel des Hungerstreiks zu erklären. Danach lehnten wir alle weiteren Besuche ab. In gewissen Abständen riefen wir Parolen, in die die Angehörigen draußen einfielen.

Die Verwaltungskräfte sagten bei den Gesprächen ständig: »Die PKK'ler wiegeln euch auf, weil sie die Kontrolle über die Gefangenen haben wollen. Ihr fallt darauf herein. Hier gibt es keine Unterdrückung, es läuft doch alles gut. Sie wollen Unruhe stiften und eine Botschaft nach draußen vermitteln. Wir wissen genau, wer dahinter steckt.« Sie erklärten auch, dass sie einen Beweis dafür hätten.

Am fünften Tag wurden die Forderungen erfüllt und der Hungerstreik beendet. Am folgenden Tag wurde ich in die Verwaltung gerufen. Ich ging gemeinsam mit Ali hin, der als Vertreter unseres Traktes fungierte. Wir wurden in das Büro des Gefängnisdirektors gebracht. Er hieß Ali Duman und hatte den Rang eines Majors. Außerdem waren ein Hauptmann und weitere Offiziere anwesend. »Auf Befehl der Korpskommandantur wirst du in ein ziviles Gefängnis verlegt«, sagten sie. Überrascht entgegnete ich: »Warum, was soll das? Wir sind als Gruppe hier und der Prozess gegen uns wird bald beginnen. Ich möchte den Grund dafür wissen.« Der Major antwortete: »Das geht uns nichts an. Wir befolgen nur den Befehl« Wütend sagte ich mit lauter Stimme: »Ach ja? Hier sind noch andere Frauen, Platzprobleme können also nicht geltend gemacht werden. Ich will sofort die Begründung erfahren. Und ich möchte den schriftlichen Befehl sehen. Vorher mache ich keinen Schritt hier heraus. Im zivilen Gefängnis finden in letzter Zeit ständig Angriffe statt, die Faschisten erstechen jeden Tag jemanden. Viele meiner Freunde sind angegriffen worden. Warum soll ich an einen solchen Ort geschickt werden? Damit die Faschisten mich angreifen? Erst vor kurzer Zeit ist einer unserer Freunde umgebracht worden, Dutzende sind verletzt worden, das reicht wohl noch nicht!« Mir war jedoch klar, dass ich als Rädelsführerin in die Verbannung geschickt werden sollte.

»Mach uns keine Schwierigkeiten, sonst schleifen wir dich hier weg«, drohten sie. »Ach ja? Na klar, von euch ist ja nichts anderes zu erwarten. Ich gehe trotzdem nicht.« Daraufhin explodierte Ali Duman: »Erst bringst du Unruhe ins Gefängnis, dann weigerst du dich zu gehen. Dein Ziel ist es auch jetzt, Unruhe zu stiften. Du willst die anderen Gefangenen provozieren. Die Männer reagieren darauf, wenn eine Frau grob behandelt wird. Wir haben dein Schreiben gefunden, wir wissen genau, wie du das Gefängnis leitest.« Speicheltropfen flogen ihm aus dem Mund. Ich sagte: »Was denn für ein Schreiben? Ihr seid wirklich Amateure. Hier hat jeder seinen eigenen Willen. Es geht nicht um eine einzige Person. Wenn ihr glaubt, dass alles vorbei ist, wenn ich weg bin, dann irrt ihr euch.«

In dieser Art lief unsere Debatte weiter. Sie erklärten, es gebe keinen schriftlichen Befehl. Ich sagte: »Ich durchschaue eure Machenschaften.« Daraufhin tätigte der Major einen Telefonanruf und sagte, ich wolle einen schriftlichen Befehl sehen. Die Antwort konnte ich nicht hören, aber danach wurde er milder: »Schauen Sie, diese Angelegenheit überschreitet unsere Befugnisse, machen Sie doch keine Schwierigkeiten.« Ich erklärte: »Ich gehe jetzt zu meinen Leuten, meine ganzen Sachen sind ja auch unten.« Sie willigten ein. Oben hätten sie mich einfach packen und wegbringen können, unten hingegen konnte ich die Freunde nach ihrer Meinung fragen. Sollten sie sich weigern, mich gehen zu lassen, könnte der Beschluss vielleicht noch geändert werden.

Die Freunde wollten mich tatsächlich zunächst nicht gehen lassen. Da die Gefahr bestand, dass der Feind mich zum Vorwand für einen Angriff nehmen könne, sollte ich dann doch gehen. Die anderen Gruppen dachten ähnlich. Die Freunde waren jedoch besorgt, da das zivile Gefängnis vollkommen unter Kontrolle der Faschisten war. Das gesamte Personal bestand aus faschistischen Kadern. Ich schluckte, als die Freunde zum Abschied sagten: »Sei vorsichtig. Wir schalten die Anwälte und deine Familie ein. Wir holen dich da wieder raus.« Ich nahm meine Sachen und ging. Wir waren zwar in Gefangenschaft, aber wir waren wenigstens zusammen gewesen. Jetzt fühlte ich mich plötzlich sehr einsam. Nun gut, auch das war Teil des Kampfes. Ich musste stark sein. Es war schön, dem Feind zum Trotz weiter zu leben und zu kämpfen.

Ich ballte die Fäuste und schwor mir, wenn sie mich als so gefährlich erachteten, würde ich ihnen ab jetzt noch viel mehr Schwierigkeiten machen.

Der Wagen hielt vor dem Armeegebäude. Der verantwortliche Offizier stieg aus und kam nach einer Weile mit irgendwelchen Papieren zurück. Wir fuhren zum zivilen Gefängnis. Sie ließen mich eine halbe Stunde im Wagen warten. Schließlich sagte ich zu einem Soldaten, er solle irgendeinen Verantworlichen holen. Es dauerte lange, bis er zurückkehrte: »Der Kommandant kommt gleich«, sagte er. Als der Offizier endlich kam, fragte ich, warum es so lange dauere: »Ich möchte aussteigen, mir wird schlecht im Wagen. Außerdem muss ich auf die Toilette. Wird eine Empfangszeremonie vorbereitet oder was?« Er antwortete: »Meine Dame, ich kann nichts dafür. Der Direktor und der Staatsanwalt sind drinnen. Sie werden dich holen. Ich weiß auch nicht, warum es so lange dauert.«

Es verging eine weitere halbe Stunde. Als sie mich aussteigen ließen, stand eine Reihe von Soldaten an der Tür. Dahinter sah ich zivil gekleidete Personen, die aussahen wie Gefangene. Einige erkannte ich sofort. Es waren Faschisten. Warum waren sie dort? Ich wurde, umringt von Soldaten, in das Zimmer des Direktors gebracht. Der Direktor schloss die Tür von innen ab. In dem Raum befanden sich auch Wächterinnen. Der Direktor ging zu seinem Tisch, blätterte in einigen Papieren herum und sagte: »Schauen Sie, ich gehöre keiner Seite an, ich mache nur meine Arbeit. Sie ärgern sich darüber, dass wir Sie haben warten lassen, aber hat es so etwas schon einmal gegeben, dass der Direktor seine Tür von innen verschließt? Ich bin gezwungen, die Tür abzuschließen, weil ich für die Sicherheit der Gefangenen zuständig bin. Was soll ich jetzt tun? In diesem Papier steht, ich solle auf die Gefangene aufpassen.« Damit gab er unbeabsichtigt preis, dass die Ausnahmezustandskommandantur mich als gefährlich erachtete. In seiner Naivität dachte er, es ginge um meine Sicherheit. In den Gefängnissen wurden fast täglich Morde verübt und hier hatten die Faschisten die Kontrolle. Der Direktor meinte mich zu schützen, indem er die Tür abschloss! Nervös wandte er sich dem Fenster zu und zog dabei gierig an seiner Zigarette. »Es ist besser, wenn Sie auf den Hofgang weitgehend verzichten«, sagte er.

»Warum?«

»Ich bin hier der Direktor und wenn die Gefangenen bis in mein Büro kommen können …«

Die Sache war klar. Nun gut, der Mann hatte gute Absichten. Nach einer Weile wurde ich, umringt von Soldaten, in den Frauentrakt gebracht. Ich hatte mich nicht geirrt, für mich war eine »Empfangszeremonie« vorbereitet worden. Die Faschisten hatten hier das Sagen.

Trotz der Warnung des Direktors nahm ich am Hofgang teil. Die Wächterin und die anderen Gefangenen hängten als Sichtschutz Decken vor die Fenster. Die Faschisten riefen mir dennoch vom Fenster Beschimpfungen und Drohungen zu.

Ich musste die Situation ernst nehmen. Die Tür war nicht besonders stabil und die Wächterinnen standen unter dem Einfluss der Faschisten. Eines Nachts beobachtete ich, wie eine der Wächterinnen sich im Nachhemd aus der Zelle schlich. Ich ging ihr nach. Auf der Toilette war sie nicht. Die Tür zum Hof war nur angelehnt. Als ich sie einen Spalt öffnete, konnte ich sie durch das Fenster zum Wachraum in einer hässlichen Pose sehen. Der Mann, mit dem sie sich getroffen hatte, war ein faschistischer Häftling. Die anderen Frauen hatten ansatzweise davon berichtet, wie Frauen hier benutzt wurden. Am kommenden Tag fragte ich die Wächterin im Beisein der anderen: »Wo warst du denn letzte Nacht?« Sie war überrascht: »Ich habe geschlafen. Außerdem gehöre ich zum Wachpersonal, ich kann kommen und gehen, wie ich will.« Ich entgegnete: »Nein, du bist keine Wächterin. Du bist eine Frau, die sich an die faschistischen Gefangenen verkauft. Öffnest du morgen die Tür und lässt diese Hunde in die Zelle? Du wirst nicht wieder im Frauentrakt übernachten. In jedem Gefängnis haben die Wächter und Wächterinnen eigene Räume. Ich traue dir nicht.«

Ermutigt von meinen Worten begannen die anderen Frauen zu erzählen, welche Frauen sich verkauften. Am kommenden Tag fand eine Durchsuchung statt. Der Direktor nahm die Razzia zum Vorwand, um mit mir zu sprechen. Er fragte, wie es mir gehe. Ich sagte, dass ich Bücher haben wolle. Mit lauter Stimme erklärte ich, dass den Wächterinnen nicht zu trauen sei: »Wer nachts die Tür öffnet und sich mit den Faschisten trifft, ist auch imstande, die Faschisten in die Zelle zu lassen.« Hilflos antwortete der Direktor: »Was soll ich tun, am besten reiche ich meinen Rücktritt ein.« Er war ein armseliger Kerl.

Ich blieb nicht lange dort. Der Direktor und der zuständige Staatsanwalt machten sich Sorgen um mich und beantragten meine Verlegung. Fast jede Nacht wurden Morde verübt. Eines Nachts wurden zwei Personen erstochen, einen davon kannte ich. Am zweiten Tag nach meiner Ankunft sprach ich mit Hüseyin Yıldırım durch das Fenster des Direktors. Er erzählte, er sei am Tor geschlagen worden. Ich nahm das jedoch nicht weiter ernst. Aytekins Mutter kam zu Besuch. Um keinen Verdacht zu erregen, meldete sie sich als Besucherin einer anderen Gefangenen an. Ich sah sie das erste Mal nach Aytekins Tod. Sie weinte die ganze Zeit und konnte kaum sprechen. Dann erzählte sie, dass Aytekin vor seinem Tod zu ihr gesagt habe: »Du bist auch Sakines Mutter. So wie du für mich da bist, musst du dich auch um sie kümmern.« Diesen Wunsch ihres Sohnes wollte sie unter allen Umständen erfüllen. Da ich es zu gefährlich für sie fand, bat ich sie, nicht allzu häufig zu Besuch zu kommen. Es war unser letztes Wiedersehen in Elazığ.

Der Gefängnisdirektor kam zum Fenster unserer Zelle, um mit mir zu sprechen. Er legte beide Hände um seinen Mund und flüsterte: »Mach dich fertig, du wirst verlegt. Unserem Antrag ist stattgegeben worden. Du kommst nach Malatya.« Ich sollte also ein weiteres Mal verbannt werden! Sollte es so weiter gehen, würde ich alle Gefängnisse zu sehen bekommen. Gereizt sagte ich: »Wovor haben Sie Angst? Ist das jetzt eine Lösung? Hier werden täglich Menschen ermordet, aber in Malatya sind doch dieselben Hunde.«

»Ich kann die Verantwortung nicht übernehmen. Mir ist zugetragen worden, dass sie dich umbringen wollen.«

Ja, der Direktor war ein armseliger Kerl.

Zehn Minuten später wurde ich, wiederum umringt von Soldaten, nach draußen gebracht. Es war zwar nervenaufreibend, aber ich war trotzdem stolz auf mich. Der Feind demonstrierte seine eigene Ohnmacht. Sie wussten nicht wohin mit mir. Jedes Anzeichen von Ohnmacht oder Angriffslust des Feindes steigerte meinen Widerstand und gab mir Kraft. Es war schön, dem Feind Probleme zu bereiten. Dafür reichte es bereits aus, ein klein wenig vom Geist der PKK beeinflusst worden zu sein. Ein Individuum allein ist schwach und hat nur einen sehr begrenzten Einflussbereich. Es hat nicht die Möglichkeit, etwas zu verändern. Tut es sich jedoch mit anderen zusammen, öffnet sich für die Realität und bleibt sich selbst treu, kann es auch die Einsamkeit ertragen.

kein mangel an auseinandersetzungen

Mit Malatya assozierte ich immer die Kampflieder, die im Gedenken an Sinan Cemgil und Kadir Manga gesungen worden waren. Ich erinnerte mich an die Konflikte zwischen Rechten und Linken an der Lehrerschule in Akçadağ und an die Verbannung des Turan-Emeksiz-Gymnasiums nach Malatya. Und jetzt das Gefängnis! Es würde wohl die unvergesslichste Assoziation werden.

Einige Tage vor meiner Verlegung kam eine weibliche Gefangene aus Malatya-Doğanşehir nach Elazığ. Sie war wegen Unterstützung der PKK festgenommen worden. Aus derselben Gruppe war auch Fevzi Kara wegen Mordverdacht verhaftet worden, aber er befand sich im Militärgefängnis. Ich hinterließ ihr meine Sachen, da sie seit ihrer Ankunft keinen Besuch bekommen und sich niemand um sie gekümmert hatte. In dem Durcheinander vor meiner Abfahrt waren wir kaum dazu gekommen, uns zu unterhalten. »Lass dich in das Militärgefängnis verlegen«, sagte ich ihr. »Sag das deinem Anwalt, wenn er kommt.« Die zivilen Gefängnisse waren schlimm, vor allem für Frauen.

Als wir in Matatya ankamen, war es bereits Abend geworden, aber es war noch hell. Wieder ließen sie mich draußen lange im Fahrzeug warten. Der Kontrollpunkt an der Einfahrt zum Gelände war ziemlich weit entfernt. Plötzlich kam Bewegung auf, die Wächter liefen hin und her. Einige Anwälte waren auch zu sehen, ich konnte sie an ihren Roben erkennen. Einzelne Besucherinnen und Besucher waren eingetroffen. Mir war übel von der Fahrt. Autofahrten verursachten bei mir immer Übelkeit. Ich wollte aussteigen. Die Soldaten lehnten ab. Als ich fragte: »Was ist los, warum geht es nicht weiter?«, antworteten sie, ihr Vorgesetzter sei mit den Unterlagen hinein gegangen. Sie wussten auch nicht, welche Ursache das Durcheinander hatte. Einer von ihnen fragte bei der Wache nach. Der erklärte: »Eine Auseinandersetzung zwischen Rechten und Linken, die Rechten haben die Linken angegriffen.« Da war ich ja genau richtig! An gewalttätigen Auseinandersetzungen herrschte bei mir kein Mangel. Es gab also linke Gruppen, das war gut. Es waren jedoch auch hier die Faschisten, die angegriffen hatten. Was ihnen draußen nicht gelang, versuchten sie in den Gefängnissen umzusetzen. Dabei gingen sie in verschiedenen Gefängnissen fast zeitgleich vor. Ohne einen entsprechenden Befehl war das nicht denkbar.

Nach einer Weile wurde ich hereingeholt. Die Aufnahmeformalitäten dauerten nur kurz. Das Gefängnis schien überfüllt, aus dem Zellentrakt waren Stimmen zu hören. Eine Wächterin wurde herbeigerufen. Sie wurde mit »Mutter Hatice« angesprochen: »Mutter Hatice, diese Dame ist eine Politische. Durchsuche ihre Sachen drinnen, hier ist zu viel los.« Das war gut so, denn ich war müde und mir war immer noch übel.

Als wir den Frauentrakt betraten, kamen die anderen Gefangenen schnell herbei. An der Tür stand eine junge Frau. Die Holztür war voller Löcher, wahrscheinlich um nach draußen gucken zu können. Es gab einen kleinen Hof. Der gesamte Trakt machte einen verwahrlosten Eindruck. Er erinnerte an alte Badestuben. Die Holzsäulen im Schlafraum waren rabenschwarz und verrottet. Überall hingen Spinnenweben. Hölzerne Etagenbetten nahmen die gesamte Längsseite des Raumes ein. Davor war nur ein schmaler Weg. Überall hingen Taschen, Bündel, nasse Wäche und sorgfältig mit Überzügen versehene Kleider.

Alle schauten mich neugierig an. Die junge Frau, die uns an der Tür empfangen hatte, hieß Ayşe. Ich hörte, wie sie die Wächterin leise fragte: »Mutter Hatice, wo kommt die denn her?« Sie war geschminkt und sorgfältig gekleidet. Ab und zu warf sie einen Blick durch die Löcher in der Tür. Sie machte einen sehr lebendigen Eindruck. Mit schweren Schritten kam eine gut aussehende Frau mit heller Haut auf mich zu, die einen *şalvar*[17] trug und Strickzeug in den Händen hielt. Sie reichte mir die Hand und sagte: »Herzlich willkommen.« Ihr Name war Güzel, wie ich aus den Unterhaltungen der anderen schnell erfuhr.

Die jungen Frauen nannten die Wächterin »Mutter Hatice«. Es gab auch mehrere ältere Gefangene. Eine Frau in mittleren Jahren, die ebenfalls einen *şalvar* trug, umarmte und küsste mich. Sie hieß Zeynep. In dem typischen Tonfall der Menschen aus Malatya sagte sie: »Meine revolutionäre Tochter, ich heiße dich willkommen! Mutter Zeynep wird sich schon um dich kümmern!« Sie war sehr herzlich. Zufälligerweise hatte sie denselben Namen wie meine Mutter. Ich sagte: »Dann habe ich mehrere Mütter, die Zeynep heißen.« Alle lachten. Sie hatten viele Fragen. Um ihre Neugier zu befriedigen, erzählte ich in einem Atemzug, wer ich war, welcher Organisation ich angehörte und was in letzter Zeit geschehen war. Sie waren beeindruckt. Ihre Fragen wollten nicht enden.

Damit begannen Unterhaltungen, die sich über Tage und Monate hinweg fortsetzten. Jede Lebensgeschichte war wie ein Roman. Es ging um Ehebruch, junge Frauen, die von ihren Brüdern, Vätern oder sonstigen Verwandten vergewaltigt worden waren, Mütter, die wegen Diebstahls saßen, Frauen, die ihre Ehemänner getötet hatten, weil sie »betrogen« worden waren, Streitigkeiten um Grundbesitz. Einige saßen schon über zehn Jahre. Güzel Dağdeviren stammte aus Doğanşehirli. Diese schöne Frau befand sich seit über zehn Jahren im Gefängnis. Ich war erstaunt, als ich davon erfuhr, denn sie war immer noch lebendig und voller Hoffnung. Offenbar war für sie die Verbindung zum Leben nicht abgerissen. Mit einer Geduld, die von viel Lebenserfahrung zeugte, erzählte sie mir von den vielen verschiedenen Gefängnissen, die sie bereits gesehen hatte, von den »Politischen«, die sie dort kennengelernt hatte, den Wächterinnen,

17 Traditionelle Pumphose

mit denen sie in Streit geraten war und den schmutzigen Geschäften, in die sie hineingezogen werden sollte. Wir wurden gute Freundinnen.

Die zweite Wächterin hieß »Mutter Zöhre«. Sie war etwas älter. Hatice war Alevitin und Witwe. Ihre Kinder studierten und hatten auch »mit Politik« zu tun. Sie wohnten im Stadtteil Çavuşoğlu. Dort lebten viele Linke, daher wurde er auch »Kommunistenviertel« genannt. Es beeindruckte sie, dass ich Alevitin war und einer besonderen politischen Richtung angehörte. Sie verhielt sich respektvoll und fragte ständig, ob ich etwas brauche. Die Tageszeitungen überbrachte sie mir immer schnell. Zöhre war zurückhaltender. Es hieß, dass sie zu den Rechten tendierte, aber sie war nicht besonders konservativ. Güzel erzählte mir alles über die Wächterinnen, das weitere Gefängnispersonal und die Gefangenen. Dadurch konnte ich die Lage im Gefängnis schnell überblicken. Ich bekam sofort Nachrichten aus den anderen Trakten, in denen gefragt wurde, ob ich etwas brauche. Es freute mich, dass sich auch Menschen anderer Gruppen auf diese Weise um mich kümmerten. Eine Nachricht kam von unseren eigenen Freunden. Beim Schichtwechsel wurde sie einem Wächter übergeben, der sie dann mir überbrachte. Es waren Freunde aus Akçadağ und Yeşilyurt. Fuat Çavgun war ebenfalls aus einem anderen Gefängnis hierher verlegt worden. Ich hatte wirklich Glück. Der Feind wollte mir das Leben schwer machen, indem er mich von einem Gefängnis ins andere schickte. Mir machte diese Rundreise jedoch Spaß. Ich begegnete neuen Menschen und neuen Fragestellungen. Monotonie kam nicht auf.

Es gelang mir schnell, eine Verbindung nach draußen herzustellen. Eine Botschaft von den FreundInnen draußen war eine besondere Freude. Für Malatya war Delil Doğan zuständig. Malatya galt schon immer als wichtiges Gebiet. Nach Aytekin war Bozo Süleyman hier gewesen. Vermutlich hatten sie sich nach den Festnahmen in Elazığ zurückgezogen. In Gebieten, in denen die Faschisten sich organisierten, waren die Voraussetzungen für einen revolutionären Aufbruch meist besser. Veränderungen innerhalb der gesellschaftlichen Strukturen gingen nur langsam voran. War die Grundlage jedoch erstmal geschaffen, entwickelte sich die organisierte Arbeit schnell. Gerade in dem Moment, in dem der Feind glaubte, alles zerschlagen zu haben, machte die Arbeit am meisten Spaß. Einige Freunde hatten sich eine Zeitlang in Palästina aufgehalten und waren zurückgekehrt. Darunter war auch Delil. Eine Ausbildung an Waffen war inzwischen unumgänglich geworden, da der Feind direkt angriff.

Ich ließ mir Bücher schicken. Auch verschiedene Flugblätter erreichten mich. Hüseyin Yıldırım ließ mich nicht im Stich. Er hatte Mandate in Ankara und Kayseri übernommen. Auf dem Weg dorthin kam er immer bei mir vorbei und fragte, ob ich etwas brauchte. Er besorgte mir eine Matratze und hinterließ bei jedem Besuch Geld. Natürlich ließ er sich seine Auslagen von meinem Vater erstatten. Ich wusste nicht, um welche Beträge es sich dabei handelte, aber einige Anwälte nahmen Wucherpreise. Die Repression war zu einer guten Einnahmequelle für sie geworden.

Ich traute Hüseyin Yıldırım nach wie vor nicht. Ständig wollte er wissen, ob ich Kontakt nach draußen habe. Er machte mich wahnsinnig damit. »Nein, es gibt keine Verbindung«, sagte ich. »Wie kann das sein?« fragte er, »Die Freunde lassen dich doch nicht im Stich!« Er beschwerte sich mehrmals darüber, dass er den Freunden etwas mitzuteilen habe, sie jedoch nicht finden könne.

Eines Tages kam er sehr aufgeregt an. »Die Faschisten haben auf mich geschossen, ich konnte mich gerade noch retten!« sagte er atemlos. Dabei blickte er sich um, als ob sie immer noch hinter ihm her seien. In Malatya herrschte Chaos wegen des Attentats auf den Bürgermeister Hamido, aber Hüseyin Yıldırım war niemand, der deswegen zum Angriffsziel würde. Warum wollte er sich immer mit solchen Geschichten in Szene setzen? Wollte er damit mein Vertrauen erlangen? Nein, das konnte es nicht sein. Er war einfach ein Lügner. »Kann Şahin seine Aussage zurücknehmen? Hat er etwas Wichtiges über dich ausgesagt?« fragte er. Er hatte Angst, selbst ins Visier zu geraten. Mehrmals behauptete er: »Bei dir und Mazlum sieht es gut aus. Wenn ihr euch nicht politisch verteidigt, kommt ihr raus. Ihr werdet draußen gebraucht. Das habe ich auch Mazlum gesagt. Einige der anderen haben gestanden, dass sie an Aktionen beteiligt waren. Über sie gibt es ganz konkrete Aussagen. Aber bei euch ist das nicht so. Ihr werdet nur wegen Parteipropaganda angeklagt. Da ihr sowieso schon eine Zeitlang sitzt, könnt ihr mit der Mindeststrafe sofort entlassen werden.«

Ich wollte nicht darüber diskutieren: »Das entscheiden wir selbst. Natürlich werde ich mich politisch verteidigen. Es ist verkehrt, bei diesem Thema auf irgendwelche Taktiken zu setzen.«

Ein anderes Mal las er mir einen Brief an Mazlum von dessen Schwester vor. Es war klar, dass sie ihn nicht selbst geschrieben hatte, denn darin wurden nur die Ratschläge von Hüseyin Yıldırım wiederholt. Der Mann war eine Plage. Er beeinflusste auch die Angehörigen der Gefangenen, damit sie Druck auf uns ausübten. Die Familien wollten natürlich nur, dass wir so schnell wie möglich aus dem Gefängnis heraus kamen. Hüseyin Yıldırım tat so, als handele er aus Mitleid mit uns. Sprüche wie »Ihr werdet draußen gebraucht« waren reine Heuchelei. Er gehörte zum Umfeld der Organisation *Kawa*, aber auch dieser Fakt bot keine ausreichende Erklärung für sein Verhalten, denn *Kawa* würde es sicher nicht stören, wenn wir eine politische Verteidigung ablegten und weiter im Gefängnis schmorten. In wessen Auftrag handelte er also? »Ihr befindet euch in der Hand des Feindes, also müsst ihr euch beugen« - mit dieser Einstellung folgte er einer durch und durch kemalistischen Logik. Es war die Logik eines Feiglings. Die Angst saß ihm in den Knochen, aber warum? Ich war froh, dass ich seine Lügen durchschaute. Meine Vorbehalte gegen ihn wurden dadurch bestätigt.

Die Freunde im Gefängnis in Elazığ und ich schrieben uns Briefe. Ich machte Andeutungen zu meiner Haltung gegenüber Hüseyin Yıldırım. Den Freunden war die Flucht nicht gelungen. Von Şahin gab es nichts Neues. Ich wartete immer noch auf seine Bestrafung.

Meine letzte Diskussion mit Hamili war heftig gewesen. In seinem Brief gab er mir Recht: »Hätte ich mich an Ali gehalten, wäre alles noch viel schlimmer geworden«, schrieb er. Darüber freute ich mich. Es war wichtig zu erkennen, ob jemand zum Verrat tendierte. Interne Widersprüche galt es zu lösen. Ali war ins Straucheln geraten und es drohte die Gefahr, dass er beim Fallen andere mitzog. Hamili hatte das begriffen und sich dagegen gewappnet. In meinem Brief schrieb ich ihm meine Meinung darüber. Dieser Briefverkehr tat mir gut.

In diesem Jahr fanden viele wichtige Entwicklungen statt. In der Türkei weitete sich der Arbeiterwiderstand aus. Die Fabrikbesetzungen in İzmir-Tariş hatten ein breites Echo hervorgerufen. Ich hatte mich dort damals vergeblich um eine Arbeitsstelle beworben. Da ich bereits als verdächtig galt, hatten sie mich nicht genommen. In Tariş waren mehrere linke Gruppen organisiert. Es gab auch eine faschistische Organisierung dort.

Zu jener Zeit war Fahri Korutürk Staatspräsident. Regierung und Parlament hatten nur eine Scheinfunktion. Eigentlich regierte das Militär. Ständig war die Rede von der »unteilbaren Gesamtheit des Vaterlandes und der Nation« sowie von »Anarchie und Separatismus«. Was war der Plan des Feindes? Nach dem Genozid von Maraş war der Ausnahmezustand ausgerufen worden. Danach begannen die Massenverhaftungen. In Orten wie Hilvan, Siverek, Batman und Mardin stand die Bevölkerung hinter unserem Kampf. Die revolutionäre Gewalt richtete sich gegen die faschistischen Stützpunkte des Feindes in Kurdistan. Diese neuen Umstände machten den Staat nervös. Die PKK war keine Organisation, die leicht zu zerschlagen war.

Bei der Festnahme von Pir und den anderen waren Pläne gefunden worden, deren Umsetzung für den Staat eine große Gefahr darstellten. Die Ausweitung des kurdischen Befreiungskampfes drängte den Feind zu umfassenden Maßnahmen. Unsere Bewegung war zu einer politischen Kraft geworden. Das hatten auch die Verhaftungen nicht verhindern können. Es fiel selbst uns schwer, die Dimension dieser Entwicklungen nachzuvollziehen. Der Feind musste sich angesichts dieser Fakten neu organisieren. Die beschlagnahmten Dokumente machten dem Feind Angst. Es ging darin um die Gründung eines Militärrates und Pläne für die Umsetzung einer Revolution. In Kurdistan sollte der Guerillakampf ausprobiert werden. Damit würde auch die revolutionäre Entwicklung in der Türkei beschleunigt werden. Der Feind wollte das um jeden Preis verhindern. Bis zum Militärputsch war es nicht mehr weit.

Die ersten sechs Monate vergingen schnell. Im zivilen Gefängnis gab es viele Alltagsprobleme. Täglich kam es zu unnötigen Zankereien und Auseinandersetzungen. Mit der Zeit wurden sie weniger. Die Gefängnisverwaltung war beeindruckt: »Gut, dass Sakine gekommen ist. Jeden Tag waren wir mit den Streitereien der Gefangenen beschäftigt. Bei den weiblichen Gefangenen ist es viel besser geworden.«

Es erforderte viel Geduld, Briefe und Anträge für die Frauen zu schreiben und ihnen immer wieder zuzuhören, wenn sie davon erzählten, was sie selbst anderen angetan hatten, wie sie vergewaltigt oder betrogen wurden und wie sehr junge Mädchen zur Prostitution gekommen waren. »Ich werde einen Roman über euch schreiben«, sagte ich. Ihre Geschichten waren beispielhaft dafür, was mit Frauen in dieser Gesellschaft gemacht wird. Die gesellschaftliche Realität war mir nicht fremd, die Einzelschicksale waren tragisch. Umso größer waren mein Stolz und meine Freude darüber, eine Revolutionärin zu sein. Viele der Frauen beneideten mich darum und sagten: »Ich wünschte, ich wäre auch eine Politische.« Bei allen setzte eine Veränderung ein. Die Zankereien und tätlichen Auseinandersetzungen waren auch wirklich nicht auszuhalten.

meine leidenschaft: die flucht!

Meine gesamte Konzentration richtete sich wieder auf ein einziges Thema: Flucht! Ich wollte vollenden, was mir zuvor nicht gelungen war. Die vorherigen Gelegenheiten waren ungenutzt verstrichen. Diesmal musste ich es so anstellen, dass ich auch ohne Hilfe von draußen fliehen konnte.

Die Voraussetzungen waren nicht schlecht. Der Frauentrakt befand sich auf der linken Seite des Eingangs. Im oberen Stockwerk lag die Wohnung des Direktors. Die Außenmauer war hoch und mit Stacheldraht versehen, aber nicht unüberwindbar. Ich musste einen günstigen Moment abpassen. Am Tor und auf beiden Seiten der Mauer waren Wachposten. Die Soldaten liefen auf und ab. Die Treppe, die zur Wohnung des Direktors führte, verlief oberhalb des Hofes. Dieser Weg war weniger riskant. Direkt vor dem Gefängnis lag die Straße. War dort gerade viel los, konnte ich versuchen, auf die Straße zu springen und zu verschwinden.

Die zweite Möglichkeit war wieder das Krankenhaus. Ich konnte dafür sorgen, eingeliefert zu werden und von dort aus fliehen. Unter der Voraussetzung, dass die Kosten selbst getragen wurden, war eine stationäre Behandlung möglich. Bei meinem ersten Arztbesuch waren mir Medikemente verschrieben worden. Die Ärztin hatte gesagt: »Wenn es nicht besser wird, musst du eine Weile im Krankenhaus behandelt werden.« Im Gefängnis gab es noch keinen Verdacht gegen mich. Vor allem mit den Wächterinnen hatte ich ein gutes Verhältnis, sie mochten mich. Das galt auch für die Gefangenen. Bei beiden Möglichkeiten bestand jedoch das Problem, dass ich mich in Malatya nicht auskannte. Es war eine große Stadt. Ich musste den FreundInnen konkrete Vorschläge machen.

Ich schrieb eine Nachricht nach draußen. Es kam viel Besuch. Viele meldeten sich als Besuch der Freunde an und kamen danach bei mir vorbei. Aus fast allen linken Gruppen kamen Menschen. Vor allem die aus Malatya stammenden Gefangenen schickten ihre BesucherInnen auch zu mir. Sie schickten mir Pakete im Namen ihrer Vereine oder Gruppen. Diese Solidarität war sehr schön. Ich teilte die Sachen mit einigen der anderen Gefangenen, die sich noch mehr als ich darüber freuten. Auch die Wächterinnen profitierten davon. Sie nahmen ja alle Mahlzeiten im Gefängnis ein und hatten sich daran gewöhnt, dass alle Gefangenen ihnen etwas abgaben. Manchmal bekamen sie soviele Lebensmittel, dass sie sogar einige davon mit nach Hause nahmen. Die besten Sachen fielen an sie. Nachdem ich gekommen war, hielten sie sich etwas zurück. Manchmal brachten sie auch selbst etwas mit und boten es den Gefangenen an. Es war fast wie in einer Familie.

Ich erhielt die Nachricht, dass mein Brief an »das erste Gebiet« weitergeleitet worden sei und ich mir keine Sorgen machen solle. Danach geschah erstmal nichts. Eines Tages sah ich, wie Necmiye ihren Freund im Männertrakt durch das Ofenrohrloch in der Toilette beobachtete. Necmiye stammte aus Malatya und hatte ihren Mann gemeinsam mit ihrem Freund umgebracht. Sie war seit fünf Jahren im Gefängnis und ihr drohte lebenslange Haft. Ich bekam heraus, dass der Hof und die Küche der männlichen Gefangenen durch das Loch zu sehen waren. Die Toilette war defekt und wurde nicht benutzt. Die Wand war mürbe und dünn. Das Loch ließe sich leicht vergrößern.

Wie ich hörte, machten auch die Freunde Fluchtpläne. Mir kam der Gedanke, mit Fuat Çavgun und den anderen gemeinsam auszubrechen. Ein Ausbruch aus dem Frauentrakt barg am wenigsten Risiken. Dieser Plan erschien mir umsetzbar. In einer geheimen Nachricht fragte ich Fuat, ob er und die anderen den Hof, der von der Toilette aus sichtbar war, für den Hofgang nutzten. Ich schrieb meine Nachricht in ein Kreuzworträtsel in einer Zeitung, die ich ihnen schickte. Das hatten wir bereits zuvor getan, ohne dass es aufgefallen wäre. Die Zeitung gab ich den Wächterinnen, die sie persönlich überbrachten. Bei solchen Gelegenheiten unterhielten sie sich mit den Freunden. Viele der Gefangenen fragten nach mir, was die Wächterinnen beeindruckte. Sie wollten zeigen, dass sie mich gut behandelten. Hatices Umfeld war sowieso links und Zöhre bemühte sich zu demonstrieren, dass sie keine Rechte war. Das war für uns von Vorteil.

Die Antwort auf meine Nachricht war positiv. Sie hatten bereits vermutet, dass ich Vorbereitungen für einen Ausbruch traf. Wahrscheinlich hatten die Freunde beim Besuch so etwas angedeutet. Daher machte Fuat sich Hoffnungen und forderte mich auf, meine Bemühungen fortzusetzen. Ich begann, über einen Massenausbruch nachzudenken.

Nachdem Atiye entlassen worden war, kam sie zu Besuch. Sie sagte, sie sei bei ihren FreundInnen in Malatya gewesen. Ich freute mich nicht besonders darüber. Hüseyin Yıldırım hatte viel über sie erzählt. Er hatte ja Kontakte zu Staatsanwälten und Richtern, daher waren seine Informationen nicht von der Hand zu weisen.

Fevzi Kara war verhaftet worden, als ich noch in Elazığ war. Er stammte aus Doğanşehir, sein Verfahren war nach Malatya verlegt worden. Ihm wurde vorgeworfen, einen Faschisten erschossen zu haben. Seine Angehörigen besuchten ihn regelmäßig und kamen dann auch immer zu mir. Er gehörte zu der Gruppe, für die wir eine Flucht planten. Wir bezogen Gefangene ein, bei denen eine Verurteilung zu erwarten war oder die bereits verurteilt waren. Die Gruppe sollte nur aus drei oder vier Leuten bestehen. Ich besorgte ein Spray, das Bewusstlosigkeit verursachte. Im Moment der Flucht wollte ich es in die Zelle sprühen. Sollte es nachts geschehen, wäre das kein Problem. Wir brauchten unbedingt eine Waffe, da es am Ausgang schwierig werden konnte. Falls es notwendig sein sollte, könnten wir einen Wächter als Geisel nehmen. Die Soldaten am Ausgang außer Gefecht zu setzen, durfte nicht schwer sein. Wenn draußen ein Auto bereit stünde, wären wir in wenigen Minuten weit weg.

Tagelang dachte ich über diesen Plan nach. Meine Gedanken kreisten nur noch um die Flucht. Sie war nahezu zu einer Zwangsvorstellung geworden. Niemals dachte ich darüber nach, auf legalem Weg aus dem Gefängnis zu kommen. War es Abenteuerlust? Oder gehörte es einfach zur Gefangenschaft dazu, dass alles daran gesetzt wurde, sich zu befreien? Meiner Ansicht nach musste das Bestreben einer Revolutionärin in Gefangenschaft die Flucht sein. Für revolutionäre Menschen war der Kerker zu klein.

Fuat Çavgun lernte ich erst dort kennen. Er war zuvor in Urfa in Haft gewesen und der Bruder von Halil. Halil war am Widerstand in Hilvan[18] beteiligt gewesen. Er wurde ein Jahr nach Hakis Tod vom Stamm der Süleyman ermordet. Über die revolutionäre Arbeit von Halil und den anderen Freunden in Hilvan und Siverek wurde viel gesprochen. Sie galt als beispielhaft dafür, wie die Bevölkerung einer Region ihr Schicksal selbst in die Hand nimmt. Bei den bewaffneten Demonstrationen in Hilvan hatten Frauen die vorderste Front gebildet.

18 Ein Hauptangriffsziel der PKK waren 1978/79 die kurdischen Stammesführer und Großgrundbesitzer. Wegen der Aufklärungsarbeit unter der Landbevölkerung wurden die kurdischen Revolutionäre der PKK in Siverek und Hilvan in der Provinz Riha (Urfa) von feudalen Großgrundbesitzern angegriffen. Es fand eine wochenlange Auseinandersetzung mit Hunderten Toten auf beiden Seiten statt. Vor allem die Großgrundbesitzerfamilie Bucak ging brutal vor. Durch den langen und hartnäckigen Widerstand in Siverek und Hilvan wurde die PKK zu einer ernsthaften Massenbewegung in Kurdistan.

Meine Mitgefangene Güzel hatte mein Vertrauen. Ohne sie einzuweihen, fragte ich sie nach den Sicherheitsvorkehrungen und dem Aufbau des Gefängnisses. Sie gab mir auch Informationen über die umliegenden Stadtteile. Ihr war bewusst, dass ich nicht ohne Grund danach fragte. Sie war eine intelligente Frau. Warum hatte sie bloß selbst nie versucht zu fliehen? Sie war sogar schon im halboffenen Vollzug gewesen und erzählte von anderen sozialen Gefangenen, die weggelaufen waren. »Wo sollte ich denn hingehen? Das Haus meines Vaters ist bekannt, der Mann tot, seine Familie feindlich. Wäre ich so wie du, wäre ich schon längst weg. Menschen wie du haben viele Leute, die ihnen helfen.« Damit hatte sie Recht. Sie kannte auch Fevzis Familie, was mein Vertrauen zu ihr stärkte. Dennoch blieb ich vorsichtig. Fevzis Mutter erzählte: »Mir ist mal ein kleiner Revolver gegeben worden, damit ich ihn verstecke. Dann sind sie nicht wieder gekommen, um ihn zu holen, jetzt ist er verrostet.« Sie war eine kleine, mutige Frau.

Ich schickte eine Nachricht mit dem neuen Plan nach draußen. An Fuat und die anderen richtete ich einige schriftliche Fragen, die ich mit der Nachricht schickte, da es besser war, sie ihnen von draußen zukommen zu lassen. Auch der neue Plan wurde befürwortet. Fuat und die anderen waren ungeduldig: »Lass uns den Plan umsetzen, bevor es zu Verlegungen oder anderen Schwierigkeiten kommt«, schrieben sie. Dem Einsatz eines Revolvers wurde zugestimmt. Sollte es nicht gelingen, über den Frauentrakt auszubrechen, würde er nützlich sein. Es gab noch weitere Pläne. Allerdings war es realistischer, den besten Plan endlich umzusetzen, anstatt ständig neue Pläne zu schmieden.

Die Pistolen wurden in zwei Schokoladendosen eingeschmuggelt. An jenem Tag hatte Hatice Dienst. Meistens wurden die Mitbringsel der BesucherInnen von den Wächterinnen direkt angenommen, ohne sie im Männertrakt zu durchsuchen. Durchsuchungen fanden nur sporadisch statt. Fevzis Mutter kam mit einem etwa neunjährigen Kind zu Besuch. Eine der Dosen trug sie selbst, die andere hielt das Kind in den Händen. Im Zivilgefängnis hing es von den Wachhabenden ab, ob die Gefangenen ihre BesucherInnen bei der Begrüßung berühren durften. Meistens war es möglich. Manchmal konnten wir unserem Besuch auch Essen oder Tee anbieten.

Hatice behandelte mich wie die anderen Gefangenen auch. Als Fevzis Mutter mich umarmte, übergab sie mir die Pakete und flüsterte mir ins Ohr: »Da ist etwas drin.« Hatice wollte mir behilflich sein und mir die Pakete abnehmen. Ich lehnte dankend ab. Um sie nicht misstrauisch zu machen, öffnete ich vorsichtig eine Dose und bot ihr aus der obersten Schicht ein Stück Schokolade an. Auch Ayşe sagte: »Gib sie mir, ich bringe sie rein.« Ich antwortete: »Lass nur.« Sie war schlau, anhand der Schwere der Pakete hätte sie sofort begriffen, dass sie nicht nur Schokolade enthielten. Fevzis Mutter sagte: »Die Pakete hat mir ein Freund von dir gegeben. Er wird wahrscheinlich auch noch kommen, um dich zu sehen. Im Moment ist er im Männertrakt.«

BesucherInnen, die aus weiter Entfernung kamen, wurde die Möglichkeit gegeben, sowohl vormittags als auch nachmittags ins Gefängnis zu kommen. Nachdem sie weg war, wurde mir gesagt, es sei noch ein weiterer Besucher gekommen. Hatice öffnete die Tür. Mein Besucher und ich gaben uns die Hand. »Anscheinend erkennst du mich nicht. Ich kenne dich schon lange. Deine Nachricht haben wir weitergeleitet, wir warten noch auf die Antwort. Delil war auch hier, er ist schon wieder weg.« Er redete ein bisschen über Delil und sagte, bei einigen Fragen seien sie sich nicht einig. Er selbst sei dagegen, dass Delil nach Karakoçan geschickt werde. Im Tonfall einer Beschwerde bezeichnete er Delil als »sektiererisch«. Mich irritierte es, dass er sofort soviel erzählte. »Das hättet ihr miteinander diskutieren sollen. Jetzt macht es wenig Sinn, darüber zu sprechen«, sagte ich. Er wechselte das Thema und sprach mich auf die Pakete an: »Eventuell ist etwas schief gelaufen. Drinnen ist ein Freund, er wartet auf eine Antwort. Wir haben den Verdacht, dass eine Nachricht abgefangen worden ist. Das wäre sehr schlecht, denn darin werden die Revolver und ihr Bestimmungsort erwähnt.«

Mir schwirrte der Kopf: »Wie jetzt? Welche Nachricht? Wie kann es sein, dass die Revolver erwähnt werden? Wo ist sie abgefangen worden?« Ich wurde nervös, aber er blieb ruhig.

»Wenn das wahr ist, rufe ich die Frau zurück und gebe ihr die Pakete. Ich sage ihr, dass wir nicht soviel brauchen und sie sie lieber den Freunden bringen soll. Worauf wartest du noch?« sagte ich.

Bevor er ging, fragte er noch einmal, ob ich ihn erkannt habe. »Ich bin Haydar Eşiyok aus Karakoçan. Ich kenne dich von meiner Zeit auf der Lehrerschule. Ich will dir noch etwas sagen, aber jetzt haben wir wohl keine Zeit mehr. Ich werde dir schreiben.« Dann ging er. Nach einer Weile kam Fevzis Mutter zurück und ich gab ihr die Pakete zurück. »Solltest du niemanden finden, verstecke sie am besten im Dorf«, sagte ich ihr. Sie war besorgt: »Bitte veranstaltet doch nicht so gefährliche Sachen mit uns. Unsere Familie hat schon genug auszuhalten.« Es tat mir sehr leid. Die Angelegenheit war vollkommen schief gelaufen.

Später erinnerte ich mich auch an Haydar Eşiyok. Er war eine Weile im Gefängnis gewesen und hatte einen heftigen Schlag auf den Kopf erhalten. Es hieß, dass er ständig über die Folgen dieser Verletzung sprach und in dieser Hinsicht problematisch war. Dennoch bat ich ihn, einen Stadtplan von Malatya aufzuzeichnen und mir zu schicken. Der Plan von Fuat und den anderen war offenbar ins Wasser gefallen. Ich hielt jedoch an meinem Plan fest. Je mehr Leute daran beteiligt waren, desto größer wurde das Risiko.

Am nächsten Besuchstag brachte mir eine junge Frau zwei Briefe. Beide trugen dieselbe Handschrift. Einer begann mit »Genossin«, der andere mit »Sakine«. Im ersten Brief stand: »Neulich ist etwas schief gelaufen. Daher musste ich von dort weg. Mit Fuat und den anderen wird es vorerst nichts. Auf deinen Vorschlag ist geantwortet worden. Positiv.« Weiter hieß es, das »erste Gebiet« müsse dringend etwas erledigen, daher werde es etwas dauern, bis die Freunde eintrafen. Ich solle meine Vorbereitungen treffen und der Briefverkehr werde fortgesetzt. Zum Schluss stand, man sei davon überzeugt, dass die Sache erfolgreich verlaufen werde. Ich freute mich sehr. Diese offizielle Mitteilung zeigte, dass die Angelegenheit ernst genommen wurde. Was hatte das »erste Gebiet« wohl so dringend zu erledigen? Darüber zerbrach ich mir vergeblich den Kopf.

Dann las ich den zweiten Brief: »Sakine, es hat mich sehr gefreut, dich wieder zu sehen, auch wenn es im Gefängnis war.« Es folgten sehr viel Lob und die Versicherung, wieviel Achtung er mir gegenüber empfinde. Von Anfang an habe er sich für mich interessiert und mich nie vergessen. Dann schrieb er noch über die erhabene Liebe von Revolutionären und ähnlichen Unsinn. Beim Lesen packte mich die Wut. Wie konnte er es wagen? War er verrückt? Ich überlegte, ob sich der Brief mit einer Geisteskrankheit erklären ließ.

Mein Gott, jetzt auch noch das. Und dieser Freund trug die Verantwortung für die Region. Ich schrieb eine kurze Antwort, in der ich ihn aufforderte, die notwendige Ernsthaftigkeit zu zeigen und den Zweck meiner Briefe zu respektieren. Auch nachdem ich den Brief abgeschickt hatte, ließ mich die Angelegenheit nicht los. Vielleicht war er gar kein Genosse? Was wurde hier gespielt? Er hatte sich zwar als Haydar Eşiyok vorgestellt, aber ich hatte ihn nicht erkannt. Den Namen hatte ich allerdings zuvor gehört. Sollte ich ihn tatsächlich früher einmal gesehen haben, konnte ich mich nicht an sein Gesicht erinnern. Die Flucht war ins Wasser gefallen! Auch die Revolver hatte ich nicht behalten können. Was sollte dieser Brief, ich begriff es einfach nicht.

Als ich schon fast davon überzeugt war, dass es sich um eine Falle handelte, ging Haydar zum Gegenangriff über. Er war die reinste Plage und sah sich im Recht. Wahrscheinlich hatte ich ihn in seinem feudalen Stolz getroffen. Jetzt schrieb er, vermutlich hätte ich wegen meiner missglückten Ehe allgemein etwas gegen Männer und ich hätte seine Gefühle verletzt. Er kenne mich seit Jahren und immer habe ihn meine revolutionäre Haltung beeindruckt. Daraus seien schließlich Gefühle entstanden. In diesem Stil ging es weiter. Es habe ihn sehr getroffen, dass ich ihn nicht erkannt habe.

Es war zu merkwürdig. Alle, die mich angeblich leidenschaftlich liebten, neigten dazu, mich zu vergöttern. Sie behaupteten, aufgrund meiner Göttlichkeit würden sie es kaum wagen, mich zu lieben. Aber im Kern zerschlugen sie mit ihren groben, maßlosen, respektlosen und billigen Liebeserklärungen ihre selbst geschaffenen Götzenbilder. Ihre Gefühlswelt beinhaltete den Drang, ihr Gegenüber zu beherrschen. Dabei waren ihre Gefühle noch schwammiger als die Tradition es vorsah. Es war unklar, wo sie begannen, wo sie endeten, auf was sie basierten und wofür sie gut waren. Auf der einen Seite waren sie geheim, verborgen, egoistisch und individualistisch, auf der anderen Seite grob, überschäumend und absolut. Ihre vermeintliche Liebe konnte jederzeit in Rachegelüste umschlagen.

Woher und wie gut kannte Haydar mich überhaupt? Selbst wenn es stimmte, was er schrieb, musste er doch wissen, unter welchen Bedingungen ich mich befand, wofür ich mich einsetzte und worum es mir ging. Nur ein Idiot war dazu in der Lage, das nicht zu begreifen. Ich versuchte, mich zu beruhigen. Wenn ich jetzt alles schrieb, was mir in den Sinn kam, würde das bedeuten, mich auf sein Niveau herabzulassen. Dabei war für mich nur die Flucht wichtig. Wie konnte ich ihm das begreiflich machen? Es gab keinen anderen Verantwortlichen in Malatya. Delil war nach Karakoçan gegangen. Ich wollte die Freunde auch nicht mit einem solchen Problem belasten.

Schließlich schrieb ich: »Ich wollte Ihre Gefühle nicht verletzen, verstehen Sie mich nicht falsch. Aber ich habe Ihnen einen wichtigen Vorschlag gemacht, um den sie sich vorrangig kümmern sollten. Es ist nicht so, dass ich Männer hasse. Natürlich haben meine Erlebnisse Spuren hinterlassen, aber mein Verhalten resultiert nicht aus Unsicherheit. In Ihrem Brief haben Sie einige Ausdrücke verwendet, mit denen Sie vorsichtig sein sollten. Ich bin keine Frau, die sich ziert und ihre Gefühle verkauft. Wenn meine revolutionäre Haltung Sie wirklich so sehr beeindruckt hat, sollten Sie sie nicht auf diese Weise herabwürdigen. Sollte ich hier heraus kommen, können wir über alles reden. Ich suche zur Zeit nach neuen Wegen. Hüseyin Yıldırım sagt, dass ich nach Diyarbakır verlegt werden könnte. Sollten Sie sich verspäten, werde ich einen anderen Weg finden.« Mit dem Brief wollte ich ihn dazu bringen, meine Fluchtpläne ernster zu nehmen und ihm gleichzeitig zeigen, dass ich nicht auf ihn angewiesen war.

Dann geschah etwas Erfreuliches: Beim Streichen der Zelle fand ich einen Schlüsselbund. Ich probierte die Schlüssel der Reihe nach aus und tatsächlich ließ sich mit einem die Tür öffnen. Vor Aufregung machte ich Luftsprünge.

In immer mehr Provinzen Kurdistans wurde der Ausnahmezustand ausgerufen. Auch Malatya gehörte dazu. Ständig fanden Operationen statt und es kam zu vielen weiteren Festnahmen. Wie ich hörte, waren auch Hayri und Pir erwischt worden. Was ging vor sich? Die Ausnahmezustandskommandanturen und der Generalstab gaben eine Erklärung nach der anderen ab. In den Zeitungen und im Fernsehen wurde ständig von nationaler Einheit gesprochen. »Die Köpfe der separatistischen Terroristen müssen zerschmettert werden, solange sie noch klein sind«, hieß es. Was wurde mit dieser Propaganda bezweckt?

In der Türkei gewannen die Arbeiter- und Studierendenbewegung an Stärke. Kaum ein Tag verging ohne Demonstrationen und gewalttätige Auseinandersetzungen. In der Kreisstadt Fatsa wurden revolutionäre Volkskommunen gegründet. Die revolutionäre Bewegung übernahm die Stadtverwaltung. Das Volk wählte seine eigenen VertreterInnen. Hinsichtlich des Grads der Organisiertheit und der Kampfbereitschaft war Fatsa wie ein Hilvan oder Siverek der Türkei.

In Batman wurde Edip Solmaz gewählt, ein kurdischer Patriot. Der Feind ermordete ihn nach kurzer Zeit. Jede kleinste Entwicklung in Kurdistan wurde blutig unterdrückt. In Hilvan wurde ein Volksrat gewählt.

Der ehemalige Bürgermeister bat die Bevölkerung um Vergebung. In den Rat wurden auch Frauen gewählt.

Die Beerdigungen in Siverek wurden zu einer politischen Demonstration. Der Feind schoss in die Menschenmenge, dabei kam es zu Toten. Die Ereignisse rissen nicht ab. In den Medien wurde viel über den »Kozık-Krieg« berichtet. Der Bucak-Stamm stellte die Ausgangsbasis für den Kolonialismus in der Region dar. Über verschiedene Stämme wurde versucht, unsere Bewegung zu einem feudalen Bandentum zu transformieren. Wir diskutierten und analysierten all diese Entwicklungen. Die Revolution in der Türkei war mit der unsrigen eng verbunden.

flucht aus dem gefängnis

Die Widersprüche in Kurdistan waren komliziert. Die kolonialistischen Institutionen und die lokalen feudalen Kollaborateure stützten sich gegenseitig. Um die Bevölkerung für den nationalen Befreiungskampf organisieren zu können, musste den kollaborierenden Verrätern die Basis entzogen werden. Für uns war es schwierig, die Entwicklungen zu verfolgen und zu analysieren, da wir nur eingeschränkten Kontakt zu den FreundInnen draußen hatten und lediglich über sehr allgemeine Informationsquellen verfügten.

Bereits während meiner Zeit in Elazığ war vermutet worden, dass unsere Verfahren nach Diyarbakır überstellt würden. Dort saßen bereits mehrere bekannte Kader und Hunderte SympathisantInnen. Daher konnte ich es kaum erwarten, verlegt zu werden. Auch Şahin würde sich dort nicht so entspannt bewegen können. Andererseits schien der Feind den Plan zu haben, die Verfahren zu verschleppen und uns alle lange Zeit festzuhalten. Eine Verlegung nach Diyarbakır würde eine weitere Verzögerung bedeuten. Viele Angehörige waren bereits nervös und einigen Gefangenen gefiel diese Vorstellung auch nicht.

Viele hatten sich gar nicht mit dem Thema Repression auseinandergesetzt, als sie sich dem Kampf angeschlossen hatten. Was bedeutete das Gefängnis, wozu dienten die Kerker? In der Vergangenheit waren Şeyh Sait und Dutzende führender kurdischer WiderstandskämpferInnen zum Tode verurteilt und hingerichtet worden. Ihre Aufstände hatten keinen fortschrittlichen Prozess eingeleitet und Einzelheiten über die Zeit ihrer Gefangenschaft waren kaum bekannt.

Dabei spielten die Gefängnisse eine wichtige Rolle im revolutionären Kampf. Erst mit der Zeit entstand ein Bewusstsein darüber, welche Bedeutung die Kerker sowohl für die Revolution als auch für den Feind hatten.

Früher hatte jemand, der mehrere Jahre im Gefängnis war, staunende Bewunderung bei uns ausgelöst. Wir fragten uns, wie derjenige es so lange hatte aushalten können. Jetzt befanden wir uns selbst seit fast einem Jahr im Gefängnis und machten dabei viele neue Erfahrungen. Es gab jedoch zahllose Vorfälle und Phänomene, die wir nicht begreifen und deuten konnten. Der Kampf, den ein Individuum im Kerker führen muss, lässt sich nicht nur mit der Zahl der Jahre in Gefangenschaft oder dem Charakter des Feindes beschreiben, sondern hat endlos viele Facetten.

Mein Vorschlag, aus dem Gefängnis auszubrechen, war zwar positiv aufgenommen worden, aber es geschah nichts. Später erfuhr ich, dass auch Mazlum Doğan seine Flucht in diesen Tagen plante. Er war gemeinsam mit Aysel und Yıldırım im Auto auf dem Weg nach Urfa festgenommen worden. In seinem Ausweis stand der Name İbrahim Şenol. Seine wahre Identität kam zunächst nicht heraus, aber die Gefahr war groß, dass er im Gefängnis verraten würde. Der Feind schleuste für solche Zwecke sogar Agenten als angebliche Revolutionäre in die Gefängnisse. Sollte Mazlum auf Şahin treffen, würde dieser ihn sofort erkennen. Daher musste er so schnell wie möglich fliehen und mein Ausbruch wurde verschoben, um seine Flucht nicht zu gefährden. Ich musste mich gedulden. Es war wichtiger, dass der Genosse Mazlum Doğan heraus kam.

Dann erfuhren wir, dass er bei seinem Ausbruchsversuch gefasst worden war. Er hatte sich in einem Müllcontainer versteckt. In der Nähe waren Soldaten, daher musste er lange Zeit bewegungslos in dem Container verharren. Die Freunde, die ihn abholen sollten, kamen jedoch nicht rechtzeitig. Dabei hatte er den schwierigsten Teil bereits überwunden.

Was war wohl draußen schief gelaufen? Wussten die FreundInnen nicht, wie schwer es war, im Gefängnis die notwendigen Umstände für einen Ausbruch zu schaffen? Die Aktion hätte um jeden Preis gelingen müssen. Sicher hatten sie unzählige Begründungen dafür, aber was nützte das? Mazlum war wieder im Gefängnis und eine wunderbare Gelegenheit ungenutzt verstrichen. Auch seine wahre Identität wurde festgestellt. Mazlum bekannte sich danach zur Partei und verteidigte ihre Ziele.

Aufgrund von Haydars Haltung hatte ich keine großen Erwartungen mehr. Ich forderte nur noch eine Adresse, an die ich mich wenden konnte, sollte mir der Ausbruch gelingen. Mir wurde ein Kaffeehaus in Seyranbağları genannt. Dabei kannte ich mich in Malatya überhaupt nicht aus. Es war merkwürdig.

Von den anderen Gefangenen versuchte ich unauffällig Informationen über die Umgebung zu bekommen. Ich lernte die Adressen von Gefangenen, die nach kurzer Zeit entlassen worden waren, auswendig. Vermutlich würde dort als erstes nach mir gesucht werden, dennoch konnten sie nützlich sein. Im Stadtteil Çavuşoğlu lebten hauptsächlich AlevitInnen und Linke. Güzel kannte sich in der gesamten Stadt gut aus. Sollte ich ihr meine Pläne eröffnen, würde sie mir am besten weiterhelfen können. Ich zögerte jedoch, weil Konspirativität für mich ein Prinzip war. Schließlich vertraute ich mich ihr an. Sie stellte kaum Fragen und erklärte sich bereit, mir ihren Ausweis zu geben.

Hüseyin Yıldırım kam mit einer neuen Geschichte an. Angeblich hatte er die unter Geheimhaltung stehende Akte von Özden Mızrak in die Hände bekommen:

»*Dev-Yol* ist hinter mir her, sie bieten mir Geld für die Akte an. *Kawa*[19] will, dass ich sie ihnen zuerst gebe. Die HK bedroht mich, ich solle sie niemandem geben. Ich habe allen offen gesagt, dass ich die Akte – wenn überhaupt – der PKK gebe, aber ich kann niemanden finden. Würde ich Ali Haydar finden, würde ich sie ihm geben.«

Als ich ihn aufforderte, sie mir zu übergeben, entgegnete er, er trage sie aus Angst nicht bei sich. Das machte zwar Sinn, dennoch war ich zutiefst misstrauisch.

»Wo ist die Akte denn, wie haben Sie sie bekommen?«, fragte ich.

»Also, da gibt es einen guten Staatsanwalt, den ich kenne, und außerdem einige revolutionäre Unteroffiziere. Das kann ich später erzählen, falls es notwendig ist. Es ist eine sehr wichtige Akte, sie steht unter Geheimhaltung. Die PKK hatte Özden Mızrak ohnehin in Verdacht. Bei Hasan Aydın ist es ähnlich. Sie sollen früher irgendwo bei der Polizei gearbeitet haben. Die Akte ist sehr wichtig.« In diesem Tonfall ging es weiter.

---

19 Die Partei *Kawa* (kurdisch für: Schmied) wurde 1976 in Istanbul gegründet. Ihr Ziel war ein bewaffneter Volksaufstand nach chinesischem Vorbild und ein vereintes sozialistisches Kurdistan. Zu ersten militärischen Aktionen kam es 1977. Bereits im November 1978 spaltete *Kawa* sich in zwei rivalisierende Gruppen. Die eine sympathisierte mit China, die andere mit Albanien. Dieser Prozess der Spaltungen setzte sich nach dem Militärputsch 1980 fort und schwächte die Partei weiter. Die meisten Mitglieder gingen nach dem Putsch ins Ausland.

Mir reichte es und ich schrieb eine offizielle Mitteilung an die Parteiführung, in der ich meine Beobachtungen und meinen Verdacht schilderte. Haydar hatte ich bereits zuvor informiert und auch die FreundInnen in Elazığ wussten Bescheid, auch wenn sie meine Bedenken nicht ernst genommen hatten.

Ich intensivierte meine Fluchtpläne. Es war einfach, die Tür von innen zu öffnen. Allerdings schliefen einige der Gefangenen im Hof, sie konnten mir einen Strich durch die Rechnung machen. Vor allem die Romafrauen zogen es vor, mit ihren Kindern draußen zu übernachten. Der Hof war klein, zwischen der Tür und ihren Matratzen war nur ein Abstand von einem Schritt. In der Zelle gab es keine festen Schlafzeiten. Manche unterhielten sich bis spät in die Nacht, andere wälzten sich schlaflos hin und her, und einige standen wegen der Hitze ständig auf, um sich kaltes Wasser über Hände und Füße laufen zu lassen. Manchmal blieb ich bis zum Morgen wach, um herauszufinden, welche Uhrzeit sich für eine Flucht anbot. Von der Außentür bis zum Kontrollpunkt waren es nur knapp zehn Meter. Direkt neben der Tür war der Raum der Wächter, daneben ein Aufenthaltsraum mit einem großen Fenster. In beiden Räumen schliefen Wächter. Da es heiß war, ließen sie Fenster und Türen offen.

Das Außentor am Kontrollpunkt bestand aus Eisenstäben und hatte zwei Flügel. Die Soldaten liefen auf der Straße auf und ab. Manchmal blieben sie auch vor dem Kontrollpunkt stehen. Die Straße war belebt. Gegenüber befand sich eine Tekel-Fabrik[20] . Beim Schichtwechsel war besonders viel los. Die Soldaten beobachteten dann die jungen Arbeiterinnen. Es gab auch Nachtschichten. Ich prägte mir die Zeiten ein.

Die Löcher in der Tür zum Frauentrakt waren praktisch. Meistens stand Ayşe davor. Sie stammte aus Adana und hatte als Prostituierte im Kasino gearbeitet. Seit über sechs Jahren war sie im Gefängnis. Sie sah immer noch jung und hübsch aus. Viele der Wächter waren hinter ihr her. Allen Gefangenen und dem gesamten Personal war bekannt, dass sie eine Beziehung mit einem der Wächter hatte. Sie blickte Tag und Nacht durch die Löcher in der Tür. Einige andere extreme Verhaltensweisen hatte sie aufgegeben, aber von der Tür hatte ich sie nicht abbringen können. Den anderen Gefangenen fiel auf, dass auch ich in letzter Zeit oft durch die Löcher spähte. Ich begründete es damit, dass ich Besuch erwartete. Außerdem hatte sich meine mögliche Verlegung nach Diyarbakır herum-

20 Monopolist für Tabakwaren und alkoholische Getränke in der Türkei

gesprochen. »Wenn ich Motorengeräusche höre, mache ich mir Sorgen, dass sie mich holen kommen«, sagte ich. Sie glaubten mir.

Die WächterInnen arbeiteten in zwei Schichten. Ich beobachtete den Schichtwechsel und vor allem das Verhalten der Wächterinnen. Sie verließen das Gefängnis häufig, um für die weiblichen Gefangenen einzukaufen. Manchmal gingen sie zwanzig Mal am Tag zum Laden. Von ihrer vermeintlichen Hilfsbereitschaft profitierten sie ja auch selbst.

Zöhres Mutter war krank. Sie wohnte ganz in der Nähe des Gefängnisses. Zöhre bereitete die Mahlzeiten für ihre Mutter im Gefängnis zu und brachte sie ihr. Manchmal ging sie auch mitten in der Nacht dorthin. Das Gefängnis war ihr zweites Zuhause. Die Schichten der Wächterinnen wechselten wöchentlich. Das kam mir sehr gelegen.

Zöhre trug selten Uniform. Nur zu offiziellen Anlässen zog sie ihre Uniformjacke an. Normalerweise kleidete sie sich wie die Frauen aus der Bevölkerung mit einem Rock, darunter einer Hose und einem schwarzen Tuch auf dem Kopf. Auch das war gut.

Außerdem übernachtete sie bei uns im Frauentrakt, obwohl es einen Wachraum gab. Meistens schlief sie vor dem Fernseher ein. Daran war sie seit Jahren gewöhnt, sie sah darin keine Gefahr. Ihre Kleidung ließ sie im Wachraum oder hängte sie auf eine Leine. War es warm, trug sie einen Schlafanzug oder ein Nachthemd.

Die FreundInnen draußen informierte ich darüber, dass ich bei der nächstbesten Gelegenheit fliehen wollte. Hüseyin Yıldırım hatte unsere Verlegung für August angekündigt. Das war vor einer Woche gewesen. In dieser Woche traf ich die notwendigen Vorbereitungen. »Wartet einige Nächte draußen an einer geeigneten Stelle auf mich. Wir brauchen lediglich ein Auto«, hatte ich ihnen geschrieben. Ich fügte noch hinzu, dass die Nächte geeigneter seien.

Der Schichtwechsel in der Fabrik gegenüber war der beste Zeitpunkt für eine Flucht. Es waren jedoch immer eine oder mehrere Gefangene wach. Ich vertraute mich Güzel an. »Du solltest nichts übereilen«, sagte sie. »Wir finden draußen einen Ort, zu dem du erstmal gehen kannst. Ich helfe dir, es wird schon klappen.« Ich sagte ihr, dass ich nicht mehr warten könne, da ich am 20. August verlegt werden sollte. Hätte der verfluchte Kerl es mir nicht erzählt, wäre ich geduldiger gewesen.

Zöhre hatte sich in jenen Tagen mit den Wächtern gestritten. Mit dem Oberaufseher verstand sie sich ohnehin nicht. Solche aktuellen Nachrichten übermittelte sie uns meistens sofort. Wir erfuhren immer, was draußen gerade los war. Angestachelt von der Neugier der Gefangenen erzählten Zöhre und Hatice uns alles, was uns interessieren konnte.

Ich schickte die Druckschriften, die ich bei mir hatte, an Fuat und die anderen Freunde. Es waren Broschüren wie »Kapitulation führt zu Verrat, Widerstand zum Sieg«, »Ideologie und Politik«, »Der Genozid von Maraş« und »Serxwebûn«. Ich behielt nichts Schriftliches bei mir. Güzel gab mir ihren Ausweis. Wir ähnelten uns zwar nicht, aber in der Dunkelheit der Nacht würde das keine Rolle spielen. Die Ausweise von Frauen wurden sowieso kaum kontrolliert.

Ich nannte Güzel den geplanten Zeitpunkt meiner Flucht nicht. Sie merkte es erst hinterher. Es war bereits spät. Bis ich die Romafrauen endlich dazu gebracht hatte, sich schlafen zu legen, musste ich zu verschiedenen Tricks greifen. Danach nahm ich die Bekleidung der Wächterin von der Leine und zog sie in ihrem leerstehenden Zimmer an. Zöhre war groß und kräftig, ihre Kleidung war mir viel zu groß. Ich zog Sandalen mit Absatz an, um den Größenunterschied zwischen uns auszugleichen. Damit der Rock nicht herunterrutschte, band ich mir ein Tuch um die Taille. So wie Zöhre es manchmal tat, band ich mir das Kopftuch tief in die Stirn, damit mein Gesicht im Schatten lag. Das Kopftuch war bestickt. Es wird ganz normal um den Kopf gebunden und die Enden um den Hals gewickelt. Am wichtigsten war jedoch Zöhres Gangart. Und natürlich ihre Stimme, aber da sie sich mit den Wächtern gestritten hatte, konnte ich auch auf jedes Grußwort verzichten.

Die Schlüssel wollte ich wie sie in der Hand schwingen. In den Händen hielt ich ein Tablett mit einer aufgeschnittenen Melone und Gemüse. Alles passte zu Zöhre. Gerade als ich den Wachraum verlassen wollte, sah ich Großmutter Ayşe ächzend vom Etagenbett klettern. Offenbar musste sie auf die Toilette. Ich zog mich in den Raum zurück. Das Licht war aus, es war dunkel. Mein Herz schlug wie wild. Wenn jetzt zufällig jemand herein kam? Die Romafrauen konnten auch jederzeit aufwachen.

Großmutter Ayşe beendete ihre Toilettenzeremonie mit vielen Gebeten und kehrte zu ihrem Bett zurück. Sobald sie sich hinlegte, ging ich los. Ich konnte nicht länger warten. Ich öffnete das Schloss an der Tür und ließ es innen hängen. Den Schlüsselbund behielt ich in der Hand. Die Tür schloss ich, ohne den Haken in den Verschluss zu legen. Eigentlich hatte ich mir vorgenommen, Güzel darum zu bitten, von innen abzuschließen. Es bestand die Gefahr, dass der Wind die Tür aufwehte. Jetzt ging ich ohne diese Vorsichtsmaßnahme los, da ich in diesem Moment sah, wie der Soldat am Tor mit einem Wächter sprach, der auf seinem Fahrrad angefahren kam. Ich wollte nicht an der Tür auf ihn treffen.

In der einen Hand hielt ich das Tablett, in der anderen die Schlüssel, die ich hin und her schwenkte, wie Zöhre es zu tun pflegte. Schnell versuchte ich durch das Tor zu kommen. Plötzlich hörte ich hinter mir eine Stimme: »Mutter Zöhre, Mutter Zöhre ...«. Es war der Oberwächter. Ich schüttelte meine Schlüssel und murmelte irgendetwas. Hatte er es gehört? Ich ging weiter. Da die Soldaten draußen seine Stimme vernommen hatten, sahen sie gar nicht nach, ob ich wirklich Zöhre war. Der Wächter, der noch bei dem Soldaten stand, sagte spöttisch: »Mutter Zöhre ist auf uns alle wütend.« Es war perfekt. Mein Herz schlug rasend schnell. Da ich lange Zeit keine Schuhe mit Absätzen mehr getragen hatte, machte mir das Laufen Schwierigkeiten. Ich versuchte dennoch, Zöhres Gang zu imitieren. Ein Soldat lief an der Mauer auf und ab. Plötzlich wurde er langsamer. Ich blickte ihn aus den Augenwinkeln an und ging weiter.

Gefängnismauern können unendlich lang sein.

Als ich an der Fabrik ankam, lief ich mit schnellen Schritten in eine andere Richtung los. Ich geriet in eine Sackgasse und kehrte wieder um. Die Nebenstraßen waren verlassen. Ich wendete mich wieder der Hauptstraße zu. Ich brauchte ein Auto, um zu der Adresse zu kommen, die Haydar mir genannt hatte. Es waren nur noch zwei Stunden bis zum Sonnenaufgang. Als ich einen Streifenwagen sah, schlug ich wieder eine andere Richtung ein. Ich war bereits seit einer Viertelstunde draußen. Vor mir sah ich einige Häuser, in denen Licht brannte. Ich musste zum Stadtteil Çavuşoğlu gelangen. War ich hier richtig? Unentschlossen überlegte ich, ob ich es wagen sollte, mitten in der Nacht zu klingeln und nach dem Weg zu fragen. Es war genauso riskant, orientierungslos durch die Gegend zu irren. Zögernd klingelte ich an einer offen stehenden Haustür. Ein älterer Mann im Schlafanzug tauchte auf. »Guten Abend«, sagte ich und versuchte dabei, mit der Stimme einer alten Frau zu sprechen, wie es meinem Äußeren entsprach. Der Mann sagte erstaunt: »Ja bitte?« Eine gleichaltrige Frau kam hinzu.

»Ich muss nach Çavuşoğlu und habe mich wohl in der Dunkelheit verlaufen. Ich komme gerade aus dem Krankenhaus, ich kümmere mich um einen erkrankten Verwandten. Da er ein Mann ist, konnte ich dort nicht übernachten. Jetzt wollte ich zu einer Verwandten in Çavuşoğlu gehen, sie ist Krankenschwester und hat mir den Weg beschrieben, aber ich konnte das Haus nicht finden.« - »Wie heißt du«, wurde ich gefragt. Ohne zu zögern antwortete ich: »Sekine«. Die Menschen aus Malatya sagen statt »Sakine« »Sekine«. Aus unerfindlichen Gründen wollte ich keinen anderen Namen nennen.

Während wir uns an der Tür unterhielten, hörte ich aus der Ferne Sirenen und Lautsprecherdurchsagen. Ich bedankte mich bei dem Paar und ging in die Richtung, die sie mir gezeigt hatten. Der Mann rief mir hinterher: »Schwester, wo willst du jetzt so alleine mitten in der Nacht hin? Das geht doch nicht, komm herein.« Sobald ich die Straße erreicht hatte, begann ich zu laufen. Meine Flucht war vermutlich bereits entdeckt worden und ich befand mich noch immer ganz in der Nähe des Gefängnisses. Ich lief bis zum Ende des Stadtteils. Dahinter lag die Hauptstraße, dort wollte ich nicht entlang gehen. Ich ging in einen Garten und setzte mich in eine dunkle Ecke, um die Situation abzuschätzen und meine Kleidung zu wechseln. Ich zog die Sachen von Zöhre aus und legte sie in das Tuch, das ich als Beutel benutzte.

Die erste Aufregung legte sich. Ich war außer mir vor Freude und Zuversicht. Den schwierigsten Teil hatte ich hinter mir. Jetzt musste ich nur noch an einen sicheren Ort kommen. Wieder ärgerte ich mich darüber, dass Haydar mir nur eine Adresse anstelle eines vernünftigen Lageplans gegeben hatte. Außerdem hatte ich ja darum gebeten, dass sie einige Nächte hintereinander auf mich warten sollten. Auch das hatten sie nicht getan. Egal, ich würde sie bald wieder sehen und zur Rechenschaft ziehen.

Ich betrachtete das Haus, in dessen Vorgarten ich saß. Von innen hörte ich ein Husten. Offenbar lebten hier auch alte Menschen. Sollte ich an die Tür klopfen und um Hilfe bitten? In einigen Häusern in der Umgebung brannte noch Licht. Der Stadtteil war als »links« bekannt. Würde ich Hilfe bekommen, wenn ich sagte, dass ich aus dem Gefängnis ausgebrochen war? Immerhin war ich eine Frau, vielleicht hatten sie Mitleid mit mir. Vielleicht traf ich auch zufällig auf eine revolutionäre, patriotische Familie. Vielleicht waren ihre Kinder in der revolutionären Arbeit aktiv. Ich konnte keine Entscheidung treffen. Es waren Motorengeräusche zu hören. Als ich aufstand, um die Umgebung zu kontrollieren, sah ich einen Mannschaftswagen der Polizei langsam um die Ecke biegen.

Ich setzte mich wieder. Die Motorengeräusche und Lichter näherten sich. Das Viertel wurde durchsucht. Ich hörte die Stimmen von Soldaten und Polizisten. Glücklicherweise war mein Versteck abgelegen. Wie hatte meine Flucht in der Nacht so schnell bemerkt werden können? Hatten die Wächter einen Verdacht geschöpft? Vielleicht hatten sie auch Zöhre gerufen und gesehen, dass die Tür offen stand.

Nach einer Weile wurde es ruhiger, aber es fuhren immer noch Mannschaftswagen umher. Auch ich wartete auf den Sonnenaufgang. Ich überlegte, die Hauptstraße zu überqueren und in dem gegenüber liegenden dunklen Pappelwald zu verschwinden. Unbewohntes Gelände bot den besten Schutz. Aber es war bereits zu hell geworden. Ein junger Mann ging vorbei. Ich wollte mich aufrichten und ihn nach einem Fahrzeug fragen, gab die Idee jedoch wieder auf. Schließlich ging ich mit meinem Beutel in der Hand in dieselbe Richtung los. Er verschwand schnell, vielleicht hatte er ein Haus betreten. Ich bog nach links ab. Vor mir lag eine lange Straße. An ihrem Ende standen Soldaten. Einer von ihnen ging sofort auf mich zu: »Das ist sie! Ich erkenne sie! Sie ist es!« Anstatt mich umzudrehen und wegzulaufen, stellte ich mich neben ein Auto und tat so, als ob ich auf jemanden wartete. Vielleicht konnte ich sie so täuschen. Als sie jedoch auf mich zuliefen, ergriff ich die Flucht. Meine Sandalen hatten Absätze, ich kam nicht sehr weit. Einer der Soldaten entsicherte sein Gewehr. Der andere ergriff mich.

»Was ist los, was wollt ihr?« sagte ich wütend.

»Bist du nicht Sakine? Natürlich bist du es, ich kenne dich. Ich habe dich doch einige Male ins Krankenhaus gebracht.«

Ich trug dieselbe Kleidung wie sonst auch. Dennoch sagte ich selbstsicher: »Hier ist mein Ausweis.« Der Soldat kontrollierte den Ausweis und sagte: »Das ist Güzel aus dem Gefängnis.« Er pfiff und gab einen Schuss ab, um die anderen Soldaten zu informieren. Auch ich machte Lärm, um die AnwohnerInnen aus ihren Häusern zu locken. Vielleicht würde ein Getümmel entstehen, in dem ich fliehen konnte. Oder RevolutionärInnen würden versuchen mich zu befreien. Aber es guckten nur ein oder zwei ängstliche Gestalten vom Balkon.

Ich sagte zu den Soldaten: »Schießt nicht. Ich habe euch nicht gesehen und ihr mich nicht. Schaut, ich bin seit fast zwei Jahren unschuldig im Gefängnis. Ihr seid Soldaten, seid Kinder des Volkes. Ihr habt mich einfach nicht gesehen. Ich kann euch auch Geld geben. Mein Vater ist in Deutschland, ich werde eure Gutherzigkeit nicht vergessen.« Der aus Kars stammende Soldat schien nicht abgeneigt und flüsterte mir zu: »Ich kann nichts machen, ich bin nicht allein.« Der andere war ein Faschist. »Du willst uns hinters Licht führen«, sagte er und gab noch einen Schuss ab. Zwei Minuten später kamen Polizeiwagen. Sie hatten den Stadtteil nicht verlassen. Aus den Häusern wurden wir neugierig beobachtet. Die Polizisten grölten und sprachen in ihre Funkgeräte. Dann begannen sie, sich mit den Soldaten zu streiten. Die Soldaten sagten: »Es liegt ein staatsanwaltlicher Befehl vor, wir bringen sie direkt dorthin.« Die Polizisten hingegen bestanden darauf, mich zur Ausnahmezustandskommandantur zu bringen.

Bereits im Fahrzeug begannen einige Polizisten mich zu beschimpfen: »Schaut euch diese Tochter eines Eselsohnes an. Ihr ist das alles egal. Mädchen, trotz der Benzinknappheit durchsuchen wir schon die ganze Nacht die Gegend. Sieh nur, wie wir aussehen.« Ich sagte nichts. Ich konnte es nicht fassen, dass sie mich erwischt hatten. Als wir am Gefängnis vorbei fuhren, riefen sie: »Frohe Botschaft, wir haben sie geschnappt!« Vor dem Tor lagen mein Bettzeug und meine anderen Sachen. Verdammt, offenbar hatten sie daran geglaubt, dass mir die Flucht geglückt sei.

Wir fuhren zur Staatsanwaltschaft. Am Tor standen Journalisten. Ihnen wurde der Zutritt verwehrt. Wie eine Hundemeute hatten sich alle Polizisten versammelt, die an der Suche nach mir beteiligt gewesen waren. Neugierig starrten sie mich an. Darunter war auch eine Mannschaft, die zur Verstärkung aus Elazığ gekommen war. Nachts war mein Foto überall verteilt worden und es gab auch Straßensperren. Sie hatten schnell gearbeitet.

Einer der Polizisten zog an meinem Kopftuch und sagte: »Das hat sie aufgesetzt, damit wir sie nicht erkennen.« Ich schlug seine Hand weg: »Benehmen Sie sich!« Der Polizist wollte auf mich los gehen, da sagte der Staatsanwalt schnell: »Herr Polizist, das hier ist meine Behörde, bitte gehen Sie hinaus. Wo ist der Polizeichef? Seine Mannschaften sollen an ihre Standorte zurückkehren. Die Dame steht unter unserer Aufsicht, wir werden ihre Aussage aufnehmen.« Der Polizeichef entgegnete: »Aber Herr Staatsanwalt, wir haben den Befehl, sie nach Elazığ zur Ausnahmezustandskommandantur zu bringen.« Daraufhin sagte der Staatsanwalt in scharfem Tonfall: »Ich diskutiere das nicht mit Ihnen. Bitte versuchen Sie jetzt nicht zu verhandeln. Ich kenne meine Aufgaben.«

Die Polizisten verließen den Raum. Der Staatsanwalt ließ den Sekretär rufen und bestellte Tee, »auch für Frau Sakine«. Er setzte sich an seinen Tisch und betrachtete mich: »Bravo, Sie sind geflüchtet, und das als Frau! Außerdem scheinen Sie sehr stolz zu sein. Ich muss ganz offen sagen, ich habe Respekt vor Ihnen.« Der Tee wurde serviert. Als ich ablehnte, reagierte er beleidigt. Obwohl ich erklärte, ich hätte Probleme mit dem Magen, sagte er gekränkt: »Sie weist sogar den Tee zurück!« Er war ein kleiner, fülliger Mann. Jetzt sah er mich an, schüttelte den Kopf und lächelte. Sein Wohlwollen war aufrichtig.

»Wie sind Sie geflohen?« - Ich erzählte alles ohne Umschweife, holte die Schlüssel aus meiner Tasche und überreichte sie ihm. Alle Beteiligten waren zur Staatsanwaltschaft zitiert worden – die Wächter, Soldaten, Zöhre, Hatice, der Oberwächter Şexo, der Mann, an dessen Tür ich geklopft und den ich nach dem Stadtteil Çavuşoğlu gefragt hatte und sogar Frauen aus dem Krankenhaus, die Sekine, Zekiye oder ähnliche Namen trugen.

Der Staatsanwalt glaubte mir zunächst nicht. »Ohne die Hilfe der Wächter hätten Sie niemals fliehen können. Sie haben garantiert jemanden bestochen. Ihre Familie soll ja auch in Deutschland sein.«

Ich beharrte darauf, keine Hilfe bekommen zu haben: »Ansonsten wäre mir die Flucht gelungen.« Zöhre und Hatice wurden vorgeführt. Beide sahen sehr schlecht aus, sie hatten geweint. Ich wiederholte, dass sie von nichts gewusst hatten. Es war ja bereits ein Vergehen, dass sie bei uns im Frauentrakt übernachteten. »Ich habe die Ersatzkleidung von Zöhre gestohlen. Den Ausweis habe ich Güzel geklaut.«

Zöhre nickte mir dankbar zu. Beide hatten sich vor meiner Aussage gefürchtet. Jetzt waren sie gerettet. Es fand zwar noch ein Prozess statt, der jedoch mit Geldstrafen endete. Der Richter fragte den Oberaufseher Şexo: »Wie kann es sein, dass aus Sakine Zöhre wird? Schau sie dir doch an! Wie konntest du das übersehen? Gib es doch zu, du hast Geld dafür bekommen.«

Şexo antwortete: »Herr Richter, sie sah wirklich genau so aus wie Mutter Zöhre. Wir hatten uns doch gestritten, daher war es nicht verwunderlich, dass sie keine Antwort gab, als ich sie rief.« Alle lachten, einschließlich des Richters.

Im Gefängnis führten Fuat Çavgun und die anderen einen Freudentanz auf, als sie von meinem Ausbruch erfuhren. Bis ich ins Gefängnis zurückgebracht wurde, wollten sie nicht glauben, dass ich gefasst worden war. Auch die Freunde in Elazığ hatten sofort angefangen zu tanzen, als die Zeitung mit der Überschrift »Sakine Cansız geflüchtet« kam. Nur ein Freund las auch den nächsten Satz, der ihrer Freude ein jähes Ende bereitete: »Sie wurde gefasst.«

Als meine Familie vor meinem Fluchtversuch zu Besuch gekommen war, hatte ich mir nichts anmerken lassen und lediglich gesagt: »Macht euch keine Sorgen, ich komme bald raus.« Mein Vater las die Zeitung nach dem Abflug von Istanbul nach Deutschland. Auch er sah zunächst nur den ersten Teil und schrie vor Freude auf wie ein kleines Kind. Wäre es möglich gewesen, hätte er das Flugzeug gestoppt und wäre ausgestiegen. Dann las er den Rest und weinte. Ich wünschte, er hätte gar nichts davon erfahren.

Ungefähr drei Monate lang konnte ich meinen gescheiterten Fluchtversuch nicht verwinden. Unentwegt analysierte ich die Fehler, nachdem mir der schwerste Teil bereits gelungen war. Die Briefe, die ich von draußen und aus anderen Gefängnissen erhielt, machten es mir nicht leichter. Fast jeden Tag bekam ich Besuch von Menschen aus Çavuşoğlu und alle sagten: »Warum bist du nicht zu uns gekommen? Hättest du geschrieen, hätten wir dich um jeden Preis befreit.« Auch einige Anhänger von TİKKO und HK erklärten: »Hätten wir bloß davon gewusst, wir hätten dich ihnen niemals überlassen.« Die Romafrauen meinten: »Herr Gott im Himmel, unsere Zelte stehen doch unten bei den Pappeln, nur hundert Meter entfernt von der Stelle, an der sie dich erwischt haben. Wir hätten dich wie eine von uns gekleidet und versteckt. Nie im Leben hätten wir dich ausgeliefert.«

All diese gut gemeinten Sätze vertieften meinen Schmerz. Ich hörte sogar, dass Leute aus dem Stadtteil Seyranbağları mit anderen aus Çavuşoğlu in einem Kaffeehaus meinetwegen in Streit gerieten, nachdem die aus Seyranbağları gesagt hatten: »Ihr gebt immer damit an, dass ihr Aleviten und links seid, aber ihr habt nicht einmal ein Mädchen retten können. Wäre sie zu uns gekommen, hätte eine ganze Armee sie nicht wieder einfangen können.« Oh je, alle wollten meine Retter sein!

Von Haydar und den anderen bekam ich einen Brief: »Wir versuchen zu verhindern, dass du zur Ausnahmezustandskommandantur gebracht wirst, aber es ist nicht sicher. Wir waren in jener Nacht etwas früher in der Gegend. In der Nacht davor hatten wir einen Freund geschickt.

Du hättest nicht so übereilt handeln dürfen. Wahrscheinlich warst du wütend. Lass dich nicht unterkriegen, die Freunde werden den anderen Weg versuchen.« In meinem Antwortschreiben kritisierte ich sie und erklärte meine Eile mit der Ankündigung von Hüseyin Yıldırım, dass ich im August nach Diyarbakır verlegt werden sollte. Das stimmte ja auch. Ich schrieb außerdem, dass ich neue Wege ausprobieren wolle. Als der Staatsanwalt mich gefragt hatte, ob ich es wieder versuchen würde, hatte ich geantwortet: »Ich bin eine Revolutionärin. Kein Mensch will im Gefängnis sein. Der Staat hält uns mit Gewalt fest. Ergibt sich eine Gelegenheit, werde ich es erneut versuchen.« Das war zwar richtig, aber die Vorsichtsmaßnahmen wurden natürlich erhöht. Hatice und Zöhre träumten sogar von meiner Flucht. Sie kontrollierten jede Nacht mehrmals, ob ich noch da war. Eines Nachts erwachte Hatice aus einem Traum und schrie: »Sakine ist weg!« Alle Gefangenen brachen in Gelächter aus. Die beiden Wächterinnen erholten sich nur langsam von dem Schock. Ich stand unter verschärfter Überwachung, dennoch suchte ich weiterhin nach Fluchtmöglichkeiten. Die Idee mit dem Krankenhaus hatte ich noch nicht aufgegeben, aber dafür brauchte ich Hilfe. Der Kontakt zu Haydar und den anderen brach jedoch ab, denn jetzt regierte die Militärjunta.

12. september: zeitenwende in der türkei

Am Morgen des 12. September 1980 erwachten wir zu den Klängen rassistischer, faschistischer Märsche und den Reden der Generäle in Radio und Fernsehen. Hatice war leichenblass: »Habt ihr es schon gehört, das Militär hat geputscht!« Ein Militärputsch! Ich dachte an die Militärjuntas in Griechenland, Argentinien und früher in der Türkei.

Kenan Evren[21] erklärte, für die Einheit und Gesamtheit des Vaterlandes und das Fortbestehen des Staates die Regierung übernommen zu haben. »Separatistische Räuber im Osten und eine Handvoll Terroristen im Westen, die für tägliche Ausschreitungen auf den Straßen verantwortlich sind, unsere Arbeiter und unsere Jugend, unsere Stadtviertel und und Straßen spalten, wollen ein Blutbad in unserem schönen Vaterland

21 Kenan Evren (* 17. Juli 1917 in Alaşehir; † 9. Mai 2015 in Ankara) war ein türkischer General und Putschist. Vom 12. September 1980 bis zum 9. November 1989 war er der siebte Staatspräsident der Türkei.

anrichten. Unsere Staatsbürger sollen wissen, dass diese Banditen ihre verräterischen Ziele nicht erreichen werden. Unsere Armee, unsere bewaffneten Streitkräfte haben alles unter Kontrolle und stehen unseren Bürgern zu Diensten ...« Diese Rede wurde halbstündlich wiederholt.

Alle Aktivitäten politischer Parteien waren verboten worden. Das Parlament hatte keine Funktion und Gesetze keine Gültigkeit mehr. Stündlich wurden neue Erlasse veröffentlicht und deren genaue Befolgung befohlen. »Alle Waffen in Privatbesitz müssen umgehend bei der nächsten Polizeistation abgegeben werde. Wer diese Anweisung innerhalb von drei Tagen nicht befolgt, muss mit gesetzlichen Konsequenzen rechnen.« Es war sehr komisch: Von welchen Gesetzen sprachen sie überhaupt?

Im Fernsehen wurden lange Menschenschlangen gezeigt, die anstanden, um ihre Waffen oder sich selbst auszuliefern. Die Vorsitzenden politischer Parteien wurden verhaftet. Die Fernsehbilder zeigten, wie Demirel, Türkeş und Ecevit einzeln aus ihren Büros in Çankaya abgeführt wurden. Sie sahen alle sehr blass aus. Die militärische Prozedur wurde genau eingehalten. Die Junta war bemüht, sich als reif, bescheiden und neutral darzustellen. Der Putsch war offensichtlich gut geplant worden.

Mit dieser Selbstdarstellung gelang es den Militärs, jegliche revolutionäre oder demokratische oppositionelle Regung zu unterdrücken. Sie hatten ja auch bereits Erfahrung. Am meisten stärkte sie jedoch die Schwäche der revolutionären Opposition. Jede Taktik der Junta war wie eine Giftspritze für die Bevölkerung. Überall breitete sich der Geist der Kapitulation aus. Es war unglaublich! Was war mit den Tausenden, die für ihre Rechte auf die Straße gegangen waren? Was war aus dem Arbeiterwiderstand, der Studierendenbewegung, den Bauernaufständen geworden? Was war mit Fatsa? Es gab zahllose revolutionäre Gruppen, sie mussten doch irgendetwas tun! Sie konnten doch nicht einfach schweigen!

Unsere Partei hatte mit Sicherheit Vorkehrungen getroffen. Viele Kader waren zur Guerillaausbildung in den Libanon gegangen, aber im Land selbst mussten sie vorbereitet sein. Die Bevölkerung in Hilvan, Siverek, Batman und Mardin leistete schon seit längerem Widerstand.

Die konterrevolutionäre Propaganda nahm täglich zu. Viele Menschen wurden verhaftet und im Fernsehen und den Zeitungen vorgeführt. Einige wurden gezwungen, sich im Fernsehen zu ihren angeblichen Vergehen zu äußern. Der Militärjunta war jedes Mittel recht um zu zeigen, dass die gesamte Türkei sich vor ihr verneigte.

Schnell wurde deutlich, dass die Junta von den USA gesteuert wurde. Viele imperialistische Staaten unterstützten den Putsch. International wurde an dem Image einer »gemäßigten Junta« und dem Militär als »Retter« gearbeitet. Natürlich gab es auch Gegenstimmen.

Die Auswirkungen des Militärputsches waren im Gefängnis extrem. An alle militärischen und zivilen Gefängnisse gingen neue Erlasse: »Jeder Gefangene ist ein Soldat!« Überall wurden türkische Fahnen aufgehängt. Die militärischen Disziplinarregeln sollten wortwörtlich befolgt werden.

Das Gefängnis, in dem ich war, galt als ein ziviles, obwohl auch politische Gefangene inhaftiert waren. Die Wächter ließen sich sofort von den Putschisten beeinflussen und wurden zu strammen Soldaten. Zunächst änderte sich zwar nicht viel, aber die Angst vor dem Militär breitete sich aus.

Meinen Briefwechsel mit den Freunden im Gefängnis in Elazığ setzte ich fort. Dort sah die Lage anders aus. Die Form der Durchsuchungen, der Hofgang und andere soziale Aktivitäten unterlagen ab sofort einer strengen militärischen Disziplin. »Jeder Gefangene ist ein Soldat« und »Jeder Bürger ist ein Soldat« lautete die Devise. Die gesamte Gesellschaft sollte zu Soldaten werden! Chauvinismus und Rassismus hatten Hochkonjunktur. Langsam wurde offensichtlich, dass es zu den ersten Zielen der Junta gehörte, Angst in der gesamten Gesellschaft zu verbreiten und Gewalt zu legitimieren. »Sowohl gegen rechts als auch gegen links« – dieses Motto der Putschisten fand Zustimmung.

Nach dem Pogrom von Maraş[22] war der Ausnahmezustand ausgerufen worden und jetzt hatte das Militär geputscht. Die Pläne gegen uns verwiesen auf die Vorgehensweise und das eigentlich Ziel der Junta. Die Festnahmen in Elazığ waren nur der Anfang. Obwohl der Verrat uns einen heftigen Schlag versetzt hatte, hatte der Feind sein Ziel nicht erreicht. Vielmehr waren wir gewarnt worden. Daher hatte die Parteiführung beschlossen, das Land zu verlassen. Im Anschluss war die Anweisung zum Rückzug an den gesamten Kader ergangen. Da es bei der Umsetzung Schwierigkeiten gab, gelang es nur einem Teil, ins Ausland zu gelangen. Die Zurückgebliebenen setzten ihren Kampf fort. Ein Teil von ihnen wurde verhaftet.

---

22 Im Dezember 1978 fand in Maraş ein faschistisches Pogrom gegen linksgerichtete AlevitInnen statt. Hunderte Menschen wurden ermordet. In der Folge verließ ein Großteil der alevitischen Bevöllkerung Maraş.

Die Junta nutzte alle Mittel der Konterrevolution. In Kurdistan äußerte sich das durch den uneingeschränkten Einsatz von Gewalt. In der Türkei hingegen wurde die revolutionäre demokratische Opposition schnell ausgeschaltet. Unzählige revolutionäre Menschen wurden verhaftet. Teile der Opposition gingen nach Europa. Diejenigen, die in den Libanon gegangen waren, bemühten sich nicht mehr darum, den Kampf von Neuem zu beginnen.

Ich befand mich in einer Warteposition, die voller Ungewissheiten war. Mit draußen war jeder Kontakt abgebrochen. Haydar hatte mir nur einen sehr kurzen Brief zukommen lassen, in dem er schrieb, dass er das Gebiet verlassen müsse und in nächster Zeit vermutlich kein neuer Kontakt hergestellt werden könne. Das war alles.

Bei Fuat und den anderen Freunden wurden neue Unterdrückungsmethoden eingeführt. Jede Woche wurden willkürliche Razzien durchgeführt. Ein Teil der Bücher wurde beschlagnahmt. Es gab eine Liste genehmigter Bücher. Alle anderen wurden sofort entfernt. Es waren die ersten Anzeichen von dem, was noch folgen sollte.

In Elazığ wurden die Freunde wegen mangelndem »Respekt vor der Fahne« brutal geschlagen. Die Gefangenen wurden in zwei Gruppen eingeteilt: Diejenigen, die der türkischen Fahne Respekt bezeugten, und diejenigen, die das nicht taten. Einige knickten sofort ein. Davon ließen sich wiederum andere beeinflussen. Es entstand eine Atmosphäre der Panik.

Ayşe Dışkaya von Halkın Birliği wurde aus Antep zu uns verlegt. Sie war mit ihrer Gruppe auf dem Weg von Antep in die Berge Dersims in Malatya festgenommen worden. Bei einer früheren Festnahme war sie zeitgleich mit Gönül Atay verhört worden. »Gönül genoss eine Sonderbehandlung, auch bei der Folter«, erzählte sie, um dann festzustellen: »Sie kann gar keine PKK'lerin sein.« Bei der Folter während des Verhörs hätten die Polizisten gesagt: »Wenn ihr schon Widerstand leistet, dann so wie Ayten.« Also war Ayten wieder festgenommen worden. Ayşe meinte, sie würde rasch freigelassen werden. Sie berichtete auch von dem generellen Vorgehen des Feindes draußen. Für mich war Ayşes Anwesenheit eine willkommene Abwechselung. Sie wurde jedoch nach einer Weile gemeinsam mit ihrem Freund nach Elazığ verlegt.

Gönül war also in Antep gewesen. Hatte Ayşe übertrieben? Aber über Seher hatte sie nichts dergleichen gesagt. »Gönül war wirklich schäbig. Es tut mir leid, aber sie lief mit einem tief ausgeschnittenen Nachthemd herum. Angeblich hat sie einen Verlobten. Die Polizei fragte ständig nach ihm. Sie hat wohl einiges über ihn erzählt. Wahrscheinlich haben sie sie laufen lassen, um an ihren Verlobten heranzukommen. Ich wusste nichts über sie. Sie haben sie von der Frau, mit der sie gemeinsam festgenommen worden war, gesondert untergebracht.« Ayşe hatte Gönüls Verhalten sehr betroffen gemacht. Hatte nicht auch Elif uns damals auf ähnliche Weise nervös gemacht? Als ich Gönül das erste Mal in Tuzluçayır sah, hatte sie keinen guten Eindruck hinterlassen. Sie benahm sich unreif. Konnte sie Schaden anrichten? Vielleicht wollte der Feind sie wirklich benutzen, um Rıza zu finden. Sie hatte ausgesagt, dass sie auf der Suche nach ihrem Verlobten sei. Vielleicht wollte sie die Polizei damit nur ablenken, aber für den Feind war es wie ein Angebot. Ich war schon früher sensibel und aufmerksam gewesen, aber je besser ich den Feind kennenlernte, desto misstrauischer wurde ich.

Anfang März wurde ich endlich aufgefordert, mich für meine Verlegung bereit zu machen. Im Verwaltungsgebäude übernahm mich die Wachmannschaft aus Elazığ. Alle waren Zivilpolizisten. Als einer von ihnen mich mit Handschellen an sich kettete, protestierte ich. »Sicherheitsgründe, das ist ein Befehl. Du könntest flüchten«, antworteten sie mir. – »Reichen die anderen Sicherheitsmaßnahmen nicht? Aber bitte, wenn ihr so große Angst habt!«, sagte ich. Im Auto saßen wir nebeneinander. Ich musste meinen Arm die ganze Zeit hoch halten, weil ich nicht wollte, dass mich diese widerliche Hand berührte. Auch für ihn war es unbequem. Nach einer Weile waren unsere beiden Hände angeschwollen und er musste die Handschellen öffnen.

Auch Celalettin Can wurde in das Auto gesetzt. Vorher hatten die Polizisten von ihm als dem »Ostverantwortlichen« gesprochen. Er war rasiert und seine Kleidung sauber. Erst vor zwei Tagen war seine Mutter mit einer Verwandten von mir zu Besuch gekommen. Dabei hatte ich erfahren, dass er auch da war. Die Kleidung hatte ihm seine Mutter gebracht. Ich drehte mich um und grüßte ihn mit den Augen, aber er reagierte kaum. Er war im Fernsehen vorgeführt worden. Die Schlagzeile hatte »Furchtbares Geständnis eines Dev-Sol-Anführers« gelautet. Er hatte Aussagen gemacht, die der Feind jetzt benutzte. Im Fernsehen aufzutreten war ein schweres Vergehen, da es die Bevölkerung negativ beeinflusste.

Im Auto versuchte der Polizist, mich aus der Reserve zu locken. Zu Celalattin sagte er: »Du warst doch Ostverantwortlicher. ‚Revolution ist der einzige Weg‘ habt ihr gesagt. Davon ist wohl nichts mehr übrig, oder? Du gehst nach Europa, wenn du hier raus kommst, stimmt's?« Celalattin murmelte einige zustimmende Worte. Ich warf ihm einen wütenden Blick zu. Sofort griff der Polizist ein: »Was ist los? Hat dir das nicht gefallen? Kennst du ihn?« - »Nein«, antwortete ich, »Es geht nicht darum, ob ich ihn kenne oder nicht, aber...« Ich unterbrach mich selbst. Celalettin fühlte sich sichtlich unwohl. Allein meine Anwesenheit erhöhte seine Scham über seine eigene Schwäche.

Ich war darauf gefasst, nach 1800 Evler gebracht zu werden, da sie auf meine Frage nur antworteten, das gehe mich nichts an. Ich befürchtete, dass es weitere Festnahmen gegeben habe. Oder der Prozess wegen meiner Flucht war an die Ausnahmezustandskommandantur abgegeben worden. Zöhre hatte eine Mitteilung erhalten, aber es war noch nichts entschieden gewesen.

Celalettin wurde in 1800 Evler zum Verhör gebracht. Mich brachten sie direkt ins Gefängnis in Elazığ. Alle hatten sich für die Verlegung bereit gemacht. Es herrschte Gedränge, daher konnten wir nicht viel reden. Ich war mit Hamili, Hüseyin, Mustafa und Meto zusammen. Von draußen war ein Schreiben gekommen, in dem es hieß: »Einige Sachen sind vielleicht akzeptabel, aber die Fahne zu küssen und ähnliches, ist unmöglich.« Allein aufgrund dieses Schreibens waren einige der Freunde bereits bei den ersten Übergriffen eingeknickt. Anstatt sich klar zu machen, was der eigentliche Zweck der Vorgehensweise des Feindes war und entsprechend Widerstand zu leisten, hatten einige es vorgezogen, den leichtesten Weg im Rahmen der Vorgaben des Feindes zu wählen und zu kapitulieren. Aber insgesamt war die Haltung der Freunde nicht negativ. Die anderen Gruppen hatten sie im Stich gelassen. Diejenigen, die Widerstand leisteten, wurden abgesondert. Bewusst wurden die Gefangenen in eine »gefährliche« und eine »weniger gefährliche« Gruppe aufgeteilt. Es wurde auch versucht, Faschisten unter die Gruppe zu mischen.

Wir fassten den Beschluss, die Regeln der Militärjunta auch an unserem künftigen Aufenthaltsort nicht zu akzeptieren und uns ebenso zu verhalten wie die FreundInnen dort. Mit fünfundsiebzig Personen wurden wir schließlich in Bussen nach Diyarbakır geschickt.

als gefangene zurück nach amed

Jede Begegnung mit Şahin löste Wut in mir aus und brachte meine widerspenstige, revolutionäre Seite zum Vorschein. Meine Blicke und jedes meiner Worte waren voller Hass. Ich genoss es, ihn zu erniedrigen, auch nur mit einem einzigen Wort. Er war einfach ein übelkeitserregender Dreckskerl, der jede Menschlichkeit verloren hatte und auf dem untersten Level der Erniedrigung lebte. Ängstlich und angespannt wich er meinen Blicken aus. Sein Leben hatte keine Bedeutung mehr. Selbst die Soldaten verachteten ihn. Ich nannte ihn einen ehrlosen Mistkerl. Er sagte vor lauter Angst nichts, weil die Soldaten es ihm verboten.

Ein Hauptmann kam in militärischem Gehabe mit einer Liste in der Hand herein. Schreiend las er die Liste vor. Der erste Name war Şahin Dönmez: »Komm hierher, schnell! Gerade stehen! Du bist Soldat, blick dich nicht um!« Es folgten die Namen Ali Gündüz, Hamili, Sakine, Mustafa … Die Liste ging noch weiter. Insgesamt waren es fünfundsiebzig Personen. Jeweils zwei Personen sollten zusammen sitzen, dazwischen saßen Soldaten. Wir stiegen ein. Şahin und Ali saßen auf einer Sitzbank, in der nächsten Reihe Soldaten. Elif wurde neben mich gesetzt. Mein Gott, ich wurde sie einfach nicht los. Da keine Zeit gewesen war, hatte ich den Frauentrakt nicht aufsuchen können. Auch Yıldız und Kadriye waren verhaftet worden. Über Elifs aktuelle Haltung hatte ich nichts erfahren, aber ich ging nicht davon aus, dass sie sich geändert hatte.

Auf dem Weg wurden Vermutungen angestellt, in welches Gefängnis wir gebracht würden. Angeblich gab es ein neues Gefängnis. Die FreundInnen saßen größtenteils in Gefängnissen, die »Festungen« genannt wurden und auf militärischem Sperrgebiet in einiger Entfernung voneinander lagen. Es gab auch ein ziviles Gefängnis in Amed. Wir waren das erste Mal alle zusammen, aber alle grübelten alleine vor sich hin. Lag es an den Umständen der Fahrt? Oder an der Tatsache, dass wir auf dem Weg zu einem unbekannten Ort waren? Nein, eigentlich dachten alle das gleiche: An das neue Gefängnis, das als das sicherste Militärgefängnis des Feindes galt, und an die FreundInnen, die wir dort wiedersehen würden.

Alle außer Şahin hatten der Partei einen Bericht über ihre Situation geschrieben. Rızas und Alis Position war kritisch. Rıza war isoliert. Wir waren dagegen gewesen, etwas zu verheimlichen. Die Freunde und ihre Charaktere waren der Partei ohnehin bekannt.

Insgesamt gab es kein ausreichendes Bewusstsein über die Bedeutung von Gefängnissen und die Politik des Feindes. Viele dachten nur daran, ob sie nach dem Prozess entlassen würden. Natürlich war bekannt, dass die Form der Repression sich mit dem Militärputsch verändert hatte. Es war ja auch schon zu direkten Angriffen gekommen. Diese deuteten an, was wir vom Feind zu erwarten hatten. Niemand war mehr optimistisch. Aber der Charakter der Junta, ihre Ziele, ihre Angriffe auf die Bewegung und die Rolle der Gefängnisse darin waren uns noch nicht ausreichend bewusst. Uns fehlte eine eindeutige politische Meinung, wie wir uns angesichts des Vorgehens des Feindes kurz- und langfristig verhalten wollten. Klar war nur, dass wir Widerstand leisten wollten. Der Feind wollte uns einschüchtern, isolieren, von der Außenwelt abschneiden und von unseren Schwächen profitieren. Darüber unterhielten wir uns. Niemand wollte sich ausmalen, was uns bevorstand. Das Schweigen vieler Freunde war nicht gerade ein gutes Omen, sondern Anlass zur Besorgnis.

Trotzdem verlor ich meinen Optimismus und mein Vertrauen nicht, da ich weiter an die Partei glaubte. Auch wenn Einzelne Verrat begehen oder Schwäche zeigen sollten, war ich weiterhin davon überzeugt, dass die Partei mit ihrer Ideologie letztendlich gewinnen und die Machenschaften des Feindes ins Leere laufen lassen würde. Nichts und niemand konnte dieses Vertrauen erschüttern, nicht für einen einzigen Moment. Natürlich ließ auch ich mich von negativen Entwicklungen beeinflussen und allzu oft gelang es mir nicht, die Parteilinie angemessen zu vertreten. Dennoch waren es stets meine Überzeugungen, die mir die Kraft zum Weiterleben gaben. Ich mochte diese Seite an mir und hielt mich an ihr fest.

Als die Busse Amed erreichten, sahen wir zwischen Stadtteilen, die wie Elendsviertel aussahen, und einem brach liegenden Gelände mehrstöckige Gebäude mit vielen Fenstern, die wie Pyramiden aussahen. Sie waren größer als das Gefängnis in İzmir und sogar größer als Fabriken. Sollte mit ihnen die Stadtmauer von Amed übertroffen werden? Das riesige Eisentor wurde geöffnet. Im Innenhof standen Militärfahrzeuge.

Zunächst hieß es, alle sollten ihre Taschen mitnehmen. Gleich darauf kam jedoch der Befehl, alles liegen zu lassen. Der Reihe nach stiegen wir aus. »Die Frauen sollen durchgehen!« wurde gerufen. Am Eingang wurden die Aufnahmeformalitäten erledigt. Einige Offiziere kamen vorbei. Wir wurden durch eine zweite Tür geschleust und mussten an einem Treppenabsatz warten. Von dort aus konnten wir einen langen Korridor überblicken. Alle zehn oder fünfzehn Meter waren Eisengittertüren. Rechts und links des Korridors standen Soldaten aufgereiht. Einige trugen Knüppel, andere hielten Hunde an der Leine. Alle waren sie groß und kräftig und trugen die Uniformen von Kommandotruppen. Auf den ersten Blick war klar, was geschehen würde. Sie standen da wie eine Meute wilder Tiere, die auf ihre Beute wartet. Die Freunde gingen jeweils zu zweit vorbei. Plötzlich setzen Knüppelschläge, Schreie und Hundegebell ein. Die Soldaten prügelten von zwei Seiten auf die Freunde ein. Viele der Freunde stürzten sofort zu Boden. Es folgte der Befehl, sich auszuziehen und an die Wand zu lehnen. Alles ging sehr schnell. Der Korridor war voller Menschen.

Ich stampfte mit den Füßen auf den Boden und schrie: »Ihr niederträchtigen Kerle!« Sie wollten uns Angst machen. Ich wünschte, sie würden mich auch schlagen. Elif war verängstigt, ihre Lippen waren blass und ihr Gesicht angespannt.

Plötzlich tauchte ein Offizier neben uns auf. Woher kam er auf einmal, welchen Rang hatte er? Was für ein Schritt, was für ein Gesicht! Seine niederträchtigen Augen waren blutunterlaufen. Er grinste sadistisch. Sein Lächeln, sein Gesicht und sein Blick hatten nichts Menschliches an sich. Manchmal kann das Äußere eines Menschen täuschen und man fragt sich, wie jemand mit einem menschlichen Antlitz derartig sadistisch sein kann. Bei diesem hier war es anders. Auf den ersten Blick war zu erkennen, was er für eine Kreatur war. Seine Tätigkeit hatte ihn geprägt. Er baute sich vor mir auf und fragte: »Wie heißt du?. Ich antwortete: »Sakine.« - »Bist du Türkin?« - »Nein, ich bin Kurdin.« Er gab mir eine brutale Ohrfeige. Die Müdigkeit der Fahrt, die Prügelszenen auf dem Korridor und diese Ohrfeige waren zuviel. Mir wurde schwarz vor Augen. Ich fragte: »Was soll das, was tun Sie da?« Aber er hatte sich schon Elif zugewandt: »Wie heißt du?« - »Elif.« - »Bist du Türkin?« - »Ja, ich bin Türkin.« Der Folterer lachte geringschätzig und sagte: »Bravo!«

Das war meine erste Begegnung mit Esat Oktay Yıldıran im Kerker von Diyarbakır. Eine Ohrfeige vom Feind ist nichts, was man sich wünschen würde, aber in meinem Herzen traf mich der Schmerz der Freunde dadurch etwas weniger hart. Die Folterszenen auf dem Korridor gingen weiter. Esat mischte jetzt dort mit. Der Anblick war fürchterlich. Die meisten waren bis auf die Unterhose nackt. Einige lagen immer noch auf dem Boden. Schreie und Stöhnen erfüllten den Korridor. Elif stand mit gesenktem Kopf da. Sie hatte den Befehl »Umdrehen!« befolgt. Ich stand seitlich da, ich wollte die Freunde in dieser Situation nicht sehen. Ein anderer Offizier kam zu uns und sagte: »Nehmt eure Taschen und folgt mir. Seht nicht dort hinüber, senkt eure Köpfe.« Schnellen Schrittes ging er los. Mir war es egal, was er sagte. Die Freunde wurden immer noch geschlagen. Wer noch bekleidet war, wurde mit Gewalt ausgezogen. In dem Getümmel war es schwierig zu erkennen, jemanden zu erkennen. Die Soldaten warfen sich gruppenweise auf die Freunde.

Sie brachten uns auf einen langen schmalen Flur. Einer sagte: »Wir durchsuchen die Koffer.« Ein anderer Offizier meinte: »Euch durchsuchen wir auch.« Ich widersprach: »Nein. Gibt es keine weiblichen Angestellten hier? Sie dürfen weder uns noch unsere Sachen durchsuchen.« Daraufhin entgegnete der Soldat: »Dann hebt eure Jacken an. Habt ihr irgendetwas dabei?« Er wollte sich unbedingt durchsetzen. »Nein, nichts«, sagte ich und schob den unteren Rand meiner Jacke hoch. Elif zog ihre Jacke aus. Ihr Koffer wurde durchsucht. Ich wehrte mich weiterhin dagegen. »Das ist ein Befehl, wir müssen alles durchsuchen«, sagten sie. »Dann möchte ich denjenigen sprechen, der diesen Befehl gegeben hat. Ich will, dass eine weibliche Angestellte kommt«, beharrte ich weiter. Daraufhin sagte der Soldat: »In Ordnung, ich gucke nur von oben.« Offenbar wollte er nicht, dass seine Unfähigkeit seinem Vorgesetzten bekannt wurde. Sie erschienen besorgt. Schließlich waren sie nur Werkzeuge im Folterapparat. Einige von ihnen waren als Wehrpflichtige erstmals mit einer solchen Realität konfrontiert. Im Gegensatz zu einigen ausgesuchten und geschulten Faschisten waren viele nur ganz gewöhnliche Soldaten, die einfach Befehle ausführten und mit Gewalt ins System des türkischen Militärs integriert worden waren. Das gesamte Militär war von einer rassistischen, chauvinistischen, faschistischen Kultur geprägt. Eigenständiges Denken war verboten.

Nach einer Weile kam Esat wieder. »Ich habe dich in der wilden Schönheit der Berge Tuncelis gesucht. Jetzt habe ich dich in der Hand. Du warst in Tunceli, stimmt's?« - »Nein, ich bin in Elazığ festgenommen worden«, entgegnete ich.

»Hier gelten meine Regeln. Jeder, der hier zur Tür herein kommt, muss sich daran halten. Hier ist jeder Türke. UKO, Kurden und so etwas gibt es nicht. Nicht wahr, Elif? Du bist doch Türkin, oder?« - »Ja«, sagte Elif.

Esat lachte wieder verächtlich. Er drehte sich um, setzte ein paar Schritte, und kehrte schnell wieder um. Dabei schlug er mit dem Knüppel auf seine Handfläche. Zu dem Soldaten sagte er: »Bring Elif nach oben. Eine Polizistin soll sie durchsuchen.« Eine blonde Polizistin wartete mit gesenktem Kopf vor der Tür. Als sie Esats Stimme hörte, nahm sie sofort Haltung an.

Esat wandte sich mir zu und versetzte mir unvermittelt eine weitere Ohrfeige. »Bist du Türkin?«, fragte er. - »Nein. Ich bin vor allem Revolutionärin. In der Revolution spielt die Herkunft keine große Rolle, aber ich bin Kurdin. Wäre ich Türkin, würde ich das zweifellos zugeben«, antwortete ich. »Oh weh, oh weh«, sagte Esat. Er wurde ernst. »Ich will nichts von Kurden hören. Legt sie auf den Boden«, befahl er den Soldaten, die seine Anweisung sofort befolgten. Die ersten Knüppelschläge auf die Füße verabreichte er mir selbst. Ich zählte die Schläge im Kopf mit. Eins, zwei ... fünfzehn ... zwanzig ... es ging weiter. Der Knüppel wanderte meine Beine hoch. Ich gab das Zählen auf.

Irgendwann hörte ich wie aus der Ferne eine leise Stimme: »Ist sie tot?« Esat zog meine Augenlider auf und sagte: »Nein, sie lebt noch.« Wahrscheinlich hatte ich kurz das Bewusstsein verloren. Die Polizistin hatte uns den Rücken zugekehrt, während Esat mich schlug. Sie konnte es offenbar nicht ertragen, dabei zuzusehen. Ihr Gesicht war schmerzverzerrt, als ob sie den Knüppel selbst spürte.

Nach der Bastonade muss man sich unbedingt bewegen, ansonsten kann Wundbrand entstehen, hatte ich gelernt. Meine Beine waren jedoch taub, ohne Unterstützung konnte ich nicht laufen. Die Polizistin hielt meinen Arm fest und ich lief ein paar Schritte. Vom Hof waren Stimmen zu hören. Ich hörte Esats Stimme heraus. Dann vernahm ich Frauenstimmen, die schwächlich im Chor riefen: »Ich bin Türke, ich bin ehrlich, ich bin fleißig ...« Waren außer uns noch andere Frauen angekommen? Ich wusste nicht genau, ob bereits zuvor weibliche Gefangene hier untergebracht waren. Ich hatte jedoch gehört, dass auch Aysel festgenommen worden war. Wer konnte es sonst sein?

Bei der ersten Begegnung mit Esat hatte ich eine Ohrfeige kassiert, bei der zweiten zusätzlich die Bastonade. Was blieb noch übrig? An einem Haken aufgehängt zu werden, Stromschläge, Nacktheit, Vergewaltigung ... Natürlich hatte Esat bereits während der Bastonade gedroht: »Wenn du nicht sagst, dass du Türkin bist, fette ich den Knüppel ein und schiebe ihn dir rein.« Das war keine leere Drohung. Wir befanden uns nicht in irgendeinem Gefängnis. Ich versuchte zu begreifen, was hier vor sich ging. Von uns wurde ein Bekenntnis zum Türkentum gefordert. »Du musst nur einmal ‚Ich bin Türkin' sagen, dann ist es vorbei«, sagte Esat. Natürlich ging es nicht nur darum. In Elazığ waren die Gefangenen dazu genötigt worden, die türkische Fahne zu küssen und zu beten. Beide Vorgehensweisen dienten demselben Zweck. Sie fragten gar nicht, ob wir der revolutionären Bewegung oder der UKO angehörten. Aber sie suchten einen Punkt, von dem aus sie unsere kurdische Identität und unser Bekenntnis zur PKK brechen konnten. Der Plan war nicht neu. Die Festnahmen und das Ausnutzen von Verrätern beim Verhör gehörten ebenso dazu wie dieses Pilotgefängnis.

Wessen Stimmen hatte ich gerade eben gehört? Bei Elif gab es keinen Zweifel, aber es waren mehrere Stimmen gewesen. Waren schon vor uns weibliche Gefangene hier gewesen? Oder waren sie auch neu? Wer mochte es sein?

Als ich aus dem Fenster sah, konnte ich im oberen Stockwerk Frauen erkennen, die ebenfalls heimlich aus dem Fenster spähten. Elif musste ihnen mitgeteilt haben, dass ich mich unten befand.

Schließlich wurde ich in eine Zelle am Ende eines Flurs gesperrt. Die Fenster waren fest verschlossen und übertüncht, so dass ich nichts sehen konnte.

Ich lauschte eine Weile, dann öffnete ich eines der Fenster einen Spalt und konnte wieder im oberen Stockwerk Frauen am Fenster sehen. Sie entdeckten mich auch. Wir grüßten uns. Eine von ihnen schob sich nach vorne. Sie kam mir bekannt vor, aber ich erkannte sie erst, als sie beide Hände um den Mund legte und leise rief: »Ich bin Aysel!« Es war Aysel Öztürk. Zuletzt hatte ich sie in der Wohnung von Zeki in Bingöl gesehen. Nachdem ich nach Elazığ gegangen war, war ich nur noch ein einziges Mal in Bingöl gewesen, um Abdullah Ekinci im Gefängnis zu besuchen. Er war mit einem Revolver erwischt worden. Wir versuchten, ihn gegen eine Kautionszahlung frei zu bekommen. Aysel und Selim war ich bei Zeki begegnet. Sie hatten die Wohnung von Ali Güngör übernommen, in der ich mich eine Zeitlang aufgehalten hatte. »Komm und sei unser Gast in unserer kleinbürgerlichen Wohnung!« hatten sie mich eingeladen. Ich war nur kurz bei ihnen geblieben. Aysel hatte sich über Klatsch und Kritik an ihrem Lebensstil beschwert. Ihre Ehe wurde verächtlich als kleinbürgerlich bezeichnet. Ich sagte dazu: »Wenn die Kritik nur der Ausstattung der Wohnung oder ähnlichem gilt, ist sie nicht wichtig. Diese Wohnung gehört ohnehin nicht euch, sondern der Organisation. Wenn euch allerdings eure Ehe wichtiger als die revolutionäre Arbeit ist, dann müsst ihr die Kritik ernst nehmen.« Aysel hatte damals auch von Nurhayat gesprochen, die eine Beziehung mit Mehmet Turan hatte. Über Mehmet Turan ging das Gerücht um, dass er ein Spitzel sei. Nurhayat hatte sich während ihrer Zeit in Ağrı von ihm beeinflussen lassen. Hinzu war eine emotionale Bindung gekommen. Es wurde darüber gerätselt, ob sie nichts wusste oder ob sie ebenfalls die Seiten gewechselt hatte.

Später war Aysel auf dem Weg nach Urfa gemeinsam mit Yıldırım Merkit, Mazlum Doğan und einem Fahrer festgenommen worden. Sie hatte also Bingöl verlassen. Auch ihre Festnahme erfolgte sehr früh.

Mit Handzeichen bedeutete Aysel mir, sie wolle mir eine Nachricht schreiben und nachts zu mir hinunter schicken. Ich war ungeduldig. Zwischendurch kamen erneut Soldaten, schlugen mit Knüppeln auf mich ein und gingen wieder weg. Sie waren neugierig auf mich. Jedes Mal kamen andere. Ein großer Soldat namens Bahattin trug keinen Schlagstock. Er war der Oberwächter.

Im Gefängnis waren ständig Militärmärsche zu hören. Die Soldaten sangen sie auch beim Frühsport. Darunter mischte sich der Lärm von Knüppelschlägen und Schmerzensschreien. Da ich mich im unteren Stockwerk befand, drangen die Geräusche von beiden Flügeln des Gebäudes in meine Zelle. Die Geräusche von draußen konnte ich nur schwach vernehmen.

Nachts hörte ich plötzlich, wie von oben rhytmisch auf das Heizungsrohr geschlagen wurde. Ich antwortete im selben Takt. Mein Fenster war einen Spalt geöffnet. Davor hing eine Tüte an einem Band. Ich nahm die Tüte ab und das Band wurde wieder eingezogen. In der Tüte waren Nahrungsmittel und ein Brief, den ich schnell öffnete und las:

»Wir waren zu siebt eine Weile dort, wo du jetzt bist. Heute sind wir nach oben verlegt worden. Generell sind als eine Taktik einige Regeln akzeptiert worden, auch in den anderen Trakten. Akzeptiere auch du die ‚Ich bin Türkin'-Regel, damit du da unten herauskommst. Danach können wir ausführlich miteinander sprechen. Viele Grüße, Aysel«

Ich stieß einen Fluch aus. Möge Gott euch strafen! Wie konnte es sein, dass der Beschluss so schnell geändert worden war? Von was für einer

Taktik sprach sie? Wo war ich hier gelandet? Aysel hatte einen Stift mitgeschickt, mit dem ich jetzt eine Antwort schrieb. Da ich kein Papier hatte, schrieb ich auf ein leeres Stück von Aysels Nachricht.

»Deine Nachricht verstehe ich nicht. Wir haben auf dem Weg hierher gemeinsam beschlossen, uns den Regeln nicht zu unterwerfen. Sind die Freunde verrückt geworden? Es wird von Taktik gesprochen, aber es ist die Gegenseite, die hier eine Taktik anwendet. Haben alle Freunde die Regeln akzeptiert? Handelt es sich um eine Anweisung? Ich muss das wissen und warte auf Antwort.«

Ich schlug gegen das Heizungsrohr und die Schnur wurde herabgelassen. Zusammen mit dem Essen, das sie mir geschickt hatten, packte ich die Nachricht in die Tüte. Die Tüte wurde hochgezogen. Ich achtete darauf, dass nichts in meiner Zelle blieb, damit diese Möglichkeit der Kontaktaufnahme nicht aufflog. Die Antwort kam schnell:

»Es wurde generell akzeptiert, wurde uns gesagt. Wenn du da herauskommst, können wir reden.«

Ich war völlig durcheinander. In der Zelle war nur eine Decke und es war kalt. Inzwischen war es März geworden.

Die Regeln taktisch akzeptieren? Aber es ging doch nicht nur darum, einmal »Ich bin Türkin« zu sagen. Was würde danach kommen? Nach dem Putsch war zunächst die Repression in den Militärgefängnissen angestiegen. Wir hatten zu wenig Zeit gehabt, um darüber zu diskutieren. Das Gefängnis hier war neu und ich wusste nicht, wer schon vor uns hierher verlegt worden war. Die Freundinnen hatten wohl kaum alleine entschieden, die Regeln zu akzeptieren. Ich ärgerte mich nicht über Aysel und die anderen Freundinnen. Die Frage war vielmehr, wer insgesamt verantwortlich war. War vor uns niemand hier gewesen, konnten es nur die Freunde aus Elazığ sein. Meine Wut richtete sich gegen diejenigen Freunde, die in einer verantwortlichen Position waren.

Ich hatte keinen bestimmten Verdacht. Wir befanden uns in einem Kerker, da war nicht zu erwarten, dass Beschlüsse einen gemeinsam gefassten Willen widerspiegelten. Lagen die Bedingungen dafür vor? Wie lief der Austausch untereinander und mit draußen ab? Es musste ja irgendeinen Kontakt geben. Jetzt spielten die Individuen eine wichtige Rolle. Jeder und jede Einzelne musste die Organisation vertreten. Welche Politik verfolgte der Feind? Welche Regeln würde er uns noch auferlegen? Was würde geschehen, wenn wir nur eine einzige befolgten?

Entsprach es nicht unserem Anspruch, Widerstand zu leisten? Nicht nur in den Verhörzentren wurden Menschen gebrochen. Die Gefängnisse spielten mittlerweile dieselbe Rolle. Esat hatte mich gleich bei der ersten Begegnung in Anwesenheit von Elif gefragt: »Du hast Celal Aydın umgebracht, oder?« Er wusste von der Bestrafungsaktion. Das bedeutete, dass die verschiedenen Institutionen zusammen arbeiteten.

Tagsüber blickte ich in bestimmten Abständen aus dem Fenster. Selten sah ich jemanden an einem anderen Fenster und meist waren es Soldaten. Sie kamen jetzt seltener zu mir. Ich ging davon aus, dass es sich bei der Nachricht von Aysel um eine Anweisung der Organisation handelte und nicht um eine individuelle Meinung. Hätte ich nur den Hauch einer Ahnung gehabt, dass der Beschluss nicht von der Organisation kam, wäre alles kein Problem gewesen. Dieses Wissen hätte ausgereicht, um alleine monate- und jahrelang Widerstand zu leisten, ganz gleich zu welchem Preis. Bis eine vertrauenswürdige Nachricht der Organisation gekommen wäre, hätte ich so weiter gemacht. Ich vertraute Aysel. Hätte ich sie nicht gekannt, hätte ich Verdacht geschöpft.

In meine Zelle drangen Militärmärsche und der Lärm der Folter. Was sollte ich tun? Bevor der Feind den nächsten Schritt setzen konnte, sagte ich zu einem Soldaten: »Rufen Sie Ihren Vorgesetzten.« - »Was glaubst du, wo du hier bist? Hier wird nicht gemacht, was du willst, sondern was wir wollen!«, antwortete er. Bisher hatte ich jedes Mal auf die Frage von Esat, ob ich Türkin sei, geantwortet: »Ich bin Kurdin.« Es wäre schon komisch, jetzt auf einmal zu sagen: »In Ordnung, ich bin Türkin geworden.« Der Feind würde sich freuen, aber auch wundern. Wie auch immer, ich musste hier heraus und begreifen, was vor sich ging.

Ein Offizier kam »zum Kennenlernen« zu mir. »Kennenlernen« bedeutete Schläge. Der Soldat, der sich nicht getraut hatte, meine Forderung Esat zu übermitteln, berichtete jetzt dem Offizier davon.

»Warum willst du den Hauptmann sehen?«

»Ich will einen Verantwortlichen sehen. Wer das ist, ist mir egal.«

»Dann bin ich es. Was hast du zu sagen?«

»Ich will nach oben zu meinen Freundinnen.«

»Wir lassen niemanden nach oben, der die Regeln nicht akzeptiert.«

»In Ordnung. Sie wollen, dass ich sage: Ich bin Türkin. Sie wissen selbst, dass ich nicht Türkin, sondern Kurdin bin. Außerdem bin ich Revolutionärin.«

Der Mann glotzte dümmlich. Er begriff es nicht: Hatte ich jetzt gesagt, dass ich Türkin bin oder diskutierte ich über die Unlogik der Regel? Kopfschüttelnd verließ er die Zelle. Nach einer Weile kam Esat hechelnd wie ein Hund herbeigeeilt.

»Weißt du, wer oben ist?«, fragte er.

»Ich weiß, dass dort Frauen sind, aber nicht, wer sie sind.«

»Warum willst du zu ihnen?« Er sah mich hasserfüllt aus verkniffenen Augen an. Welches Freudenfest plante er jetzt mit mir? Er gab sich nicht die Mühe zu verbergen, dass die Folter ihm Lust bereitete. »Frauenstimmen sind wie Musik für mich«, hatte er einmal gesagt.

Ich überlegte, was Esat so sehr daran störte, dass ich nach oben verlegt werden wollte. Wollte er nicht, dass ich die Regeln befolge?

»Komm, wir gehen hinaus auf den Hof«, sagte er. »Bist du Türkin?«

»Sie wissen, dass ich keine Türkin bin, wollen mich jedoch dazu zwingen, dass ich sage: Ich bin Türkin. Das macht doch keinen Sinn! Ich bin Revolutionärin, da ist es doch nicht wichtig, ob ich Kurdin oder Türkin bin oder einer ganz anderen Nation angehöre.«

»Schluss damit! Ich habe dich nicht dazu aufgefordert, zu argumentieren. Wer zwingt hier wen wozu?«

»Jetzt wollte ich es selbst sagen, aber seit meiner Ankunft versuchen Sie mich dazu zu zwingen.«

»Kennst du den Schwur?«

»Nein.«

»Bist du nicht zur Schule gegangen?«

»Doch.«

»Dann lass uns den Schwur gemeinsam aufsagen. Du sprichst mir nach.«

»Ist das auch eine Regel?«

»Sprich mir nach!«, sagte er. Das war genau der Zeitpunkt, an dem ich eigentlich hätte sagen sollen: »Nein. Ich gehe nirgendwohin und spreche nichts nach.« Esat wäre durchgedreht. Verdammt. Ging es um Widerstand oder um Kapitulation? Der Feind zwang dich, ein paar Worte zu sagen, und am Ende hatte er dich in der Hand. Es handelte sich um Methoden, den Willen und die Überzeugung eines Menschen zu brechen. Du machst dem Feind Hoffnung damit. Denn wer heute einen Satz sagt, sagt morgen noch mehr.

Er wiederholte den Schwur einige Male und forderte mich auf, weiter zu sprechen. Ich weigerte mich. »Sie wollten nur, dass ich sage, ich sei Türkin. Jetzt nötigen Sie mich noch zu anderem.« Schließlich gab er den Befehl, mich nach oben zu bringen. Ich fühlte mich elend und hatte Schwierigkeiten, die Treppe hinauf zu steigen. Wer mich sah, dachte sofort an Folter. Die physische Folter hatte ich jedoch schon längst vergessen. Mein Schmerz resultierte aus dem Gefühl, dass etwas nicht richtig war. Wir hatten uns schnell besiegen lassen. Die FreundInnen nannten es »Taktik«. Was war das Ziel dabei, warum hatten die Freunde es für nötig befunden? Damit unsere Kräfte nicht versprengt wurden? Auf dem Weg nach oben gingen mir viele Dinge durch den Kopf.

Ich traf auf Aysel, Cahide, Hava, Gönül, Fatma und Dutzende weitere Frauen. Sie umarmten mich. Einige kamen verlegen auf mich zu. Es waren alte Mütter darunter. Ich wunderte mich darüber, dass ich unten keine Stimmen aus dem Trakt gehört hatte, obwohl soviele Frauen hier waren. Seit Tagen herrschte tiefe Stille.

Nach der ersten Begrüßung hielt ich es nicht mehr aus: »Wer war es? Verdammt, warum haben die Freunde so entschieden? Ist es ein Beschluss der Organisation?« Die Freunde im Gefängnis in Elazığ hatten eine Nachricht von Çetin (Semir) erhalten, in der sie dazu aufgefordert wurden, einige der neuen Maßnahmen zu akzeptieren. Wir hatten darüber diskutiert, dass dieser Beschluss nicht richtig war. »Erzählt schon, wie ist es dazu gekommen?«, fragte ich die Freundinnen. Aysel zündete sich erstmal eine Zigarette an und nahm einen tiefen Zug. Gönül starrte vor sich hin.

Fatma hatte sich hingelegt. Sie sagte, dass sie krank sei. Die anderen Freundinnen hatten uns allein gelassen.

Aysel sagte: »Seit einer Woche oder zehn Tagen ist der Kontakt zu den Freunden abgebrochen. Die in der Großzelle nebenan übermitteln manchmal etwas. Sie haben gesagt, dass alle Gefangenen im gesamten Gefängnis die Regeln akzeptiert haben, auch die Elazığ-Gruppe. Genaue Informationen haben wir nicht. Einige Freundinnen sind ins Krankenhaus gebracht worden, vielleicht bringen sie Neuigkeiten mit. In der Nachricht an dich stand nur unsere eigene Meinung darüber.« Fatma unterbrach sie: »Ich war nicht dabei, sprich lieber nur für dich selbst. Wäre Sakine nicht gekommen, wäre ich wieder hinunter gegangen. Ich habe mich schon darauf vorbereitet.« Jetzt griff Gönül ein: »Fatma, sei ehrlich. Warum hast du es dann nicht schon vorher gemacht?« Aysel sah betroffen aus und sprach so leise, als ob sie ein Geständnis ablege:

»Wir waren seit einer Woche zu neunt in der Zelle. Ständig, tagelang wurden wir gefoltert. Zuerst haben wir uns alle gegen die Regeln gewehrt. Die Soldaten haben Märsche im Trakt veranstaltet. Sie sind auch nachts geblieben. Auch Esat war nachts da. Er befahl jedem einzelnen Soldaten, in eines der Betten zu gehen. Der Folter und dem psychologischen Druck haben nicht alle standgehalten. Wir waren nur noch zu neunt. Die meisten waren sehr jung, sie stammen aus Halfeti. In den letzten Tagen haben sie die Folter intensiviert. Es wurde darüber gesprochen, dass die Elazığ-Gruppe kommt. Esat nannte ausdrücklich deinen Namen. Er wollte den Widerstand unbedingt brechen.«

Ich hielt es nicht aus: »Natürlich, er wollte, dass ich alleine bin. Hättet ihr noch einen Tag weitergemacht, wären wir zusammen gewesen. Dann hättet ihr wenigstens nicht alleine entschieden. Wie konntet ihr das tun? Warum habt ihr mir nicht gesagt, dass es sich bloß um eure eigene Meinung handelt?« Ich schrie regelrecht.

»Hier ist alles anders«, fuhr ich schließlich fort. »Sie wollen uns bewusst ihre Regeln aufzwingen. Soll ich jetzt hingehen und sagen, es war ein Irrtum? Hier bleibe ich auf keinen Fall. Auch wenn ich ganz alleine bin, werde ich Widerstand leisten.« Unsere Stimmen waren in der Umgebung zu hören. Die Frauen auf den Etagenbetten und in den Gängen hörten interessiert zu. Die Atmosphäre war angespannt. Jederzeit war ein weiterer Übergriff, eine Fortsetzung der Folter oder Schlimmeres zu erwarten.

Der Feind ging heimtückisch und schrittweise vor. Angefangen hatte es mit Gebeten vor dem Essen, dem militärischen Durchzählen, dem Schwur auf die Fahne. All das waren Methoden, die zu unterschiedlichen Zeitpunkten eingeführt worden waren und sich gegenseitig ergänzten. Den männlichen Gefangenen wurden Haare und Bärte abrasiert und auch den Frauen wurden unter Einsatz von Gewalt die Haare geschnitten. Einzelne Gefangene wurden dabei von fünf oder zehn Kommandosoldaten angegriffen. »Einige wurden auch geschoren wie Schafe«, sagte Gültan. Beim Erzählen verzog sie manchmal vor Schmerz das Gesicht, an einigen Stellen lachte sie auch. Aysel rauchte ohne Unterbrechung. Offenbar war ihr meine Reaktion nahe gegangen. Ihnen war nicht bewusst, dass sie mich mit ihrer Nachricht, die ich als offiziellen Beschluss der Partei aufgefasst hatte, dazu gebracht hatten, meinen Widerstand aufzugeben, als der Feind überhaupt nicht damit gerechnet hatte.

Und wie ging es mir damit? Es war einfach entsetzlich. Der Feind hatte mich nicht mit Folter und Druck dazu gebracht. Das war wichtig, da ich meine Position jederzeit wieder ändern konnte. Dennoch war es eine taktische Niederlage. Eigentlich konnte ich es jederzeit ins Gegenteil umkehren, das war nicht schwierig. Der Feind ließ sich bewusst Zeit mit der Einführung seiner Regeln, um keine Gegenreaktionen zu provozieren.

Ich selbst hatte Esat rufen lassen, um die Regeln zu akzeptieren.

Was bedeutete das? Die Gefangenen hatten seit November Widerstand gegen die neuen Regeln geleistet. Jetzt hatten sie sich einigen gebeugt, aber ihr Widerstandsgeist war noch nicht gänzlich erloschen. Gültan erzählte: »Wir Frauen waren isoliert und nicht in der Lage, das Geschehen in all seinen Dimensionen zu analysieren, aber die Wut auf den Feind war ungebrochen. Der Feind versuchte Aufstände zu provozieren, um bestimmte Führungskader physisch auszuschalten. Es wurde darüber diskutiert, was die weiteren Pläne des Feindes sein könnten. Sein Ziel war es, die organisierten Strukturen zu zerschlagen. Im Gefängnis fanden Seminare statt und die Zeitschrift Hawar erschien regelmäßig. Am wichtigsten war, dass wir uns sofort um die Gefangenen kümmern konnten, die vom Verhör kamen. Gerade diejenigen, die der Folter nicht standhielten, konnten durch organisierte Strukturen aufgefangen werden. Hierher waren zunächst nur einige Freundinnen und Freunde gebracht worden. Mit der Zeit wurden alle hier gesammelt. In der ersten Zeit wurde der Kontakt zwischen den Trakten und Blöcken nicht unterbunden. Wir konnten miteinander sprechen, uns schreiben und austauschen. Manchmal kamen sogar Mazlum, Hayri oder Pir bis zu unserem Trakt. Meistens konnten wir uns durch die Klappe in der Tür unterhalten. Bis vor Kurzem erhielten wir auch Kassiber. Im Januar wurde die Repression erhöht. Wir machten einen Hungerstreik. Nicht alle nahmen daran teil, aber TİKKO, Kawa und einige der anderen Gruppen schlossen sich uns an. KUK, Özgürlük Yolu, DDKD, Rizgarî und andere beugten sich hingegen sofort den Regeln. Mit der Zeit bröckelte der Widerstand. Die Trakte wurden brutal überfallen und einzelne Gefangene isoliert. In der letzten Zeit haben wir überhaupt keine konkreten Informationen mehr erhalten. Es hieß, dass alle die Regeln akzeptiert haben. Die Gefangenen aus dem Nebentrakt meinten, unser Widerstand sei sinnlos, da alle anderen aufgegeben hätten.«

Gültan wurde von Gönül unterbrochen: »Mümtaz und die anderen rieten uns ständig, wir sollten vernünftig sein.« Gültan erzählte in ruhigem Ton weiter: »Auch während des Hungerstreiks gaben sie uns falsche Informationen. Außerdem behaupteten sie, es werde niemanden wundern, wenn die Apocu-Frauen von den Soldaten geschwängert würden. Sie betrachteten das Vorgehen des Feindes wie ein Schicksal. Dagegen aufzubegehren, wäre sinnlos und gefährlich.«

Gönül sprach ständig davon, dass sie isoliert worden sei. Es war offensichtlich, dass sie sich unwohl fühlte. Mir fiel auf, dass viele der Gefangenen sie schräg anblickten, das Gesicht verzogen oder sich gegenseitig etwas zuflüsterten, wenn sie sprach.

Es waren viele Gefangene hier und immer, wenn sich die Tür öffnete, kamen neue dazu. Die allermeisten waren von der PKK. Vor allem die aus Halfeti, Batman und Siirt waren sehr jung. Bei denen aus Hilvan und Siverek waren unterschiedliche Altersgruppen vertreten. Einige Frauen hatten ihre Kinder dabei.

Aysel wollte allein mit mir sprechen und teilte mir ihre Meinung über Gönül und Fatma mit: »Gönül Atay ist in Urfa gemeinsam mit Metin und den anderen festgenommen worden. Vielleicht weißt du es, sie ist die Verlobte von Rıza. Sie macht mich wahnsinnig mit ihrem Gerede davon, dass sie isoliert worden ist. Sie ist als Rädelsführerin isoliert worden, weil sie sich ständig in den Vordergrund gedrängt und damit die Aufmerksamkeit auf sich gezogen hat. Eigentlich betrachtet sie ihr Gegenüber gar nicht als Feind. Sie ist auch nicht besonders gefoltert worden. Unten war sie dann allein. Einige Offiziere waren ständig bei ihr. Es wurde viel darüber geredet und einige misstrauen ihr. Sie ist merkwürdig. Und Fatma fordert ständig ein, dass sich alle um sie kümmern müssen, weil sie im Verhör Widerstand geleistet hat. Wir wissen nicht, wie viel Widerstand sie wirklich geleistet hat. Sie versucht daraus Kapital zu schlagen. Das war auch schon früher so. Wir haben mit Mazlum darüber gesprochen. Er meinte, wir sollten sie bei der Stange halten, ihr alles geben, was sie wolle, und daraus kein Problem machen. Bei uns gebe es viele merkwürdige Menschen, mit denen wir einen Umgang finden müssten, und im Gefängnis sei das eine besonders schwierige Aufgabe. Hätte er das nicht gesagt, hätten wir sie längst fallen gelassen.«

Ich hörte allen Freundinnen aufmerksam zu und machte meine eigenen Beobachtungen. Vor allem Gültans Schilderungen erschienen mir objektiv und realistisch.

Cahide war gekommen, während ich unten in der Zelle war. Bei meiner Ankunft umarmte sie mich und weinte, dann ging sie in den anderen Trakt. Sie hatte weder sich selbst noch dem Feind Schwierigkeiten gemacht und sofort gesagt: »Ich bin sowieso Türkin.« So war sie nach oben verlegt worden. Sie hielt sich von den Freundinnen fern. Am ersten Tag soll sie gesagt haben: »Ich gehöre nicht zur Partei. Draußen hat mich die Organisation isoliert, versucht also jetzt nicht, mich einzubeziehen. Ich bin unabhängig und mache, was ich für richtig halte.«

Cahide hatte in Siverek viel erlebt. Noch bevor ich festgenommen wurde, plante ihre Familie, aus Siverek wegzuziehen. Cahide wollte die Schule verlassen und professionell für die Organisation arbeiten. Ihre Familie zog nach Urfa. In dieser Zeit lief Cahide mit ihrer Schwester Nevin von Zuhause weg und beteiligte sich dann in Siverek an der revolutionären Arbeit. Sie verlobte sich mit Süleyman, den ich von der Lehrerschule in Dersim kannte und der mit Cuma Tak, Amed und dem anderen Cuma eine Gruppe bildete. Er war noch vor Cahide festgenommen worden. Diese Verlobung hatte in Siverek für Probleme gesorgt. Die Organisation hatte ihre Zustimmung gegeben. Zu jener Zeit waren Kemal Pir und Mehmet Karasungur dort verantwortlich. Sie meinten sogar, Cahide und Süleyman könnten auch heiraten. Cahide wollte noch nicht heiraten und sie leistete gute Arbeit. Aber Siverek war ein kleiner Ort. Die beiden waren die einzigen unter den Freundinnen und Freunden, die verlobt waren. Alles, was sie taten, wurde genau beobachtet. Als Cahide einmal krank wurde, bekam sie ein Rezept aus dem Krankenhaus. Darauf waren die Nebenwirkungen des Medikaments insbesondere für Schwangere aufgeführt. Eigentlich handelte es sich wohl um Tabletten zur Regelung der Menstruation. Die Töchter des Hauses, in dem sie sich aufhielt, und einige Freundinnen, die dort waren, lasen jedoch nur das Wort »Schwangere« und die Gerüchteküche brodelte. Zum Schluss hieß es sogar, Cahide habe eine Abtreibung vorgenommen.

In einem Ort wie Siverek sind solche Gerüchte lebensgefährlich. Auch unsere eigenen Freunde betrachteten die Angelegenheit als »eine Frage der Ehre«. Cahide genoss zu jener Zeit hohes Ansehen. Der Bucak-Clan hatte sogar ein Kopfgeld auf sie ausgesetzt. Sie war sehr aktiv und mischte überall mit, auch bei Schießereien. Die Gerüchte trafen sie jedoch hart, da auch sie selbst diese als einen Angriff auf ihre Ehre empfand. Schließlich kam es so weit, dass bei einer internen Diskussion sogar die Waffen aufeinander gerichtet wurden.

Danach ging es Cahide nur noch darum, Rechenschaft einzufordern. Sie gab die revolutionäre Arbeit auf und irgendwann wurde ihr eine Isolationsstrafe auferlegt. Danach hielt sie sich eine Weile in Adana und Antep auf. Sie schrieb einen Bericht an die Parteizentrale. Süleyman wurde in dieser Zeit festgenommen. Obwohl Cahide gesucht wurde, besuchte sie ihn mit einem falschen Ausweis. Dabei wurde sie selbst festgenommen.

Das alles erzählte sie mir. Dabei weinte sie. Sie war wütend, vor allem auf Yılmaz Uzun. In Antep war sie mit Hasan Şerik in Streit geraten. »Er hat meinen Bericht nicht weitergeleitet«, sagte sie. Ihrer Meinung nach hatten alle anderen Schuld. Sie machte die Organisation für das reaktionäre Verhalten einiger Freunde verantwortlich und akzeptierte nicht, dass sie sich selbst provozierend verhalten hatte, anstatt darauf zu achten, der Organisation nicht zu schaden. Sich selbst sah sie vollkommen im Recht. Damit begründete sie auch ihre Haltung während des Verhörs und im Gefängnis. Sie ging sogar so weit zu sagen: »Es war das einzige, was ich tun konnte.«

Auch die Batman-Gruppe war interessant. Gültan erzählte: »Sie waren neun Personen. Einige wurden schnell entlassen. Alle waren sehr jung. Trotzdem waren sie alle in verantwortlichen Positionen in den Stadtteilen oder für die Frauenarbeit. Bei der Polizei haben sie gestanden. Es war schlecht, dass die ganze Gruppe gefasst wurde. Es sind auch Männer dabei, auch sie haben gestanden. Einer von ihnen, er heißt Müslüm, ist sogar verrückt geworden. Er wurde schwer gefoltert, aber am meisten soll er darunter gelitten haben, dass die Frauen benutzt wurden, um ihn zu brechen. Eine der Frauen – sie ist fast noch ein Kind – haben sie benutzt, um ihren Mann und andere Freunde zu brechen. Der Feind hat einen Tisch mit alkoholischen Getränken aufgebaut und den Frauen Videos mit Sexszenen gezeigt. Es ging ihnen sehr schlecht. Einige sind vor Angst sofort zusammengebrochen. Die Polizei hat sie auch sexuell gefoltert. Wir haben eine Eingabe an das Gericht geschrieben. Die Frauen kannten die Namen der Polizisten. Die Polizisten kommen auch manchmal hierher. Sie haben den Frauen damit gedroht, dass sie wieder zum Verhör geholt werden, wenn sie ihre Aussagen nicht zurücknehmen. Die meisten wissen gar nicht, was die Werte und die Politik der Partei sind.

Viele geben der Partei die Schuld. Daher knicken sie auch schnell ein, wenn der Feind angreift. Sie haben keinen festen Willen. Daher glaube ich, dass der Feind diese Situation weiter ausnutzen wird.«

Bei den Gefangenen aus Hilvan und Siverek gab es eine ähnliche Problematik. Einige von ihnen waren sehr willkürlich festgenommen worden. Viele standen noch unter dem Einfluss der Verhöre. Die Folter und die Drohungen hatten sie eingeschüchtert. Die Polizei hatte bei ihnen nach Tätowierungen mit der Aufschrift »PKK« gesucht! Sie waren ausgezogen worden und die Polizisten hatten ihre Brüste und ihre intimsten Stellen kontrolliert. Darüber hinaus war ihnen Vergewaltigung angedroht worden. Sie wurden gegeneinander ausgespielt und zu Aussagen gezwungen. All diese Methoden und die damit auftretenden Schwächen der Einzelnen führten zu einer Individualisierung, die in fast jeder Gruppe zu beobachten war. Der Feind profitierte davon und griff an, bevor wir uns organisieren konnten.

ein feind der zu neuem leben erweckten kurdischen identität

Bei jeder Gelegenheit betonten Mazlum und die anderen Freunde: »Schützt eure organisierten Strukturen. Der Feind will uns schlagen, indem er unsere Organisiertheit zersetzt und uns individualisiert. Das ist der Hauptgrund für die Übergriffe. Er will die Gefangenen isoliert voneinander ihren Schwächen aussetzen, um endgültig zuschlagen zu können, wenn wir zu einem Haufen Menschen geworden sind, die ihre Kampfkraft verloren haben und sich hilflos ihrer Schwäche schämen.« Ganz sicher ging es dem Feind nicht in erster Linie darum, Einzelne physisch zu vernichten.

Den meisten Gruppen der türkischen und kurdischen Linken ging es noch viel schlechter. Abgesehen von einigen Ausnahmen befanden sie sich im psychischen Zustand der totalen Niederlage und betrachteten Widerstand nur als einen Anlass für weitere Übergriffe und Folter. Der Feind profitierte davon, dass sie ihre gegnerische Haltung zur PKK auch im Gefängnis fortsetzten.

In groben Zügen begriff ich langsam die Situation, in der ich mich befand. Meine eigenen Fehler waren für mich schwer zu ertragen. Ich war nicht vorausschauend genug gewesen, sondern hatte mal wieder übereilt gehandelt. Das machte mir zu schaffen, aber gleichzeitig verstand ich auch, dass es nicht sonderlich realistisch war, den Widerstand alleine fortzusetzen. Zweifellos hätte es Eindruck gemacht und die Freundinnen dazu gedrängt, sich für eine Seite zu entscheiden. Ein Teil der Freundinnen hätte sich früher oder später auf meine Seite geschlagen. Hätte ich auf meiner Haltung beharrt und keine einzige Regel akzeptiert, wäre es sicher besser gewesen. Mit dieser Standhaftigkeit hätte ich zumindest ein ruhiges Gewissen gehabt. Das hätte mir schon gereicht.

Meine jetzige Position quälte mich. Ich konnte mich mit dieser Niederlage nicht abfinden. Schließlich spielt die erste Begegnung mit dem Feind eine wichtige Rolle. Dennoch wusste ich, dass daraus kein Gefühl der Kapitulation und des mangelnden Vertrauens entstehen würde. Noch war es möglich, das Geschehene ins Gegenteil umzukehren und gerade diejenigen, von denen der Feind sich am meisten erhoffte, zum Fokus des Widerstands zu machen. Über meine Entscheidung, zunächst die Kräfte zu sammeln, um dann den Widerstand aufzunehmen, freuten sich Gültan und Zeliha am meisten. Auch bei den anderen besserte sich die Stimmung. Wir nahmen uns vor, mit denjenigen aus den anderen Gruppen zu sprechen, die dafür offen waren. Unter uns besprachen wir, mit welcher der Freundinnen wir worüber reden wollten und mit welchen Freundinnen wir uns vorrangig beschäftigen mussten. Außerdem diskutierten wir über die allgemeine Situation der Gefangenen und die aktuellen Entwicklungen sowie darüber, wie wir Kontakt mit den Freunden aufnehmen und ihnen unsere Lage schildern konnten.

Wir nahmen eine Aufgabenverteilung vor. Früher hatte es bereits organisierte Strukturen gegeben, aber nachdem die Repression angestiegen und die Regeln akzeptiert worden waren, waren nur noch wenige Freundinnen darin eingebunden. Die Kommune hatte sich aufgelöst. Das Geld aus der Gemeinschaftskasse war unter den Freundinnen aufgeteilt worden, weil jederzeit die Möglichkeit bestand, dass der Feind die Gefangenen voneinander isolieren werde.

An einem Ort wie dem Gefängnis ist das gemeinschaftliche Leben sehr wichtig. Der Feind bemüht sich unentwegt, die Gefangenen zu spalten und zu isolieren, um sie einfacher in die Knie zu zwingen. Mit seinen Verhaltensmaßregeln versucht er - beginnend beim Verhör - deine Überzeugungen zu brechen. Im Gefängnis geht er dabei systematisch und langfristig geplant vor. Uns wurde vermittelt: »Es gibt keine Organisation und keine PKK mehr. Wir haben euch in der Hand. Ihr seid alle Soldaten. Ihr dürft euch nicht sehen und nicht miteinander sprechen. Wenn ihr leben wollt, dann nur so, wie wir es zulassen.« Ansonsten drohte der Tod.

Leben und Tod! Vor allem in den Kerkern gewinnen diese Begriffe an Bedeutung. Obwohl sie das genaue Gegenteil voneinander darstellen, sind sie sich nahe und gehören zusammen. Wie konnte man einem von beiden den Vorzug geben? Hatte der Feind nicht schon immer das Gefängnis mit dem Tod gleichgestellt? Aber was für ein Tod?

Welche Art von Tod hatte der Kerker von Diyarbakır wohl schon gesehen? Wer war alles vor uns hier gewesen? Musste man sich im Labyrinth der Geschichte, der Vergangenheit bewegen? Ja, vor allem mussten wir uns fragen, was die Gefängnisse für den Feind bedeuteten. Wie waren Frauen ins Gefängnis gekommen? Aus der Vergangenheit waren nur Einzelschicksale von Frauen bekannt, die zumeist im Zusammenhang mit Blutfehden verhaftet worden waren. Erst später waren Frauen dazu gekommen, die aufgrund politischer Vorfälle inhaftiert wurden. In der Zeit des Militärputsches vom 12. März 1971 waren nicht wenige Frauen verhört worden. Dennoch war die Realität der Gefängnisse weitgehend unbekannt. Ich selbst hatte den Kerker in İzmir kennengelernt. Die Situation, die Anschuldigungen, die Zeit und der Ort waren jetzt anders, auch wenn es Ähnlichkeiten gab.

Für viele waren die Begriffe Kerker und Frau unvereinbar. Einige meinten sogar: »Was haben wir denn getan, dass wir so brutal gefoltert werden?« Viele kamen aus Gebieten, in denen unser Kampf weit entwickelt war, so dass sie unweigerlich davon beeinflusst worden waren. Das Bewusstsein für die kurdische Identität war neu erwacht. Einige hatten Geschwister, Ehemänner oder Kinder in diesem Kampf. Einige hatten gerade erst begonnen, ein politisches Bewusstsein herauszubilden. Sie hatten an der Bildungsarbeit teilgenommen oder sich für bestimmte Frauengruppen interessiert, waren in Stadtteilkomitees gewesen oder hatten Aufklärungsarbeit unter den Studierenden betrieben. Es ging nicht um Mord oder Raub. Die meisten hatten nicht einmal Flugblätter verteilt. Daher begriffen sie auch nicht, warum der Staat so hart gegen sie vorging: »Da ich keine schweren Straftaten begangen habe, werde ich wohl entlassen. Ich habe zwar bei der Polizei einige Sachen gestanden, aber die habe ich bei der Staatsanwaltschaft widerrufen. Das Geständnis habe ich ja sowieso nur unter Folter abgelegt. Deshalb werde ich wohl am ersten oder zweiten Verhandlungstag frei gelassen.« Ihre Erwartungen entsprachen leider nicht der Realität.

Dem Feind ging es um die zu neuem Leben erwachte kurdische Identität. Alle sollten sich unter der türkischen Fahne zum Türkentum und der Unteilbarkeit des Vaterlandes bekennen und jeder sollte ein Soldat sein. Im normalen Leben waren Frau und Militär Begriffe, die nichts miteinander zu tun hatten, aber über den neuen Status sollten auch die Frauen militarisiert werden.

Über dieses Thema redete ich in Kleingruppen und Einzelgesprächen mit den Freundinnen. Die von Angst und Anspannung geprägte Atmosphäre änderte sich schnell. Intern verteilten wir kurz- und langfristige Aufgaben. Für einige Freundinnen wie Gültan, die keine besondere Aufmerksamkeit auf sich zogen, sahen wir vor, dass sie auf den Plan treten sollten, wenn der Feind versuchen sollte, uns voneinander zu trennen. Sie sollten auch eine Rolle beim Kontakt mit den anderen Gruppen spielen und sich um diejenigen Freundinnen kümmern, die möglichst wenig mit den organisierten Strukturen zu tun haben wollten. Gültan war sowohl dem Feind gegenüber als auch im Umgang mit den Freundinnen sehr aufmerksam.

Unser Alltagsleben organisierten wir wieder gemeinschaftlich als Kommune. Das Geld verteilten wir jedoch auf mehrere Freundinnen, falls der Feind uns trennen sollte. Unsere Ausgaben machten wir gemeinsam, Dinge des alltäglichen Bedarfs wurden nur über eine einzige Stelle gedeckt. Um Unruhe unter den Gefangenen zu vermeiden und die Aufmerksamkeit des Feindes nicht auf uns zu ziehen, machten wir einige formelle Änderungen. Wir reichten eine gemeinsame Einkaufsliste ein. Der Einkauf wurde dann entsprechend der Listen der einzelnen Gruppen aufgeteilt. Die anderen linken Gruppen hatten längst damit begonnen, ein individuelles Leben zu führen. Von Gemeinschaftlichkeit war bei ihnen nur selten etwas zu spüren. Unser Beharren auf einer Kommune beeindruckte sie und wir konnten teilweise Gemeinsamkeiten herstellen. Zumindest die allgemeinen Bedarfsgegenstände kauften wir gemeinsam ein und verbrauchten sie auch zusammen. Dabei ging es uns nicht darum, wer wieviel Geld zur Verfügung hatte. Gerade diese Einstellung wollten wir brechen. Viele Menschen bekamen überhaupt keinen Besuch von ihren Angehörigen. Auf sie hatte es einen positiven Einfluss, wenn wir sie einbezogen.

Das Gemeinschaftsleben gehörte zu den positiven Seiten im Frauentrakt. Dadurch wurde auch ein gemeinsames Vorgehen bei anderen Themen erleichtert. Es bot den Anlass für Kontakte und war von hohem ideellen Wert. Früher hatte es im gesamten Gefängnis den Versuch einer Kommune gegeben. Einige Gruppen hatten sich dem jedoch verweigert.

Wir diskutierten viel darüber, welche Bedeutung die vom Feind auferlegten Regeln hatten und was damit bezweckt wurde. Alle hatten inzwischen begriffen, dass es nicht nur um das Bekenntnis zum Türkentum oder das Gebet vor dem Essen ging: »Bismillahirrahmanirrahim. Guten Appetit. Allah sei Dank, mögen unsere Armee und unsere Nation bestehen bleiben.« Zunächst war »aus Sicherheitsgründen« mit dem Durchzählen begonnen worden. Die Gefangenen mussten dabei stehen und wurden der Reihe nach gezählt. Später mussten alle ihre eigene Zahl laut aufsagen. Es folgten der Schwur auf die Fahne und die Nationalhymne.

Damit will der Feind dich zunächst auf Linie bringen, um dich Schritt für Schritt kontrollieren zu können. Du verlierst deine kurdische Identität und wirst militarisiert. Du wirst »türkisiert« und gelenkt. Das sind die ersten Anzeichen dafür, dass du nicht mehr du selbst bist. Es ist nicht das Ende aller Dinge, zu sagen, dass du »Türke« bist. Du machst dich sogar über das »Türkentum« lustig, während du es sagst. Der Feind will dir deine Identität nehmen, daher machst du aus seinem geheiligten »Türkentum« einen Witz. Was ist also schon dabei? Du sagst: »Ich bin Revolutionärin.« Aber damit ist es nicht vorbei, weder für den Feind noch für dich. Dem Feind geht es nur darum, deinen Willen zu brechen.

Şahin hatte gleich bei der ersten Gelegenheit kapituliert. Seine gesamte Persönlichkeitsstruktur war darauf ausgerichtet, die Tür des Verrats weit zu öffnen. Der Feind hatte bei der ersten Begegnung nur anklopfen müssen. Die Linie zwischen revolutionärem Verhalten und Wankelmut war sehr dünn und eigentlich hatte er seinen Charakter bereits beim Gründungskongress gezeigt. In der Revolution geht es darum, sich entsprechend der eigenen Fähigkeiten und Stärken für den Kampf zur Verfügung zu stellen und sich entsprechend der jeweiligen Aufgabe zu positionieren. Stattdessen hatte er versucht, sich der Aufgabe entsprechend zu verkaufen. Ich glaube, dass der Vorsitzende ihn damals durchschaute. Sicher hatte er erkannt, was es mit Şahins Karrierismus und Ehrgeiz auf sich hatte. Uns alle hatte es erstaunt, dass er in den Zentralrat gewählt worden war, aber der Vorsitzende wollte ihn durch diese wichtige Arbeit besser kennenlernen. Das gehörte zu seiner Art und Weise, mit Menschen umzugehen. Ich hatte oft über diese Frage nachgedacht und war letztendlich zu diesem Schluss gekommen.

Bei Şahin hatte der Feind nicht auf raffinierte Methoden zurückgreifen müssen. Bereits während des Verhörs gab er den Polizisten Ratschläge, auf welche Weise welcher Genosse zu brechen sei und wer welche Schwachstellen hatte. Der Feind hatte keinerlei Schwierigkeiten mit ihm gehabt.

Jetzt waren im Gefängnis fast eintausend Menschen. Darunter waren Führungskader, AnhängerInnen und ganz gewöhnliche PatriotInnen. Die PKK repräsentierte ihre Organisiertheit, ihre Überzeugungen, ihre Verbundenheit, ihre Hoffnungen, ihre Sehnsüchte und ihre gemeinsame Identität.

Genau an diesem Punkt griff der Feind an. War es möglich, diese Überzeugungen und Hoffnungen auf einen Schlag zu vernichten und ins Gegenteil umzuwandeln? Das war nicht so einfach, denn es bedeutete, ein Leben auszulöschen, das Wurzeln gefasst hatte, auch wenn diese noch sehr jung waren. Dafür reichte weder die Kraft von Menschen noch die von Göttern aus! Weder waren die Götter bereit, auf den Himmel zu verzichten und sich in die Kerker zu begeben, noch waren die barbarischen Knechte weise genug, um dieses Leben zu vernichten. Ansonsten wären die Knechte, die in der Geschichte für alle Barbarei und Grausamkeit verantwortlich zeichneten, schon längst zu Göttern geworden. Leben schenken und Leben nehmen war ausschließlich Sache der Götter.

Unsere Niederlage war nur vorübergehend. Wir hatten uns den Regeln gebeugt, aber in Bezug auf unsere Überzeugungen hatten wir nicht kapituliert. Unser Vertrauen in die Berechtigung unseres Kampfes war unerschütterlich. Wir ließen uns nicht gehen. Jemand, der sich seinen Stimmungen hingibt und den Feind die eigene Niedergeschlagenheit spüren lässt, kann nicht der PKK angehören. Der Feind wollte uns unsere Überzeugungen nehmen. Nicht umsonst drohte er ständig: »Du kommst gar nicht erst vor Gericht, ich zermalme dich, ihr werdet hier alle einzeln verrecken ...« Es ging nicht darum, ob eine Straftat schwer oder geringfügig war. Für den Feind war schuldig, wer revolutionäre Überzeugungen hatte, den Geist der PKK in sich trug oder auf die eine oder andere Weise davon beeinflusst war. Natürlich wurden einige von uns heftiger angegriffen als andere. Zu mir sagte Esat: »Apo hat euch hereingelegt. Er lebt jetzt in Luxuswohnungen mit Frauen zusammen, während ihr hier verkümmert.« Bei anderen Gefangenen verwies er auf mich und sagte: »Sie hat euch hereingelegt.« Bei jeder Gelegenheit betonte er: »Ich habe sie alle in der Hand und ich zerquetsche sie wie Fliegen. Eure ganzen Anführer sind zu Kemalisten geworden und in Kürze werden sie zu Soldaten. Eure Organisation gibt es nicht mehr.«

Im Gefängnis ist es wichtig, organisiert Widerstand zu leisten beziehungsweise den Widerstand zu organisieren. Eine tragfähige Organisierung bedeutet auch eine Garantie für das Individuum. Die politische Garantie besteht darin, sich selbst zu organisieren und dafür zu sorgen, dass sie auch ohne dich weiter Bestand hat. Woraus besteht der Zusammenhang zwischen einem Wasser, das man von innen still in Wellen versetzt, bis es überläuft, und der großen Welle, mit der man einen plötzlichen Strom erzeugt? Bei beiden Varianten musst du dich voll einsetzen. Die eine ist Ausdruck der Stärke, die du in dir konkretisierst, die andere der Stärke des Fundaments. Du musst das Gleichgewicht zwischen beiden finden. Bei der ersten besteht die Gefahr, dass du dabei verloren gehst. Es besteht die Gefahr, dass der Begriff der »Hingabe« seine politische Bedeutung verliert. Sind deine Vorkehrungen und dein Fundament ausreichend, um alle Vorteile zu nutzen? Das Fundament ist offen für jede Form von feindlichen Offensiven. Der Geisteszustand der Gefangenen ist wie eine Bresche. Die Angriffe sind darauf ausgelegt, diese Breschen zu vertiefen und miteinander zu verbinden. Daher musst du dich mit jeder Bresche beschäftigen, sie schließen oder zumindest verkleinern. Das Verhalten eines jeden Menschen, seine Haltung, Überzeugung, Angst, sein Mut, Vertrauen, Misstrauen, seine Wut, alles hängt davon ab, wie du dich verhältst. Das gesamte Fundament zu beherrschen und gleichzeitig den Übergriffen des Feindes ausgesetzt zu sein, bedeutet, dass du wirklich alles geben musst. Es ist riskant!

Auf der anderen Seite ist es auch etwas Besonderes, dem Feind allein gegenüber zu stehen. In dir vereinigt sich ein revolutionärer Wille. Du verspürst Überzeugung, Entschlossenheit, die pure Kampfeslust in dir. Es ist der schönste, der revolutionärste Kampf. Du bist nicht abgelenkt. Und mit der Kraft deiner Persönlichkeit reißt du den Feind in Stücke. Er hat sowohl mit dir, als auch mit seinem eigenen Spiegelbild in dir zu tun. In deiner Gegenwehr erkennt er seine eigene Hilflosigkeit.

»Der Feind wird von diesen Frauen nicht bekommen, was er will. Er wird keine von ihnen anrühren und gegen die Revolution benutzen, nicht einmal die schwierigste und undiszipliniertestes.« Dieser Gedanke ging einher mit der Überzeugung, dass dafür alle Kräfte organisiert Widerstand leisten mussten. Dennoch war ich weiterhin bereit, auch alleine weiter zu kämpfen. Von Zeit zu Zeit wurde ich alleine oder mit einer kleinen Gruppe von den anderen isoliert. Betrachtete der Feind mich als gefährlich oder ging ich alleine gegen die aufgezwungenen Maßregeln vor, fand ich mich in der Isolationszelle wieder. Damit lockerte ich die Regeln, aber ich hob sie nicht auf. Es wurde lediglich verhindert, dass die Gefangenengruppe aufgab. Widerstand zu leisten, gibt dir Selbstvertrauen und Eigeninitiative. Du vergisst deine Sorgen und erlebst den unglaublichen Genuss, an einem Punkt gewonnen zu haben.

Aber du befindest dich an einem Ort, an dem du die Schreie Tausender hörst. Du liest die Angst in ihren Augen. Jeden Tag siehst du, wie jemand umkippt, zum Überläufer wird, zum Spitzel, wie er die eigenen Werte in den Schmutz zieht. Du beobachtest das Drama von Menschen, die sich so weit von sich selbst entfernt haben, dass sie ihren Folterern die Füße lecken.

Der Zustand von Menschen, die neue Kraft gewinnen, indem sie Widerstand leisten, ist ein anderer. Auch der Feind weiß, dass er dann nicht alles machen kann, was er will, oder zumindest dass es nicht leicht sein wird.

Die Reaktionen auf die Klänge der Militärmärsche aus dem anliegenden Trakt waren in den ersten Tagen anders: »Ihr Ehrlosen, ihr habt uns alleine gelassen, habt sofort kapituliert. Jetzt singt ihr auch noch faschistische Märsche, schämt ihr euch nicht?« Nachdem die Regeln in gewissem Ausmaß akzeptiert und der Widerstand gebrochen war, fielen auch Reaktionen dieser Art leiser aus. In dem anliegenden Trakt ging die Kapitulation jedoch so weit, dass alles, was der Feind forderte, umgehend in gewünschter Form umgesetzt wurde. Deshalb gingen unsere Beschimpfungen weiter. Man konnte doch nicht alles der Gnade des Feindes überlassen!

Es war gut, diesen Unterschied zu sehen. Das Ziel des Feindes war es ja, das Gefühl der Niederlage zu zementieren. Es war gefährlich, vor den Bedingungen zu kapitulieren. Der Kampf war noch nicht vorbei, er fing gerade erst an.

In dieser Zeit kam plötzlich die Nachricht, dass ein Todesfasten begonnen hatte. Wir erhielten viele widersprüchliche Nachrichten. Manchmal hieß es, alle Trakte hätten die Regeln akzeptiert, nur in den Isolationszellen werde noch dagegen angegangen. Dann hörten wir die Nachricht vom Todesfasten. Einige behaupteten sogar, es sei schon zu Toten gekommen. Es gab keinen sicheren Austausch untereinander. Manchmal glaubten wir den negativsten Neuigkeiten und manchmal wirkten sich die Nachrichten so stark auf uns aus, dass wir die Lage nicht mehr beurteilen konnten. Als wir von dem Todesfasten hörten, wollten wir sofort auch damit beginnen. Uns hielt jedoch der Gedanke zurück, dass man nicht unorganisiert ins Todesfasten tritt. Früher war nicht einmal ein Hungerstreik alleine beschlossen worden. Hungerstreiks fanden zeitgleich und mit denselben Forderungen statt. Wir diskutierten darüber, unter welchen Bedingungen dieses Prinzip richtig oder falsch war. Mussten wir nicht eigene Schlüsse aus den Geschehnissen ziehen? Inwieweit spielte unter diesen Bedingungen die Zustimmung der Organisation eine Rolle?

Das Vorgehen des Feindes war unerträglich, aber die Ungewissheit war noch schlimmer. Du befindest dich im selben Gebäude, kannst aber die Menschen hinter einer Mauer oder dem nächsten Block nicht erreichen. Wie sollten wir unsere eigene Situation bewerten? Es war bekannt, dass die Frauen am Anfang Widerstand geleistet hatten. Viele gingen davon aus, dass es immer noch so war. Bei Fahrten zum Gericht oder zum Krankenhaus verhielten wir uns anders als die Männer. Sie mussten mit dem Gesicht zur Wand stehen und auf Kommando die Hacken zusammenschlagend militärisch grüßen. Bei den Frauen war es nicht so einfach, solche Verhaltensregeln durchzusetzen. Als sie uns zu Gebeten und Ähnlichem nötigen wollten, sagten wir einfach: »Diese Regel akzeptieren wir nicht.« So konnten wir die Umsetzung verhindern. Uns war zu der Zeit nicht klar, dass wir als Reaktion auf das Todesfasten weniger hart behandelt wurden. Wären sie uns schärfer angegangen, wären auch wir ins Todesfasten getreten. Das begriffen wir jedoch erst, als wir erfuhren, dass die Aktion tatsächlich stattgefunden hatte und inzwischen beendet war.

Esat forderte einige Neuzugänge von der TKP dazu auf, für ihn die internen Kontakte im Trakt auszuspionieren. Das hatte er bereits zuvor auch von anderen verlangt. Elif war bei diesem Thema eindeutig. Wir sprachen offen mit ihr: »Wenn du etwas erzählst, ist es auch für dich nicht gut. Du hast dich die ganze Zeit benutzen lassen. Wehre dich endlich dagegen. Wenn du hier mit uns zusammen leben willst, dann benimm dich gefälligst ein bisschen wie ein Mensch. Alles andere macht dich hässlich.« Elif blieb nicht lange. Esat forderte ständig Informationen von ihr. Er wollte vor allem Namen wissen, ob wir uns organisierten und Versammlungen abhielten. Elif sagte, sie wisse nichts. Die Schläge, die Folter, das gesamte Vorgehen nach ihrer Festnahmen hatten ihr Angst gemacht. Dem Feind war sie als staatliche Krankenschwester und gebrochene Frau willkommen. Sie litt darunter, was ihren Geschlechtsgenossinnen angetan wurde. Manchmal wurde sie »aus Versehen« auch von Soldaten geschlagen. Einige waren dabei vorsichtig, weil sie als Spitzel galt. Anderen gefiel es nicht, dass eine Frau Frauen verriet, so merkwürdig das für Folterer auch war. »Wenn sie so etwas macht, verteilen wir auch gleichberechtigt Schläge«, sagten sie sich vermutlich. Selbst Hasan aus Çorum und Bahattin aus Giresun mochten Elif nicht!

Elif war mit Ali Osman verwandt. Das erfuhren wir, als sie plötzlich entlassen wurde. Ali Osman war Oberleutnant und hatte direkt nach Esat am meisten zu sagen. Diese Verwandtschaft rettete Elif. Es war gut so.

Für Esat war es vermutlich einer der schönsten Momente in seinem Leben, als es ihm gelang, den Widerstand der Frauen zu brechen. Er war ständig gereizt, wütend und zeigte die Aggressivität eines Menschen, der nicht das tun kann, was er tun möchte. Wir erlebten ihn als durchweg ekelhaft. Beim Betreten des Traktes sagte er jedes Mal: »Ihr tierischen Abkömmlinge von Tieren! Ihr macht mich wütend.« Die Art und Weise, mit der er seine Flüche ausstieß, war bemerkenswert. Wie kann ich erklären, dass das Auftreten des Feindes einen Menschen stärken kann? Seine Beschimpfungen, sein tollwütiges Verhalten stärkte unser Selbstvertrauen. Wenn der Feind so aufbrausend und hasserfüllt auf uns reagierte, bedeutete es, dass wir immer noch lebten, widerstanden und uns auf den Beinen hielten. Es bedeutete, dass wir stark waren. Wir hatten zwar Zugeständnisse gemacht, aber er hatte sein Ziel dennoch nicht erreicht. Er tat so, als könne er uns wie Fliegen zwischen den Fingern zerquetschen, aber so war es nicht. Er hatte uns nicht so klein gekriegt, dass wir in seine Hand passten. Und das wusste er selbst auch.

Während all dieser intensiven Geschehnisse dachte ich wieder an Flucht. Die Türen waren bis spät abends geöffnet. Es waren nicht ständig Soldaten unter uns. Sie kamen in größeren Gruppen, wenn geprügelt wurde oder es irgendeinen Vorfall gegeben hatte. Ansonsten gab es nur einen Wächter und einen Soldaten für den Trakt sowie einen Unteroffizier, der für den gesamten Block zuständig war. Ich überlegte, ob es möglich sei, über das Dach zu entkommen. Ich sprach auch mit Gültan, Aysel und den anderen darüber. Einige empfanden es als merkwürdig, in dem ganzen Durcheinander eine Flucht zu planen. Sie fanden es völlig illusionär. Aysel sagte: »Es geht nicht. Das Gebäude ist hoch, drumherum ist militärisches Sperrgebiet.« - »Lasst uns auf das Dach steigen und gucken«, sagte ich trotzdem. Gültan war nicht abgeneigt, sie hatte eine etwas anarchistische Seele, allerdings war sie eine ruhige, gemäßigte Anarchistin! Wir überlegten, ein Seil aus Bettlaken herzustellen. Dann versuchten wir es mit einer Wäscheleine, die jedoch in die Hände schnitt. Wir probierten die Tür nach draußen aus, als es auf den Korridoren ruhig war, aber es war nicht möglich, das Schloss zu öffnen. Wir klopften die Wände ab. Es gab einen Wachraum, in dem sich die Wächter allerdings kaum aufhielten. Vielleicht konnten wir die Wand durchbrechen. Aber auch diese Idee erschien hoffnungslos. Wir hatten zwar Eisenstücke, die wir als Werkzeuge benutzen konnten, aber die Voraussetzungen waren schlecht. Jeden Tag änderte sich die Situation. Der Hofgang war nur noch zu bestimmten Zeiten möglich. Der Wachraum wurde in einen Verhörraum umgewandelt. Die Fluchtträume wurden mehr und mehr zu einer Illusion. Manchmal erzählte ich den anderen von meinen früheren Fluchtversuchen. Wir hielten die Vergangenheit lebendig, indem wir uns gegenseitig davon erzählten. Berichte über erlebte Kampfmomente verbesserten immer die Stimmung. Die Erinnerungen waren wie Bücher, wie Poesie, wie Romane bestückt mit Komik, Tragik, Liebe und Schmerz. Sie gaben uns Kraft. Oft wiederholten wir uns dabei, vor allem, wenn es um bestimmte Freundinnen und Freunde, den Vorsitzenden, um eine Aktion oder eine überwundene Schwierigkeit handelte. Es wurde trotzdem gebannt zugehört, als ob es das erste Mal sei. Der erlebte Schmerz wurde auf diese Weise kompensiert, so dass er nicht verdrängt werden musste.

Um Kontakt zu den Freunden aufzunehmen, richteten wir es so ein, dass einige vertrauenswürdige Freundinnen sich ins Krankenhaus schicken ließen. Das Todesfasten wurde bestätigt. Es hatte von Anfang März bis Mitte April gedauert. Ali Erek war dabei gefallen. Die Hauptforderung war das Ende der Folter. Die meisten von denen, die sich daran beteiligt hatten, waren Führungskader. Bei den Männern wurden die Gefangenen durch die Folter zur Kapitulation und zunehmend zum Verrat gezwungen. Der Feind wurde mit einer Aktionsform von Revolutionären konfrontiert, die Verantwortung für die vielen Gefangenen verspürten.

Das Phänomen des Todesfastens war damals noch neu. Es unterschied sich vom Hungerstreik, der uns nicht mehr fremd war. Beim Hungerstreik kannst du außer Wasser auch in bestimmten Abständen Zuckerwasser zu dir nehmen. Außerdem setzt du dir selbst eine Frist. Zwar besteht auch hier das Risiko zu sterben, aber das hängt vom Ausmaß der vorgetragenen Forderungen ab. Der Hungerstreik geht nicht bis zu der Grenze zwischen Erfüllung der Forderung und dem Tod.

Das Todesfasten ist anders. Die Forderungen sind lebenswichtig. Der Feind greift mit allen Mitteln an, er nimmt dir das Recht auf ein anderes Leben, besetzt alle Zellen des Lebens, das ganze Leben wird zur Folter. In einer solchen Situation ist das Todesfasten die beste Aktionsform, um den Feind dazu zu bringen, den Gefangenen ein klein wenig Luft zum Atmen zu lassen. Du drängst uns in den Tod? Bitteschön, es gibt auch einen würdevollen Tod! In einer Atmosphäre, in der alles darauf ausgelegt ist, jeden Moment des Lebens in Folter zu verwandeln, war das Todesfasten als Demonstration eines festen Willens unter Aufopferung jeder einzelnen Zelle des eigenen Körpers eine Widerstandsform, mit der der Feind nicht gerechnet hatte. Der Feind nötigt dir Hunger, Durst und Schlaflosigkeit auf, er verbietet dir zu sprechen und sogar zu sehen. Die Freunde hatten ihm gezeigt, wie man wochen- und monatelang nur mit Wasser und Luft auskommen kann und einen stählernen Willen entwickelt.

Es wurde viel darüber diskutiert. Selbst die Soldaten waren voller Bewunderung: »Wie kann das sein, uns geht es schon schlecht, wenn nur eine Mahlzeit ausfällt. Was müssen die für einen Willen haben!« sagten sie. Die Ärzte meinten: »Was ist das denn? Sie stellen die Wissenschaft auf den Kopf!« Die Gefangenen schimpften über ihre eigenen Schwächen: »Soll der Feind uns doch die Zigaretten wegnehmen, uns ein Jahr lang keinen Tee geben, uns den Hofgang verbieten und uns jeden Moment schlagen. Wie haben die Todesfastenden nur so lange durchgehalten?« Für die Angehörigen waren die Todesfastenden so etwas wie eine göttliche Kraft. Ständig sprachen sie über Mazlum, Pir, Hayri und Dutzende andere. Sie betrachteten sie wie ihre eigenen Kinder. Auch in der Öffentlichkeit wurde darüber gesprochen. In den Medien wurde zwar nicht darüber berichtet, aber das Thema blieb nicht unbeachtet. Der Junta wurde vom Gefängnis aus etwas entgegen gestellt. Es war ein Anfang, eine Warnung. Esat Oktay hatte sein Wort gegeben, aber nicht gehalten. Die Folter und die Isolationsmaßnahmen wurden eingeschränkt und formal geändert, aber nur vorübergehend.

eine libanesin und eine französin im kerker von diyarbakır

Sarah und Monique waren im selben Bereich wie wir untergebracht, in der unteren Zelle. Sarah stammte aus dem Libanon und Monique war Französin. Ihre Freunde waren im Männerbereich. Monique war Ärztin. Um sie von uns zu isolieren, waren ihre Fenster übertüncht worden und ihre Tür wurde normalerweise geschlossen gehalten. Sie waren sehr aufmerksame Menschen und erlebten die vielleicht intensivsten Momente ihres Lebens. Zwischen uns bestand eine emotionale und gedankliche Nähe. Reyhan Sarıbal von TİKKO konnte englisch und übersetzte unseren Briefwechsel. Sie waren beim Grenzübertritt von Südkurdistan in den Norden gefasst worden. Der Arztberuf hatte sie in Schwierigkeiten gebracht. Sie waren nach Südkurdistan gegangen, um den Kurden zu helfen. Bei ihrer Rückkehr in den Norden wurden sie wegen Unterstützung der PKK verhaftet.

Sarah war sehr emotional. Die Geschehnisse gingen ihr nahe. Allein durch die Geräusche der Knüppelschläge und der Folter war sie bettlägerig geworden. Monique erzählte uns mit Handzeichen, wie es Sarah ging, wenn sich die Gelegenheit dafür bot. Wir berichteten ihnen schriftlich über das Vorgehen des Feindes und seine Gefängnispolitik. Bei ihrer Entlassung sollten sie draußen davon erzählen.

Monique war sehr lebendig. Sie kratzte Löcher in die Farbe an den Fenstern, um das Geschehen zu beobachten. Die Foltergeräusche nahm sie auf Tonband auf, aber das Gerät wurde später bemerkt und beschlagnahmt. Um dagegen und gegen weitere Maßnahmen zu protestieren, nahmen sie einen Tag kein Essen zu sich. Eigentlich richtete sich ihr Protest vor allem gegen das, was uns angetan wurde. Beim Abschied hoben sie die Fäuste und riefen »Kurdistan!« Im letzten Moment gaben sie uns einige unserer Schreiben zurück. Das Risiko war zu groß. Sie sagten jedoch: »Wir haben uns alles gemerkt und wir versprechen euch, dass wir überall davon berichten werden.«

Cahide ging es schlecht. Sie lag ständig im Bett und weinte. Dabei rauchte sie eine Zigarette nach der anderen. Unser erstes Gespräch war sehr tiefgründig gewesen. Es war jedoch merkwürdig, dass für sie immer noch Ereignisse, die draußen unter anderen Bedingungen stattgefunden hatten, im Vordergrund standen und sie so stark belasteten. Ich konnte es nicht nachvollziehen, obwohl ich sie am besten kannte. Während ihrer Zeit in Elazığ war es ihr sehr gut gegangen. Ihre Arbeit in der Schule und später in Siverek wurde stets gelobt. Was war geschehen, wieso war sie so aufgebracht gegenüber der Partei?

Mit ihrer Wut und ihrer gesamten Haltung übte sie auch einen schlechten Einfluss auf andere Freundinnen aus. Viele Gefangene hegten unter den herrschenden Bedingungen einen versteckten Groll. Ihren Unmut darüber, dass sie das Vorgehen des Feindes und das Grauen nicht aushalten konnten, brachten sie in verschiedenen Formen zum Ausdruck. Einigen von uns gegenüber hielten sie sich zurück, aber bei anderen, die ähnliche Probleme hatten und ihr individuelles Schicksal in den Vordergrund stellten, ließen sie sich gehen, da sie sich in der seelischen Verfassung der anderen wiederfanden. Sie trafen sich an einem gemeinsamen Punkt: Dem Ärger über die Organisation. Dieser Ärger brachte sie soweit, dass sie beim Verhör nicht standhielten.

Die Organisation war der Grund dafür, dass der Feind sie im Gefängnis angriff! Der Feind sagte offen: »Wärt ihr bei einer anderen Organisation, würden wir euch das nicht antun.« Dabei sahen sie den Mitgliedern der anderen Gruppen sogar in die Augen. In den Augen des Feindes waren sie »klug«, da sie nicht der PKK angehörten, aber der Preis, den sie dafür erhielten, bestand darin, dass sie weniger brutal geschlagen wurden. Das war alles. Es gab natürlich auch bei diesen Gruppen sehr wertvolle Freundinnen, die über revolutionären Stolz verfügten. Mit ihnen hatten wir viele Gemeinsamkeiten, auch wenn ihre Organisation eine andere Einstellung hatte oder sie sich schwach und hilflos zeigten. Das konnte auch der Feind nicht zerstören. Seine Machenschaften gingen oftmals nicht auf, weil sich diejenigen, die er zu Spitzeln und Überläuferinnen machen wollte, von unserer Haltung beeinflussen ließen und uns voller Scham von den Anwerbeversuchen des Feindes erzählten.

Cahide war dermaßen in ihr eigenes Leid vertieft, dass sie sich weder gegen die Angriffe des Feindes wehren konnte noch von denjenigen Gefangenen loskam, die ihr Elend nur noch vertieften. Sie saß fest. Unter den bestehenden Umständen war ihr Gemütszustand gefährlich. Der Feind war taktisch stark und setzte alle Mittel ein. Daher mussten alle Türen geschlossen werden, die dem Feind durch ihre Schwäche Einlass ermöglichten.

Das Gefängnis war ein schreckliches Kriegsgebiet, ein Bereich, in dem die Persönlichkeiten einer harten Prüfung ausgesetzt waren. Du kannst keine Schwäche verheimlichen. Alle Kampfmittel werden dir genommen, du stehst vollkommen unter Kontrolle, das Leben ist der Initiative des Feindes unterworfen. Jeden Moment bist du mit dem Feind konfrontiert und jeden Moment siehst du deine eigene nackte Realität. Wovor willst du weglaufen, und wie weit willst du gehen?

Cahide war von einem Wächter gerufen worden. Es war weder Besuchstag - Besuche waren ohnehin seit Monaten verboten - noch Gerichtstag. Angeblich fand ein Anwaltsgespräch statt. Die Anwaltsbesuche waren eine Plage für sich. Zuletzt war Hüseyin Yıldırım zu mir gekommen. Sie brachten mich aus der Isolationszelle zu ihm, bei mir war eine Polizistin. Sie machte sich in der Besucherkabine so breit, dass ihre Füße auf meinen lagen. Ihre Blicke lauerten auf unseren Augen und sie zwinkerte kein einziges Mal, um nichts zu verpassen. Hüseyin Yıldırım fragte: »Warum bist du so dünn geworden, bist du krank?« Ich antwortete: »Nein, ich habe nichts. Ich war alleine, die Schlaflosigkeit und die anderen Bedingungen wirken sich halt aus.« Die Polizistin trat mir in diesem Moment heftig auf den Fuß. Damit wollte sie mir zu verstehen geben, dass ich nichts von dem erzählen sollte, was wirklich vor sich ging. Hüseyin Yıldırım begriff die Situation trotzdem. Das Gespräch dauerte nicht lange.

Später erfuhr ich von meinem Vater, dass Hüseyin Yıldırım verhaftet worden war. Mehr wusste ich nicht, aber ich wurde nach meiner Rückkehr in die Zelle dafür geschlagen, dass ich nach meinem Anwalt gefragt hatte. Es gehörte zu Esats Gesetzen, dass Informationen weder von draußen nach drinnen noch umgekehrt weitergeleitet werden durften und die Verhaftung war eine solche Information.

Cahide blieb lange weg. Anwaltsgespräche dauerten nur wenige Minuten, manchmal auch nur Sekunden. Verließ eine von uns den Trakt, warteten die anderen normalerweise schweigend auf ihre Rückkehr. Gleichgültig, ob es sich um einen Gerichtstermin, eine Fahrt zum Krankenhaus oder ein Anwaltsgespräch handelte, nach draußen zu gehen war immer ein schwerer Moment. Jederzeit konnte auch etwas anderes geschehen. Sie konnten dich zur Folter oder zu einer Gegenüberstellung holen. Jeder Weg außerhalb des Traktes war Folter. Handelte es sich um eine, der wie Cahide nicht besonders getraut wurde, die psychisch angeschlagen war und dem Feind mit ihrer Haltung Hoffnungen machte, war auch das Warten auf ihre Rückkehr eine Folter.

Bei ihrer Rückkehr sah sie schuldbewusst aus und wich unseren Blicken aus. Sie ließ den Kopf hängen und griff sofort nach einer Zigarette. Ja, es war offensichtlich, dass Cahide noch tiefer gesunken war. Alle dachten sich ihren Teil, aber sie wussten, dass ich sie am besten kannte. Als sie mich ansah, füllten sich ihre Augen mit Tränen. Sie schämte sich. Eine Weile hielt sie sich von mir fern. Allen fiel auf, dass ich schwieg. Inzwischen achteten alle darauf, keine allzu heftigen Kommentare abzugeben. Sie warteten darauf, dass ich etwas sagte.

Cahide war auch schon früher vom Feind gerufen worden. Einmal waren wir zusammen in eine Zelle gesteckt worden. Wir waren zu neunt. Die Toilette befand sich in der Zelle. Die Tür und das Fenster waren geschlossen. Die Luft war dermaßen ekelerregend, dass die Folterer sich ein Taschentuch vor die Nase hielten, wenn sie die Tür öffneten. Schlaflosigkeit, Hunger, Durst und Kälte machten uns zu schaffen, aber wir hielten uns bei Stimmung. Vielleicht lachten wir noch mehr als sonst. Wir machten Witze über unser Leben und entfernten uns innerlich aus dieser Umgebung, indem wir uns in Erinnerungen flüchteten. Der Feind ging davon aus, Cahide mit der Isolationsstrafe dazu zu bringen, für ihn zu arbeiten. Aber ihr Problem war ja nicht nur die Umgebung, in der sie sich befand.

Viele Ängste lösten sich durch die Tage der Folter auf. Je mehr der Feind folterte, desto größer wurden der Hass und die Wut. Er bestand auf Erniedrigung, aber dadurch traten die Wege, die zu einem würdevollen Leben führen, noch klarer zutage. Es war seine Angst, die ihn foltern ließ und die Angst der Gefolterten auflöste. Das merkte auch der Feind selbst.

Cahide erzählte, was der Feind von ihr erwartete und worüber sie geredet hatten. Sie verheimlichte nichts. Ich hätte es auch sofort gemerkt, wenn sie mir auch nur ein Wort verschwiegen hätte. Sie begann ihre Schilderung damit, mich weinend zu umarmen: »Vor dir kann ich nichts verheimlichen. Du bist wie eine Kraft, die alles hinterfragt. Selbst wenn du nicht fragst, fühle ich mich getrieben, dir alles zu erzählen. Meine revolutionären Seiten, die du geschaffen hast, und meine Vergangenheit treten dann in den Vordergrund. Manchmal bin ich wütend auf dich und frage mich, warum du hier bist und warum du so einen Einfluss auf mich hast. Sowohl das Vertrauen, das ich zur Partei hatte, als auch die Wut, die ich jetzt verspüre, richten sich auf dich. Warum lässt du mich bloß nicht zufrieden?« Sie weinte lange.

Ich wunderte mich über meine eigene Geduld. Eigentlich bin ich sehr ungeduldig. Machte die Ungeduld die Geduld notwendig?

Auch dieses Mal hatte der Feind etwas von Cahide gewollt. Die Polizisten vom Verhör waren gekommen. Das Verhör wurde fortgesetzt. Auch ihr Vater wurde vorgeführt. Koç Ali, die Polizisten und Cahide... Was bedeutete Koç Ali für seine Tochter Cahide? Wieder war Nevin Gegenstand der Verhandlungen. Sie sollte entlassen werden, falls Cahide ihre Aussagen vor Gericht bestätigen würde. Sie sollte nicht im Fernsehen auftreten und auch die Androhung von Vergewaltigung wurde zurückgenommen. Es ging einzig und allein darum, Cahide dazu zu bringen, ihre Reue zuzugeben. Der Feind wusste von den Problemen, die Cahide mit der Organisation hatte. Sie hatte es während des Verhörs zugegeben. Ihre individuelle Sorge war stärker als die Sorge um die Organisation. Gegen ihre Familie hatte sie sich aufgelehnt und von der Organisation erwartete sie auch keine Rettung. Im Gegenteil ritt sie darauf herum, dass die Organisation sie »fertig gemacht« habe. Koç Ali gab der Polizei einen Haufen Geld. Dafür wurde ihm versprochen, dass seine Töchter weniger gefoltert und Nevin freigelassen wurde. Obendrein durfte Cahide für eine Nacht nach Hause. Cahide nutzte die Gelegenheit nicht zur Flucht, um ihre Familie nicht zu gefährden. Ihre Verbundenheit mit der Organisation war endgültig zerstört.

Auf Aufforderung der Polizisten schrieb sie einen Brief nach draußen, den ihr Vater überbringen sollte. Über den Brief wollten sie an Mehmet Karasungur herangekommen. Die Polizisten gingen davon aus, dass Cahide bekannt sei, wer sich wo aufhielt und wie mit wem Verbindung aufgenommen werden konnte. Sie sagte, sie habe ihnen falsche Informationen gegeben und ihrem Vater auf zazaki nahegelegt, sich von der Polizei fernzuhalten. Das stimmte sicherlich, aber ihr war nicht klar, wo sie mit ihrem schwankenden Verhalten landen würde. Von der Kapitulation bis zum Verrat war es nur ein kleiner Schritt. Sie würde entweder zum

Widerstand zurückkehren und versuchen, sich selbst wieder zu finden, oder sich dem Verrat zuwenden.

Geständnisse unter Folter gab es überall. Wichtig ist es, nach der Folter schnell den Weg zurück zu finden. Zieht sich die Angelegenheit länger hin, führt sie unweigerlich zum Ende. Es kommt dann nicht mehr darauf an, ob es kurz oder lange dauert, weil die Richtung ohnehin klar ist.

Geduld hat ihre Grenzen. Fand Cahide ihr Gleichgewicht nicht wieder, würde sie Schaden anrichten. An diesem Punkt war es wichtig, Cahides Situation richtig zu analysieren. Sie musste sich entweder ändern oder gehen.

»Du hast den Kampf eines Volkes, für den so viele Menschen ihr Leben aufs Spiel gesetzt haben, fallen gelassen und bist nur noch hinter deinem Recht und der Wiederherstellung deiner vermeintlichen Ehre her. Viele von uns haben Probleme, viele sind mit Isolation oder anderen Sanktionen belegt worden. Aber niemand hat daraus ein derartiges Problem gemacht und benutzt die Situation, um seine Wut zu rechtfertigen. Ist es denn so wichtig, was über dich gesagt wurde? Ihr wart ja sogar mit Zustimmung der Partei verlobt. Du könntest auch geheiratet oder abgetrieben haben oder andere können das von dir glauben. Es haben so wichtige Entwicklungen stattgefunden in dem Gebiet, so viele sind gefallen, aber das ist dir alles nicht so wichtig wie die vermeintliche Verteidigung deiner Ehre. Du beschäftigst dich nur damit und der Feind profitiert davon. Es hätten auch Aussagen über dich gemacht werden können, in beschlagnahmten Berichten hätte dein Name stehen können und es hätte noch ganz andere Anschuldigungen gegen dich geben können. Nichts davon rechtfertigt dein Verhalten bei der Polizei. Du hast gewusst, dass du gesucht wirst, trotzdem bist du nach Hause gegangen und hast Süleyman besucht. Und du hast dich darauf eingelassen, dass Nevin zum Gegenstand von Verhandlungen gemacht wird. Vielleicht hat dein Vater Geld gebracht, aber wichtiger war die Garantie, die du selbst gegeben hast. Du verhandelst mit dem Feind. Worüber? Und hier geht es genauso weiter. Du schreibst einen Brief und redest von falschen Informationen, aber du hast kapituliert. Du musst dich endlich entscheiden, entweder wehrst du dich oder du wählst den Verrat. Denk an die Vergangenheit. Du hast doch immer davon geredet, welch ein hohes Gut das revolutionäre Leben darstellt und wie anziehend es ist. Dann befreie dich endlich aus der Situation, in die du geraten bist. Du hast es in der Hand.

Der Feind wird dich nicht mehr loslassen, weil du ihn ermutigt hast. Er wird immer wieder Forderungen an dich stellen, er will dich ganz. Du gehörst ohnehin im Moment nicht zur PKK, weil du dich gegen die Partei gestellt hast. Der Feind wird dich noch viel schlimmer missbrauchen. Er wird dich nur zufrieden lassen, wenn du eine konsequente Haltung einnimmst. Du tust nicht alles, was sie von dir verlangen, aber du machst ihnen Hoffnung. Stellst du dich dagegen, werden sie es nicht einmal mehr wagen, dich zu rufen. Du siehst doch selbst, dass außer unseren Freundinnen alle Gefangenen zu Spitzeltätigkeiten gedrängt werden. Wir sprechen mit den Betroffenen und der Feind lässt von ihnen ab, wenn sie sich eindeutig verhalten. Wenn du Süleyman wirklich verbunden bist, musst du deine Haltung ändern. Ansonsten setzen sie dich auch gegen Süleyman ein.«

Beim Sprechen wurde meine Stimme manchmal vor Ärger laut. An anderen Stellen sprach ich in sanftem Tonfall, um sie an ihre Gefühle der Vergangenheit und unsere gemeinsame Arbeit zu erinnern. Sie weinte. »Damals war es anders. Die Partei war anders in Elazığ. In Siverek wurden die genossenschaftlichen Beziehungen individuellen Abrechnungen geopfert. Die Wertmaßstäbe waren andere. Sie haben mich vor dem Volk bloß gestellt. Ich konnte niemandem mehr ins Gesicht sehen«, sagte sie schluchzend.

»Reiß dich zusammen. Du liegst entweder im Bett oder du weinst oder du rauchst. Komm endlich heraus aus diesem Zustand! Was dich so schwach macht, ist dein eigenes Verhalten bei der Polizei, davon hast du dich nicht erholt. Aber es ist noch nicht zu spät, du hast es in der Hand. Du musst ihnen nur offen sagen, dass sie dich nicht mehr vorführen sollen, weil du nichts mehr sagen wirst. Und auch wenn sie dich vorführen, was ist schon dabei. Sie kommen doch sowieso ständig, foltern und drohen. Auch du kannst Widerstand leisten, du bist nicht alleine damit. Du musst dich aus dieser Isolation befreien, hörst du?«

»Ja, in Ordnung.«

»Versprichst du es mir?« Bei dieser Frage lächelte sie mit immer noch tränenverhangenen Augen. »Ich verspreche es.«

»Dann steh endlich auf und komm wieder zu dir. Befreie dich aus diesem Zustand!«

Sie stand auf. In der nächsten Zeit wirkte sie lebendiger. Sie aß, bewegte sich und redete. So gesehen war sie ins Leben zurück gekehrt. Diese

Veränderung erleichterte auch die anderen Freundinnen. Einige trauten ihr jedoch immer noch nicht und hielten ihren Zustand für labil.

prozessvorbereitung

Wir waren vollkommen von der Außenwelt abgeschnitten. Was draußen vor sich ging, wie die Situation für die Bevölkerung war und welche Maßnahmen die FreundInnen trafen, war unklar. Wir konnten nur vage Vermutungen anstellen. Es gab kein Radio, keine Zeitungen und keinen Besuch, der uns Nachrichten übermittelte. Ab und zu bekamen wir Zeitungen, die voll mit feindlicher Propaganda und Lügenmeldungen waren. Sie wurden uns hinterher wieder weggenommen. Manchmal gaben sie uns auch Zeitungen der Regenbogenpresse, die keinen Nachrichtenwert hatten. Dennoch war jede Zeile in dieser Zeit wertvoll.

Die Folter wurde intensiviert. Jeder Tag, jede Stunde wurde gefoltert, Tag und Nacht. Zu jeder Tageszeit kamen Dutzende Soldaten herein, um uns zu schlagen. Normalerweise führten die für den Trakt zuständigen Soldaten diese Funktion als normalen Bestandteil des Alltags aus.

Trotz der Bemühungen unserer Anwälte wurde unser Verfahren nicht nach Elazığ zurückverlegt, sondern mit dem PKK-Verfahren in Diyarbakır zusammengelegt. Am meisten freute sich Esat Oktay über diesen Gerichtsbeschluss. Nach der Verhandlung rieb er sich die Hände und sagte: »Noch nie habe ich mich so sehr über etwas gefreut.« Es war für ihn das erste Mal, dass er an einer Verhandlung teilnahm.

Nach langer Zeit sah ich die Freunde das erste Mal wieder. Monatelang hatten wir uns mit schwammigen Informationen begnügen müssen. Ich ging davon aus, dass das Verfahren uns die Gelegenheit bieten würde, uns direkt auszutauschen. Im Gerichtssaal wurden wir jedoch selbst für Blicke mit Schlägen und Beschimpfungen bestraft. Die Freunde, die rechts und links von mir saßen, sahen mich nicht an und antworteten nicht auf meine Fragen. Ihre traurigen verhärmten Gesichter machten mich verrückt. Wir lebten unter denselben Bedingungen, auch wir wurden gefoltert, auch uns wurde das Sprechen verboten und wir wussten, dass wir bei der Rückkehr auf jeden Fall Schläge bekommen würden. Trotzdem mussten wir uns doch zumindest grüßen, wenn auch nur mit den Augen. Ein oder zwei Freunde sagten: »Es geht uns gut.« Das war alles. Ich sah die Freunde auf der anderen Seite an. Sie saßen weiter weg, aber sie lächelten wenigstens. Bei ihnen griffen die Soldaten kaum ein, aber die auf unserer Seite bekamen Knüppelschläge auf ihre gefesselten Hände. Bis die Richter eintrafen, blieben die Handschellen verschlossen. Die Freunde trugen schwarze Jacken, die zur Gefängniskluft gehörten, und darunter Zivilkleidung. Sie gingen davon aus, dass ein Prozess in Elazığ besser für uns sei. Da Zeki Budak und Hüseyin Güngöze in der Nähe saßen, konnte ich ihr Flüstern hören. Ich war nicht ihrer Meinung gewesen, aber als ich die Freude von Esat Oktay sah, sagte ich: »Verdammt, wären wir bloß nach Elazığ verlegt worden.« Als ich wieder im Gefängnis war, diskutierte ich lange mit den Freundinnen darüber.

Die Elazığ-Gruppe war wegen Şahin etwas Besonderes. Sein Verrat war ein Joker für den Feind. Er würde auch gegen die Gruppen aus anderen Gebieten eingesetzt werden. Unter den Angeklagten waren jedoch Dutzende Führungskader, darunter Mazlum, Hayri, Pir, Karasu, Rıza und Muzaffer. Alle bekannten sich zur Partei und hatten die Fähigkeit, sich zu verteidigen. Was konnte Şahin schon ausrichten? Er hatte ohnehin gesagt, was er zu sagen hatte. Wir vermuteten, dass sie ihn reden lassen würden, um unsere Moral zu untergraben.

Da die erste Gruppe, die verhaftet worden war, die Elazığ-Gruppe war, gingen wir davon aus, dass wir als erste dem Gericht vorgeführt würden. Ich bereitete mich auf meine Verteidigung vor. Die Freunde hatten ihre Verteidigung zuvor diskutiert und einen Plan erstellt, den sie auch der Partei nach draußen geschickt hatten. Ein Exemplar davon wurde vor meiner Ankunft in den Frauentrakt geschickt. Die Freundinnen hatten die einzelnen Seiten an verschiedenen Stellen versteckt. Sie befanden sich an sicheren Orten, aber es war riskant, sie herauszuholen, da wir dabei beobachtet werden konnten und sie im Falle einer Durchsuchung nicht verbergen konnten. Außerdem benutzten wir einige Orte nicht ständig. Wir mussten also einen passenden Moment abwarten, um sie einzeln herauszuholen und dann wieder zu verstecken. Sollten sie entdeckt werden, würde ich behaupten, es handele sich um meine eigenen Notizen. Wir diskutierten über die Inhalte, die die Freundinnen sich gemerkt hatten. Es gab jedoch noch ein weiteres Problem. Konnte ohne die Zustimmung der Partei überhaupt eine Verteidigung vorgelegt werden? All das diskutierten wir mit einer Gruppe von Freundinnen.

Im Verhör hatte ich mich zu meiner Verbindung zur Organisation bekannt und unsere Ideologie verteidigt. Diese Haltung hatte ich bei der ersten Gerichtsverhandlung bewahrt und dabei sogar eine noch eindeutigere Verteidigung vorgelegt. Ich konnte mir nicht vorstellen, dass irgendjemand etwas dagegen haben könnte. Trotzdem wäre es besser gewesen, wenn ich die Organisation hätte informieren können. Mehrmals schrieb ich entsprechende kurze Nachrichten auf und hielt sie bereit, aber es ergab sich keine Gelegenheit, sie den Freunden zukommen zu lassen. Schließlich konnte ich sie nicht irgendwem geben. Alles hing von glücklichen Zufällen ab. Eine an Mazlum gerichtete Nachricht war monatelang unterwegs, kehrte jedoch immer wieder zu mir zurück. Ich vernichtete sie nicht, weil ich die Hoffnung nicht aufgeben wollte. Er bekam sie jedoch niemals.

widerstand

Im Mai herrschte Weltuntergangsstimmung. Es waren Tage der Folter. Esat kam ständig in den Trakt und fluchte, bis ihm der Schaum vorm Mund stand. Einige Männer wurden mit Gewalt nackt in den Frauentrakt gebracht. Als Teil der psychologischen Kriegsführung sollte es so aussehen, als seien Vergewaltiger eingedrungen. Eines Tages wurde Aysel weggebracht. Bei ihrer Rückkehr war sie in einer sehr schlechten Verfassung. Sie hatte Selim gesehen. In dem Trakt, in dem er sich befand, wurden die Regeln immer noch nicht akzeptiert. An jenem Tag wurde auch dieser Widerstand gebrochen. »Es wurde sehr brutal gefoltert. Die Freunde waren nackt. Auch Mazlum war dabei. Als Selim vorgeführt wurde, hat Esat gesagt, dass er mich vergewaltigen werde. Selim hat die Regeln akzeptiert. Danach haben sie ihn weggeschleift«, erzählte sie. Bedrückung machte sich breit. Trotzdem verlor ich die Hoffnung nicht.

Seit sieben Monaten wurde hier verzweifelt Widerstand geleistet. Selbst in einem regulären Krieg ist das eine lange Zeit. In Kriegen herrscht jedoch ein gewisses Gleichgewicht, was die Bedingungen betrifft. Dieser Krieg war einseitig und wurde mit brutalsten Mitteln geführt.

Es gab knapp tausend Gefangene. Viele Gruppen hatten bereits in den ersten Tagen kapituliert. Sie zogen sich von dem Kriegsschauplatz zurück und schwächten damit das Angriffsziel des Feindes. Der Widerstand war von einer Gruppe Führungskader fortgesetzt worden. Sie wurden auch von ihren eigenen Leuten allein gelassen. Die Kräfte wurden durch die Folter aufgerieben und gespalten. In einer solchen Situation wird der Widerstand zur Legende und zur Quelle der Kraft. Die ganze Hoffnung lag bei diesen Führungskadern. Wir alle glaubten daran, dass die Zeit kommen werde, in der auch wir die uns aufgenötigten Regeln verweigern würden. Wir warteten nur auf ein Zeichen. »Es muss uns nur jemand eine Methode aufzeigen, damit wir uns aus dieser Situation befreien können«, sagten wir uns. Zeigte sich jemand pessimistisch und signalisierte, dass sich niemals etwas ändern werde, reagierten wir heftig. Wir durften einfach nicht den Glauben verlieren. Bei der PKK gab es so etwas nicht. Wer seine Überzeugungen und seine Hoffnung verlor, konnte nicht bei der PKK sein und sich nicht als Revolutionär oder Revolutionärin bezeichnen. Vielleicht war der Feind gerade taktisch stärker, und ja, wir hatten einige Regeln akzeptiert, aber das bedeutete nicht, dass es immer so weiter gehen würde. Den FreundInnen draußen würde schon etwas einfallen. Wenn wir den Kontakt mit den Freunden im Gefängnis wieder herstellen könnten, würde sich mit Sicherheit etwas ändern. An dieser Überzeugung hielten wir fest. Die Neuigkeiten, die Aysel mitbrachte, waren trotzdem ein harter Schlag. Der Schmerz war stärker als derjenige, den unsere eigene Situation verursachte. Diese Niederlage der Führungskader, auch wenn sie nur vorübergehend sein sollte, war schwer zu ertragen. Ich versuchte mir nichts anmerken zu lassen. Niemand wollte es glauben. Unser Schmerz vertiefte sich noch durch das Wissen, dass wir sie allein gelassen hatten.

An dieser Stelle gewann die Situation derjenigen an Bedeutung, die sich bemühten, eine Rechtfertigung für ihre Schwäche zu finden und nicht die Kraft hatten, ihre Hilflosigkeit zu überwinden. Trotzdem stellten sie kein Hindernis dar, wenn es darum ging, die Umstände ins Gegenteil zu verkehren. Ihr Einfluss war begrenzt. Der Widerstand war unter sehr ungleichen Bedingungen und mit äußerst brutalen Methoden gebrochen worden. Natürlich wirkte sich dies negativ auf die Gefangenen aus, aber die meisten betrachteten die Niederlage nicht als langfristig. Vielmehr wurde erwartet, dass die Bedingungen für einen noch breiteren Widerstand geschaffen würden. Daher war die Situation hinsichtlich neuer Entwicklungen und einer erneuten Bündelung der Kräfte günstig. Abgesehen von den Verrätern war es nicht allzu schwer, diejenigen zu beeinflussen und wieder zu gewinnen, die sich unter den herrschenden Bedingungen schwach und hilflos fühlten. Das war auch dem Feind bewusst und er tat alles ihm Mögliche, um zu verhindern, dass wir unsere

Kräfte sammelten. Jede Schwäche, jede verspätete Reaktion von der Widerstandsfront vergrößerte seinen Einfluss.

In den Korridoren hallten unentwegt die Schmerzensschreie von Menschen wider. Der Feind setzte sich zum Ziel, einen Menschentypus zu erschaffen, dem alles Menschliche genommen und der auf unbedingten Gehorsam gedrillt war. Das war der Kern seiner Gefängnispolitik. Er wollte Rache, daher wurden alle Schwachstellen brutal angegriffen.

Die Menschen in den Nazilagern hatten wie eine schweigsame Anhäufung nackter Körper, in deren Augen jede Hoffnung erloschen war, gewirkt. Diese nackten Körper bewegten sich nur, wenn sie an die Reihe kamen zu sterben. Gab es ähnliche Orte auf dieser Welt? Dafür musste man nicht in die Ferne schweifen, es reichte, nach Diyarbakır zu blicken. Trotzdem war Diyarbakır anders.

Wie kann Diyarbakır definiert werden? Es war ein Ort wie jeder andere und dennoch unvergleichlich. Die Nacktheit, der keine Menschlichkeit mehr innewohnte, wurde mit Folter bedeckt. Die Gefangenen schrien sich die Seele aus dem Leib, sangen die faschistischen Märsche des Feindes und schämten sich dafür. Der Feind genoss seinen Sieg und war gleichzeitig voller Angst. Die Gefangenen betrauerten ihre Niederlage. Es gab jedoch noch eine Lebensader, die dem Feind Furcht einflößte und die die heimliche Hoffnung der Gefangenen war.

Die Eröffnung der Gerichtsverfahren wurde bewusst hinausgezögert. Der Feind konnte sich vorstellen, was Gegenstand der Verhandlungen sein würde. Daher wollte er jede Stärke, jeden Willen, der vor Gericht sichtbar werden könnte, im voraus zerschmettern.

Esat sagte: »Ich habe eure Anführer zerquetscht wie die Fliegen. Jetzt sind alle junge Kemalisten[23]. Die PKK hat kein Zentralkomitee mehr. Stattdessen gibt es eine kemalistische Jugend. Es gibt keine Kommunisten, keine Kurden und keine PKK. Sie sind jetzt alle meine Soldaten.« Die meisten der Gefangenen wollten nicht glauben, dass der Widerstand gebrochen war. Diejenigen, die es trotzdem taten, gingen davon aus, dass die Akzeptanz der Regeln einen bestimmten Grund hatte. Die Führungskader verhielten sich jedoch bei Fahrten zum Gericht oder ins Krankenhaus immer noch anders als die anderen Gefangenen. Sie stellten sich nicht mit dem Gesicht zur Wand auf und sie antworteten auch nicht mit »Zu Befehl, mein Kommandant« auf die Beschimpfungen der Soldaten.

23 Faschistische Gruppierung innerhalb des türkischen Militärs

Sie wurden sorgfältig von den anderen Gefangenen isoliert. Aber auch unter den anderen Gefangenen gab es Unterschiede. In einigen Trakten herrschte unbedingter Gehorsam gegenüber den Befehlen des Feindes. Diese Gefangenen bestanden nur noch aus Angst. Sie hatten jeden Glauben an die Menschlichkeit verloren.

»lasst euch nicht unterkriegen«

Den 10. November[24] wollte Esat auf besondere Weise begehen. Die »Jungen Kemalisten« sollten höchstpersönlich an einer Gedenkzeremonie für Atatürk teilnehmen. Außerdem sollte ein Gedicht-, Schreib- und Redewettbewerb stattfinden. Über Lautsprecher, die in allen Trakten installiert waren, kündigte Esat eine Zeremonie an, die dem Ata gerecht werden sollte: »Alle, die einst das Zentralkomitee dieser oder jener Organisation gebildet, in dieser Funktion viele armselige Menschen verführt haben und das Vaterland spalten wollten, sind jetzt in der Hand des Staates. Sie empfinden Reue und wollen ab sofort brave Soldaten des Staates sein.«

Aus jedem Trakt wurden Gefangene geholt. Darunter waren Verräter, solche, die Widerstand leisteten, Schwächen zeigten oder sich für gewieft hielten. Einige von ihnen akzeptierten tatsächlich sofort die Teilnahme an der Zeremonie. Die Angst hatte sie gewieft gemacht. Ohnehin waren sie im Sumpf verfangen – was machte es schon aus, wenn sie noch ein bisschen tiefer im Dreck versanken? Für den Feind hatten diese Typen jedoch keine besondere Bedeutung. Er verfolgte einen anderen Plan.

Aus unserem Trakt wurde Gönül ausgewählt. Das war dem Feind zwar nicht genug, aber niemand von uns wollte daran teilnehmen. Sie konnten uns aus der Zelle prügeln, aber freiwillig würde keine gehen. Gönül fühlte sich gerade mal wieder besonders schlau. Esat machte eine weitere Durchsage: »Gleich folgen Beiträge von Şahin Dönmez, Mehmet Hayri Durmuş, Kemal Pir und Rıza Altun. »Im ersten Moment trauten wir unseren Ohren nicht. Ich sagte so etwas wie: »Sie werden Überläufer in ihrem Namen reden lassen. Diese Dreckskerle, sie wollen uns damit nur beeinflussen. Das ist eine Intrige des Feindes. Niemand soll sich darum kümmern.« Innerlich war ich jedoch sehr angespannt. War es möglich? Keinen Moment wollte ich darüber nachdenken. Trotzdem musste ich

24 10. November 1938: Todestag von Mustafa Kemal Atatürk, Begründer der Republik Türkei

gewappnet sein und falls notwendig verhindern, dass diese Propagandaschau sich allzu negativ auf die Freundinnen auswirkte.

Aysel kauerte auf dem Etagenbett und stieß einen tiefen Seufzer aus. Ihr jammervolles Stöhnen erinnerte mich immer an Esma, die Frau von Onkel Mehmet. Nachdem ihr junger Sohn in einem Strudel des Munzur ertrunken war, riss ihr Jammern überhaupt nicht mehr ab. Das zu ertragen, war die schwerste Aufgabe der Welt. Ich konnte mich niemals daran gewöhnen, genauso wenig wie an Aysels Stöhnen. Es war wie Folter für mich. Aysel konnte eine ganze Reihe von Tönen ausstoßen, die Elend und Hilflosigkeit ausdrückten. Sie klangen immer nach Tod. Enthielten sie auch Beiklänge von Wut und Hass, so gingen sie in der Hilflosigkeit verloren.

Aus dem Lautsprecher war jetzt Şahins Stimme zu hören. Er zählte die Prinzipien des Kemalismus auf und klang dabei so melodisch wie ein Überläufer eben klingt, der eine Prüfung zu bestehen hat, die daraus besteht, einen vorbereiteten Text zu verlesen. Alle Frauen begannen, ihn zu verfluchen: »Niederträchtiger Mistkerl! Er schreit wie ein Tier! Jetzt ist er auch noch ein junger Kemalist geworden! Soll er seinen Namen doch in Atatürk ändern.« In diesem Stil redeten alle durcheinander. Gültan und ich liefen auf und ab. Auch sie war besorgt. »Werden sie die Freunde wirklich reden lassen?« fragte sie mich. »Das kann sein. Aber dann ist auch das eine Taktik. Sie haben die Regeln akzeptiert, es aber sofort wieder relativiert. Du weißt doch, sie sind nicht wie die anderen. Das merkt auch der Feind. Der Feind hat begriffen, dass die Freunde sich nur darauf eingelassen haben, weil sie die Gesamtsituation in ihre Überlegungen einbeziehen. Deshalb versucht er es jetzt mit anderen Methoden. Es soll so aussehen, als ob ausnahmslos alle Gefangenen sich von ihren Idealen verabschiedet haben und nur noch eine willenlose Masse bilden. Das ist eine Intrige, um den Freunden das Vertrauen zu entziehen«, sagte ich.

Während wir noch verschiedene Kommentare abgaben, hörten wir plötzlich die Stimme von Hayri. Im ersten Moment sagte eine: »Ah! Die Stimme von Genosse Hayri!« Dann begann eine Diskussion darüber, ob er es wirklich war. Nach den ersten Reaktionen herrschte tiefes Schweigen. Alle waren aus Respekt aufgestanden, als ob er uns tatsächlich gegenüber stehen und etwas ganz anderes erzählen würde. An dieser Atmosphäre änderten auch seine Worte nichts. Zwar herrschte tiefe Trauer, aber das bedeutete keinen Vertrauensverlust. Aysel schlug mit der Faust gegen die Wand. Durre weinte laut. Andere hielten ihre Köpfe zwischen den Händen und starrten wutentbrannt vor sich hin. Auf der einen Seite waren da die schmerzerfüllten Blicke und tiefen Seufzer, auf der andere Seite die Stimme, nach der wir uns gesehnt und auf die wir Hoffnung gesetzt hatten...

Dann folgten Pir und Rıza. Niemand hörte mehr zu. Der Schwur auf die Fahne, die Nationalhymne, es war alles egal. Wichtig war die Bedeutung in den Stimmen der Freunde. Sie unterschieden sich von der Şahins und den anderen Verrätern. Ich verließ den Raum und ging in den Toilettenbereich. Niemand sollte meine Tränen sehen. Wenn ich genau so reagierte wie die anderen, konnte ich sie hinterher nicht wieder auffangen. Nein, eine von uns musste in der Lage sein, das Geschehen richtig zu bewerten. Das Ziel, das der Feind damit zu erreichen versuchte, musste deutlich gemacht werden. Ja, es war unerträglich, unerwartet und wurde den Idealen nicht gerecht, trotzdem musste der Vorfall im Zusammenhang mit dem Charakter des Kampfes und den herrschenden Bedingungen bewertet werden. Ich durfte nicht in Trauer und Wut verfallen.

Als erstes ärgerte ich mich über Aysel: »Was ist los? Was ist passiert? Findest du deine Reaktion angemessen? Das ist doch genau das, was der Feind bezweckt. Meinst du, er macht das nur zum Spaß? Es geht ihm darum, unser Vertrauen in die Führungskader zu erschüttern. Mit dieser Aktion will er uns sagen: Hier habt ihr eure Anführer, jetzt steht ihr wohl nicht mehr hinter ihnen! Nein, wir müssen aus ihren Stimmen, ihren Namen und ihren Atemzügen andere Schlüsse ziehen. Glaub mir, mir kam es so vor, als ob Genosse Hayri vom Kampf und der Revolution in Kurdistan erzählt und Pir mit einer ganzen Armee nach vorne prescht. Genauso müssen wir ihre Reden auffassen, ansonsten lassen wir zu, dass der Feind sein Ziel erreicht. Natürlich ist es schwer dabei zuzuhören, wie sie faschistische Märsche vortragen, aber für sie muss es noch viel schmerzvoller gewesen sein. Den eigenen Kräften gegenüber so dazustehen, muss sie fertig machen. Es wird nicht mehr lange so weiter gehen. Die Übergriffe des Feindes haben eine neue Dimension angenommen. Man kann sich vielleicht bis zu einem bestimmten Punkt beugen, aber dann hört es auf. Weder die Freunde werden so weitermachen noch werden wir es tun. Sie versuchen das doch auch bei uns, Einzelne herauszugreifen und die anderen damit zu beeinflussen. Erst vor Kurzem haben sie mich herausgeholt, weil ich den Marsch nicht ordentlich mitgesungen habe. Sie wollten, dass ich ihn alleine wiederhole. Ich habe jedoch meine Stimme noch mehr gesenkt. Letztendlich haben sie mich in die Zelle geworfen. Ich singe absichtlich nicht mit, sie versuchen es mit Gewalt. Einige Regeln zu akzeptieren bedeutet nicht, alles zu machen, was sie wollen. Dieser Punkt ist wichtig. Der Feind wird jetzt eine Zeitlang versuchen, mit seinem vermeintlichen Erfolg die Gefangenen zu beeinflussen und in den Medien darüber zu berichten. Natürlich wird das negative Auswirkungen haben, aber glaubt mir, niemand draußen wird darauf hereinfallen. Sie wissen genauso gut wie wir, dass das alles nur eine Intrige des Feindes ist.«

Gönül kam in den Trakt zurück. Wir freuten uns darüber, dass sie die Freunde zumindest von Weitem hatte sehen können. Rıza hatte sie gegrüßt und sogar im Vorbeigehen gesagt: »Lasst euch nicht unterkriegen, das geht vorbei.« Die Stimmung änderte sich schlagartig. Gönül sagte: »Die Freunde waren guter Dinge. Als Pir vorbeiging, haben alle Soldaten ihn angestarrt. Keiner von den Freunden hat einen niedergeschlagenen Eindruck gemacht.«

Auch Gültan wirkte aufgemuntert: »Der Feind ist jetzt sehr nervös. Er muss ja wissen, dass sein Vorgehen Gegenreaktionen hervorrufen wird. Esat denkt jetzt sicher darüber nach, ob es zu einem explosionsartigen Widerstand kommen wird. Wir dürfen einfach nicht so emotional reagieren, das habe ich begriffen. Du hast Recht mit deiner Wut, wir müssen den Freundinnen gegenüber vorsichtiger mit unseren Reaktionen sein, um sie nicht negativ zu beeinflussen.«

esat oktay: feind des lebens und der schönheit

Eine Besucherinnengruppe wurde verhaftet, weil in ihren mitgebrachten Taschen versteckte Kassiber gefunden wurden. Unsere Anzahl änderte sich ständig, manchmal waren wir über hundert. Beide Frauentrakte waren bis an den Rand der Kapazität gefüllt. Unter den Neuankömmlingen waren die Mutter von Mazlum, seine Schwester Serap und deren Tochter Baran. Angehörige dreier Generationen waren gemeinsam verhaftet worden! Außerdem kamen Frauen aus Siverek und Viranşehir. Bei vielen war die gesamte Familie verhaftet worden. Mit Hêlîn[25], Baran und Ali waren jetzt drei Kinder hier. Baran war fünf oder sechs Jahre alt und damit die Älteste von den dreien.

25 Kurdisch für: Nest

Esat änderte Barans[26] Namen in Bahar[27]. Wenn von Esats Schwäche für Kinder die Rede war, brach stets eine Diskussion aus. Wie konnte ein Sadist Kinder lieben? Weil er selbst Kinder hatte? Das erschien wenig überzeugend. Für Esat waren die Schmerzensschreie von Frauen wie eine schöne Melodie. Frauen liebte er auf diese Weise. Seine Liebe brachte er zum Ausdruck, indem er uns stundenlang auf dem eiskalten Betonboden der Bastonade unterzog. Dabei schrie er: »Ich lasse euch sterilisieren! Ihr werdet Eileiterentzündungen bekommen und keine Kinder mehr zur Welt bringen können. Euer Geschlecht wird aussterben!« Auf diese Weise wollte er das kurdische Volk aussterben lassen. Die Gefangenen im Nachbartrakt schämten sich, als sie seine Worte vernahmen. Es war Esats besonderes Interesse an Frauen, das sie dazu brachte, solche Sätze zu sagen: »Wären bloß keine Frauen hier!« oder »Die PKK-Mädchen werden noch von den Soldaten geschwängert.«

Als Sadist zeigte er seine Liebe zu Frauen, indem er uns mit einem Knüppel zwischen die Beine schlug, bis wir bluteten, uns damit bedrohte, »einen Knüppel hineinzustecken« und mit seinen Fingern an unseren Lippen zog, bis sie rissen. Seine Liebe zu Kindern war noch merkwürdiger. Hêlîn wuchs in dieser Folterkammer auf. Sie musste hungern und bekam in den eiskalten Räumlichkeiten hohes Fieber. Wenn sie Esat sah, schrie sie: »Es reicht, hör auf zu foltern!« Er impfte ihr Hass und Wut ein. Esat war ein Feind des Lebens und der Schönheit. In seinem Herzen gab es keine Liebe.

Nahm er Baran auf den Arm, schüttelten wir uns vor Ekel. Es war widerlich, wenn seine Hand das Kind berührte. Baran hatte Angst vor ihm, sie war bereits Zeugin der Folter geworden. Hêlîn war im Gefängnis geboren worden. Sie hatte die Schreie bei der Folter bereits im Mutterleib vernommen. Sie kannte kein anderes Leben. Das unterschied sie von Baran und Ali. Sie war ein Teil von uns, konnte spüren, was in uns vor sich ging, und teilte mit uns unsere Sorgen, Ängste, Schmerzen und Freuden. War eine von uns traurig, trauerte sie mit. Genau wie wir machte sie sich Gedanken über die Freunde und lauschte manchmal stundenlang mit dem Ohr an der Wand oder dem Kopf an der Türklappe den fernen Stimmen. Einmal verwechselte sie die Stimmen der Soldaten mit denen der Freunde und stieß einen Freudenschrei aus.

26 Kurdisch für: Regen

27 Türkisch für: Frühling

Für Baran und Ali waren wir Fremde. Sie fürchteten sich vor dem Feind und auch vor uns. Vor dem Feind, weil er folterte, und vor uns, weil wir gefoltert wurden.

Baran und Ali hatten Ausweise. Sie hatten eine Mutter, einen Vater, eine Heimat. Es war zwar ein Ausweis der Republik Türkei, aber immerhin hatten sie einen Geburtsort und eine Adresse. Hêlîns einzige Adresse war der Kerker. Ihre Existenz war nirgendwo verzeichnet. Es war schwer gewesen, ihren Namen durchzusetzen, denn Hêlîn war kurdisch. Ihre Mutter hieß Emine, ihren Vater kannte sie nicht. Manche behaupteten, es sei ein Polizist, andere sprachen von Abdurrahman oder Yusuf. Weder Blutproben, noch Aussagen, noch das Gewissen konnten eine Antwort darauf geben. Hêlîn suchte auch nicht nach einem Vater. Alle Männer, die sie kannte, waren Folterer. Dann gab es noch die Onkel, deren Schreie sie manchmal hörte. Ihre Onkel liebte sie. Das erste Wort, das wir ihr beibrachten, war »Apo«. Sie fasste es als eine Bezeichnung für gute Männer auf und sprach fortan von »meinen Apos«. Wir waren ihre Tanten. Das Wort »Mutter« war ihr fremd, sie sagte einfach »Emine«. Wenn Baran und Ali das Wort benutzten, empfand Hêlîn es als merkwürdig. Emine hatte sie zur Welt gebracht, aber ihre Tanten waren gleichzeitig ihre Mütter, denn nicht nur Emine kümmerte sich um sie. Wir alle wechselten ihre Windeln, fütterten und pflegten sie, wenn sie krank war. Daher war sie ein Teil von uns allen.

Sie lernte laufen ohne vorher zu krabbeln. Spielzeuge hatte sie nicht. Es gab nur die Etagenbetten und die Betonwände. Sie kannte den Himmel und die Farbe blau. Sie wusste, was Knüppel und die Bastonade sind. Sie lernte, durch mit Exkrementen versetztes Wasser zu laufen und darin zu sitzen. Daher war sie eigentlich kein Kind. Schmerz, Elend und die Sehnsucht nach den schönen Dingen, die in einer ungewissen Zukunft lagen, hatten sie schnell groß werden lassen. Es war das erste Mal, dass ich ein Kind so aufwachsen sah und niemals zuvor hatte ich ein Kind so sehr geliebt. In dieser hässlichen und unmenschlichen Umgebung war sie der reinste und schönste Teil des Lebens.

Mutter Kabire, Serap und Baran wurden zum Verhör gebracht, obwohl sie bereits verhaftet worden waren. Kabire sah dort ihren Sohn wieder: »Ich hatte Angst, dass Mazlum wieder verhört wird. Gleichzeitig war ich voller Freude, weil ich ihn umarmen konnte. Es waren nur ein oder zwei Minuten, ich wünschte, es hätte länger gedauert. Ach, könnte ich doch immer bei ihm sein!« Sie weinte, bis sie keine Tränen mehr hatte. In Gedanken bei ihren Söhnen Mazlum und Delil sang sie ständig Trauerlieder.

Solche Momente waren schwer zu ertragen. Vor allem die älteren Frauen weinten immer gemeinsam. Auch der Sohn von Mutter Durre, Ali Yaverkaya, war im Gefängnis. Ihre Tochter Hanım war in den Bergen. Sie war stolz auf ihre Kinder, gleichzeitig aber auch voller Trauer. Wir alle litten mit ihr, wenn sie sich weinend auf die Brust schlug. Es war, als ob das ganze Leid der Geschichte in diesen Tränen und dem faltigen Gesicht zu finden war. Sie symbolisierte den Schmerz und den Hass kurdischer Frauen.

Serap war recht schweigsam. Sie verbarg ihre Freude, ihren Schmerz und ihre Sehnsüchte. Nur ihre Augen sprachen. Esat konnte ihr deshalb nicht in die Augen sehen. Er wusste, welch ein Wunder Augen sind und dass sie die Wahrheit ausdrücken. Seraps Hass auf den Feind spiegelte sich in ihren Augen wider. Sie waren kohlenschwarz wie die von Mazlum und Delil, und ebenso glänzend und scharf. Das war zuviel für Esat. Auch Barans Augen waren so, aber sie war noch ein Kind.

Einmal nahm Esat Baran auf den Arm und ging mit ihr zu Mazlum. Dieser faschistische Folterer wollte Mazlum damit unter Druck setzen. Er verfügte über keinerlei menschliche Gefühle. Seine gesamte Gefühls- und Gedankenwelt war auf das faschistische System ausgerichtet. Alles, was er tat, harmonierte mit diesem System.

Er war kein Mensch. In dieser Hässlichkeit nach einem Funken Menschlichkeit zu suchen, bedeutete, die gesamte Menschheit zu verraten. Er hatte aus dem Kerker von Diyarbakır ein kleines Nazi-Imperium gemacht, das er anführte.

Aber anders als die JüdInnen in den Konzentrationslagern der vierziger Jahre hatten wir auch hier im Gefängnis eine Organisation. Wir kämpften seit Jahren organisiert. Wir hatten eine Partei gegründet, die unser gesamtes Volk zur Freiheit führen würde. Nur ein Teil von uns war in Gefangenschaft. Draußen führten Hunderte Kader den Befreiungkampf weiter. Daher konnte kein Massenmord stattfinden, so wie er den Juden, den Armeniern und auch 1938 und früher den Kurden angetan worden war. Der Feind setzte stattdessen auf Selbstverleugnung, auf den Verzicht auf eigenständiges Denken, auf Entfremdung vom eigenen Selbst und die totale Kapitulation. Im Kerker von Diyarbakır wollte der

Kemalismus mit Unterstützung von Verrätern die Kurdinnen und Kurden, die es gewagt hatten, ihre Köpfe zu heben und Freiheit zu fordern, erneut begraben.

Die PKK hingegen kämpfte dafür, die Gesellschaft neu aufzubauen. Sie profitierte von der ideologischen Kraft der kurdischen Identität, der Menschheit und des Sozialismus. Damit gelang es ihr, das Volk schnell und plötzlich zu neuem Leben zu erwecken. An welcher Stelle sie auch getroffen wurde, sofort regte sich an einer anderen Stelle neues Leben. Diese Kunst und ihr Architekt waren nicht wie die traditionelle Linke oder das traditionelle Kurdentum, die dem Feind bekannt waren. Alle Aufstände in Kurdistan waren bisher niedergeschlagen worden. Mit ihren Anführern wurden auch die jeweiligen Bewegungen ausgeschaltet. Die neue Widerstandsbewegung Kurdistans war vielleicht noch schwach, aber sie hatte einen guten Anfang gemacht. Sollte es wieder gelingen, einen tragischen Schlusspunkt zu setzen, so wie es im Kerker ausprobiert wurde?

Auch Baran erlebte eine Entfremdung. Spürte sie, dass es ein Vergehen war, von Onkel Mazlum in den Arm genommen zu werden? Oder lag es daran, wie Mazlum darauf reagierte, als er sah, dass Esat selbst Kinderliebe zu einer Foltermethode machte? Baran bekam Angst, schrie und weigerte sich, sich von ihrem Onkel in den Arm nehmen zu lassen. Darüber freute sich Esat unbändig. Wir alle reagierten verständnislos und bestraften sie mit den Worten: »Geh, wir wollen nicht mehr mit dir reden. Warum hast du dich nicht von deinem Onkel auf den Arm nehmen lassen?« Was war bloß mit uns los? Wohin sie sich auch wandte, überall stieß sie auf dieselbe Reaktion.

Wir waren grausam. Sie war doch noch ein Kind und hatte Angst. Jetzt schrie sie uns an: »Warum redet ihr nicht mit mir? Ich verspreche, dass ich ihn das nächste Mal umarmen werde!« Das nächste Mal ... das nächste Mal ... welches nächste Mal? Verstand Baran, was es bedeutete, dass es kein nächstes Mal geben würde? Wäre sie doch nur zu ihm gegangen und hätte Mazlum nur ein einziges Mal ihre schönen Augen küssen lassen! Aber diese Wünsche machten keinen Sinn. Baran vergaß diese Situation niemals. Alle im Kerker hatten ihre eigenen Erlebnisse, die sie nicht vergessen konnten, aber Baran wusste nicht, dass sie sich eines Tages danach sehnen würde, ihren Onkel zu umarmen. Diese Erinnerung blieb immer ihre prägendste an den Kerker von Diyarbakır.

Esat hingegen verurteilte alle Sehnsüchte, Wünsche und menschliche Regungen zum Tod. Auch die Sehnsucht seines eigenen Kindes endete mit dem Tod[28].

cahide zurückholen

Cahides psychischer Zustand war wechselhaft. Sie nahm zwar überwiegend am gemeinschaftlichen Leben teil, machte jedoch meist einen abwesenden Eindruck.

Aysel sollte operiert werden. Da ihre Eierstöcke von Tuberkulosebakterien befallen waren, sollten sie entfernt werden. Sie war ständig krank und lag im Bett. Die Tuberkulose war ansteckend und wir lebten unter beengten Verhältnissen zusammen. Wir bemühten uns, sie so gut wie möglich zu versorgen. Dabei achteten wir sorgfältig darauf, ihr Essgeschirr und ihre Wäsche getrennt zu halten. Sie selbst nahm das weniger ernst. Vielen der Freundinnen erschien meine Sorgfalt übertrieben. Aysel störte sie sogar, sie achtete nicht auf Hygiene. Eigentlich war das ein Hinweis auf ihre Gleichgültigkeit dem Leben gegenüber. Wir waren im Gefängnis und es war wie in der tiefsten Hölle, trotzdem mussten wir auf Sauberkeit und Ordnung achten und dem Leben soviel Schönheit abgewinnen, wie es eben möglich war. Die Freundinnen redeten oft darüber, wie sorgfältig die Führungskader ihre für das Gesicht vorgesehen Handtücher wuschen und trockneten und wie sauber und ordentlich sie sich kleideten. Immer wieder wurde erzählt, wie Mazlum gefordert hatte, selbst auf den Etagenbetten gerade zu sitzen und einen lebendigen und sauberen Eindruck zu machen. Warum achteten sie dann selbst nicht darauf?

Als Aysel ins Krankenhaus eingewiesen wurde, sollte auch Cahide ins Krankenhaus gebracht werden. Im ersten Moment fiel es niemandem auf, aber ich schöpfte Verdacht. Ich wollte nicht vor den anderen mit ihr sprechen, um zu verhindern, dass Gerüchte entstehen.

Als Cahide von einem Soldaten gerufen wurde, ging ich trotzdem sofort zu ihr. »Cahide, dieses Mal wirst du dich eindeutig verhalten. Wenn du noch ein bisschen Achtung vor dir selbst hast, lässt du dich nicht zum Werkzeug machen.« Ich sprach in ernstem Tonfall und sie begriff sofort, dass sie mir nichts vormachen konnte. Ich war ein Teil ihres Lebens, aber

28 Ein Kind von Oktay Esat Yıldıran starb kurz vor dessen Ermordung.

der Feind war es auch. In gewisser Hinsicht stellte ich ihre Verbindung zur Partei dar, da wir uns kennenlernten, als sie erstmals Verbindung zur Organisation aufgenommen hatte. Diese Erinnerung konnte sie nicht einfach ignorieren.

In der Verwaltung machte sie einen ersten schwachen Versuch, sich den Forderungen des Feindes zu widersetzen. »Ich wollte ins Krankenrevier, nicht ins Krankenhaus«, sagte sie. Oberleutnant Ali Osman drehte ihr die Nase um und drohte: »Ich mache dich fertig.« Cahide schwankte zwischen der Angst vor dieser Drohung und ihrem Vorsatz, künftig nicht mehr für den Feind zu arbeiten. Schließlich wurde sie ins Krankenhaus eingewiesen, um Aysel zu kontrollieren. Es war ein Militärkrankenhaus, aber es bestand die Gefahr, dass Aysel einen Kontakt mit der Außenwelt über das Personal aufnahm. Schließlich war sie von der PKK, da war alles möglich!

Uns machte es stolz, dass der Feind uns so einschätzte. Es verstärkte unser Vertrauen in die Partei. Cahide wurde nach zwei Tagen wieder entlassen, weil sie selbst darauf bestand. Im Krankenhaus machte sie Aysel gegenüber Andeutungen und riet ihr, vorsichtig zu sein. Nach ihrer Rückkehr erzählte sie mir alles. »Es geht aber nicht darum, ob du irgendetwas getan hast. Ohnehin kann niemand zu Aysel kommen, außer vielleicht ihrer Familie, und die kann auch nichts tun. Worauf es ankommt, ist doch, dass du dich immer noch benutzen lässt. Warum hast du dich nicht geweigert? Es hätte doch ausgereicht, wenn du einfach gesagt hättest: Ich gehe nicht. Vielleicht hätten sie dich ein bisschen gefoltert, aber mehr nicht. Du bist immer noch nicht eindeutig, gibst immer noch nach. Auch mit dieser Haltung schlagen und erniedrigen sie dich. Halte wenigstens den Kopf hoch, wenn du geschlagen wirst. Du musst dir deine Würde bewahren. Warum kannst du dich nicht entscheiden? Hast du Angst vor Schlägen? Vor dem Tod? Warum? Was soll aus dir werden? Wenn du nicht Cahide sein willst, sondern jemand anders, dann geh!«, sagte ich zu ihr. Sie weinte wieder. Nun ja, Esat beharrte auf seiner Rolle und ich auf meiner. Aber er würde keine der Frauen aus diesem Trakt zu einer Überläuferin machen können. Dieser Wunsch sollte unerfüllt bleiben, mochte er daran ersticken. Ständig log er den Freunden vor, er habe eine der Frauen dazu gebracht, zur Überläuferin zu werden und sie werde am nächsten Tag im Fernsehen auftreten.

Esats Intrigen durften nicht aufgehen. Einige von uns ärgerten sich über mich und sagten: »Bei Cahide ist doch sowieso alles klar, letztendlich wird sie zum Feind überlaufen. Warum mühst du dich überhaupt noch mit ihr ab und versuchst weiter, sie zu schützen?« Ich war jedoch entschlossen und sprach mit einigen Freundinnen, denen die Problematik bewusst war. Sie verstanden und unterstützten mich in meinem Bemühen, Cahide aus dem Zustand zu befreien, in den sie geraten war.

Schließlich traf Cahide eine Entscheidung. Sie war einige Tage sehr schweigsam und schien dann endlich ins Leben zurückzukehren. Viele trauten ihr immer noch nicht, aber die meisten reagierten positiv auf ihre Wandlung. Kamen Esat oder Ali Osman in den Trakt und fragten sie nach irgendwelchen Formalitäten, antwortete sie kühl oder gar nicht. Das war eine neue Haltung. Da sie Cahide nicht zwischen den anderen Gefangenen angreifen wollten, um eine geballte Gegenreaktion zu vermeiden, taten sie so, als sei es ihnen gleichgültig.

Eines Tages waren wir beim Hofgang. Cahide trug saubere, ordentliche Kleidung. Ihre Haare hatte sie seitlich zusammen gebunden. Sie bewegte sich energisch, als ob sie jemanden einschüchtern wolle. War ihr Gesichtsausdruck früher angespannt, kalt und hilflos gewesen, machte sie jetzt den Eindruck eines entschlossenen Menschen. Im Gefängnis war es unmöglich, die eigene psychische Verfassung vor den anderen zu verbergen. Unsere Blicke waren wie Kameras, die alles und jeden erfassten. Wir achteten aufeinander, auch wenn einige der Gefangenen eher in sich gekehrt waren.

Cahide ging früher als die anderen wieder nach oben. Das fiel zwar auf, aber woher sollten wir wissen, dass sie Insektengift trinken würde? Gültan und Zeliha riefen aufgeregt nach mir. In wenigen Sprüngen war ich oben. Cahide lag mit Schaum vor dem Mund auf dem Bett. Sie lebte noch. Im ersten Moment wussten wir nicht, ob wir den Feind benachrichtigen sollten oder nicht. Die anderen waren neugierig geworden und kamen mir nach. »Cahide, Cahide, was hast du getan? Warum hast du das getan? Sprich mit mir!«, sagte ich. Ich musste sie zum Reden bringen. »Ich habe alles aufgeschrieben«, murmelte sie und zeigte auf ihre Tasche. Einer der beiden Briefe war an mich gerichtet. Ich steckte ihn ein. Schließlich gestand Cahide, Insektengift getrunken zu haben. Bevor wir weiter nachfragen konnte, drangen plötzlich Soldaten in die Zelle. Auch Esat war dabei. Wie hatten sie so schnell von dem Vorfall erfahren? Wer hatte es ihnen gesagt? Wir waren überrascht. Offenbar hatten sie die Aufregung bemerkt und darauf reagiert. Sie brachten Cahide sofort weg.

Auch Esat war verstört. Seine Gesichtsfarbe änderte sich nur, wenn er sehr wütend war oder wenn er Angst hatte.

Später kam Ali Osman. Er blickte uns der Reihe nach prüfend an. Alle waren erschüttert und wütend. Die Folterer trugen die Verantwortung für das, was geschehen war. Ali Osman sagte eine Weile gar nichts. Dann fragte er: »Wer hat etwas gesehen? Was hatte das Insektengift hier zu suchen?« Er wandte sich an mich und fragte: »Oder hast du ihr gesagt, sie soll sich umbringen?« Er wollte meine Reaktion testen. Ich sagte nichts. Nur mit meinen Blicken gab ich ihm die notwendige Antwort. Er wurde wütend: »Ihr verdammten Tiere, hier, unter unserer Kontrolle, gibt es keinen Selbstmord! Über euer Leben und über euren Tod entscheiden nur wir! Was soll schon passieren? Wen kümmert es, wenn ihr verreckt? Kommt zu Verstand! Jede von euch hat sich dem Staat gegenüber schuldig gemacht, deshalb seid ihr hier. Eure Strafe bekommt ihr vom Gericht, das geht uns nichts an. Wir sind hier nur für die Aufrechterhaltung der Ordnung zuständig, und für eure Sicherheit. Macht es uns nicht schwerer als nötig!« Dann ging er. Bei den letzten Worte hatte seine Stimme einen weiche Klang. Der Selbstmordversuch beunruhigte ihn. Ihm war nicht etwa Cahides Leben wichtig, sondern nur die möglichen Konsequenzen.

Der Arzt erklärte, sie wäre gestorben, wenn wir sie nur fünf Minuten später gefunden hätten. Sie blieb eine Weile im Krankenhaus und kehrte dann zurück. Ich weiß nicht, ob sie die Angst vor dem Tod besiegt, ihre persönlichen Sorgen vergessen oder die Brücke zum Verrat abgerissen hatte, aber sie kehrte langsam ins Leben zurück und hinterfragte ihr eigenes Verhalten. Es war gut, dass sie sich mit ihren Schwächen und Niederlagen auseinandersetzte. Eine Rückkehr war nur möglich, wenn sie sich ihrer Scham darüber, den eigenen Ansprüchen nicht gerecht geworden zu sein, bewusst wurde. Sie musste begreifen, wozu ihre individualisierte Wut und ihr enger Ehrbegriff geführt hatten. Aber es war nicht leicht. Verschließt ein Mensch sein Herz und seinen Verstand nicht gänzlich dem Verrat, bleibt immer eine gefährliche Lücke, die der Feind bei nächster Gelegenheit wieder zu nutzen versucht.

Wir diskutierten über Cahides Situation. Ich war der Meinung, dass wir alles tun mussten, um Cahide zurückzuholen und sie dazu zu bringen, vor Gericht eine klare Haltung einzunehmen. Dafür benötigte sie unsere Hilfe. Die Freundinnen stimmten mir zu. Später redeten wir mit ihr. Sie versprach, sich künftig dem Feind gegenüber eindeutig zu verhalten. In ihren Abschiedsbriefen hatte sie uns keine Schuld gegeben, sondern nur geschrieben, dass sie die Situation, in die sie geraten war, nicht länger ertragen könne, aber auch nicht die Kraft habe, sich gegen den Feind aufzulehnen.

Der Vorfall löste auch bei anderen, die ebenfalls unentschlossen waren und im Verhör nicht standgehalten hatten, Betroffenheit aus. Wir nutzten die Gelegenheit für eine ausführliche Diskussion. Dabei ging es uns darum, ein Gemeinschaftsgefühl herzustellen und Schwachstellen auszumerzen, von denen der Feind profitierte. Bei den Freundinnen wuchs die Entschlossenheit, interne Konflikte auszutragen, ohne dass der Feind etwas davon mitbekam. Es gab viele interne Konflikte. Jede Freundin für sich stand für ein ganzes Bündel von Problemen. Der Druck des Feindes, die Anspannung der Folter, egozentrisches Verhalten, Launenhaftigkeit, Pessismus und fehlende politische Analysen ... all das erschwerte es uns, an bestimmten Prinzipien im Leben festzuhalten, die von allen angenommen wurden.

mazlums newrozfest

Auf bestimmte Tage warteten wir mit Spannung. Es war mein zweites Newroz im Kerker von Diyarbakır. Im letzten Jahr hatte das Todesfasten stattgefunden. Jetzt waren wir komplett isoliert. Die Verhöre wurden inzwischen im gesamten Gefängnis fortgesetzt. Vor allem der Verrat in der Elazığ-Gruppe hatte sich ausgeweitet. Die Verräterbande um Şahin, Ali Gündüz, Erol Değirmenci und Yıldırım Merkit unterstützte den Feind in seiner Gefängnispolitik.

Auch in unserer Abteilung wurden Gefangene zum Verhör vorgeführt. Jedesmal waren es neue Gesichter. Wir sahen sie heimlich durch das Fenster, wenn sie zur Toilette gebracht wurden. Um nichts zu verpassen, hielten wir die Fenster im Bad immer geöffnet. Waren es mehr als nur einer, konnten wir sie sehen, während sie warteten. Fanden wir die Gelegenheit dazu, durchwühlten wir den Müll und fanden manchmal zerrissene Aussagen. Der Feind hatte Listen mit Dutzenden Fragen. Alle Aussagen endeten mit der Bekundung, das eigene Tun zu bereuen.

Es war gut, diese Geständnisse zu lesen. Einige der Gefangenen kannte ich, von anderen kannte ich nur die Namen. Wir sammelten die Papierfetzen ein, setzten sie zusammen und versteckten sie, um sie eventuell später vor Gericht zu verwenden.

Der Feind zwang die Gefangenen mit Gewalt dazu, Aussagen niederzuschreiben. Gefielen sie ihm nicht, ließ er sie nochmal schreiben. Einige der Betroffenen hatten sich ohnehin längst für den Verrat entschieden und ließen sich bereitwillig vom Feind benutzen. Waren es bekannte Namen, machte sich Betroffenheit unter uns breit. Daher ließen wir nicht alle Freundinnen die Aussagen lesen und nannten nicht allen die jeweiligen Namen.

Wir beobachteten, dass ein weiterer Raum in der Nähe unseres Trakts hergerichtet wurde. Aus dem ehemaligen Wachraum wurde eine Folterkammer gemacht. Er wurde mit Haken, Elektroschockern und anderen Folterinstrumenten ausgestattet. Die weiblichen Neuankömmlinge wurden dort eine Zeitlang verhört, bevor sie in unseren Trakt verlegt wurden. Es gab dort keine besonderen Folterinstrumente, dennoch erschienen uns die Vorgänge nicht normal.

Wir mussten auf weitere Angriffe vorbereitet sein. Zunächst besprachen wir uns in einer kleinen Gruppe. »Der Feind versucht alle dazu zu zwingen, zu Überläufern zu werden. Vielleicht versucht er es bei uns auch. Dann wird er wahrscheinlich bei bestimmten Freundinnen anfangen. Wen von uns er auch herausholt, unsere Antwort ist eine Selbstmordaktion. Falls es die Möglichkeit gibt, sich zu erwürgen, soll diese Aktionsform gewählt werden. Falls es überhaupt keine anderen Möglichkeiten gibt, schlagen wir den Schädel gegen die Wand, bis er bricht. Nur mit einer solchen Haltung können wir den Angriff abwehren«, sagte ich. Alle stimmten mir zu. Danach sprachen wir mit einigen aufrichtigen Frauen aus den anderen Gruppen und teilten ihnen unseren Beschluss mit. Schließlich redeten wir auch mit allen anderen Freundinnen: »Dieser Raum wird für uns vorbereitet. Vielleicht werden dort Sonderverhöre stattfinden. Ohnehin wird jeden Tag gefoltert. Dort wollen sie jedoch einzelne Gefangene isolieren und sie dazu zwingen, Verrat zu begehen. Vielleicht versuchen sie es mit Vergewaltigung. Wir dürfen die Initiative in dieser Situation nicht dem Feind überlassen. Wenn wir uns nicht wehren, werden sie uns alle vergewaltigen«, sagte ich. Alle redeten durcheinander: »Dann bringen wir uns um. Diese widerlichen Typen sollen uns bloß nicht anrühren.« In ihren Worten lag Entschlossenheit. Bisher hatte es Vergewaltigungen nur beim Polizeiverhör gegeben. Im Gefängnis wollten sie jetzt vermutlich damit beginnen, aber wir würden es nicht zulassen. Die Reaktion der Freundinnen war positiv. Gemeinsam entschieden wir uns, Widerstand zu leisten. Wir konnten nicht jede Entscheidung den Freunden überlassen. Sollten wir Frauen auf spezielle Weise zum Verrat genötigt werden, würden wir geschlossen dagegen vorgehen.

Als hätten wir einen Pakt geschlossen, kam nach diesem Gespräch Lebendigkeit auf. Alle zogen dicke Strümpfe und Jogginghosen an. Wegen der Bastonade trugen wir meist ohnehin Jogging- oder Pyjamahosen unter dem Rock. Für Esat war es ein Hochgenuss, auf nackte Beine zu schlagen.

Am kommenden Tag wurde der besagte Raum eilig wieder leer geräumt. Auch die Tür zum Korridor wurde nicht abgeschlossen. Der Raum sah wieder aus wie früher. Wir begriffen es nicht. Was war geschehen? War irgendwo jemand bei der Folter gestorben? Oder waren wir belauscht worden? Wir stellten die wildesten Vermutungen an und freuten uns über die Vorstellung, dem Feind einen Strich durch die Rechnung gemacht zu haben. Die Freundinnen waren guter Stimmung und unterhielten sich angeregt. Es war merkwürdig, wie schnell die Stimmung bei uns umschlagen konnte. In Konfrontation mit dem Feind war die psychische Verfassung sehr wichtig. Ihm zum Trotz hielten wir am Leben und unseren Überzeugungen fest.

Wir wollten unbedingt Newroz feiern. Draußen würde es bestimmt Aktionen geben. Vielleicht würde sich dadurch auch für uns etwas ändern. War es vielleicht nur eine Taktik der Freunde, die Regeln vorübergehend zu akzeptieren? Vielleicht wollten sie Newroz abwarten? Ständig dachte ich darüber nach. Es gab so vieles, was wir nicht wussten. Mit den Freunden war nicht der geringste Austausch möglich.

Die Nachricht, die ich Mazlum geschrieben hatte, bewahrte ich immer noch auf. Ich hatte unsere Situation kurz geschildert und angedeutet, dass ich mich politisch verteidigen wollte. Mir war nur noch nicht klar, ob ich als Sympathisantin oder als Kader auftreten sollte. Hätten wir uns austauschen können, hätten sie schon etwas gesagt und ich hätte mich dementsprechend verhalten. Ohne vorherige Absprache würde ich wohl als Sympathisantin auftreten. Als Kader wäre es wohl angemessen, eine sehr umfassende Verteidigung abzulegen und in dieser Hinsicht zweifelte ich an mir. Ich hatte nicht das Recht, mich als Kader zu bezeichnen. Es war nicht angebracht, sich selbst dazu zu ernennen. Diese Aufgabe oblag der Partei. Die Freundinnen fanden es befremdlich, dass ich mich nicht als Kader betrachtete. Schließlich sagte ich: »Die Frage ist ja nicht, ob ich die Partei verteidige oder nicht. Das werde ich ohnehin tun und ich werde mich dabei an den Plan halten, den die Freunde vorgegeben haben. Man muss den Status ja auch nicht unbedingt vor Gericht offen erklären.« Ich hätte die Organisation liebend gern informiert und eine positive Antwort erhalten. Das ließen die Umstände jedoch nicht zu.

Wir schrieben eine Erklärung für Newroz. Cahide malte ein Emblem, das das Neujahrsfest symbolisierte. Wir hängten es so an der Wand auf, dass es durch die Klappen in der Tür nicht zu sehen war. Es hatte die Größe von zwei Aktenblättern. Wir hatten Kerzen versteckt, die wir jetzt heraus holten und in kurze Stücke schnitten. Sie sollten für den Schriftzug ›Bijî Newroz‹ reichen. Da wir genug Kerzen hatten, schrieben wir auch noch ›Bijî PKK‹. Wir stellten die Kerzen auf den Boden, so dass sie große Buchstaben in einem Halbkreis bildeten. Anstelle von Kerzen benutzen wir auch eingeölte Schnüre. Wir zündeten die Kerzen an, hielten eine Gedenkminute ab und lasen unsere Erklärung vor. Danach wurde getanzt. Einige Freundinnen stellten sich vor die Tür, damit die Soldaten nichts sehen konnten, falls sie durch die Klappe gucken sollten. Sollten sie doch kommen, wenn die Feier zu Ende war, es war uns gleichgültig. Schließlich war Newroz, wer sollte uns aufhalten? Auch aus den anderen Gruppen nahmen einige an der Feier teil. Andere gingen aus Angst in den anderen Trakt. Sie wollten Schläge vermeiden, falls der Feind die Feier stürmen sollte. Es tat mir weh, aber ich nahm es ihnen nicht weiter übel. Wir gerieten in Begeisterung. Immer mehr schlossen sich dem halay[29] an, der Halbkreis wurde größer. Danach wurde ein schönes Theaterstück aufgeführt. Es war ein sehr symbolisches Newrozfest.

Wir veranstalteten ein Höllenspektakel, aber kein Soldat ließ sich blicken. Was stimmte hier nicht? Wir rätselten: »Vielleicht haben draußen Aktionen stattgefunden. Warum sonst sollte der Feind uns in einer so wichtigen Nacht in Ruhe lassen? Newroz ohne Schläge kann ja wohl nicht sein! Oder ist im Gefängnis etwas passiert? Ist hier eine Aktion angelaufen? Könnte es sein, dass wieder ein Todesfasten stattfindet? Dieses Mal müssen wir unbedingt dabei sein ...«, sagten wir uns.

Wir hielten unsere Köpfe an die Türklappen und lauschten in den Korridor. Von den Nachbartrakten war nichts zu hören. Sie lauschten unseren Tänzen und Liedern. »Sie selbst feiern nicht, sie zittern vor Angst«,

29 Rundtanz

sagte Gültan. Bedriye trommelte mit den Fäusten gegen die Wand und rief im Takt: »Bijî Newroz, Bijî PKK!« Von gegenüber kam nur ein sehr schwaches Echo.

Die Stille hielt auch am nächsten Tag an. Totenstille. Sie dauerte bis zum Abend. Waren die täglichen Schläge so sehr zur Gewohnheit geworden, dass ihr Ausbleiben uns beunruhigte? War ein Unglück geschehen? Die Ungewissheit war nervenaufreibend.

Ja, es war etwas vorgefallen. Hier, in diesem Gefängnis, in dem wir alle dieselbe Luft einatmeten.

In dieser Nacht hatte Mazlum auf ganz besondere Art Newroz gefeiert. Wir spürten, dass etwas in der Luft lag, aber diese Dimension konnten wir nicht erahnen. Eine Aktion draußen hatten wir erwartet, aber das prachtvolle Feuer, das in unserer unmittelbaren Nähe brannte, hatten wir nicht gesehen. Mazlums Aktion traf den Feind direkt ins Mark. «Die Freunde haben sicherlich irgendetwas vor«, hatten wir gemutmaßt. Wir vertrauten ihnen, sie waren unsere Hoffnung. Aber Mazlum ... aber Mazlum ... Mazlum ...

Niemand wollte es glauben. Die Zeit verging, ohne dass wir es merkten. Es kamen neue Gefangene. Darunter war Bezar, die jüngere Schwester von Rıza Altun. Sie war eine sehr von sich eingenommene Beamtentochter mit einer liebenswerten Mutter namens Hatice. Wir kannten sie. Jede Verhaftung tat uns leid und machte uns wütend. »Hoffentlich passen sie auf sich auf und lassen sich nicht erwischen«, sagten wir ständig. Neue Gefangene waren jedoch auch die einzige Möglichkeit für uns, etwas über die Lage draußen zu erfahren. In den unteren Trakt konnten nur die Freundinnen, die das Essen austeilten, gehen. Stets war ein Wächter bei ihnen, um Kontaktaufnahmen zu verhindern.

Wir verabredeten mit der Traktverantwortlichen, sie solle während der Essensausgabe den Soldaten an der Tür aufhalten. Sollte er hereinkommen wollen, sollte sie ihm irgendetwas erzählen, um ihn abzulenken. Gültan sollte Bezar in der Zwischenzeit nach den wichtigsten neuen Informationen fragen. Danach wollten wir den Austausch mit den neuen, Gefangenen schriftlich fortsetzen. Ich wartete oben auf der Treppe. Die Minuten zogen sich hin. Es war ein bedrückendes Warten, da ich schlechte Nachrichten befürchtete. Als Gültan zurückkam, blieb sie unten vor der Treppe stehen. Irgendetwas stimmte nicht. Sie war zwar etwas schwerfällig, aber jetzt erschien sie wie gelähmt. Sie ließ den Kopf hängen und ich hörte sie schluchzen. Ich rief: »Gültan, was ist passiert? Komm schnell!« Als sie den Kopf hob, sah ich, dass sie Tränen in den Augen hatte und leichenblass war. Sie ging in die Küche. Ich ging ihr nach. Jetzt war es sicher, dass es schlechte Nachrichten gab. Mein Herz zog sich zusammen, ohne dass ich wusste, um wen und was es sich handelte. Die Küche war klein und sie hieß auch nur Küche. Der Raum war vollkommen leer. Wir kamen hierher, wenn wir etwas zu besprechen hatten, das nicht alle hören sollten. Das war allgemein bekannt. Gültan weinte. Ich fragte noch einmal: »Was ist los, ist etwas passiert?.« Sie umarmte mich und sagte nur: »Mazlum«. Meine Arme fielen herab, mein Herz schien meinen Körper verlassen zu wollen. Ich konnte mich nicht bewegen. Mazlum... Mazlum...

Was war geschehen? Als ich anfing zu weinen, riss Gültan sich zusammen. »Er soll sich zu Newroz aufgehängt haben«, sagte sie. »Was?« stieß ich hervor, »Er soll sich aufgehängt haben? Niemals, der Feind lügt. Es war Newroz, der Feind hat ihn ermordet und es als Selbstmord getarnt. Garantiert war es so!« Ich hörte auf zu weinen. In mir loderte der Hass. Wie weit wollte der Feind noch gehen? Wollte er alle Führungskader umbringen? Wir mussten etwas unternehmen. Verdammt, wir bekamen nichts mit, es war wie ein Gefängnis im Gefängnis.

Später kam Aysel dazu. Auch sie begann unmittelbar zu weinen. Die Nachricht sprach sich herum. Die Schmerzensschreie von Mutter Durre drangen bis nach draußen. Sie schlug sich auf die Brust und weinte bitterlich.

Mutter Kabire hatte bei ihrer Entlassung gesagt: »Könnte ich doch noch einmal Mazlum sehen, bevor ich gehe.« Es war ihr nicht vergönnt. Auch Baran konnte ihr Versprechen nicht halten.

Abends machten wir eine Gedenkveranstaltung Alle beteiligten sich daran. Ich hielt eine Ansprache, dann hielten wir eine Gedenkminute ab und sangen Kampflieder.

Durch Mazlums Aktion entstand ein Gefühl der Einheit unter uns. Er erleuchtete unsere Herzen und füllte sie mit Hass. Selbst die Untauglichsten unter uns empfanden Scham angesichts seiner Aktion und waren erschüttert.

Wir versuchten zu begreifen, was Mazlum mit seiner Aktion bezweckt hatte. Langsam wurde uns klar, dass sie im Zusammenhang mit Newroz stand. Seine Botschaft war eindeutig, sie lautete:

Widerstand heißt Leben!

Wir diskutierten erneut über den von Mazlum verfassten Text »Kapitulation führt zum Verrat, Widerstand zum Sieg.« Der Feind versuchte in letzter Zeit verstärkt, die Gefangenen zum Verrat zu bewegen und zu Überläufern zu machen. Mazlum wollte mit seiner Aktion in der Newroznacht die immer enger werdende Schlinge des Verrats zerreißen. Es gelang ihm, die negative Entwicklung zu bremsen. Aber das reichte nicht, wir alle waren gefordert.

Als Hayri erfuhr, dass Mazlum sich erhängt hatte, soll er sofort gesagt haben: »In Ordnung, das ist eine Aktion. Es ist eine politische Aktion von großer Bedeutung.« Letztes Jahr im Mai war der Widerstand gebrochen worden. Danach wurde über neue Widerstandsformen diskutiert, die sich jetzt konkretisiert hatten. Das gesamte Leben im Gefängnis war darauf angelegt, die Persönlichkeiten der Menschen zu zerstören. Alles, was einen Menschen zum Individuum macht, wurde vernichtet. Mazlum spürte die Gefahr und wollte etwas tun, um diese Entwicklung aufzuhalten.

So weit dachten eben nur Mazlum und die anderen Führungskader. Daher war es auch Hayri gewesen, der sofort die Bedeutung der Aktion erkannt hatte. Viele konnten sie zunächst nicht verstehen. Sie kamen nicht hinter das Geheimnis dieses Heldentums. Das war auch ganz natürlich. Nicht jeder vermochte es, dem Leben mit seinem Tod einen Sinn zu geben. Nicht alle waren dazu in der Lage, dem Leben selbst unter schlechtesten Voraussetzungen Schönheit abzugewinnen und gleichzeitig dem Tod ins Auge zu sehen. Viele hatten sowohl vor dem Leben als auch vor dem Tod große Angst. Diese Angst ließ sie lebend tausend Tode sterben.

Wir wussten, dass es nicht bei dieser einen Aktion bleiben würde. Ich fühlte es tief in meinem Herzen. Wir alle waren davon überzeugt, dass die notwendige Antwort nicht ausbleiben würde. Voller Ungeduld warteten wir auf ein Zeichen.

Es war schlimm. Ständig warteten wir bloß ab. Wir kamen gar nicht auf den Gedanken, selbst aktiv zu werden. Wie sollten wir das auch anstellen, solange die Freunde still hielten? Wir waren zwar tief betroffen von den Entwicklungen, aber wir wussten nicht, was wir tun sollten, da wir immer davon ausgingen, dass ein Parteibeschluss für einen organisierten Widerstand Voraussetzung war. »Die Organisation muss anfangen«, dachten wir. Dabei waren die Voraussetzungen mehr als gut. Ein Anlass für einen Aufstand ließ sich jederzeit finden.

Mazlums Aktion brachte alle Gefangenen dazu, sich selbst zu hinterfragen. Vor allem die Führungskader, aber auch alle anderen, die der Partei verbunden waren, waren auf der Suche nach Möglichkeiten, wie es weitergehen konnte. Mazlums Aktion galt jetzt als Maßstab für den Widerstand der PKK. Alle mussten sich an Mazlums Entschlossenheit messen. Auf der einen Seite stand die Niedertracht des Verrats in einer Atmosphäre des Schreckens, auf der anderen Seite die Größe von Mazlums heldenhafter Tat. Ein Horizont hatte sich aufgetan und die ihm entgegen strömenden Herzen würden nicht länger warten …

yıldırım merkit und die grenzenlosigkeit des abstiegs

Die Prozesse wurden eröffnet. Die Anklageschrift im Hauptverfahren basierte auf dem Einsatz von Folter und Schlägen. Die Soldaten nannten sie »Apos Buch«. Der Artikel in den Gesetzen der Republik Türkei, nach dem wir angeklagt wurden, sah bei Verurteilung die Todesstrafe vor. Hinrichtung! Das war kein Wort, das leicht über die Lippen kam. Im Gefängnis ging es trotzdem schnell herum und die Folterer sprachen ständig davon: »Ihr werdet alle hingerichtet«, war einer ihrer Lieblingssätze. Für Esat war es ein neues Vergnügen. Er las uns die Namen aus der Anklageschrift vor: Wer sich beim Verhör wie verhalten hatte, welche Aussagen vor dem Haftrichter gemacht worden waren und wer in welcher Funktion an Parteiaktivitäten beteiligt war. Bereits vor dem ersten Verhandlungstag fanden im Kerker »Gerichtsverhandlungen« statt. Die Folterer spielten sich als Richter auf und dosierten die Folter entsprechend der vermeintlichen Stellung innerhalb der Organisation. Einige Freunde wurden des Mordes in zwanzig oder dreißig Fällen beschuldigt. Das reichte. Zu anderen sagten sie: »Du hast ja nichts gemacht, du wirst herauskommen, wenn du dich schlau anstellst und keine Probleme machst.« Aber eigentlich interessierten sie sich nur für die »schweren Fälle«. Selbst der kleinste Folterer war auf der Suche nach dem größten Schuldigen. Es war absurd.

Über Kemal Pir sprachen alle Soldaten, aber vor allem die Lasen und andere, die aus der Gegend am Schwarzen Meer stammten, betrachteten ihn als lebende Legende. Obwohl sie darauf getrimmt waren, in ihm einen separatistischen Mörder zu sehen, umgab diesen Lasen ein schwer erklärbarer Zauber. Sie folterten ihn, aber sie kamen nicht hinter sein Geheimnis. Alle Soldaten und Wächter waren von seinen Worten und seiner unbeirrbaren Haltung, selbst hohen Offizieren gegenüber, tief beeindruckt. Erstaunt erzählten sie, wie Esat ihm einen Strick hinhielt und Pir darauf sagte: »Dieser Strick kann mich nicht tragen, er würde reißen.« Alles, was er sagte, hatte eine tiefere Bedeutung. Jede seiner Begegnungen mit Esat war wie eine Szene aus einem Krieg.

Im Hauptverfahren waren drei Freunde vom Zentralkomitee angeklagt. Der Feind hielt sie aus dem Prozess gegen die Elazığ-Gruppe heraus. Dieser wurde Şahin und Yıldırım überlassen. Sie sollten die Hauptrollen spielen.

Yıldırım Merkit war gemeinsam mit Mazlum festgenommen worden. Bei einer Verkehrskontrolle war Yıldırıms Panik aufgefallen.

Nicht jeder Fehler oder jede Schwäche führen unmittelbar zum Verrat. Angst gehört jedoch zu den ersten Steinen, die den Weg zum Verrat markieren. Was ist Angst? Resultierte Yıldırıms Angst aus einem revolutionären Verantwortungsgefühl? Es war wohl niemand so besorgt um die Organisation wie Mazlum. Angst kann einem Menschen auch die Fähigkeit geben, eine Gefahr auf bestmögliche Weise zu überwinden. Der Feind trifft aus Angst Vorsichtsmaßnahmen. Viele seiner Initiativen gründen auf Angst.

Verwandelst du deine Angst in Stärke, kannst du damit die Angst des Feindes vergrößern und ihn sogar bewegungsunfähig machen. Yıldırıms Angst galt jedoch nicht der Tatsache, dass Mazlum bei ihm war und der Organisation Gefahr drohte. Vermutlich spielte auch sie eine Rolle, aber vor allem ging es ihm um sich selbst. Alle Herrschenden arbeiten mit Angst. Angst macht die Menschen zu leichten Opfern.

So war es auch bei Yıldırım. Er fürchtete sich so sehr vor der Konfrontation mit dem Feind, dass dieser ein leichtes Spiel mit ihm hatte. Im Kerker ist der Feind allgegenwärtig. Eine Zeitlang ließ sich seine Angst unter dem Einfluss der Freunde zügeln, für die die Interessen der Organisation im Vordergrund standen. Noch hatte die Angst nicht die Kontrolle über ihn gewonnen. Mit der Zeit kam seine schwache Persönlichkeit jedoch immer mehr zum Vorschein. Seine gesamte Haltung war Ausdruck von Angst und Niederlage. Er war damals mit seiner Familie von der PDA zu uns gewechselt. Man kann den Klassencharakter bestimmter Gruppen zwar nicht unabhängig von der Realität Kurdistans betrachten, dennoch war es kein Zufall, dass die Familie Merkit sich zunächst der PDA angeschlossen hatte. Die PDA hat der Revolution oder der Linken in Kurdistan niemals genutzt. Sie trug nicht einmal zu einer demokratischen Einstellung bei. Ihr gesamter Charakter stand dem entgegen. Die Merkits standen hinter dem Kemalismus der PDA. Später wurden sie wie viele andere vom Kampf der kurdischen Befreiungsbewegung angezogen und noch später wählten sie den Verrat.

Die Gerichtsverhandlungen boten uns die Gelegenheit, endlich mehr über die jüngsten Entwicklungen zu erfahren. Aysel war Angeklagte im Hauptverfahren. Obwohl den Freunden oftmals kein Rederecht zugebilligt wurde, bekam sie neue Informationen. Meistens kamen die Überläufer zu Wort. Şahin wurde merkwürdigerweise nicht überall vorgeführt. Er war der wichtigste Verräter der Elazığ-Gruppe und wurde überwiegend im Gefängnis eingesetzt. Sein Kontakt zum Gericht beschränkte sich nicht auf die Verhandlungen, es fanden auch geheime Sitzungen statt. In jedem Verfahren gab es einen Hauptverräter.

Yıldırıms Verrat begann angeblich, als er Hayri durch die Türklappe eines leeren Raumes sah, in dem dieser an seiner Verteidigung schrieb. Der Feind legte ihn herein und sagte: »Schau nur, selbst Hayri schreibt ein Geständnis.« Natürlich war die Tatsache, dass er hereingelegt wurde, nicht der Hauptgrund für seinen Verrat. Er selbst bot sich dafür an. Als die Freundinnen bei ihrer Rückkehr nach einem Verhandlungstag von dem Vorfall erzählten, waren wir alle überrascht. Schließlich war es eher aufbauend, den Genossen Hayri sehen zu können. Yıldırım hatte sich dem Verrat bereits so weit geöffnet, dass diese kleine Intrige ausreichte, um ihn die Seiten wechseln zu lassen.

Hayri hatte das Gericht vorher darüber informiert, dass er eine schriftliche Verteidigung verfassen wolle, und nach Papier und Stift verlangt: »Die Umstände, in denen wir uns befinden, sind für die Vorbereitung einer Verteidigung gänzlich ungeeignet. Wir verfügen weder über entsprechende Materialien noch über Papier und Stifte. Außer Folter gibt es gar nichts. Wir sind als Mitglieder einer Bewegung vor diesem Gericht angeklagt. Daher haben wir auch das Recht, etwas über unsere Organisation zu sagen. Ich möchte meine Verteidigung schriftlich vorbereiten.« Das Gericht hatte die schriftliche Verteidigung genehmigt und Esat den Beschluss umgesetzt. Hinterhältig nutzte er jedoch die Gelegenheit, um anderen Gefangenen vorzuführen, wie Hayri angeblich an seinem Geständnis arbeitete.

Da Yıldırım von seiner Angst beherrscht wurde, entschied er sich an diesem Punkt endgültig, fortan getrennte Wege zu gehen. Der Vorfall selbst war jedoch nicht ausschlaggebend. Der Feind versucht immer, Schwachstellen auszunutzen. Nicht bei allen wagte er es, sie offen zum Verrat aufzufordern. Nicht allen gab er die Gelegenheit, Hayri zu sehen. Ganz im Gegenteil bemühte er sich seit Jahren zu verhindern, dass wir aus der Ferne seine Silhouette sehen konnten.

Einmal wurde ich zum Gericht gebracht. An diesem Tag liefen mehrere Verhandlungen. Hayri musste auch an den Verhandlungen anderer Gruppen teilnehmen. Ich saß noch im Jeep. Normalerweise wurde ich erst in den Gerichtssaal gebracht, wenn alle anderen Angeklagten schon hereingeholt worden waren oder wenn er noch leer war. Dann wurde ich ganz vorne in eine Ecke gesetzt und die Soldaten stellten sich so um mich herum, dass ich niemanden sehen konnte. Ich sah mich trotzdem immer um. An diesem Tag wartete ich im Jeep, als ich plötzlich Hayri erblickte. Seine Hände waren hinter dem Rücken gefesselt und er hielt seinen großen Körper gebeugt. Vor und hinter ihm gingen weitere Freunde. Es machte mich sehr betroffen, ihn so zu sehen, und ich musste weinen. Dennoch gab mir sein Anblick Kraft für Monate. An der Art und Weise, wie er sich um die Freunde, die ihn umgaben, kümmerte, war zu erkennen, dass er wirklich eine Führungspersönlichkeit mit Verantwortungsbewusstsein war. Dieses Bild wurde auch nicht durch seine gebeugte Haltung getrübt. Es war geradezu ein Vergehen, sich davon beirren zu lassen. Schließlich war es genau das, was der Feind bezweckte. Er wollte uns unser Vertrauen und unsere Überzeugungen nehmen.

Jeder Mensch kann Fehler machen, Schwäche zeigen und Niederlagen erleiden. All das ist verständlich. Der Lüge zu glauben, dass Hayri aufgegeben hatte, um daraus den Schluss zu ziehen, selbst auch Verrat begehen zu müssen, entzieht sich jedoch jeder Logik.

Die PDA vertrat unter der Maske des »revolutionären Proletariats« eine kemalistische Grundeinstellung. Esat hatte Yıldırıms Furcht sofort gewittert und ausgenutzt. Folterer erkennen diejenigen schnell, die so wie sie selbst von Angst erfüllt sind, und sie wissen, dass diese eine leichte Beute sind. Şahin und Yıldırım waren die besten Beispiele dafür. Ihr Verrat basierte auf Angst und die Angst nahm ihnen jede Menschlichkeit. Kaum jemand ließ sich jedoch von diesen Personen, die in Esats Händen ein Stadium der totalen Erniedrigung erreicht hatten, negativ beeinflussen. Viele, die Schwäche zeigten und kurz vor der Kapitulation standen, lösten Mitleid bei den anderen aus. Aber Şahin und Yıldırım gegenüber wurde nur Hass und Wut empfunden. Selbst diejenigen, die ihnen nahe gestanden hatten und über sie zur Organisation gekommen waren, waren voller Verachtung.

die elazığ-gruppe vor gericht

Unsere Gerichtsverhandlungen wurden zu einer Show für Şahin und die anderen Verräter. Nur ihnen wurde Rederecht erteilt. Das Gericht war ein Kriegsschauplatz. Esat Oktay hatte sich im Gefängnis den Angeklagten der Elazığ-Gruppe auf besondere Weise angenommen und der Prozess sollte zu einem Paradebeispiel des Verrats werden. Şahin redete ohne Unterlass. Er begann seine Aussage mit der Entstehungsgeschichte der PKK und verdrehte die Tatsachen, um vor allem den Vorsitzenden in ein schlechtes Licht zu stellen. Er berichtete sogar davon, wie der Vorsitzende seine Mahlzeiten zu sich nahm. Şahin war hasserfüllt und aggressiv. Die ideologischen Ziele der Partei versuchte er aus einem kemalistischen Blickwinkel zu widerlegen. Es war merkwürdig, wie sehr er sich dabei ereiferte. Seit Jahren machte er Aussagen und sprühte dabei vor Hass, aber das hatte ihn offenbar noch nicht befriedigt. Ziel des Feindes war es, den Gerichtssaal ebenso wie zuvor die Verhöre bei der Polizei und das Gefängnis zu einem Ort zu machen, an dem der Verrat den Ton angab. Niemand sollte es wagen, die Organisation zu verteidigen.

Gelegentlich stand ich auf, um etwas zu sagen. Die Richter verweigerten mir das Rederecht. »Du kannst reden, wenn du an der Reihe bist«, sagten sie. Şahin stellte alles und jeden an den Pranger und ließ sich darüber aus, warum die PKK niemals Erfolg haben könne. Auf meine Versuche, ihm zu widersprechen, entgegnete er, ich solle mich nicht als Heldin aufspielen. Seiner Meinung nach hatten alle kapituliert und ich versuchte nur, mich wichtig zu machen. Lediglich draußen seien noch ein paar Leute übrig, aber für die gesamte Elazığ-Gruppe könne er die Garantie geben, dass es vorbei sei.

In der Verhandlung wurde keine einzige juristische Richtlinie eingehalten. Die Geschehnisse im Gefängnis sollten in keiner Weise in das Verfahren einfließen. Was hinter den Gefängnismauern ablief, durfte nicht nach außen dringen. In anderen Verfahren hatten die Freunde darüber berichtet, wie Gefangene zum Verrat genötigt worden waren. Sie hatten ausgesagt, dass diejenigen, die trotzdem weiter hinter der Partei standen und für ihre Überzeugungen eintraten, in der Mehrzahl seien. Sie erklärten auch ihre Verbundenheit mit Mazlum, der mit seiner Aktion gegen den Verrat Stellung bezogen hatte.

Ihre Verteidigung umfasste die Ideologie und Politik der Partei, die Besonderheiten unserer Revolution, das Niveau unseres Kampfes, die Notwendigkeit des Rückzugs ins Ausland, unsere Vorstellung von Sozialismus, den Charakter des Feindes, die Ziele und Bündnispartner unserer Revolution, die sozialen und politischen Strukturen unserer Basis und die Bedeutung des Vorsitzenden. Ich war fest entschlossen, auch in diesem Rahmen zu sprechen. Sollte Şahin doch versuchen, alles zu verdrehen. Wer würde seinen Lügen schon Glauben schenken und sich davon beeinflussen lassen?

Şahins Aussagen beinhalteten jedoch einen wahren Punkt: Dem Feind war es wirklich gelungen, die Elazığ-Gruppe größtenteils zu zerschlagen. Es gab Dutzende Überläufer, ebenso viele hatten ihre Überzeugungen verloren, ein Teil hatte Schwäche gezeigt und ein Teil wartete hilflos auf ein Zeichen. Nur ein sehr kleiner Teil stellte sich offen hinter die Partei. Şahin, Ali Gündüz, Erol Değirmenci und Yıldırım waren damit beauftragt worden, alle anderen zum Verrat zu bewegen. Alle Freunde aus der Elazığ-Gruppe waren mit brutalsten Methoden gefoltert worden. Tag und Nacht wurden sie mit Unterstützung der Verräter dazu gedrängt, Reue zu zeigen und für den Feind zu arbeiten. Ständig wurde ihnen vorgehalten, wie sie beim Verhör versagt hatten. Selbst die Kritik der Partei an der Gruppe wurde benutzt, um sie mürbe zu machen: »Nicht einmal eure eigene Organisation steht hinter euch. Sie hat euch alle zu Verrätern erklärt. Ihr seid am Ende. Was wollt ihr jetzt noch verteidigen?« Es stimmte, dass die Partei eine Bewertung der Festnahmen in Elazığ vorgenommen hatte. Ebenso stimmte es, dass eine politische Verteidigung keine einfache Sache war und darauf basieren musste, der Partei und der Bevölkerung gegenüber Rechenschaft abzulegen. Das galt für alle, aber insbesondere für die Elazığ-Gruppe, weil sie nicht den notwendigen Widerstand geleistet hatte. Alle hatten nach der Verhörphase einen Bericht geschrieben, in dem sie bekannten, der Partei nicht gerecht geworden zu sein, und sich bereit erklärten, dafür Rechenschaft abzulegen. Das geschah noch bevor die Partei ihre Kritik geäußert hatte. Es war nicht zu leugnen, dass unsere Realität weit von dem entfernt war, was die Kader der PKK ausmachte. Schon allein die Tatsache, dass wir uns nicht ausreichend geschützt hatten und es daher zu den Festnahmen kommen konnte, war ein Vergehen.

Natürlich zählte auch, was nach diesem Eingeständnis passierte. Der Kampf war ja nicht zu Ende. Der Kerker gehörte zu den schwersten Kampfgebieten überhaupt. Und wir hatten kaum Erfahrung damit. Der Verrat fand direkt vor unseren Augen statt und auch vor Gericht hatte er wieder das Wort. Konnten wir dazu schweigen? War es nicht genau das, was der Feind mit seinen Machenschaften bezweckte? Nein, genau jetzt mussten wir uns für die Partei einsetzen. Schließlich war es die Partei, die hier vor Gericht gestellt wurde. Anstatt dem Feind zu ermöglichen, unsere Schwäche auszunutzen, mussten wir unsere Schwäche in Kraft verwandeln und im Gerichtssaal den Kolonialismus anprangern.

Das Schweigen der Freunde dauerte den ganzen Verhandlungstag an. Ich sah zu Hamili und den anderen hinüber. Auch sie ergriffen nicht das Wort. Worauf warteten sie bloß? Oder war ich zu ungeduldig? Sollte ich abwarten, bis ich an die Reihe kam? Aber ich wollte unbedingt dieses fürchterliche Schweigen brechen, auch wenn der Feind mich nicht aussprechen ließ und Şahin behauptete, ich wolle mich als Heldin aufspielen. Es war mir egal und immerhin gelang es mir, ein paar Sätze zu sagen.

Die Protokollanten nahmen nur Şahins Beiträge zur Kenntnis. Auch die Anwälte sagten nichts, sie beantragten lediglich die Entlassung einiger ihrer Mandanten. Ihre angsterfüllten Blicke waren tragisch. Auch einige Angehörige verfolgten die Verhandlung. Sie weinten. Ihre Angst resultierte aus ihren Erfahrungen bei Gefängnisbesuchen und galt vor allem den Gefangenen. Sie wagten es kaum, uns anzublicken.

Die Folterzeremonien brachen auf dem Transport zum Gericht und zurück nicht ab, aber niemand stand auf und sagte: »Wir werden gefoltert.« Wurde die Folter dennoch mal zur Sprache gebracht, sagten die Richter: »Was im Gefängnis passiert, geht uns nichts an.«

So verliefen die ersten Verhandlungstage. Esat setzte seine Intrigen fort. Einmal wurde ich in den großen Gefangenentransporter gesetzt. Im ersten Moment freute ich mich über die unerwartete Gelegenheit, mit den Freunden zu sprechen. Dann bemerkte ich, dass es sich bei den Gefangenen, die in einer Reihe jeweils mit dem Gesicht zum Rücken des nächsten saßen, um Überläufer handelte. Niemand sah mich an. Unter ihnen erblickte ich jedoch auch Metin, Doğan und Mehmet. Unsere Blicke trafen sich. Sie verhielten sich merkwürdig. Ich konnte es nicht glauben und schüttelte fragend den Kopf. Was hatten sie hier zu suchen? Metin versuchte mit den Augen, mir etwas mitzuteilen. Meine Blicke gingen ihm nahe. Er senkte wieder den Kopf, aber gelegentlich sah er zu mir hinüber. Erst später begriff ich, dass Esat mich in diesen Wagen hatte setzen lassen, um meine Moral zu untergraben. Beim Aussteigen sagte ich zu Metin: »Was hast du zwischen diesen Ehrlosen zu suchen? Willst du etwa nach dem ganzen Elend zum Verräter werden? Idiot! Sieh zu, dass du hier heraus kommst!« Metin versuchte zu antworten, aber die Soldaten griffen ein und zogen mich weg. Hatten Doğan und Mehmet sich aus Scham so merkwürdig verhalten?

Ich erinnere mich nicht, wie ich in den Gerichtssaal gelangte. Der Verrat zog immer engere Kreise. Die ganze Zeit sah ich Meto vor mir. Ich fühlte einen Kloß im Hals. Es konnte einfach nicht wahr sein. Der Dreckskerl Esat wollte meinen Bruder benutzen, um mich fertig zu machen. Der Prozess ging weiter, ohne dass ich mitbekam, was gerade verhandelt wurde. Einige Mal blickte ich zu der Seite, auf der die Überläufer saßen. Auch Metin sah mich an. Dann blickte ich zur anderen Seite. Hamili, Selim und Şadi saßen nebeneinander. Mein fragender Blick blieb unbeantwortet. Auch unsere Augen sprachen anscheinend nicht mehr. Dabei hatten wir uns früher mit Blicken verständigen können.

Nach diesem Verhandlungstag ging Metin auf die Toilette und weinte. Als wir uns später wiedertrafen, sagte er : »In meinem ganzen Leben habe ich nicht so geweint.« Am nächsten Verhandlungstag saß er woanders. Es war wichtig, Esats Machenschaften zu durchschauen. Jeden Tag setzte er andere Gefangene zwischen die Überläufer. Er hatte die Schwachpunkte der Elazığ-Gruppe gefunden. Die unter Folter erpressten Aussagen und die von Şahin angeleiteten Gerichtsverfahren waren natürlich ein Erfolg für ihn.

»Mit Folter und Druck wurde Stille erzeugt«, sagte Hayri im Hauptverfahren. »Ich bin mir sicher, dass alle Betroffenen in Kürze ihre Aussagen zurückziehen und die Partei um Vergebung bitten werden. Sie sind mit Folter und unmenschlichen Maßnahmen dazu gebracht worden.«

Şahin hingegen behauptete: »Sie haben sich beeinflussen lassen und sind so an die Organisation geraten. Sie waren jung und es war einfach für die Partei, sie zu verführen. Man kann ihnen kaum Schuld geben und inzwischen haben sie es begriffen. Sie denken nicht mehr an die Organisation, sondern nur daran, so schnell wie möglich hier heraus zu kommen.« Ich unterbrach ihn: »Die Menschen sind mit Folter und Druck zum Schweigen gebracht worden.« Dann drehte ich mich um und sagte zu den Freunden: »Warum sagt ihr nichts?« Sie reagierten nicht und ich fuhr fort: »Sie werden schon noch reden. Wie schon beim Verhör versucht Şahin jetzt hier vor Gericht, unsere Überzeugungen zu brechen. Er bezeichnet alle als Feiglinge, weil er selbst vor Angst Verrat begangen hat. Dieses Gericht hält sich nicht an seine eigenen Regeln. Diese Verhandlung wird von Şahin Dönmez geführt. Er redet seit Tagen, uns wird kein Rederecht zugestanden.« Der Richter brüllte mich an: »Setz dich hin, sonst werfe ich dich raus!«

Bis ich mit meiner Verteidigung an der Reihe war, verging eine lange Zeit. Hamili, Selim und ich gaben politische Erklärungen ab. Andere räumten ein, dass sie Anhänger oder Sympathisanten waren. Unsere Redezeit bei der ersten Prozesserklärung wurde stark eingeschränkt. Alle Anschuldigungen basierten auf Şahins Aussagen.

Meine schriftliche Verteidigung war umfassend. Ich hatte mich dabei an den Plan gehalten, den wir immer noch versteckt hielten, aber sie ließen mich nicht zu Ende lesen, da sie den Inhalt als Straftatbestand werteten. Als ich mich wehrte, warfen sie mich aus dem Saal. Es gab auch eine gemeinsame Erklärung von Hamili und mir. Die Freunde hatten sie verfasst, Hamili und ich setzten unsere Unterschrift darunter. Sie wurde von Hamili verlesen. Einige Stellen ließ er dabei aus. Später wurde meine Erklärung Gegenstand eines Gerichtsverfahren. Ich wurde wegen einer Prozesserklärung angeklagt, die ich nicht einmal hatte verlesen können. Es war eigentlich komisch. Das Gericht vertrat eine politische Linie und bewertete es als Straftat, die Partei zu verteidigen und an Überzeugungen festzuhalten.

Der Kampf vor Gericht stärkte unsere Moral. Nach jeder Verhandlung wurden die Namen derjenigen, die sich politisch verteidigt hatten, als frohe Botschaft weitergegeben.

die nacht der vier

Der Hauptprozess wurde bewusst hinausgezögert. Es gab keine festen Verhandlungstage. Sie fanden immer dann statt, wenn das Gericht und die Gefängnisleitung es für nötig hielten.

Da es in unserer Gruppe viele Überläufer gab, ließen sie an jedem Verhandlungstag einen von ihnen reden. Als ich im Mai für die Verhandlung aus dem Trakt geholt wurde, machten alle Wächter einen merkwürdigen Eindruck. Obwohl sie mich rechtzeitig abgeholt hatten, waren die Freunde nicht mehr im Korridor, sondern saßen bereits im Transporter. Normalerweise wurden die Gefangenen Stunden vorher aus der Zelle geholt und mit Schlägen dazu gezwungen, stehend Märsche zu singen.

Es war Mai. War der Zeitpunkt absichtlich gewählt? Ausgerechnet im Mai sollte eine Verhandlung stattfinden! Ich wurde in den Jeep gesetzt. Der Soldat neben mir wirkte gedankenverloren. Mit seinem Schlagstock klopfte er auf seine Beine und in die Hände. Er war schweigsam. Was war los? Mein Herz schlug schneller und meine Kehle brannte. Der Fahrer war Lase, was man an seinem Dialekt hören konnte. Bei anderen Begegnungen hatte er ununterbrochen geredet. Er gehörte zu denen, die für die äußere Sicherheit zuständig waren. Daher redete er offener als die Soldaten, die innerhalb des Gefängnis tätig waren. »Was ist passiert? Wie viele Personen sind bei dem Feuer ums Leben gekommen? Ich habe nur den einen gesehen, der ins Krankenhaus gebracht wurde, oh weh! Er blutete überall. Es sah schlimm aus!« Der Soldat neben mir reagierte nicht. Vielleicht hatte er ihn nicht gehört. Der Lase wiederholte seine Frage. Dem Wächter war es unangenehm, dass ich mithörte. Sie redeten nie in unserer Anwesenheit über solche Themen. Ihnen war eingeschärft worden, dass wir keinerlei Zugang zu Informationen haben durften. Er blickte nicht auf, dann aber sagte er: »Ja Mensch, wie stark deren Überzeugungen sind. Der Typ brannte lichterloh und rief immer noch Parolen. Was für ein Kerl!« Dann fiel ihnen auf, wie ich zusammenzuckte. Was gesagt war, war gesagt. Ich versuchte zwar noch, mich zusammen zu reißen und so zu tun, als interessiere mich das nicht, aber sie sagten nicht mehr viel. Der Lase meinte nur noch: »Der Zustand von dem im Krankenhaus ist kritisch, wahrscheinlich stirbt der auch noch.«

Über die genaue Anzahl erfuhr ich nichts. Der Wagen fuhr los, ohne dass ich es merkte. Mir war gleichgültig, ob wir uns auf dem Boden befanden und der Himmel hell war oder nicht. Meine Augen füllten sich mit Tränen. Ich fühlte mich elend, aber ich wollte vor den Dreckskerlen nicht weinen. Meine Genossen hatten sich selbst angezündet, soviel hatte ich begriffen. Wer und wie viele es waren, wusste ich nicht. Ich musste schlucken. Sollte ich sagen, dass ich krank sei, und ins Gefängnis zurückkehren? Die Verhandlungen dauerten meistens sehr lange. Es würde wie Folter sein, den ganzen Tag im Gericht zu sitzen. Dann überlegte ich, dass sich vielleicht einer der Freunde vor Gericht zu dem Vorfall äußern würde. Einer von ihnen musste einfach aufstehen und etwas sagen. Ich wünschte mir, Hamili und die anderen würden es tun. Vielleicht waren aber gerade sie die Betroffenen. Vielleicht war Hamili unter ihnen. Sie waren morgens früh weggebracht worden. Normalerweise sahen wir uns immer, wenn es los ging, und grüßten uns aus der Ferne mit den Augen. Für uns alle war es ein schöner Moment, wenn wir uns anlächeln konnten. Hinterher in der Zelle berichteten wir dann lang und breit darüber. Die anderen fragten gespannt nach: »Und dann, was ist dann passiert?« Ich antwortete in einem Tonfall, der meine Freude nicht verbergen konnte: »Er hat gelacht und mich gegrüßt.« Und die Freundinnen sagten: »Ach, hätten wir ihn doch auch so sehen können!«

Beim Betreten des Gerichtssaals blickte ich mich sofort prüfend um. Hamili und die anderen aus seinem Trakt waren alle da, außer Şadi. Als das Gericht die Anwesenheit prüfte, hieß es, Şadi sei krank. Diese Angabe wurde für das Protokoll noch einmal wiederholt. Also war er krank. Wer konnte es sonst sein? Waren es wieder die Führungskader? Der Richter sagte irgendetwas, aber ich hörte nicht zu. Ich flehte nahezu die Götter an, die Verhandlung heute schnell enden zu lassen.

Die Verhandlung wurde unterbrochen. Niemand hatte etwas gesagt! Wussten sie es vielleicht nicht? Wie konnte ich sie fragen?

Ich wurde zum Transporter gebracht. Kurze Zeit später kamen auch Hamili und die anderen hinterher. Ich freute mich darüber. Zwar hielten sie die Köpfe gebeugt und sprachen nicht, aber immerhin konnte ich sie sehen. Die Soldaten wiederholten einige Male, niemand dürfe den Kopf heben und reden, danach begannen sie, sich zu unterhalten. Der Lärm im Transporter war ohrenbetäubend. Hamili konnte mich nicht hören. Ich stieß ihn mit dem Fuß an. Er zuckte leicht zusammen, dann huschte ein Lächeln über sein Gesicht. Neben ihm saß Rıza Bozyel. Leise fragte ich: »Ist etwas vorgefallen?« – »Nein, wieso?« fragte Rıza. – »Feuer«, flüsterte ich. Hamili drehte sein Gesicht ein bisschen in meine Richtung und sah mich aus den Augenwinkeln an. Er versuchte mich zu verstehen. »Feuer«, sagte ich nochmal. - »Uns geht es gut«, erwiderte er. Verwundert fragte ich mich, ob die Soldaten in meiner Gegenwart einen erfundenen Vorfall verbreitet hatten. Aber nein, eine Intrige konnte es nicht sein, dafür hatten sie selbst viel zu betroffen gewirkt.

Ich kehrte ins Gefängnis zurück. Auch an diesem Tag schaffte ich es nur mit Mühe, die Treppe hinaufzusteigen. Als die Korridortür geöffnet wurde, sah ich Gültan und die anderen oben an der Treppe warten. Manchmal wurden wir unter der Treppe verprügelt, bevor sie uns hoch gehen ließen. Die Freunde wurden auch im Gericht geschlagen. Die Soldaten waren bemüht, vor Gericht den Eindruck zu erwecken, dass die weiblichen Gefangenen gut behandelt wurden. Wir ärgerten uns natürlich darüber: »Die Freunde müssen glauben, dass es uns blendend geht.« Nur im Nachbartrakt waren die Schläge und unsere Schreie zu hören, bis zu den anderen Blocks drangen unsere Stimmen nicht.

Die Wächter sahen so aus, als ob sie den Schock vom gestrigen Abend noch nicht überwunden hätten. Der für unseren Trakt zuständige Wächter ließ normalerweise keine Gelegenheit aus uns zu quälen, aber heute war er schweigsam. Ich betrat den Trakt. Alle warteten gespannt auf Neuigkeiten. Ich berichtete, was ich morgens gehört hatte. Eine traurige Stille breitete sich aus. Niemand wagte es, Vermutungen darüber anzustellen.

Wir erfuhren erst nach einem Prozesstag der Urfa-Gruppe, was genau passiert war. Fuat Kav stand während der Verhandlung auf und sagte: »Vier unserer Genossen haben sich selbst verbrannt. Mahmut, Ferhat, Eşref und Necmi[30] haben eine Botschaft hinterlassen. Ich möchte, dass sie ins Protokoll aufgenommen wird.« Danach verlas er den Brief.

Sie hatten sich in der Nacht vom 17. auf den 18. Mai selbst verbrannt. Es war der Todestag von Haki Karer. Andere erzählten später, sie hätten gesagt: »Löscht das Feuer nicht, facht es an!« Jede Aktion kam einem Aufruf gleich. Die vier hatten auf Mazlums Aufruf geantwortet. Wir machten eine Gedenkveranstaltung, auf der die Freundinnen, die sie gekannt hatten, von ihren Erinnerungen an sie erzählten.

30 Ferhat Kurtay, Necmi Öner, Eşref Anyık und Mahmut Zengin

eine fremde unter uns

Jeder Todesfall brachte uns einander näher. Aber einige Gefangene waren einfach unverbesserlich. Ständig waren wir mit ihren Schwächen konfrontiert. War die Folter gerade intensiv, verkrochen sie sich. Geballte Angriffe führten immer dazu, dass interne Konflikte vorübergehend beigelegt wurden. Entspannte sich die Lage wieder, wurden sie unerträglich.

Die Soldaten waren ständig unter uns. Sie wurden immer sadistischer und griffen uns an wie Tiere. Manchmal kam es zu sexuellen Übergriffen. Einige Gefangene ermutigten die primitiven Instinkte der Soldaten sogar mit Blicken oder durch ihr Verhalten. Zwar kam das nur vereinzelt vor, aber es war dennoch nervenaufreibend. Wir reagierten scharf darauf und sprachen eindeutige Warnungen aus. Die große Mehrheit der weiblichen Gefangenen verhielt sich in diesem Punkt eindeutig. Mit den anderen wurden Gespräche geführt. Offen erklärten wir, es ei nicht zu dulden, dass sich eine Frau auf diese Weise erniedrigte. Wir ließen nicht einmal die Beschimpfungen der Soldaten widerspruchslos über uns ergehen, auch wenn wir dafür Schläge kassierten. Selbst als eine Frau, die sich im Kasino prostituiert hatte, angegriffen wurde, gingen wir dazwischen und nahmen die Frau in unsere Mitte. Unter uns hatten wir den Beschluss gefasst, dass eine Vergewaltigung oder ein ähnlicher Angriff zum Aufstand führen musste. Dabei war es wichtig, alle Gefangenen einzubeziehen und die Wut der Einzelnen zu vereinen. Eine geballte Reaktion auf Versuche dieser Art schüchterte den Feind ein. Esat hatte das begriffen. Kam er halbnackt zu uns, warfen wir bloß einen angewiderten Blick auf ihn und ließen ihn unsere Abneigung spüren. Meistens traf er dann nur auf die Traktverantwortliche oder er ließ Gönül rufen.

Gönül war wie eine Fremde unter uns. Mein erster Eindruck von ihr hatte mich nicht getäuscht. Ich hatte mich nie mit ihr anfreunden können, weil ich ihr gesamtes Verhalten als aufgesetzt, künstlich, verwöhnt und oberflächlich empfand. Die täuschende Reife ihres Gesichtsausdruck kam mir niemals glaubhaft vor.

In meiner ersten Zeit hier hatten die Freundinnen erzählt, dass sie manchmal stundenlang vor allem mit den Offizieren plauderte. Dafür stand sie in der Kritik. Aber Gönül konnte es nicht lassen. Als Esat Oktay die Verwaltung des Gefängnisses übernahm, wurden die damaligen Traktverantwortlichen als RädelsführerInnen gebrandmarkt. Normalerweise waren die VertreterInnen der Trakte aus verschiedenen Gruppen. Als die Folterzeit begann, suchte die Verwaltung die Verantwortlichen selbst aus. Gönül war in der ersten Zeit isoliert. Alle, die Widerstand leisteten, waren Angriffen ausgesetzt. Die Gerüchte über Gönül rissen auch nicht ab, als sie aus der Isolationszelle herauskam. Die Atmosphäre war angespannt, da sich das Vorgehen des Feindes und damit die Probleme geändert hatten. Gönül änderte ihr Verhalten jedoch nicht. Esat arbeitete bewusst daran, das Misstrauen, das wir Gönül gegenüber verspürten, zu vergrößern. Er kannte ihre Schwächen. Die Berichte des Feindes aus der Verhörphase waren Teil der Gefangenenakten. Darin stand auch, ob der oder die Gefangene gefährlich und der jeweiligen Organisation verbunden war.

Esat fragte jedes Mal, wenn er in unseren Trakt kam, nach Gönül. Konnte er sie nicht sofort sehen, schrie er: »Wo ist Gönül?« Kam sie dann herbeigeeilt, legte er ihr eine Hand auf die Schulter und sprach in vertraulichem Ton mit ihr. Manchmal ging es um ganz einfache Themen: »Was brauchen die Frauen für ihre Monatsregel? Wir geben euch Zeitungen, darin könnt ihr die Binden einwickeln« oder »Was braucht Helin?« Stets betonte er: »Gönül weiß so etwas, sie ist klug.« Mit Worten wie »Gönül weiß es, Gönül versteht das, Gönül ist klug« streichelte er ihre Seele. Gönül liebte Schmeicheleien und genoss selbst das Lob von Esat. Esat war jedoch ein Feind und es war klar, welchen Zweck er verfolgte. Er repräsentierte ein System, das darauf ausgelegt war, unseren Willen zu brechen und uns unsere Persönlichkeit zu nehmen. Um dieses Ziel zu erreichen, war er bevollmächtigt, alle geeigneten Methoden anzuwenden. Gönül störte sich nicht daran. Alles geschah vor unseren Augen. Das Problem dabei war nicht, dass sie auf die speziellen Wünsche von Esat oder anderen Folterern einging. Nein, sie wusste ja, wie wir darauf reagieren würden. Davor schreckte sie ebenso zurück wie die Folterer. Es war lediglich ihr flatterhaftes und maßloses Verhalten, das uns in den Wahnsinn trieb. Sie betrachtete ihr Gegenüber nicht als Feind, sondern benahm sich wie eine Beamtin ihrem Vorgesetzten gegenüber. Etliche Male musste ich stundenlange Gespräche mit ihr darüber führen.

Manchmal konnte ich es nicht ertragen und sagte vor allen anderen zu ihr: »Es reicht, Gönül! Dieser niederträchtige Mistkerl spielt mit dir, warum lässt du das mit dir machen? Es stört dich ja nicht einmal. Du bist die Verlobte von Rıza, der Feind weiß das. Du warst hier eine Zeitlang verantwortlich für den Trakt. Esat weiß auch, dass dein Verhalten die Freundinnen negativ beeinflusst. Deshalb hält er daran fest. Was er mit Folter nicht geschafft hat, will er auf diese Weise erreichen.« Ohne jede Scham sagte Gönül dann: »In Ordnung.« Manchmal weinte sie und manchmal erklärte sie wütend, ich würde sie völlig falsch beurteilen, aber ihr Verhalten änderte sich nicht. Wir führten einen regelrechten Nervenkrieg mit ihr.

Für uns war es zum Prinzip geworden, den Feind nicht nach Lust und Laune machen zu lassen, was er wollte. Wir hatten uns auf bestimmte Regeln eingelassen, versuchten jedoch immer mal wieder, sie zu unterlaufen und uns dagegen zu wehren. Ständig warteten wir auf den Moment, in dem es zur Explosion kommen würde und wir alle gemeinsam Widerstand leisten würden. Aus diesem Grund wollten wir weder Gönül noch eine andere Frau einfach dem Feind überlassen. Manchmal flehte ich sie geradezu an: »Wenn dir das alles egal ist, dann schau auf Rızas Ring an deinem Finger und verhalte dich wenigstens dieser Beziehung gegenüber respektvoll. Wer weiß, was Esat Rıza über dich erzählt? Reiß dich ein bisschen zusammen und spiel dich nicht immer in den Vordergrund, wenn Esat kommt. Lass doch die Traktverantwortliche mit ihm reden. Und wenn du etwas mit Esat zu besprechen hast, dann mach das in Anwesenheit der anderen Freundinnen. Du machst dich ansonsten verdächtig. Nimmst du jedoch Esat gegenüber eine konsequente Haltung ein, wird er von dir ablassen.« Mit solchen Worten versuchte ich, Gönül zur Besinnung zu bringen. Manchmal reagierte ich natürlich auch hart und unbarmherzig. Dann griff Gültan ein und sagte: »Manche deiner Worte sind sehr hart und treffen sie schwer. Lass mich mal mit ihr reden.«

Ich dachte viel darüber nach, warum Gönül wie eine Fremde unter uns war. Niemand mochte sie sonderlich. Sie hatte etwas Abstoßendes an sich, sah auf alle herab und war sehr von sich eingenommen. Aufgrund der Tatsache, dass sie gebildeter war als die meisten anderen, betrachtete sie sich als etwas Besonderes. Daher störte es sie auch nicht, von Esat gelobt zu werden.

Wir hatten ein Komitee gebildet, aus dem wir auch Gönül nicht ausschlossen. Waren Entscheidungen zu fällen, versuchten wir, sie einzubeziehen. Manchmal gaben wir ihr auch Aufgaben, wenn etwas geschrieben werden musste oder es um Bildungsarbeit ging. Damit versuchten wir, das Misstrauen, das ihr entgegengebracht wurde, abzubauen. Es ging ihr ja selbst nicht gut mit ihrem Verhalten. Sie hatte die Ausstrahlung eines Menschen, der nicht mit sich selbst in Frieden lebt.

was geschah mit den jungen frauen aus dersim?

Aus Elazığ kam eine neue Gruppe an. Unter ihnen waren Fadime K., Nimet E. und einige andere. Da ihre Namen in den Aussagen der zuvor Verhafteten genannt worden waren, wurden ihre Verfahren mit dem der Elazığ-Gruppe zusammengelegt. Im Gefängnis in Elazığ waren Hunderte FreundInnen, aber nur einige von ihnen wurden verlegt. Vor allem die Aussagen von Şahin Dönmez und anderen Überläufern trugen dazu bei.

Fadime war gemeinsam mit Hüseyin Eroğlu und anderen festgenommen worden. Sie wollten das Land verlassen und wurden auf dem Weg in Mardin erwischt. Für das Verhör waren sie nach Dersim gebracht worden. Danach kamen sie ins Gefängnis in Elazığ und schließlich nach Diyarbakır. Sie hatten eine chaotische Zeit hinter sich.

Nach den ersten Festnahmen 1979 hatten sie sich in die Berge zurückgezogen, wo sie während des Militärputsches bis zu ihrer Festnahme blieben. In der Gruppe waren auch Çiçek Selcan und Azime Demirtaş. Azime Demirtaş kam in dieser Zeit bei einem Gefecht mit dem Feind ums Leben und schrieb als unsere erste weibliche Gefallene Geschichte. Es war eine sehr kritische Zeit. Die kämpfenden Strukturen zu bewahren und die Kader am richtigen Ort mit passenden Aufgaben zu versehen, ohne dass der Kampf ins Stocken geriet, war nicht einfach. Die Partei versuchte, möglichst viele Kader ins Ausland zu schaffen. Auf Anweisung der Partei waren viele Gruppen aus Dersim in den Nahen Osten gegangen. Viele schafften es jedoch nicht, weil ihnen die Kontakte fehlten, die Strukturen zu unorganisiert waren oder einzelne Personen Fehler machten. Einige von ihnen wurden gefasst. In jener Zeit war Metin der Taube in den Bergen von Dersim. Für viele Probleme, die dort aufgetreten waren, war er verantwortlich. Es wurde viel über ihn geredet.

Nach dem, was erzählt wurde, wollte er bereits mit den ersten Gruppen das Land verlassen. Es gab Streit. Der Taube soll sich vollkommen willkürlich, sektiererisch und passiv verhalten und sich vor allem um sich selbst gesorgt haben. Außerdem soll er die Frauen belästigt haben. Fadime erzählte voller Wut:

»Er ist die ekelhafteste Kreatur, die ich je in meinem Leben gesehen habe. Wie hast du mit ihm in Elazığ zusammen arbeiten können? Kein Mensch kann ihn auch nur eine Minute ertragen. Er fühlt sich nicht die Spur der Partei verbunden. Während unserer Zeit in den Bergen hat er sich mit allen angelegt. Er hat auf niemanden gehört und sich benommen, als sei er die Partei höchstpersönlich. Vor allem auf Hüseyin hatte er es abgesehen. Du weißt ja, Hüseyin war mit Çiçek Selcan verlobt. Metin störte es am meisten, dass beide sich im selben Gebiet aufhielten. Er verbreitete unsagbare Gerüchte über sie. Dabei war er selbst hinter jeder Art von Dreck her. Er hat mich mehrmals angegriffen. Einmal habe ich ihn geschlagen und ihm damit gedroht, ihn zu erschießen. Er bekam Angst und ließ mich seitdem in Ruhe, zumindest was solche Dinge anging. Ehrlich gesagt, bin ich in Panik geraten. Gerade als wir losgehen sollten, beharrte er plötzlich darauf, auch mit zu kommen. Er fürchtete, dass ich etwas über ihn berichten könnte. Ich hoffe, dass er nicht ins Ausland gegangen ist. Was soll er dort der Partei auch erzählen? Was für einen Bericht will er abgeben? Jetzt sind Hüseyin und ich inhaftiert, er ist der Einzige von den Verantwortlichen, der übrig geblieben ist. Ich weiß, dass er lügen und Hüseyin schlecht machen wird. Sollte ich eines Tages hier heraus kommen, werde ich ihn zur Rechenschaft ziehen. Ich werde der Partei alles berichten.«

Fadime gehörte zu meiner allerersten Gruppe damals in Dersim. Sie hatte schnell eine enge Verbindung zur Organisation aufgebaut. »Diese Ideologie zieht schöne Menschen an«, sagten wir. Wir machten Bildungsarbeit im Stadtteil Dağ. Dafür nutzten wir immer gerade die Wohnung, die den Umständen entsprechend passte. Fadime war zwar nicht unter den Ersten, die sich der Bewegung anschlossen, aber sie kam schon bald nach der ersten Gruppe. Sie war beliebt und nicht sehr gesprächig. Was sie sagte, hatte Hand und Fuß. Sie hinterließ einen positiven und reifen Eindruck und hatte ein ruhiges Temperament. »Sie ist bissig und tatendurstig. Mit diesen Eigenschaften kann sie eine hervorragende Militante werden«, sagten wir damals über sie. Eigentlich war sie ungezügelt und rebellisch, aber das ließ sie sich kaum anmerken.

Zu dem Kreis, den Kıymet negativ beeinflusst hatte, gehörte Fadime nicht. Sie ließ sich nicht leicht beeindrucken. Sie dachte nach, bevor sie reagierte. Als sie nach der Festnahme mit Stromstößen gefoltert wurde, soll sie nicht geschrien haben. Die Polizisten waren perplex und gerieten sogar in Panik. Wenn dein Körper unter Strom gesetzt wird, musst du einfach schreien. Ich konnte Knüppelschläge aushalten, ohne zu schreien. Aber die Elektrofolter war etwas anderes. Der Mensch gibt dabei alle möglichen Töne von sich. Fadime schrie nicht. Die Polizisten sagten: »So etwas erleben wir zum ersten Mal. Du bist anormal.« Sie erzählten den Vorfall überall herum. Als Fadime uns diese Begebenheit erzählte, lachten wir alle und sagten: »Du bist berühmt geworden.«

Sie hatte kein Geständnis bei der Polizei abgelegt. Sie sagte nur etwas über den Kurier, mit dem sie gemeinsam festgenommen worden war, und außerdem, dass sie Hüseyin kannte und ins Ausland gehen wollte, da sie gesucht wurde. Die Polizisten hielten ihr beim Verhör Aussagen vor, die andere über sie gemacht hatten. Viele Leute, die in in jener Zeit in Dersim festgenommen wurden, gaben die Namen von Fadime, Nimet und Menekşe an, wenn sie gefragt wurden, wen sie von den jungen Frauen kannten.

Es überaschte mich, dass Nimet ins Gefängnis kam, und sogar nach Amed. Fadime erzählte viel über diese Familie. Nimet hatte in der Stadtverwaltung gearbeitet. Ich war zuletzt im April in Dersim gewesen. In dieser Zeit wurde über Kıymet und ihr Umfeld diskutiert. Der Kontakt zu Nimet wurde vorläufig abgebrochen. In der Kritik standen auch Türkan Çakmak, Erol D., Menekşe und Kıymets andere Schwestern. Einigen waren ihrer Aufgaben enthoben worden und sie wurden isoliert. Für Kıymet sollte das gleiche gelten, aber es war klar, dass sie sich nicht an solche Sanktionen halten würde. Sie hatte einen schlechten Einfluss auf die anderen. Die Situation war chaotisch. Meral war nicht mehr vor Ort. Es war die Zeit, in der die Auseinandersetzungen mit der HK begannen. Da ich anschließend festgenommen worden war, wusste ich nichts über die weiteren Entwicklungen.

Nach unserer Festnahme gingen Kıymet und andere nach Ankara. Perihan war aus der Arbeit in Hilvan abgezogen worden. Es kam heraus, dass eine der jüngeren Schwestern eine Beziehung mit einem Militärangehörigen hatte. All diese Neuigkeiten sprudelten nur so aus Fadime heraus. »Stopp!«, rief ich, »Wir haben es ja verstanden.« Was für eine merkwürdige Familie! Sie galten sogar als »progressiv.« Und dann machten sie soviele Probleme. Die Schwestern stürzten der Reihe nach ab.

«Seher, also Cemile Merkit ist nach Antep gegangen«, sagte Fadime. Nach einer Weile war ihre Ehe mit Genosse Fuat ins Gerede gekommen. Angeblich soll Fuat gesagt haben, er werde ihr »ein Dutzend Kinder machen«. Ich nahm an, dass diese Gerüchte nur in die Welt gesetzt wurden, um seinem Ansehen zu schaden. Unter uns verboten wir sogar jede Diskussion darüber. »So etwas ist zermürbend«, sagten wir. Fadime entgegnete: »Aber es ist in aller Munde, du kannst nicht alle zum Schweigen bringen!«

Womit beschäftigten sich unsere Leute bloß? Da die Antipropaganda bis zum Himmel stank, musste etwas Ernstes geschehen sein.

Die meisten der ersten jungen Frauen aus Dersim waren eine Enttäuschung. Aus welchen Gründen auch immer waren keine aufrichtigen Bindungen entstanden. Türkan Çakmak war isoliert worden. Sie hatte ihre Fähigkeiten ihrer verkorksten Weiblichkeit geopfert. Ihr fehlte eine tragfähige, willensstarke und maßvolle Haltung. Immerhin war Erol verheiratet und hatte ein Kind. Auch seine Frau war eine Genossin. Während der gemeinsamen Arbeit im Gebiet Mazgirt verletzten sie unsere Prinzipien revolutionärer, genossenschaftlicher Beziehungen.

Was für ein Mensch war dieser Erol? Ich kannte ihn nicht genug, um ihn einschätzen zu können. Ein paar Mal war ich wegen einer Versammlung oder eines anderen Anliegens in seiner Wohnung gewesen. Er hatte eine scharfe Zunge, verfügte jedoch über wenig Tiefgang. Auch seine Familienstrukturen waren kompliziert. Özden war seine Stiefschwester. Sie war bei der HK und kam uns verdächtig vor. Später schien sich unser Verdacht zu bestätigen, als Hüseyin Yıldırım angeblich ihre geheime Akte in die Hand bekommen hatte. »Die Akte werde ich Ali Haydar Kaytan geben«, hatte er gesagt. »Hat er das eigentlich getan? Weißt du etwas darüber?«, fragte ich Fadime. Sie sagte, sie habe davon gehört, könne sich jedoch nicht genau erinnern. »Ich glaube, er wollte sich in der Nähe von Pertek mit den Freunden treffen. Dabei wurden sie vom Feind angegriffen. Es gab wohl auch Verletzte. Wenn ich mich nicht irre, wurde auch Genosse Ali Haydar leicht verwundet.«

Es war merkwürdig. Mein Misstrauen gegen Hüseyin Yıldırım wuchs. Wenn der Feind einen geheimen Treffpunkt angriff, der Yıldırım bekannt war, hatte er mit Sicherheit seine Finger im Spiel. Die Freunde waren einfach zu naiv, sie durchschauten ihn nicht. Während meiner Zeit in Malatya hatte ich die Partei über meinen Verdacht informiert. Offenbar war das ignoriert worden.

Als ich von seiner Verhaftung erfuhr, sagte ich: »An der Sache ist etwas faul.« Der Kerl hatte kaum an unseren Gerichtsverhandlungen teilgenommen. Er verhielt sich ängstlich und redete nur, wenn er eine Haftentlassung beantragte. Warum war er verhaftet worden? Man musste ein Auge auf ihn haben. In welchem Trakt war er wohl? Es gab noch weitere Anwälte, die verhaftet worden waren. Vielleicht handelte es sich auch nur um eine Drohgebärde des Feindes, um die Anwälte zum Schweigen zu bringen und zu verhindern, dass sie uns vor Gericht vertraten. Das war möglich, trotzdem fühlte ich mich unwohl.

Fadime erzählte über Sevim, sie sei nicht mehr aktiv. Ich fragte nach Nadire. Sie war klug und voller Tatendrang. Yıldız Durmuş und Kadriye waren aus dem Gefängnis entlassen worden. Gönül Tepe hatte sich bei einer Hausdurchsuchung in Bingöl am Rücken verletzt, als sie von einem Balkon gesprungen war. Auch sie war in die Berge gegangen. Darüber freute ich mich: »Sie hat eine anarchistische Seele, in den Bergen fehlt noch eine Revolverfrau!« Alle lachten.

Nurhayat war in Ağrı. Auch sie hatte Probleme gehabt. Zuletzt war sie eine Zeitlang in Diyarbakır im Gefängnis gewesen. Sie war nur verhaftet worden, damit sie dem Feind Informationen lieferte. Später wurde sie frei gelassen. Aysel hatte lang und breit davon erzählt. Innerlich fluchte ich. Von den jungen Frauen aus Dersim war fast keine mehr übrig. Ich fragte: »Was ist aus der Kleinen von der Lehrerschule geworden?« Sie war nach Hilvan geschickt worden. Über Fadime Y. gab es keine genauen Informationen. Niemand wusste, was aus ihr geworden war, aber vermutlich war auch sie nicht mehr aktiv und ging andere Wege.

Die erste Zeit innerhalb der Organisation war prägend. In schweren Zeiten stellte sich dann heraus, wer schwach war und sich selbst nicht organisiseren konnte.

Wir hatten ein distanziertes Verhältnis zu Nimet, achteten jedoch darauf, sie nicht auszugrenzen. Der Feind wusste über ihre Familie Bescheid und würde wahrscheinlich versuchen, die Unstimmigkeiten auszunutzen. Daher bezogen wir sie ein und gaben ihr sogar eine Aufgabe in der Logistikgruppe. Wir wollten sie spüren lassen, dass wir ihr vertrauten. Sie war sich der Problematik bewusst und hätte sich positiv entwickeln können, wenn sie es gewollt hätte. Die familiären Bindungen beeinflussten sie jedoch und sie war inkonsequent. Ihr feminines Gehabe war typisch für die gesamte Familie, in der irgendwie alle kleinbürgerliche Wertmaßstäbe verkörperten.

systematische folter

Nach der »Aktion der Vier« ging der Feind umsichtiger vor. Er wandte unterschiedliche Methoden parallel an. Um die Gefangenen nicht zur Ruhe kommen zu lassen, beschäftigte er sie vierundzwanzig Stunden am Tag mit Märschen, Übergriffen und Folter. Die grobe Folter fand gut dosiert statt, aber mit dem Zwang zum Singen von Märschen und ähnlichen Methoden hielt er die Zügel straff. In den Isolationszellen ging er sogar noch vorsichtiger vor. Zumindest zogen wir diesen Schluss aus dem, was uns zu Ohren kam. Die Aktion von Mazlum und den Vieren waren außergewöhnlich. Obwohl die organisatorischen Strukturen in weiten Teilen zerschlagen waren und die Gefangenen ständig überwacht wurden, fürchtete der Feind weitere Aktionen. Diese Erwartung machte ihn noch aggressiver. Auch uns ließ er nicht in Ruhe, aber es gab auch Lockerungen. Wir mussten Märsche singen, aber nicht ständig, so dass nicht unser gesamtes Leben davon bestimmt wurde. Wir schufen uns Freiräume, indem wir zum Beispiel die Zeiten, die für die Märsche vorgesehen waren, für Diskussionen nutzten.

In einigen Männertrakten waren die Vorgaben des Feindes komplett verinnerlicht worden. Sie sangen auch ohne Aufforderung. Die Soldaten kontrollierten sie gelegentlich. Nur, wenn sie ohnehin Schläge austeilen wollten, gingen sie hinein und behaupteten, es sei zu leise oder nicht gut genug gesungen worden. Ansonsten unterlag die »Autokontrolle« den Traktvertretern oder denjenigen, die für diese Aufgabe bestimmt worden waren.

Bei uns mussten sich die Verantwortlichen, die vom Feind ausgesucht wurden, an unserem Willen orientieren und nicht an dem des Feindes. Darauf bestanden wir von Anfang an. Gelegentlich lief es schief, aber überwiegend klappte es. Nach den bei uns herrschenden Wertmaßstäben wurde es abgelehnt, sich dem Willen des Feindes zu beugen, ohne sich zu wehren. Intern galten nicht die Regeln des Feindes, sondern unsere eigenen. Wir diskutierten über alles, von der Mimik dem Feind gegenüber bis zum Verhalten vor Gericht. Dem Feind Schwächen zu zeigen, war unverzeihlich. Wir lehnten jedes Verhalten ab, das den Feind ermutigte. Auf Weinen, Jammern und Flehen reagierten wir sofort mit bösen Blicken. Natürlich kam es trotzdem häufig dazu. Wir gingen nicht bei allen Frauen auf die gleiche Weise vor. Bei manchen versuchten wir, sie durch lange Gespräche zur Einsicht zu bringen. Bei anderen waren wir härter und es kam sogar zu Sanktionen. Wir waren gegen jede Form von Folter und hassten sie. Verhalten, das den Feind ermutigte und die anderen Gefangenen verriet, bestraften wir jedoch, wenn es nur auch symbolisch war. Das war wahrscheinlich paradox.

Der Feind folterte systematisch und brutal. Er griff menschliche Werte und revolutionäre Ideale an. Wir hingegen reagierten lediglich auf Verhaltensweisen, mit denen die Menschheit, die eigenen Genossinnen und Frauen im Allgemeinen verraten wurden. Das war nur natürlich. In diesem Sinne waren wir nicht mit dem Feind zu vergleichen. Unsere Wut richtete sich gegen Willensschwäche, Versklavung der eigenen Persönlichkeit und reaktionäres Verhalten.

Viele der Frauen im Gefängnis standen unter dem Einfluss traditionellen Denkens. Die Traditionen spielten eine größere Rolle als ihre kurdische oder ihre weibliche Identität. Daher hatten wir intern mit ihnen am meisten Probleme. Ein typisches Beispiel war Pakize. Sie stammte aus Hilvan. Auch ihr Mann war im Gefängnis. Pakize war bei ihrer Festnahme schwanger. Durch die Folter erlitt sie eine Fehlgeburt. Der Schmerz über diesen Verlust saß tief. In ihren Schuldzuweisungen schwankte sie zwischen dem Feind und der Partei. Hätte es die Partei nicht gegeben, wäre sie nicht als Kurdin zur Welt gekommen, hätte sie den FreundInnen nicht ihre Wohnung geöffnet und sich nicht an der Arbeit beteiligt, wäre es niemals so weit gekommen! In anderen Zeiten richtete sich ihre Wut gegen den Feind und sie teilte unsere Gefühle. Sie beschimpfte die Folterer und manchmal zerrissen ihre Schreie die Luft, so dass sogar die männlichen Gefangenen im Nebentrakt sich schämten. Die Frauen machten es dem Feind mit ihrem Frausein manchmal schwer. Sie waren nicht so tief gesunken wie die Männer. Trotz der Folter verloren sie ihre Hoffnung und ihre Überzeugungen nicht. Immer noch klopften sie auf der Suche nach Kommunikationswegen die Wände ab. Pakizes Schreie waren Teil des Widerstands. Aber die gleiche Pakize ging manchmal auch wie eine Irre auf uns los. Dann machte sie uns verantwortlich für den Verlust ihres Kindes, hielt sich nicht an die Alltagsregeln und ging ihre eigenen Wege. Reagierten wir auf ihr Verhalten, ging sie zu den Frauen der anderen Gruppen und weinte sich bei ihnen aus. Pakize empfand die anderen Gruppen als weniger gefährlich, da der Feind ihnen nicht das antat, was er mit uns anstellte. Ihrer Meinung nach waren sie klüger als wir, die wir nicht den Mund halten konnten. Daher hatte der Feind sozusagen Recht, wenn er uns folterte. Auch an unseren Versammlungen nahm sie nicht teil. Unserer kollektiven Kasse hatte sie sich angeschlossen, aber sie bestand ständig auf Extraausgaben für sich selbst, so als ob wir ihr etwas schuldig seien und gezwungen wären, alle ihre Wünsche zu erfüllen. Schließlich war sie eine Gefangene im PKK-Verfahren und die PKK hatte Schuld an dem Schmerz, den sie erleiden musste, daher hatten wir gefälligst auf ihre Sonderwünsche einzugehen!

Esat wollte Pakize gegen ihren Mann einsetzen. Sie wurde einige Male mit ihm zusammen gebracht. Ihr Mann war in einem der normalen Trakte und auch er litt unter den Geschehnissen. Eine Zeitlang hörte sie nichts von ihrem Mann. Auch ihre Erwartungen, bei der Gerichtsverhandlung entlassen zu werden, erfüllten sich nicht. Einige Gefangene aus ihrer Gegend waren freigelassen worden, aber sie musste bleiben. Aufgrund all dieser Umstände war sie in schlechter psychischer Verfassung. Damit stellte sie eine Gefahr dar, denn der Feind öffnete im Gefängnis seine Türen weit für jede Form des Verrats.

Auch die Soldaten beobachteten, wie es um die einzelnen Gefangenen bestellt war. Sie registrierten, ob eine ein Problem hatte, sich von den anderen absonderte, niedergeschlagen wirkte oder ob sich in ihren Augen Schwäche widerspiegelte. Der Feind hatte ein System installiert, in dem sich alle gegenseitig kontrollierten. Die Soldaten beobachteten sich ebenso gegenseitig voller Misstrauen. Hinter jeder Verhaltensweise der Gefangenen suchten sie nach einer Bedeutung, die eine Gefahr darstellen konnte. Dabei interpretierten sie jede Bewegung nach eigenem Gutdünken. Natürlich hatten sie auch manchmal Recht mit ihren Deutungen. Sie stellten Mutmaßungen darüber an, wer schwach und wer willensstark war. Wir kannten uns gut. Auch wir lernten, das Verhalten der Soldaten zu deuten, wobei wir uns manchmal jedoch irrten. Es kam vor, dass wir uns von unseren Wünschen und Erwartungen leiten ließen und hinterher herauskam, dass es wieder sehr schmerzliche Neuigkeiten gab.

Pakize ließ die Soldaten ihren Zustand spüren. Nachdem sie auf der Krankenstation gewesen war, begann sie damit, ständig unter dem Vorwand der Medikamentenvergabe zu den Soldaten zu gehen. Wir wussten nicht, ob sie ihren Mann traf oder ob es ein Anzeichen dafür war, dass sie zum Spitzel geworden war. Bei uns galt die Regel, dass niemand alleine mit den Soldaten sprach. An diesem Punkt waren alle Freundinnen sehr aufmerksam. Wurde diese Regel gebrochen, wurden der Betreffenden böse Absichten unterstellt.

Wir beobachteten Pakize. War ihr etwas versprochen worden? Was waren die Beweggründe für ihr Verhalten? In diesen Tagen wurde wenig gefoltert. Es herrschte eine merkwürdige Ruhe. Die Gerichtsverhandlungen waren seltener geworden. Vor kurzem hatten die Verhandlungen im Urfa-Prozess stattgefunden. Jetzt liefen nur die Verfahren kleinerer Gruppen weiter.

Es war Juli und sehr heiß. Esat kam seltener zu uns. Der wachhabende Soldat kam aufgeregt in den Trakt und sagte: «Mein Kommandant kommt, seid ihr bereit?« Welch ein Unsinn, ansonsten kümmerte es sie ja auch nicht, ob wir bereit waren oder nicht. Nur manchmal hielten sie sich an die Formalitäten und informierten uns vorher. Wir hatten schon einige Schläge dafür kassiert, wenn wir darauf pochten und sagten: «Hier ist der Frauentrakt. Tag und Nacht herrscht ein willkürliches Kommen und Gehen. Warum werden wir nicht vorher informiert, wenn jemand kommt? Das akzeptieren wir nicht.« Esat schrie dann: «Hier gibt es keine Frauen oder Männer, hier gibt es nur Soldaten!« In anderen Situationen sagte er mit geringschätzigem Lachen, wir seien schließlich Frauen, daher müssten wir darauf achten, unsere Eierstöcke warm zu halten. Oder er befahl den Soldaten: «Mein Sohn, hier befinden sich Damen, das müsst ihr doch verstehen. Bringt Watte und Zeitungen zum Einwickeln.« Aber derselbe Esat nahm dann die in Zeitungen eingewickelten Binden und warf sie in die Isolationszellen oder die Folterräume, um unsere «Ehre« zu verletzen und die männlichen Gefangenen zu beschämen. Als wir davon hörten, begannen wir damit, die Binden unter dem sonstigen Abfall zu verstecken. Natürlich machte es uns betroffen, dass der Feind selbst diese Angelegenheit gegen die Gefangenen einzusetzen versuchte.

Ali Osman betrat den Trakt und musterte uns ruhig von der Tür aus. «Sakine Polat, Aysel Çürükkaya, Gönül Atay. Macht euch bereit und kommt nach unten«, sagte er und ging. Wir alle standen wie erstarrt da. Es war kein Soldat mehr anwesend, aber wir blieben in einer Reihe stehen. Schließlich begannen alle gleichzeitig zu reden: «Was ist los, wo wollen sie euch hinbringen?«

Gültan, Fadime, Nimet und einige weitere Frauen sagten: «Wir kommen auch mit. Was wollen sie von euch? Sicher werfen sie euch in die Isolationszelle oder bringen euch in den Männertrakt ...« Wir erwiderten:

«Sollten wir tatsächlich zu den männlichen Gefangenen verlegt werden, wäre das nur von Vorteil, dann wären wir den Freunden näher und könnten uns mit ihnen austauschen. Wenn es so sein sollte, lassen wir euch Nachrichten zukommen. Wir verstecken sie zwischen Kleidungsstücken, die wir euch schicken. Ihr müsst gründlich danach suchen«. Das war eine erfreuliche Aussicht. Alle schwankten zwischen Freude und Traurigkeit. Es war ein merkwürdiger Moment.

«Macht euch bereit« hatte er gesagt. Wir sollten also unsere Sachen mitnehmen. Aysel sagte: «Als er uns aufgefordert hat, uns bereit zu machen, dachte ich, er meint die Bastonade. Ich wollte mich schon hinsetzen«. Einmal waren wir tatsächlich vor den Augen aller anderen der Bastonade unterzogen worden, bevor wir aus dem Trakt geholt worden waren. Mit dieser Methode sollten die anderen Gefangenen eingeschüchtert werden. Dieses Mal wurde eine andere Taktik angewandt.

Aber um was ging es diesmal? Sollten wir den wachhabenden Soldaten fragen? Gültan ging zu ihm und fragte: «Sollen die Freundinnen ihre Sachen mitnehmen?« Der Soldat antwortete: «Sie sollen das tun, was mein Kommandant gesagt hat. Sie sollen hinunter gehen. Ich habe die Tür geöffnet. Aber sie sollen ihre Bettsachen mitnehmen.« Damit war klar, dass wir im unteren Trakt isoliert werden sollten. Aber warum bloß, was war wohl geschehen?

Wenn man mich fragt, was die schlimmste Form der Folter ist, sage ich: «Ungewissheit«. Ungewissheit... Wir konnten nur Mutmaßungen anstellen. Der Kerker blieb derselbe, aber wir waren isoliert. Was im Gefängnis ablief, wussten wir nicht. Wir wussten nur das, was wir aus dem nebenan liegenden Trakt mitbekamen. Manchmal sahen wir auf dem Weg zur Krankenstation einzelne Gefangene. Selten handelte es sich dabei um Bekannte. Es kam sogar vor, dass Überläufer gegrüßt wurden, weil die Freundinnen sie nicht als solche erkannten. Wir versuchten, durch die Wächter etwas über die anderen Gefangenen zu erfahren. Jeder Trakt hatte einen eigenen Aufseher. Sie riefen sich manchmal gegenseitig mit den Traktnummern und gaben sich seltsame Spitznamen.

Wir verabschiedeten uns von den Freundinnen. Alle umarmten und küssten sich. Einige weinten. Zu Fatma, Fadime und Gültan sagte ich: «Ihr habt jetzt die Verantwortung. Achtet darauf, dass die Stimmung gut bleibt. Passt auf Pakize auf und sprecht mit ihr. Die Freundinnen aus Hilvan kennen sie, sie sollen sich um sie kümmern. Und seid Cahide weiterhin behilflich. Wir sind unten, wir hören voneinander. Seid vorsichtig mit schriftlichen Nachrichten. Nachts könnt ihr vom Fenster aus eine Schnur herablassen, aber diesen Weg sollten wir nur in Notfällen nutzen. Ihr könnt auch im Essen Nachrichten verstecken. Sobald wir etwas Neues hören, teilen wir es euch mit. Wir werden versuchen, mit dem anliegenden Trakt Kontakt aufzunehmen. Wenn eine von euch zum Krankenhaus oder zum Gericht fährt, soll sie den Freunden sagen, dass wir getrennt worden sind. Ich vertraue euch.« Gültan und Fadime antworteten bedrückt, aber gefasst: «In Ordnung«. Fatma sagte: «Warum soll ich nicht mit hinunter kommen? Ich will auch mit. Soll Gönül doch hier bleiben.« Alle lachten.

«Leider legen nicht wir das fest, sondern der Feind. Du wist hier gebraucht. Mach nicht denselben Fehler wie früher, sondern stimme dich mit den Freundinnen ab«, sagte ich zu Fatma. Gekränkt entgegnete sie: «Ach, dann geht doch. Ich weiß schon, was zu tun ist.« Sie schien nicht bereit, ihre Angewohnheiten zu ändern. Es war ihr egal, was die anderen über sie dachten. Es war nicht eindeutig, ob sie zu uns gehörte oder nicht.

In schwierigen Zeiten, in Momenten, in denen der Feind angreift, ist die Einheit unter den Gefangenen sehr wichtig. Die Zeit war nicht stehen geblieben, das Leben ging weiter. Einige Gefangene ließen sich mürbe machen oder wurden mit Gewalt vom Weg abgebracht. Andere ließen sich nicht entmutigen und standen nach jedem Fall wieder auf. Dieser Unterschied war von Bedeutung. In einem revolutionären Leben gibt es keine geheimen Ängste, Gefühle oder Wünsche. Die Natur der Revolution ist nicht verborgen, sondern splitternackt.

Obwohl wir den Grund für unsere Isolation nicht kannten, bewerteten wir sie positiv. Für uns war es immer eine positive Entwicklung, wenn der Feind eine Gefahr witterte und entsprechende Maßnahmen traf. Die Strafe, die uns der Feind auferlegte, stärkte unser Selbstvertrauen. Ein Störfaktor für den Feind zu sein, bedeutete für uns einen unbeschreiblichen Genuss, der unsere kämpferischen Gefühle wachsen ließ. Genau darum ging es in unserem Kampf. Die Freude und der Stolz wuchsen, wenn der Kampf organisiert und im systematischen Austausch mit den Freundinnen und Freunden stattfand. Wir hatten erst spät vom Tod des Genossen Mazlum erfahren. Auch die Nachricht von der Aktion der Vier hatte uns spät erreicht. Wir hatten nur gewusst, dass etwas vorgefallen war, aber die wirkliche Dimension erfuhren wir erst durch die Erklärung, die bei einer Verhandlung im Urfa-Prozess abgegeben worden war. Sie hatte dazu geführt, dass viele Freunde sich vor Gericht zu den Haftbedingungen äußerten, sich zur Partei bekannten und eine politische Verteidigung ablegten.

Die Geschehnisse waren kompliziert und widersprüchlich. Im Gefängnis wurden die Regeln des Feindes befolgt und türkische Märsche gesungen. Gleichzeitig wurden vor Gericht Reden gehalten, in denen der Feind und der Kolonialismus angeprangert und die Ideologie und Politik der Partei verteidigt wurden. Vor Gericht lag die Initiative bei uns. Wir vertraten dort die Partei. Zwar waren wir die «Schuldigen« auf der Anklagebank, aber wir klagten von dort aus den Kolonialismus an. Mit lauter Stimme standen wir für unsere Überzeugungen ein, erklärten unsere Verbundenheit mit den Gefallenen und schworen, künftig der Partei gerecht zu werden, selbst wenn wir zuvor versagt hatten. Auch unsere Fehler und Vergehen waren Teil unserer Realität, ebenso wie unsere Position im Gefängnis, die wir täglich voller Wut verfluchten, weil sie unerträglich war und uns auszehrte.

Nachdem wir in der neuen Zelle angekommen waren, versuchten wir die Geschehnisse in Ruhe zu bewerten. Zunächst lauschten wir den Geräuschen aus der Umgebung. Stundenlang pressten wir unsere Ohren an die Blenden an der Tür und die Wände. Die Geräuschkulisse im unteren Stockwerk war furchterregend. Selbst die Stimmen aus dem letzten Block kamen hier als ein Murmeln an. Verstehen konnten wir so gut wie nichts.

Aus dem Nebentrakt konnten wir Stimmen vernehmen, aber es handelte sich nur um normale Unterhaltungen. Einmal wurde die Tür geöffnet und der Wächter rief einen Gefangenen herbei. Einer fragte nach einem Stift, ein anderer hustete wie ein Tuberkulosekranker. Bei diesem Stichwort drehte ich mich zu Aysel um und sagte: «Du solltest vorsichtiger sein und nur dein eigenes Essgeschirr benutzen. Es ist besser, wenn du deine Wäsche und dein Handtuch immer sauber hälst. Und du rauchst viel zu viel. Wenn du damit nicht aufhörst, wirst du die Krankheit nie los.« Aysel sah mich gekränkt an, als wolle sie sagen: «In diesem ganzen Dreck und Elend denkst du immer noch an Reinlichkeit?« In solchen Momenten warf sie mir schweigend böse Blicke zu. In ihren Seufzern und ihrem Gesichtsausdruck spiegelten sich Hilflosigkeit und Schmerz wider. Selbst ihre Art sich zu bewegen, verriet einen unterdrückten Menschen, der das Leben aufgegeben hatte und auf den Tod wartete. Beim Rauchen inhalierte sie den Rauch so tief, als ob es unbedingt zu vermeiden galt, die geringste Menge des Giftes zu verschwenden. Sie vergiftete ihre Lungen!

Ich rauchte selbst auch, aber es bereitete mir kein Vergnügen. Mehrmals startete ich Kampagnen, um das Rauchen gemeinsam aufzugeben. Ich sagte zwar, es sei schwer, sich das Rauchen abzugewöhnen, aber meistens gelang es mir. Im Gefängnis waren selbst Zigaretten eine Waffe in der Hand des Feindes. Sie waren Bestandteil des Bestrafungskonzepts. Die Gefangenen wurden manchmal monatelang mit dem Entzug von Tee, Zigaretten, Besuch oder Hofgang bestraft. Da hier die größte Abhängigkeit bestand, boten sie auch die größte Angriffsfläche. Teetrinken war bei allen eine jahrelange Angewohnheit, auf die niemand gern verzichten wollte. Gerade bei kaltem Wetter oder bei Unterhaltungen gehörte er einfach dazu. Aber jetzt diente er der Folter und als Druckmittel. Er verlor seine Anziehungskraft. Auch sein Geschmack war anders. Er roch nach dem Plastikbehälter, aus dem er in Plastikbecher gegossen wurde. Oftmals verursachte er Durchfall und Hitzegefühle. Vielleicht wurde dem Tee auch etwas beigefügt, wir kamen nicht dahinter, woran es lag.

Wurden die Zigaretten einbehalten, herrschte Nervosität. Die Nikotinsucht machte den Freundinnen zu schaffen. Einige wurden regelrecht zu Sklavinnen ihrer Abhängigkeit. Bekamen sie keine Zigaretten, wurden sie wütend. Wurden ihre höchsten Werte angegriffen, reagierten sie nicht so aggressiv. Manche begannen dann sogar, getrockneten Teesatz in Zeitungspapier zu rauchen.

Aus diesen Gründen verabscheute ich Zigaretten. Je öfter sie verboten wurden und die Freundinnen ihre Sucht nicht befriedigen konnten, desto mehr distanzierte ich mich von Zigaretten. In Zeiten, in denen es Zigaretten gab, startete ich Kampagnen dagegen. Allerdings war ich zum Schluss meistens allein.

Auch die Erwartung, Besuch zu empfangen, sorgte für Anspannung. Besuch bedeutete eine Verbindung nach draußen. Die familiären Bindungen waren bei den meisten noch stark ausgeprägt. Außerdem bestand die Möglichkeit, Neuigkeiten aus den Gerichtsverfahren zu hören. Die Angehörigen gaben alles, was sie hatten. Die meisten Anwälte verhielten sich wie Händler. Aus Verzweiflung versuchten die Angehörigen, mit Geld die Gerichtsurteile zu beeinflussen. Ihre Hilflosigkeit brachte sie dazu, die unmöglichsten Dinge zu wagen. Der Staat nahm ihnen nicht nur ihr Geld, sondern auch ihre Hoffnung und ihre Menschlichkeit. Alles oblag der staatlichen Kontrolle – die Gefängnisbesuche sowie die Möglichkeit, eine winzige Information über den Prozess zu bekommen oder einen Anwalt zu nehmen.

Die Angehörigen waren nicht nur der Kontrolle, sondern gleichzeitig Druck und Folter ausgesetzt. Die Festnahmen und Verhaftungen rissen nicht ab. Patriotische Familien, die sich von ihren revolutionären Kindern hatten beeinflussen lassen, waren ständiges Angriffsziel. Aber auch alle anderen sollten den Druck des Repressionsapparats spüren. Die Gefängnismauern sollten auf diese Weise ausgedehnt werden. Die Angehörigen draußen machten sich Sorgen um die Gefangenen und umgekehrt. Lebten sie noch? Wie mochte es ihnen ergehen? Die Gefängnisbesuche boten die einzige Möglichkeit, eine Antwort auf diese Fragen zu bekommen. Die Frage nach dem Sinn des Lebens trat dabei in den Hintergrund.

Die Gefängnishöfe waren Orte, an denen die Gefangenen Luft holen und sich etwas freier bewegen konnten. In den Zellen war alles aus Eisen und Beton: Die Gitter vor den Fenstern, die riesigen Türen, die Etagenbetten, die Ketten und Handschellen. Es war ein großer Unterschied, ob man sich ständig in der Enge der Zelle aufhielt oder den Himmel sehen konnte. Der Hofgang wurde genutzt, um sich abzusondern und nachzudenken oder gemeinsam auf und ab zu laufen. Zwar war der Boden nicht aus Erde, dennoch war es schön, auf diesen Grund zu treten, der mit der Sonne, dem Regen, dem Schnee und der Natur in Berührung kam. Besonders schön war es bei Regen. Natürlich wurden die Höfe auch für die Folter genutzt und die Gefangenen mussten manchmal stundenlang barfuß in der Hitze ausharren oder sich bei Regen und Schnee für die Bastonade auf den eiskalten Betonfußboden legen.

Die männlichen Gefangenen mussten sich dabei ausziehen. Ihre Schreie hallten in unseren Ohren. Zum Begriff «Hofgang« gehörten auch das Kriechen auf Beton, das Waten in der Kloake, die bis zum Rücken reichte, dabei das Singen türkischer Märsche ... das Sitzen ... in diesem mit Exkrementen, Rasierklingen und Chemikalien verunreinigten Wasser plötzlich einen Stift als Geschenk überreicht zu bekommen ... die Boshaftigkeit, Zeilen aus Freiheitsliedern vorzutragen und mit üblen Beschimpfungen zu vermischen ... Hofgang bedeutete jedoch auch, halay zu tanzen, Schneeballschlachten zu veranstalten und sich an Pflanzen zu erfreuen, die durch die Risse im Beton wuchsen. Es bedeutete, Schönes in der Hässlichkeit zu entdecken.

Wir wurden nicht auf den Hof gelassen. Den Isolationsgefangenen war der Hofgang untersagt. Auch die anderen Gefangenen konnten nur zu bestimmten Zeiten auf den Hof. Der Feind wollte mögliche Kontaktaufnahmen zu uns kontrollieren. Wurde gerade intensiv gefoltert, gab es solche Verbote, Einschränkungen und Strafen nicht, da sie keinen Sinn machten und die Soldaten es vorzogen, unter offenem Himmel Schläge zu verteilen. Esat schaute dabei meist vom Fenster des gegenüber liegenden Blocks aus zu.

Auf der anderen Seite des Korridors befand sich eine alte Großzelle. Die Gucklöcher in den Türen befanden sich genau gegenüber. Der Zellentrakt war langgestreckt und so groß wie unsere Zelle und die Nachbarzelle zusammen. Vermutlich waren später Türen in die Wände eingesetzt worden. Eine Zeitlang wurden Gefangene dort in einen Raum gebracht, um sie ihre Geständnisse schreiben zu lassen. Seit einer Weile stand der Raum leer und wurde nur selten benutzt. Einmal hatten die Freundinnen die Gelegenheit genutzt, als sie den Flur putzten, und die Klappe in der Tür geöffnet. Sie trafen auf die riesengroßen Augen eines Überläufers, der in der Zelle am Tisch saß und schrieb. Beide Seiten erschraken, aber auf unterschiedliche Weise. Der Überläufer erstickte ohnehin an seiner Angst und hatte bereits alle natürlichen Eigenschaften, die einen Menschen ausmachen, abgelegt. Es machte ihm sogar Angst, dass eine Gefangene es wagte, durch die Türklappe zu blicken. Er erlebte die Angst, die aus Scham entsteht. Die Freundin hatte vielleicht gar nicht damit gerechnet, dass jemand in der Zelle war, und sich beim Anblick dieses entmenschlichten Überläufers erschrocken. Sie schloss die Klappe energisch mit den Worten: «Puh, möge Allah dich strafen!« Ihr Verhalten trug sicher dazu bei, dass sich die Angst und die Scham des Mannes in der Zelle verstärkten.

Eigentlich gehört Schamgefühl zum menschlichen Wesen. Den Verrätern fehlte jedoch dieses Empfinden. Daher ist es wohl richtiger, von Schamlosigkeit zu sprechen. Ja, die Schamlosigkeit derjenigen, die ein Verbrechen an der Menschheit verübten, verstärkte sich. Es war einfach ekelhaft!

Konnten wir hören, wie eine Tür geöffnet oder geschlossen wurde, pressten wir unsere Köpfe an die Türklappe und blickten durch das Guckloch. Seit ein paar Tagen war der Raum gegenüber leer. Das dachten wir zumindest. Durch die beiden kleinen Gucklöcher, die sich genau gegenüber lagen, konnten wir vieles beobachten, was in dem Zellentrakt vor sich ging. Der Korridor war schmal und der Abstand zwischen beiden Türen gering. Die Löcher waren allerdings nur so groß wie ein von Daumen und Zeigefinger gebildeter Kreis. Wir beobachteten, wie die Gefangenen Märsche sangen, auf den oberen Etagenbetten saßen oder zwischen den Betten auf und ab liefen. Zumindest ihre Köpfe konnten wir sehen. Die Wächter warfen oft Kontrollblicke durch die Gucklöcher. Bewegte sich etwas auf dem Flur, wurden sie aufmerksam. Manchmal konnten sich die Gefangenen beim Putzen kurz durch die Türklappen austauschen. Gab es einen wichtigen Anlass, tauschten wir so auch schriftliche Nachrichten aus.

Wir warfen Erklärungen zu Newroz und zum ersten Mai durch die Klappe in die erste Zelle. Was sie damit taten und wie sie unsere Aktion auffassten, wussten wir nicht und konnten nur mutmaßen: «Sie werden sie vor Angst ungelesen zerrissen haben.« – «Nein, sie haben sie garantiert gelesen, schließlich haben sie unsere Stimmen gehört und wissen, dass sie von uns kommt.« Sicher war nur, dass sich ihre Stimmung verbesserte, wann immer wir eine Nachricht schickten oder ihnen etwas zuriefen. An dieser Tatsache änderten auch wütende oder klagende Kommentare Einzelner nichts.

Es dauerte lange, bis sich unser Blick durch das Guckloch erstmalig mit dem eines Gefangenen aus dem gegenüberliegenden Trakt traf. Wir freuten uns darüber, dass sie uns endlich bemerkt hatten. Wurden Gefangene isoliert, redeten die Wächter manchmal darüber. Ließ einer von ihnen die Bemerkung fallen, dass drei Gefangene aus dem Frauentrakt isoliert worden seien, müssten die Freunde vermuten können, bei wem es sich dabei handelte. Ich machte fragende Handbewegungen, da wir endlich wissen wollten, was im Gefängnis vor sich ging. Ich fuchtelte mit den Händen, aber mein Gegenüber gab mir mit Gesten zu verstehen, dass er meine Frage nicht begriff. Schließlich holte ich ein Stück Brot, zeigte es vor und verschloss dann mit der Hand meinen Mund. Ich wollte wissen, ob ein Hungerstreik oder ein Todesfasten stattfinde, aber er begriff nicht. Oder begriff er meine Zeichen als einen Hinweis, dass wir uns im Hungerstreik befanden? Tagelang beschäftigten wir uns damit, uns gegenseitig Zeichen zu geben, die beide Seiten nicht verstanden. Mein Gott, was für eine Geduld wir aufbrachten!

Wir schlugen mit den Fäusten gegen die Wand zum Nebentrakt. Ab und zu sagten wir unsere Namen und teilten mit, dass wir in der Isolation seien. Wir fragten nach Neuigkeiten, aber es kam keine Antwort. Nur auf unsere Faustschläge reagierten sie mit Klopfen. Manchmal fluchte ich vor Wut: «Soviel Angst kann man doch gar nicht haben!« Wir wären durchgedreht vor Freude, wenn sie nach uns gefragt hätten.

briefwechsel mit dem deutschen ralph

Wir beobachteten Ralph durch das Fenster. Eines Tages ergab sich zufällig die Gelegenheit, ihn zu grüßen, als er zur Toilette geführt wurde. Er war wohl durch die Frauenstimmen auf uns aufmerksam geworden und machte einen erfreuten Eindruck, als er uns sah. Da sich gerade kein Soldat bei ihm befand, erklärte ich ihm mit Handzeichen, ihm eine Nachricht schreiben und vor das Toilettenfenster legen zu wollen. Er verstand sofort und nickte zustimmend. Nachmittags schrieb ich zur Probe einen kurzen Brief auf einen Zeitungsrand. Es waren nur wenige Sätze auf deutsch: »Wie heißen Sie? Woher kommen Sie? Wir sind kurdische Frauen.« Danach beobachteten wir, wie er den Papierfetzen holte und uns zuwinkte. Am nächsten Tag schrieb er auf Türkisch zurück. Er schrieb mit Hilfe eines Wörterbuchs, teilte er uns in dem Brief mit.

»Mein Name ist Ralph Braun, ich komme aus Deutschland. Ich lebe an einem Ort an der Grenze zwischen der Schweiz und Deutschland. Ich bin Touristenführer. Wir haben Akdamar in Van besichtigt. Ich komme fast jedes Jahr. In Akdamar gibt es viele historische Sehenswürdigkeiten der Armenier. Das habe ich den Touristen erzählt. Die Polizei hat mich hierher gebracht, weil ich ein Mitglied der Organisation ASALA[31] sein soll. Ich kenne mich hier nicht aus. Ich habe mich gefreut, euch zu sehen. Euer Ralph«

Wir begannen, uns regelmäßig zu schreiben. Die Briefe versteckten wir an verschiedenen Stellen in der Toilette. Wir waren dabei sehr kreativ, damit die Soldaten bei einer Kontrolle nicht dahinter kamen. Ich schrieb über die PKK, über Kurdistan, das Gefängnis und die bisherigen Geschehnisse. Er zeigte großes Interesse und stellte viele Fragen. Er selbst schrieb über die Länder, die er bereist hatte. Zuletzt war er in Afghanistan gewesen. Wir diskutierten über die afghanische Revolution und die Sowjetpolitik.

31 *Armenian Secret Army for the Liberation of Armenia*

Er beschrieb sehr schön, wie stark ihn die Folter mitnahm, was er gesehen und dabei gefühlt hatte. Einmal brachte er seine Wut zum Ausdruck: »Ich wünschte, wir hätten eine andere gemeinsame Sprache, um uns auszutauschen, und müssten nicht dieses Türkisch benutzen. Ich finde diese Typen so widerlich, dass ich nicht einmal ihre Sprache verwenden möchte«. Wir schrieben ihm alles, was wir über Mazlums Aktion, über die Vier und die Gefallenen im Todesfasten wussten. Wir gingen davon aus, dass er unsere Briefe als Dokumente aufbewahren oder zumindest das, was er im Kopf behalten konnte, später draußen weitergeben werde.

Er war aufmerksam und sensibel. In seinen Briefen erzählte er, was er vom Gefängnisleben mitbekam, was er aus Gesprächen der Soldaten verstanden hatte und sogar von seinen Träumen.

Wir lebten in der gleichen Welt. Ralph wurde zu einem Teil von uns. Ohne uns wirklich zu kennen, ging er darauf ein, wie oft wir geschlagen wurden und wann wir zum Gericht oder ins Krankenhaus gefahren wurden. Er schrieb vom Ausmaß unserer Freude, unserer Trauer, unserem Hass und unserer Wut. Wir aßen dasselbe Essen und tranken denselben Tee. Er aß wenig, damit wir mehr hatten. Gab es Fleisch, nahm er gar nichts davon, weil er meinte, dass wir es nötiger hätten. Das schrieb er uns sogar ausdrücklich.

Zu seinem Weihnachtsfest machte er uns eine Überraschung. Er wollte mit uns zusammen feiern. Seine Mutter hatte ihm Tannenzweige, Kerzen und Kuchen gebracht. Es hatte Stunden gedauert, bis die Soldaten bereit waren, ihm die Geschenke zu geben. Einen Teil davon versteckte er im unteren Teil des Mülleimers im Bad. Er schickte uns eine kurze Nachricht, in der es hieß: »Kontrolliert heute abend den Müll.« Gemeinsam mit den Freundinnen, die in den Briefwechsel mit Ralph eingeweiht waren, schnitten wir den in Plastikfolie verpackten Kuchen in dünne Scheiben, stellten die Kerzen zwischen die Tannenzweige und zündeten sie an. Auf diese Weise feierten wir im Gefühl der Freundschaft Ralphs Weihnachten. Wir schrieben ihm auch eine Weihnachtskarte, auf der wir erklärten, was der Beginn eines neuen Jahres für uns bedeutete und wo unsere Hoffnungen lagen.

Er schrieb uns, dass er unsere Briefe stundenlang mit Hilfe des Wörterbuchs zu verstehen versuche und wir für ihn als eine Quelle der Kraft sehr wichtig seien: »Ihr seid mein Fenster zum Leben. Ich finde Leben bei euch und daher habe ich euch sehr gern.«

Er versprach uns, sein Leben lang nicht zu vergessen, was er erlebt und gesehen hatte: »Ich werde überall darüber berichten. Meine Mutter ist Journalistin, ich werde alles öffentlich machen.« Er hinterließ eine Leere, als er fortging[32]. Der Korridor war jetzt auffallend leer. Im Kerker sind menschliche Kontakte lebenswichtig. Deshalb unternimmt der Feind alles, um jegliche Kontakte zu unterbinden. Fühlt sich ein Mensch allein, ist es einfacher, ihn fertig zu machen.

Ralph Braun, der aus irgendeiner Stadt in Deutschland stammte, wurde im Kerker von Diyarbakır erst zum Mitglied der armenischen Organisation ASALA und dann zum Türken gemacht. So stand es in den Gefängnisunterlagen. Der wirkliche Ralph jedoch wurde Zeuge der Grausamkeit, die der Menschheit angetan wurde. Er sah, wozu Hitler und Esat Oktay, die SS und ihr türkisches Imitat imstande waren. Er erlebte Elend und Folter, aber er hatte auch das Glück, die PKK kennenzulernen und die gleiche Luft wie die Gefallenen im Kerker von Diyarbakır zu atmen. Seine Freundschaft war von einem internationalistischen Geist geprägt. An Ralph habe ich nur gute Erinnerungen. Und er hielt sein Wort, ebenso wie Sarah, Monique und die anderen GefängnistouristInnen!

der zorn über den verrat am eigenen geschlecht

Ali Osman kam wieder einmal schweigend, aber mit hasserfülltem Blick in unseren Trakt. Er blieb an der Tür stehen, um allen Gefangenen ins Gesicht sehen zu können. Voller Verachtung blickten wir uns an. Offensichtlich wollte er etwas mitteilen. Mir gefiel es schon immer, einen Kampf mit den Augen auszutragen. Es ist ein genussvoller Moment, wenn du die hässliche Seele des Feindes mit Blicken triffst, seine Angst dadurch vergrößerst und dich über seine vermeintliche Stärke lustig machst, mit der er doch nur seine Hilflosigkeit und Schwäche zu kaschieren versucht. Es ist auch ein Genuss, zu wissen, wie feindlich er dir gegenübersteht.

Dass der Feind beharrlich versucht, deine Schwachpunkte herauszufinden, ist normal. Auf der anderen Seite ist es sowohl eine revolutionäre Pflicht, als auch Ausdruck einer bestimmten Haltung im Leben, sich dagegen zu wappnen. Wer dem Feind Hoffnungen macht, ihn ermutigt, ihm eine Tür öffnet, sich inkonsequent und zwiespältig verhält, seine

32 Ralph Braun wurde nach ungefähr sieben Monaten aus der Haft entlassen.

Zweifel zeigt, mit Worten oder auch nur über die Mimik signalisiert, sich dem Kampf nicht stellen zu wollen, der endet meistens beim Verrat. Ein solches Verhalten zeugt von einer inneren Haltung, die gerade im Gefängnis Ausgangspunkt für Kapitulation ist. Der Mensch geht dabei rettungslos verloren.

Riefen Esat oder Ali Osman nach »Gönül Atay«, zielten sie auf Gönüls Schwachpunkte ab, die ihnen Mut und Hoffnung gaben. Ertönte dieser Ruf, verzogen die anderen Gefangenen die Gesichter und waren zu Recht besorgt und erbost. Alle Blicke wandten sich in solchen Momenten Gönül zu. Ich liebte die Einigkeit dieser Blicke.

Ali Osman sagte: »Kemal Pir und Mehmet Hayri Durmuş, diese Söhne von Tieren, sind tot. Habt ihr das kapiert? Wie ich gehört habe, habt ihr geheult und euch die Haare gerauft. Ihr sagt, sie leben, sie sind unsterblich und ähnlichen Unsinn. Sakine Polat, du gehst mir auf die Nerven. Was soll das mit eurer Gedenkminute? Wer sind denn diese Söhne von Tieren für euch? Sag schon!«

Ich brach das darauf folgende Schweigen und sagte: »Hören Sie auf mit ihren Beleidigungen. Sie waren Revolutionäre. Niemand hat sich die Haare gerauft…« Bevor ich den Satz zu Ende sagen konnte, versetzte er mir Ohrfeigen. Danach ging er ohne ein weiteres Wort. Jeder weitere Satz von ihm hätte ohnehin nur dazu geführt, die anderen Gefangenen noch mehr gegen ihn aufzubringen. Sein Auftritt war eine Warnung. Jemand hatte ihm also von der Gedenkveranstaltung erzählt. Es stimmte, dass Mutter Durre und einige andere geweint hatten. Durre war sogar in lautes Wehklagen ausgebrochen, vielleicht war das von draußen zu hören gewesen.

Pakize hatte nicht an der Gedenkveranstaltung teilgenommen. Hinterher fragte sie wütend: »Warum habt ihr mich nicht gerufen? Ich habe im anderen Trakt geschlafen, ich war krank. Vertraut ihr mir nicht? Nach all dem Leid, das ich erleben musste, benehmt ihr euch völlig rücksichtslos mir gegenüber. Wenn das so ist, dann habe ich mich ja richtig verhalten. Künftig soll sich niemand mehr in meine Angelegenheiten einmischen. Ich bin raus aus der Kommune. Meine Familie kümmert sich um mich, ich bin ja nicht allein.«

In diesem Stil redete sie noch eine Weile weiter. Allen war ihre merkwürdige Stimmung in den letzten Tagen aufgefallen. Warum auch immer, diejenigen, die sich depressiv fühlten und mit sich selbst nicht im

Reinen waren, flüchteten sich zunächst ins Bett. Damit zogen sie die allgemeine Aufmerksamkeit auf sich. Sie wurden nicht aufgrund eines körperlichen Leidens bettlägerig, sondern aufgrund psychischer Probleme. Unter der Bettdecke drehten sich ihre Gedanken dann im Kreis. Es hatte auch schon Fälle gegeben, in denen Frauen ohnmächtig wurden, Nervenkrisen erlitten oder ihre Kleidung zerrissen. Gewöhnlich waren dann alle anderen intensiv darum bemüht, die Betroffenen aus diesem Zustand heraus zu holen, indem sie sich um sie kümmerten, mit ihnen sprachen oder sie sogar anflehten. Manchmal half es, aber eine wirkliche Besserung trat niemals ein. Sie strauchelten weiter.

Gönüls Ohnmachtsanfälle waren allen bekannt. Sie kam erst wieder zu sich, wenn Esat kam oder wenn sie auf die Krankenstation gebracht wurde. Unsere stundenlangen Bemühungen um sie verliefen im Sande. Kein normaler Mensch war so lange ohnmächtig wie sie. Selbst eine Vollnarkose bei einer Operation dauert nicht so lange. Ich begriff nicht, wie sie es anstellte und warum sie es für nötig befand.

Nach jeder Ohnmacht fragte ich nach. Eigentlich war es nicht schwierig, ihre Psyche zu durchschauen. Unter dem Einfluss ihres Freundeskreises in Tuzluçayır in Ankara hatte sie sich wie eine Bühnenschauspielerin der Revolution angeschlossen. Ihre Entscheidung hatte wenig mit politischem Bewusstsein zu tun und sie fügte sich kaum in die organisationsinterne Ordnung ein. Ihr fehlten das Gespür für die ideelle Kraft der Revolution und die Begeisterung und Natürlichkeit der Jugend. Nein, sie war stolz auf ihre kleinbürgerliche Besserwisserei und liebte Schmeicheleien und Komplimente. Das war bereits mein erster Eindruck von ihr gewesen, aber diese Analyse war unvollständig. Ich musste daran denken, was mir Ayşe Dışkaya, die aus Antep gekommen war, im Gefängnis in Malatya erzählt hatte. Ich hatte auch den FreundInnen davon berichtet.

Die Verhörphase ist wichtig. Versucht eine Person, die eigenen Schwächen, Fehler und Vergehen aus dieser Zeit zu verheimlichen, anstatt aufrichtig damit umzugehen und das Geschehen zu verarbeiten, lässt sich eine Wiederholung dieser Fehler kaum vermeiden. Die Person versucht dann weiterhin, sich selbst und anderen etwas vorzumachen.

Gönül hatte einen schlechten Einfluss auf die Gefangenen, die selbst unter inneren Konflikten litten. Damit unterlief sie auch unsere Bemühungen, den Betroffenen zu helfen. Sie betrachtete sich selbst als Führungskader, aber der Feind nannte sie »klug«. Bei den Freundinnen löste dieser Widerspruch Verwirrung aus. Mit ihrem Verhalten verstärkte sie die Zweifel derjenigen, die ohnehin strauchelten.

Pakize flüchtete in dem herrschenden Durcheinander, wohl auch aus Sorge vor den durch das Todesfasten angestoßenen Entwicklungen, zum Feind. Sie gab einem Soldaten ein Rezept und sagte: »Besorgt mir Medizin.» Damit öffnete sie dem Feind die Tür, denn der Soldat wusste von unserem Kommunenleben. Bis zu diesem Tag war alles, was gebraucht wurde, aus der Gemeinschaftskasse gezahlt worden. Dabei spielte es keine Rolle, ob die Angehörigen Geld mitbrachten oder nicht. Der Feind bemühte sich sehr, unsere kollektive Lebensweise zu zerstören. Pakize machte mit ihrem simplen Anliegen deutlich, dass sie sich von uns abgrenzte. Noch war unklar, wie weit sie gehen würde.

Sie legte sich vor dem Abendappell ins Bett und erklärte, sie sei krank. Da die Freundinnen tagsüber gesehen hatten, wie sie sich mit einem Wächter unterhielt, wurde ihr Verhalten aufmerksam beobachtet. Erschien sie nicht zum Appell, würde der Offizier mit einem Soldaten zu ihr gehen, um sie zu kontrollieren.

»Holt sie her. Auch wenn sie krank ist, wird sie wohl zwei Minuten stehen können«, sagte ich. Die Traktverantwortliche İsmahan ging zu ihr und Pakize kam maulend zu uns. Wir standen, die Tür war offen und an der Treppe wartete der Wächter auf den Offizier. Genau in diesem Moment begann sie wieder zu nörgeln: »Ihr glaubt mir doch sowieso nicht. Ich bin krank. Was wollt ihr von mir?« Sie sprach mit lauter, weinerlicher Stimme und wollte offensichtlich, dass der Wächter sie hören konnte.

»Nur weil ich an der Gedenkveranstaltung nicht teilgenommen habe, betrachtet ihr mich als Feindin. Es gibt noch andere, die auch nicht teilgenommen haben. Es waren sowieso nicht alle freiwillig da.« Wir ließen sie nicht aussprechen. Alle schlugen plötzlich auf sie ein: »Was redest du da, bist du verrückt? Willst du uns verraten? Was hattest du mit dem Soldaten zu reden? Erniedrigst du dich, um deinen Mann treffen zu können? Willst du dich benutzen lassen?« Es wurde noch viel mehr gesagt. Dabei wurde ihr der Mund zugehalten, damit sie nicht schreien konnte. In dem Moment kündigte der Soldat die Ankunft des Offiziers an. Eine von uns sagte noch schnell zu Pakize: »Du hälst jetzt den Mund. Wenn du nur ein Wort zum Feind sagst, wirst du sehen, was du davon hast.«

Pakize stellte sich zu uns in die Reihe. Der Offizier hatte die Botschaft, die sie tagsüber dem Offizier übermittelt hatte, erhalten. Nach dem Appell fragte er sie: »Bist du krank?«. Sie antwortete lediglich: »Ja, ich bin krank.» İsmahan griff sofort ein und sagte: »Frauenbeschwerden, es ist nichts Ernstes. Wir werden die Medikamente kaufen, es gibt ein Rezept«. Damit verhinderte sie, dass Pakize weiterredete. Der Offizier war überrascht. Er hatte wohl geglaubt, dass wir von dem Rezept nichts wussten.

Am nächsten Tag stand Pakize nicht auf und meldete dem Offizier, sie sei geschlagen worden.

Die Traktverantwortliche widersprach: »Nein, das stimmt nicht, sie lügt. Sie ist verrückt. Wir bringen ihr Essen und bedienen sie. Sie tut nur so, als ob sie krank sei.«

Der Offizier war verwirrt und wusste nicht, wem er glauben sollte. Schließlich verließ er kopfschüttelnd den Trakt. Kurze Zeit später wurde Pakize gerufen und in eine Isolationszelle gesteckt. Damit wollten sie sie einschüchtern, zum Reden bringen und wenn möglich, für ihre eigenen Zwecke benutzen. Pakize erzählte ihnen von Gedenkveranstaltungen und Versammlungen. Sie sprach nicht gut Türkisch, daher brachte sie vieles durcheinander, obwohl sie sich für schlau hielt und beim Feind einschmeicheln wollte. Die Soldaten trauten ihr nicht und hielten sie für verrückt.

Am zweiten Tag hörten wir ihr Wehklagen aus der Zelle. Der Feind hatte sie allein und ohne Essen auf dem kalten Betonboden zurückgelassen. Es war ihr nicht gelungen, sich beim Feind einzuschmeicheln. Pakize befand sich in einem Dilemma. Sie konnte sich nicht für uns entscheiden, aber auch der Feind nahm sie nicht ernst. Sie war inkonsequent und ihre Stimmung wechselte ständig. Obwohl sie es war, die uns angeschwärzt hatte, befand sie sich jetzt in der Isolation. Wir waren geschlossen aufgetreten. Diese Einheit unter uns hatte Pakize beeindruckt und ihr Angst gemacht.

Schließlich öffnete Pakize das Fenster und rief nach uns. Weinend erklärte sie: »Verzeiht mir, ich weiß, dass ich Mist gebaut habe. Holt mich hier heraus!« Es war ein Drama, ein merkwürdiger Widerspruch: Die Emotionalität und Ausweglosigkeit von Frauen. Das Problem war ja nicht nur Pakize. Es erging ihr so wie allen Menschen, die unter extremen Stimmungsschwankungen leiden. Daher war es angesichts des ständigen und systematischen Drucks, dem der Feind uns aussetzte, so wichtig, erlebte Widersprüche auszufechten, die Verbindung zum Leben nicht abreißen zu lassen und gegen die von Hoffnungslosigkeit, Anspannung und Misstrauen geprägte Atmosphäre anzukämpfen.

Heimlich wurde mit Pakize ein Gespräch durch das Fenster geführt. Sie sagte: »Ich wünschte, ich hätte das nicht getan. Ihr kümmert euch seit zwei Jahren um mich. Euch geht es ja auch nicht besser als mir. Ihr werdet sogar noch mehr gefoltert. Wenn ihr es hier aushalten könnt, kann ich es auch.« Wir gaben ihr etwas zu essen und warme Kleidung. Nachdem wir ihr klar gemacht hatten, dass sie sich mit ihrer bisherigen Haltung schuldig gemacht hatte, gab sie uns ihr Wort, sich zu ändern. Schließlich ließen wir dem Offizier über die Traktverantwortliche ausrichten: »Pakize kommt vom Dorf. Ihr Gerichtsverfahren geht nicht weiter und sie hat durch die Folter ihr Kind verloren. Daher ist sie psychisch angeschlagen. Die Isolationszelle ist gefährlich für sie.«

Es war gut so. Wir wollten unter allen Umständen verhindern, dass der Feind eine Gefangene gegen uns einsetzte. Im Frauentrakt durfte es einfach keinen Verrat geben. Diese Freude wollten wir Esat nicht gönnen. Pakize leugnete jetzt, was sie zuvor gesagt hatte, und erklärte, sie könne sich nicht erinnern. Der Feind war mittlerweile davon überzeugt, dass sie verrückt war. Sie hatten zwar Bedenken, sie erneut in den Frauentrakt zu verlegen, aber einen anderen Ort gab es nicht. Schließlich kam sie zu uns zurück. Eine Zeitlang wurden die sozialen Kontakte zu ihr eingeschränkt. Nur bestimmte Freundinnen kümmerten sich um sie und führten lange Gespräche mit ihr. Sie leistete Selbstkritik und versprach, ihr Verhalten nicht zu wiederholen. Danach wurde sie wieder in das soziale Leben einbezogen. Eine lange Zeit durfte sie jedoch nicht an offiziellen Versammlungen teilnehmen. Als ihr Prozess endlich begann, wurde sie nach wenigen Verhandlungstagen entlassen.

War es Wut über den Verrat am eigenen Geschlecht gewesen oder die Unerträglichkeit, die Hässlichkeit des Verrats in Verbindung mit einer Frau zu sehen? Wie auch immer, unsere gemeinsame Reaktion war bedeutungsvoll und wohltuend. Vielleicht war es kein großer Sieg gegen den Feind, aber angesichts dieses kleinen Vorfalls wurde deutlich, wie sich persönliche Schwächen und unaufgearbeitete Konflikte ihren Weg nach außen bahnen und zu welchen Konsequenzen sie führen können. Über dieses Thema diskutierten wir noch eine lange Zeit.

»ich bestimme den tod selbst«

Ein Jahr war seit dem Todesfasten vergangen. Das Gefühl der Verbundenheit mit den Gefallenen machte inzwischen eine politische Verteidigung vor Gericht unumgänglich. Sie selbst hatten viel Wert darauf gelegt. Der Feind hatte darauf gesetzt, die PKK hinter den Gefängnismauern in aller Stille zu erdrosseln. Sie sollte nicht mehr Hoffnungsträgerin für die Bevölkerung sein. Darauf waren alle seine Pläne ausgerichtet. Per Gerichtsurteil wurde das kurdische Volk für seine Identität bestraft. Mit neuen Gesetzen, Hinrichtungen und Verbannung sollte der kurdische Widerstand gebrochen werden. Das Hauptziel des Feindes war, den Widerstandsgeist der PKK im Kerker gefangen zu halten, und an diesem Ziel arbeitete er.

Aber dieses Mal war es anders. Die PKK klagte die Geschichte und den Kolonialismus an. Sie verfügte über eine beachtliche ideologische Stärke, eine entsprechende Führung, revolutionäre Kreativität in der Organisierung und im Kampf sowie über einen starken Widerstandsgeist. Aufgrund dieser stabilen Grundlage erlitt sie zwar bei feindlichen Angriffen vorübergehende Niederlagen, konnte sich jedoch behaupten und ihr revolutionäres Netzwerk ausbauen.

Den Rückzug von türkischem Staatsgebiet hatten vor allem Mazlum, Hayri und Pir befürwortet. Für unsere Revolution war es wichtig, die Kader zu schützen und den Kampf ohne Unterbrechung fortzusetzen. Die Genossen verfügten über einen revolutionären Weitblick, dem es zu verdanken war, dass auch das Vertrauen in die Arbeit draußen gestärkt wurde. Im Gefängnis hatten sie gezeigt, wie eine vorübergehende Niederlage in ihr Gegenteil umgekehrt werden kann, welche Kampfmethoden wirksam waren, um den Widerstand neu aufzubauen, und was Leben eigentlich bedeutet.

Das Rückgrat der faschistischen Junta war gebrochen. Der Feind hatte es in seinen eigenen Todeshallen nicht gewagt, zu morden. Er hatte keine Gelegenheit dazu gefunden. Die Genossen hatten sich dem Tod gestellt und gesagt: Wenn schon der Tod, dann bestimmen wir ihn selbst. Dieser Widerstand war in der Gefängnisgeschichte beispiellos.

Bei jedem Prozess wurde jetzt die Verbundenheit mit Mazlum, Ferhat, Kemal Pir, Hayri und den anderen zum Ausdruck gebracht. In die Verteidigungsreden flossen ihre Zitate ein. Sie setzten den Rahmen und bildeten den Kern der Verteidigung. Sie verkörperten die Parolen »Es lebe die PKK! Es lebe das unabhängige und vereinte Kurdistan! Es lebe Apo!«

Mazlum hatte vor zu spätem Handeln gewarnt. Die seit Mai anhaltenden brutalen Bestrebungen des Feindes, alle Gefangenen zum Verrat zu bewegen, zeigten Wirkung. Vor allem den Führungskadern war bewusst, dass etwas dagegen unternommen werden musste. Genosse Mazlum hatte die Verspätung kritisiert und im Bewusstsein der historischen Verantwortung nicht zugelassen, dass jemand anders als er selbst den Preis dafür zahlte. Mit seiner Aktion erweckte er zu Newroz den Geist der Freiheit und der Einheit zu neuem Leben. Die folgenden Aktionen ergänzten und vervollständigten sich gegenseitig. Die Unvergleichlichkeit des Widerstands der PKK war unübersehbar.

Viele mit Folter erpresste Geständnisse wurden zurückgezogen. Bei fast jeder Gerichtsverhandlung hieß es: »Ich bitte die Partei und die Gefallenen um Vergebung« oder »Die Aussage wurde unter Folter unterschrieben. Ich bin der Partei nicht gerecht geworden. Gibt mir die Partei noch eine Chance, dann werde ich sie nicht vergeuden, auch wenn es mich mein Leben kostet.« Hunderte Gefangene wurden von diesem Geist erfasst.

Ja, wir waren Mazlum und den anderen Genossen nicht gerecht geworden. Wir hatten sie allein gelassen. Sie standen sowohl im Leben als auch im Tod stellvertretend für den Begriff Würde. Ihre Aktionen wirkten in verschiedener Form weiter.

Karasu hatte das Todesfasten überlebt. Im Gefängniswiderstand galt er als Vorbild. Alle betrachteten ihn als einen Teil der Genossen, die gefallen waren. Vielleicht wäre er selbst lieber vor Hayri und Pir gefallen, und vor Akif Yılmaz und Ali Çiçek, deren jugendliche Begeisterung er bewunderte. Wahrscheinlich litt er mehr darunter, sich dieser Karawane nicht angeschlossen zu haben, als wir darunter litten, uns überhaupt nicht beteiligt zu haben. Karasu, Fuat Kav und einige andere Freunde, die zum selben Zeitpunkt ins Todesfasten getreten waren, hatten noch lange Zeit gesundheitliche Probleme.

Jetzt galt es, die durch den Widerstand entstandene positive Ausgangsbasis zu nutzen, um die Gefangenen neu zu organisieren und sie Schritt für Schritt gedanklich, emotional und bewusst auf den kommenden Widerstand vorzubereiten und von seiner Notwendigkeit zu überzeugen.

Die Haltung, die sich vor Gericht zeigte, auch im Gefängnis umzusetzen, bedeutete, den Spuren der Gefallenen zu folgen.

Nach Mazlums Tod waren viele Führungskader draußen und in anderen Gefängnissen erschossen worden. Das berichteten Fadime und die anderen, die zuvor im Gefängnis in Elazığ gewesen waren. Solche Nachrichten stärkten unsere Verbundenheit mit dem Kampf, aber natürlich waren wir über die Verluste auch unendlich traurig. Es war schwer auszuhalten. Wie konnten wir den Tod dieser wertvollen Menschen ertragen? Vielleicht wäre es leichter gewesen, hätte es sich um andere Genossen, die in weiter Ferne waren, gehandelt. Aber alles geschah in unserer unmittelbaren Umgebung. Wir hielten es trotzdem aus. Die Gefallenen lehrten uns, dass ohne Widerstand alles unerträglich war. So lautete ihr Vermächtnis an uns.

Das Verfahren von Fadime und ihrer Gruppe wurde wieder an das oberste Gericht in Elazığ abgegeben, obwohl die Generalkommandantur darum bemüht war, alle PKK-Gefangenen in Amed zu sammeln.

Esat hatte den Gefallenen aus dem Todesfasten Opferlämmer gewidmet, aber die Konsequenzen waren ihm nicht bewusst gewesen. Er wurde aus dem Gefängnis in Amed abgezogen. Als er die Todesfälle als Sieg verbuchte, hatte er nicht damit gerechnet, welche Auswirkung die Botschaft des Todesfastens draußen haben würde. In der Partei herrschte Entschlossenheit, die Arbeit voranzubringen und für Entwicklungen zu sorgen, die dem Widerstand der Gefallenen gerecht wurden. Wir glaubten immer daran, dass die Partei etwas unternehmen würde, um sie zu rächen. Sehnsüchtig warteten wir auf eine entsprechende Nachricht von draußen. Als Esat verschwand, überlegten wir sogar, ob er vielleicht getötet worden war.

Im Gefängnis war uns dieser Plan nicht gelungen. Bevor er ging, hatten wir seinen Tod geplant. Niemand würde mit so etwas rechnen. Tagelang brütete ich Pläne aus. Ich hatte einen der Eisenspieße, die dazu dienten, das Eis auf dem Hof zu brechen, an mich genommen und versteckt. Fadime und Aysel wollten auch mitmachen. Es war besser, möglichst wenige Freundinnen einzuweihen. Fadime und Aysel konnten mir jedoch helfen. Neugierig fragten sie mich nach meinem Plan. Der Eisenspieß war nicht besonders spitz, aber sehr schwer. Ich wollte sowohl die Spitze schärfen als auch sein Gewicht nutzen. Esat würde schneller sterben, wenn er zunächst einen plötzlichen Schlag ins Genick bekam und dann erstochen würde. »Aber wie und wo soll das geschehen?«, fragten Aysel und Fadime. Auch das hatte ich mir überlegt. Esat musste in die hintere Zelle gebracht werden. Ich würde ihm sagen, dass ich mit ihm alleine über einen Antrag sprechen wollte. Er erwartete einen solchen Angriff ja nicht. Esats Ankunft wurde normalerweise vom jeweiligen Wächter mit den Worten »Mein Hauptmann ist da!« angekündigt. Da es zu riskant war, den Spieß in der Zelle zu verstecken, wollte ich ihn mir auf den Rücken binden. Darüber wollte ich eine Weste anziehen, um ihn im passenden Moment einfach herausziehen zu können. Während er meinen Antrag las, wollte ich ihm den ersten Schlag versetzten. Und danach tödliche Schläge ... Der Wächter durfte bis dahin nichts merken. Manche Wächter liefen Esat ständig hinterher. Ich musste so tun, als ob ich eine sehr geheime Angelegenheit mit ihm besprechen wollte, damit er den Soldaten selbst wegschickte.

Zwischen den beiden Trakten lagen drei lange, enge Korridore. Der Gebäudeteil hatte eine L-Form. Um vom Haupteingang zum hinteren Trakt zu gelangen, musste man zweimal links abbiegen. Der Weg ähnelte einem Labyrinth.

Wir planten auch, wie der Wächter abgelenkt werden sollte, damit er nicht hören konnte, was im hinteren Trakt vor sich ging. Die Traktverantwortliche konnte jederzeit mit dem Wächter sprechen. Sie sollte ihn möglichst an der Treppe am Haupteingang in ein lautstarkes Gespräch verwickeln.

Nachdem ich Esat getötet hatte, wollte ich den Antrag verschwinden lassen. Ich würde zunächst aussagen, dass Esat mich angegriffen und ich aus Notwehr zugeschlagen habe. Damit wollte ich erreichen, dass ich am Leben blieb, bis ich dem Gericht vorgeführt würde. Erst vor Gericht wollte ich mich zu der Aktion bekennen und sagen: »Ich habe ihn getötet, weil er der Mörder von Dutzenden Freunden ist.« Darauf würde entweder die Todesstrafe oder der Foltertod im Gefängnis folgen. Für beides war ich bereit.

Unsere Stimmung hob sich gewaltig, während wir die Aktion planten. Bei jedem Gespräch darüber empfanden wir eine so große Freude, als ob der Plan bereits umgesetzt sei. Aber Esat kam nicht mehr so häufig zu uns. Je länger sich die Umsetzung hinauszögerte, desto mehr Zweifel kamen auf. Aysel sagte: »Wie wird sich die Aktion insgesamt auswirken? Die Soldaten werden durchdrehen, wenn ihr Hauptmann getötet wird.

Sie werden ein Blutbad anrichten. Ist es richtig, das zu riskieren? Wir können so etwas nicht machen, ohne vorher die Freunde zu informieren. Es handelt sich schließlich um eine sehr ernste Sache.«

Sollten wir also ein weiteres Mal auf Zustimmung warten? Warum? Wahrscheinlich war es einfach eine Angewohnheit aus alten Zeiten, in denen jedes Vorgehen mit der jeweiligen Gruppe, der wir zugeordnet waren, abgestimmt werden musste. Diese konservative Haltung blockierte jedoch jede Aktivität. Warum sollte es falsch sein, mit revolutionärer Kreativität eine gute Gelegenheit zu nutzen? Manche Dinge mussten wir einfach selbst entscheiden. Seit über zwei Jahren waren wir auf uns selbst gestellt. Einige Angelegenheiten regelten wir doch ohnehin in Eigeninitiative. Wir bewegten uns zwischen dem Widerstand und der Schwäche, mit der die Gefangenen der anderen Trakte dem Feind gegenüber kapituliert hatten. Keine dieser Haltungen zogen wir jedoch konsequent durch. Aber wir waren in der Lage, selbst zu entscheiden, wenn es darum ging, sich geschlossen gegen Beleidigungen der Soldaten zur Wehr zu setzen oder sich zu weigern, »Zu Befehl, mein Kommandant« zu sagen. Wir wehrten uns auch gegen die Forderung, uns gegenseitig zu schlagen, und wir ließen nicht zu, dass abfällig über die Gefallenen gesprochen wurde. Sollte es uns gelingen, diese Abwehrhaltung Schritt für Schritt auszubauen und dem Feind ausgerechnet im Frauentrakt, wo niemand es erwartete, einen tödlichen Schlag zu versetzen, würde im gesamten Gefängnis ein Aufstand ausbrechen.

Ja, wir diskutierten viel darüber, eine Führungsrolle in einem solchen Aufstand einzunehmen. »Wir können die männlichen Gefangenen dazu bringen, in den aktiven Widerstand zu treten. Wenn wir Frauen geschlossen eine Aktion beginnen, spricht sich das sofort herum und findet Unterstützung«, sagten wir. Esat zu töten, würde noch ganz andere Reaktionen hervorrufen. »Könnt ihr euch vorstellen, wie groß die Freude draußen wäre, wenn die Partei und die Bevölkerung davon hörten? Sie würden sagen: ›Die Freundinnen haben eine solche Aktion im Gefängnis durchgeführt, obwohl ihnen die Hände gebunden sind, draußen ist so etwas viel einfacher‹. Wir würden damit alle in Bewegung versetzen«, sagte ich bei einer unserer Diskussionen.

In diesen Tagen wurde Gültan plötzlich entlassen. Selten habe ich mich so sehr über etwas gefreut. Es war fast so schön wie der Tod von Esat. Gültan war eine lebende Zeitzeugin. Sie hatte alles, was im Gefängnis geschehen war, miterlebt und die ganze Zeit Widerstand geleistet. Ihre Verbundenheit mit der Partei stand außer Frage, sie würde draußen alles objektiv berichten. Auch unseren Esat-Plan konnte sie weiterleiten. Zuvor hatte ich bereits eine Nachricht mit der Hilfe von Serap nach draußen geschickt und ihr verschiedene Möglichkeiten erklärt, wie sie uns eine Antwort zukommen lassen konnte. Es war jedoch schon eine Weile her. Zu Gültan sagte ich: »Ich hoffe, dass du uns nicht solange warten lässt. Vielleicht wird Esat von hier abgezogen, wir brauchen sofort eine Antwort. Wenn es nicht schriftlich geht, dann eben mündlich.« Wir einigten uns auf einen Code, den wir beide auswendig lernten. »In Ordnung, mach dir keine Sorgen. Ich muss nur jemanden finden, der vertrauenswürdig ist. Ob es wohl schwierig sein wird, sofort einen Kontakt zu finden, wenn ich hier heraus komme? Aber du kannst dir sicher sein, dass es das erste sein wird, was ich tun werde«, sagte Gültan. Ich sagte ihr auch, dass sie eine Anklageschrift mitnehmen solle. In den Anklageschriften war dokumentiert, wie sich die Gefangenen beim Verhör verhalten hatten, wie der Feind die PKK betrachtete und wie die Gerichte funktionierten. Sie nahm die Anklageschrift aus dem Hauptverfahren mit. Wir erfuhren jedoch nicht, ob die Gefängnisverwaltung es zugelassen hatte, dass dieses Dokument nach draußen gelangte. Gültan weinte, als sie ging. »Es ist so schwer, euch hier zurückzulassen«, sagte sie. Wir gaben ihr noch einige mündliche Botschaften mit auf den Weg. »Umarme den Vorsitzenden an meiner Stelle und küsse ihn auf die Augen und die Stirn«, sagte ich zum Abschied. Sie war ein Teil von uns, der uns verließ. Es war sehr wichtig, dass sie draußen über die Entwicklungen im Gefängnis berichtete. Natürlich machten wir uns auch Sorgen um sie. Dem Feind trauten wir alles zu.

Monatelang warteten wir auf eine Nachricht von Gültan. Jeder Besuch und jedes Paket versetzten uns in Aufregung. Traf neue Kleidung ein, ließen wir es nicht zu, dass sie an die Gefangenen verteilt wurde, bevor wir sie kontrolliert hatten. Wir zogen uns in den Küchenbereich zurück und durchsuchten die Pakete manchmal stundenlang. Besonders sorgfältig waren wir bei den Sachen, die wir zuvor gemeinsam mit Gültan festgelegt hatten. Wir gaben die Hoffnung nicht auf und vermuteten, dass sie uns erst aus dem Ausland eine Nachricht schicken würde. (Als ich Gültan genau acht Jahre später wiedertraf, hatten wir unseren ersten Streit wegen dieser Angelegenheit. Ich hatte ihr gedroht, sie an den Haaren zu ziehen, und das tat ich auch.)

Esat war geflohen oder zu seinem eigenen Schutz abgezogen worden. Unsere ganze Hoffnung lag jetzt draußen. Er durfte nicht leben. Für ihn war kein Platz auf dieser Welt, er hatte es einfach nicht verdient. Es war ein Verbrechen, dass er atmete und mit seinen verfluchten Stiefeln den Erdboden beschmutzte. Und sein Tod musste mit unseren Händen verursacht werden. Es ist kein Vergnügen, einen Menschen zu töten. Niemals! Obwohl ich Teil des Kampfes war, habe ich diese Notwendigkeit im Charakter des Klassenkampfes etliche Male verflucht. Aber Esat durfte wirklich nicht weiterleben. Er hatte solange Menschenblut getrunken, bis sein ganzes Dasein davon erfüllt war. Selbst bei einem Tier ist das eine fürchterliche Vorstellung. Er hatte zwei Opferlämmer geschlachtet. »Bringt die Lämmer her, eins ist für Kemal, das andere für Hayri«, hatte er gesagt. Das durfte niemals vergessen werden.

Nachdem Esat weg war, konzentrierte ich mich auf Şahin. Ich stellte mir vor, ihn im Gericht vor den Augen der Richter, die alle wie ein Teil von Esat waren, zu töten. Şahin war für mich ein größerer Feind als der gesamte türkische Staat, schlimmer als Esat und alle anderen Folterer, schlimmer als alle kurdischen Verräter. Er verkörperte die Summe ihrer hässlichsten Seiten. Ich fand für ihn einfach keinen Ausdruck, der mich zufrieden stellte: Er war ein mieser, erbärmlicher Verräter ohne Rückgrat und Persönlichkeit, aber auch diese Bezeichnung war unzureichend.

Es gab keine Wächterinnen. Einige Male waren in kurzen Abständen Polizistinnen als Wächterinnen eingesetzt worden, aber sie hielten nicht lange durch. Selbst die Folterpolizistin Nuray blieb nur zwei Wochen. Polizistinnen, die ihre eigenen Geschlechtsgenossinnen foltern ließen, sind besonders widerlich. Nuray setzte sich auf einen Stuhl, schlug die Beine übereinander und sah den Soldaten bei der Folter zu. Dabei lachte sie künstlich und bemühte sich, die Soldaten in ihrem Tun anzustacheln. Sie rauchte eine Zigarette nach der anderen und vielleicht nahm sie auch Beruhigungsmittel. Letztendlich konnte sie den Anblick von gefolterten Frauen jeden Alters auch nicht mehr ertragen. Eines Tages verschwand sie plötzlich. Wir wussten nicht, ob sie versetzt worden oder aus dem Dienst ausgeschieden war.

Waren Polizistinnen vor Ort, wurden wir durchsucht, wenn wir zum Gericht oder ins Krankenhaus gebracht wurden. Wir wehrten uns dagegen, zwischen den Beinen und bis auf die Unterwäsche kontrolliert zu werden. Manchmal wurden auch Polizistinnen für Zellendurchsuchungen eingesetzt. Seit einiger Zeit gab es jedoch überhaupt keine Wächterinnen oder Polizistinnen mehr.

Probeweise band ich die Eisenstange an mein Bein. Da ich einen Rock trug, fiel sie nicht auf. Das Laufen wurde dadurch etwas beeinträchtigt, als ob ich ein steifes Bein hätte. Die Stoffbänder waren jedoch sehr unbequem, da sie die Blutzirkulation behinderten. Ohnehin waren Fahrten zum Gericht eine spezielle Folter. Wir mussten stundenlang stehen und danach in widerliche Transportfahrzeuge steigen. Manchmal wurden sogar Leichenwagen eingesetzt. Darin zu warten, war schlimm. Im Gericht mussten wir erst auf den Beginn der Verhandlung warten und schließlich die Geduld aufbringen, dem Blödsinn der Richter zuzuhören. Meistens wurden wir aus dem Gerichtssaal geworfen, ohne vorher etwas sagen zu können. Alles war einfach nur widerlich. Am schlimmsten war es, den Anblick von Şahin und den anderen Elementen seiner Bande ertragen zu müssen. Während der gesamten Verhandlung ließ ich ihn meine Verachtung mit Blicken spüren. Wurde ich an ihm vorbei geführt, sagte ich: »Ehrloser Dreckskerl!«. Ergab sich für mich die Gelegenheit zu sprechen, prangerte ich seinen Verrat an. Aber dieses mit Worten oder Blicken ausgefochtene Duell befriedigte mich nicht. Mein Herz schrie nach Rache.

Ich musste die Eisenstange so an meinem Bein befestigen, dass ich damit auch sitzen konnte. Sie durfte auf keinen Fall verrutschen. Bei meinen Proben in der Zelle ging ständig etwas schief. Ein einziges Mal gelang es mir, die Stange in den Gerichtssaal zu bringen. Ausgerechnet an diesem Tag war der Dreckskerl Şahin nicht anwesend. Ich erstarrte auf meinem Sitz, als der Richter den entsprechenden Beschluss verkündigte. Soviel Pech war einfach nicht möglich! Warum musste immer ich so ein Pech haben? Dabei ging es doch um eine Sache, die ein bisschen Glück verdient hatte. Spielte das Glück mit uns? Oder lag es an mir, dass ich das Glück einfach nicht zu fassen bekam? Wahrscheinlich traf letzteres zu. Es gelang mir einfach nicht, meine Chancen zu nutzen.

Wie oft hatte ich es mir ausgemalt und sogar davon geträumt. Şahin saß immer ganz vorne auf der linken Seite vor der Richterbank. Bereits draußen war sein vom Karrierismus getriebener Ehrgeiz in der Partei aufgefallen. Jetzt gab er alles, um auch beim Verrat der Beste zu sein.

Ich hatte geplant, während der Verhandlung Übelkeit vorzutäuschen, damit ich auf die Toilette gebracht wurde. Dort wollte ich die Eisenstange herausholen und in meinem Ärmel verstecken. Zurück im Gerichtssaal hätte ich zugeschlagen. So war mein Plan. Eine andere Möglichkeit, auf Şahin zu treffen, gab es nicht. Die Wahrscheinlichkeit, dass ich sofort überwältigt oder auch von den Soldaten erschossen wurde, war groß. Trotz dieses Risikos standen meine Chancen nicht schlecht, die Aktion erfolgreich durchzuführen.

Es war zum Verrücktwerden. Şahin war bisher immer zu den Verhandlungen erschienen. Warum gerade heute? Hatte er etwas geahnt? Ich verfluchte mein Pech.

Auch damals in Elazığ hatten wir versagt. Hätten wir unseren Beschluss umgesetzt, ohne auf die Zustimmung von draußen zu warten, wäre die Strafaktion längst vollzogen worden. Ist eine Entscheidung erstmal getroffen, muss sie auch umgesetzt werden. Die organisatorischen Verbindungen waren im Gefängnis abgerissen, wer hätte uns denn auf welchem Weg eine Zustimmung erteilen können? Ständig behinderte uns unsere zögerliche, zwiespältige Haltung. Die Fähigkeit vorauszusehen, wohin der Verrat führen konnte, und zum richtigen Zeitpunkt zuzuschlagen, war nach wie vor schwach ausgeprägt. Wer von uns konnte eine führende Rolle bei einer solchen Aktion übernehmen? Einige Gefangene waren sogar immer noch der Meinung, Şahin gehöre zu uns. Er konnte sich weiterhin unbeschwert bewegen und die anderen Gefangenen negativ beeinflussen.

Ich wehrte mich dagegen. Meine Haltung war eindeutig. Bei diesem Thema kannte ich keine Zweifel. Im Gegenteil, ich ging die Zweifelnden hart an. Ich schrie und tobte vor Wut. Ich hatte einen Plan und auch die Mittel benannt. Aber ich kam nicht über einen bestimmten Punkt hinaus. Meine Haltung hatte Einfluss auf die Beschlussfassung und auch die praktische Vorbereitung trieb ich voran. Für alles weitere reichte meine Kraft nicht aus. Ich handelte entweder vorschnell, oder ich ließ meiner Wut freien Lauf. In beiden Fällen erreichte ich nicht, was ich wollte. Mir fehlte das notwendige Gleichgewicht. Dabei war diese Angelegenheit so wichtig. Eine solche Aktion hätte positive Entwicklungen anstoßen können. Ich ärgerte mich über mich selbst und fühlte mich als Versagerin. Gleichzeitig schmiedete ich neue Pläne. Dabei verlor ich Zeit und Kraft. Mein Kampf war nicht zielführend und es gelang mir nicht, meine Träume mit der Realität in Einklang zu bringen.

Wie auch immer, unter dem Strich war ich erfolglos. Es schmerzte mich immer noch, dass wir Şahin nicht bereits in Elazığ ausgeschaltet hatten. Zwar hatte ich selbst praktisch nicht die Möglichkeit dazu gehabt, aber ich hätte solange darauf bestehen können, bis die Freunde es getan hätten. Dafür hätte mein Einfluss ausgereicht. Ich hätte auch die Verantwortung übernommen. Die Partei hätte es wohl kaum kritisiert, dass wir einen Verräter bestraften. Wir hatten auf einen Revolver gewartet und die fehlenden Teile waren nicht angekommen. Danach war ich verlegt worden. Meine Unfähigkeit hatte mir zu schaffen gemacht. Und auch in Amed war ich meine Wut nicht losgeworden. Mein Plan war eine Illusion.

Auch die Freundinnen, die in meinen Plan eingeweiht waren, beschlich ein Gefühl der Hoffnungslosigkeit. Sie sagten, meine Träume seien schön, aber nicht umsetzbar. Auch das war schlimm. Es stimmte zwar, dass meine Traumwelt grenzenlos und maßlos war, aber ich träumte von Aktionen, die machbar waren. Letztendlich machten wir uns immer von der Zustimmung abhängig, die von irgendwoher kommen sollte. Diese Hoffnung war viel schlimmer als Traumvorstellungen, denn unter den herrschenden Bedingungen nützte sie nichts. Es war ein Dilemma: Sollten wir Risiken eingehen und Traumvorstellungen zulassen oder war es besser, vor jedem Risiko zurückzuschrecken und nicht zu träumen? Ich habe immer die erste Variante vorgezogen und diese Wahl hat mein ganzes Leben geprägt.

Ich wollte nicht mehr warten. Den Befehl zur Tat gaben mir die Gefallenen. Ihre Aktionen waren eindeutig. Wer noch über ein bisschen Menschlichkeit, ein revolutionäres Gewissen und Überzeugungen verfügte, wer sich also noch nicht aufgegeben hatte und nicht zu einem würdelosen Tod bereit war, der konnte diesen Befehl nicht überhören. Gab es überhaupt jemanden, der ihn nicht vernommen hatte?

Vor Gericht wurde offen gesagt: »Wenn es so weiter geht, gehen wir gerne in den Tod. Ein würdeloses Leben akzeptieren wir nicht mehr. Der Tod ist besser als ein unmenschliches Leben. Der Weg von Mazlum, Kemal, Hayri und Ferhat ist auch unser Weg ...«

Gelegentlich flüsterten die Freunde uns zu: »Macht euch keine Sorgen, so wird es nicht weitergehen.« Früher wagte kaum jemand, nur den Kopf zu heben und uns anzusehen. Nahm jemand die Folter in Kauf und tat es trotzdem, erreichten uns seine Worte nicht. In sehr seltenen Fällen grüßten wir uns mit den Augen oder mit einem leichten Kopfnicken. Wir hätten damals alles für ein mit den Augen angedeutetes Lächeln gegeben, so groß war unsere Sehnsucht. Mittlerweile kam es zu gegenseitigen Blicken, flüsternd ausgetauschten Botschaften und sogar zu lauten Gesprächen. Die lautesten Botschaften wurden bei den Verteidigungsreden übermittelt.

Fadime und ihre Gruppe wurden nach Elazığ verlegt. Wir schrieben eine Nachricht an die FreundInnen dort. Darin fassten wir die stattgefundenen Widerstandsaktionen, ihre Bedeutung, ihre Auswirkungen und die aktuelle Situation zusammen. Wir schrieben außerdem, dass niemand der konterrevolutionären Propaganda des Feindes Glauben schenken solle und positive Entwicklungen zu erwarten seien. Der Brief endete mit den Worten: »Der Weg von Mazlum, Hayri, Pir und den anderen ist auch unser Weg.« Fadime sorgte dafür, dass die Nachricht ankam. (Bei einer späteren Begegnung erzählte Şamil mir sehr anschaulich, was der Brief ausgelöst hatte. Also hatte sich die Mühe gelohnt. Ich weiß, welche Rolle Briefe spielen können. Nach mehreren Jahren der Isolation kann ein kleines Stück Papier die ganze Welt bedeuten. Das Glück dieses Moments ist unvergleichlich.)

parolen im kerker von diyarbakır

Wir führten Diskussionsversammlungen in kleinen oder größeren Gruppen durch. Die Isolationszelle wurde nicht mehr wie früher für die Bestrafung mehrerer Gefangener gleichzeitig genutzt. Nur Neuzugänge und einzelne Gefangene, die der Feind bestrafen wollte, wurden dort untergebracht. Daher nutzten wir sie für interne Gespräche. Die Zelle lag am Ende des Korridors hinter dem Bad und den Toiletten. Von dort aus konnten wir hören, wenn die Außentür des Korridors geöffnet wurde. Bis auch die zweite Tür geöffnet worden war, hatten wir uns längst zerstreut und zogen keine Aufmerksamkeit auf uns. Auch der Wächter kam nicht mehr so oft wie früher in den Trakt. Wir wehrten uns dagegen und sagten, er habe vor allem im Bad nichts verloren.

An diesem Tag fand eine Versammlung statt, an der alle Freundinnen teilnahmen. Mit den Gefangenen aus den anderen Gruppen führten wir gesonderte Gespräche, in denen wir ihnen erklärten, dass alle auf die kommenden Entwicklungen vorbereitet sein müssten. Unsere Beziehungen zueinander waren besser als früher. Sie führten eigene Versammlungen durch. Nur die TKP distanzierte sich von uns. Auch unter den anderen gab es einige, die nervös und ängstlich waren. Davon ließen wir uns zwar nicht beeindrucken, dennoch waren wir immer bemüht, einen positiven Einfluss auf sie auszuüben.

Einige Freundinnen hielten draußen Wache. Alle anderen nahmen an der Versammlung teil. Wir diskutierten über die Entwicklungen vor Gericht. Fast alle äußerten ihre Meinung. Die meisten glaubten, dass unbedingt etwas getan werden müsse.

Bei der Bewertung der aktuellen Situation hinterfragten wir unsere Fehler, unsere Schwächen und unsere Beziehungen untereinander. Einige Freundinnen waren sehr selbstkritisch. Die Stimmung war gut und der Umgang miteinander freundlich. Viele der Freundinnen gingen davon aus, dass wir einen heimlichen Austausch mit den Freunden pflegten und Informationen von ihnen bekamen. Das war auch gut so, weil sie die Versammlung dadurch ernster nahmen.

Die TKP-Gefangenen erklärten: »Wir werden nichts unternehmen, bevor wir eine entsprechende Nachricht von unseren Genossen bekommen. Insgesamt stimmen wir euch aber zu, zur Zeit müssen wir wachsam sein.« Sie hatten immer noch Angst. Aus ihrer Sicht war der Feind zu stark, als dass die Gefangenen gegen ihn vorgehen konnten. Ohnehin betrachteten sie uns als den gefährlichsten Feind. Wir vergaßen nicht, wie Nimet einmal mit den Worten »Apo-Terroristen« aus einem Alptraum erwacht war. Trotzdem unterstützten wir sie. Esat wollte auch sie benutzen. Sie war uns gegenüber jedoch aufrichtig und offen. Wir redeten lange mit ihr. Danach ignorierte sie Esat. Als sie ging, sagte sie, sie habe uns viel zu verdanken und werde uns nicht vergessen. Viele Gefangene fanden sich jedoch lieber mit dem Gefängnisleben ab, als sich dagegen zu wehren, weil sie sich nicht stark genug fühlten.

Einige unserer Freundinnen reagierten heftig auf diese ängstliche Zurückhaltung: »Wir sollten sie einfach hinauswerfen!« Im Gefängnis wurde die nackte Realität jeder Frau und jeder Gruppe sichtbar. Nichts blieb verborgen.

Die Versammlung neigte sich dem Ende zu, als plötzlich eine Freundin, die zur Wache eingeteilt war, hineinplatzte und rief: »Freundinnen! Es gibt wunderbare Neuigkeiten! Wir hören Parolenrufe!« Tatsächlich, jetzt konnten wir es auch hören: »Nieder mit dem Kolonialismus!« Wir umarmten uns vor Freude. Einige Gefangene aus den anderen Gruppen waren ärgerlich: »Warum habt ihr uns nicht gesagt, dass heute etwas passieren wird?« Sie glaubten uns nicht, dass wir selbst nichts gewusst hatten. Wir hatten lediglich das richtige Gespür bewiesen und die Entwicklungen richtig deuten können. Alle liefen hinaus auf den Hof. Das erste Mal seit drei Jahren riefen wir gemeinsam unsere Parole: »Nieder mit dem Kolonialismus!«

Wir stellten fest, dass im Nebentrakt immer noch faschistische Märsche gesungen wurden. Bei uns riefen alle Parolen und umarmten sich gegenseitig. Viele weinten vor Freude. Sofort ermahnten wir die Freundinnen: »Zieht euch feste Kleidung an!« Einige liefen in die Zelle und zogen sich feste Schuhe an. Alle bereiteten sich auf einen Kampf vor. Mit lauter Stimme rief ich vom Fenster aus in den Nebentrakt:

»Freunde, der Widerstand hat begonnen. Hört endlich auf, diese faschistischen Märsche zu singen! Seit Jahren trampelt der Feind auf unmenschliche Weise auf unserer Würde herum. Wer über ein bisschen revolutionären Stolz verfügt und sich immer noch als Mensch betrachtet, muss sich dem Widerstand anschließen. Es gibt nur eine Handvoll Überläufer, alle anderen Gefangenen kämpfen. Schließt euch an, Mazlums Weg ist unser Weg! Sie haben ihr Leben eingesetzt, um uns zu zeigen, dass möglich ist, was heute geschieht. Aus Achtung vor ihnen solltet ihr endlich aufhören, diese Märsche zu singen. Habt keine Angst, wenn wir alle gemeinsam vorgehen, wird uns nichts geschehen und wir werden gewinnen!« Die Freundinnen unterstützten mich mit Parolenrufen. Das machte großen Eindruck. Ein paar schwache Stimmen riefen von nebenan: »Nieder mit dem Kolonialismus!« Offenbar gerieten die Gefangenen im Nebentrakt in Streit. Wir riefen weiter und sangen zwischendurch Kampflieder. Kleinere Gruppen von nebenan stimmten mit ein.

Nach einer Weile kam eine große Anzahl Wächter herein und forderte uns auf, in die Zelle zu gehen. Wir dachten zunächst, sie seien gekommen, um uns zu schlagen. Aber sie waren nur aus Angst so geballt aufgetreten. Mein Gott, die Welt stand Kopf! Der Feind war in Panik geraten. Er hatte geglaubt, uns zum Schweigen gebracht und uns jede Menschlichkeit genommen zu haben, und jetzt machte eine überwältigende Mehrheit der Gefangenen einen Aufstand! Wie war das möglich? Esat hätte jetzt dabei sein müssen. Mazlum, Pir, Hayri und die anderen hätten diesen Tag erleben müssen. Sie waren es ja, die gesagt hatten: »Kapitulation führt zum Verrat, Widerstand zum Sieg«. Es war Hayri gewesen, der sich vor Gericht umgedreht und zu den Gefangenen gesagt hatte: »Ich glaube daran, dass ihr alle eines Tages die Partei verteidigen werdet. Diejenigen, die gestanden haben, werden ihre Aussagen zurücknehmen. Sie werden die Partei und das Volk um Vergebung bitten.« Und Pir hatte gesagt: »Heute blicke ich dem Tod ins Auge, morgen wird es ein anderer sein. Alle werden sich bereit erklären, ihr Leben für unsere Sache zu geben.«

Es war wieder September und ihr Widerstandsgeist lebte weiter.

Die Türen wurden geschlossen, aber es war trotzdem noch so, als ob wir uns alle auf einem großen Platz getroffen hätten, um einen Sieg zu feiern. »Bijî PKK! Es lebe die PKK! Es lebe die Unabhängigkeit! Nieder mit dem Kolonialismus! Nieder mit dem Verrat! Es lebe der ehrenvolle Tod, aus dem neues Leben erwächst! Nieder mit der Folter! Nieder mit der faschistischen Verwaltung! Die Mazlums sind unsterblich! Kemal, Hayri, Ferhat sind unsterblich!« Wir riefen alle Parolen, die uns einfielen.

Die Parolenrufe bewegten sich wellenförmig durch das Gefängnis. Beim letzten Block kehrten sie um und kamen zurück. Es war nicht schwer, sie zu verstehen, dennoch wurden einige Parolen durcheinander gebracht. Alle gaben das weiter, was sie gehört hatten. In den ersten Momenten herrschte Durcheinander. Die anderen Gruppen beteiligten sich nicht und sagten: »Das sind PKK-Parolen«. Wir redeten mit ihnen: »Das ist doch kein Problem. Wir haben mit dem Widerstand begonnen. Es sind unsere Gefallenen, aber auch ihr solltet euch hinter sie stellen. Ihr sagt doch, dass ihr Revolutionärinnen seid, worauf wartet ihr noch? Es ist falsch, sich nicht zu beteiligen. Wenn wir an eurer Stelle wären, wäre es uns egal, wer mit der Aktion angefangen hat, wir würden mitmachen.« Wir machten uns jedoch wenig Gedanken darum, weil wir daran glaubten, dass die Widerstandswelle ohnehin so gut wie alle mitreißen würde. Vielleicht würden einige Gefangene sich nicht beteiligen. Manche hatten die Kapitulation seit Jahren verinnerlicht. Es war nicht möglich, sie von einem Moment auf den anderen aus diesem Zustand zu befreien und es war auch nicht richtig, es von allen zu erwarten.

Wir diskutierten über die möglichen Entwicklungen und beschlossen, so bald als möglich mit einem Hungerstreik zu beginnen. »Morgen früh reichen wir eine Eingabe ein. Vielleicht hören wir bis dahin noch etwas anderes«, sagten wir. Außerdem stand eine Verhandlung der Elazığ-Gruppe bevor, dort wollte ich die Aktion öffentlich machen. Ich freute mich ungemein darauf, dabei die Faschistengesichter der Richter zu beobachten und die Angst in ihren Augen zu sehen.

»Wir müssen die Aktion unbedingt als Todesfasten und nicht als Hungerstreik durchführen. Die Eingabe sollen die Freunde schreiben, wir unterschreiben sie dann. Vor Gericht werde ich das Todesfasten ankündigen. Wenn ich zurückkomme, werden sie mich nicht mehr zu euch lassen. Wir werden die allgemeinen Entwicklungen verfolgen und uns danach richten. Das gemeinsame Parolenrufen muss geordneter ablaufen. Die wichtigsten Parolen rufen wir dreimal hintereinander. Dabei sollten bestimmte Abstände eingehalten werden. Wir dürfen nicht sofort unsere gesamte Kraft aufzehren, sondern müssen langfristig planen und organisiert vorgehen«, sagte ich. Die Freundinnen tanzten halay und sangen dabei lautstark revolutionäre Lieder. Die Atmosphäre hatte sich geändert, es lag Begeisterung in der Luft. Wir teilten Verantwortliche für die Zellen ein. Sie sollten extremes, maßloses Verhalten unterbinden und darauf achten, dass nicht willkürlich mit den Soldaten geredet wurde. Ab sofort waren die Traktverantwortlichen nicht mehr die, die der Feind ausgesucht hatte, sondern unsere eigenen Vertreterinnen. Verbindliche Entscheidungen sollten mit den Freunden abgesprochen werden, um Fehler zu vermeiden.

Die Eingaben wurden bei der Verwaltung eingereicht. Wir kündigten einen unbefristeten Hungerstreik an und erklärten, unsere Aktion fortzusetzen, bis die Folter ausgesetzt und alle willkürlichen Regeln und Verbote aufgehoben seien. Die TKP-Gefangenen schrieben eine eigene Eingabe. Sie legten eine Frist für den Hungerstreik fest und wurden auf eigenen Wunsch in den unteren Trakt verlegt. Damit kamen sie dem Feind entgegen, der ihnen riet: »Diese Aktion haben die PKK'ler gestartet. Das sind alles Terroristen, Ungeheuer, die hingerichtet werden. Ihr seid anders, haltet euch von ihnen fern«. Einige von ihnen schienen sehr gewillt, diesem Ratschlag zu folgen.

Die Begeisterung hielt weiter an. Auch am fünften Tag des Hungerstreiks wurde noch getanzt. Es herrschte eine sehr lebendige Stimmung. Einmal täglich wurde Zuckerwasser ausgeteilt. Der Zucker musste regelmäßig eingenommen werden, es waren ohnehin nur geringe Mengen.

An einem der nächsten Tage wurde die Tür geöffnet und Rıza, Muzaffer, Karasu und einige andere Freunde kamen herein. Wir waren verblüfft. Freudenschreie ertönten. Die Freunde nach Jahren aus der Nähe zu sehen, löste heftige Gefühle bei uns aus. Die Tatsache, dass wir eine gemeinsame Aktion machten, gab dem Wiedersehen eine besondere Bedeutung. Alle scharten sich um die Freunde. Wir umarmten uns und hielten uns an den Händen. Es war unglaublich. Wir konnten uns berühren! Jahrelang hatten wir uns danach gesehnt, nur ein einziges Wort voneinander zu hören. Gespannt fragten wir uns gegenseitig aus. Vieles von dem, was die Freunde erlebt hatten, war vor Gericht bereits zur Sprache gebracht worden. Sie hatten die erlittene Folter und die Unterdrückungsmethoden mündlich oder schriftlich beschrieben. Unsere Erlebnisse waren weniger bekannt. Sie beschränkten sich auf das wenige, was wir beim Prozess hatten berichten können. Meistens ließen die Richter uns nicht aussprechen. Die spezielle Folter der weiblichen Gefangenen war nirgendwo dokumentiert. Bei den Fahrten zum Gericht und zum Krankenhaus versuchte der Feind immer den Eindruck zu erwecken, als wenn wir geschont würden. Durch unsere Isolation innerhalb des Gefängnisses war selbst die Folter an uns verborgen geblieben. Natürlich hatten die Freunde unsere Stimmen manchmal gehört. Eigentlich sollte es ausreichen, den Charakter des Feindes zu kennen, um sich eine Vorstellung davon zu machen, was uns widerfahren war. Trotzdem fragte Rıza erstaunt: »Haben sie euch auch gezwungen, Märsche zu singen?« Obwohl wir es ihnen bestätigten, konnten sie es kaum glauben.

Nach dieser kurzen Unterhaltung gingen wir zum eigentlichen Thema über. Rıza kündigte an, eine Erklärung abgeben zu wollen. Es war ein fünfköpfiges Komitee gebildet worden, das jetzt nacheinander alle Trakte im Gefängnis aufsuchte. Sie gingen sogar in die Zelle, in der die Schmuggler untergebracht waren. Ziel des Komitees war, der Aktion eine einheitliche Form zu geben.

»Im September hat eine Gruppe ein Todesfasten begonnen. Es gibt einen Hungerstreik, den vor allem unsere Freunde begonnen haben. Später haben sich welche von TİKKO und Kawa angeschlossen. Ab heute beteiligen sich alle. Aber überall werden unterschiedliche Parolen gerufen. Wir werden uns bei den Parolen auf unsere Hauptforderungen beschränken. Es sind bestimmte Zeiten festgelegt worden. Dieser Block fängt an, die anderen Blöcke schließen sich der Reihe nach an. Dabei muss Ordnung herrschen. Die gemeinsamen Parolen beziehen sich auf die Beendigung von Folter und Unterdrückung sowie auf unseren Widerstand.

Der Hungerstreik findet seit zehn Tagen statt, bei einigen seit einer Woche. Das Todesfasten wird gruppenweise durchgeführt. Die erste Gruppe hat bereits angefangen, die zweite und dritte sind festgelegt. Unabgesprochen soll niemand ins Todesfasten treten.

Unsere Forderungen sind folgende:

- Beendigung der Folter und jeder Form von Unterdrückung sowie Aufhebung der Verbote
- Abschaffung des militärischen Befehlsystems
- Verurteilung derjenigen, die Gefangene zu Tode gefoltert haben
- Beendigung der Repressions- und Verbotspraxis gegenüber Besuchern und Anwälten
- Die Anerkennung der von uns gewählten Vertreter durch die Verwaltung
- Die Herausgabe von Materialien, die für eine Verteidigung notwendig sind
- Die Herausgabe von Zeitungen und Büchern.

Die Verhandlungen sollten von diesem Komitee im Namen aller Gefangenen geführt werden.

Rıza erklärte weiter: »Es gibt einen neuen Hauptmann, Abdullah Karaman. Er macht einen gemäßigten Eindruck, ist aber nicht zu unterschätzen«. In dem Moment kam der Hauptmann herein. Er verhielt sich respektvoll und tat so, als sei er von Rızas Ansprache beeindruckt. Dabei musterte er uns und fragte schließlich: »Wer von euch ist Sakine Polat?« Natürlich kannte er mich von Fotos und sicherlich war ihm bereits berichtet worden, was für ein »Ungeheuer« ich war. Dementsprechend war er neugierig. Meinen Blicken wich er aus. Auf mich wirkte er wie ein Teufel mit freundlichem Gesicht. Er blieb nur kurz bei uns und verließ den Trakt wieder.

Ich gab Rıza und den anderen Freunden kurze Informationen über die Situation im Frauentrakt und sagte zum Schluss: »Ich wandele den Hungerstreik in ein Todesfasten um«. Danach gingen die Freunde. Wir diskutierten über das, was sie uns berichtet hatten. Aysel, Fatma und ich traten ins Todesfasten. Wir schrieben eine neue, umfassende Erklärung, in der wir unsere besondere Situation als Frauen konkretisierten. Nachdem wir sie abgegeben hatten, wurde angekündigt, dass wir in den unteren Trakt verlegt werden sollten. Die Gefangenen der TKP und des DDKD hatten ihren Hungerstreik nach zwei oder drei Tagen beendet.

Am kommenden Tag riefen wir morgens gemeinsam Parolen. Ich wurde zum Gericht gebracht. Als ich den Gerichtssaal betrat, sah ich, dass alle Angeklagten mit dem Rücken zur Richterbank saßen. Ein Protest gegen das Gericht! Das gefiel mir. Erstmalig konnte ich allen ins Gesicht sehen. Unsere Augen lachten. Der gequälte, verschämte Gesichtsausdruck der Freunde war verschwunden.

»Hallo, wie geht es euch?« – Wie hatte ich diese schlichten Worte vermisst! Und ich bekam sogar eine Antwort! All das hatten wir Mazlum, Pir, Hayri und den anderen zu verdanken.

Die Richter betraten den Saal. Sie reagierten überrascht und wütend. Es war ein wunderbarer Anblick.

»Wer ist dafür verantwortlich? Wer sind die Verantwortlichen im Gefängnis? Was ist hier los? Führt sie sofort ab!«, sagte der Richter. Ich meldete mich zu Wort und sagte: »Wir sind ins Todesfasten getreten. Es findet ein Hungerstreik statt, wir leisten Widerstand. Wir wollen, dass unsere Forderungen ins Protokoll aufgenommen werden. Das Gericht trägt die Verantwortung für alles, was geschieht. Wir protestieren gegen dieses Gericht. Bis heute durften wir hier nicht sprechen und was dennoch gesagt wurde, ist nicht ins Protokoll aufgenommen worden. Vor den Augen der Richter wird gefoltert. Sie geben sogar den Befehl dazu. Wir werden unsere Aktion fortsetzen, bis unsere Forderungen erfüllt sind.« Alle redeten durcheinander. Die Richter standen auf und wollten gehen. Sie konnten uns hören, aber was wir zu sagen hatten, passte ihnen nicht. Nachdem einige Punkte ins Protokoll aufgenommen worden waren, wurden wir ins Gefängnis zurückgebracht.

Immerhin war es uns gelungen, das Todesfasten öffentlich zu machen. Der Gefängnisleitung wurde eine entsprechende Meldung gemacht. Ich wurde in den unteren Trakt gebracht, die anderen Freunde in die Besucherkabinen. Die Elazığ-Gruppe leistete Widerstand! Dabei hatten doch Şahin und Yıldırım den totalen Verrat versprochen!

Ich war gerade erst im Trakt angekommen, als ich den Lärm zerbrechender Scheiben und Schreie hörte. Unterdrückt waren auch Parolenrufe zu vernehmen. Die Freundinnen im oberen Trakt fielen sofort in die Rufe ein. Durch das zerbrochene Fenster war ein Teil der Kabinen zu sehen. Ich schrie: »Freunde, was ist los? Was geht vor sich?«

Schließlich wurde die Elazığ-Gruppe in den Nebentrakt gebracht. Darüber freute ich mich sehr. Sie klopften sofort an die Wand und ich gab ihnen Antwort. »Die Soldaten haben angegriffen, einige von uns sind verletzt. Darunter ist auch Meto. Insgesamt ist die Situation gut. Unsere Freunde beteiligen sich alle am Widerstand, von den anderen Gruppen nur wenige«, sagten sie. Dann fragten sie, wie es uns gehe. Ich berichtete schnell von den Entwicklungen im Frauentrakt. Nach nicht einmal fünf Minuten wurden die Freunde erneut aus dem Trakt geholt und woanders hingebracht.

Am selben Tag wurden Aysel und Fatma zu mir verlegt. Das Todesfasten war jetzt ausschlaggebend, da der Hungerstreik inszwischen abgeschlossen war. In einigen Trakten hatte er eine Woche gedauert, unsere FreundInnen hatten den Streik zehn bis zwölf Tage fortgesetzt.

Die Todesfastenden wurden täglich von einem Arzt begutachtet, aber wir weigerten uns, uns untersuchen zu lassen. Der Arzt stellte uns hin und wieder Fragen. Angeblich wollte er unseren Geisteszustand prüfen.

Die Aktion näherte sich dem zwanzigsten Tag. Die anderen Gefangenen setzten den Widerstand mit Parolenrufen fort. Militärmärsche und Folter waren kaum zu hören. Nur Neuzugänge waren davon betroffen. Geschlossen wurde sofort auf jeden Übergriff des Feindes reagiert. Bei den laufenden Gerichtsverhandlungen wurde erklärt, dass das Todesfasten andauere und sich weitere Gefangene anschließen würden, sollten die Forderungen nicht erfüllt werden.

falsche imame

Über die Lautsprecher wurden religiöse Predigten ausgestrahlt. Der teuflische Hauptmann mit dem freundlichen Gesicht setzte nicht auf Militärmärsche, sondern auf Gebete. Damit versuchte er, uns vom Todesfasten abzubringen. Eine wahrhaft interessante Methode! Ein Imam verlas Koranverse und wiederholte unentwegt, dass es Sünde sei, wenn ein Mensch sich durch Nahrungsentzug selbst bestrafe. Bestrafung sei ausschließlich Allah vorbehalten. Wir zerstörten den Lautsprecher nicht, da er vielleicht eines Tages notwendig sein würde. So waren wir einem lärmenden Nervenkrieg ausgesetzt.

Später wurden sogar Imame in die Zellen gebracht. Der niederträchtige Hauptmann wollte öffentlich propagieren, dass wir Ungläubige seien. Natürlich ging es ihm nicht darum, ob wir den Predigten lauschten oder nicht. Diese Strategie war Teil der psychologischen Kriegsführung. Viele der Gefangenen waren gläubig. Es waren einige ältere Menschen darunter. Und auch die Schmuggler hatten sich unserem Widerstand angeschlossen. Die breite Beteiligung war der Beweis für die Legitimität unserer Aktion. Der Feind wollte einen Keil zwischen uns treiben.

Eines Tages kam der Hauptmann in Begleitung eines vermeintlichen Imams, der in Wirklichkeit ein faschistischer Folterer war, wie sich herausstellte.

»Ihr seid getäuscht worden. Man kann doch nicht zu seinem Recht kommen, indem man hungert. Die Vaterlandsverräter wollen sich selbst töten, um die Türkei im Ausland schlecht zu machen«, sagte er.

Dem Hauptmann gefiel dieser ungeschickte Ansatz nicht. »Sie machen das ja nicht einfach so. Natürlich haben sie ein Ziel, und sicherlich haben sie sogar in einigen Punkten Recht. Aber darüber kann man doch reden. Sie müssen sich nicht selbst quälen«, sagte er. Dann fuhr er fort: »Nun ja, sie müssen es selbst wissen. Wir zwingen sie zu nichts. Oder zwingen wir euch zu etwas?«

Meine Blicke waren ihm unangenehm. Bei jeder Begegnung ließ ich ihn spüren, dass ich ihn durchschaute. Ich entgegnete: »Was sind Zwang und Folter? Sie können jederzeit Ihre Schlagstöcke einsetzen. Folter besteht aber nicht nur aus Schlägen und Elektroschocks. Auch was Sie jetzt tun, ist Folter. Früher haben Sie uns über die Lautsprecher mit Militärmärschen beschallt, jetzt sind es Predigten. Sie bringen falsche Imame hierher und führen einen psychologischen Krieg. Dieser Imam spricht nicht wie ein Imam, sondern wie alle anderen Uniformträger. In unserer Erklärung sind unsere Forderungen formuliert. Anstatt unsere Forderungen zu erfüllen, bringen Sie einen Imam her. Jeden Tag kommt ein Arzt, obwohl wir deutlich erklärt haben, dass wir uns nicht untersuchen lassen. Vorher haben wir nie einen Arzt zu Gesicht bekommen. Viele Gefangene sind krank, aber sie werden nicht behandelt. Seit Monaten haben wir unsere Angehörigen nicht gesehen, jetzt sollen sie auf einmal herkommen und uns davon überzeugen, unsere Aktion abzubrechen. Damit üben Sie Druck aus. Und dann fragen Sie scheinheilig, ob es hier Folter gibt, und behaupten, unter der vorigen Gefängnisleitung habe es unschöne Vorfälle gegeben. Wir wollen keinen Imam und auch sonst niemanden. Damit beschleunigen Sie nur unseren Tod, ansonsten erreichen Sie gar nichts.«

Der Hauptmann sagte ärgerlich: »Das ist deine Meinung, vielleicht denken die anderen ganz anders darüber. Du versuchst, sie in eine bestimmte Richtung zu zwingen.«

Aysel fuhr wütend dazwischen: »Wir alle beteiligen uns aus freiem Willen an dieser Aktion! Was reden Sie da?«

Draußen wurden die Angehörigen unter Druck gesetzt: »Ihr müsst sie dazu bewegen, das Todesfasten abzubrechen, sonst werden sie sterben. Wir können nichts für sie tun, ihre Forderungen überschreiten unsere Kompetenzen. Es gibt keine Folter mehr, die Verwaltung wurde ausgetauscht. Eure Kinder werden getäuscht, es ist eine Schande«. Mit solchen Sätzen wurde versucht, die Familien zu beeinflussen. Einige wurden sogar von Zuhause abgeholt, damit sie Einfluss auf die Todesfastenden nehmen konnten. Natürlich machten sie sich Sorgen um uns und wollten uns sehen. Besuche wurden jedoch nur unter bestimmten Bedingungen genehmigt.

In der ersten Besuchsgruppe war auch Aysels Mutter. Sie weinte und flehte uns an, die Aktion abzubrechen. »Auf diese Weise könnt Ihr nicht gewinnen«, meinte sie. Als sie mich umarmte, flüsterte sie mir jedoch rasch ins Ohr: »Wir stehen hinter euch und versuchen, draußen etwas zu bewegen. Macht euch keine Sorgen. Wir sagen diese Sachen nur, damit diese Hunde uns zu euch lassen.» Darüber freuten wir uns sehr. Es tat uns gut, dass die Angehörigen uns unterstützten. »Nach dem Besuch gehen wir geschlossen zur Kommandantur«, sagte Aysels Mutter noch, bevor sie gehen musste. Offensichtlich organisierten sich die Angehörigen immer besser. Die Aktion drinnen war Ausdruck einer gemeinsamen Stärke. Sie brachte auch die Angehörigen draußen zusammen.

An Besuchstagen weigerten wir uns, in die Kabinen zu gehen. Nur eine Gruppe empfing Besuch, um den Informationsaustausch mit draußen zu gewährleisten. Den ganzen Tag über riefen wir Parolen. Von den oberen Fenstern aus war es möglich, Aufrufe an die draußen wartenden Angehörigen zu richten.

Die Tage vergingen und uns ging es immer schlechter. Der Feind reagierte nervös auf unser schleichendes Dahinsiechen. Wir wurden ins Krankenhaus verlegt. Der Feind wollte kein Risiko eingehen.

Im Transporter befanden sich mehrere Freunde, darunter Selim Çürükkaya. Sie sagten, es ginge ihnen soweit gut. Außerdem berichteten sie, was sie von neu angekommenen Gefangenen erfahren hatten: »Es sind bewaffnete Gruppen ins Land gekommen. Sie graben unterirdische Schutzräume für jeweils zwanzig bis dreißig Personen. An einigen Orten hat es Aktionen gegen Agenten und Kollaborateure gegeben. Es handelt sich um kleine bewaffnete Propagandagruppen. Die Bevölkerung ist begeistert. Vermutlich wird es demnächst zu größeren Aktionen kommen.» Selim flüsterte: »Die Partei plant angeblich, das Gefängnis zu stürmen und uns mit einem Flugzeug zu befreien.« Im Wagen befanden sich Soldaten. Sie unterhielten sich. Früher hatten sie genau darauf geachtet, was wir sagten. Jetzt ließen sie uns gewähren. Unser Widerstand zeigte Wirkung!

Im Krankenhaus waren wir eine Zeitlang alle zusammen im Wartezimmer. Wir redeten über die Vergangenheit. Die Freunde wollten wissen, was uns angetan worden war. Ich erzählte, was wir erlebt hatten. Fatma schwieg. Ihre kalte Ausstrahlung war auch im normalen Leben unerträglich. Jetzt gingen wir gemeinsam in den Tod. Sie war ein merkwürdiger Mensch. Ihre jüngere Schwester Güler war lebendiger und freundlicher. Auf unserer gemeinsamen Reise in den Tod ging es doch gerade darum, dem Leben schöne Seiten abzugewinnen. Fatmas Anblick verstörte mich. Ich wollte lachend und tanzend in den Tod gehen. Nur wer die Werte des Lebens zu schätzen und zu schützen wusste, war bereit für den Tod. Andernfalls hatten weder das Leben noch der Tod eine besondere Bedeutung.

Wir wurden im obersten Stockwerk des Krankenhauses in einen Raum gebracht, der Gefangenen vorbehalten war. Die männlichen Gefangenen befanden sich in einem anderen Block auf einer tieferen Etage. Zum Abschied wünschten wir uns gegenseitig Erfolg. Ich sagte: »Wir werden die Aktion fortsetzen, bis wir etwas anderes vom Komitee hören.«

Wir befanden uns auf der Geburtsstation. Fast jede Nacht fand eine Geburt statt. Unser Schlaf wurde von den Schreien der Neugeborenen und ihrer Mütter unterbrochen. Auf der einen Seite war das Todesfasten, auf der anderen das neue Leben. Die Babys konnten später, wenn sie herangewachsen waren, davon berichten, wie sie auf die Welt gekommen waren: »Bei meiner Geburt fand im selben Krankenhaus ein Todesfasten statt. Die Gefangenen wurden von bewaffneten Soldaten bewacht.«

Unsere Angehörigen wurden auch ins Krankenhaus gebracht. Einmal kamen die Familien von Fatma, Aysel und mir gemeinsam. In Anwesenheit der Soldaten weinten und jammerten sie, aber flüsternd teilten sie uns mit, was sie draußen auf die Beine stellten, um Öffentlichkeit für unser Anliegen herzustellen. »Wir haben eine Abordnung nach Ankara geschickt und eine Demonstration zum Gouverneurssitz gemacht. Außerdem haben wir Anträge gestellt, um die Verwaltung unter Druck zu setzen.«

Es war schön, das zu hören. Angesichts unseres Zustandes versuchten unsere Angehörigen jedoch nicht, ihre Sorge zu verbergen. Sie litten sehr. Vor Schmerz weinten sie oder fielen in Ohnmacht. Einige hatten frühzeitig weiße Haare bekommen. Wir erzählten ihnen, was wir erlebt hatten. Unsere Schilderungen machten sie sehr betroffen. Wir versuchten ihnen begreiflich zu machen, was Leben für uns bedeutete. Bei diesen Treffen wurde viel geweint. Es war ermüdend und machte uns zu schaffen. Dennoch mussten wir die Geduld dafür aufbringen. Wir sprachen mit ihnen darüber, dass sie angesichts der Intrigen des Feindes vorsichtig sein müssten und wie sie es anstellen sollten, unter sich eine Einheit herzustellen. Sie begriffen, dass wir entschlossen waren und einen würdevollen Tod dem Leben, das uns der Feind aufzwingen wollten, vorzogen. Je mehr sie verstanden, dass der Feind sie gegen uns benutzen wollte, desto größer wurde ihre Achtung vor unserer Aktion und desto mehr verstärkten sie ihre Anstrengungen draußen. Wir setzten die Taktik des Feindes gegen den Feind ein.

Von Zeit zu Zeit kamen Leitungsangestellte des Militärkrankenhauses, Führungsoffiziere und Verwaltungskräfte aus dem Gefängnis, um mit uns zu sprechen. Sie sagten jedes Mal dasselbe: Wir würden bleibende Gesundheitsschäden davontragen und sollten deshalb endlich damit aufhören, uns selbst zu quälen. Einige Ärzte und Krankenschwestern waren angesichts unserer weinenden Angehörigen und unseres täglich schwächer werdenden Zustands sehr betroffen. Die meisten jedoch waren Kreaturen mit einer faschistischen Denkweise.

Am siebenundzwanzigsten Tag des Todesfastens erfuhren wir, dass Verhandlungen stattgefunden hatten und einige weitere Freunde ins Krankenhaus eingeliefert worden waren. Die Freunde übermittelten uns die neuesten Entwicklungen in kurzen Nachrichten, die sie uns mit den Tageszeitungen zukommen ließen.

Am selben Tag wurde Aysel zu einem Treffen mit Selim gebracht. Bei ihrer Rückkehr erzählte sie, Selim habe gesagt, die Aktion sei beendet worden. Vom Komitee seien zwei Freunde gekommen. Ich reagierte wütend: »Was soll das? Wenn Freunde vom Komitee ins Krankenhaus gekommen wären, hätten sie auch mit uns gesprochen. Es kommt mir überhaupt nicht glaubhaft vor. Wie ging es Selim denn? Wer war noch dabei? Vielleicht ist das ganze ja nur eine weitere Intrige des Feindes. Vielleicht versucht er ein weiteres Mal, euch gegeneinander auszuspielen. Du sagst, dass Selim sehr schwach war und kaum sprechen konnte. Wenn die Aktion wirklich abgeschlossen sein sollte, dann hätte er doch viel bessere Laune gehabt. Nein, wir sollten die Aktion fortsetzen, bis wir uns wirklich sicher sein können.«

Ich schrieb eine kurze Botschaft an die Freunde: »Wir setzen die Aktion fort, bis die Freunde vom Komitee kommen«. Die Soldaten gaben die Nachricht nicht weiter, aber sie richteten mündlich aus, dass wir das Todesfasten fortsetzten. Abends wurde Selim in unser Zimmer gebracht. »Ich habe euch Milch und andere leichte Sachen mitgebracht. Warum macht ihr weiter? Wir haben die Aktion beendet, nachdem wir mit Rıza und den anderen gesprochen haben. Sie sind zuerst ins Krankenhaus gekommen, jetzt suchen sie alle Trakte im Gefängnis auf. Glaubt ihr mir etwa nicht?«, sagte er.

»Es geht nicht darum, ob wir dir glauben oder nicht. Wir sind schließlich nicht im Kindergarten. Der Feind intrigiert doch ständig, wir müssen vorsichtig sein. Wie ist es überhaupt dazu gekommen? Sind die Hauptforderungen erfüllt worden?«, fragte ich.

»Es wird keine Folter mehr geben, die militärischen Befehle sind abgeschafft, auch fast alle anderen Forderungen wurden anerkannt. Es gibt noch einige Punkte, wie die Anrede der Offiziere mit ›mein Kommandant‹, die wir in der Praxis abschaffen werden«, sagte Selim.

»Wir haben noch nie ›mein Kommandant‹ gesagt und werden es auch künftig nicht tun. Wenn das militärische Befehlsystem abgeschafft worden ist, dann ist es auch nicht richtig, diese Forderung unerfüllt zu lassen. Es zeigt, dass die Verhandlungen nicht richtig geführt worden sind. Es ist nachgegeben worden und nur so wurde eine Einigung erzielt«, sagte ich. Wir kritisierten außerdem, dass überhaupt nicht mit uns geredet worden war. Die Verhandlungen waren eine ernste Angelegenheit und es gab einige Punkte, mit denen wir nicht einverstanden waren. Sollten wir die Aktion zu dritt fortsetzen? Damit würden wir uns jedoch über den Parteibeschluss hinwegsetzen. Natürlich traute ich Selim nicht. Schließlich hatte er bereits verhindert, dass wir am Todesfasten vom 14. Juli teilnahmen. Außerdem hatte ich vielleicht unterbewusste Vorbehalte gegen ihn.

Letztendlich beendeten wir das Todesfasten. Trotzdem waren wir bedrückt. Einiges kam uns nicht überzeugend vor. Warum waren wir vor vollendete Tatsachen gestellt worden? Wir waren erst am siebenundzwanzigsten Tag, also noch nicht an der Grenze zum Tod. Wir nahmen uns vor, unseren Widerstand keinesfalls beizulegen, sondern die Initiative zu ergreifen, sollte der Feind versuchen, uns zu irgendetwas zu nötigen. Nach einer Weile wurden wir aus dem Krankenhaus zurück ins Gefängnis verlegt.

die furcht vor den verrückten der pkk

Die Aktion war vorbei. Jetzt traten die internen Probleme erneut in den Vordergrund. Im Moment war die seit drei Jahren anhaltende brutale Folter aufgehoben. Die Besuchszeiten wurden von zwei Minuten auf fünfzehn Minuten angehoben. Märsche wurden nicht mehr gesungen. Wir konnten in der Kantine mit unserem eigenen Geld einkaufen. Bücher, die als »ungefährlich« angesehen wurden, auf dem freien Markt erhältlich waren und sich nicht auf der Verbotsliste des Gefängnisses befanden, wurden zugelassen. Die Anwaltsgespräche verliefen nur noch unter der Kontrolle von Soldaten. Durch diese Neuerungen trat eine gewisse Ruhe ein. Dafür tauchten Probleme mit einzelnen Gefangenen auf. Anspannung, Ärger, Egoismus und Individualismus machten sich breit.

Folter und Unterdrückung schweißten die Menschen zusammen, richteten jedoch auch großen Schaden an. Extremer Druck von außen zerstört einen Menschen innerlich, wenn der Hass und die Wut auf den Feind nicht in bewusste Bahnen gelenkt werden und die Methoden des Feindes nicht richtig analysiert werden. Dafür ist auch ein fundiertes historisches und aktuelles Wissen über den Charakter des Klassenkampfes notwendig. Manchmal richtet sich die Wut gegen den Feind unkontrolliert gegen die Menschen an deiner Seite. Es kann auch dazu kommen, dass man dem Feind ähnlich wird. Darin lag zur Zeit die größte Gefahr.

Die bestehenden internen Widersprüche mussten ausgefochten und gelöst werden. Gönül hatte nicht am Todesfasten teilgenommen. Jetzt reagierte sie aggressiv. Ähnliche Reaktionen zeigten auch andere Freundinnen. Dabei war Gönül für die zweite Gruppe vorgesehen. Nicht alle Gefangenen beteiligten sich am Todesfasten. Nicht einmal alle Freunde aus dem Komitee hatten daran teilgenommen, so zum Beispiel Rıza. Es war verkehrt, daraus eine Frage mangelnden Vertrauens zu machen.

Jetzt galt es, sich die durch die Aktion entstandene Atmosphäre zunutze zu machen. Der Feind machte ständig Antipropaganda: »Sie stehen ohnehin vor der Hinrichtung, sie wollen sterben. Die ganze Aktion haben sie nur durchgeführt, um für ihre Organisation zu werben und eine Botschaft nach draußen zu senden. So kommt man nicht zu seinen Rechten.« Der neue Hauptmann gab sich weiterhin gemäßigt und freundlich. Die Verwaltung sprach mit den GefangenenvertreterInnen, das Essen war besser und reichlicher als zuvor. Insgesamt hatten sich die Haftbedingungen verbessert. Trotzdem wurde versucht, die Aktion negativ darzustellen und unsere Forderungen als unerfüllbar zu erklären. Die Verwaltung wollte den Anschein erwecken, sie habe die Verbesserungen selbst gewollt und keinesfalls die Forderungen der Todesfastenden erfüllt.

Insbesondere der Hauptmann war bemüht, diesen Eindruck zu erwecken und die anderen Gefangenen damit zu beeinflussen. Wir waren immer noch schlecht organisiert. In der Vergangenheit hatten alle in der einen oder anderen Form Fehler begangen. Die Folgen kamen erst jetzt zum Ausbruch. Einige Gefangene wurden von der Sorge getrieben, zur Rechenschaft gezogen zu werden, wenn sich die Lage beruhigte und wieder eine Verbindung zur Partei draußen aufgebaut würde. Solche individuellen Sorgen blockierten eine richtige Bewertung der aktuellen Ereignisse. Fühlten sich die jeweiligen Gefangenen persönlich angegriffen, brach ein Sturm der Entrüstung aus. Daran wurde deutlich, in welchem Ausmaß die Psyche der Gefangenen in den letzten Jahre Schaden genommen hatte.

Es war gut, dass wir nicht lange im Krankenhaus geblieben waren. Als wir zurückkehrten, umarmten uns alle glücklich. Zunächst waren alle in Festtagslaune. Mit der Zeit kippte die Stimmung. Die Freundinnen begannen, sich gegenseitig zu beschuldigen oder sich übereinander lustig zu machen. Keine Gefangene aus dem Frauentrakt war bisher zur Überläuferin geworden und hatte offen Verrat begangen. Alle, bei denen diese Gefahr gedroht hatte, konnten gerettet werden. Dennoch war das Potential dafür nach wie vor groß.

Wir diskutierten tagelang. Denjenigen, die sich gehen ließen, musste geholfen werden. Gönüls Ohnmachtsanfälle hielten weiter an und häuften sich sogar. Ich redete inzwischen sehr offen mit ihr. Das Problem ließ sich nicht dadurch lösen, dass wir ständig versuchten, einen Umgang mit ihren Eigenarten zu finden. Gönül musste endlich zur Besinnung kommen. »Entscheide dich: Entweder du gehst, oder du bist du selbst, nämlich eine von uns«, sagten wir zu ihr. Diese offenen Worte lösten einen Schock bei Gönül aus. Sie weinte und schwieg eine Zeitlang. Dann erzählte sie:

»Ich habe es nicht geschafft, beim Verhör den notwendigen Widerstand zu leisten. Es gab viele Geständnisse und auch ich habe gestanden. Fast alle FreundInnen, mit denen ich zusammen gearbeitet habe, sind festgenommen worden. Es gab nichts mehr, was der Feind nicht schon wusste. Ich habe bestimmte Angelegenheiten, die mich selbst betrafen, gestanden, auch einige Informationen im Zusammenhang mit meiner Beziehung zu Rıza. Mein Kontakt zu einigen FreundInnen, mit denen ich in Urfa zusammen gearbeitet habe, war nicht besonders gut. Das lag natürlich auch an meiner Schwäche. Es kam zu Kritik und Klatsch, und ich konnte damit nicht umgehen. Eigentlich habe ich nur so getan, als ob ich Rıza sehr verbunden sei. In Wirklichkeit gab es diese Verbundenheit gar nicht. In meinem ersten Bericht zur Verhörphase an die Partei bin ich darauf nicht weiter eingegangen. Es hat mich jedoch gestört, dass ich etwas verheimliche. Im Gefängnis hatte ich dann als Gefangenenvertreterin ständigen Kontakt zur Verwaltung. Dabei war ich unvorsichtig. Ich habe mich dem Feind gegenüber nicht entschlossen und konsequent verhalten. Als die Freundinnen mich dafür kritisiert haben, habe ich ganz dicht gemacht. Ich weiß, dass mir misstraut wird, und das macht mich betroffen. Ich weiß aber auch, dass ich selbst dafür verantwortlich bin.«

Ich empfand ihre Schilderung als einen positiven Ansatz. »Okay, es mag sein, dass du betroffen bist, aber du darfst nicht immer wieder an denselben Punkten hängenbleiben. Entweder machst du vollkommen dicht und unterdrückst alle Gefühle, oder du lebst sie in extremer Weise aus. Beide Wege führen in eine Sackgasse. Vielleicht gehe ich dich manchmal zu hart an, aber du weißt selbst, dass wir im Gefängnis und ständig mit dem Feind konfrontiert sind. Jedes negative Verhalten beeinflusst sofort sowohl den Feind als auch die anderen Gefangenen. Wahre endlich Distanz zu diesen Typen und sprich nur mit ihnen, wenn es absolut notwendig ist. Das machen wir alle so. Es gibt eine Grenze. Der Feind redet nicht mit uns, um von uns die Wahrheit zu hören. Das musst du endlich begreifen«, sagte ich.

Diese Unterhaltung hielt Gönül eine Zeitlang auf den Beinen. Wir ließen sie an allen Diskussionen und Entscheidungen teilhaben. Sie machte einen lebendigeren Eindruck. Dadurch änderte sich auch das Verhalten der anderen Freundinnen ihr gegenüber. Insgesamt war die Entwicklung positiv.

Intensiv diskutierten wir auch über andere Probleme. Wir führten Einzel- und Gruppengespräche. Es war kaum möglich, alle Probleme auf einmal zu lösen, da die Wurzeln in der Vergangenheit lagen und sie in einer schweren, chaotischen Zeit entstanden waren. Beim Eintritt in eine neue Phase müssen die vergangenen Geschehnisse radikal aufgearbeitet werden. Wir sprachen auch über Vorfälle aus der letzten Zeit. Für eine generelle Bewertung der aktuellen Phase warteten wir noch auf Perspektiven der Freunde.

Die Gefängnisverwaltung konnte sich mit der neuen Situation nicht abfinden. Noch während wir uns im Krankenhaus befanden, hatte sie wütend bestritten, es habe Vereinbarungen aufgrund von Verhandlungen gegeben. Abdullah Kahraman reagierte geradezu allergisch auf solche Aussagen, da er sie als Ausdruck der Niederlage empfand. Daher konnte er sie nicht ertragen.

Er versuchte auch die Angehörigen in dieser Richtung zu manipulieren und die Ergebnisse des Todesfastens herunterzuspielen. Beim Hofgang kam es zu Problemen und wir wurden weiterhin ein oder zwei Mal in der Woche dazu genötigt, die Nationalhymne zu singen. »Das ist mit euren Vertretern so abgesprochen«, sagte er. »Wenn ihr euch nicht daran haltet, nehmen wir auch die anderen Zusagen zurück. Wenn ihr euch weigert, in einer Reihe zu marschieren, lassen wir euch nicht auf den Hof. Das gleiche gilt für den Besuch«. Was sollte das, angeblich waren die militärischen Befehlsstrukturen doch aufgehoben! Der Feind versuchte auch an anderen Stellen, die Zügel zu straffen. Sogar das Parolenrufen beim Todesfasten wurde als Straftatbestand gewertet und entsprechende Anklage erhoben. Es gab auch immer mehr Anklagen aufgrund von Erklärungen, die vor Gericht abgegeben wurden. Auf der einen Seite hatte eine Lockerung stattgefunden, auf der anderen Seite erhöhte sich der Druck wieder.

Zeitungen wurden zensiert. Die wichtigsten Nachrichten wurden herausgeschnitten, bevor sie uns übergeben wurden. Bücher wurden erst nach einer monatelangen Wartezeit ausgehändigt, da sie angeblich vorher »untersucht« werden mussten. Die Forderung der GefangenenvertreterInnen nach einem Gespräch mit der Gefängnisleitung wurde zurückgewiesen. Es herrschte Ungewissheit. Ein Großteil der Rechte, die wir uns erkämpft hatten, wurde innerhalb kurzer Zeit zurückgenommen oder gar nicht erst in die Praxis umgesetzt.

Wir lasen und diskutierten die wenigen Bücher, die wir bekamen. Es waren Bücher von Orhan Hançerlioğlu und ähnlichen Schriftstellern. Auch Artikel und Analysen aus Tageszeitungen nutzten wir für unsere

Bildungsarbeit. Sogar die Lehrbücher einiger Studentinnen, die verhaftet worden waren, stellten einen Wert für uns dar.

Manchmal erreichten uns mündliche Botschaften der Freunde. Es wurde über die Haltung der Verwaltung - und was dagegen zu tun sei - diskutiert. Die Freunde forderten uns auf, unsere Meinung und Vorschläge einzubringen. Hinter uns lag eine schwere Zeit. Die Gefangenen mussten erstmal wieder Luft holen. Das war mit dem Todesfasten in gewissem Ausmaß erreicht worden. Der Feind setzte nicht alle unsere Forderungen um und machte immer wieder Schwierigkeiten, aber das war normal. Er wollte verhindern, dass sich das Bewusstsein durchsetzte, unser Widerstand könne Erfolg haben. Keinesfalls sollten die Gefangenen ihre Angst verlieren.

Wir erhielten eine schriftliche Nachricht. Darin hieß es, der Feind habe bei den Verhandlungen darauf beharrt, einmal wöchentlich die Nationalhymne singen zu lassen, als »mein Kommandant« angeredet zu werden und Appelle durchzuführen. »Wenn ihr euch nicht daran haltet, werden wir es auch nicht tun«, schrieben die Freunde. Wir wollten Zeit gewinnen. Die Kommunikation unter den Trakten war schwierig. Es war kaum bekannt, wer sich in der letzten Zeit wie verhalten hatte. Widerstand erforderte eine stabile organisatorische Basis. Daran mussten wir zunächst arbeiten. In der Nachricht hieß es weiter: »Daher haben wir beschlossen, uns für eine gewisse Zeit an die Vereinbarung zu halten. Wir wollen abwarten, wie sich die Verwaltung verhält und was sie damit bezweckt.«

Diese Botschaft machte mir zu schaffen. Bisher war es dem Feind nicht gelungen, uns dazu zu bewegen, ihn mit »mein Kommandant« anzusprechen. Eine Zeitlang hatte die Vertreterin beim Appell diese Anrede benutzt, wenn sie die Anzahl nannte, aber auch damit hatten wir wieder aufgehört. Viele Regeln hatten wir unterlaufen oder uns einfach nicht daran gehalten. Jetzt wieder damit anzufangen, hätte einen großen Rückschritt für uns bedeutet. Es bedeutete auch, dass wir uns den militärischen Befehlen unterwarfen. Ich schrieb zurück: »Wir wissen, dass es sich um einen Parteibesschluss handelt, aber wir werden uns nicht daran halten. Uns ist bewusst, dass wir uns der Organisation gegenüber schuldig machen, aber euer Beschluss stellt den gesamten Widerstand in ein schlechtes Licht.« Die Freunde kritisierten unsere Haltung, überließen die Entscheidung jedoch uns. Wir teilten unseren Beschluss zunächst den Vertreterinnen, dann den restlichen Gefangenen und schließlich auch den Angehörigen mit. Die Angehörigen machten eine gemeinsame Eingabe an die Militärkommandantur. Wir informierten auch die Anwälte, aber die waren noch viel hilfloser als unsere Familien. Sie unternahmen gar nichts.

Die Gefängnisverwaltung händigte uns eine neue Anordnung aus: «Jeder Gefangene ist ein Soldat und wird wie ein Soldat behandelt«. In diesem Stil ging es endlos weiter. Dann kam das Gerücht auf, wir sollten Häftlingskleidung bekommen. Wir konnten uns nichts darunter vorstellen, wir kannten nur die gestreifte Sträflingskleidung aus amerikanischen Filmen. Wollten sie uns mit einheitlichen Blusen und Röcken oder Shorts ausstatten? Wir lachten darüber. Jedoch mussten wir auch ernsthaft diskutieren und abwägen, was im Gefängnis vor sich ging.

Die Freunde schickten eine Warnung an alle Trakte: «Wir lehnen Anstaltskleidung ab. Damit soll ein einheitlicher Menschentyp erschaffen werden. Es handelt sich um einen Angriff auf den Widerstand«.

Als Vorsichtsmaßnahme zogen wir unter der Hose mehrere Schichten Unterwäsche an, falls der Feind versuchen sollte, uns unsere normale Kleidung wegzunehmen. Vielen grauste bei der Vorstellung, vom Feind ausgezogen zu werden. Wir gingen davon aus, dass es dabei zu sehr hässlichen Szenen kommen konnte. Die Soldaten würden mit Sicherheit angreifen, wenn sie nackte oder halbnackte Frauen sahen. Trotzdem waren wir entschlossen, die Anstaltskleidung zu verweigern. Wir wollten keinen Schritt zurück machen und keine einzige der im Todesfasten gewonnenen Errungenschaften aufgeben.

Dann hieß es, dass einige Freunde isoliert worden seien, weil sie sich den Soldaten widersetzt oder sie beleidigt hätten. Wir sahen sie vor Gericht oder auf der Krankenstation. Sie sahen blass aus, da ihnen der Hofgang verweigert wurde. Krankheiten breiteten sich aus.

Fast alle Gefangenen der anderen Gruppen aus unserem Trakt wurden entlassen. Die TKP-Gefangenen waren ausnahmslos Gründungs- oder Leitungsmitglieder des IKD, also des «Vereins fortschrittlicher Frauen«. Sie wurden nicht zur Einhaltung der Regeln genötigt. Dem Feind ging es hauptsächlich um uns, also die PKK-Gefangenen. Einmal deutete Abdullah Kahraman auf einige unserer dreizehn- bis fünfzehnjährigen Freundinnen und sagte in unserer Anwesenheit offen zu den TKP-Frauen: «Ich habe Angst vor diesen PKK-Kindern, aber euch fürchte ich nicht. Ich fürchte die Führungskader anderer Gruppen nicht so sehr, wie ich die Verrückten der PKK fürchte. Selbst ihre Verrückten sagen: ›Es lebe der Kommunismus, es lebe Kurdistan‹.« Wir lachten darüber und waren stolz. Er hatte ja Recht. Vielleicht war es das einzige Mal, dass er Recht hatte und die Wahrheit sagte. Ansonsten war er eine Schlange.

Die bloße Anwesenheit der TKP-Frauen im Trakt und ihre Haltung dem Feind gegenüber übten einen schlechten Einfluss aus. Mitleidig betrachteten sie die jungen Freundinnen. Ihrer Ansicht nach hatte die PKK ihr Leben verdorben. Sie hatten nicht einmal ihre Kindheit ausleben können. Nicht der Feind war daran schuld, sondern wir, unsere Partei. Sogar für den Militärputsch und die Folter waren wir verantwortlich! Sie hassten uns dafür, dass ihr eigenes Leben aus der Bahn geraten war. Dabei hatten sie es sich doch so schön in ihren Vereinen eingerichtet und in ihren Zeitschriften das revolutionäre Leben propagiert!

Es war tragisch, dass auch solche Menschen ins Gefängnis kamen. Der Feind beging eine Riesendummheit. Warum brachte er sie hierher? Als ich ihren hässlichen Umgang mit der Revolution mitansehen musste, gönnte ich ihnen nicht einmal das Gefängnis. Sie hatten hier einfach nichts zu suchen. Wir waren bereit, die schweren Bürden der Revolution auf uns zu nehmen. Nach ihrer Freilassung würden sie versuchen, aus ihrer politischen Gefangenschaft Kapital zu schlagen. Diese Vorstellung war unerträglich.

Letztendlich waren wir im Gefängnis unter uns. Unsere Beziehungen untereinander wurden intensiver. Wenn der Feind uns das Leben zur Hölle machen und wieder zu den Verfahrensweisen der Vergangenheit zurückkehren wollte, würden wir uns um jeden Preis wehren. Dieses Wissen reichte uns aus, um uns gemeinsam auf schwere Zeiten vorzubereiten.

widerstand im januar 1984

Die Atmosphäre war angespannt. Auf dem Weg zum Gericht wurden die Gefangenen unter verschiedenen Vorwänden geschlagen. Wer sich vor Gericht zu Wort meldete, wurde anschließend in einer Zelle isoliert. Im gesamten Gefängnis fand ein fünftägiger Hungerwarnstreik statt. Der Feind hatte eine Gegenoffensive gestartet, deren Ausmaß die Brutalität der letzten Jahre noch übertraf. Es wurden Sondereinheiten eingesetzt. Bei der Rückkehr von Gerichtsverhandlungen wurde gefoltert und auch auf der Einhaltung militärischer Regeln wurde wieder bestanden. Es war klar, dass wir diese nicht akzeptieren würden.

Der Widerstand begann am 1. Januar 1984. Gleich am ersten Tag bauten wir Barrikaden. Wir stellten Eisenbetten und Tische vor die Tür. Die Stahlschränke waren so groß wie die Tür. Der Abstand zwischen den beiden Türen war schmal. Aus Angst öffneten die Soldaten die Außentür nicht. Blickten sie durch die Türklappe, sahen sie bloß einen Stahlschrank.

Wir machten uns darauf gefasst, dass Nebelbomben durch die Klappe geworfen würden. Allen Gefangenen wurde eingeschärft, in diesem Fall Mund und Nase mit einem feuchten Tuch zu bedecken. Wir schlugen mit Tellern gegen die Eisenrahmen der Fenster und gegen die Tür. Es war ein Höllenlärm. Damit protestierten wir gegen die Folter. Wir riefen Parolen, sangen revolutionäre Lieder und trugen Gedichte vor. Andere Mittel hatten wir nicht.

Der obere Trakt lag gegenüber einem großen Folterraum, der Kinosaal genannt wurde. Die Türklappen lagen genau gegenüber. Wir konnten sehen, wenn sich dort etwas bewegte. Allerdings sahen wir nur die obere Körperhälfte der Menschen, die sich dort befanden. Der Raum war leer, es standen keine Betten oder ähnliches darin. Geräusche, die aus der Folterkammer kamen, waren gut zu hören.

Gruppenweise wurden Gefangene in den Kinosaal gebracht. Der Feind hetzte Hunde auf sie, verpasste ihnen Stromschläge, unterzog sie der Bastonade und zog sie nackt aus. In diesem Raum wurden alle denkbaren Foltermethoden angewandt. Der Lärm war unerträglich für uns. Mit unseren Parolenrufen und Liedern kamen wir nicht dagegen an. Immer wieder riefen wir: »Dreckskerle, warum kommt ihr nicht zu uns?«. - Es ist manchmal einfacher, direkt mit dem Angriff des Feindes konfrontiert zu sein, als dabei zuzusehen, wie deine GenossInnen gefoltert werden. Die Schreie und das Stöhnen hallten in unseren Ohren. Wir hörten, wie sie sich wehrten: »Nein, das sage ich nicht« oder »Nein, ich werde die Kleidung nicht anziehen.«

Nein, nein, nein ... Jedes Nein machte uns glücklich und wir wiederholten etliche Male: »Habt ihr gehört? Er hat nein gesagt.« Die folgenden Schmerzensschreie zerrissen uns das Herz.

Wir hatten jahrelang unter der Folter gelebt. Jetzt hielten wir es nicht mehr aus. Wie hatten wir es überhaupt ertragen können? Waren unsere Reflexe abgestorben? Waren unsere Herzen versteinert und unsere

Stimmbänder verrostet? Aber jetzt konnten wir nicht mehr schweigen. Der Bann war gebrochen, die Dunkelheit zerrissen.

Die Barrikaden erinnerten mich an das, was ich über den Widerstand und den Barrikadenkampf während der Zeit der Pariser Kommune gelesen hatte. Die Bevölkerung und die Widerstandseinheiten hatten auf den Straßen Barrikaden errichtet und gekämpft. Wir kannten das aus Romanen und Filmen. Jetzt waren wir selbst mittendrin. Es herrschten sehr ungleiche Bedingungen. Unsere einzigen Waffen waren unsere Überzeugung, unser Wille und unsere nackten Körper. Im Moment kämpften nur unsere Stimmen.

Wir hatten vorher besprochen, wie wir uns bei einem direkten Angriff verhalten wollten. Als die Folter erneut begann, errichteten wir Barrikaden. Der Feind sollte es nicht leicht haben. Vielleicht würde er die Tür aufbrechen, Wände einreißen oder durch die Fenster hereinkommen. Es war uns gleichgültig. Wichtig war nur, es ihm so schwer wie möglich zu machen. Später erfuhren wir, dass auch in vielen anderen Trakten Barrikaden errichtet wurden. Die Gefangenen wurden trotzdem mit Gewalt herausgeholt und in den Kinosaal gebracht. Einige kapitulierten dort. Wer sich weiterhin weigerte, Anstaltskleidung zu tragen, wurde nackt ausgezogen und gefoltert. Diejenigen, die die Regeln akzeptierten, wurden gemeinsam in einem Block untergebracht.

Wir versuchten uns schreiend durch das Fenster mit den umliegenden Trakten zu verständigen und die Wortfetzen zu interpretieren, die aus den entfernter liegenden Blöcken zu uns drangen.

»Der Widerstand wird vom 25. Trakt aus geleitet«, hieß es. Da es den Freunden in den Isolationszellen nicht möglich war, mit allen Trakten zu kommunizieren, überließen sie die Koordination dem 25. Trakt. Dort befand sich Şener. Er gab die Anweisungen und leitete Neuigkeiten an den 35. Trakt weiter. Wir hörten, dass sich Gefangene aus dem 27. Trakt angezündet hatten und ins Krankenhaus eingeliefert worden waren. Es gab auch Gefallene: Remzi Aytürk und Yılmaz Demir. Kurdo wurde verletzt und kam ins Krankenhaus. Jetzt wurde uns klar, was der schwarze Rauch zu bedeuten hatte, der von den hinteren Blöcken zum Himmel aufstieg. Einige Freundinnen meinten: »Lasst uns auch ein Feuer machen!«. Wir hinderten sie zunächst daran. Jede neue Nachricht erhitzte die Gemüter weiter und alle benahmen sich wie Verrückte. In solchen Momenten ist es sehr schwer, abzuwägen, was das Richtige ist.

Schließlich sagten wir: »Wir können ihre Aufmerksamkeit auf uns lenken, indem wir ein Feuer legen. Wir müssen die feindlichen Kräfte spalten. Sollen sie sich auch ein bisschen mit uns beschäftigen. Damit können wir die Aufmerksamkeit von mindestens fünfzig Soldaten auf uns lenken. Bringt Matratzen und alte Kleidung, die wir anzünden können«. Sofort füllte sich der Trakt mit Qualm. Aus den Fenstern quoll schwarzer Rauch. Wir zündeten auch die Vorhänge vor den Fenstern an, um die Aufmerksamkeit des Feindes auf uns zu lenken. Obwohl im gegenüberliegenden Block die Soldaten untergebracht waren, war kein einziger von ihnen zu sehen.

Wir heizten das Feuer mit dem Holz der Sitzbänke und Kisten weiter an. Erstmalig überlegte ich, ob wir auch eine Selbstverbrennungsaktion machen sollten. Ja, warum nicht? Aber unser Feuer reichte dafür nicht aus. Man braucht Terpentin oder einen anderen Brandbeschleuniger. Mit diesem Feuer und diesen Freundinnen um mich herum bestand keine Aussicht auf Erfolg. Sie hätten mich sofort aus dem Feuer gezogen. Trotzdem sagte ich: »Es ist sehr anziehend.« Aysel sah mich entsetzt an: »Was? Du denkst doch wohl nicht an eine solche Verrücktheit?« – »Nein, ich sage nur, dass das Feuer sehr anziehend ist. Es hätte große Wirkung, wenn wir auch eine Aktion machen würden. Verdammt! Bisher ist uns gar nichts gelungen.« Sterben war ja so einfach, aber für uns schien es unmöglich. Ich seufzte. Den richtigen Ort und Zeitpunkt für den Tod zu finden, ist eine Kunst für sich.

Wir glaubten inzwischen, dass der Feind bewusst nicht zu uns kam. Die Freundinnen schlossen die Fenster. Falls doch jemand durch die Türklappe guckte, sollte es so aussehen, als ob alle bewusstlos oder tot wären. Wir hörten auch auf zu rufen. Das Feuer brannte jetzt schon so lange, dass wirklich einige von uns aufgrund des Sauerstoffmangels ohnmächtig wurden. Wir hatten anstrengende Tage hinter uns, in denen wir kaum geschlafen hatten. Als uns der Ernst der Lage bewusst wurde, öffneten wir die Fenster wieder. Dem Feind schien alles gleichgültig zu sein. Sie waren so sehr mit den Freunden beschäftigt, dass ihnen unser Feuer oder unser Schweigen gar nicht auffiel. Wir versuchten trotzdem weiterhin, möglichst viel Rauch entstehen zu lassen.

Als sie den Rauch endlich bemerkten, spritzten sie mit einem Hochdruckschlauch Wasser durch die Türklappe in die Zelle. Natürlich wollten sie auch uns damit treffen. Gegen den Schlauch kamen wir nicht an.

Wir warfen mit Tellern und spitzen Gegenständen. Der Trakt füllte sich mit Wasser. Erstmalig sahen wir Ali Osman wieder. Er war lange Zeit weg gewesen. Es freute uns, dass er diesen Aufstand miterlebte. »Mörder Ali Osman! Faschist Ali Osman! Mörderverwaltung!« riefen wir bei seinem Anblick. »Niederträchtiger Folterer! Mörder! Bist du wiedergekommen, um weiterzumorden? Dieses Mal bist du dran!« Die Soldaten reagierten auf unsere Schreie mit der Parole »Ali Osman ist der Größte!« Ali Osman selbst sagte bloß: »Verreckt doch!«.

Wir beobachteten das Geschehen weiter durch die Türklappe und trauten unseren Augen nicht. Die Gefangenen zogen Anstaltskleidung an. Von Folter war nichts mehr zu hören. Plötzlich sagte Gönül: »Oh! Karasu, Rıza, Yılmaz ... ich kann sie erkennen. Sie ziehen Anstaltskleidung an!«. Ich fuhr sie an: »Nimm die Namen der Freunde nicht in den Mund! Ist dir klar, was du da redest? Wie kannst du so etwas sagen? Oder hast du nur darauf gewartet? Du versuchst doch bloß, überall deinen Pessimismus zu verbreiten«. Ich sagte noch einiges mehr. Alle drängten sich um die Türklappe. »Wie willst du jemanden erkannt haben?«, fragte ich wütend. Am liebsten hätte ich ihr auf den Mund geschlagen. Gönül war über meine Reaktion schockiert und sagte weinend: »Guck doch selbst! Warum sollte ich lügen?« Sie ging in den anderen Trakt. Die anderen Freundinnen schwiegen betreten. Vielleicht hatten sie dasselbe wie Gönül gesehen. Aufgrund meiner Reaktion sagte keine mehr etwas.

Gegen Abend kam der Hauptmann in Begleitung mehrerer Offiziere, Soldaten und einer Polizistin zu unserer Tür. »Baut die Barrikade ab. Wir wollen reden. Es wird keinen Angriff geben«, sagten sie. Wir fingen sofort an, Parolen zu rufen. Sie gingen weg und kamen nach einer Weile wieder. »Die weiblichen Gefangenen bekommen keine Anstaltskleidung. Macht jetzt auf. Ihr bekommt Essen«, sagten sie. Wir besprachen uns kurz und entschieden, die Tür zu öffnen. Natürlich fand auch eine Durchsuchung statt.

Am nächsten Tag erfuhren wir, dass Necmettin Büyükkaya ums Leben gekommen war. Seine Frau Cemile war bereits entlassen worden. Insgesamt gab es drei Gefallene. Nur aus diesem Grund waren wir nicht angegriffen worden. Natürlich wussten wir wieder nichts von dem Beschluss, die Anstaltskleidung nicht länger zu verweigern. Wir erfuhren erst in den letzten Tagen des Todesfastens davon. Eine Zeitlang wurden die Gefangenen im Kinosaal solange gefoltert, bis sie das Bewusstsein verloren, und dann umgezogen. Kamen sie wieder zu sich, zogen sie die Kleidung aus. Das hatten wir selbst beobachtet. Der Feind sagte zwar, alle hätten die Anstaltskleidung akzeptiert, auch der 35. Trakt, aber wir glaubten ihm nicht.

Am 18. Januar hörten wir aus der Ferne eine kräftige Stimme rufen: »Wir sind ins Todesfasten getreten!«. Ich sagte sofort: »Okay, das ist der Moment, auf den wir gewartet haben. Freundinnen, habt ihr gehört? Wir machen ein Todesfasten!« Dann rief ich aus dem Fenster: »In Ordnung, wir fangen auch an!« Aysel bestand wieder darauf, daran teilzunehmen. Gönül wollte dieses Mal auch dabei sein. Wir willigten ein. Auch Fatma schloss sich an. Wir schrieben eine Eingabe und begannen mit der Aktion.

Nach Beginn des Todesfastens wurde weniger gefoltert. Von Zeit zu Zeit hörten wir jedoch Militärmärsche, was uns sehr zu schaffen machte. Wieviele mochten es wohl sein, die den Widerstand aufgegeben hatten? Wir wollten es nicht glauben. Alles, was uns an die alten Zeiten erinnerte, weckte eine unglaubliche Wut in uns. Dieser Bann war gebrochen worden, niemand durfte eine Rückkehr in die alten Zeiten zulassen! Vielleicht waren auch Einzelne, deren Widerstand gebrochen war, in einem Trakt zusammengelegt worden. Etwas anderes konnten und wollten wir uns einfach nicht vorstellen.

Eines Tages hörten wir Lärm aus dem Nebentrakt. Wir klopften an die Wand, um nach dem Grund zu fragen. Von der anderen Seite hörten wir: »Ich bin Mehdi Zana[33]. Wie geht es euch? Wer seid ihr?« Wir nannten unsere Namen und sagten, dass wir im Todesfasten seien und es uns gut gehe. Er und einige andere waren nach einer Gerichtsverhandlung dorthin verlegt worden. In der Stille der Nacht rief er mit lauter Stimme nach den Freunden im 35. Trakt. Es begann ein reger Nachrichtenaustausch.

Nachts zerschnitten fortan laute Rufe auf Zazaki, Kurmanci, Türkisch und sogar Englisch die Luft. Wir waren begeistert. Der Feind stellte Lautsprecher in den Höfen auf und machte Lärm auf den Dächern, um die Kommunikation zwischen den Blöcken zu verhindern, aber er konnte nichts ausrichten. Auch wir beteiligten uns vom Frauenblock aus, wenn es notwendig war. Kezban hatte eine sehr kräftige Stimme.

33 Mehdi Zana (* 1940 in Silvan, Provinz Diyarbakır) ist ein kurdischer Politiker, ehemaliger Bürgermeister von Diyarbakır und Ehemann von Leyla Zana. Autor von »Hölle Nr. 5. Tagebuch aus einem türkischen Gefängnis« (1997)

Mehdi Zana sang kurdische Lieder auf der anderen Seite der Mauer. Ich habe kurdische Musik immer sehr gern gehört, vor allem das Lied »Xezal«, das auch von Şivan gesungen wurde. Auf unseren Wunsch sang unser »*Xalo*«[34] es uns vor. Seine Stimme war sehr schön und gut zu hören. Sie brachte all den Schmerz und die Sehnsüchte, die sich angesammelt hatten, zum Ausdruck.

Aysel und Gönül wurden aufgrund von Kreislaufproblemen ins Krankenhaus eingeliefert. Fatma und ich blieben zunächst zurück. Nach einer Weile wurden auch wir ins Krankenhaus gebracht. Dort trafen wir auf einige Freunde. Einer von ihnen lag auf einer Trage. Der Nahrungsentzug hatte sie schnell geschwächt, da sie ohnehin durch die Folter entkräftet waren. Zuerst wurde Fatma abgeholt. Sie wurde jedoch nicht nach oben gebracht, sondern in ein Nebenzimmer. Dann brachten sie mich auf einer Trage nach oben in den Raum, den ich bereits vom letzten Todesfasten kannte. Auch Gönül und Aysel waren hier. Sie freuten sich, mich zu sehen, und machten einen besseren Eindruck als zuvor im Gefängnis. Schließlich wurde auch Fatma gebracht. Auf meine Frage, wo sie gewesen sei, gab sie eine wütende Antwort. »Oder haben sie dir etwa medizinische Behandlung angeboten?«, fragte ich weiter nach. Sie wurde noch wütender und antwortete in dem üblichen Tonfall, in den sie verfiel, wenn ihr etwas nicht passte.

Normalerweise wurden wir täglich von den Ärzten gefragt, ob wir in eine medizinische Behandlung einwilligten. Wir antworteten jedes Mal mit »Nein«. Diese Prozedur fand offen statt. Manchmal probierten sie auch gezielt andere Methoden aus. Dabei richteten sie sich nach der jeweiligen Person. Sie flüsterten, drohten, schimpften oder provozierten, um unsere Reaktionen zu testen. Manchmal sonderten sie eine Person ab und erklärten, die anderen Todesfastenden hätten soeben in eine medizinische Behandlung eingewilligt. Es gab sogar einige Dummköpfe, die darauf hereinfielen.

In Situationen wie dem Todesfasten kann der Feind die Persönlichkeiten der Gefangenen am besten einschätzen. Du kommst dem Tod jeden Tag ein Stückchen näher und du hast Schmerzen. Bist du jedoch psychisch stabil und willensstark, gehst du lachend und behütet von deinen Überzeugungen in den Tod, dann schüchterst du sowohl den Tod als auch den Feind ein. Andernfalls führt dich die Angst vor dem Tod

34 Kurdisch für: Onkel

Schritt für Schritt zum Verrat. Dann schwankst du zwischen Leben und Tod. Deine Schwäche spiegelt sich in deinen Augen wider. Dein Gesicht wird hässlich, als ob es wie ein Schwamm Angst und Hoffnungslosigkeit aufgesaugt hat. Du bist nervös und angespannt, du weinst und versuchst, deine Angst unter der Bettdecke zu verstecken. Du bekommst noch mehr Angst und kannst nicht mehr sprechen. Mit Worten und Blicken spuckst du deinen Gefährtinnen auf dem Weg in den Tod deine innere Hässlichkeit entgegen. Genossinnen verhalten sich anders.

Es ist wichtig, Menschen richtig einschätzen zu können. Schwierige Zeiten sind am besten dafür geeignet. Der Mensch zeigt sich nackt, da er nichts mehr findet, womit er sich bedecken kann. Natürlich musst du dafür offen sein, der Realität ins Auge zu sehen. Ansonsten verdecken deine Komplexe, deine Ängste, deine Reue und deine Wut den nackten Menschen vor dir.

Auch Genosse Karasu war im Krankenhaus. Er schickte uns eine Zeitung. Der Feind händigte uns lediglich Zeitungen aus. Schriftverkehr war verboten. Trotzdem tat es uns gut zu wissen, mit ihm und den anderen Freunden am selben Ort zu sein, auch wenn es sich dabei um das Krankenhaus handelte. Auf unsere Fragen antworteten die Soldaten, dass täglich weitere Gefangene ins Krankenhaus eingeliefert wurden.

Aysel ging es an manchen Tagen sehr schlecht. Wir ließen es zu, dass ihr Blutdruck gemessen wurde. Die Ärzte kamen mindestens drei Mal täglich. Ich sagte zu Aysel: »Hör auf zu rauchen. Damit beschleunigst du deinen Tod. Das ist nicht richtig«. Ihre Gleichgültigkeit regte mich auf. Sie war stets leidend und pessimistisch. Aufgrund ihrer Tuberkulose hatten wir Extrabecher angefordert, aber auch das war verboten. Wir benutzten schließlich den Deckel des Wasserbehälters als Becher. Als ich mich dagegen aussprach, den selben Becher wie Aysel zu benutzen, ärgerte sie sich und sagte: »Wir gehen in den Tod und du hörst trotzdem nicht auf mit deinen Ermahnungen.« Sie war beleidigt. Ich versuchte ihr meine Einstellung zu erklären: »Auch wenn ich sterbe, will ich mich nicht vorher anstecken«. Ich wollte sie ja nicht ärgern, mich störte lediglich ihre Gleichgültigkeit, die Teil ihrer Persönlichkeit war. Warum sollten wir es dem Tod so leicht machen? Der Tod sollte sich vor uns fürchten und nicht wir vor dem Tod.

Ich fragte mich, ob sich eines Tages die Gelegenheit ergeben würde, Berichte von Zeitzeugen über das erste große Todesfasten zu hören. Aus dieser Zeit war nur noch Karasu übrig. Ich wünschte, er wäre dieses Mal nicht dabei. Er hatte sogar fünf Tage vor uns angefangen. Sie hatten ihn in eine Isolationszelle gesteckt, dort hatte er mit dem Todesfasten begonnen. Bei uns war einige Zeit zwischen dem fünftägigen Hungerwarnstreik und dem Todesfasten vergangen. Die Freunde waren viel stärkeren Angriffen ausgesetzt gewesen als wir und Karasu hatte bereits eine außergewöhnliche Zeit hinter sich. Er und die anderen mussten einfach überleben. Wenn jemand sterben musste, dann war ich an der Reihe. »Lieber Gott, bitte lass mich als Erste sterben«, betete ich. Den Tod anderer hätte ich nicht aushalten können. Allein der Gedanke daran war unerträglich. Manchmal machten wir Witze darüber. Ich sagte: »Ich will zuerst sterben.« Aysel antwortete: »Nein, ich bin zuerst dran.« Sie seufzte tief und fügte hinzu: »Ich bin dem Tod näher.« Das stimmte, Aysel wurde immer schwächer. Manchmal lag sie stundenlang wie eine Tote da. Es brach mir das Herz und ich flüsterte leise ihren Namen, bis sie irgendeine Reaktion zeigte. Auch die Ärzte machten sich um sie am meisten Sorgen. Wenn sie zu uns kamen, gingen sie zuerst zu Aysels Bett.

Gönül versank mit der Zeit wieder in schlechter Laune. Beim Todesfasten ist es wichtig, sich keinen Moment lang von absterbenden Körperzellen, dem fürchterlichen Mundgeruch und den allgegenwärtigen Schmerzen besiegen zu lassen. Du führst einen Kampf, der keinem Krieg der Welt gleicht. Du befindest dich in einem Krieg gegen deinen Körper. Jedes Organ stellt eine Kriegsfront dar, jede Körperzelle versucht wie ein Monster, dein Herz und dein Gehirn zu besetzen. Deine Knochen sind wie Panzer. Die jeweilige Seite, auf der du gerade liegst, rebelliert gegen dich. Jedes Mal, wenn du dich umdrehst, verlierst du weitere Energie. Jede Wut bedeutet Kraftverlust und jeder Blick verbrennt deine Augen. Du hast Angst davor, deine Genossinnen und dich selbst anzusehen. Du siehst deine Hände: die Knochen treten hervor, die Haut ist stumpf, die Fingernägel färben sich blau.

Nein, damit durften wir uns nicht beschäftigen. Ansonsten würde der nahende Tod zu einem Alptraum, der uns gefangen hielt. Gönül riss die Augen weit auf. Sie zog sich die Bettdecke über den Kopf, weinte und stöhnte vor Schmerzen. Wenn deine Organe ihre Funktion verlieren, erlebst du Erschütterung und Schwindel. Dadurch entstehen neue Ängste. Hinterhältig huschen Gedanken durch dein gemartertes Hirn. Gibst du dieser Schwäche nach, kannst du deine Angst auch vor dem Feind nicht mehr verbergen. An diesem Punkt beginnt die Niederlage.

Der Stabsoffizier des Krankenhauses kam mit den Ärzten herein. Sie kümmerten sich um Gönül. Gönül antwortete in weinerlichem Tonfall auf ihre Fragen. Der Offizier witterte eine Gelegenheit und sagte: »Wenn du willst, können wir dich behandeln. Wenn du danach weitermachen willst, kannst du weitermachen. Oder hast du vor irgendetwas Angst und kannst darüber nicht selbst entscheiden?« Dabei warf er mir einen schrägen Blick zu. Unsere Blicke trafen sich. Die Wut in meinen Augen machte ihm Angst. Meine Augenhöhlen waren riesig geworden. Er wendete seinen Blick ab. Ich lächelte ihm zu, als wollte ich sagen: »Vergiss es, du wirst damit keinen Erfolg haben«. Auch Aysels Blicke waren fürchterlich.

Fatma lag auf dem Bauch und machte einen gleichgültigen Eindruck. Bei ihr war immer ungewiss, ob sie ins Leben oder in den Tod ging. Sie redete selten und es war schwer zu erraten, woran sie gerade dachte. Einmal antwortete sie erst nach langer Pause auf eine Frage eines Arztes. Der Arzt sagte daraufhin: »Der Mensch antwortet normalerweise innerhalb weniger Sekunden, aber du verhältst dich merkwürdig. Dass du solange für eine Antwort brauchst, weist darauf hin, dass du ein Fall für die Psychiatrie bist.« Natürlich war dieser Arzt ein Feind, aber merkwürdig fanden wir es auch. Ein Mensch kann schweigen und überhaupt nicht sprechen, aber einige Reflexe lassen sich nicht unterdrücken. Fatmas extremes Desinteresse an allem, was sie umgab, war nicht ungefährlich.

Manchmal fragten wir uns, ob sie etwas gebunkert hatte. Warum nahm sie am Todesfasten teil? Was war ihr Ziel? Was bedeuteten andere Menschen für sie? Was waren Vertrauen, Liebe, Freundschaft für sie? Ich fand keine Antworten auf diese Fragen.

Ich nahm mir vor, der Partei bei ihrer Entlassung vorzuschlagen, ihr Gehirn in einer Spezialklinik untersuchen zu lassen. Vermutlich waren die Sowjets Experten auf diesem Gebiet. Der Mensch ist normalerweise Freund dem Freund und Feind dem Feind. Es handelt sich um zwei unterschiedliche Phänomene. Für Menschen, die weder Freund noch Feind sind, lässt sich keine Definition finden.

Unsere Angehörigen kamen fast jeden Tag zu Besuch. Sie bildeten eine weitere Front in diesem Krieg. Es kam zu dramatischen, tragischen, aber auch lustigen Szenen. Vor allem aber waren unsere Familien hilflos. Sie mussten mit ansehen, wie ihre Kinder täglich schwächer wurden, und sie schämten sich, dass ihre Kraft nicht ausreichte, dem Druck des Feindes standzuhalten. In Filmen hatte ich gesehen, wie Menschen angesichts eines tragischen Vorfalls plötzlich ergrauten. Ich hatte das für Humbug gehalten, aber es kam auch in unserem Film vor, in dem sich alle selbst spielten. Eigentlich hätte ein guter Regisseur ein Meisterstück daraus machen können.

Aus den Medien kannten wir die Geschichte von Bobby Sands. Der Hungerstreik von IRA-Gefangenen in Irland fand ungefähr zur gleichen Zeit statt wie das Todesfasten in Diyarbakır im Jahr 1981. Die eiserne Lady gab nicht nach und so verloren ungefähr zehn Revolutionäre ihr Leben. Bobby Sands war der erste aus der Gruppe, der fiel. Diese Geschichte hatte uns damals sehr berührt und wir bezogen ihn bei einer Gedenkfeier für unsere Gefallenen mit ein.

Er hatte seiner Mutter seinen letzten Willen mitgeteilt: »Bis zum letzten Moment werde ich einen ärztlichen Eingriff verweigern. Sollte ich jedoch das Bewusstsein verlieren, musst du es an meiner Stelle tun«. Seine mutige Mutter ließ tatsächlich nicht zu, dass die Ärzte das Leben ihres Sohnes retteten. So gesehen hatte Bobby Sands es gut, denn seine Mutter hielt sich an seinen letzten Willen.

Unsere Familien waren merkwürdig. Der Schmerz laugte sie aus. Aus Hilflosigkeit weinten sie, rauften sich die Haare und erklärten, sich umbringen zu wollen. Sie missachteten unseren Willen und das machte es noch schwerer für uns. Schließlich wussten sie, worum es uns mit unserer Aktion ging. Vielleicht wussten sie jedoch nicht genug. Ihre Reaktionen waren anstrengend. Anstatt vom Feind Rechenschaft zu fordern und ihre Wut an ihm auszulassen, versuchten sie, uns dazu zu bewegen, die Aktion abzubrechen. Sie wollten einfach nicht, dass wir sterben. Der Schmerz brachte sie um. Ich sah, dass auch meine Eltern, Onkel Hıdır und die anderen täglich schwächer wurden. Da sie ständig weinten, hörten sie gar nicht, was wir sagten. Als der Feind sie das erste Mal ins Krankenhaus rief, wurde ihnen gesagt, sie sollten unsere Leichname abholen. Es gab sogar Familien, die Särge mitbrachten.

Nur unter großen Schwierigkeiten konnten wir sie dazu bewegen, ihre Wut gegen den Feind zu richten. »Geht los und greift die Gefängnisleitung oder die Militärkommandantur an. Macht Demonstrationen, fahrt nach Ankara. Auf diese Weise könnt ihr vielleicht Todesfälle verhindern, aber doch nicht mit Weinen!« Letztendlich hörten sie auf uns. Die Angehörigen griffen das Gefängnis mit Steinen an. Sie griffen bei einem Gespräch auch den Stabsoffizier an und sagten: »Sie bringen unsere Kinder um!« Eine Abordnung von ihnen fuhr nach Ankara.

Der Feind gab nicht nach. Aus der ersten Gruppe befanden sich zwölf Gefangene an der Grenze zum Tod. Darunter waren auch wir. Aysel spuckte Blutklumpen. Gönül und Fatma konnten sich nicht mehr aufrichten. Ich las bis zum letzten Tag weiter die Zeitungen. Meine Augen waren immer noch gut. Manchmal sah ich alles verschwommen, aber es ging. Aysel und Gönül lagen wie Tote im Bett. Ich sah, dass sie noch lebten, wenn sie ab und zu zwinkerten oder leise stöhnten. Gaben sie über längere Zeit kein Lebenszeichen von sich, sprach ich sie mit ihren Namen an. Gönüls Bett stand neben meinem, Aysels auf Gönüls anderer Seite und Fatmas gegenüber. Ständig wanderten meine Augen zwischen den Betten hin und her. Ich betete weiter darum, als Erste sterben zu dürfen. Es war ein Gebet, das nur für diesen Moment galt. Auch als Kind hatte ich in dringenden Fällen Gott angefleht.

Aysel, Fatma und Gönül reagierten immer, wenn ich sie ansprach. Einmal blieb jedoch Aysels Antwort aus. Ich bekam Angst, stand auf und schleppte mich zu ihr. Sie lebte, ich freute mich. Manchmal reagierte Aysel mit einem gereizten »Was?«, wenn ich sie ansprach. Das tat sie allerdings auch im normalen Leben.

Eines Tages zog mein Vater sein Notizbuch aus der Tasche und erklärte schluchzend: »Ich kann den Tod meiner Tochter und meines Sohnes nicht ertragen. Ich möchte vor ihnen sterben. Meine Kinder haben nichts Schlechtes getan, sie haben für die Menschheit gekämpft und sich für ihre Sache eingesetzt. Sie haben kein Verbrechen begangen. Sie haben für eine ehrenvolle Sache gekämpft. Dagegen kann ich nichts sagen. Aber sie haben nicht an uns gedacht. Ich kann den Schmerz nicht ertragen, deshalb werde ich mich erhängen.«

Die Angehörigen weinten im Chor. Auch einige Krankenschwestern, Soldaten und Ärzte weinten. Sie konnten ihre Tränen nicht länger verbergen.

Nachdem sie bei uns gewesen waren, gingen sie zu Karasu und den anderen Freunden. Auch ihnen ging es schlecht, Karasu war sehr geschwächt. Orhan Keskin und Cemal Arat waren auf die Intensivstation verlegt worden. Ihre Angehörigen wussten nichts davon. Orhans Eltern suchten panisch nach ihrem Sohn. Sein Vater war etwas ruhiger, aber seine Mutter war so verzweifelt, dass etwas in mir zerbrach. Sie kam zu mir, kontrollierte meine Füße mit ihren Händen, küsste dann meine Füße und Hände und flehte mich an, ihr zu sagen, wo ihr Sohn war. »Du weißt, wo er ist, warum sagt es mir denn keiner?« Es war herzzerreißend. Schließlich ließ sie von mir ab, ging zu den anderen, verließ den Raum und kehrte zurück. Mir fehlte die Kraft, sie davon abzuhalten, weiter meine Füße und Hände zu küssen. »Mach dir keine Sorgen, es geht ihm gut«, konnte ich nur sagen. Dabei hatte ich keine Ahnung, was los war. Ich erfuhr erst einige Monate später im Gefängnis, dass beide gefallen waren.

Meine Mutter war genau wie sie. »Meto ist tot, Karasu ist tot, es reicht! Sag doch etwas! Die Männer sagen, wenn Sakine es sagt, hören alle auf. Sag doch etwas, hört endlich auf, ich flehe dich an!«, jammerte sie. Metin und Karasu waren tot? Was redete meine Mutter da? Sie brachte mich fast um mit ihren Worten und merkte es nicht einmal. Natürlich wollte sie mich nur dazu bringen, die Aktion abzubrechen, aber sie wusste nicht, was sie mir damit antat. Ich gab Aysels Mutter ein Zeichen, zu mir zu kommen, und fragte nach. »Nein, nichts dergleichen ist geschehen. Ich komme ja gerade von dort. Sie sind nur geschwächt«, sagte sie ruhig.

Einige Tage später kam Metin zu mir. »Seit heute morgen finden Gespräche statt. Es sind Vertreter von der Kommandantur und aus dem Gefängnis dabei. Außer einiger weniger Punkte haben sie fast alle unsere Forderungen akzeptiert. Nur bei der Anstaltskleidung bewegen sie sich nicht«, sagte er. »Welche Anstaltskleidung?«, fragte ich. Ich fühlte mich, als sei ich in ein Loch gefallen und verspürte eine Leere, die man empfindet, wenn man aus einem Albtraum aufwacht. Ich verstand nicht, was vor sich ging. Hatten die Gefangenen die Anstaltskleidung akzeptiert oder war sie Gegenstand von Verhandlungen? Mir fiel ein, wie Gönül damals im Gefängnis behauptet hatte, der 35. Trakt habe Anstaltskleidung angezogen. Das ging jedoch aus Metins Worten nicht hervor. Ich konnte es mir einfach nicht vorstellen. Trotzdem war ich innerlich besorgt. Entstand diese Sorge in meinem Unterbewusstsein? Metin blieb nur kurz. »Rıza und die anderen warten auf mich. Wir fahren zum Gefängnis, um die Ergebnisse dort zu diskutieren. Ich bin alleine gekommen, weil Rıza die Treppe nicht hoch kommt. Bereitet eure Bedarfsliste vor. Später sagen wir euch genau Bescheid.« Ich entgegnete: »Eine von uns sollte bei diesen Gesprächen dabei sein. Es gibt zwar das Komitee, aber wir bleiben immer außen vor und haben nicht die Möglichkeit, mit zu diskutieren. Ich glaube nicht, dass diese Typen etwas dagegen haben.« Metin ging.

Auch die Angehörigen waren bereits informiert und fuhren geschlossen zum Gefängnis. An diesem Tag erhielten wir keine weitere Nachricht und am folgenden Tag auch nicht. Offenbar war das Todesfasten noch nicht vorbei. Wir waren froh darüber, dass wir unseren Angehörigen noch nicht unsere Bedarfsliste übergeben hatten.

Wir hörten, dass es Karasu noch schlechter ging und einige Freunde kaum noch sehen und hören konnten. Unter ihnen war auch Hamili. Seine Familie kam uns besuchen. Mein Gott! Bereits beim ersten Besuch hatten sie mir vorgeworfen: »Unser Sohn stirbt! Hast du keine Angst vor Allah?« Dasselbe sagten auch die Angehörigen der anderen Freundinnen, um mir ein schlechtes Gewissen zu machen. »Karasu und du, ihr müsst etwas unternehmen! Karasu ist schon völlig fertig, sein Zustand ist ernst. Wenn du etwas sagst, hört das endlich auf. Bitte, lass sie nicht sterben!« Das war alles, was sie sagten. Es war die schlimmste Form des Drucks, die man sich vorstellen kann.

»Ruft den Offizier«, sagte ich. Der Offizier kam. »Ich möchte mit Karasu sprechen«, sagte ich ihm. Einen Tag zuvor sollte die Vereinbarung getroffen worden sein, die zum Ende des Todesfastens hätte führen können. Die Verhandlungen waren offenbar im Gefängnis ins Stocken geraten. Diese miesen Typen intrigierten schon wieder. Einige der Angehörigen erzählten etwas anderes. Aysels und meine Mutter sagten beide: »Es ist dieser Şener, der es nicht zulässt. Er soll sich im Gefängnis dagegen ausgesprochen haben. Das hat der Stabsoffizier erzählt. Was will er bloß von unseren Kindern?« Ich ärgerte mich und sagte: »Der Feind erzählt euch ständig irgendetwas, um euch hereinzulegen. Und ihr glaubt auch noch daran. Der Feind hat offenbar hier eingewilligt und im Gefängnis etwas anderes gesagt. Deshalb dauert es so lange.«

Die Angehörigen schöpften Hoffnung, als ich Karasu rufen ließ. Auch die Weinenden wurden ruhiger. Alle warteten gespannt darauf, worüber wir sprechen würden.

Karasu wurde auf einer Trage gebracht. Sie stellten die Krankenliege direkt vor mein Bett. Die Aufregung stieg. Aysel, Gönül und Fatma standen auf und kamen zu meinem Bett. Bis eben noch hatten sie dagelegen wie Tote. Ich richtete mich halb auf und sah Karasu an. Auf der Trage lag ein winziger Körper. Hätte er nicht mehrere Pullover übereinander getragen, hätte er noch kleiner gewirkt. Von seinem Gesicht war nur noch eine Handvoll übrig. Seine Lippen waren weiß und trocken.

Ich fühlte Tränen aufsteigen, aber meine Augen waren wie ausgetrocknet. Ich riss mich zusammen. Es reichte, dass die Angehörigen weinten. Nicht ich auch ... Nein, unmöglich. Der Feind war überall.

Karasu fiel es schwer, auf meine Frage, wie es ihm gehe, zu antworten. Hatte er mich nicht hören können? Nach einer Weile sagte er: »Uns geht es gut, allen Freunden geht es gut.« Dabei fielen ihm die Augen zu. Er wirkte wie ein Kranker, der langsam aus der Narkose aufwacht. Die Angehörigen standen im Kreis um ihn herum. Dann sagte Karasu: »Der Feind hat sein Wort nicht gehalten. Die Freunde konnten nicht alle Trakte aufsuchen. Im ersten Trakt haben sie geredet und die Forderungen genannt, die erfüllt worden sind. Der Hauptmann, dieser dreckige Faschist, hat dann dort behauptet, diesen Forderungen niemals zugestimmt zu haben. Ich war dabei, als er hier eingewilligt hat. Damit waren die Verhandlungen vorbei. Die Freunde sind zurück gekommen. Die Fahrt hat sie sehr belastet, aber es war umsonst. Der Feind spielt ein doppeltes Spiel. Bereits 1981 hat der Stabsoffizier beim Todesfasten sein ›Soldatenehrenwort‹ gegeben. Was für ein Ehrenwort! Nichts hat sich geändert. Ali Erek ist gefallen. Auch am 14. Juli haben sie ihr Wort gegeben und unsere wertvollsten Freunde sind gefallen. Sie haben sich nie daran gehalten, weil sie einfach keine politische Ethik kennen. Sie warten auf unseren Tod. Also seid nicht wütend auf uns, sondern geht diesen Leuten an den Kragen. Wir sind entschlossen. Auch wenn Dutzende von uns sterben, wollen wir diesmal, dass die Angelegenheit Hand und Fuß hat. Deren Ehrenwort reicht uns nicht mehr«.

»Sie zögern also bewusst eine Entscheidung hinaus«, sagte ich. »Es darf auf keinen Fall wieder zu einer Situation wie im September kommen. Einige Punkte müssen eindeutig geklärt werden. Über die Hauptforderungen sollte überhaupt nicht geredet werden. Wir sind auch entschlossen. Metin war hier, danach haben wir nichts mehr gehört. Wir wollten Klarheit haben und wissen, wie es Ihnen geht. Daher wollte ich dieses Gespräch. Ich möchte Sie nicht weiter anstrengen.«

Er wurde weggetragen. Die Familien hatten etwas anderes erwartet. Dass wir uns gegenseitig unsere Entschlossenheit versichert hatten, zerstörte ihre letzte Hoffnung. Karasu hatte den Raum noch nicht verlassen, als bereits die Ersten in Wehklagen ausbrachen. Die Angestellten schafften schließlich die Frauen, die sich weinend auf die Knie schlugen, aus dem Krankenzimmer.

Wir ließen unsere Familien unseren letzten Willen aufschreiben. Zu meiner Mutter sagte ich: »Ich möchte in Dersim auf dem Friedhof von Mamik neben Aydın beerdigt werden. Du weißt schon, das Grab von Aydın Gül mit dem weißen Marmor, das man von überall sehen kann. Da soll es sein, auf der Anhöhe«.

Eigentlich wollte ich am liebsten neben Mazlum beerdigt werden. War sein Leichnam überhaupt freigegeben worden? Meine Mutter Zeynep weinte so sehr, dass sie mich gar nicht hörte. »Weine doch nicht meinetwegen«, sagte ich. »Sieh doch, wie leicht es uns fällt. Seid nicht traurig. Wir kämpfen für eine ehrenvolle Sache und sind bereit, jeden Preis dafür zu zahlen. Ihr müsst daran glauben, dass Kurdistan eines Tages unabhängig sein wird. Ihr müsst an das glauben, wofür wir kämpfen. In diesem Kampf ist auch der Tod wichtig. Schau doch, was für ein unwürdiges Leben manche Menschen führen. Sie sterben einen hässlichen Tod. So etwas kannst du doch nicht wollen, oder? Erzähle allen Freundinnen und Freunden davon, wir vertrauen ihnen. Sie werden uns rächen und den Kampf weiterführen.«

Meine Mutter weinte laut. »Red doch nicht so«, sagte sie herzzerreißend schluchzend.

Ich weiß nicht, wie viele Tage vergingen. Die Angehörigen waren in Aufruhr. Meine Mutter sagte: »Einige von euch wollen offensichtlich keine Lösung. Dieser Sohn von Saliha, Şener, der ist wohl schuld. Diese Frau ist sowieso verrückt, sie bringt auch draußen alles durcheinander.« Aysels Mutter gab ihr Recht. Ärgerlich versuchte ich erneut, ihnen die Sachlage zu erklären: »Der Feind spielt mit euch und ihr glaubt ihm auch noch. Ihr wisst doch selbst, dass die Entscheidung nicht bei den Freunden im Gefängnis liegt, sondern hier bei Karasu und den anderen.«

Nachdem unsere Angehörigen gegangen waren, diskutierten wir über das Thema. »Was geht im Gefängnis vor sich? Irgendetwas läuft wirklich merkwürdig. Was macht dieser Şener nur? Warum hält er sich nicht an das, was im Krankenhaus beschlossen wird? Haben sie dort ein eigenes Komitee gegründet? Nein, ich glaube, der Feind wartet nur darauf, dass einige von uns sterben. Karasu und den anderen geht es sehr schlecht. Der Feind wird einlenken, nachdem sie gestorben sind. Er hatte ja ohnehin nachgegeben, jetzt versucht er nur, die Angelegenheit weiter hinauszuzögern. Wir sollten den Freunden mitteilen, wie wir darüber denken. Hätten wir bloß mit Karasu darüber geredet, aber das ging ja nicht in

Anwesenheit der Angehörigen«, sagte ich. Aysel gab mir Recht, aber Fatma meinte: »Sprich nicht in unserem Namen. Ich werde die Aktion fortsetzen. Oder sollen wir etwa glauben, was die Angehörigen erzählen?« Ihre Reaktion war wieder einmal merkwürdig. Schließlich hatte ich gar nicht gesagt, dass wir die Aktion abbrechen oder allein eine Entscheidung treffen sollten.

»Es ist unnötig, mir etwas zu unterstellen«, sagte ich, »Der Feind verfolgt offenbar ein bestimmtes Ziel und es wäre nicht verkehrt, darüber mit den Freunden zu sprechen«.

Ich war entschlossen, den Freunden meine Meinung mitzuteilen. Mein Gefühl sagte mir, dass ich unbedingt handeln musste. Ich sagte einem Soldaten, ich wolle mit Hamili sprechen. Ständig Karasu zu bemühen, war angesichts seines Gesundheitszustandes nicht gut. Mit Hamili konnte ich auch zazaki sprechen, dann würde der Soldat uns nicht verstehen können.

Hamili wurde auf einer Trage gebracht. Ich sagte ihm: »Die Haltung des Feindes macht mich stutzig. Die Angehörigen haben auch einiges berichtet. Sie meinen, die Freunde im Gefängnis verhindern eine Einigung. Warum werden im Gefängnis Beschlüsse gefasst? Sie müssten sich den Entscheidungen aus dem Krankenhaus anpassen. Karasus Zustand macht mir Sorgen. Meiner Meinung nach sollten wir uns hier im Krankenhaus bemühen, die Aktion zu einem Abschluss zu bringen. Der Feind sollte ausschließlich mit uns Gespräche führen. Verstehst du, was ich meine?« Er bejahte und erklärte, das sei auch seine Meinung. »Ich war bei dem Gespräch dabei. Wir diskutieren ebenfalls darüber. Die TİKKO-Gefangenen machen etwas Schwierigkeiten«, sagte er. Es verging ein weiterer Tag. Das Todesfasten dauerte seit fünfzig Tagen an. Für Karasu war es der fünfundfünfzigste Tag. Er befand sich an der Grenze zum Tod.

An diesem Tag war es ruhig im Zimmer. Ich verspürte eine merkwürdige innere Aufregung. Ich warf einen Blick auf die Texte, die ich an die Wand geschrieben hatte, aber ich konnte sie nicht mehr lesen, das ging nur noch aus der Nähe. Auch an diesem Tag wurden die Zeitungen gebracht. In einem Kreuzworträtsel waren nur wenige Wörter gelöst. Die Buchstaben ragten über die kleinen Quadrate hinaus, es sah merkwürdig aus. Als ich versuchte, das Rätsel zu lösen, wurde mir plötzlich übel. Aus meinem Mund kamen Blutklumpen, es roch grauenhaft. Ich legte meinen Kopf auf das Kissen. Nach einer Weile versuchte ich, mich zusammenzureißen. Ich musste wach bleiben. Bei jedem Blick in die Zeitung wurde mir wieder schlecht. Ich ließ es sein und stopfte mir das Kissen in den Rücken. Es war, als ob ich auf etwas wartete.

Es wurde Nacht. Ich sah aus dem Fenster in die Dunkelheit. Einige Stellen waren von Straßenlaternen beleuchtet. Ich mochte die Dunkelheit nicht. Die Nächte waren verflucht, sie gingen einfach nicht vorbei. Draußen war ich oft nachts unterwegs gewesen. Ich erinnerte mich daran, wie schön es war, in Nergis in İzmir am Meer entlang zu laufen und die Kühle des Wassers zu spüren. In Elazığ war ich oft mit Meral den Weg nach Esentepe hinauf gestiegen. Auf dem Rückweg rannten wir manchmal. Ich liebte es, im Mondlicht zu laufen. Bei Vollmond füllte sich mein Herz mit Begeisterung. Ich fühlte mich dann wie von Helligkeit umhüllt. Im Dorf meiner Großmutter hatte ich früher oft stundenlang den Mond betrachtet, wenn wir im Sommer auf dem Dach schliefen. Ich liebte die Gebete und Beschwörungen meiner Großmutter in solchen Nächten.

Ich wußte nicht, ob ich nicht mehr klar sehen konnte oder ob das Licht der Laternen gedämpft war. Die Stille und die Luft im Raum bedrückten mich. Die Wände waren je zur Hälfte grau und weiß gestrichen. Mit den Fingern tastete ich am linken Handgelenk nach meinem Puls und konnte ihn nicht finden. Was war los? Lösten sich meine Adern auf? Dann fühlte ich ein leichtes, aus der Tiefe kommendes Pochen.

In dem Moment hörte ich Stimmen vor der Tür. Es war der wachhabende Soldat. Die Tür wurde geöffnet und zwei Krankenliegen wurden gegenüber von meinem Bett auf den Flur gestellt. Auf der einen lag Karasu, auf der anderen Hamili.

Hamili sagte: »Sakine, wir sind es. Ich bin Hamili, neben mir ist Karasu, kannst du uns erkennen?«

»Natürlich erkenne ich euch. Meine Augen sind in Ordnung, ich lese sogar noch Zeitung«, antwortete ich.

»Wir kommen aus dem Gefängnis. Die Aktion ist beendet, es wurde eine Vereinbarung getroffen. Die Lage ist gut. Karasu ist von der Fahrt geschwächt. Er muss sofort behandelt werden, deshalb können wir jetzt nicht lange reden. Wir reden später.«

»Sind alle Forderungen erfüllt worden?«, fragte ich.

»Ja, natürlich«, antwortete er.

»Gibt es Gefallene?«

»Nein«, sagte Hamili.

»Sag die Wahrheit!«

»Es stimmt, ich sage die Wahrheit«.

Ich freute mich darüber, aber ich wusste nicht recht, ob ich ihm glauben sollte. »Passt auf euch auf. Die Ärzte werden sich jetzt um uns alle kümmern. Richte allen Grüße aus«, sagte ich.

Die Ärzte und Krankenschwestern kamen sofort herein und begannen mit der Behandlung. Eine verschlafene Krankenschwester stieß mir eine Nadel in den Oberschenkel, als ob ich eine ganz normale Kranke sein. Niemals zuvor hatte ich einen solchen Schmerz verspürt. Ich schrie auf, die Frau zuckte erschrocken zusammen. Es fühlte sich an, als hätte sie den Knochen zerschmettert. »Verdammte Frau«, sagte ich leise.

Mir ging es schnell besser. Noch bevor das Serum durch den Tropf gelaufen war, richtete ich mich im Bett auf. Morgens war ich auf den Beinen. Langsam wurden auch die anderen lebendiger. Wir umarmten und gratulierten uns gegenseitig zu dem Ergebnis. Irgendwann kamen unsere Angehörigen. Der Raum füllte sich. Es herrschte Festtagsstimmung. Sie konnten nicht glauben, wie sehr sich unser Zustand im Vergleich zum Vortag gebessert hatte. Ich zog mich um. Der Geruch des Todes haftete weiter an mir.

Nach tagelanger Behandlung, während der wir anfangs über einen Tropf und später mit Schonkost ernährt wurden, nahmen unsere Körper langsam wieder Form an. Nach wie vor konnten wir nicht normal laufen und sprechen. Der gesamte Stoffwechsel war durcheinander geraten. Die Ärzte meinten, wir hätten die Wissenschaft auf den Kopf gestellt. »So ist der Geist der PKK«, sagten wir, »der stellt alles auf den Kopf.«

Erst als wir wieder im Gefängnis waren, erfuhren wir, dass Cemal Arat und Orhan Keskin gefallen waren. Insgesamt gab es fünf Gefallene. Zwei hatten sich selbst verbrannt, einer war unter der Folter gestorben und zwei beim Todesfasten. Im Transporter erlebten wir einen weiteren Schock. Die Freunde trugen Anstaltskleidung! Erst hielt ich sie für Verräter, aber auf den zweiten Blick erkannte ich sie. Sie hatten alle am Todesfasten teilgenommen. Dann dachte ich, sie hätten vielleicht keine eigene Kleidung mehr. Bei dem Angriff im Januar war ihnen die Anstaltskleidung mit Gewalt angezogen worden. Vielleicht waren sie bereits damit ins Krankenhaus eingeliefert worden. Auf meine Überraschung erklärten die Freunde jedoch:

»Wusstet ihr etwa nichts davon? Die Anstaltskleidung tragen doch alle schon seit Januar, seit dem Tag, an dem das Todesfasten begonnen hat.

Danach haben die Angriffe aufgehört. Über die Anstaltskleidung und die Beendigung der Folter ist verhandelt worden. Sie haben diese Forderungen allerdings nicht akzeptiert. Die anderen Sachen sind alle erfüllt.«

Gefallene, Anstaltskleidung... was würde noch kommen? Als Meto zu uns gekommen war, trug er keine Anstaltskleidung. Oder irrte ich mich? Oder galt das Recht auf zivile Kleidung nur für das Todesfasten? Ich hatte nie daran geglaubt, dass die Freunde diese Kleidung während der Aktion akzeptiert hatten. Mein Blick begegnete dem Gönüls. Sie sah mich an, als wollte sie sagen: »Ich habe es dir ja gesagt, aber du hast mir nicht geglaubt und mich beschimpft.«

am gleichen ort und doch isoliert

Unsere Aktionen endeten immer mit hinkenden Vereinbarungen. Warum? Es dauerte Jahre, bis ich die Hintergründe besser nachvollziehen konnte. Stück für Stück erfuhren wir, wie es zu dieser unbefriedigenden Vereinbarung gekommen war. Eine Begründung lautete: »Der Feind hat die Anstaltskleidung nur als Vorwand benutzt, um eine Lösung zu verhindern. Diesen Vorwand haben wir ihm aus der Hand genommen. Die anderen Punkte waren wichtig und wir haben auf ihrer Erfüllung bestanden. Die Anstaltskleidung werden wir wieder ablegen, wenn die Bedingungen dafür reif sind.«

Alle Neuigkeiten kamen unvollständig bei uns an. Wir waren am gleichen Ort wie die Freunde und trotzdem isoliert. Irgendwie befanden wir uns immer außerhalb des Geschehens. Fakt war, dass wir keine bestimmende Position hatten. Dabei wollten wir ja sowieso nur das tun, was im Interesse aller Gefangenen getan werden musste. Wir wollten lediglich informiert werden, damit wir zum richtigen Zeitpunkt am richtigen Ort handeln konnten.

Für uns war es schlimm, die Isolation nicht brechen zu können und an lebenswichtigen Entscheidungsfindungen nicht teilzuhaben. Alle anderen betrachteten es wohl eher als normal. Die weiblichen Gefangenen waren schon immer außen vor. Wir verfügten vielleicht nicht über die Stärke, Entscheidungen zu beeinflussen, aber wir hatten durchaus etwas dazu zu sagen, was für uns wichtig war. Alles war dem Zufall überlassen. Fast alle Versuche der Kontaktaufnahme gingen von uns aus. Wir waren ständig darum bemüht, die Entwicklungen zu verfolgen und Neuigkeiten zu erfahren. Die Freunde zeigten wenig Initiative uns einzubeziehen. Für sie waren wir weit weg, außerhalb ihres Blickfelds. Ihre Sichtweise auf uns ging über Emotionalität nicht hinaus. Wir taten ihnen leid und das Gefängnis war kein Ort für uns. Trotzdem waren beide Seiten in der Lage, sich gegenseitig Mut und Hoffnung zu machen.

Wir diskutierten ausgiebig über das, was wir erlebt und gehört hatten. Es gab einige Punkte, die wir einfach nicht nachvollziehen konnten. Wir achteten jedoch darauf, unsere Zweifel nicht allen Freundinnen gegenüber offen zu äußern, um die bestehenden Widersprüche nicht noch zu vertiefen. »Das Tragen der Anstaltskleidung ist nur eine Taktik!«. Wir versuchten, uns selbst davon zu überzeugen, aber es gelang uns nicht wirklich. Jetzt warteten wir gespannt darauf, wann die Einheitskleidung wieder abgelegt werden sollte.

Es dauerte zwei bis drei Monate, bis wir wieder einigermaßen hergestellt waren. Karasu und einige andere blieben sehr lange im Krankenhaus. Viele Freunde trugen langfristige Schäden davon. Wir warteten darauf, dass die Freunde uns eine Perspektive aufzeigten. Wie waren die Beziehungen unter den verschiedenen Gruppen in der Vergangenheit und heute? Wie wurde die jüngste Phase beurteilt? Wie gut waren die PKK-Gefangenen organisiert? Was sollte als nächstes getan werden? Um Antworten auf unsere Fragen zu erhalten, versuchten wir die Genehmigung dafür zu bekommen, uns mit Gefangenen treffen zu können, mit denen wir verwandt waren. Wir forderten das Recht auf Zusammentreffen von Familienangehörigen ersten und zweiten Grades. Die Freunde stellten dieselbe Forderung, aber in den meisten Fällen wurde eine Genehmigung mit der Angabe verschiedener Gründe verweigert.

Da wir uns eine lange Zeit nicht hatten sehen können, waren alle gespannt aufeinander. Wir begründeten unsere Besuchsanträge mit der Sorge um den Gesundheitszustand unserer Verwandten oder einem ähnlichen Vorwand. Die seltenen Zusammentreffen wurden scharf überwacht. An dem ersten Treffen nahmen viele Gefangene teil, da fast alle Verwandte im selben Gefängnis hatten oder eine vermeintliche Verwandtschaft angaben. Auch Rıza, Hamili, Süleyman, Selim und Meto waren dabei. Wir umarmten uns. Die Soldaten und Offiziere achteten darauf, dass keine Nachrichten ausgetauscht wurden. Es wäre auch dumm von ihnen gewesen, nicht darauf zu achten.

Mit Rıza und Hamili konnte ich ansatzweise über die Themen sprechen, die mich bewegten. Wir hatten nur wenig Zeit. Vor Freude und Aufregung wusste ich nicht, was am dringendsten war. Ich berichtete Rıza von Gönül und sagte ihm, er solle selbst mit ihr reden und dabei positiv auftreten. Ich hatte keine Bedenken, ihm auch meine Meinung über sie mitzuteilen. Schließlich handelte es sich nicht um ein individuelles Problem und die Partei musste darüber Bescheid wissen. Wir sprachen auch über Cahide, da Rıza sie ebenfalls kannte. Sie hatte an den letzten zehn Tagen des Todesfastens teilgenommen. Dann ging ich auf das Thema Anstaltskleidung ein. Ich erklärte, was ich darüber dachte und wie wir davon erfahren hatten. »Die gesamte Phase muss noch ausführlich bewertet werden. Natürlich sind auch Fehler gemacht worden. Es war jedoch die allgemeine Meinung und nicht nur die von ein oder zwei Personen. Wir waren ja mit vielen Kadern zusammen. Trotzdem gibt es noch Punkte, die geklärt werden müssen. Wenn sich die Gelegenheit ergibt, schicken wir euch Texte dazu. Ihr könnt eure Gedanken auch schriftlich weiterleiten«, sagte Rıza. Konkreter wurde er nicht. Die Freunde begriffen einfach nicht, wie es uns damit ging. Wir hatten so ungeduldig auf dieses Treffen gewartet, um Genaueres zu erfahren. Alles, was sie sagten, blieb allgemein. Sie berichteten noch, dass es einen schriftlichen Austausch mit den anderen Gruppen gebe. Wie sich die Beziehungen zu ihnen künftig gestalten sollten, hing davon ab, inwieweit sie ihr Verhalten aus der Vergangenheit hinterfragten. Eine freundschaftliche Beziehung war nur auf der Basis von Selbstkritik möglich.

Mit Hamili konnte ich kaum sprechen. Er kam in einem Unterhemd mit halblangen Ärmeln zu dem Treffen. Das Tragen der Anstaltskleidung fiel ihm schwer und er wusste, wie sehr es auch mich störte. Die Freude über unser Wiedersehen war getrübt. Irgendetwas lief immer falsch. Dieses Mal war es die Kleidung der Freunde. Früher hatten ein Blick oder ein einziges Wort so eine große Bedeutung gehabt. Es war das einzige gewesen, auf das es ankam. Jetzt erschien mir alles, was zum Feind gehörte, unerträglich. Es schuf eine Fremdheit zwischen uns. Daran änderten auch das weiße Unterhemd und die fehlende Anstaltsjacke nichts. Für die Freunde war es wahrscheinlich noch viel schlimmer.

Auch die Treffen mit Meto waren keine reine Freude. Der Verrat in der Elazığ-Gruppe war wie ein schwarzer Fleck, der alle Beteiligten belastete. Der Feind setzte alle Mittel ein, die Mitglieder der Gruppe moralisch zu vernichten. Sie waren schwerster Folter ausgesetzt und wurden immer wieder mit der widerlichsten Form des Verrats konfrontiert. An ihnen wurden die intrigantesten Formen der psychologischen Kriegsführung ausprobiert. 1982, als die Angriffe des Feindes am brutalsten waren, wurden sie mit Folter dazu gezwungen, Aussagen zu unterschreiben. Einige wählten den Verrat, einige verloren ihre Überzeugungen und anderen gelang es, wieder zu sich zu kommen und die Phase zu überwinden.

Metin hatte nicht vergessen, wie ich ihn verflucht hatte. Es stimmte, was dieses Thema anging, war ich erbarmungslos. Aber was war mit mir? Wie ging es mir, als ich meinen geliebten Genossen und Bruder Meto unter den Verrätern sehen musste? Mir blieb damals beinahe das Herz stehen. Metin war das Vorgefallene immer noch unangenehm. Normalerweise verhielt ich mich ihm gegenüber freundlich und herzlich. Daher empfand er meine Reaktion wahrscheinlich als besonders brutal. Bei unseren kurzen Treffen war ich ihm keine große Hilfe. Wir konnten kaum miteinander reden, aber wir verstanden uns auch ohne Worte. Mit Hamili und anderen Freunden sprach ich mehr. Als es mir auffiel, tat es mir leid. War es wohl immer so bei Geschwistern, dass sie sich im Kampf gleichzeitig so nah und so fern waren? Handelte es sich um einen natürlichen Widerspruch?

Durch die Aktionen im Gefängnis, vor allem durch den unvergleichlichen Widerstand von Mazlum, Ferhat, Pir, Hayri und all den anderen, veränderte sich die Haltung der Gefangenen insgesamt. Die Botschaft des Widerstands war eindeutig. Wichtig war jetzt, den Widerstand in organisierter Form fortzusetzen. Karasu spielte in ideeller Hinsicht eine wichtige Rolle. Er war von Beginn an dabei gewesen und ihm wurde großes Vertrauen entgegengebracht. Er führte den Widerstand an und wurde als Vertreter der Organisation betrachtet. Wir fühlten eine Verbundenheit mit ihm, die wir auch Mazlum, Hayri und Pir gegenüber empfanden. Andererseits mussten die Strukturen im Gefängnis neu organisiert werden, und das war keine Arbeit, die sich ausschließlich mit ideeller Kraft erledigen ließ. Die zukünftige Entwicklung hing von einer richtigen Analyse des bisherigen Geschehens ab. Daher war es lebenswichtig, die letzten drei bis vier Jahre aufzuarbeiten und Konsequenzen zu ziehen.

Im Januar hatte der Feind mit geballten Angriffen versucht, den 1982 entstandenen Widerstandsgeist zu zerstören. Der September-Widerstand hatte eine vorübergehende Rolle gespielt. Der Feind intervenierte jedoch, bevor sich die zum Aufstand bereiten Gefangenen organisieren konnten. Sein brutales Vorgehen im Januar entsprach der Summe aller Foltermethoden der vergangenen Jahre. Er wollte die Gefangenen ein weiteres Mal zur Kapitulation zwingen und sie physisch vernichten. Natürlich ging es nicht nur um die Anstaltskleidung. Sie war lediglich ein Mittel, um den Willen der Gefangenen zu brechen. Ihnen sollte keine Gelegenheit gegeben werden, sich neu zu sammeln und zu organisieren.

Der Feind hatte den Tod der ersten Gruppe im Todesfasten in Kauf genommen. Es waren weiterhin viele Fragen offen, aber wir hatten nicht die Möglichkeit, ausreichend darüber zu diskutieren. Bei diesem Thema herrschte Schweigen. Trotzdem schrieb ich einen Bericht über die Geschehnisse seit 1981. Ich ging darin auf unsere Anzahl, die bestehenden Probleme und die Situation einzelner Freundinnen ein, insbesondere auf Gönül und Cahide. Nach wie vor war es schwierig, schriftliche Nachrichten weiterzuleiten. Alles war dem Zufall überlassen und ich lauerte ständig auf eine günstige Gelegenheit.

Unser Prozess ging zu Ende. In Abwesenheit wurde ich zu vierundzwanzig Jahren Haftstrafe verurteilt. Aufgrund meiner Verteidigung wurde ich ein weiteres Mal angeklagt. Hamili wurde zum Tode verurteilt. In meiner Urteilsbegründung hieß es: »Eine Strafminderung ist ausgeschlossen, da die Angeklagte nichts unternommen hat, was auf eine gute Führung hinweisen könnte, und beharrlich die terroristische Organisation verteidigt hat.« Metin bekam achtzehn Jahre. Einige wurden entlassen, die meisten von ihnen hatten die Haftstrafen, zu denen sie verurteilt wurden, bereits abgesessen. Auch die Verräter wurden zu geringen Strafen verurteilt und gruppenweise freigelassen.

der 15. august: ein feiertag

Es war das vierte Jahr der Militärjunta. Die faschistischen Generäle wollten ihr Programm drei Jahre lang durchziehen und anschließend ein angeblich demokratisches System installieren. Die 1983 unter Özal gegründete Regierung stellte das zivile Gesicht der Junta dar. Die linken Gruppen der Türkei waren schwer angeschlagen. Viele Führungskader waren inhaftiert. Es hatte Hinrichtungen gegeben. Auch in den Gefängnissen in der Türkei wurde Widerstand geleistet. Als erstes war der Widerstand in Mamak niedergeschlagen worden. Esat war nach Diyarbakır gekommen, nachdem er seine Aufgabe in Mamak erledigt hatte. Nach den Widerstandsaktionen von 1982 war er dann allerdings selbst geflüchtet. In Amed hatte er nicht den gewünschten Erfolg erzielt.

Unsere Partei hatte ihre Kader sehr bewusst und gut geplant von türkischem Staatsgebiet abgezogen. Direkt nach den Festnahmen in Elazığ hatte der Vorsitzende Vorsichtsmaßnahmen eingeleitet. Der Feind sagte: »Man muss den Kopf der Schlange zerschmettern, solange sie noch klein ist«. An diesem Punkt irrte er sich jedoch, denn die Schlange war viel größer, als er angenommen hatte, und ihr Kopf ließ sich nicht einfach so zerschmettern. Die ersten Festnahmen, der Verrat und die anschließenden Massenverhaftungen versetzten der Partei einen schweren Schlag, aber ihr Kopf blieb unversehrt.

Das Grauen, das innerhalb und außerhalb der Gefängnisse herrschte, schadete zwar unseren organisierten Strukturen und erzeugte Angst bei den Menschen, aber die Arbeit der Partei im Ausland bot einen Hoffnungsschimmer. In den Verteidigungsreden vor Gericht hieß es: »Unser Kampf ist nicht vorbei. Unsere Partei und unser Vorsitzender bereiten sich im Ausland darauf vor, den Kampf in Kurdistan fortzusetzen«.

Während des Widerstands im September 1983 erhielten wir die Nachricht, dass bewaffnete Propagandaeinheiten ins Land gesickert seien. Die Spekulationen darüber rissen nicht ab und wir waren voller Erwartungen. In den ersten Jahren war darüber diskutiert worden, in welchen Gebieten mit dem bewaffneten Kampf begonnen werden sollte. Es wurde an die Gegend zwischen Hakkari, Van und Çatak gedacht. »Das Gebiet Yekmal ist am besten geeignet«, hieß es damals. Diese Orte lagen an der Grenze zwischen Iran, Irak und der Türkei. Somit würde sich der Kampf auf drei Teile Kurdistans auswirken. Die geografischen Gegebenheiten des Gebiets kannte ich kaum, aber die Diskussion war aufregend. Für uns waren alle Teile Kurdistans gleich wichtig. Im Programmentwurf der Partei wurde in Bezug auf die Ziele unserer Revolution auf die speziellen Bedingungen des organisierten Kampfes in allen Landesteilen eingegangen. Ein gemeinsamer Kampf würde entstehen, wenn sich in der Praxis ähnliche Bedingungen ergaben.

Im Rahmen der damaligen Diskussion wurde sogar gefragt: »Wärt ihr bereit, als Freiwillige nach Iran-Kurdistan zu gehen, um dort zu kämpfen?« Es war Karasungur, der bereits damals davon sprach. Welch ein tragischer Zufall, dass er später in den Kandilbergen durch Verräterkugeln fiel[35]. In dieser Zeit kämpften auch in Belutschistan und Aserbaidschan bewaffnete Gruppen. Außerdem gab es die Volksmudschahedin. Jede Entwicklung in einem Teil Kurdistans wirkte sich direkt auf die anderen Teile aus.

Nach dem Todesfasten vom Januar 1984 wurden Fernsehgeräte in den Zellen zugelassen, die wir mit unserem eigenen Geld kauften. Das war eine der Forderungen gewesen, die erfüllt wurden. Am 15. August hörten wir in den Abendnachrichten: »Eine Gruppe Terroristen, darunter auch Frauen, hat die Kreisstädte Eruh und Şemdinli besetzt. Sie haben staatliche Einrichtungen mit Raketenwerfern und automatischen Waffen beschossen. Danach sind sie in Fahrzeugen geflohen...«. Ein Freudensturm brach aus. Niemand mehr hörte den weiteren Nachrichten zu. Sofort fingen alle an zu tanzen. Auch aus dem Nachbartrakt drang Lärm. Offenbar tanzte das gesamte Gefängnis. Wir hörten Pfiffe und Freudenschreie. Mein Gott, dass wir das erleben durften! Es war einfach zu schön.

»Die Freunde haben es ja gesagt. Die Vorbereitungen, die im Land getroffen worden sind, galten dieser Aktion. Also hat der bewaffnete Kampf begonnen. Er wird sich weiter entwickeln. Jetzt gibt es eine Guerilla!«, sagten wir. Gelegentlich warfen wir einen Blick auf die laufenden Nachrichten. Es war unmöglich, die Freundinnen zum Schweigen zu bringen, aber wir wollten mehr erfahren. Es wurden Frauen, Männer und Kinder gezeigt, die sich in ihren Wohnungen im Badezimmer versteckt hatten. Beamte brachten ihre Angst zur Sprache. Einer sagte: »Es waren auch Frauen dabei. Ich habe mit eigenen Augen gesehen, wie eine Terroristin mit einer Hand mit einer automatischen Waffe um sich geschossen und mit der anderen das Fahrzeug gelenkt hat«. Die Information, die Terroristen hätten bei ihrem Rückzug Jugendliche mitgenommen, bereitete uns besondere Freude. Sollte der bewaffnete Kampf sich ausbreiten, würden sich alle Jugendlichen anschließen. Die Repression des Feindes war unerträglich. Die jungen Menschen hatten die Wahl zwischen Gefängnis, Folter und den Bergen. Natürlich würden sie die Berge vorziehen.

Es herrschte Festtagsstimmung. Weder Tod noch Folter konnten uns etwas anhaben. Ich hätte sterben können vor Freude. In solchen Momenten dachte ich unweigerlich an Mazlum, Hayri, Pir und die anderen. Ich wünschte, sie hätten diesen Tag erleben können, wenigstens einer

35 Mehmet Karasungur, *1947 in Çewlîk (Bingöl), † 2 Mai 1983 in Südkurdistan, war Gründungsmitglied der PKK.

von ihnen. Aus Kurdistan wurde Vietnam! Hayri hätte die Freudenschreie hören sollen. Jedes Glück wurde durch das Fehlen der Gefallenen getrübt. Ohne sie konnte es keine Freude und kein Leben geben.

Wie würde es jetzt draußen weitergehen? Der bewaffnete Kampf hatte begonnen. Der Feind würde militärische Maßnahmen ergreifen, noch mehr Soldaten in diesen Gebieten stationieren und die Repression und Folter in den Dörfern intensivieren. Im Vietnamkrieg waren »strategische Dörfer« gegründet worden. Vielleicht würde der Feind ähnliches in Kurdistan probieren. Vielleicht würde er Dörfer, die Zivilbevölkerung bombardieren. Mir gingen viele Schreckensszenarien durch den Kopf. Vielleicht würde auch das Gegenteil eintreten. Die brutale Repression konnte dazu führen, dass sich die Menschen massenweise dem Kampf anschlossen. Die Bevölkerung war ohnehin patriotisch und die bewaffneten Aktionen konnten Entwicklungen beschleunigen. Auch in Vietnam und Angola waren zunächst bewaffnete Propagandaeinheiten gegründet worden. In Guinea hatte der Kampf in den Städten begonnen. Der Feind reagierte darauf mit Massakern. Die Bevölkerung konnte nicht geschützt werden. Deshalb wurde die Taktik geändert. In ländlichen Gebieten wurden Propagandaeinheiten tätig. Erst danach erlangten die bewaffneten Einheiten die Kontrolle. Wahrscheinlich würde es bei uns ähnlich ablaufen. Die Bedingungen in Kurdistan waren natürlich anders, aber die Bevölkerung litt seit Jahren unter dem brutalen Vorgehen des Feindes. Die lähmende Angst musste endlich durchbrochen werden. Die Nachricht von den bewaffneten Aktionen breitete sich in Kurdistan wie ein Lauffeuer aus. Die Militärjunta behauptete ständig, alle revolutionären Bestrebungen zerschlagen zu haben. Die Bevölkerung würde sehen, dass es nicht so war. Die Hoffnung auf eine Revolution war neu entfacht.

Und wie würden sich diese Entwicklungen im Gefängnis auswirken? Vor allem gaben sie den Gefangenen Kraft und Hoffnung. Das galt nicht nur für uns, sondern auch für die politischen Gefangenen anderer Organisationen. Natürlich würden uns einige wieder sinnloser Abenteuerlust bezichtigen. In der ersten Zeit im Gefängnis hatten wir das oft gehört, vor allem von kurdischen linken Gruppen. Ihrer Meinung nach war es eine Verrücktheit, bewaffnet gegen die Junta zu kämpfen, da diese sich an der Zivilbevölkerung rächen würde. Dieser Gedanke entsprang jedoch weniger ihrer Sorge um die Bevölkerung als ihrer Angst vor dem Feind. Sie stellten den Feind als eine unbesiegbare, allmächtige Kraft dar.

Anstatt ihn zu bekämpfen, zogen sie es vor, in schwierigen Zeiten Urlaub zu machen. Sie glaubten dem Feind, wenn dieser behauptete, alle revolutionären Gedanken vernichtet zu haben. Letztendlich glaubten sie einfach nicht an die Revolution.

Es bestand auch die Möglichkeit, dass der Feind uns Gefangene als Geiseln nehmen und sich an uns rächen würde. Es wurden Überlegungen angestellt, ob der Feind es wagen würde, Gefangene zu erschießen oder hinzurichten. Das erschien jedoch nicht realistisch. Dennoch hagelte es Vorschläge und Fragen: »Wir sollten auf alles vorbereitet sein. Wenn der Feind uns an der Wand aufstellt, um uns zu erschießen, rufen wir alle gemeinsam: Es lebe der Widerstand in Eruh und Şemdinli!« – »Werden sie uns vorher die Augen verbinden?« – »Ich möchte lieber erschossen als aufgehängt werden.« – »Kann man den Galgen zum Umkippen bringen?«

Lebhaft wurde darüber diskutiert, welche Todesart vorzuziehen sei. Wir verspotteten den Tod. Es waren sich jedoch alle einig, den Tod in Kauf zu nehmen, wenn nur der bewaffnete Kampf endlich anfing. Erst nach längerem Nachdenken fiel uns auf, dass wir uns vermutlich irrten. Der Feind hatte stets panisch auf die großen Widerstandsaktionen im Gefängnis reagiert. Er versuchte dann zwar immer noch, Schwachstellen zu finden, die er angreifen konnte, aber die Folter und andere Druckmittel stellte er weitgehend ein. Die bewaffneten Aktionen in Eruh und Şemdinli trafen den Feind in einem völlig unerwarteten Moment. Mit Sicherheit würde er in Panik geraten.

In der Zeit der Verhöre hatten die Folterpolizisten gesagt: »Es ist gefährlich, die PKKler hinzurichten. Bei den anderen ist nach der Hinrichtung Ruhe, aber ein hingerichteter PKKler wird zur Plage, weil die Kurden Aufstand machen. Sie haben sogar gedroht, für einen von ihnen tausend von uns zu töten«. Das war sogar in der Presse erschienen, aber die Zeitungen wurden uns nicht ausgehändigt. Wir sagten damals: »Sollte es zu einer einzigen Hinrichtung kommen, wird die Partei die ganze Welt niederreißen. Es würde den Feind teuer zu stehen kommen, wenn er die Todesstrafe vollstreckte. Auch die Weltöffentlichkeit würde aufschreien«.

Bei der ersten Gerichtsverhandlung, die nach dem 15. August stattfand, wurden die Urteile der Mardin-Gruppe verkündet. Alle waren glücklich. Die Haltung des Feindes würde sich offen zeigen. Denjenigen, die ihre Freilassung erwarteten, sagten wir: »Das könnt ihr vergessen.« Der Feind würde im Gefängnis keine Gewalt anwenden, aber vor Gericht würde er sich anders verhalten. Wir behielten Recht. Die gesamte Gruppe wurde zu den bisher härtesten Strafen verurteilt. Dabei war bei einigen aus der Gruppe die Wahrscheinlichkeit sehr groß gewesen, entlassen zu werden. Überwiegend handelte es sich um SympathisantInnen und einfache PatriotInnen. Die Mindeststrafe war vierundzwanzig Jahre Haft, die höchste die Todesstrafe. Die Hälfte der Gruppe bekam lebenslänglich oder die Todesstrafe. Nach dem Urteilsspruch tobte der Gerichtssaal vor Begeisterung: »Es lebe die PKK! Es lebe Apo! Es lebe der Widerstand in Eruh und Şemdinli! Nieder mit dem Kolonialismus!«

Normalerweise riefen nur diejenigen, die zu lebenslänglich oder zum Tod verurteilt wurden, diese Parolen. Die Mardin-Gruppe war jedoch wütend, fast alle beteiligten sich daran. Auch das war eine Straftat. Sofort wurde Strafanzeige gestellt. Die Richter beschlossen, die Straftäter zu identifizieren und Ermittlungsverfahren einzuleiten. Das war inzwischen völlig normal und nichts Besonderes mehr. Es gehörte zu den Hauptaufgaben des Militärgerichts, beim geringsten Anzeichen von Aufruhr neue Verfahren einzuleiten.

Es kam zu neuen Festnahmen. Bei den Frauen, die zu uns in den Trakt kamen, handelte es sich hauptsächlich um Studentinnen oder Patriotinnen aus ländlichen Gebieten, denen Unterstützung der PKK vorgeworfen wurde. Von ihnen erfuhren wir wenig über die jüngsten Entwicklungen. Sie konnten nicht viel mehr erzählen, als wir ohnehin aus den Medien erfuhren.

Doch dann kam Besê. Sie war im Mittleren Osten gewesen. Nach ihrer Festnahme wurde sie monatelang in Mardin und Diyarbakır verhört. Wir wussten von ihrer Festnahme und befürchteten bereits, sie sei zu Tode gefoltert worden, da sie nicht im Gefängnis ankam.

Emine İsfendiyaroğlu von der TKP sagte: »Als Partei haben wir die PKK abgelehnt. Wir haben sie sogar als verdächtig eingestuft und entsprechende Propaganda betrieben. Ich habe auch nicht anders gedacht. Offen gesagt, hat sich meine Meinung zur PKK geändert, nachdem ich gesehen habe, wie sich diese Frau unter der Folter verhielt. Ich habe mich geschämt. Sie hat uns alle sehr beeindruckt«. Bei dieser Person handelte es sich um Mevlüde[36], die den Codenamen Besê trug. Ich hatte diesen Namen nie zuvor gehört.

36 Mevlüde Acar war von 1984 bis 1990 im Gefängnis. Heute ist sie in der HDP aktiv.

Als Mevlüde kam, erzählte sie selbst von sich. Sie hatte eine Weile auch den Codenamen Cihan benutzt. Die Partei lernte sie an der Lehrerschule in Mardin kennen. Sie stammte aus Sivas und hatte türkische Wurzeln. Während der Phase des Rückzugs war sie mit einer Gruppe ins Ausland gegangen. Die Götter hätten uns kaum einen Menschen schicken können, der so wie sie in der Lage war, zu fast jedem Thema Auskunft zu geben!

Wer war Mevlüde, wo und warum war sie festgenommen worden? Das erfuhren wir als erstes. Sie war eine zierliche Frau mit langen, kräftigen Haaren. Wir bewunderten ihr Haar, wie hatte sie es in den Bergen pflegen können? Ihr wurden viele Fragen dieser Art gestellt. Mit ihren dicken Augenbrauen machte sie einen sehr natürlichen Eindruck. Ihre Natürlichkeit war jedoch ziemlich herb, wie an ihren Bewegungen deutlich wurde. Den übergeschwappten Tee unter ihrem Glas wischte sie mit der Hand einfach zur Seite. Sie war unglaublich intelligent, ihr Kopf funktionierte wie ein Computer. Wir ließen sie von allen Entwicklungen berichten, die draußen stattgefunden hatten: Die erste Konferenz, der zweite Kongress, Schulungen, der Krieg zwischen Israel und Palästina 1982, die Kämpfe im Libanon, die Bildungsarbeit und das gesamte Leben ... Angefangen mit dem Vorsitzenden fragten wir sie nach allen Freundinnen und Freunden, die wir kannten.

Alles, was sie erzählte, diskutierten und bewerteten wir. Endlich bekamen wir konkrete Informationen über die Entwicklungen draußen, die wir auch für unsere Verteidigung verwerten konnten. Wir baten Mevlüde, alles aufzuschreiben, was sie wusste: Über die Rolle revolutionärer Gewalt in Kurdistan, über Organisierung, die Aufgaben der Kader, über Bündnisse und insbesondere über die Vereinigte Widerstandsfront gegen den Faschismus[37]. Mevlüde war eine wertvolle Informationsquelle für uns.

Aufgrund ihres Wissens, das für uns einen Schatz von unermesslichem Wert darstellte, wurde ihr manchmal abstoßendes Verhalten toleriert. Von Zeit zu Zeit kam es trotzdem zu Auseinandersetzungen. Ich brems-

37 Die »Vereinigte Widerstandsfront gegen den Faschismus« (*Faşizme Karşı Birleşik Direniş Cephesi*/FKBDC) wurde im Juni 1982 in der Nähe von Damaskus von mehreren revolutionären Gruppen aus der Türkei gegründet. Auch die PKK gehörte zu den Gründungsmitgliedern. Bei den anderen Themen handelte es sich um mündlich vorgetragene Analysen Abdullah Öcalans, die aufgenommen, später verschriftlicht und als Schulungsmaterial verwendet wurden.

te die wütenden Reaktionen der Freundinnen, indem ich Mevlüdes positiven Eigenschaften hervorhob. Mevlüde wich jedoch keinem Konflikt aus. Sie neigte zu Zänkereien und mischte sich in alles ein. Nach einer Weile äußerte sie sich zu der allgemeinen Kritik an ihr: »Ich sehe, dass ich mich und mein Verhalten hier langsam verändere. Früher war es noch viel schlimmer. Zeitweise konnte ich mich überhaupt nicht anpassen. Es wurde sogar darüber nachgedacht, mich wieder nach Hause zu schicken.«

Draußen gab es verschiedene Möglichkeiten, mit schwierigen Menschen umzugehen. Im Gefängnis musst du sie bis zu einem bestimmten Punkt ertragen. Selbst wenn eine Person dir mit ihren Eigenheiten mehr Schwierigkeiten bereitet als der Feind mit seinen direkten Angriffen, musst du bis zum Schluss versuchen, sie in den eigenen Reihen zu halten. Forderst du sie auf, zu verschwinden, schickst du sie direkt zum Feind. Sogar wenn du die Satzung zur Anwendung bringst, ist es so. Maßnahmen wie Isolation oder ein vorübergehender Ausschluss wirken selten. Nicht alle können solche Sanktionen aushalten. Du befindest dich auf engstem Raum. Nimmst du einer Person die Möglichkeit, mit anderen zu reden, zu diskutieren, einen Konsens zu erarbeiten und gemeinsame Entscheidungen zu treffen, vereinsamt dieser Mensch. Und das ist genau das, was der Feind will und woran er die ganze Zeit arbeitet. Bei vereinsamten Gefangenen ist eine negative Entwicklung vorhersehbar.

Wir bewerteten Mevlüde nicht anhand ihrer Probleme aus der Vergangenheit. Zweifellos waren sie von Bedeutung. Schließlich hatte sie den Parteistrukturen den Rücken gekehrt. Wir alle sehnten uns nach der Möglichkeit, auf politischem oder militärischem Gebiet zu arbeiten. Sie hatte diese Möglichkeit nicht genutzt und war mit den GenossInnen nicht ausgekommen. Beharrlich erklärte sie: »Ich wollte nicht nach Hause geschickt werden«. Wir wussten nichts darüber. Sie war mit zwei Milizen über die Grenze gekommen. Von Amed aus war sie alleine nach Sivas gefahren. Bevor sie ihr Dorf erreichte, wurde sie bei Verwandten festgenommen. Angeblich hatte ihr eigener Vater sie angezeigt. Das behauptete sie zumindest. Selbst ihr Vater wollte sie nicht wieder aufnehmen.

Die eigene Tochter der Polizei auszuliefern, widersprach den gesellschaftlichen Gepflogenheiten. Er schickte sie zu den Folterern, er wollte, dass sie ins Gefängnis kam. So grausam war er. So groß war seine Angst vor dem Staat. Mevlüde hatte ihr Elternhaus vor Jahren verlassen, hatte studiert, war in die Berge gegangen und hatte sich der Revolution angeschlossen. Ihr Vater hatte sich dafür gegenüber dem Staat rechtfertigen müssen. Schließlich hatte seine Tochter das revolutionäre Leben aufgegeben und war zurückgekehrt. Auch das war dem Vater nicht recht. Seine reaktionäre Auffassung von Ehre traf auf seine Ängste. Später verstarb er. Eigentlich war es tragisch.

Mevlüde hatte durch die Schulungen im Ausland viel gelernt. Die Zeit, die sie in den Parteistrukturen verbracht hatte, war nicht spurlos an ihr vorübergegangen. Auch wenn sie nicht festgenommen worden wäre, hätte sie sich kaum mehr an ein normales Familienleben gewöhnen können. Die Tochter, die sich ihre Familie wünschte, gab es nicht mehr. Wer einmal von der PKK beeinflusst wurde, war ein anderer Mensch.

Der 15. August veränderte die Stimmung im Gefängnis. Es galt, die Atmosphäre zu nutzen und in eine organisierte Kraft umzuwandeln. Dafür war es notwendig, die Entwicklungen zu verfolgen und richtig zu interpretieren. Eine schwammige Bewertung führt zu einem einseitigen, engen Blickwinkel.

ein funke im frauentrakt

Um positive Energie entstehen zu lassen und die eigene Kreativität anzuregen, reichten denken, träumen und diskutieren nicht aus. Wir beschlossen, eine Zeitung herauszugeben. Lange diskutierten wir über einen Namen. Schließlich einigten wir uns auf Çirûsk[38]. Das Logo zeigte einen Berg, eine Waffe und ein Buch. Die Zeitung bestand aus vier Seiten mit jeweils drei Spalten. Wie im Gefängnis üblich, sollte die Schrift sehr klein sein. Die Fähigkeit, viel Text auf winzigen Papierfetzen unterzubringen, hatte sich bei uns in den letzten Jahren entwickelt. Gönül war besonders gut darin. Nach dem Todesfasten war die aktuelle Situation bewertet worden. Dabei wurde auch Kritik an einzelnen Freundinnen geäußert. Gönül nahm die Kritik ernst und achtete auf ihr Verhalten. Ihr Umgang mit den Freundinnen verbesserte sich dadurch ein bisschen, was einen positiven Einfluss auf unser Zusammenleben hatte. Ihr Selbstvertrauen stieg, als wir sie mit der Schreibarbeit für die Zeitung beauftragten. Zumindest verhielt sie sich anders als früher.

38 kurdisch für: Funke

Auf der ersten Seite stand der Leitspruch der Zeitung: »Kapitulation führt zum Verrat, Widerstand zum Sieg«. Im Leitartikel, dem Nachrichtenteil und den Kommentaren schrieben wir über die neuesten Entwicklungen an der feindlichen Front, die internationale Lage, unsere Interpretation der Nachrichten im Fernsehen, der Zeitung oder dem Radio sowie Neuigkeiten, die wir von neuen Gefangenen oder Angehörigen erfuhren. Im Bildungsteil behandelten wir Themen wie Partei, Guerilla, Klassenkampf, Volkskrieg, Sozialismus und Imperialismus. Eine Kolumne war den weltweiten Revolutionen und Befreiungskämpfen vorbehalten. Weitere Inhalte waren die Arbeit unserer Partei im Ausland, die Reden des Vorsitzenden und die Funktion der bewaffneten Propagandaeinheiten. Auf der Seite für Kunst, Literatur und Kultur fanden sich Gedichte, Erinnerungen, Buchbesprechungen und ähnliches. Das einzige Foto in der Zeitung war eine Bleistiftzeichnung vom Vorsitzenden, auf der er einen Vollbart trug.

Die Zeitung erschien vierzehntägig. Es war zwar anstrengend, die Texte heimlich nachts zu schreiben und zu verstecken, aber es machte auch sehr viel Spaß. Die meisten Gefangenen wussten nicht, wer diese Texte wann und wo schrieb. Wir arbeiteten konspirativ, da es häufig zu unangekündigten Zellendurchsuchungen kam. Die Zeitung diente als Bildungsmaterial und festigte gleichzeitig unsere Beziehungen untereinander. Häufig thematisierten wir den Verrat und die vom Feind praktizierte Politik der Entmenschlichung. Dabei nannten wir auch Beispiele aus der Geschichte.

Mevlüdes Texte schickten wir in den 35. Trakt. Sie erschienen auch in der Zeitschrift Hawar. Es war schön, sich im Gefängnis mit solchen Dingen zu beschäftigen. Nach einer Weile las der gesamte Block unsere Zeitung. In den Nebentrakten waren früher Verräter untergebracht. Nach dem Todesfasten hatten wir damit begonnen, Tag und Nacht gegen die Wände zu klopfen, um sie zu stören. Irgendwann konnten wir den Lärm selbst nicht mehr ertragen. Wir klopften jeden Tag zu bestimmten Zeiten mit Tellern und Sitzbänken gegen die Wände. Der Verwaltung stellten wir ein Ultimatum: »Wenn die Verräter nicht verlegt werden, treiben wir sie in den Wahnsinn.« Letztendlich wurden sie verlegt. In ihre Trakte kamen hauptsächlich Freunde von uns. Es waren auch Gefangene von kurdischen und anderen linken Gruppen darunter.

Wir tauschten Nachrichten über eine Schnur durch das Fenster aus. Die Mauern im Hof waren hoch. Sie reichten fast bis ans Dach. Die ersten Fenster auf der Mauerseite waren zugeschweißt, um einen Nachrichtenaustausch zu verhindern. Das erschwerte unsere Kommunikation. Wir fanden jedoch andere Mittel und Wege. Waren keine Soldaten auf dem Hof, warfen wir den Freunden unsere Botschaften zu. Manchmal ergab sich auch die Gelegenheit, die Türklappen zu nutzen, wenn der Korridor geputzt wurde.

Zeitunglesen war gut. Die Zeitungen wurden der Reihe nach an alle Trakte weitergegeben. Dadurch wurden wir motiviert, die Qualität der Texte in unserer eigenen Zeitung zu steigern. Auch aus anderen Trakten wurden Texte zur Veröffentlichung eingereicht. Kritiken und Vorschläge bekamen wir ebenfalls.

Die Zeitung erschien fünfzehn Mal in regelmäßigen Abständen. Danach mussten wir sie einstellen, weil es zu einer weiteren Katastrophe bei uns kam. Später schickten wir die bisherigen Ausgaben nach draußen. Wir erfuhren jedoch nicht, ob sie die Partei erreichten.

das reuegesetz von 1985

Die Anzahl der Gefangenen nahm zu. Das merkten wir an den Nummern der neu eingerichteten Trakte. Auch die Freunde ließen uns entsprechende Informationen zukommen. Der Verrat erreichte eine neue Dimension. Şahin, Yıldırım und die anderen wurden durch Ali Ozansoy, Hidayet Bozyiğit und Mustafa Çimen ergänzt. Hidayet war in Elazığ verhaftet worden. Einige wurden nach Adana verlegt oder dort zur Kapitulation gebracht. Jetzt spielte Ali Ozansoy die Hauptrolle im Schauspiel des Verrats in Diyarbakır. Er repräsentierte die Guerillafront! Mustafa Çimen war beim Verhör zusammengebrochen und hatte weitreichende Aussagen gemacht. Gänzlich kapituliert hatte er jedoch noch nicht. Er wurde getrennt von den Verrätern in unserer Nähe untergebracht. Da der dazwischen liegende Raum leer war, konnten wir durch das Fenster in seine Zelle und den Hof blicken. Wir nahmen Kontakt zu ihm auf und versuchten, ihm beizustehen. In den ersten Tagen bestand noch Hoffnung. Dann wurde er verlegt. Nach einer Weile kam er zu der Verrätergruppe.

Ali Ozansoy trat im Fernsehen auf und redete vor Gericht. Er entwarf regelrechte Szenarien, in denen er auf seine Zeit in den Bergen einging. Der Feind benutzte diese Verräter, um die Aktionen vom 15. August zu diskreditieren. In Sonderprogrammen wurden die Überläufer im Fernsehen vorgeführt.

In derselben Zeit wurden auch Sabri Ok und weitere Freunde in den Bergen gefasst. Mevlüde hatte uns bereits von der Situation im Libanon berichtet. Sabri und die anderen kamen jedoch direkt von der Guerilla. Sie waren an der Kriegsfront in Kurdistan gewesen und hatten die dortigen Entwicklungen miterlebt. Im Gefängnis erzählten sie, wie sich die Aktionen vom 15. August auf die Bevölkerung ausgewirkt hatten. Massenhaft hatten sich junge Frauen und Männer der Guerilla anschließen wollen, aber die Partei war nicht darauf vorbereitet gewesen. Viele wurden wieder zurückgeschickt, sie sollten warten, bis die Bedingungen für ihre Aufnahme geschaffen waren.

Der Verrat von Ali Ozansoy hatte verheerende Auswirkungen. Hunderte PatriotInnen wurden verhaftet, die Folter in den Dörfern intensiviert. Die Bevölkerung litt sehr unter der brutalen Repression. Der Feind setzte alle erdenklichen Methoden ein, um die Entwicklung ins Gegenteil zu verkehren. Die Partei traf unterdessen neue Vorbereitungen. Die HRK[39] wurde gegründet. Die Guerilla bekam eigene Uniformen und ein offizielles Emblem. Im Gefängnis wimmelte es jetzt von HRKlern. Sabri kam vorerst nicht in den 35. Trakt. Wie wir von den Freunden erfuhren, sollte er zunächst bei seiner Gruppe bleiben, weil er dort gebraucht wurde.

HRK! Über diese Neuigkeit freuten sich alle sehr. Sie war der erste Schritt zur Bildung einer eigenen Armee, eine Weiterentwicklung der bewaffneten Propagandaeinheiten. Hitzig diskutierten wir über die verschiedenen Stadien des Volkskrieges und die Frage, in welchem Stadium sich unser Kampf befand. Wir sprachen darüber, welche Besonderheiten die jeweiligen Stadien in der Theorie kennzeichneten und was das für unsere eigene Realität bedeutete. Dabei neigten wir jedoch zu Übertreibungen, da wir uns von Gefühlen und Wünschen leiten ließen. Wir wollten sozusagen das strategische Gleichgewicht überspringen und direkt zum strategischen Angriff übergehen. Die Aktionen in Eruh und Şemdinli hatten große Hoffnungen in uns geweckt. Wir diskutierten über einen bewaffneten Volksaufstand in Kurdistan und bezogen uns dabei auf das, was wir von den Revolutionen in Guinea, Angola, Vietnam und Kuba wussten. »Ein Aufstand würde blutig niedergeschlagen werden. Die Guerilla ist im Volkskrieg am wichtigsten. Es gibt verschiedene Formen

39 *Hêzên Rizgariya Kurdistan*, kurdisch für: Befreiungskräfte Kurdistans

des Aufstands. Bricht an einem Ort ein Aufstand los, greift er schnell auf andere Orte über. Ein Volkskrieg entwickelt sich niemals gleichmäßig…« Die Diskussionen rissen nicht ab. Wir konnten uns nicht darüber einigen, in welchem Stadium wir uns gerade befanden. Als Mevlüde vom Stadium der strategischen Verteidigung sprach, brach ein Sturm der Entrüstung aus. Schließlich hatte es bahnbrechende Entwicklungen gegeben. Daher mussten wir schon längst über dieses Stadium hinaus sein. In unserer Traumwelt waren wir viel schneller. Im Verlauf der Diskussion sahen wir unseren Irrtum jedoch ein. In vielen Gebieten waren die bewaffneten Propagandaeinheiten noch gar nicht in Erscheinung getreten. Die Guerilla musste ausgebaut werden.

Der Feind machte eine Planänderung, die sowohl die Gefängnisse als auch den Kampf draußen betraf. Er startete eine Offensive unter dem Namen »Reuegesetz«. Im Grunde genommen schuf er lediglich einen gesetzlichen Rahmen für sein bisheriges Vorgehen. Das Gesetz war Teil seiner Spezialkriegspropaganda. Die Guerilla wurde aufgefordert, sich zu ergeben. Wer sich ergab, dem wurde Strafminderung zugesichert. Die Gefangenen sollten Reue zeigen und dafür amnestiert werden. Das galt sogar für Mord und andere Verbrechen. Das Reuegesetz wurde auch Schmugglern, Räubern, Mörderbanden und Tätern in Blutfehden angeboten. Hauptsächlich zielte es jedoch auf die PKK und die Bevölkerung Kurdistans ab. Tagelang wurden ehemalige Kämpfer, die sich ergeben hatten oder in Gefangenschaft zu Verrätern wurden, im Fernsehen vorgeführt. Die Zeitungen berichteten in großen Schlagzeilen über sie.

Über das Versprechen von Strafminderung, Amnestie und sogar Gesichtsoperationen wurde versucht, den Reiz des Verrats zu erhöhen. Im Gefängnis wurden Texte über den Inhalt und die Ziele des neuen Reuegesetzes verfasst. Sie erschienen in der von Gefangenen herausgegebenen Zeitung, der Zeitschrift *Hawar* und verschiedenen Broschüren.

Diese neue Angriffsmethode des Feindes wurde aufmerksam verfolgt. Früher waren die Gefangenen mit bloßer Gewalt zur Reue gezwungen worden. Jetzt wurden dafür Gesetze, Versprechungen und Drohungen benutzt. Im Kern gab es keinen Unterschied. Das Vorgehen des Feindes wurde systematischer.

In diesem Jahr wurden zwei Rizgarî-Mitglieder aus Adana und Mersin zu uns verlegt. Eine von ihnen hieß Leyla Akbaş. Einige Zeit später kamen zwei weitere Frauen hinzu, die früher einmal wegen Mitgliedschaft bei Rizgarî – mit und ohne Ala[40] – im Gefängnis gewesen und entlassen worden waren. Sie kamen mit Koffern, um ihre Reststrafen abzusitzen. Sie profitierten vom Reuegesetz, aber das begriffen wir damals noch nicht. Ihre Gerichtsverfahren waren noch nicht abgeschlossen und es lagen keine Haftbefehle gegen sie vor. Diese Situation war neu. Wir hielten sie einfach für ›brave Revolutionärinnen‹, die wieder verhaftet worden waren oder ihre Haftstrafen absitzen wollten. Außerdem kannten wir sie aus dem Jahr 1981 und hatten gemeinsame Erinnerungen an diese schwere Zeit. Daher kümmerten wir uns um sie und wahrten kaum Distanz zu ihnen. Wir berichteten ihnen von den allgemeinen Entwicklungen und dem Diskussionsstand zwischen den verschiedenen Gruppen. Auch bei der Kontaktaufnahme zu ihren Genossen aus demselben Verfahren waren wir behilflich. Leyla war von unserer Lebendigkeit überrascht und bemühte sich, am Gemeinschaftsleben teilzuhaben. Oftmals betonte sie: »Trotz dieser Jahre der Folter seid ihr immer noch quicklebendig. Es tut gut zu sehen, dass ihr hier eine politische Arbeitsatmosphäre geschaffen habt. In Adana und Mersin war es erdrückend. Wie gut, dass ich hierher gekommen bin.«

Wir gaben eine Zeitung heraus, veranstalteten Weiterbildungen, machten regelmäßig Sport und führten ein Gemeinschaftsleben. Vor Gericht hatten wir uns politisch verteidigt und waren in den verschiedenen PKK-Prozessen zu hohen Strafen verurteilt worden. Vor diesem Hintergrund war eine Atmosphäre entstanden, die Neuankömmlingen sofort auffiel. Der Feind akzeptierte die PKK-Gefangenen als Ansprechpartner. Die PKK war für ihn das vorrangige Angriffsziel und gleichzeitig hatte sie bei Verhandlungen das meiste Gewicht. Dutzende PKK-Gefangene hatten im Widerstand ihr Leben verloren. Und draußen führte sie einen bewaffneten Kampf.

Die Frau von Ala Rizgarî behauptete, in Ausbildungslagern im Nahen Osten gewesen zu sein. Gegenüber einigen jüngeren Gefangenen, von denen sie glaubte, sie leicht beeinflussen zu können, machte sie das Guerillaleben schlecht: »Es herrschten entartete Sitten. Es gab überhaupt keinen Maßstab für die Beziehungen zwischen Männern und Frauen. Jeder Mann lebte mit einer Frau zusammen. Die Frauen wurden ausge-

40 *Rizgarî* (kurdisch für: Befreiung) war eine kurdische Organisation mit dem Ziel der Gründung einer kommunistischen Partei sowie eines unabhängigen Kurdistans. 1979 spaltete sich *Ala Rizgarî* (kurdisch für: Banner der Befreiung) ab. Beide Parteien lösten sich 1984 auf.

nutzt. An den Kampf hat dort niemand gedacht«. In unserer Gegenwart sprach sie hingegen von Freundschaft, Bündnissen und der großartigen Arbeit, die dort geleistet würde. Als wir ihre Hinterhältigkeit bemerkten, warnten wir die Freundinnen indirekt vor ihr. Wir sagten, sie sollten den Erzählungen bestimmter Personen keinen Glauben schenken.

Auch die Rizgarî-Frau hatte sich seit 1981 verändert. Sie machte einen eingeschüchterten, zerstreuten und pessimistischen Eindruck. Ansonsten wirkte sie wie eine ganz normale Frau, die ihre Hoffnungen verloren hat. Alle vier tauschten Nachrichten mit ihren Genossen aus, aber jede schrieb einzeln. Auf den Nachrichten, die für sie eintrafen, stand immer der jeweilige Name. Das kam uns merkwürdig vor und wir schöpften Verdacht.

Leyla geriet mit der Frau, mit der sie gemeinsam zu uns gekommen war, in einen heftigen Streit. Sie rissen sich an den Haaren und beschimpften sich lautstark. Die beiden nach ihnen eingetroffenen Frauen grenzten sich von ihnen ab. Alle vier misstrauten einander. Die Frau, die mit Leyla gekommen war, wirkte etwas aufrichtiger als die anderen. Sie erzählte uns, dass Leyla im Verhör wie ein Spielzeug für die Polizisten gewesen sei. Sie sei in schmutzige Geschäfte verwickelt, habe Kontakt zur Mafia und mehreren linken Gruppen und wir sollten ihr keinesfalls trauen. Leyla hingegen meinte, die andere sei verrückt. Die zuletzt Gekommenen erklärten die anderen beiden für verrückt. Leyla beschuldigte sie, dass sie sich freiwillig gestellt hatten.

Es war wie in einem schlechten Theaterstück. Wir sahen ihnen zunächst nur zu, weil wir die Hintergründe nicht verstanden. Dann begannen wir, Schlüsse aus ihrem Verhalten zu ziehen. Es war auffällig, dass vor allem Leylas Stimmung ständig wechselte. Wir fingen damit an, ihre Briefe zu kontrollieren. Normalerweise kontrollierten wir alle Schriftstücke wie Briefe oder Anträge, die auf offiziellem Weg unseren Trakt verließen. Das gehörte zu unserer inneren Ordnung. Es kam vor, dass in Briefen an andere Gefängnisse oder Angehörige bedenkliche Inhalte weitergegeben wurden, die der Feind gegen uns benutzen konnte. Dann machten wir die Freundinnen darauf aufmerksam. Einige der Gefangenen waren durch die Haftbedingungen zermürbt und schrieben nach draußen, dass sie an nichts mehr glaubten. Briefe dieser Art wurden kontrolliert. Einige schrieben sich sogar mit Männern aus anderen Gefängnissen, die sie gar nicht kannten. Der Feind benutzte dafür Überläufer, deren Verrat noch nicht aufgeflogen war. Sie taten so, als ob sie die Adressatin kennen würden und schrieben schließlich Liebesbriefe.

Die Zeitungen berichteten in jener Zeit in groß aufgemachten Artikeln über Liebeserklärungen oder »Verlobungen hinter Gitter« aus den Gefängnissen von Mamak und Metris. Damit sollten Sehnsüchte geweckt werden. Es gab Gefangene, die sich sagten: »Anstatt hier zu leiden, verliebe ich mich besser«. Sie hatten von Beginn an nicht an die Revolution geglaubt, aber zumindest an bestimmten menschlichen Prinzipien festgehalten. Da sie keine Ziele hatten, waren sie auf der Suche. Sie konnten weder aus dem konventionellen Leben ausbrechen, noch sich wirklich darauf einlassen. Viele vermissten auch die tradtionellen Maßstäbe, die sie aus ihren Familien kannten. Einige wurden dadurch aufgerieben, dass ihre Triebe schwerer wogen als das wissenschaftliche Denken und die Logik.

Auch Leyla stürzte sich in den Liebesbriefverkehr zwischen den Gefängnissen. Sie war dreiundvierzig Jahre alt und hatte eine achtzehnjährige Tochter. Früher hatte sie nur ihrer Tochter geschrieben. In ihren Briefen erzählte sie von uns und dem Widerstand gleichaltriger Gefangener. Jetzt bekam sie merkwürdige Briefe. Uns war nicht klar, ob es sich um eine alte oder eine neue Bekanntschaft handelte. Wir stellten jedoch fest, dass sie sich veränderte, und lasen ihre Briefe. Die beiden redeten sich mit »Krupskaja[41]« und »Lenin« an! Das ging uns bis zu einem bestimmten Punkt nichts an. Es war nicht unsere Aufgabe, Leylas Ehre zu schützen, da sie ohnehin eine lebhafte Vergangenheit hatte und darüber hinaus bereits dreiundvierzig Jahre alt war. Aber wir beobachteten, dass sich eine neue Art von Krankheit entwickelte. Die Briefe kamen aus Adana und Mersin und die Krankheit war ansteckend.

Leyla war nur noch im Bett und schrieb. Sie stand zum Essen und Rauchen auf, ansonsten schrieb sie jeden Tag seitenlange Briefe. Ihre ganze Welt bestand nur noch aus Briefen. Nach einer Weile änderte sich der Inhalt der Briefe. Leyla suchte nach Wegen, aus dem Gefängnis herauszukommen. Ihr Gegenüber schrieb meisterhaft, aber sie war noch gewitzter. Auf hässliche Weise bot sie sich Schritt für Schritt ihrem Mecnun zum Kauf an.

Sie war depressiv und verließ das Bett nicht mehr. Aufgrund ihres Alters wurde sie nicht für die täglichen Dienste wie das Putzen eingetragen. Sie war die große Schwester Leyla und ließ sich bedienen. Sie löschte ihre

41 Nadeschda Konstantinowna Krupskaja, Ehefrau und Kampfgefährtin Lenins

Zigarettenkippen in ihrem Teeglas und räumte es nicht einmal weg. Sie war faul und hatte das Leben aufgegeben. Ihre innerliche Hässlichkeit spiegelte sich in ihrem Äußeren wieder. Sie hatte tiefe Ringe unter den Augen, hustete und nieste ohne Unterlass. Früher hatte sie uns mit liebevollen Blicken bedacht, jetzt wurde ihr Blick hinterhältig. Wir fragten sie nach dem Grund. Sie erklärte ihre Veränderung mit dem Konflikt, den sie mit ihren Genossinnen hatte. Sie behauptete sogar, diese nicht mehr als Mitglieder von *Rizgarî* zu betrachten. Einige Male versuchte sie, ihre Nachrichten selbst weiterzuleiten. Wir hinderten sie daran. Für den Nachrichtenaustausch gab es nur einen einzigen Weg, und der wurde von uns kontrolliert. Daraufhin erklärte Leyla uns den Krieg.

Sie verließ wiederholt die Zelle, angeblich für Arztbesuche oder Gerichtsverhandlungen. Es gab bestimmte Uhrzeiten für die Fahrten zum Gericht. Wir kannten das Motorengeräusch des Gefangenentransporters. Für das Krankenhaus galt dasselbe. Das Verlassen des Trakts war ein sensibles Thema. Leyla zog sich für diese Ausflüge um und schminkte sich. Bei ihrer Rückkehr hatte sie schwarze Ränder unter den Augen. Sie antwortete ausweichend auf die Frage, wie ihr Gerichtsverfahren gelaufen sei. Auf misstrauische Blicke reagierte sie aggressiv. Sie plante sogar, einen Vorfall zu provozieren, um den Trakt zu wechseln. Das erfuhren wir aus einem ihrer Briefe, den wir lasen. An die Freunde im Nebentrakt schrieben wir: »Ihr müsst diese Leute warnen. Leyla hat Kontakt mit der Verwaltung. Sie arbeitet mit dem Feind zusammen und berichtet ihm alles aus dem Schriftwechsel, den sie mit ihren vermeintlichen Genossen führt. Wir haben ihre Nachrichten beschlagnahmt. Später äußern wir uns ausführlich dazu.«

Leyla hatte dem Feind alles erzählt, was im Gefängnis vor sich ging. In geheimen Sitzungen und in Gesprächen mit der Gefängnisleitung hatte sie über jede unserer Bewegungen Bericht erstattet. Über Rizgarî war dem Feind ohnehin fast alles bekannt. Das Problem waren jedoch nicht die Informationen über Rizgarî, sondern die über die PKK, über uns. Sie war zum Star des Reuegesetzes geworden. Wäre Esat Oktay noch hier gewesen, wäre er in ein widerliches Triumphgeheul ausgebrochen, vielleicht hätte er sogar den Lautsprecher benutzt. Erstmalig gab es eine Überläuferin im Frauentrakt. Allerdings ging es ihm um die PKK, er wollte immer eine PKK-Gefangene zur Verräterin machen. Diese Freude war dem Feind nicht vergönnt.

In der Zeit der Folter war versucht worden, viele Frauen als Spitzel anzuwerben. Es war nicht gelungen, auch nicht bei einer Frau vom Stamm der Izol, deren Ehemann bereits zum Spitzel geworden war. Die Frau berichtete uns in allen Einzelheiten, was Esat von ihr gefordert hatte und über wen er Informationen haben wollte. »Ihr seid gut zu mir gewesen, daher konnte ich euch nichts Schlechtes antun«, sagte sie damals. Jetzt verfolgte der Feind eine neue Taktik. Es wurde nicht mehr gefoltert, aber stattdessen eine Atmosphäre geschaffen, die noch schlimmer war.

Früher einmal hatten wir Leyla erzählt, wie wir mit einer Verräterin umgehen würden: »Sollte eine Frau aus diesem Trakt zur Überläuferin werden, bringen wir sie um.« Jetzt hatte sie Angst. Die Frau, mit der sie zusammen gekommen war, war bereits entlassen worden. Bestimmt hatten Leylas Aussagen zur ihrer Entlassung beigetragen, denn diese Frau war von uns beeindruckt und sie kannte Leyla gut. Hätte sie etwas mitgekriegt, was ihrer Ansicht nach den Interessen der Gefangenen insgesamt schadete, hätte sie es uns mitgeteilt. Bevor sie ging, sagte sie uns: «Leyla hat mit Rizgarî und den anderen nur gespielt. Sie wird auch für die PKK eine Plage werden, wenn ihr nicht aufpasst.« Ähnliche Warnungen erhielten wir in Briefen von Freunden in Mersin. Jetzt war die Sache klar. Was dem Feind mit Folter nicht gelungen war, wollte er mit einer Überläuferin erreichen!

Wir zogen die anderen Rizgarî-Frauen zur Seite und warnten sie: »Wir verdächtigen diese Frau als Spitzel. Ihr kennt sie. Entweder distanziert ihr euch von ihr oder wir betrachten euch als mitschuldig.« Unser Plan war bereits fertig. Die ausgehenden Nachrichten nahmen die Freunde im Nebentrakt entgegen, die eingehenden wir. Wir lasen und werteten sie aus. Zeki der Lase war Vertreter der Nebentrakte. Wir berichteten ihm von unserem Plan und baten ihn, diesen auch an die 35. Zelle weiterzugeben. Er sagte: »Schlagt sie nicht, werft sie nur raus.« Wir hatten jedoch beschlossen, dass zumindest eine symbolische Strafe erfolgen sollte. Wir mussten dieses Vorgehen öffentlich machen. Alle Gefangenen mussten davon wissen, wenn jemand heimlich vom Reuegesetz profitierte.

Am kommenden Tag wollten wir Leyla und die anderen beiden früh morgens in der hinteren Zelle verhören. Die Fenster waren geschlossen. Leyla sollte als Verräterin und die anderen beiden als Mittäterinnen verprügelt werden. Später stellte sich heraus, dass diese beiden bereits Geständnisse bei der Polizei abgelegt hatten.

Wir standen früh auf und liefen aufgeregt hin und her. Einige behielten die Tür im Auge. Die Tür zum Trakt wurde morgens geöffnet, wenn das Essen kam. Die Tür zum Korridor war verschlossen. Ich beobachtete Leyla. »Überlasst sie mir«, hatte ich vorher zu den eingeweihten Freundinnen gesagt. Ich wollte ihr mit der Faust die Nase brechen. Das Reuegesetz beinhaltete schließlich auch Gesichtsoperationen. Ihr Gesicht war sowieso hässlich. Sie sollte sich bei jedem Blick in den Spiegel daran erinnern, was die PKK-Frauen mit ihr gemacht hatten. Ich schwor, dass ihre Begegnung mit den *Apocu*-Frauen nicht spurlos an ihr vorübergehen würde.

In mir loderte die Wut darüber, dass eine Frau so tief sinken konnte. Für ihr eigenes billiges Leben verriet sie ihre Geschlechtsgenossinnen, die jahrelang der Folter widerstanden hatten. Es war nicht hinnehmbar, dass sie dem Feind Informationen über die Gefangenen gab. So einfach konnten wir sie nicht gehen lassen. Sie verriet den Widerstandsgeist, den unsere Gefallenen um den Preis ihres Lebens geschaffen hatten. Es war würdelos.

Leyla sollte eigentlich in die hintere Zelle gehen, um sich anzuziehen und für das Frühstück fertig zu machen. Sie schien jedoch zu spüren, dass etwas in der Luft lag. Nervös blickte sie sich um. Die anderen beiden waren nicht zu sehen. Die Freundinnen hielten sie bereits in der hinteren Zelle fest. Es waren Schreie und hastige Schritte zu hören. Sie sollten nicht geschlagen, sondern nur festgehalten werden, um von ihnen Rechenschaft zu fordern. Sollten sie sich jedoch wehren und schreien, wollten wir ihnen den Mund zuhalten und sie verwarnen.

Leyla geriet in Panik, lief zur Tür und trommelte nach Hilfe schreiend dagegen. Ich hatte mich bisher ruhig verhalten, da ich davon ausging, dass sie wie jeden Morgen in die hintere Zelle gehen und keinen Verdacht schöpfen würde. Jetzt rannte ich los. Ich ergriff sie von hinten und riss sie zurück. Sie war stark und wehrte sich. Als sie zu schreien begann, hielt ich ihr den Mund zu. Sie biss mir in den Arm. In dem Moment schlug ich mit der anderen Faust zu. »Du hast es anscheinend eilig, nimm das noch mit, du widerwärtige Frau. Du kannst dich ja später operieren lassen, deine Nase war sowieso hässlich«, sagte ich und schlug weiter mit der Faust auf ihre Nase.

Die anderen Freundinnen waren alle in die hintere Zelle gelaufen, als von dort Lärm zu hören war. Nur Fatma war bei uns. Sie versuchte, mich aufzuhalten. »Ich bin gerade erst aufgewacht. Was ist hier los?«, sagte sie scheinheilig. Es stimmte, sie kam gerade erst aus dem Bett. Bei riskanten Angelegenheiten hielt sie sich immer zurück. Gerissen, wie sie war, hatte sie im Vorfeld erklärt, gegen die Aktion zu sein. Wütend schrie ich sie an: »Geh mir aus dem Weg! Diese Verräterin haut ab und du hälst mich fest!« In diesem Moment war ich auf Fatma noch viel wütender als auf Leyla. Wir hatten vorher zu viert die Verantwortung für die Aktion übernommen. Unser Ziel war, Öffentlichkeit herzustellen. Alle Gefangenen mussten sich gegen das Reuegesetz zur Wehr setzen. Darum ging es uns. Die Freundinnen würden aussagen, nichts gesehen zu haben. Wir würden sagen, dass Leyla sich vom Feind benutzen ließ und andere beschuldigte, um selbst frei zu kommen. Damit wollten wir das Reuegesetz und die Methoden der Verwaltung anprangern. Verrat und Bespitzelung waren schwere Vergehen. Sich dagegen zu wehren, gehörte zum Menschsein dazu.

Da Fatma sich die Folgen der Aktion ausrechnen konnte, ließ sie Leyla ausdrücklich wissen, nichts mit der Sache zu tun zu haben. Leyla wusste ja ohnehin, dass wir ständig mit Fatma diskutierten und sie kritisierten. Als sich der Verdacht gegen Leyla erhärtet hatte, hatte Fatma vor Angst gänzlich die Brücken zu uns abgebrochen.

Ich fragte Leyla: »Warum hast du uns verraten? Seit wann lieferst du dem Feind Informationen?«

Schreiend entgegnete sie: »Ich bin euch keine Rechenschaft schuldig!«

»Doch, das bist du, du niederträchtiges Wesen. Der Feind hat sich jahrelang mit uns abgemüht, aber er hat keine von uns zur Überläuferin gemacht. Bloß um hier herauszukommen, lieferst du dem Feind Informationen. Du bist ja noch nicht einmal gefoltert worden! Jetzt sag schon, warum hast du das getan?«

Sie gab keine Antwort und kauerte wie ein Haufen Dreck auf dem Boden. Alle bespuckten sie. Wie konnte ein Mensch nur so tief sinken? Wir nannten ihr einige Daten und fragten sie, warum sie an diesen Tagen zur Verwaltung oder ins Gericht gegangen war und was sie dort erzählt hatte. Sie schwieg weiter.

Aliye sagte: »Was bist du nur für eine Mutter? Ohne dich zu schämen, hast du uns ständig von deiner Tochter erzählt. Du hast uns ihre Briefe vorgelesen. Sie glaubt, dass du eine Revolutionärin bist, sie war stolz auf dich. Jetzt wird sie erfahren, dass ihre Mutter eine Verräterin ist. Du bist so falsch, du hast sogar deine Tochter belogen und verraten.«

»Krupskaja! Wo ist dein Lenin? Hat er dich oder hast du ihn zum Verrat aufgefordert?«

»Du hast uns vorgespielt, eine klassische Revolutionärin zu sein, aber für das Gericht hast du dich vorher geschminkt. Du bist eine Hure.«

»Du hast dem Feind sämtliche Informationen über unsere Aktionspläne geliefert. Du hast ihm sogar die Nachrichten von deinen Genossen gegeben. Du, die große Revolutionärin von Rizgarî! Dabei bist du nur eine ehrlose Verräterin!«

Die Fragen und Anschuldigungen prasselten auf Leyla ein. Zübeyde holte einen kurzen Schlauch vom Wasserhahn. Sie wollte Leyla unbedingt schlagen. Ich hielt sie auf: »Nein! Wir rühren diese armselige Kreatur nicht an. Den härtesten Schlag versetzen wir ihr, wenn wir unsere Würde bewahren und unseren Widerstand fortsetzen. Sie zu schlagen, war nur symbolisch. Wir könnten sie umbringen, wenn wir wollten, aber sie ist es nicht wert. Sie ist doch ohnehin so gut wie tot. Was macht das Leben denn für einen Sinn bei einer Frau, die das Menschsein aufgegeben hat?«

Dann drehte ich mich zu den anderen beiden um: »Ihr habt 1981 miterlebt, es war die Hölle. Diese Frau ist 1985 gekommen, als unsere Genossen bereits ihr Leben im Widerstand geopfert hatten. Sie hat Verrat begangen, ohne jemals nur eine Ohrfeige bekommen zu haben. Ihr habt davon gewusst und Angst gehabt, weil ihr nämlich ebenfalls auf Einladung dieses Gesetzes gekommen seid. Wir haben euch gewarnt. Ihr habt euch trotzdem hinter sie gestellt. Ihr seid mitschuldig und dafür werdet ihr bezahlen.« Sie ließen schweigend die Köpfe hängen.

Es war Zeit für den Appell. »Geht in die andere Zelle«, sagten wir. Leyla ging, die anderen beiden widersprachen: »Wir wollen beim Appell dabei sein. Wir sind nicht so wie Leyla«. Wir willigten unter der Bedingung ein, dass sie sich nicht für Leyla einsetzten.

Als beim Appell offensichtlich wurde, dass eine Gefangene fehlte, fragte der Offizier: »Wo ist sie?« Ich antwortete: »Leyla Akbaş ist in der anderen Zelle. Wir haben sie aus dem Trakt geworfen. Sie können Ihre Mitarbeiterin dort abholen.« Überrascht rief der Offizier nach den Soldaten und ließ Leyla holen. Ihre Nase war geschwollen, die Haut unter den Augen färbte sich blau. Ich sah ein letztes Mal in ihr hässliches Gesicht und sagte: »Geh schon, lass dein Gesicht operieren«. Der Offizier blickte mich scharf an. Er konnte es kaum glauben, dass wir zu ihm sagten: »Wir haben sie geschlagen und hinausgeworfen, jetzt könnt ihr sie abholen«.

Ohne ein weiteres Wort verließ der Offizier eilig den Trakt. Es war Sonntag, trotzdem erschien Cahit Aydoğan höchstpersönlich, der berüchtigte Staatsanwalt am Militärgericht. Er war nicht gekommen, als gefoltert wurde, und auch nicht, als Gefangene starben. Vor Gericht hatte er uns nicht ausreden lassen, dieser faschistische Staatsanwalt. Jetzt tauchte er an einem Sonntag auf, um unsere Aussagen aufzunehmen.

Zunächst wurden die beiden von Rizgarî zum Verhör geholt. Sie blieben lange weg und wurden schließlich ins untere Stockwerk gebracht. Wir händigten den Soldaten ihre persönlichen Gegenstände aus. Diese Miststücke, eigentlich steckten sie alle drei unter einer Decke. Die männlichen Rizgarî-Gefangenen hatten ihre Genossinnen verteidigt, als wir sie vor ihnen gewarnt hatten. Vor allem Leyla hatten sie sehr gelobt. Jetzt konnten sie sehen, was dabei herausgekommen war.

Wir wurden der Reihe nach vorgeführt. Gönül, Mevlüde, Cahide und ich erklärten uns verantwortlich. Unsere Aussagen hatten wir vorher abgesprochen. »Mit dem Reuegesetz werden Gefangene dazu ermuntert, zu lügen und andere zu beschuldigen. Diese Frau würde alles tun, um aus dem Gefängnis entlassen zu werden. Es geht niemanden etwas an, wie wir leben. Wir sind politische Menschen. Sie können uns nicht daran hindern, zu diskutieren, zu lesen und zu schreiben. Wir sind bereits wegen der Aussagen von Verrätern wie Şahin verurteilt worden. Jetzt versuchen Sie, uns anhand der Aussagen von Leyla neue Straftaten anzuhängen. Ich protestiere gegen dieses Vorgehen«, sagte ich. Dabei blickte ich Cahit Aydoğan wütend an. Dieser Mörder forderte von uns Rechenschaft für ein paar Ohrfeigen, die Leyla abbekommen hatte!

»Es ist bekannt, wer hier wen foltert und unterdrückt. Dutzende unserer Freunde sind gefallen, weitere Dutzende haben bleibende Schäden davon getragen und sind krank. Das können Sie nicht verheimlichen. Warum widmen Sie diesen Gefangenen nicht ihre Aufmerksamkeit? Für diese Frau verletzen Sie sogar Ihre eigenen Gesetze. Seit wann werden sonntags Gerichtsverfahren abgehalten? Ich möchte keine Aussage machen«, sagte ich und verließ den Raum.

Wir wollten deutlich machen, dass sich unsere Aktion gegen die Anwendung des Reuegesetzes richtete. Es war nicht nötig, dass alle angaben, Leyla geschlagen zu haben. So war es ja auch gar nicht gewesen.

Ich übernahm die Verantwortung, die anderen drei sagten aus, gegen das Reuegesetz zu protestieren. Die übrigen Freundinnen sollten angeben, nichts gesehen zu haben.

Leyla wurde für zwölf Tage krank geschrieben. Das war natürlich übertrieben. Das Attest sollte für eine Anklage gegen uns herhalten. Das war jedoch nicht alles. Alle neuen Gefangenen kamen zunächst in die Zelle von Leyla und den beiden anderen, die sich aufführten wie Polizistinnen. Unter den Neuen waren Studentinnen, Dörflerinnen, Milizen und Frauen, die Verwandte im Gefängnis hatten. Früher wurden sie für die Dauer der Festnahme im unteren Stockwerk gesondert untergebracht, bis sie verhaftet und zu uns verlegt oder entlassen wurden. Leyla und die anderen verhörten die neuen Gefangenen regelrecht. Wer bei der Polizei noch geschwiegen hatte, gab an Leyla Informationen weiter. Wir konnten keinen Kontakt zu ihnen aufnehmen. Den neuen Gefangenen wurde sogar verboten, aus dem Fenster zu blicken. Beim Hofgang wurden sie gezwungen, sich dicht an der Mauer aufzuhalten. Nach oben blicken war verboten. Leyla erzählte ihnen Schauergeschichten über uns. Einige von ihnen durchschauten Leyla. Wir riefen ihnen auf kurdisch Warnungen zu. Schließlich gelang es uns doch, geheime Nachrichten mit ihnen auszutauschen. Leyla und die anderen stellten sich selbst als Revolutionärinnen dar und ließen die Neuen Aussagen schreiben oder gaben Informationen, die sie von ihnen erhielten, unmittelbar an den Feind weiter. Einige wurden daraufhin erneut zum Polizeiverhör gebracht.

Kamen im Fernsehen Meldungen über Gefallene, applaudierten Leyla und ihre Truppe. Nachts tanzten sie nackt auf den Tischen und setzten uns mit ihrem grellen Lachen einem Nervenkrieg aus. Die für die äußere Sicherheit zuständigen Soldaten versammelten sich im gegenüberliegenden Block an den Fenstern, um ihnen zuzusehen. Dadurch fühlten sie sich angespornt, sich noch widerlicher zu verhalten.

Der Feind zeigte sich fest entschlossen, uns für unsere Haltung bezahlen zu lassen. Über neue Strafverfahren sollten Gefangene eingeschüchtert werden, die kurz vor ihrer Entlassung standen oder eine Verlängerung ihrer Haftstrafe nicht ertragen konnten. Trotzdem verliefen die ersten Verhandlungstage positiv. Es gab keine konkreten Beweise. Leyla hatte jedoch dem Feind detallierte Informationen über uns geliefert.

Aus diesen Grund wollte der Feind die Verhandlungen hinauszögern. Es konnten nicht alle für eine Ohrfeige verurteilt werden. Einige Gefangene bekamen jedoch Angst. Anstatt ihre Wut gegen den Feind zu richten, ließen sie sie an uns aus. Kurz nach dem Vorfall wurde auch in einem anderen Trakt ein Spitzel verprügelt und hinausgeworfen. Ein Gerichtsverfahren gab es deswegen nicht. Bei uns wollte der Feind eine solche Haltung nicht durchgehen lassen. Letztendlich bekam ich wegen Körperverletzung und Morddrohung drei Jahre und einige Monate Haftstrafe. Die anderen wurden nur wegen Bedrohung verurteilt. Meine Verteidigung wurde wiederum als Straftatbestand gewertet. Diese Prozesse dauerten zwei Jahre an, da jede Verteidigung ein weiteres Verfahren nach sich zog.

kolonialistische gerichte können nicht über uns urteilen!

Der Revisionsgerichtshof hob die Urteile einiger Gefangener der Elazığ-Gruppe auf, da er die Mitgliedschaft in einer terroristischen Organisation nicht als erwiesen betrachtete. In Anbetracht der bereits abgesessenen Jahre wurde Haftentlassung gefordert. Hamilis Todesstrafe wurde in lebenslänglich umgewandelt. Als uns der Beschluss mitgeteilt wurde, sagte ich: »Ich erkenne überhaupt keinen Beschluss an, egal, ob er zu meinem Vorteil oder zu meinem Nachteil ist. Wir haben bereits bei unserer Verteidigung erklärt, dass kolonialistische Gerichte nicht über uns urteilen können«. Ohnehin sprach sich das Militärgericht dagegen aus, mein Urteil abzuwandeln. Normalerweise hielten sich die Gerichte an die Beschlüsse höherer Instanzen. In meinem Fall war es anders. Die Urteilsverkündigung in meinem anderen Verfahren fiel genau in diese Zeit.

Somit war es einfach, meine Entlassung zu verhindern. Diskrepanzen zwischen den Gerichten müssen eigentlich zu Gunsten der Angeklagten ausgelegt werden. Aber auch das geschah nicht und das Verfahren wurde erneut nach Ankara verwiesen.

Mein neuer Prozess erlangte Berühmtheit. Die Medien berichteten darüber, dass wir Leyla Akbaş geschlagen hatten. Die männlichen Rizgarî-Gefangenen stellten sich zunächst hinter ihre vermeintliche Genossin und forderten eine Selbstkritik von unseren Freunden. Als bekannt wurde, dass sie für den Feind arbeitete, verstummten sie. Es war merkwürdig, auch unsere Freunde kritisierten uns im ersten Moment. Mit Mühe und Not ließen wir ihnen eine Nachricht zukommen. Sie kritisierten uns trotzdem weiter und behaupteten, Leyla sei es nicht wert gewesen.

Andere Gefangene gratulierten uns zu unserer Aktion. Erstmalig war im Gefängnis eine Überläuferin bestraft und die Verantwortung dafür übernommen worden. Einige zeigten sich überrascht, dass es unter den weiblichen Gefangenen überhaupt Verräterinnen gab. Andere waren befremdet, dass Frauen eine Frau schlagen. Sie übersahen, dass diese Frau ihre eigenen Geschlechtsgenossinnen auf hässliche Weise verraten hatte. Sie war ja keine armselige, hilflose, schwache Frau und unsere Aktion hatte auch nichts damit zu tun, dass sie einer anderen politischen Richtung angehörte. Mit Dutzenden solcher Frauen hatten wir alles geteilt, was wir hatten, und uns ungeachtet aller politischen Widersprüche gemeinsam gegen den Feind gewehrt. Darunter waren Frauen, die im Traum von »Mörder-Apocu« sprachen und uns als Abenteurerinnen und Nationalistinnen verunglimpften. Leyla war vermutlich noch nie im Leben mit soviel Respekt und Aufmerksamkeit behandelt worden wie von uns. Sie zu schonen, nur weil sie eine Frau war, wäre nicht nur feudal, sondern ein Verbrechen gewesen.

Wir erwarteten weder Lob noch Glückwünsche, aber zumindest wollten wir unsere Aktion als menschliche Pflicht gegen den Verrat verstanden wissen. Die negativen Reaktionen machten uns zu schaffen. Vor Gericht erzählte ich von den Angriffen auf die weiblichen Gefangenen, mit denen weitere Überläuferinnen wie Leyla geschaffen werden sollten. Damit geriet ich ins Zentrum aller Angriffe. Zuletzt blieb nur ich übrig. Darüber freute ich mich. Es verlangte einen hohen Preis, diese Verräterinnen auffliegen zu lassen. Ihre Pläne waren jedoch dadurch gescheitert.

Ein Prozess folgte auf den anderen. Der Feind war stur. Die Gerichtsverhandlungen waren wie Folter. Sie ließen mich nicht ausreden, trotzdem wurde jedes Wort, das ich sagte, Gegenstand eines weiteren Verfahrens. Ich schlug den FreundInnen vor, gegen die Prozesse zu protestieren. Mein Vorschlag wurde abgelehnt. Bei der letzten Verhandlung am zwölften September protestierte ich gegen die faschistische Militärjunta. Es war das letzte Mal, dass ich vor Gericht auftrat. Ab diesem Zeitpunkt erfuhr ich nur noch aus offiziellen Schriftsätzen und Zeitungen von den Strafen, zu denen ich verurteilt wurde, und gegen mich eingeleiteten Verfahren. Die Gesichter der faschistischen Richter sah ich nicht wieder.

die geschichte am widerstand messen

Nach den Widerstandsaktionen im Januar 1984 wurde versucht, die Entwicklungen der vergangenen vier Jahre auszuwerten. Es wurde darüber diskutiert und geschrieben. Sowohl die Ziele als auch die Ergebnisse des Widerstands im Jahr 1982 betrafen nicht nur die Gefängnisse. Es handelte sich um einen direkten Kampf zwischen dem Feind und der PKK. Trotz der technischen Überlegenheit des Feindes trug die PKK den Sieg davon. Der Feind wollte die PKK in Gestalt ihrer Führungskader ausschalten und damit die in der Bevölkerung gerade erst erwachte Hoffnung auf eine Revolution zunichte machen. Über die Gefängnisfront sollte dem Parteivorsitzenden und der Parteiarbeit im Ausland ein tödlicher Schlag versetzt werden. Mazlum, Hayri, Pir und den anderen war die historische Verantwortung der Gefangenen bewusst.

Sie erfüllten ihre Aufgabe, die Partei zu schützen und repräsentierten damit den Widerstandsgeist der PKK und die Verbundenheit zu ihrem Vorsitzenden Apo. In dieser Zeit, in der der Feind behauptete, alle revolutionären Bestrebungen in den Gefängnissen zerschlagen zu haben, bewiesen sie Weitsicht und nahmen eine führende Rolle im Widerstand ein.

Die ideellen Auswirkungen waren überwältigend, aber der Verlust war groß. Revolutionäre wie Mazlum, Hayri und Pir waren selten. Der 15. August war die beste Antwort auf ihren Tod, denn sie lebten im Kampf der PKK weiter. Dennoch fühlten wir uns ihnen gegenüber schuldig. Wir konnten ihnen jedoch nicht gerecht werden und ihren Kampf nicht weiter führen, indem wir uns wünschten, an ihrer Stelle gestorben zu sein.

Der Septemberwiderstand entstand in Folge auf die Aktionen von 1982. Die Gefangenen erwachten in diesem Aufstand zu neuem Leben. In der darauf folgenden Zeit gelang es jedoch nicht, weitsichtig und ergebnisorientiert zu handeln. Um den Gefangenen keine Gelegenheit zu geben, ihre Schwächen zu überwinden, griff der Feind im Januar 1984 erneut an.

Draußen verfolgte die Militärjunta ihren Plan einer angeblichen Demokratisierung. Die Gefängnisse waren ein wichtiges Standbein in diesem Plan. Sie wurden zur Synthese aller politischen Vorhaben des Feindes. Die Verhaftungsoperationen draußen waren schnell abgeschlossen. Es bestand keine Gefahr mehr. Jegliche Opposition war ausgeschaltet, das Leben verlief unter der gewalttätigen Kontrolle der Junta. Die Gefängnisse in Kurdistan und der Türkei galten als Versuchsobjekte für die Vernichtung kurdischer Identität. Die seit der Republiksgründung maßgebliche Politik sollte hier vollendet werden.

Die Gefängnisse waren für den Feind wie Versuchslabore, in denen er Völker, Nationen, Persönlichkeiten, Organisationen und Geschlechter untersuchte. Von der menschlichen Psyche bis zum menschlichen Körper, von Organisationsstrukturen bis zu ihren Kampfformen, er stellte zu jeder Thematik Versuche an und nutzte dafür die gesamte Technik und Wissenschaft, die in einem Labor zur Verfügung stehen. Die Gefangenen waren die chemischen Elemente in diesem Labor. Sie konnten entscheiden, ob sie Quecksilber, Eisen, Stahl oder etwas anderes sein wollten.

In einer solchen Situation hängt es von dir ab, mit welchen Elementen du dich vereinigst und von welchen du dich trennst. Der Instinkt, dich der Übermacht des Feindes zu beugen, führt zum Verrat. Du kannst diese Versuchsreihe aber auch unterbrechen und die Methoden des Feindes unterlaufen, indem du dich selbst zur Explosion bringst. Das war es, was die Freunde 1982 vollbracht hatten.

Mazlum befand sich in einer leeren Zelle. Der Feind glaubte, in seinem Labor einen Ort geschaffen zu haben, in dem nicht einmal der Tod möglich ist. »Nur ich kann euch das Recht auf Leben oder Tod geben oder nehmen«, sagte er. Mazlum brauchte jedoch nur ein Streichholz und ein Stück einer Krawatte, um die Dunkelheit, die Angst, die Kapitulation, das Monster des Verrats zu töten. Seine Aktion war ein Akt der Selbstbestimmung, ein Ausdruck von Verantwortungsgefühl und tiefer Überzeugung. Niemand hatte etwas derartiges erwartet und alle reagierten tief erschüttert.

Die Art und Weise, wie die Vier ihre Aktion vorbereiteten und durchführten, hatte ebenfalls eine besondere Bedeutung. Sie schloss sich an die Aktion von Mazlum an und musste zur richtigen Zeit am richtigen Ort vollbracht werden. Es handelte sich um eine Aktionsform, die großen Mut und tiefe Überzeugung erforderte. Dass es ihnen unter den herrschenden Bedingungen gelang, den richtigen Moment abzupassen, bewies die Führungspersönlichkeit der Vier. Der Feind fürchtete sich vor dem Feuer, vor den Siegesschreien, vor dem brennenden Fleisch, vor dem Blut. Ein weiteres Mal jagte die PKK dem Feind große Angst ein.

Das war also die PKK! Der Soldat, der bis eben noch gefoltert hatte, schlug sich mit seinem Schlagstock selbst auf die Beine, ohne es zu merken. »Er rief noch Parolen, als er lichterloh brannte. Was ist das für eine

Überzeugung!«, hatte er damals gesagt. Ja, es war die Überzeugung der Vier, die Überzeugung der PKK. Der Soldat war tief beeindruckt und die Gefangenen noch viel mehr. Wer weiß schon, wie oft dieses Feuer mein Herz verbrannt hat, wie oft es mein Herz bluten ließ? Wie oft es mich bis ins Knochenmark erschütterte? Die Größe dieser Aktion zu fühlen, reichte aus, um einen Menschen am Leben zu halten. Wenn es noch ein Leben gab, dann nur, weil dieses Feuer die Herzen entflammte und der Schmerz lebendig blieb.

Und das Todesfasten? Wir wurden nicht müde, uns gegenseitig davon zu erzählen. Je mehr Einzelheiten wir erfuhren, desto mehr begriffen wir, wie unvergleichlich groß dieser Widerstand war. Jede absterbende Körperzelle war ein Schlag gegen den Feind. Weiß jemand, was es bedeutet, sechzig Tage lang einen solchen Kampf zu führen? Die Medizin gibt keine Antwort darauf, es lässt sich einfach nicht erklären.

Wir analysierten die Umstände, unter denen die Aktionen stattgefunden hatten, und die revolutionären Eigenschaften der Genossen, die führend daran beteiligt waren. Darum drehte sich unser ganzes Leben. 1982 stellte für uns eine Zeitenwende dar. Alles, was mich ausmachte, lag in diesem Widerstand verborgen.

Es gab aber noch eine andere Seite. Die Aktionen lösten nicht bei allen Gefangenen das gleiche aus. Alle waren beeindruckt, aber die Empfindungen waren nicht gleich tief. Viele konnten nicht begreifen, welche Stärke durch die Aktionen freigesetzt wurde. Der Feind hatte mit Folter, Unterdrückung, Drohungen und Versprechungen versucht, eine entmenschlichte Lebensweise durchzusetzen, die ihre Spuren bei den Gefangenen hinterlassen hatte. Der angerichtete Schaden in den Persönlichkeiten hing von der jeweiligen Stärke der Überzeugungen und des Willens der Betroffenen ab. Das Gefühl von Kapitulation und Niederlage nahm großen Raum ein. Die Gefangenen waren nicht nur physisch dem Feind ausgesetzt. Auch ihr Wille und ihre Überzeugungen waren gebrochen worden. Einige leisteten Widerstand, andere wurden besiegt, obwohl sie Widerstand leisteten. Einige kapitulierten widerstandslos, andere schleppten sich dahin. Die Aktionen erschütterten und beeinflussten alle Gefangenen. Die Umstände ließen uns keine andere Wahl als Widerstand. Ohne Widerstand zu leisten, konnten wir nicht einmal atmen.

Daher war die breite Beteiligung am Todesfasten im September unausweichlich. Die Bedingungen für einen Aufstand waren herangereift.

Bevor wir jedoch Luft holen konnten, wurde diese Welle des Aufruhrs durch die Angriffe im Januar gebrochen. Der Bruch fand dieses Mal auf einer anderen Ebene statt und betraf vor allem diejenigen, die an der Spitze des Widerstands standen. Die Politik des Feindes wurde nicht ausreichend analysiert. Der Charakter dieser Vernichtungspolitik hatte sich nicht geändert, aber der Feind profitierte jetzt von unseren internen Problemen, bei denen er gezielt ansetzte. Die Angriffe im Januar waren sehr umfassend und zielten auf eine Wiederbelebung des Verrats ab.

suphis aktion

Der Feind wendete mit der Durchsetzung der Anstaltskleidung eine bewährte Methode an. Sie unterschied sich nicht von der Auflage, vor dem Essen zu beten oder dem erzwungenen Satz »Ich bin Türke«. Wir befanden uns jedoch im Jahr 1984. Aus der Zeit seit 1980 waren Erfahrungen gewonnen worden. Jetzt ging es darum, die von dem Gefühl der Kapitulation geprägte Stimmung zu verändern und sich neu zu organisieren. Die Bedingungen für einen organisierten Widerstand mussten ein weiteres Mal geschaffen werden. Erst dann war eine ehrliche Analyse der Entwicklungen der letzten Jahre möglich. Der Widerstandsgeist von 1982 musste Wurzeln fassen und die kommende Zeit prägen.

Es gab jedoch neue Probleme, die gelöst werden mussten. Die direkten Angriffe des Feindes hatten aufgehört, aber intern herrschte Unzufriedenheit. Es kam zu Gruppenbildungen und die Parteileitung im Gefängnis stand unter Druck. Wir wurden nur sehr allgemein mit kurzen Nachrichten über die Situation informiert, da wir Frauen nicht als Teil des Problems betrachtet wurden. Um uns nicht negativ zu beeinflussen, wurde uns kaum von den Diskussionen berichtet. Eines Tages schrieben die Freunde:

»In letzter Zeit mussten wir uns mit internen Problemen beschäftigen, daher haben wir uns kaum um euch kümmern können. Vor einiger Zeit haben wir euch eine Bewertung geschickt, die Fuat Çavgun und andere geschrieben haben. Wir hatten keine Bedenken, diesen Text weiterzuleiten. Es gab Kritik an der Leitung. Wir haben diese Kritik ernst genommen und zugesagt, uns damit auseinanderzusetzen. Später mussten wir jedoch feststellen, dass versucht wurde, die bestehende Unzufriedenheit an der Basis gegen die Leitung zu benutzen. Vor allem Freunde, die in der Vergangenheit verschiedene Probleme hatten und gegen die es von der Organisation beschlossene Sanktionen gab, wurden gegen die Leitung aufgewiegelt. Aufgrund der gesundheitlichen Probleme nach dem Todesfasten wurden diese Konflikte nicht gelöst. Außerdem hat die Verwaltung einige Forderungen, deren Erfüllung zugesagt worden war, nicht umgesetzt. Daher harren einige Probleme einer Lösung, wir haben es nicht geschafft, sie zu klären. Von einer bewussten Verzögerung unsererseits kann jedoch nicht die Rede sein. Zuletzt hat Fuat mit einer Erklärung die Auflösung der Leitung deklariert und darauf bestanden, dass diese Nachricht an alle weitergeleitet wird. Er sagte, falls wir dies nicht tun würden, habe er das Recht, es selbst zu tun. Dabei handelte es sich um eine Drohung. Einige Kreise stehen bereits unter seinem Einfluss. Er nutzt vor allem die reaktionäre und feudale Einstellung der Freunde aus Hilvan und Siverek für seine Zwecke. Er sagt: ›Ich löse die Leitung auf, da sie ihren Aufgaben nicht nachkommt. Wir werden diese Aufgaben übernehmen‹. Wir haben ihm erneut geschrieben und ihn dazu aufgefordert, mit uns zu diskutieren und die Probleme mit uns gemeinsam zu lösen. Sollte eine Änderung in der Leitung notwendig sein, muss ein gemeinsamer Wille dahinter stehen. Auf diese Aufforderung ist er nicht eingegangen. Stattdessen hat er sich selbst zur Organisation erklärt und Rundschreiben im Namen der Partei veröffentlicht. Davon haben auch die anderen Gruppen erfahren. Wir möchten diese Situation zur Diskussion stellen. Was denkt ihr darüber? Wir erwarten eure Bewertungen und Vorschläge«.

Wir waren überrascht. Die Entwicklungen waren ernst. Zuvor hatten wir bereits Informationen über Provokationen bekommen, die außerhalb des Gefängnisses in der Partei stattgefunden hatten. Von den Vorfällen um Semir, Seher, Davut und Süleyman hatten wir zumindest gehört. Es hieß, Semir habe etwas mit den feindlichen Luftangriffen auf Südkurdistan im Jahr 1983 zu tun gehabt und der Feind plane, die Leitung innerhalb der Partei zu übernehmen. Solche Nachrichten waren uns fremd, wir hörten zum ersten Mal davon. Zwar fehlte uns das Verständnis, sie in ihrem gesamten Ausmaß zu begreifen, aber aufgrund des Vertrauens, das wir der Partei und dem Vorsitzenden gegenüber verspürten, positionierten wir uns ohne Zögern offen gegen diese verräterischen Bestrebungen.

Unweigerlich stellte ich eine Verbindung zwischen dieser Provokation draußen und den Vorfällen um Fuat her. Ich schrieb meine Gedanken dazu auf:

»Ich möchte zuerst feststellen, dass wir über diese Entwicklungen nicht ausreichend informiert sind, obwohl die Möglichkeit besteht, uns auf dem Laufenden zu halten. Ich kenne also nicht alle Aspekte dieses Vorfalls, aber ich glaube, dass es einen Zusammenhang zwischen den Problemen im Gefängnis und den Provokationen draußen gibt. Es ist möglich, dass der Feind auch die Angehörigen direkt und indirekt instrumentalisiert. Bis heute hat niemand die Partei von innen so direkt angegriffen. Fuat ist nicht aufrichtig. Das Anliegen seiner Erklärung ist nicht, die Gefängnisorganisation zu kritisieren. Er hat eine positive Antwort erhalten, indem er dazu aufgefordert wurde, die bestehenden Probleme gemeinsam zu lösen. Seine Kritik wurde ernst genommen. Er versucht, sein Vorgehen zu rechtfertigen, indem er behauptet, er habe alles versucht, sei jedoch gescheitert und daher gezwungen, gegen die Leitung zu putschen. Auch seine Bewertung des Widerstands von 1984 hat er in bestimmter Absicht geschrieben. Sie enthält viele Punkte, die diskutiert werden müssen, andere Punkte sind bewusst schwammig gehalten. Einige Begebenheiten sind wie in einem Szenario bewusst in den Vordergrund gestellt worden. Der Text ist geschickt geschrieben, gibt sich einen politischen Anschein und enthält auch einige wahre Gesichtspunkte. Wir wussten nicht genug über diese Entwicklungen, um etwas darüber sagen zu können. Jetzt sind sie verständlicher. Letztendlich handelt es sich ganz offensichtlich um einen Putsch gegen die Organisation. Verrat hat es im Gefängnis in der Vergangenheit in verschiedener Form gegeben. Bei diesem Vorfall handelt es sich um eine neue Form. Ich schlage vor, Fuat Çavgun zu bestrafen. Vergehen an der Partei dürfen im Gefängnis nicht länger ungestraft bleiben. Wäre Şahin bestraft worden, hätte der Verrat sich im Anschluss nicht so stark ausbreiten können und es wäre weniger Schaden entstanden.«

Außerdem regte ich an, mir alle weiteren Texte und Informationen zu diesem Thema zukommen zu lassen. Etwas später bekam ich sie. Einige Texte konnten wir nach draußen schmuggeln. Die Freunde hatten kaum die Möglichkeit dazu, uns Frauen aber gelang es inzwischen ganz gut.

Die Freunde fanden meinen Vorschlag zu radikal. Fuat und sein Umfeld reagierten weiterhin nicht auf die Einladung zum Dialog. Einige ließen sich später in andere Zellen verlegen. Daran wurde deutlich, wie ernst die Lage war. Sich im Gefängnis von den eigenen Genossen zu trennen, bedeutete letztendlich, zum Feind überzulaufen. So habe ich das immer gesehen.

Fuat hatte im Todesfasten vom 14. Juli bleibende Schäden davongetragen. Ich war sehr traurig gewesen, als ich erstmalig von seiner Lähmung erfuhr. Wäre uns damals in Malatya die Flucht geglückt, wäre es nicht so weit gekommen. Ich hatte Respekt vor ihm, wie vor allen Freundinnen und Freunden, die unter der Folter oder im Widerstand verletzt wurden oder bleibende Gesundheitsschäden erlitten. Fuat war außerdem der Bruder von Halil Çavgun. Nachdem ich jedoch von seinen jüngsten Ausfällen erfahren hatte, verlor ich die Achtung vor ihm. Bei Süleyman, also Baki Karer, war es ähnlich gewesen. Er war der Bruder von Genosse Haki, aber er hatte Verrat begangen.

»Hätten sie nur einen Funken Respekt vor diesen wertvollen Menschen, hätten sie sich anders verhalten«, sagte ich. Es war kein Zufall, dass Fuat Halil verriet. Der Feind suchte bewusst Angehörige wertvoller Genossen aus, um sie für seine Zwecke zu instrumentalisieren. Fuat hatte eine Lähmung erlitten und konnte sich mit seiner körperlichen Einschränkung nicht abfinden. Anstatt sich am Feind dafür zu rächen, griff er uns, also die Partei an.

Der Vorfall ging mir nahe. Wie konnte ein Mensch sich so sehr ändern? Wieder einmal dachte ich darüber nach, wie ein Mensch zum Verräter, zum Überläufer wird. Die Kritik der Freunde, ich sei zu radikal, konnte ich nicht nachvollziehen. »Eine Bestrafung im Gefängnis ist ausgeschlossen, sie würde negative Konsequenzen nach sich ziehen«, sagten sie. Diese Einstellung bedeutete, sich den Umständen zu beugen. Meiner Meinung nach durfte Verrat nirgendwo ungestraft bleiben.

Nach dem Vorfall mit Leyla Akbaş wurden die Gefangenen aus dem Nebentrakt verlegt. Dadurch brach der Kontakt zu den Freunden wieder ab. Wochenlang suchten wir nach einer Gelegenheit, Nachrichten weiterzuleiten. Leyla hatte dem Feind alle Möglichkeiten der Kontaktaufnahme verraten. Auch die Methode, aus Brot geformte Bällchen vom Dach aus zum nächsten Block zu werfen, war aufgeflogen. Dieser Weg war nicht mehr sicher. Unsere Nachrichten blieben manchmal auf dem Dach liegen oder sie fielen den Soldaten in die Hände. Daher konnten wichtige Botschaften nicht mehr auf diesem Weg weitergegeben werden.

Nach einer Weile wurden im Nebentrakt wieder Überläufer untergebracht. Suphi Çevirici und seine Gruppe kamen direkt nach ihrer Festnahme dorthin. Die wichtigsten Überläufer befanden sich im 38. Trakt. Im zweiten Trakt waren die weniger gewichtigen Überläufer. Suphi nahm

Kontakt zu uns auf. Wenn die anderen im Hof waren, unterhielten wir uns. Nachdem er in Erfahrung gebracht hatte, wie man Nachrichten austauscht, schrieb er uns einen Brief.

Suphi hatte sich von den FreundInnen getrennt, nachdem es bei der Rückkehr nach Kurdistan Probleme gegeben hatte. Für diese Probleme machten er und die FreundInnen sich gegenseitig verantwortlich. Suphi war wütend und trennte sich von der Gruppe. In diesem Moment ließ er alles hinter sich, was er bei den Schulungen im Ausland gelernt hatte. Letztendlich wurde er angezeigt und festgenommen. Im Verhör machte er Aussagen, beging jedoch keinen Verrat. Er wurde mit Überläufern zusammen untergebracht. Trotzdem ließ er sich nicht zum Verrat bewegen. Er hatte im Verhör nicht standgehalten und sich somit schuldig gemacht, wollte jedoch erneut Kontakt zur Partei aufnehmen. Die großen Widerstandsaktionen im Gefängnis waren ihm bekannt. Jetzt war er selbst im Gefängnis und musste einen Weg zurück finden. Suphi war dazu bereit.

Wir forderten ihn auf, uns schriftlich von der Arbeit im Ausland und den Analysen der Partei zu berichten. Seine Texte schickten wir auch in den 35. Trakt. Sie wurden in der Hawar veröffentlicht und dienten als Diskussionsgrundlage.

Suphis Analysen waren sehr umfassend und viel besser als die von Mevlüde. Er berichtete uns von den Problemen bei der Bildung von Bündnissen, von der Arbeit in Gebieten, in denen offizielle Vertretungen der Partei aufgebaut worden waren, von internen Problemen und von der Parteilinie abweichenden Tendenzen. Jahrelang waren wir von den Entwicklungen draußen abgeschnitten gewesen. Jetzt wurde unser Informationshunger endlich gestillt. Es war großartig. Die Entwicklungen waren viel besser und umfassender, als wir angenommen hatten.

Suphi wollte möglichst schnell verurteilt werden. Er verheimlichte seine Anspannung und Besorgnis nicht. Der Feind wollte ihn dazu zwingen, die Guerillagebiete in den Bergen zu verraten. Er sollte mit einem Hubschrauber dorthin geflogen werden. Andere Überläufer hatten sich bereits an Militäroperationen beteiligt. Ein oder zwei Mal kamen Polizisten ins Gefängnis. Wir reagierten sofort darauf, informierten die Freunde und schrieben Eingaben, in denen wir mitteilten, dass neue Gefangene zu Geständnissen genötigt wurden, die Polizei Verhöre im Gefängnis durchführte und Gefangene mit Gewalt zu Militäroperationen gebracht wurden. Damit setzten wir die Verwaltung unter Druck.

Es bestand die Gefahr, dass Suphi ermordet würde, sollte dem Feind seine erneute Annäherung an die Partei bekannt werden. Unser Nachrichtenaustausch war geheim, aber die Überläufer kamen trotzdem dahinter, da ihnen unsere Methoden bekannt waren. Suphi drohte ihnen: »Wir wollten nur mal ausprobieren, ob es klappt. Wenn ihr der Verwaltung etwas sagt, bringe ich euch um.« Aus Angst behaupteten einige, nichts gesehen zu haben. Suphi verstand, was in ihnen vor sich ging, und wollte sie beeinflussen. Unser Hauptplan war jedoch, die Überläufer zu bestrafen. Für Suphi war die Situation, in die er geraten war, unerträglich. Er wollte unbedingt etwas unternehmen. Über den Vorschlag freute er sich. Dafür musste er es jedoch noch eine Weile in dem fürchterlichen Trakt aushalten. Wir übermittelten den Vorschlag an den 35. Trakt und er wurde angenommen. Sollte Suphis Prozess allerdings vorher beginnen, würde er eine politische Verteidigung machen und anschließend nicht mehr die Möglichkeit haben, den Plan umzusetzen. Auch eine politische Verteidigung galt als Aktionsform. Suphi bereitete sich auf beide Alternativen vor. Er begann, an seiner Verteidigung zu schreiben. Die Freunde sagten: »Er kann sich verteidigen, wenn er die Partei um Verzeihung bittet und eingesteht, dass er sich an der Partei schuldig gemacht hat.« Suphi ließ sich auf diese Bedingung ein.

Wir schrieben uns weiterhin. Die Gefangenen aus dem Nebentrakt konnten ohne Trennscheibe von ihren Angehörigen besucht werden. Suphi schrieb uns über die Neuigkeiten, die er von draußen erhielt, und übermittelte uns Informationen, die er indirekt von der Verwaltung erfuhr. Er schrieb auch über die Situation der Überläufer und über weitere Themen. Da er sehr fleißig war und eine Vorstellung davon hatte, was uns interessierte, schickte er uns eine Nachricht nach der anderen. Eines Tages wurde er jedoch auf der Toilette von Soldaten überfallen, während er eine unserer Nachrichten las. Es gelang ihm nicht mehr, den Brief vollständig zu vernichten, so dass den Soldaten einige Fetzen in die Hände fielen. Er war verraten worden und wurde in einen Trakt verlegt, in dem sich mehrheitlich neu angekommene Gefangene befanden. Dort schrieb er zunächst weiter an seiner Verteidigung. Schließlich kam ihm zu Ohren, was draußen über ihn geredet wurde. Auch das negative Verhalten einiger Freunde im Gefängnis, denen seine Situation nicht genau bekannt war, machte ihm zu schaffen.

Der Feind zögerte seinen Prozess absichtlich hinaus. Seine Verteidigungsschrift umfasste über fünfzig Seiten. Darin prangerte er den Feind an und bekannte sich zu seinen eigenen Schwächen und Fehlern. Es hätte ihn sehr erleichtert, sich vor Gericht öffentlich äußern zu können. Das war dem Feind bewusst. In einem seiner Texte schrieb er: »Ich bin der Partei mit meinem Verhalten nicht gerecht geworden. Meine Schwächen und meine Wut haben mich zu sehr ernsten Fehlern verleitet, aber ich habe nicht kapituliert und keinen Verrat begangen.«

Suphi widersetzte sich dem Verrat letztendlich, indem er sich im Toilettenbereich seines Traktes erhängte. Ich wünschte, er hätte im Leben vermocht, seiner Wut und seinem Hass Ausdruck zu verleihen. Er hatte so viele Fähigkeiten. Zurück blieben seine Schriften, sein Schmerz und sein Kampf. Die Partei erkannte an, dass er im Kampf gefallen war. In einer meiner Gerichtsverhandlungen sagte ich: »Genosse Suphi Çevirici ist während des Polizeiverhörs monatelang mit Folter zu Geständnissen genötigt worden. Die Polizei hat ihn in Zusammenarbeit mit dem Gericht und der Verwaltung über Monate hinweg zum Verrat zwingen wollen. Dagegen hat er protestiert, indem er sein eigenes Leben eingesetzt hat. Er ist ganz bewusst nicht dem Gericht vorgeführt worden, denn er hätte dieses Vorgehen öffentlich gemacht. Das Gericht ist direkt verantwortlich für seinen Tod. Ich protestiere dagegen. Suphi Çevirici ist in unserem Kampf gefallen, wir werden seinen Kampf weiterführen.« Erstmalig hörten die Richter mich an, ohne mich aus dem Verhandlungssaal zu entfernen.

hamili und ich!

Metin, Daimi und einige weitere aus der Elazığ-Gruppe wurden entlassen. Unsere Akte wanderte zwischen dem Revisionsgerichtshof und dem Militärgericht hin und her. Der Richter schickte eine Anweisung an die Verwaltung, die Gefangenen, die keine andere Strafe abzusitzen hatten und gegen die kein anderes Verfahren lief, zu entlassen.

Gegen Metin lief natürlich noch ein anderes Verfahren. Er gehörte zu der Gruppe, die während des September-Widerstands in den Besuchskabinen angegriffen worden war. Dabei waren Scheiben zu Bruch gegangen. Die Richter waren außerdem zutiefst erbost darüber, dass wir ins Todesfasten getreten waren und während einer Gerichtsverhandlung gegen das Gericht protestiert hatten, indem wir den Richtern unsere Rücken zukehrten. Am gleichen Tag waren die Freunde im Gefängnis angegriffen worden. Dabei wurden Metin, Mustafa (Kurdo) und Abdullah Bucak schwer verletzt und in diesem Zustand anschließend verhört. Sie hatten die Aussage verweigert und waren in den zweiten Trakt verlegt worden, in dem die Bucaks und Süleyman untergebracht waren. Auch das war eine Form der Folter. Die Freunde wehrten sich dagegen und wurden schließlich wieder verlegt. Darum ging es in Metins Verfahren.

Da der Feind keinen anderen Grund finden konnte, sie in Haft zu halten, klagte er sie wegen zerbrochener Scheiben und »Widerstand gegen das Militär« an. Daraufhin war ihr Entlassungsverfahren gestoppt worden. Vorher hatte Metin mir geschrieben, es sei zwar nicht sicher, aber seine Entlassung sei sehr wahrscheinlich. Er schrieb über seine Gefühle und teilte mir mit, wie wichtig ihm unser genossenschaftliches Verhältnis sei. Er werde dem Kampf verbunden bleiben und uns rächen. Außerdem lobte er mich für meine Haltung im Gefängnis.

In seinem Brief erwähnte er auch Hamili. Es sei schön, dass ich mich ihm gegenüber so natürlich und ungezwungen benehme, aber Hamili denke anders darüber, was ich jedoch nicht merken würde, und ich solle auf mein Verhalten achten. Beim ersten Lesen verstand ich gar nichts. Was hatte das zu bedeuten? Worauf sollte ich achten? Ohnehin sahen wir uns nur in monatelangen Abständen für fünf oder zehn Minuten. Ich verhielt mich Hamili gegenüber nicht anders als Metin gegenüber.

Vielleicht hatte Metin insofern Recht, als ich Hamili bei jeder Gelegenheit Grüße ausrichten ließ und dabei auch erwähnte, dass ich ihn vermisste. Daran waren alle gewöhnt. Meine Familie sowie alle Freundinnen und Freunde mochten Hamili. Jahrelang hatte ich vor allem von Hamili gesprochen, wenn ich etwas über die Freunde erzählen wollte. Ich vermisste die Freunde aus dem 35. Trakt und Hamili stand mir am nächsten. Uns verbanden unsere gemeinsamen Erlebnisse. Behandelte ich ihn anders als die anderen? War es das, wovor Metin mich warnen wollte? Ich gab den Brief Cahide und sagte: »Bitte lies das mal, diesen einen Punkt verstehe ich nicht.« Cahide las den Brief und lächelte verschmitzt. »Er schreibt ganz offen, dass Hamili sich für dich interessiert. Was gibt es daran nicht zu verstehen?« Ihre Worte trafen mich wie ein Schlag ins Gesicht. Ärgerlich sagte ich: »Was soll das heißen?« Cahide wurde ernst und sagte lediglich: »Das weiß ich nicht, es steht doch da«. Mein Gesichtsausdruck machte ihr Angst.

Im ersten Moment wusste ich nicht, was ich denken sollte. Dann reagierte ich noch verrückter als sonst. Es kam mir vor wie eine Sünde, ein Vergehen. Vor Panik hätte ich schreien können. Hätte mich jemand in diesem Moment beobachtet, hätte er oder sie geglaubt, dass ich eine Todesnachricht erhalten habe und mich der Schmerz niederstreckte. Glücklicherweise waren wir nur noch zu viert im gesamten Block und die anderen waren beschäftigt. Ich war wirklich erschüttert.

Ich ließ alles stehen und liegen, um mein Verhalten Hamili gegenüber zu überdenken. Nichts, was ich gesagt oder getan hatte, war missverständlich. Oder hatte mein entspannter, natürlicher Umgang mit ihm Raum für eine solche Interpretation gelassen? Diesem Punkt galt meine Angst. Ich konnte mir einfach nicht vorstellen, dass Hamili sich auf diese Weise für mich interessierte. Metins Brief war nicht eindeutig. Seine Warnung, ich solle auf mein Verhalten achten, war ein harter Brocken für mich. Meine Gefühle für Hamili unterschieden sich nicht von denen, die ich Metin entgegen brachte. Zwischen den beiden gab es für mich keinen Unterschied. Meine Beziehung zu ihnen war vorbehaltlos, schlicht, geschwisterlich und genossenschaftlich. Das machte sie ja gerade so schön. Ich hätte sie gegen nichts in der Welt eintauschen mögen.

In der Vergangenheit hatte ich einiges erlebt. Die Rolle einer Nonne passte nicht zu mir. Nonnen kamen mir immer künstlich vor. Sie schienen die Natürlichkeit von Menschen, von Frauen, mit einer Maske bedecken zu wollen. Ich hatte sie in Filmen und in Europa gesehen, sie waren eiskalt. In ihren Gesichtern gab es keine Lebendigkeit. Sie waren auch keine guten Engel. Selbst ihren Humanismus mochte ich nicht. Nur ihre Gottesdienste in der Kirche, ihre inbrünstigen gemeinsamen Gebete gefielen mir. Diese Seite des Christentums fand ich anziehend. Die Gebete bewegten mich. Vielleicht lag es daran, dass ich den Schmerz Jesus bei der Kreuzigung nachempfinden konnte. Das Nonnenleben kam mir dennoch abstoßend vor.

Ich hatte bereits mit einem Mann zusammengelebt. Diese Beziehung basierte nicht auf Liebe, sondern war aufgrund schwieriger Umstände zustande gekommen. Sie war von Traditionen, meiner Schwäche, meiner Hilflosigkeit, meiner revolutionären Unerfahrenheit und meinen Träumen von Freiheit geprägt. Vermutlich hat niemand einen so hohen

Preis für eine Ehe gezahlt, die ohnehin nur wenige Monate hielt. Ich war Männern gegenüber nicht grundsätzlich konservativ, sondern eher aufgeschlossen. Hätte es jemanden gegeben, den ich hätte lieben können, und wären die Umstände passend gewesen, hätte ich gerne jemanden geliebt. Von einer strikt ablehnenden Haltung konnte also keine Rede sein. Ich liebte meine Genossinnen und Genossen über alles. An diesem Punkt kannte ich keinen Maßstab. Meine Gefühlswelt war so groß, dass ich alle Menschen, insbesondere die Freundinnen und Freunde, in mein Herz schließen konnte. Natürlich gab es auch Menschen, die ich nicht leiden konnte. Ich konnte meine Gefühle immer schlecht verbergen.

Warum brachte mich dann diese Warnung Metins, die nur aus einem einzigen Satz bestand, so durcheinander? Liebe war ja keine Schande oder Sünde. Warum fühlte es sich trotzdem so an? Vermutlich spielten die genossenschaftlichen, geschwisterlichen Gefühle, die sich vor Jahren in meinem Bewusstsein und Unterbewusstsein festgesetzt hatten, eine Rolle. Hamili gehörte zu den Genossen, die ich ganz zu Anfang kennengelernt hatte. Er war dabei gewesen, als wir erstmalig mit der Bildungsarbeit begonnen hatten. Danach waren wir zusammen in einem Gebietskomitee gewesen, gemeinsam festgenommen und im selben Verfahren verurteilt worden. Wir hatten uns gemeinsam verteidigt. In dieser ganzen Zeit hatten wir zusammengearbeitet. Wir hatten gemeinsam mitansehen müssen, wie ein Teil unserer damaligen Weggefährten Verrat begangen hatte: Şahin, Ali Gündüz, Erol Değirmenci, Metin der Taube und später noch weitere. Hamili war für mich untrennbar verbunden mit denen, die gefallen waren, und denen, die immer noch Widerstand leisteten.

Draußen hatten wir nur eingeschränkten Kontakt miteinder gehabt. Mit den anderen FreundInnen, mit denen ich zusammenarbeitete, sprach ich mehr. Hamili war ohnehin nicht sonderlich gesprächig. Mit mir redete er selten und wahrte stets Distanz. Als ich von Zuhause weggelaufen war, soll er mich am Ufer des Munzur gesucht haben. Das erfuhr ich erst später. Am Tag seiner Verlobung mit Ayten war ich zufällig in Dersim. Ich ging zu der Feier. Er war traurig, ich merkte nichts davon. Nach seiner Heirat besuchte ich ihn zusammen mit Ali Gündüz. Er war verlegen, ich merkte wieder nichts. Einmal trafen sich unsere Blicke, als wir in einer Wohnung gemeinsam mit anderen frühstückten. Er grämte sich und ich merkte nichts. Eigentlich gab es viele Hinweise auf Hamilis Liebe, aber ich hatte sie übersehen.

Viel zu oft ließ ich mich nur von meinen Gefühlen leiten, war ungeduldig und handelte fern jeder Logik, ohne die Konsequenzen zu bedenken. Ich war mit Blindheit geschlagen.

Sofort schrieb ich eine Nachricht an Karasu im 35. Trakt. Ich kritisierte Hamili. Ich schrieb, dass wir revolutionäre Menschen seien und es von Hamili nicht richtig sei, meinem Bruder Metin gegenüber gewisse Dinge anzudeuten: Hamili müsse erklären, was diese Dinge zu bedeuten hätten. Ich schrieb, wie sehr es mich bedrücke, dass unsere enge genossenschaftliche Beziehung und mein eigenes Verhalten dazu beigetragen hatten. Ich beschwerte mich darüber, dass Hamili versucht hatte, die Angelegenheit über Metin zu klären. Er könne schließlich selbst mit mir reden, falls er mein Verhalten ihm gegenüber missdeutet habe.

Außerdem befanden wir uns im Gefängnis. Es hatte unendliches Leid stattgefunden. Sich auf solche Gefühle einzulassen, bedeutete, die Schwere dieses gemeinsamen Schmerzes zu ignorieren. Das war es, was mir am meisten zu schaffen machte. Das war der Grund für die Scham, die Verlegenheit und die Unruhe, die ich empfand.

Ich erhielt Antwort auf meine Nachricht. Karasu schrieb, er habe meinen Brief Hamili gegeben, da er selbst ihn nicht verstanden habe. »Nimm solche Dinge nicht so ernst«, riet er mir außerdem. Seinem Schreiben war eine Nachricht von Hamili beigefügt. Hamili nannte mich seine »Schwester im Diesseits und im Jenseits« und erklärte, meine Reaktion habe ihn sehr betrübt. Metin habe wohl etwas falsch verstanden. Ich freute mich darüber und musste über mich selbst lachen. Gleichzeitig ärgerte ich mich darüber, dass ich so übereilt an Karasu geschrieben hatte. Ich hätte mich zunächst bei Metin vergewissern müssen, bevor ich reagierte. Nun ja, ich sagte mir: »Das wichtigste ist, dass es nicht so ist, wie ich dachte. Mein Fehler ist nicht so wichtig, ich kann ihm ja alles erklären, wenn sich eine Gelegenheit dafür ergibt«.

Eine Weile später fuhren wir zu einer Gerichtsverhandlung. Ich sah Hamili bereits im Außenkorridor im Gefängnis. Er grüßte mich nicht einmal. Sein Gesicht wirkte mürrisch und er wandte mir sogar den Rücken zu. Den ganzen Tag lang ging es so weiter. Im Verhandlungssaal drehte ich mich um und sah ihn an. Dann fragte ich die Freunde, die mir am nächsten saßen: »Was hat er? Ist etwas passiert?« – »Nein«, antworteten sie. Er ließ an die vordere Sitzreihe durchgeben, dass er krank sei. Es erschien mir unglaubwürdig.

Einmal monatlich fand ein zehnminütiges Verwandtentreffen der Gefangenen untereinander statt. Wir befanden uns mit vielen anderen in dem dafür vorgesehenen Raum. Metin war entlassen worden. Hamili traf ich als den vermeintlichen Sohn meines Onkels mütterlicherseits. Wir setzten uns schweigend. Ich sah ihn verlegen an. Früher hatte ich ihn umarmt, seine Hand gehalten und eine Frage nach der anderen gestellt. Die Besuchszeit war kurz, alles musste innerhalb von zehn Minuten geklärt werden. Wir waren immer gespannt auf Neuigkeiten von draußen und aus den anderen Trakten.

Schließlich sagte ich: »Ich habe neulich ein unnötiges Durcheinander angerichtet. Ich hatte Metins Nachricht falsch verstanden. Es tut mir sehr leid.« Dann fuhr ich fort: »Deine Familie hatte bei meiner etwas angedeutet. Ich konnte sie nur mit Mühe überzeugen. Vielleicht werden unsere Treffen falsch interpretiert und es ist darüber geredet worden. Ich hoffe, dass keine Absicht dahinter steckt«. Hamili schwieg eine Weile und sagte dann: »Es stimmt.« – »Was stimmt?« – »Mein Interesse an dir reicht bis in das Jahr 1975 zurück«, sagte er. »Das kann nicht sein! Ich habe dich immer wie einen Bruder geliebt«, entgegnete ich verblüfft und drückte seine Hand. Hamili schwieg wieder. Gleich beim ersten Pfiff, noch bevor die Besuchszeit vorbei war, stand er auf und ging, ohne sich zu verabschieden. Süleyman sah mich fragend an. Selbst die Soldaten waren erstaunt. Normalerweise hatten sie Schwierigkeiten, uns aus dem Raum zu drängen. Wir versuchten immer, die Besuchszeit um ein paar Minuten zu verlängern, und unterhielten uns stehend weiter. Die Pfiffe hörten wir gar nicht. Ich sagte zu Süleyman: »Kümmert euch um Hamili«. Dann ging ich bedrückt in meinen Trakt zurück.

Was für ein Mensch war Hamili? In seinem letzten Brief war ich noch seine Schwester gewesen! Jetzt war ich auf einmal seine jahrelange Was-weiß-ich! Oder war ich diejenige, die falsch dachte? Ich weiß nicht, wieviel Zeit seit diesem Treffen vergangen war, als eines Tages eine Nachricht von Karasu kam. Im ersten Teil beschrieb er die allgemeinen Entwicklungen und fasste kurz zusammen, was mit dem kürzlich veröffentlichten Erlass des Feindes bezweckt wurde. Er wies auch darauf hin, dass der Beschluss, die Einheitskleidung abzulegen, in naher Zukunft wieder aktuell werden würde. Darüber freute ich mich. Wir mussten diesen Schandfleck endlich beseitigen. Seit 1985 wurde darüber diskutiert. Jede politische Gruppierung machte andere Vorschläge. Dann hatte es interne Konflikte gegeben, die Zeit und Raum beansprucht hatten. Seit zwei Jahren lief unser Prozess wegen Leyla Akbaş. Der Feind nutzte sie als Vorwand, um sich für unseren Widerstand zu rächen. Er wollte uns mit Strafandrohungen dazu bewegen, zurück zu rudern.

Der zweite Teil der Nachricht betraf Hamili. Karasu schrieb, Hamili sei ein guter und aufrichtiger Freund, dessen widerständige Persönlichkeit mir bekannt sei. »Eine Zeitlang hat er sich zurückgezogen, da sich einige Dinge in seinem Kopf festgesetzt hatten. 1982 hatte Cemile Merkit, die Schwester von Yıldırım, es auf ihn abgesehen. Es ging um eine spezielle Nachricht. Hamili machte seine Ablehnung deutlich und erzählte uns davon. Wir wollten nicht, dass sich diese Geschichte herumspricht, damit sie nicht gegen uns verwendet wird. So etwas passiert schließlich auch bei uns. Hamili ist sensibel, er versteht manchmal sogar die geringste Kritik falsch. Du hast über gewisse Begebenheiten geschrieben, die ihm nahe gegangen sind. Auch bei revolutionären Menschen gibt es Liebe und gegenseitiges Interesse. Das darf man nicht falsch verstehen. Bei deiner Entscheidung solltest du seine Sensibilität bedenken. Es liegt ganz bei dir. Wir sagen nicht, dass es unbedingt sein muss. Du weißt, was du tust«. Sie erwarteten also Opferbereitschaft von mir! Es war absurd.

Es war auch eine weitere Nachricht von Hamili dabei, ein ziemlich langer Brief. Seine Handschrift war interessant, wäre ich Schriftdeuterin gewesen, hätte ich seinen Charakter darin lesen können. Die Handschrift war ebenso merkwürdig wie er selbst. Jeder Buchstabe war verschnörkelt.

Ich war alleine in einem Raum. Beim Schreiben brach ich in Gelächter aus. Ich hoffte, dass mich niemand hören konnte. Sie hätten sonst gedacht, ich sei verrückt geworden. Verschnörkelte Schrift! Verschnörkelte Lüge! Verschnörkelter Stern! Verschnörkelte Liebe! Dieses letzte Wort wollte ich gar nicht schreiben, aber ich tat es trotzdem. Liebe ist schön, unverschnörkelt und schlicht.

Ich war immer Seko für Hamili gewesen. Früher nannte mich meine Mutter Seko, wenn sie sich über mich ärgerte. Meral hatte mich auch so genannt. Sie hatte es von Hamili übernommen. Sie rief mich nicht mit diesem Namen, aber in Nachrichten schrieb sie Seko.

Hamili schrieb, es habe 1975 begonnen. Er beschrieb seine Reaktion auf meine Flucht von Zuhause und wie er sich verlobt hatte. Seine vorige Nachricht habe er nur geschrieben, weil er meine Reaktion fürchtete. Nachdem ich den Brief gelesen hatte, weinte ich. Oh weh, es ging mir nahe. Ich weinte nicht meinetwegen, sondern wegen dem, was er schrieb und was er für mich empfand. Es war mir unbegreiflich, dass ich seine Gefühle nicht verstanden hatte. Warum hatte er sich nichts anmerken lassen? Wäre ich an seiner Stelle gewesen, hätte ich es ihn spüren lassen. Ich empfand seine Gefühle als tief und aufrichtig. Dafür liebte und achtete ich ihn noch mehr. »Ist das wohl Liebe?«, fragte ich mich.

Diese Angelegenheit beschäftigte mich eine ganze Woche lang. Ich wurde krank und lag im Bett. Jahrelang hatte ich im Gefängnis Schmerzen ertragen müssen, aber nichts davon hatte mich ans Bett gefesselt. Das gelang nur Hamili.

War ich zu hart oder war ich zu emotional? Ich hatte nichts vergessen und trug den Schmerz vieler Jahre in meinem Herzen. Es stimmte, dass mich die ständige Konfrontation mit dem Feind hart gemacht hatte. Hass, Wut, Aufruhr hatten mein Herz zu Stein werden lassen. Aber meinen GenossInnen gegenüber war ich anders. Das wussten alle, die mich kannten. Hamili kannte mich besonders gut. Ihnen allen galt meine leidenschaftliche Liebe. Eigentlich bedeutete Liebe zu fühlen, was der andere fühlte. Vielleicht war mein Herz nicht groß genug, um alles zu fühlen, aber die Gefühle meiner GenossInnen spürte ich bis ins Knochenmark.

Ich schrieb einen langen Brief an Karasu: »Ich liebe euch alle.« Außerdem erklärte ich ihm, worauf die seit Jahren bestehende respektvolle Nähe zwischen Hamili und mir basierte. Ich fragte mich besorgt, ob Hamili den Freunden gegenüber so tat, als hätten wir beide dieselben Empfindungen. Bei Männern ist so etwas normal. Sie entwerfen Szenarien und erzählen sie ihrem Gegenüber, als ob sie der Wahrheit entsprechen würden. Zwar hatte niemand eine entsprechende Andeutung gemacht, oder vielleicht hatte ich sie einfach überhört, aber die Tatsache, dass Hamili Metin davon erzählt hatte und selbst Karasu sich mit der Angelegenheit befasste, legte diese Vermutung nahe. Nein, die Freunde sollten die ungeschminkte Wahrheit wissen. Illusionen und Szenarien hatten hier nichts zu suchen. Niemand durfte mir etwas andichten, das nicht der Wahrheit entsprach, selbst wenn es aus Liebe geschah. An diesem Punkt war ich empfindlich, daher schrieb ich sehr ausführlich.

Währenddessen lief der schriftliche Austausch mit dem 35. Trakt weiter. Alle Gruppen äußerten sich schriftlich zu dem neuen Erlass und machten Vorschläge. Wir bekamen Antworten auf unsere Schreiben. Mit dem Erlass bekamen die vom Feind ohnehin praktizierten Methoden einen gesetzlichen Rahmen. Unterdrückung und Folter hatten ab sofort eine offizielle Grundlage. Einheitskleidung, innere Ordnung, Anwaltsgespräche, für alles gab es Bestimmungen. Überwiegend handelte es sich bei dem Erlass um eine Aufzählung von Verboten. Er galt für alle Gefängnisse in der Türkei und Kurdistan. Daher wurde an zeitgleiche Aktionen an verschiedenen Orten gedacht. Unsere Überlegungen dazu versuchten wir nach draußen zu schmuggeln und über die Angehörigen heimlich in andere Gefängnisse zu schicken. Es kostete viel Zeit, zu einer Entscheidung zu kommen, da jede Gruppe in jedem Gefängnis dieses Thema zunächst diskutieren musste.

Ich bekam eine Nachricht mit der Unterschrift M. Şener. Sie war direkt an mich gerichtet. Er schilderte darin Hamilis Gefühle für mich und ging dabei zu weit. Augenscheinlich wollte Şener mich von der Echtheit der Liebe Hamilis überzeugen. Es überraschte mich, dass er sogar die Kleidung beschrieb, die ich bei meiner Rückkehr aus Deutschland getragen hatte: Eine schwarze Schlaghose und eine blonde Perücke. Es war unangenehm. Warum erzählte Hamili so etwas herum? In mir kamen Zweifel auf. Mir gegenüber ließ er sich nichts anmerken, aber allen anderen erzählte er offenbar alles. Es war auch merkwürdig, dass er auf solche Vermittler zurückgriff. Sie taten so, als sei ich ein verwöhntes Kind, das überredet werden wollte.

»Nein, ich muss selber denken«, sagte ich mir.

Wieder ging es um Opferbereitschaft. Etwas opfern! Ich hatte bereits ein solches »Opfer« erlebt. Es hatte mich über einen langen Zeitraum beschäftigt. Man muss das Gleichgewicht finden zwischen der Bereitschaft, alles für die Revolution zu tun, und der Fähigkeit, etwas zum richtigen Zeitpunkt am richtigen Ort zu opfern. Wir befanden uns immer noch im Gefängnis. Der Feind würde eine solche Beziehung sofort gegen uns verwenden.

In letzter Zeit wurde in den Zeitungen öfter über Paare berichtet, die sich im Gefängnis trauen ließen. Wir waren bei diesem Thema sehr vorsichtig. Cahide und Süleyman hatten sich in der Zeit der Kämpfe in Siverek verlobt. Der Feind erfuhr im Verhör davon. Da sie nicht denselben Nachnamen trugen, konnten ihre Familien sie nicht beide im Gefängnis besuchen. Sie schlugen vor, zu heiraten. Ich lief Sturm dagegen, obwohl sie sagten, der 35. Trakt habe seine Zustimmung gegeben. Ich überredete Cahide, dieses Vorhaben aufzugeben: »Der Feind würde sofort für Schlagzeilen sorgen: ›Trauung im Gefängnis von Diyarbakır‹ oder ›PKK-ler heiraten im Gefängnis‹. Es ist unmöglich, der Feind wartet nur auf eine solche Gelegenheit.« Cahide bedrückte dieses Thema, denn sie wurde dafür kritisiert, obwohl der Vorschlag nicht von ihr ausgegangen war. Vielmehr hatten die Männer dieses Thema aufgebracht. Sie hatten sogar schon Mehdi Zana als Trauzeugen auserkoren. Alles war vorbereitet.

Dieser Punkt war mir wichtig. Es ging nicht nur darum, ob der Feind von der Sache hörte, allein eine solche Diskussion unter den Freunden erschien mir bedenklich. Auf der anderen Seite litt Hamili unter der Situation. Es befremdete mich, dass er sich davon so negativ beeinflussen ließ, aber er tat mir auch leid. Wir waren im Gefängnis. Hinrichtung, Lebenslänglich, auf jede erdenkliche Art zu sterben, all das war nicht weit weg. In dieser Situation ließ es sich nur schwer mit dem Gewissen vereinbaren, die Liebe und Zuneigung eines Freundes rigoros zurückzuweisen. Ich liebte ihn ja sowieso. Wie wäre es, dieser Liebe eine weitere Dimension hinzuzufügen? Ich versuchte, zu einer Entscheidung zu kommen. Beugte ich mich nicht letztendlich der Entscheidung eines anderen, wenn ich mich aus Mitleid von seinen Gefühlen beeinflussen ließ? Wenn ich mir wünschte, er möge glücklich sein, und wenn ich Angst hatte, ihn zu verlieren?

Liebe kann sich doch nicht auf einseitigen Wunsch entwickeln! Was ist Liebe überhaupt? Ganz generell besteht ein Zusammenhang mit dem Aufwand, der in einen Menschen investiert wird. Liebe ist die Mühe, die Arbeit, die man für einen Menschen aufwendet. An Hamili hatte ich gearbeitet. Es handelte sich vielleicht nicht um einen speziellen, individuell ausgerichteten oder besonders ausschlaggebenden Einsatz, aber er war mir wertvoll und ich hütete meine Erinnerungen daran, weniger auf egoistische Weise als vielmehr in eifersüchtiger Form. Diese Liebe, diese Zuneigung, dieses Schutzbedürfnis empfand ich auch, als er verheiratet und als er »unser aller Freund« war. Wie sollte es jetzt weitergehen? Diese Frage bereitete mir Schwierigkeiten. Er würde ein Teil der Liebe sein, die ich in mir trug. Er würde sich in ihr und mit ihr bewegen und er würde sie nicht beeinträchtigen. Eigentlich war diese ohnehin vorhandene Liebe so schön, dass ihre Natürlichkeit, ihre Wärme, ihr Reiz ausreichten. Konnte es individualisierte Liebe geben? Ich kann doch nicht nur zu einer einzigen Person gehören! Und diese Person ebenso wenig nur zu mir. Ich war für sie alle Seko. In allen Freunden sah ich Hamili und in Hamili alle Freunde.

Ich schrieb Hamili über die Schönheit und Bedeutung unserer Liebe. »Meine Liebe zu dir ist tief, das ist nichts Neues, auch für dich nicht. Ich muss offen sagen, dass mein versteinertes Herz weicher geworden ist. Es hat mich bewegt, dass du diese Gefühle eine lange Zeit in dir getragen und bewahrt hast, ohne dir etwas anmerken zu lassen. Das ist vermutlich Liebe.« Obwohl es mir schwer fiel, schrieb ich an Karasu, dass ich mich entschieden habe, aber niemand davon wissen solle. Darauf sollte unbedingt geachtet werden. Eine offizielle Verlobung stand nicht zur Diskussion. Hamili und ich schrieben uns weiter Briefe.

vorbereitung auf die große fluchtaktion

Die Aktionen gegen den allgemeinen Erlass ließen auf sich warten. Anfangs kamen mir die Begründungen für die Verzögerung wenig glaubhaft vor. Es handelte sich um eines der wichtigsten Themen, über die wir uns austauschten. Ich war ständig damit beschäftigt, meine Gedanken zu dieser Frage zu formulieren und weiterzugeben. Später hörte ich vom Bau eines Tunnels und schwieg. Hamili erzählte mir bei einem Treffen von den Vorbereitungen für eine große Fluchtaktion. Die wichtigen Kader, über vierzig Leute, sollten fliehen. »Wir nehmen auch einen oder zwei von TİKKO mit«, sagte er. Ich freute mich, obwohl er selbst im 36. Trakt war. Einige Kader seien dorthin verlegt worden, um keine Aufmerksamkeit zu erregen.

Die Texte zu dem Vorfall mit Fuat lasen wir, sofern sie uns erreichten. Daraus wurde deutlich, dass es ernste Probleme innerhalb der Parteistrukturen im Gefängnis gab. Bei den Kadern und der Basis machten sich seit Jahren angestaute Konflikte bemerkbar. Es gab viel Kritik und Anschuldigungen, und eine Lösung war nicht in Sicht. Noch bevor ein Problem geklärt war, tauchte das nächste auf. Ich kannte nicht alle Freunde gut genug, um mir ein Bild von ihren Charakteren und ihrem Entwicklungsstand zu machen. Welche Rolle sie im Gefängnis spielten, wusste ich nur aus ihrer Haltung vor Gericht und bei den Widerstandsaktionen. Aus den Texten, die ich las, erfuhr ich lediglich, welche Probleme es gab, aber nicht, was die Ursache war. Ohnehin vertraute ich den Freunden und ging davon aus, dass sie die Probleme lösen würden.

Ich fragte nach, wenn ich etwas nicht verstand, und äußerte Kritik und Vorschläge, wenn mir etwas widersprüchlich erschien. Ich wurde jedoch noch nicht in alle Vorgänge einbezogen. Die Freunde beschränkten sich darauf, mir in groben Zügen von den Entwicklungen zu berichten, da sie mich nicht negativ beeinflussen wollten oder einfach der Meinung waren, bestimmte Dinge brauche ich nicht zu wissen, da sie mich nichts angingen. Ich war in dieser Hinsicht viel aktiver und teilte ihnen alles mit, was ich wusste. Der ständige Austausch war mir wichtig. An unserer Isolation innerhalb des Gefängnisses änderte sich jedoch nichts. Von vielen Problemen erfuhren wir erst sehr spät.

Bei uns Frauen gab es weniger gravierende Konflikte. Individualismus und egoistisches Verhalten blieben nie lange verborgen. Schuldzuweisungen beschränkten sich meist auf Probleme, die im täglichen Leben auftraten. Cahides Verhalten war eine Zeitlang problematisch gewesen, aber nach ihrem Selbstmordversuch fügte sie sich zunehmend in das Gemeinschaftsleben ein.

Gönül war mit ihren Gefühlsschwankungen weiterhin eine Plage, aber wir ließen nicht zu, dass sie weiter abrutschte. Nach ihrer Entlassung schrieb ich einen kurzen Bericht nach draußen und schlug vor, sie unter Beobachtung zu halten und ihr keine Aufgaben in verantwortlicher Position zu übertragen.

Die Parteiarbeit im Gefängnis war immer noch von der Zeit geprägt, als die Bewegung nur aus einer kleinen Gruppe bestand. Die wichtigsten Entscheidungen wurden gemeinsam getroffen, aber viele Informationen wurden nur innerhalb eines engen Kreises weitergegeben. Das Zusammenleben auf engstem Raum hatte den Vorteil, dass keine Tätigkeit verborgen blieb. Alles geschah öffentlich. Die Trakte waren jedoch voneinander getrennt und machten unterschiedliche Entwicklungen durch. Viele Fehler und Vergehen wurden außerhalb des betroffenen Traktes nicht bekannt. In dieser Zeit tauchten bei den Kadern und an der Basis viele Probleme auf, die bisher nicht an die Oberfläche getreten waren. Wir versuchten die Hintergründe zu verstehen.

Eines der Probleme, die unter den Gefangenen für Unruhe sorgten, betraf Fuat, ein anderes Şener. Ersteres war uns mehr oder weniger bekannt, aber warum wurde über Şener diskutiert? Wofür wurde er kritisiert? Welche Rolle spielte er, wer war er überhaupt? Ich wusste wenig über ihn. Sein Name war im Zusammenhang mit den Vorfällen um Fuat aufgetaucht und auch im Schriftverkehr mit den anderen Gruppen wurde er erwähnt. Zuletzt hatten die Freunde geschrieben: »Bei einem Treffen zwischen Şener und seiner Mutter Saliha ist dem Feind eine Nachricht in die Hände gefallen«. Şener wurde in vielen Texten kritisiert und einige hielten ihn nicht für integer. Die Bewertungen anderer Gruppen wurden nicht immer ernst genommen, aber auch aus anderen Schreiben ging hervor, dass Sanktionen aufgrund seines Verhaltens während des Widerstands im Januar gegen ihn ausgesprochen worden waren. Selbst in diesem Zeitraum habe er wie ein Führungskader gearbeitet, Entscheidungen beeinflusst und sich in den Vordergrund gedrängt.

Während des Todesfastens hatten sogar die Angehörigen seine Rolle hinterfragt. Ich schrieb an die Freunde: »Welche Rolle spielen Saliha die Blinde und Şener? Wie konnte es passieren, dass bei ihnen eine Nachricht gefunden wurde? Dafür muss Rechenschaft gefordert werden. Ich glaube, dass dieser Vorfall noch nicht geklärt ist.« In der Antwort der Freunde hieß es: »Saliha die Blinde ist Şeners Mutter. Sie hat bisher bestimmte Kontakte gewährleistet. Es gibt jedoch viele Beschwerden von Angehörigen über sie. Sie ist ziemlich geschwätzig. Einige Angehörige bekommen Unterstützung, außerdem wird von draußen Geld ins Gefängnis geschickt. Die Angehörigen haben Probleme untereinander. Es wird behauptet, dass Geld unterschlagen worden ist. Wir stellen Nachforschungen darüber an. Natürlich ist der Vorfall mit der entdeckten Nachricht wichtig. Sie ist bei der Übergabe heruntergefallen. Ein Soldat hat es gesehen. Şener wollte die Nachricht aufheben, dabei kam es zu einem Handgemenge. Die anderen Soldaten haben eingegriffen und die Nachricht beschlagnahmt. Es gab auch noch einen anderen Vorfall: Er und Necmettin Büyükkaya wurden zum Hamam gebracht und dort gefoltert. Wie ihr wisst, ist Necmettin dabei gefallen. Şener wurde weiter gefoltert, bis er den Eid auf die Fahne abgelegt und die Nationalhymne gesungen hat. Er selbst sagt, er sei bewusstlos gewesen. Darüber wurde diskutiert. Als führender Kader hätte er sich anders verhalten müssen. Es gab die Vereinbarung, die Regeln um keinen Preis zu akzeptieren. Daher konnte sein Verhalten als Kapitulation und sogar als Verrat gewertet werden. Letztendlich wurde es als eine Schwäche bewertet. Şener wurden für zwei Jahre alle Aufgaben entzogen. Die anderen Gruppen und die Kreise um Fuat haben danach darüber gesprochen. Fuat hat zu Beginn vor allem mit Şener und seinem Umfeld diskutiert. Viele Freunde haben sich in ihrer Kritik der Leitung gegenüber und ihrer Definition der bestehenden Probleme zusammengefunden. Später haben sie Şeners Situation gegen uns verwendet. Sie wollten uns zur Rechenschaft ziehen, weil Şener trotz der Sanktion wie ein Leitungskader arbeitete. Natürlich haben auch wir Fehler gemacht.«

Draußen wurde an der Gründung einer Angehörigenbewegung gearbeitet. An dieser Arbeit beteiligte sich auch Saliha. Es war bedenklich, dass sie trotz des Geredes über ihre Person noch immer für die Gewährleistung wichtiger Kontakte eingesetzt wurde. Ich leitete eine Nachricht der Freunde an die Gebietsleitung in Mardin weiter: »Saliha sollen keine wichtigen Kassiber übergeben werden. Gewöhnliche Nachrichten sind weiterhin möglich. Es soll ihr nicht auffallen, damit sie nicht negativ beeinflusst wird.« Die Angehörigen gründeten schließlich ein halbwegs offizielles Komitee, in dem neben anderen auch Şeners Geschwister Fatma und İhsan sowie Cahides Schwester waren.

Über Şener hieß es außerdem in einer Nachricht: »Er hat den Beschluss zur Einheitskleidung beeinflusst, aber es handelte sich letztendlich um eine gemeinsame Entscheidung. Es wurde teilweise so dargestellt, als ob Şener diesen Beschluss allein gefällt habe. Şener war der Meinung, dass ihm diesbezüglich Unrecht angetan worden sei. Die meisten Gefangenen trugen bereits Anstaltskleidung. Wir wollten dem Feind dieses Argument aus der Hand nehmen und haben nach langer Diskussion beschlossen, die Einheitskleidung vorübergehend zu akzeptieren, innerhalb kürzester Zeit jedoch wieder in organisierter Form zu verweigern«.

Je mehr Einzelheiten wir erfuhren, desto klarer wurde, wie weit diese Probleme von uns entfernt waren. Es zeigte sich ein sehr komplexes Bild, das Anlass zu großer Sorge geboten hätte, wenn wir nicht so großes Vertrauen in die Freunde gehabt hätten. Aufgrund dieses Vertrauens hielten wir uns zurück und beharrten nicht auf unseren Kritiken und Vorschlägen. »Die Freunde wissen schon, was sie tun«, sagten wir uns.

Ich erfuhr, dass auch Hamili Probleme mit der Organisation hatte. In einem Vorschlag wurde sein Name im Zusammenhang mit Şener, Yücel und Erkan genannt. Ich war immer davon ausgegangen, dass Hamili in der Leitung war. Wie bereits damals in Elazığ hielt er sich jedoch aus der Leitungsarbeit heraus. Dabei ist es gerade in schwierigen Zeiten wichtig, Verantwortung zu übernehmen. Es gab so viele Probleme, dass mit einer Polarisierung nichts erreicht werden konnte. Ich war unzufrieden. Warum hatte mir niemand etwas gesagt? Weder Karasu noch Hamili selbst hatten mir davon erzählt. Wollten sie mich schonen? In Elazığ war es zu heftigen Diskussionen zwischen Hamili und mir gekommen. Einmal hatte ich ihm vorgeworfen, jedes Risiko zu scheuen. Gerade im Gefängnis, wo der Feind alles zu kontrollieren versuchte, war die Leitung von besonderer Bedeutung. In schwierigen Zeiten zeigte sich, ob jemand in der Lage war, die Partei zu vertreten und seiner Aufgabe als Kader nachzukommen.

War Hamili wieder einmal gekränkt? Handelte er aus Berechnung? Schließlich neigte er zu beidem. Ich fragte ihn direkt, als wir in einem Raum auf den Beginn einer Verhandlung warteten. Er reagierte heftig: »Wer behauptet so etwas? Es stimmt nicht.« Ich sah seinen Pulsschlag an den Schläfen. Dann fügte er hinzu: »Seit der Zeit des Polizeiverhörs wollte ich keine Aufgabe mehr übernehmen. Das habe ich bereits damals gesagt. Wir haben viele Fehler gemacht, haben uns festnehmen lassen und sind unserer Verantwortung nicht gerecht geworden. Danach haben wir nicht ausreichend Widerstand geleistet. Seitdem will ich keine Leitungsaufgaben mehr übernehmen. Es handelt sich um eine vor langer Zeit gefällte Entscheidung, die nichts mit den aktuellen Geschehnissen zu tun hat.«

»Du sagst nicht die Wahrheit, Hamili«, entgegnete ich. Sein Blick verfinsterte sich. Es war das erste Mal, dass ich ihn so direkt und hart kritisierte. Gereizt fragte er: »Wer hat dir was erzählt? Was willst du von mir hören?« Aus seinem Tonfall wurde deutlich, dass er keinen Wert auf eine sachliche Diskussion legte. Warum wollte er nicht offen über die Probleme reden? Wovor hatte er Angst? An diesem Punkt war ich sehr empfindlich. Ich kannte Hamili ziemlich gut und wollte nicht, dass er etwas falsch machte. Warum gab es überhaupt so viele Probleme, obwohl so viele Kader hier waren? Nach wie vor kannte ich viele Einzelheiten nicht. Mir ging es auch um unsere Beziehung. Vor allem mussten wir offen miteinander umgehen. Außerdem war die Lage ernst und ich machte mir Sorgen. Von einer Spaltung innerhalb der Kader hörte ich zum ersten Mal.

Hamili glaubte, irgendwer habe sich mir gegenüber negativ über ihn geäußert. Es war sehr merkwürdig. Schließlich ging es um organisationsinterne Probleme, die Leitung hätte mich darüber informieren können. Es ärgerte mich sowieso, dass ich so wenige Informationen bekam. In einer Nachricht an Karasu kritisierte ich diesen Zustand und erklärte, einschließlich der Situation Hamilis alles Notwendige erfahren zu wollen. Ich betonte, dass es mir nicht nur um die Beziehung ging, sondern vor allem um die Interessen der Partei. Außerdem brachte ich mein Befremden darüber zum Ausdruck, dass solche Dinge vor mir geheim gehalten wurden.

Bedingt durch unsere jahrelange Abgeschiedenheit und die große Emotionalität, die wir in dieser Zeit entwickelt hatten, hatten wir uns mehr mit der ideellen Seite der Parteiarbeit beschäftigt. Wir hatten großen Respekt vor der Widerstandskraft der Freunde und ebenso groß war unser Vertrauen in sie. Sie waren die Vertreter der Partei und es reichte uns, sie von Weitem zu sehen und zu wissen, dass sie lebten und dem Feind weiter trotzten. Dieses Gefühl überwog alle Konflikte und Widersprüche. Wir bezogen Haltung, wenn offen gegen unsere Ideale und Prinzipien verstoßen wurde, aber was sich im Verborgenen abspielte, entzog sich unserer Vorstellungskraft. Je mehr ich über die internen Vorgänge erfuhr, desto größer wurden meine Widersprüche auf gedanklicher und emotionaler Ebene.

Was bedeutete es, gegen die Partei zu arbeiten? Welche Form nahm eine solche Gegnerschaft im Gefängnis an? Verrat, Überläufer, Spitzel – all das war bekannt. Es gab Gefangene, die der Kampf der PKK auf die eine oder andere Weise beeindruckt hatte, die bei der Konfrontation mit dem Feind jedoch ihren Mut verloren. Anderen gelang es nicht, sich von ihren Familien und dem System loszusagen und die traditionelle Denkweise hinter sich zu lassen. Sie zeigten Schwäche, weil sie weder die Parteiideologie noch den Feind kannten und nichts über Politik wussten. All das war zumindest nachvollziehbar. Aber es gab auch Verhaltensweisen, die nicht so einfach zu verstehen waren. Nicht immer ließ sich alles mit guten oder bösen Absichten erklären.

Der Tunnelbau war ein Lichtblick in dem herrschenden Durcheinander. Wurden gewisse Dinge dafür geopfert? Die Flucht von vierzig Kadern wäre eine riesige Aktion. Je länger sich die Angelegenheit hinzog, desto mehr entwickelten sich jedoch die bestehenden Probleme zu einer Plage.

Die Freunde baten uns, von draußen Gips zu beschaffen. Cahide hatte ihren Abschluss an der Mädchenberufsschule gemacht. Sie kannte sich mit Keramik aus und gab der Verwaltung gegenüber vor, sie brauche Gips, Farben und ähnliches, um daraus Geschenkartikel zu basteln und nach draußen zu verkaufen. Nach einigen Bemühungen bekam sie die Bewilligung. Um nicht aufzufallen, stellten wir einige Figuren her und schenkten sie den Wächtern. Wir benutzten auch Weißbrot dafür, um Gips zu sparen. Angemalt fiel das nicht weiter auf. Den übrigen Gips leiteten wir für den Tunneldeckel an den 35. Trakt weiter. Es war aufregend und wir waren glücklich, wenigstens einen kleinen Teil beitragen zu können.

In dieser Zeit wurde weiter über Aktionen gegen den Erlass diskutiert. Der Aktionsplan fiel der Verwaltung in die Hände. Er wurde in einem Trakt entdeckt, in dem hauptsächlich Gefangene aus anderen Gruppen untergebracht waren. Wir starteten trotzdem einen Hungerstreik. Nur zwei Tage später kam es zu einer Vereinbarung mit der Verwaltung. Die Einheitskleidung wurde abgeschafft. »Wenn jemand freiwillig Anstaltskleidung tragen will, darf sich jedoch niemand einmischen«, hieß es.

So einfach wurde die Einheitskleidung abgeschafft! Wir interpretierten diese Entwicklung positiv. Der beschlagnahmte Aktionsplan war sehr umfassend gewesen. »Der Feind wollte nicht riskieren, dass sich die Aktion auf andere Gefängnisse ausweitet. Daher hat er es vorgezogen, stillschweigend nachzugeben«, sagten wir uns. Im Kampf gegen die Anstaltskleidung waren zuvor fünf Freunde gefallen. Jetzt kapitulierte der Feind nach nur zwei Tagen Hungerstreik! Wir versuchten, seine Motive zu begreifen. Natürlich war es nicht richtig, ständig hohe Verluste in Kauf zu nehmen, um etwas zu erreichen. Nach den unbefriedigenden Ergebnissen des letzten Todesfastens war unsere Lage nicht besonders glänzend. Nach längerer Diskussion kamen wir zu dem Schluss, dass dem Feind unsere internen Probleme bekannt waren und er verhindern wollte, dass uns der Widerstand wieder vereinte. Aus seiner Sicht war es besser, uns in einer Atmosphäre zu belassen, in der sich die internen Konflikte verschärften.

Vor Gericht wurden jetzt auch auf kurdisch Erklärungen im Rahmen der Verteidigung abgegeben. Die meisten Hauptverfahren waren abgeschlossen, die übrigen standen kurz davor. Es gab jedoch noch Prozesse wegen der Verteidigungen und anderer Anklagen. Bei diesen Verfahren wurde damit begonnen, kurdisch zu sprechen. Auch Mehdi Zana gab eine Erklärung auf kurdisch ab. Interessanterweise wurde es in den Medien so dargestellt, als ob er der Erste gewesen sei. In den Schlagzeilen der Zeitungen wurde er in den Vordergrund gestellt.

Eine unserer Forderungen war die Zulassung der kurdischen Sprache. Viele Angehörige konnten kein Türkisch. In der Zeit der Folter konnten wir uns ohnehin kaum unterhalten und ein Besuch ohne Gespräch war schwer auszuhalten. Jetzt wurde das Verbot vorübergehend aufgehoben.

Wir diskutierten über den Status politischer Gefangener und argumentierten mit der Genfer Konvention. Unserer Meinung nach musste eine Festlegung der politischen Identität nach internationalen Bestimmungen erfolgen. Wir übermittelten der Partei einen entsprechenden Vorschlag. Er wurde abgelehnt, weil die dafür notwendigen Verhandlungen mit dem Staat nicht realistisch erschienen.

1985 erhielten wir einen Parteikassiber, in dem auf ausdrucksvolle Weise die Bedeutung des Gefängniswiderstands für den nationalen Befreiungskampf hervorgehoben wurde. Der 15. August war die beste Antwort darauf. Der bewaffnete Kampf schien die einzige Garantie für positive Entwicklungen zu sein. Bis zu diesem Zeitpunkt wurde der Kampf im Gefängnis bis auf die Widerstandsaktionen von 1982 immer als eine Phase der Niederlagen und der Kapitulation betrachtet. In dieser Hinsicht tat uns der Kassiber gut. Trotzdem war ein selbstkritischer Umgang mit dem Geschehen der vergangenen Jahre notwendig, damit die begangenen Fehler aufgearbeitet werden konnten.

der tag, an dem agit[42] fiel

Am 28. März 1986 erfuhren wir aus den Abendnachrichten im Fernsehen, dass der Genosse Agit gefallen war. Auf dem Bildschirm erschien eine Nahaufnahme von ihm. Er lag im Schnee der Gabar-Berge und sah aus, als ob er schlafen würde. Auf dem Kopf trug er eine kefiye. Der Nachrichtensprecher verkündete, er sei getötet worden. Es herrschte beklommenes Schweigen. Einige weinten. Viele sehr junge Freundinnen kannten ihn aus Batman und er hatte dazu beigetragen, dass sie sich dem Kampf angeschlossen hatten. Wir wollten es nicht glauben. Was war geschehen? Zu Newroz hätte die Initiative eigentlich bei uns liegen müssen. War Verrat im Spiel? Es wurde von einem Gefecht gesprochen. Viele Freundinnen behaupteten: »Das war ein interner Verrat, ansonsten

42 Mahsum Korkmaz (Codename Agit, kurdisch Egîd),* 1956 Silvan; † 28. März 1986 Gabar, Mitglied des Zentralkomitees der PKK, spielte eine Führungsrolle bei der Planung und Durchführung des 15. August.

wäre Agit niemals gefallen.« Nachts konnte ich nicht einschlafen. Als endlich alle anderen schliefen, zog ich die Bettdecke über meinen Kopf und weinte mich aus.

Nach Mehmet Karasungur war es das erste Mal, dass ein hoher Guerillakommandant in den Bergen fiel. Am nächsten Tag hielten wir eine Gedenkveranstaltung ab. Wir hatten einen wertvollen Kommandanten im bewaffneten Kampf verloren. Da ich ihn nicht gut kannte, konnte ich nicht viel über ihn erzählen. Später bekamen wir von den Freunden mehrere Texte zu den Entwicklungen, die Agit maßgeblich geprägt hatte. Ausführlich wurden auch sein Interesse an der militärischen Kunst und seine Praxis auf diesem Gebiet beschrieben. Wir erfuhren etwas über den Aufbau der HRK, den 15. August und die Rolle Agits beim Ausbau der Guerilla nach dem Verrat[43] von 1985. Beim dritten Parteikongress wurde im Gedenken an ihn die Gründung der ARGK[44] beschlossen.

1987 wurde in Sondersendungen und Zeitungen tagelang über mehrere bewaffnete Aktionen berichtet. Nach dem Tod von Frauen und Kindern bei Überfällen auf Dörfer und mehreren Morden durch die Konterguerilla lief die staatliche Antipropaganda gegen uns auf Hochtouren. Die Bevölkerung sollte gegen uns aufgehetzt werden. Vor Gericht protestierten wir gegen das Vorgehen des MİT und der Konterguerilla.

Welche Maßnahmen traf die Partei gegen diese Konterguerillaangriffe, die dem Zweck dienten, dem Ansehen der Guerilla in der Bevölkerung zu schaden und den Einfluss bewaffneter Aktionen zu schmälern? Gab es überhaupt Erklärungen von unserer Seite dazu? Bei uns kamen kaum Informationen darüber an. Wir merkten nur, dass in dieser Hinsicht etwas fehlte.

Zu der Zeit besuchten verschiedene Abordnungen die Gefängnisse, darunter JournalistInnen aus dem In- und Ausland. Der Staat wollte beweisen, dass nicht gefoltert wurde. Sie fragten uns auch nach unserer Meinung zu den Überfällen auf kurdische Dörfer. Vor Gericht erklärten wir: »Das war die Konterguerilla«. Danach sagten die Überläufer: »Es war

43 der KDP

44 Die ARGK (*Artêşa Rizgariya Gelê Kurdistan*) - Volksbefreiungsarmee Kurdistans - wurde auf Beschluss des dritten Kongresses der PKK im Oktober 1986 gegründet. Zuvor hießen die bewaffneten Einheiten HRK (*Hêzên Rizgariya Kurdistan*) - »Freiheitskräfte Kurdistans«. Die ARGK wurde im Jahre 2000 in die *Hêzên Parastina Gel* (»Volksverteidigungskräfte«) überführt.

die PKK«. Einige Gefangene, die gerade erst verhaftet worden waren, behaupteten: »Wir waren es«. Es herrschte ein großes Durcheinander.

Genau in dieser Zeit wurde in der Presse über die Erklärung Celalettins – »Nicht das Ziel bestimmt den Lauf den Kugel«45 - berichtet. Es wurden nur aus dem Zusammenhang gerissene Ausschnitte veröffentlicht, die der Antipropaganda gegen uns dienten. Einige sagten: »Es ist Krieg, dabei können auch Zivilisten Schaden erleiden.« Mehdi Zana sagte: »Im Krieg kann es vorkommen, dass manchmal unbeabsichtigt Schaden zugefügt wird«. Ziel des Feindes war, dass diese Aktionen aus den Gefängnissen verurteilt wurden. Er wollte die Widersprüche anheizen und den Eindruck entstehen lassen, dass die PKK in den Gefängnissen die PKK draußen, die Guerilla, missbilligte. In unseren Verteidigungsreden machten wir auf diese Intrigen aufmerksam: »Der Feind will unseren nationalen Befreiungskampf diskreditieren. Die Konterguerilla und das Dorfschützersystem sollen ausgebaut werden. Die Konterguerilla macht in Guerillakleidung und im Namen unserer Partei provokative Aktionen. Dabei werden auch Überläufer eingesetzt«. Natürlich wurden die Inhalte unserer Erklärungen meist nicht in den Medien veröffentlicht. Die Presse suchte sich einzelne Sätze heraus und machte daraus Schlagzeilen.

misserfolge

»Die Tunnelvorbereitungen sind abgeschlossen«, hieß es. Ich konnte in dieser Nacht nicht schlafen. In unserem Trakt war außer mir niemand eingeweiht. Die Nacht wollte nicht enden. Ich lauerte auf jedes Geräusch und verlor mich in Wachträumen. Alles würde sich ändern, sollte es tatsächlich über vierzig Kadern gelingen, aus dem Gefängnis auszubrechen und sich der Guerilla anzuschließen. In der Partei und der Bevölkerung würde es die Stimmung heben, den Feind würde es verrückt machen. Es handelte sich um erfahrene Kader, die draußen frisches Blut in die Parteiarbeit einbringen würden. Wie wunderbar! Waren wohl die FreundInnen in den Bergen ausreichend vorbereitet? Wie lange würden die Freunde dafür brauchen, die Stadt zu verlassen? Was war, wenn etwas schief lief? Die Flucht war im Gefängnis jedoch gründlich vorbereitet worden. Der Tunnel reichte bis in ein Haus hinein. Die Freunde würden den Tunnel erst im Haus verlassen.

45 Celalettin Delibaş war Verantwortlicher für die Volksgerichte der PKK.

Ich musste an Mazlums Fluchtversuch denken. Stundenlang hatte er in einem Müllcontainer ausgeharrt. Er wäre gerettet gewesen, wären die Freunde nur zehn Minuten früher eingetroffen. In seiner Umgebung befanden sich bloß zwei Soldaten, die leicht hätten ausgeschaltet werden können. Dann dachte ich an meine eigene Flucht. Es war eine wunderschöne Nacht gewesen. Ich hatte mich unbändig gefreut und war so aufgeregt, als ob ich eine wichtige Aktion erfolgreich durchgeführt hätte. Leider hatte ich nicht die notwendigen Maßnahmen getroffen und so war mein Erfolg nicht von Dauer. Den schwierigsten Teil hatte ich ja bereits geschafft, als ich das Gefängnis verlassen hatte. Danach galt es, den Moment einfallsreich zu nutzen und sich überlegt zu bewegen. Aber nein, ich hatte es nur bis zu einem bestimmten Punkt geschafft und wusste danach nicht weiter.

Es war wahrscheinlich schlimmer, eine Niederlage an diesem Punkt zu erleiden, als gar nicht erst anzufangen. Es kann vorkommen, dass man sich ungeschickt anstellt und nicht über genügend Kraft, Mut, Willen oder Fähigkeiten verfügt, um einen Plan umzusetzen. Das ist zumindest nachvollziehbar. Aber wenn du bereits einen wichtigen Teil geschafft hast und dazu noch die Stärke besitzt, weiterzumachen, letztendlich aber alles umsonst gewesen ist, weil du nicht weit genug gedacht hast...

Liebte ich es, mit Risiken zu spielen? Oder liebte ich es, ein Opfer zu sein? Der Opferbegriff ließ mich nicht los. Für alles musste es ein Maß geben: Für Ungeduld, Opferbereitschaft, Vertrauen, Wut, Reaktion. Alles hatte damit begonnen, dass ich mich geärgert hatte. Im Volksmund heißt es: »Wer wütend aufsteht, setzt sich geschädigt wieder hin.« Natürlich war das keine Begründung. Ich war bereits draußen, aber es gelang mir nicht, mich zu schützen. Hinzu kam, dass ich die Umgebung nicht kannte. Hätte ich direkt in einen Wald gehen können, wäre ich morgens bereits weit weg gewesen. In den Bergen kann man sich immer verstecken, sie bieten Schutz. Ich sagte mir: »Den schweren Teil habe ich hinter mir, jetzt kann nichts mehr passieren.« Ich war so glücklich in diesem Moment, dass ich alle Sorgen verdrängte und glaubte, dem Feind endgültig entkommen zu sein. Ich stellte mir vor, ich sei bereits bei den FreundInnen angekommen und erzählte ihnen von meiner gelungenen Flucht. Es war wie in einem Film. Der 20. August 1980 war die einzige schöne Nacht in Malatya.

Nichts war ungewöhnlich im Gefängnis. Der Morgen begann ganz normal. Also hatte die Flucht entweder nicht stattgefunden oder sie war noch nicht bemerkt worden. Ich hatte erwartet, dass morgens alle Trakte nach weiteren Tunneln durchsucht und die Gefangenen panisch gezählt würden. Schließlich hätten noch weitere Gefangene geflohen sein können. Es geschah jedoch nichts. Nach einer Weile schickte ich versuchshalber eine Nachricht an den 35. Trakt und fragte nach einer Adresse, die ich angeblich dringend brauchen würde. Als die Antwort eintraf, wusste ich, dass die Freunde noch da waren. Was war geschehen? Ich wartete gespannt auf die nächste Nacht. Irgendwann hörte ich Geräusche, Menschen liefen umher. Das musste es sein, sie hatten es bestimmt geschafft! Ich drückte mein Ohr an die Tür und wartete. Cahide wurde auf mich aufmerksam. Sie wusste von dem Fluchtplan, nur der genaue Zeitpunkt war ihr nicht bekannt. »Bestimmt sind die Freunde weg«, flüsterte ich ihr zu. Auch sie ließ sich von meiner Aufregung anstecken.

Später erfuhren wir, dass der Tunnel doch nicht bis zum Haus reichte. Es fehlten noch einige Meter und der Tunnel war unterhalb der Straße eingebrochen, während die Freunde schon auf dem Weg waren. Glücklicherweise parkte ein Laster direkt über der Bruchstelle. Die Freunde hatten im Tunnel darüber diskutiert, was zu tun sei. Einige waren der Meinung, es trotzdem zu versuchen, aber der Ausgang befand sich direkt gegenüber des Militärpostens. Jede kleinste Bewegung wäre den wachhabenden Soldaten aufgefallen. Daher hätten es auf keinen Fall alle geschafft. Sie gingen zurück, die Flucht war nicht geglückt. Ich wusste keine Einzelheiten, aber es machte mich traurig und wütend. Ein Tunnelbau ist eine sensible Angelegenheit und kann bei der kleinsten Unvorsichtigkeit auffliegen. Sehr viele Menschen waren in den Plan eingeweiht. Auch Verrat hätte ihre Mühe mit einem Schlag zunichte machen können. Bei solchen Themen kamen einem unweigerlich alle möglichen Gedanken.

Vor diesem Fluchtversuch hatten Hamili und ich uns brieflich voneinander verabschiedet. Ich schrieb ihm, dass ich davon überzeugt sei, dass er und die anderen draußen viel zum Kampf beitragen könnten, und bat ihn, seine Sturheit aufzugeben und sich aktiv an der Arbeit zu beteiligen. »Ich möchte dich als einen großen Kommandanten, einen General in unserem Krieg sehen. Vielleicht werden wir uns nicht wiedersehen. Im Kampf ist alles möglich. Dennoch bin ich voller Hoffnung auf ein Wiedersehen. Dieses Wort liebe ich sehr und ich glaube daran, dass wir uns in unseren Bergen wiedersehen werden ...«

In seiner wunderschönen Antwort schrieb er unter anderem: »Ich werde General werden. Wenn du in die Berge kommst, werde ich dich mit Kanonenschüssen empfangen!« Das waren unsere letzten Briefe.

Aber er war nicht gegangen, niemand war gegangen. Uns alle bedrückte diese Tatsache. Schließlich vergrößerte sich die Gefahr, dass der Plan verraten oder der Tunnel bei einer Routinedurchsuchung entdeckt wurde, je länger sich die Sache hinzog. Außerdem konnte die Bruchstelle entdeckt werden. Die Freunde schienen weniger besorgt zu sein und sagten: »Es fehlt nur noch ein kurzes Stück, dann versuchen wir es erneut«. Nach kurzer Zeit ergab sich jedoch eine weitere Schwierigkeit. Offenbar war Wasser in den Tunnel eingedrungen, aus der Kanalisation oder einer natürlichen Wasserquelle. Dadurch wurden die Grabungsarbeiten erschwert. Die Freunde teilten uns mit, dass sie trotzdem weiter arbeiten wollten und das Wasser in Kanistern aus dem Tunnel holten. Ich verspürte große Unruhe. Es war schlimmer, aus der Ferne zuzusehen, als unmittelbar dabei zu sein.

Die Freunde schickten uns ihre Berichte, damit wir sie nach draußen weiterleiteten. Ein Teil eines fünfhundert Seiten umfassenden Textes über die Entwicklungen im Frauentrakt von Beginn an bis zum Jahr 1986 fiel dem Feind in die Hände. Wir erfuhren nichts genaues darüber. Der Text war ausführlich und detailreich. Die Freunde sagten sogar: »Du hast einen Roman geschrieben, irgendwann sollte er veröffentlicht werden.« Sie lasen ihn gemeinsam in einer großen Gruppe. Später wurde eine weitere Kopie verteilt, um sie nach draußen zu schmuggeln. Einige Teile verschwanden bei Durchsuchungen, außerdem geriet ein großer Teil dem Feind auf dem Weg nach draußen in die Hände. Der Soldat, der den Text nach draußen schmuggeln wollte, wurde sofort abgezogen. Wir erfuhren nie, was mit ihm geschah.

Soweit wir beobachten konnten, hatte der Tunnelbau die internen Konflikte in den Hintergrund verdrängt. Viele der Freunde, die in der Kritik standen oder anderweitige Probleme hatten, gehörten zu der Gruppe, die gehen sollte. Über einige Namen wurde diskutiert. Einen dieser Freunde auszuschließen, hätte ernste Konsequenzen haben können. Nach wie vor drangen wenige Informationen zu uns durch. Dennoch teilten wir unsere Meinung bei jeder Gelegenheit mit. Ohnehin war vorher festgelegt worden, wer gehen sollte.

Meine Auseinandersetzungen mit Hamili gestalteten sich mal mehr und mal weniger intensiv. Ich lernte neue Seiten an ihm kennen. Früher hatte ich ihm bedingungslos vertraut und nur Positives in ihm gesehen. Zu direkten Auseinandersetzungen zwischen uns war es kaum gekommen. Während unserer Zeit in Elazığ hatte es gewisse Konflikte gegeben. Er hielt sich auch dort aus der Leitung heraus und wollte keine Verantwortung übernehmen, verhielt sich individuell und autonom. Im Gefängnis war es jetzt nicht anders. Es gab ernste Probleme und er wurde gebraucht. Es ging mir nicht in den Kopf, dass er gegen den Feind so vehement Widerstand geleistet hatte und dafür geachtet wurde, in dem herrschenden Durcheinander jedoch eine Schule für sich darstellte. Wenn ich andere kritisierte, musste ich Hamili noch viel mehr kritisieren. Er reagierte empfindlich auf Kritik, zeigte sich gekränkt oder wurde wütend. Karasu schätzte Hamilis Meinung sehr und hatte ihn gewähren lassen. Andere Freunde kritisierten, dass Hamili viel zu liberal sei und nicht zwischen richtig und falsch unterscheide.

Mich machte es betroffen, dass er einen Anteil an den Problemen der Partei hatte. Außerdem störte mich sein Umgang mit unserer Beziehung. Beide Punkte öffneten mir die Augen. Wie hatte ich seine Eigenheiten übersehen können! Seiner Meinung nach war ich diejenige, die ›schwer erreichbar‹ war. In unserer Beziehung vollzog ich aus unerfindlichen Gründen einen Wandel und war sozusagen ›leicht erreichbar‹. Laut seiner Worte war ich eine Blume, die im entlegendsten Winkel eines Felsens in den Bergen blühte! Dann hatte er mich gepflückt und zu sich geholt, um mich jederzeit erreichen zu können. Das war die Logik, die hinter seinem egoistischen und individualistischen Verhalten steckte. Er meinte, ein Recht auf mich zu haben. Fließt eine solche Logik in die Liebe ein und übernimmt dort den Platz, der zuvor der genossenschaftlichen Beziehung vorbehalten war, entsteht ein unschönes Durcheinander. So war es auch bei mir.

Liebe hat etwas mit Produktivität zu tun. Mit Liebe werden Werte erschaffen. Sie muss sich daran messen lassen, inwieweit sie Entwicklungen fördert und mit den eigenen Idealen in Einklang steht. Liebe ist kein heimliches Gefühl. Sie bezeichnet eine aktive Haltung. Meine Beziehung mit Baki damals war von unseren unterschiedlichen ideologischen Standpunkten geprägt. Wir gehörten nicht derselben Organisation an. Das war unser Hauptkonflikt. Ich war immer davon ausgegangen, dass unsere

Beziehung hätte Bestand haben können, wenn wir diesen Konflikt gelöst hätten. Die Lösung dieses Problems bedeutete jedoch noch gar nicht, dass eine tragfähige Liebe hätte entstehen können. Es ging nicht nur darum, gemeinsam zu kämpfen. Eine Liebesbeziehung erforderte auch eine gleichberechtigte und freie Grundlage.

Besitzansprüche wirken sich in einer Beziehung sehr hässlich auf das Verhalten, die Gefühle und Gedanken aus. Ihre materielle Grundlage reicht weit in die Vergangenheit. Du kannst sie dir mit ihren historischen Wurzeln oder mit Klasseneigenschaften erklären. In einer Beziehung fressen sie die Liebe auf. Jedes Wort, jedes Verhalten, das auf Besitzansprüchen basiert, wirkt wie Gift auf den Willen und die Gefühle. An diesem Punkt kommt die wahre Persönlichkeit eines Menschen zum Vorschein. Er ist der wichtigste Prüfstein in der Frage, wie jemand mit Frauen und der Liebe umgeht.

Nein, in der Beziehung mit Baki gab es keine Liebe. Wir bewegten uns in einer Zeit, in der alle nach Revolution und Befreiung strebten. Daran wollte mich meine Familie durch meine Heirat hindern. Hätte ich mich nicht dagegen gewehrt, würde ich jetzt ein traditionelles Leben führen. Das wollte ich auf keinen Fall. Die FreundInnen setzten auf die gleiche Methode, um mich aus der familiären Unterdrückung zu befreien: Ich sollte mit einem Genossen verheiratet werden. Auch dem widersetzte ich mich. Das Verlassen meines Elternhauses stellte aus meiner Sicht einen wichtigen Schritt in meinen revolutionären Bestrebungen dar. Für alles weitere reichte meine Kraft jedoch nicht aus. Baki war für mich eine Zwischenlösung. Er war ein guter Revolutionär. An die Ehe oder an Liebe dachte ich überhaupt nicht. Ich dachte einfach nicht weit genug. Ich dachte nur an Flucht, aber nicht daran, wohin sie führen sollte und was ich eigentlich suchte. Ich traf keine Vorkehrungen. Ich handelte unbewusst und planlos.

Als Individuum war ich schwach, als Revolutionärin noch in den Kinderschuhen und als Frau stand ich unter dem Einfluss traditioneller Werte. Meine Beharrlichkeit in meinen revolutionären Idealen war jedoch insbesondere als Frau von Vorteil. Meine Vorstellungen von Liebe entwickelten sich einhergehend mit meiner Suche nach Wegen der Befreiung. Zu einem revolutionären Leben gehörten eine entsprechende Ideologie, Organisation und Kampfform. Ohne diese Grundlage konnte ich auch keine Liebesbeziehung leben. Mit Baki wäre jedoch auch keine Liebesbeziehung möglich gewesen, wenn er sich der PKK angeschlossen hätte. Selbst dann hätten wir eine traditionelle Ehe geführt, die lediglich etwas andere Wertmaßstäbe aufwies.

In meiner Beziehung mit Hamili gab es Liebe. Ich war verliebt in seinen Widerstandsgeist, seine Kampfbereitschaft und seine revolutionäre Entschlossenheit. Ich liebte ihn, weil er trotz allem weiter kämpfte. Die Bindung zwischen uns beruhte nicht auf einer Zufallsbegegnung oder den üblichen verliebten Worten. Sie hatte eine stabile Grundlage, die ich liebte, der ich mich verbunden fühlte und die ich eifersüchtig zu bewahren versuchte. Die neue Form, die unsere Beziehung jetzt angenommen hatte, musste auf dieser Grundlage aufbauen. Dabei gab es allerdings Probleme. Hamili war ein wertvoller Genosse. Wir hatten lange zusammen gearbeitet und viel miteinander erlebt. Dadurch war eine natürliche Nähe zwischen uns entstanden. Trotzdem konnte daraus nicht der Anspruch auf ein besonderes Vorrecht erhoben werden. Nicht sofort auf Hamilis Interesse an mir einzugehen, hätte bedeutet, ihn abzulehnen. Ging ich jedoch darauf ein, bedeutete es, ihn mit seinem gesamten Dasein zu akzeptieren und fortan zu ihm zu gehören. Das war es, was Hamili wollte.

Und was tat ich? Ich opferte mich für eine genossenschaftliche Beziehung, die auf Liebe, Verbundenheit und Vertrauen basierte. Wieder einmal ging es um ein Opfer. Bisher hatten Hamili und ich uns gegenseitig Kraft gegeben. Unsere Beziehung war herzlich und eng gewesen, aber nicht privat, besonders oder andere ausschließend. Jedenfalls hatte ich es so gesehen. Wir kannten uns schon lange und hatten uns nicht gerade erst gefunden. Es war auch keine gewöhnliche, egoistische Beziehung, die nur aufgrund der Umstände im Gefängnis zustande gekommen war.

Hamilis Vorstellungen von Liebesbeziehungen waren nicht weit entfernt von traditionellen Maßstäben. Seine männlich-feudalen Wertvorstellungen gingen mit seiner revolutionären Einstellung einher, wobei erstere überwogen. Anstatt sein jahrelanges Interesse an mir geduldig, respektvoll und genossenschaftlich zur Sprache zu bringen, dabei meinen Willen anzuerkennen, unsere Kampfprinzipien zu berücksichtigen und darauf zu warten, dass sich auch bei mir Gefühle für ihn entwickeln, hatte er Vermittler eingesetzt, die mich zu einer sofortigen Einwilligung drängten, und mich damit geradezu erpresst. In der Liebe kann es jedoch keine Erpressung geben.

Es gab schwere organisationsinterne Probleme in dieser Zeit. Daher fehlte seinem Interesse an mir, also seinen Wünschen, eine stabile Grundlage. Andernfalls hätte er seine Gefühle gar nicht auf diese Weise zur Sprache gebracht. Unbedingt musste diese Beziehung zustande kommen! Sonst wäre er gekränkt, gereizt, verletzt und würde sich angesichts der bestehenden Probleme in der Partei noch sektiererischer als sonst verhalten! In einer derartigen psychischen Verfassung kann kein Mensch eine starke, leidenschaftliche Liebeserklärung abgeben. Hamili setzte mich unter Druck und ich machte mir Sorgen um ihn. Dabei wollte ich mich viel lieber für einen starken Mann interessieren. Ich liebte ihn, weil er trotz seiner Schwächen ein Kämpfer war. Zu Beginn reagierte ich sehr emotional und empfand die ganze Angelegenheit wie eine Sünde. Außerdem war ich durch die Erfahrungen der letzten Jahre hart geworden und machte mir Sorgen, dass der Feind diese Beziehung gegen uns verwenden würde.

In diesem ganzen Durcheinander fühlte ich mich in die Enge getrieben und traf meine Entscheidung. Karasu und Şener sagten, dass sie sich Sorgen um Hamili machten und er ein guter Mensch sei. Natürlich beeinflussten sie mich damit, trotzdem kann nichts davon als Ausrede für mich gelten. Ausschlaggebend war ich allein und vielleicht war es das erste Mal, dass ich bewusst einen Fehler machte. Es wäre angemessener gewesen, an meiner ersten Reaktion festzuhalten. Hamili hätte vermutlich verletzt und wütend reagiert, aber wir hätten die Möglichkeit gehabt, in Ruhe nachzudenken, ohne uns auf ein Ja oder Nein zu fixieren. Wir hätten uns Zeit lassen und miteinander sprechen können, um uns gegenseitig besser zu verstehen und zu einer gemeinsamen Entscheidung zu kommen. Ob diese positiv oder negativ ausgefallen wäre, hätte dann keinen großen Einfluss auf unsere genossenschaftliche Beziehung gehabt, denn unser Hauptproblem waren immer noch die parteiinternen Konflikte. Wir hätten gemeinsam nach einer Lösung suchen können und wären uns dabei noch näher gekommen.

Letztendlich hatte ich mich wie ein Mensch verhalten, der sich bereitwillig opfert, einfach zu erreichen ist und seine Gefühle mit Leichtigkeit nach außen trägt. Liebe sollte jedoch nicht so leicht angeboten werden, da sie ansonsten schnell aufgebraucht ist. Trotz der Liebe einer seit zehn Jahren währenden genossenschaftlichen Beziehung glaubte Hamili, mich einfach erreicht zu haben. So groß seine Liebe, so unerreichbar die

Geliebte zu Beginn auch war, hinterher versuchte er, sie in den engen Rahmen seiner primitiven und egoistischen Wünsche zu pressen. Selbst wenn seine Liebe aufrichtig war, machte es keinen großen Sinn, sie über Jahre hinweg zu mystifizieren und zu verheimlichen. Was bedeutete es überhaupt, etwas zu erreichen? Wie erreichte man jemanden? Jedenfalls bedeutete es nicht, die Rechte über einen Menschen zu gewinnen. Oder jemandem zu schaden oder ihn herabzusetzen. Erreichen ist eine Aktion. Jede Aktion bedeutet Kreativität und ist Auslöser für weitere Aktionen. Wenn Liebe eine Aktion des Lebens und der Leidenschaft ist, warum war dann alles so bedrückend? Es war ja nicht Hamilis vom Leben und vom Kampf abstrahierte Persönlichkeit, die ihm einen besonderen Wert verlieh. Auch das ›Private‹ zwischen zwei Individuen war es nicht. Ganz im Gegenteil, was ihn besonders machte, war ja gerade seine Größe, die Platz für das ganze Leben mit all seinen Kämpfen bot.

Wenn Liebe Lebenskraft bedeutet, kann sie doch nicht die Ursache von Problemen sein und eine negative Rolle bei der Lösung spielen! Liebe macht glücklich und gibt Kraft, sie vollendet, empfindet, sorgt für gegenseitiges Verständnis und entwickelt kreative Energie. Unsere Liebe jedoch war immer konfliktgeladen und wir reagierten beim geringsten Anlass empfindlich. Wir verhielten uns nicht reif, geduldig und langfristig denkend, sondern zeigten uns unbeständig, emotional und spontan. Wir hatten uns gegenseitig unser Wort gegeben, eine weiterreichende Verbindlichkeit gab es nicht. Handelte es sich um eine falsche Entscheidung, so gab es immer noch die Möglichkeit, sie zu berichtigen. Dementsprechend mussten wir uns verhalten: respektvoll, offen und flexibel. Ein Versprechen hat eine Bedeutung, aber wir waren revolutionäre Menschen, die nicht den traditionellen Zwängen unterworfen waren. Wir waren uns nicht in der Wiege versprochen worden und hatten uns weder vor dem Imam noch standesamtlich trauen lassen. Außerdem kann man sich gar nicht versprechen, sich zu lieben. Liebe entwickelt sich nicht über ein Versprechen, die Liebe selbst ist das Versprechen, die Liebe selbst ist die schönste Entscheidung. Wie realistisch konnte es sein, sie unbedingt unter Kontrolle bringen zu wollen? Die Liebe auf bestimmte Verhaltensweisen zu beschränken, bedeutete, sie zu versklaven. In jedem Moment, den ich so empfand, fühlte ich gleichzeitig schmerzhaft, wie ich ein Stück meiner Würde als Revolutionärin und Frau verlor. Ich schrieb in dieser Zeit viel Tagebuch.

Mit mir selbst abzurechnen, fiel mir nicht schwer. Mir war einiges klar geworden. Es war nicht schwierig zu erkennen, dass uns manche Dinge einfach nicht gelangen. Liebe erforderte Bewusstsein und Meisterschaft. Ohne gegenseitiges Verständnis, tiefe Empfindsamkeit, bewusstes, wissenschaftliches und sensibles Verhalten gingen auch die positiven Momente verloren. Ich sprach ihn offen darauf an, um unser genossenschaftliches Verhältnis nicht zu gefährden. Liebe, das gelang mir einfach nicht. Und warum sollte immer ich Opferbereitschaft zeigen? Das war sowieso der Ausgangspunkt für meine größten Irrtümer und Schwächen. Nachdem ich zu dieser Erkenntnis gelangt war, handelte ich natürlich wieder einmal vorschnell.

Ich sagte zu Hamili: »Lass uns diese Beziehung beenden«. Seine Antwort lautete: »Dann bringe ich mich um.« Eine beängstigende Reaktion! Das Problem war nicht, ob er sich umbrachte oder nicht, sondern vielmehr seine vehemente Weigerung, sich auf eine Diskussion einzulassen und wenigstens zu versuchen zu verstehen, worum es mir ging. Daraufhin machte auch ich es mir einfach. Ich brachte nicht die notwendige Geduld und Reife auf, um ihn dazu zu bringen, Verständnis zu zeigen. Ich wollte mich nicht damit abmühen, ihn zu überzeugen. Und ich machte aus vielen Dingen schnell ein Problem. Aus jedem kleinen Manko oder aus bestimmten charakterlichen Mängeln schloss ich sofort auf seine gesamte Persönlichkeit. Ich geriet in Panik, wenn ich sein feudales, kleinbürgerliches Besitzdenken zusammen mit seinem Kampfgeist und seinen anderen positiven Eigenschaften sah.

Diese Persönlichkeit war jedoch seine Lebensrealität und auch innerhalb der Organisation verhielt er sich nicht anders, er konnte sich gar nicht anders verhalten. Es waren dieselben Persönlichkeitsstrukturen, die verhinderten, dass er Verantwortung in der Organisation übernahm und kollektiv arbeitete. Sie waren der Grund, warum er mit den Kadern ständig in Konflikt geriet. Deshalb hätte ich diesen Kampf mit ihm ausfechten müssen. Ich machte es mir jedoch einfach und beharrte auf einer sofortigen Trennung. Das war auch keine Lösung. Da unsere Beziehung jedoch auf schwacher Grundlage erbaut war, trug jeder Fehler, jede Inkonsequenz und jeder negative äußere Einfluss zu ihrer Zerstörung bei.

verlegungen statt flucht

Es war das erste Mal, dass ich in den 35. Trakt ging. Zwar sah ich nur den Hof, trotzdem erinnerte hier alles an Mazlum, Hayri, Pir und die anderen. Die Zahl 35 hatte eine ganze besondere Bedeutung für uns. Sahen wir sie auf einem Stück Plastik, einer Zeitung oder einem Wasserkanister, reagierten wir, als ob wir ein Heiligtum entdeckt hätten, das wir der Reihe nach in die Hand nahmen, andächtig berührten und sogar küssten. War von dem 35. Trakt die Rede, hörten alle aufmerksam und aufgeregt zu. 35, das bedeutete für uns Schmerz, Freude und Hoffnung. Es war ein heiliger Ort, die Kaaba des Kerkers. Auch in unseren Texten wurde der Begriff Kaaba für den 35. Trakt verwendet.

Karasu war im 36. Trakt. Beide Trakte befanden sich im gleichen Block, waren jedoch durch einen Korridor voneinander getrennt. Schon immer waren die Führungskader in diesen beiden Trakten untergebracht, aber unsere Gefallenen waren im 35. gewesen. Daher hatte er eine ideelle Bedeutung. Aus diesem Grund stattete ich meinen allerersten Besuch den Freunden dort ab. Ich umarmte sie der Reihe nach. Viele sah ich zum ersten Mal. Einige hatte ich bei zufälligen Begegnungen im Gericht kennengelernt, aber die meisten kannte ich nicht.

Ich wusste nicht, wer inwieweit zu uns gehörte, aber es spielte auch keine Rolle für mich. Alle waren Genossen, die das Grauen der Folter überlebt hatten, und somit wertvolle Menschen. Ich liebte auch die Menschen aus anderen Gruppen, betrachtete sie als Weggefährten im Gefängnis und maß ihnen Wert bei. Umgekehrt war es genauso. Ohnehin waren unter den über tausend Gefangenen nur noch vier Frauen. Daher waren wir ihre Schwestern, ihre Rosen und sogar ihre Mütter. Selbst der älteste Gefangene nannte mich *abla*[46]. So drückten sie ihre Zuneigung aus. Ihr offenes Interesse ging mir sehr nahe und brachte mich sogar zum Weinen. Es war nicht schwer, sich gegenseitig zu verstehen, dennoch glaube ich nicht, dass ein Einziger von ihnen wirklich begriffen hat, was wir für sie empfanden und wie wir mit ihnen gelebt hatten.

Die jahrelange Isolation hatte einen fürchterlichen Informationshunger verursacht. Mein Interesse galt vor allem den mir unbekannten Seiten der vergangenen Jahre. Ich fragte die Freunde nach ihren Namen und erfuhr, in welchen Verfahren sie zu welcher Strafe verurteilt worden wa-

46 türkisch für: große Schwester

ren. Nach dem ersten allgemeinen Kennenlernen sprach ich vor allem mit Karasu über die wichtigsten Entwicklungen. Er gab mir einen Überblick über die Kader, die Kaderanwärter, die Problemfälle und sogar die Schmuggler.

Mittlerweile wurden die Gefangenen, deren Urteile rechtskräftig geworden waren, in andere Gefängnisse verlegt. Die Hauptprozesse und einige weitere Verfahren waren abgeschlossen. Daher wollte ich sofort alles wissen. Schließlich konnte es jederzeit passieren, dass der Großteil der Freunde an andere Orte gebracht wurde.

Karasu erzählte mir viel. Er nannte die Namen einiger anderer Kader und sagte: »Lass dir auch von ihnen erzählen. Sprich mit ihnen, diskutiere mit ihnen. Fuat Kav und Hasan A. haben auch alles miterlebt. Es wäre gut, wenn auch Can, Muzzaffer und Rıza dabei wären. Yılmaz Uzun, Şamil, Sait Üçlü, es gibt viele Freunde, die wichtige Bewertungen abgeben können. Du solltest mit allen diskutieren. Diese Gelegenheit musst du nutzen. Die Freunde freuen sich darüber und ihr könnt ganz offen diskutieren. In den letzten ein, zwei Jahren sind alle mehr oder weniger übereinander hergefallen. Die Fähigkeit, zuzuhören und zu verstehen, ist schwach ausgeprägt. Ohne die Parteiautorität hätte es nur noch gegenseitige Anschuldigungen gegeben. Es wird vielleicht hart für dich sein, aber unsere Realität ist nicht so, wie sie dir aus der Ferne vorkommt. Sprich mit den Freunden, dann kannst du dir selbst ein Bild machen. Du bist ja sowieso Ehrenmitglied der Leitung. Bisher konnten wir uns selbst schriftlich kaum austauschen, sonst hättest du mehr beitragen können. Jetzt kannst du dich besser beteiligen, vor allem bei der Beschlussfassung. An Versammlungen wirst du nicht direkt teilnehmen können, aber du wirst vorher und hinterher nach deiner Meinung gefragt und kannst Vorschläge machen. Darüber kannst du Entscheidungen beeinflussen. Vielleicht ergibt sich in Zukunft auch die Möglichkeit für dich, an Versammlungen teilzunehmen. Man kann auch auf dem Hof manchmal unauffällig kurze Versammlungen abhalten. Wir ziehen uns einfach in eine Ecke zurück und unterhalten uns. Du kannst dich jetzt im Gefängnis bewegen. Wir haben in jedem Trakt, in jedem Block Vertreter. Du kannst sie besuchen und ihre Meinung einholen. Das gilt vor allem für Orte, an die wir nicht kommen. Dann müssen wir uns nicht mehr schriftlich austauschen. Nachrichten schreiben wir nur noch, wenn es notwendig ist.«

Jedes Mal, wenn ich einen anderen Hof besuchte, sprach ich zumindest einige Minuten lang mit allen. Die Zeit ging schnell vorbei, daher konnten wir uns nur grüßen und nach dem Befinden fragen.

In der ersten Zeit ging ich vor allem zum Hof des 35. Trakts. Bei den Verhandlungen waren die Besuche der Gefangenen untereinander auf Verwandte beschränkt worden. Die Freunde meinten, der 35. Trakt eigne sich am besten, da sich hier die Parteizentrale befand. Außerdem wurde der Hof auch von einem anderen Trakt genutzt, was ebenfalls von Vorteil war, da ich viele Freunde auf einmal treffen konnte. Bei den anderen Trakten hatte ich keine Eile. Ich machte erste Besuche und blieb jeweils einen halben Tag in einem Trakt. Wir besuchten auch die anderen Gruppe. Zu Newroz besuchten wir alle Trakte.

Anfang März hieß es, dass eine größere Gruppe, darunter auch Karasu, verlegt werden sollte. Nachts ließen Parolenrufe die Wände beben. Karasu und weitere Freunde gingen von Trakt zu Trakt, um sich zu verabschieden. Sie wurden überall mit Parolenrufen empfangen. »Es war eine richtige Zeremonie«, sagten die Freunde.

»Wir können nichts machen, weil es einen Gerichtsbeschluss und gesetzliche Vorgaben gibt«, hieß es. Einige wollten einen Aufruhr provozieren, aber die Freunde lehnten ab.

Am nächsten Morgen trafen wir die Freunde, die verlegt werden sollten, auf dem Korridor. Wir blieben bei ihnen, bis die Formalitäten abgeschlossen waren.

Karasu sagte: »Wir haben gestern eine Versammlung im 35. Trakt abgehalten und die neue Leitung festgelegt. Du nimmst daran teil, soweit es möglich ist. Einige Freunde, allen voran Hamili, waren dafür, einen Aufstand zu machen, um sich gegen diese Verbannung zu wehren. Ich habe mich dagegen ausgesprochen. Der Feind verfolgt mehrere Ziele gleichzeitig. Die Anzahl der Kader in Diyarbakır soll verringert werden. 1980 wurden alle hier gesammelt, jetzt sollen wir wieder verteilt werden. Die Bevölkerung von Diyarbakır ist patriotisch und reagiert sofort auf jede Entwicklung im Gefängnis. Außerdem sollen die Angehörigen nicht mehr als geschlossene Kraft agieren können. Den passenden gesetzlichen Deckmantel haben sie gefunden und sie sind entschlossen, uns zu verlegen. Bei einem Aufstand würde es Verluste geben.«

Auch ich war anfangs der Meinung gewesen, wir dürften uns die Verbannung nicht schweigend gefallen lassen. Was Karasu sagte, klang für mich jedoch überzeugend. Wichtig war es, die Taktik des Feindes zu durchschauen. Es war möglich, aus jedem Ort Diyarbakır zu machen. Das war auch die Hauptparole an diesem Tag: »Jeder Ort wird Diyarbakır!«

Die Parolen rissen nicht ab, bis das Motorengeräusch des Transportfahrzeugs verhallt war. Ein weiteres Mal wurde so die Verbundenheit mit Karasu zum Ausdruck gebracht, der für uns ein Teil des Erbes war, das unsere Gefallenen hinterlassen hatten.

»ehrenmitglied« der leitung

Nach dem Hungerstreik im Februar wurde eine zivile Verwaltung im Gefängnis eingesetzt. Es gab zivile Wächter und zwei oder drei zivile Direktoren. Mehmet war während meiner Zeit im Gefängnis in Malatya dort Beamter gewesen. Jetzt war er stellvertretender Direktor in Diyarbakır. Die Wächter waren hauptsächlich ausgesuchtes Personal aus anderen Gefängnissen. Gleich am ersten Tag regte sich einer der Oberwächter darüber auf, dass es uns erlaubt war, die Höfe der männlichen Gefangenen zu betreten. Er warf seine Mütze auf den Boden und sagte: »Mein Direktor, an einem Ort, an dem es für Frauen und Männer gemeinsamen Hofgang gibt, kann ich nicht arbeiten, ich reiche meinen Rücktritt ein!« An diesem Tag wurde unsere Tür erst spät geöffnet. Auf unsere Frage nach dem Grund für die Verspätung klagte der Direktor: »Mein Wächter wirft seine Mütze vor mir auf den Boden. Ihr nennt mich ›Faschisten-Direktor‹, er nennt mich ›Freund der Gefangenen‹. Ich sitze zwischen allen Stühlen, was soll ich tun?«

In der Parteileitung im Gefängnis waren Hasan A., Fuat Kav, Sinan Canyak, Faruk, Şener und ich. Hasan war Sekretär. Bis Ende Mai konnte ich nicht an den Versammlungen teilnehmen. Manchmal trafen wir uns zu wichtigen Anlässen im Hof. Ich teilte meine Meinung mit und wir diskutierten zu zweit, zu dritt, manchmal auch zu fünft. Dabei gab es kaum Probleme, aber ausführliche Diskussionen konnten wir auf diese Weise nicht führen.

Bereits zuvor war beschlossen worden, nach Newroz eine neue Phase einzuleiten. Vor Gericht sollte kurdisch gesprochen und in allen Gefängnissen Selbstkritik geleistet werden. In einem Rundschreiben wurde die Bedeutung dieser Phase erläutert und auf die Rolle der Kader eingegangen. Ziel war die Aufarbeitung der vergangenen Entwicklungen.

Unsere Schreibarbeiten erledigte meist Şener. Die Zeitung Hawar erschien regelmäßig. Vor allem 1987 wurden umfassende Diskussionsbeiträge zu den Entwicklungen in der Sowjetunion und den Problemen des sozialistischen Systems veröffentlicht. Zu der von Gorbatschow eingeleiteten Politik von Glasnost und Perestroika gab es unterschiedliche Meinungen. Befürworter und Gegner beschuldigten sich auf aggressive Weise gegenseitig. Wie ich später erfuhr, stammten die meisten Beiträge von Şener. Sie wurden unter verschiedenen Namen veröffentlicht. Damit sollte die Diskussion angeregt werden. Es kam so weit, dass wir vorschlugen, die Debatte in der Zeitung zu beenden. Niemand kannte die Einstellung der Partei zu diesem Thema genau, daher machte es auch keinen Sinn, wenn Einzelne ihre Meinung durchsetzen wollten. Schließlich erreichte uns ein Artikel des Vorsitzenden, der in der Zeitschrift Kurtuluş unter dem Pseudonym Ali Fırat erschien und für uns maßgeblich war.

In dieser Zeit entstand auch ein Entwurf mit Fragen, auf die in den Selbstkritiken eingegangen werden sollte. Es ging vor allem um die Einstellung zur Ideologie und Politik der Partei seit 1984, aber auch die Zeit der Verhöre konnte berücksichtigt werden.

Die Selbstkritiken sollten zur Klärung der Verhältnisse beitragen. Angestrebt wurde eine Auseinandersetzung mit den Fehlern, Schwächen und Vergehen der letzten Jahre. Alle Anschuldigungen, Behauptungen und Verdachtsmomente sollten auf den Tisch kommen, damit die Gefangenen gemeinsam an einer Lösung der bestehenden Probleme arbeiten konnten. Auf dieser Grundlage schrieben wir unsere Berichte.

Die Berichte wurden von allen Kadern gelesen und alle waren gehalten, ihre Meinung dazu zu äußern. Die Mitglieder der Leitung verlasen ihre Berichte vor den Kadern im 35. Trakt. Şener gab mir seinen Bericht zu lesen. Ich las ohnehin alle Berichte, aber Şener gab mir seinen, bevor er ihn im 35. Trakt vorlegte. Das meiste davon war nicht besonders aufsehenerregend. Da mir nicht alle Entwicklungen der vergangenen Jahre bekannt waren, hielt ich es sowieso für besser, mir erst eine Meinung zu bilden, nachdem ich alle Berichte gelesen hatte. Es gab jedoch einen Punkt in Şeners Bericht, der mich störte. Es ging dabei um den Widerstand im Januar 1984. Als die Freunde mir damals schriftlich davon berichtet hatten, hatte ich dasselbe Unbehagen empfunden. Wie war es wirklich gewesen, als Şener angeblich unter der Folter das Bewusstsein verloren hatte? Diese Frage ging mir nicht aus dem Kopf und sie machte mich misstrauisch. Es handelte sich um ein Unbehagen, das man seinem Gegenüber nicht einfach so ins Gesicht sagen konnte. Damals hatte ich einige Fragen zu dem Thema geäußert, aber letztendlich war Şeners Verhalten als eine Schwäche im Zuge der allgemeinen Kapitulation bewertet worden. Einen anderen Anhaltspunkt gab es nicht, daher musste ich meine Zweifel notgedrungen unterdrücken, selbst wenn mich etwas daran störte.

Ich wusste nicht, wie gut Şener mich kannte, aber vielleicht war er derjenige, der am ehesten begriffen hatte, dass ich die Dinge direkt anging und nicht alles, was dahergeredet wurde, auf der emotionalen Ebene abhandelte. Ich war mitleidlos und mutig in der Definition und Diskussion von Problemen. Mir entging kein Widerspruch. Hinsichtlich der Fähigkeit, unser Gegenüber zu durchschauen, nahmen wir uns nichts.

Nachdem ich seinen Bericht gelesen hatte, sagte ich nichts dazu. Er fragte mich mehrfach nach meiner Meinung, aber ich entgegnete nur: »Ich habe ihn gelesen, die Freunde werden sich dazu äußern.« Vielleicht waren mir meine Vorbehalte anzusehen. Es gelang mir nie, meine Gefühle zu verbergen. Sie spiegelten sich in meinem Gesichtsausdruck, meinen Augen und meiner Stimme wider. Daher wurde ich oft gefragt: »Was ist los?« Es kam auch vor, dass mein Gegenüber mir seine Gedanken offenbarte, weil ich ohnehin spürte, was in ihm vorging. Şener sagte einmal zu mir: »Vor dir kann man nichts verbergen, du bist wie ein heiliger Ort oder wie der Beichtstuhl im Christentum. Ist dir das bewusst?« – »Das liegt wahrscheinlich an meiner eigenen Offenheit, schließlich verheimliche ich auch nichts«, entgegnete ich.

Şeners Bericht wurde gelesen. Viele Freunde, insbesondere Gezgör, gingen erneut auf sein Verhalten im Januar 1984 ein und kritisierten ihn ziemlich hart. Hasan A. und andere blieben jedoch bei der Bewertung der vorigen Leitung. Einige forderten, Şener solle seinen Bericht neu schreiben, aber er fügte mündlich noch einige Punkte hinzu und schließlich wurde seine Selbstkritik angenommen. Alles wurde protokolliert. Wir wollten die Protokolle zusammen mit den Berichten nach draußen schicken, damit die Partei einen Überblick über die Geschehnisse und unser Diskussionsniveau bekam.

Auch Hamilis Bericht war problematisch. Er war sehr lang und trug die merkwürdige Überschrift: »Dokumentation meiner revolutionären vierzehn Jahre«. Da nicht alle Gefangenen zusammen kommen konnten, wurden die Berichte von den Kadern im 35. Trakt gelesen und bewertet. Die Kritiken wurden an die betreffenden Personen weitergeleitet. Außerdem wurden die Berichte in den anderen Trakten gelesen und die Bewertungen darüber in die Zentrale geschickt.

Hamilis Bericht wurde abgelehnt. Die Freunde kamen zu dem gemeinsamen Schluss, dass Hamili nicht selbstkritisch genug sei und immer noch die Schuld bei anderen suche. Diese Kritik war richtig und entsprach der Meinung der meisten Kader. Hamili betrachtete die Auflage, seinen Bericht neu zu schreiben, als Strafe, und weigerte sich schlichtweg. »Diese Entscheidung ist nicht richtig, sie wurde manipuliert«, sagte er. Mit dieser Einstellung machte er alles noch schlimmer.

Hamili war auch wegen der Verlegungen verärgert. Seine Kritik mochte berechtigt sein und ich versuchte, seinen Ärger zu verstehen. Er hätte jedoch sein Missfallen nicht ständig und überall zur Sprache bringen dürfen. Gerade im Gefängnis fand ich es bedenklich, die Probleme der Partei überall hinauszuposaunen. Seine Kritik war nicht konstruktiv, sondern voller Vorwürfe. Auch auf die Frage, warum er nicht selbst für Veränderung gesorgt hatte, reagierte er ärgerlich.

Seine Beziehung zu Şener war befremdlich. Beide kritisierten sich gegenseitig. Wiederholt hatte Hamili behauptet: »Dieser H...sohn würde alles für seine persönlichen Interessen tun«. Damit verließ er den Rahmen angemessener Kritik, ohne sich auf konkrete Punkte zu beziehen. Der gleiche Hamili sagte jedoch auch: »Das kann niemand außer Şener«. Er lobte ihn und unterstützte seine Position in der Leitung. Diese Inkonsequenz empfand ich als sehr merkwürdig. Auch wenn seine Kritik oftmals einen wahren Kern hatte, sorgte sein lapidarer Umgang damit nur für Unklarheit. Es blieb schleierhaft, was er wirklich meinte. Hatte sein Verhalten etwas mit Karrierismus zu tun? Oder mit Eifersucht? Ich musste alle Möglichkeiten in Betracht ziehen.

Şener war vorsichtiger mit seiner Wortwahl. Ob es um allgemeine Fragen ging oder um individuelle Probleme, stets achtete er darauf, was er sagte. Vor allem bei Hamili begann er seine Sätze ständig mit den Worten »Versteh mich nicht falsch« oder »Ich will keinen negativen Einfluss ausüben«. Manchmal fragte ich mich, ob die beiden uns etwas vorspielten.

Sie taten so, als ob sie bei für mich sensiblen Themen darauf achteten, mir nicht weh zu tun. Ihr Verhalten war eigenartig und unüblich. Darin ähnelten sie sich und ich fand es beängstigend.

Meine Auseinandersetzungen mit Hamili verschärften sich durch seinen Bericht. Er wies jede Kritik zurück und behauptete, man habe es auf ihn persönlich abgesehen. Damit ging er auf Konfrontationskurs gegen alle anderen und vor allem gegen die Organisation. Er gab insbesondere Şener die Schuld, blieb aber in allen Äußerungen unklar und destruktiv. Eigentlich kannte er Şener sehr gut, die beiden hatten in der Vergangenheit viel miteinander zu tun gehabt. Sie waren sich sogar so nahe gekommen, dass sie sich gegenseitig alles erzählt und einander ihr Leid geklagt hatten. Damit hatten sie statt einer politischen Beziehung einen kumpelhaften Umgang miteinander gepflegt. Bei den männlichen Gefangenen gab es solche Beziehungsformen oft. Sie wussten von den Schwächen des anderen. Ich kam trotzdem nicht dahinter, was ihre Beziehung genau ausmachte und welche Rolle sie in der aktuellen Situation spielte.

Hamilis Haltung zu der Kritik an ihm wurde fast zu unserem Hauptproblem. Alle ereiferten sich darüber. Wurden hier die Tatsachen verdreht? War es ein Ablenkungsmanöver? Mir kamen alle möglichen Gedanken in den Kopf.

Die liberale, bürokratische, engstirnige und zentralistische Verfahrensweise der alten Leitung hatte dazu geführt, dass Probleme nicht klar benannt und abgearbeitet wurden, sondern sich aufstauten. Die allgemeinen Probleme an der Basis vermischten sich mit den Problemen der Führungskader. Über Letztere war kaum etwas bekannt geworden. Nur der grobe Rahmen und bestimmte Konsequenzen waren weitergeleitet worden, aber die Ursachen wurden nicht bearbeitet und die Basis nicht an einer Lösung beteiligt. Dadurch hatte sich eine passive Haltung ausgebreitet: »Das soll die Leitung regeln, die macht ja sowieso alles.« Jetzt wurde offener über die Probleme gesprochen, aber nur die offensichtlichsten fanden Beachtung.

Hamili hatte schon immer einen Autonomiestatus für sich beansprucht. In die Leitung wollte er nicht. Als die alte Leitung um Karasu angegriffen worden war, hatte zwar jeder Einzelne der Kritiker eine etwas andere Begründung geliefert, dennoch bildeten sie eine gemeinsame Front. Şener ging gestärkt daraus hervor. Karasu wurde für das Verhalten der Leitung während der Zeit kritisiert, als Şener alle Aufgaben entzogen worden waren. Zwar war es Şener, der sich in die Leitungsarbeit einmischte, aber kritisiert wurden dafür Karasu und die anderen. Später hatten sich diejenigen zusammengetan, die eine alternative Leitung einsetzen wollten. Unter ihnen war auch Şener. Es war eine chaotische Zeit. Je mehr ich darüber erfuhr, desto größer wurde das Durcheinander. Selbst auf Regierungsebene wurden Probleme nicht auf diese Weise auf die Spitze getrieben: Koalitionen, Kulissen, Untersuchungskommissionen, Eingaben! Ich konnte nicht nachvollziehen, wie dieses Durcheinander entstanden war.

Die Probleme mit Hamili beschäftigten mich. Ich konnte sie nicht ignorieren, da sie im Zusammenhang mit den anderen Problemen standen. Wir hätten darüber sprechen und die Geschehnisse in Ruhe analysieren müssen, waren dazu aber nicht in der Lage. Hamili reagierte auf alles verärgert. Anstatt mich als ein Mitglied der Leitung zu betrachten, individualisierte er alles, was im Namen der Leitung unternommen wurde. »Ich weiß, das ist die Meinung von XY. Der hat das gesagt, oder nicht?«, sagte er und schimpfte, wie es ihm gerade passte. Seine gekränkte Eitelkeit, sein Ärger und seine Wut richteten sich gegen mich. Noch anstrengender war jedoch seine beleidigte Weigerung, mit mir über unsere Beziehung zu sprechen. Er lehnte alles ab, hörte mir nicht zu und ließ keinen Raum für den offiziellen Rahmen, den unser Verhältnis als PKK-Mitglieder nun einmal hatte. Man konnte einfach nicht mit ihm reden.

Alle Freunde aus der Leitung merkten das. Vor allem Şener fiel mein Unbehagen auf. Er versuchte sogar, mir gut zuzureden: »Du bist zu intolerant. Lass dir Zeit, triff nicht sofort eine Entscheidung«, sagte er. Auf der anderen Seite trug sein Verhalten am meisten dazu bei, die Konflikte mit Hamili zu verschärfen. Als Mitglied der Leitung war es für ihn nicht angebracht, mit Hamili persönliche Nachrichten auszutauschen. Für den Kontakt zwischen Hamili und der Leitung war ich zuständig. Ich übergab Nachrichten oder leitete Fragen an die betreffenden Personen weiter. Dadurch war ich in alle Diskussionen involviert. Hamili brachte es fertig, an ihn gerichtete Nachrichten zu zerreißen und mir vor die Füße zu werfen. War ihm bewusst, wie provokativ er sich verhielt? Leider trug er in keiner Weise zu einer Aufklärung bei. Er reagierte maßlos und ohne Rücksicht auf die Organisation. Daher war ich gezwungen, ihm vorzuhalten, wie unsere Partei funktionierte. Dazu sagte er: »Dich haben sie auch schon beeinflusst.«

Hasan A. wurde in dieser Zeit entlasssen. »Ich werde meine Beziehung mit Hamili beenden«, sagte ich im letzten Moment zu ihm, »Gib das bitte weiter. Ich kann es nicht aushalten. Falls die Beziehung draußen bekannt geworden ist, sagst du einfach, es stimmt nicht«. Es war keine Zeit, um noch mehr zu sagen. Seine Entlassung kam unerwartet, daher konnten wir uns nicht ausführlich unterhalten. Leicht überrascht sagte er: »In Ordnung«. Er wusste von unseren Auseinandersetzungen. Am meisten interessierte sich jedoch Şener dafür. Da er von Beginn an dabei gewesen war, diskutierte ich vor allem mit ihm. Er selbst war mit einer Frau namens Elif verlobt, die auch Mitglied der Partei war. Sein Interesse kam mir nicht befremdlich vor, da er Hamili gut kannte und selbst verlobt war. Ich redete sehr offen mit ihm, da ich den Konflikt nicht als individuelles Problem betrachtete. Meine Offenheit war maßlos, ich erzählte ihm alles, weil ich nach einer Lösung suchte.

Nachdem Hasan fort war, musste Şener als sein Stellvertreter die Aufgabe des Sekretärs übernehmen. Darüber war bereits gesprochen worden und Hasan hatte ihm die Verantwortung übertragen. Şener sagte jedoch: »Das soll jemand anderes machen, ich will es nicht. Fuat könnte es doch übernehmen, oder du kannst es tun. Ich kann auf andere Weise mehr beitragen. Als Sekretär hätte ich Schwierigkeiten. Es könnte falsch verstanden werden. Es ist so viel über mich geredet worde. Der Basis könnte es missfallen, wenn ich eine so hohe Verantwortung übernehme. Das habe ich bereits ausreichend zu spüren bekommen. Ich habe mich sogar als Schutzschild vor die Organisation gestellt.« Damit meinte er die Einwilligung in die Einheitskleidung. Obwohl es sich damals um einen gemeinsamen Beschluss handelte, wurde Şener dafür verantwortlich gemacht. Das betonte er immer wieder.

»Du tust so, als handele es sich um ein individuelles Problem. Die Leitung ist Gruppenarbeit. Wenn wir alle zusammen arbeiten, kann niemand etwas sagen«, erwiderte ich. Er nannte Hamili als Beispiel. »Du siehst doch, dass er alles an mir festmacht. Als Sekretär würde er mich noch mehr angreifen.« Auch diesem Argument widersprach ich: »Gegen solche Angriffe würden wir uns alle wehren. Man darf nicht vor der Verantwortung davonlaufen. Deine Argumente gelten deshalb nicht.« Auch die anderen Freunde waren dafür, dass Şener dieses Amt übernahm. Heftiger als alle anderen weigerte sich Fuat, Hasans Nachfolger zu werden. Am liebsten wäre er gar nicht in der Leitung gewesen. Lag es an seiner Bescheidenheit oder an der Schwere der Aufgabe? Vermutlich lag es daran, dass die Arbeit sehr schwer war und gleichzeitig viel darüber spekuliert wurde. Die Diskussionen und Kritiken der Vergangenheit machten sich bemerkbar. Die Leitungsarbeit barg viele Risiken, vor allem im Gefängnis. Vielleicht wusste ich einfach nicht genug darüber, aber mir machte sie keine Angst. Mich beängstigten vielmehr die teilweise verrückten Umgangsweisen der Freunde.

Ich war eine derjenigen, die Şener zu überzeugen versuchten. Ich war sogar die Eifrigste dabei. Seine Fähigkeiten waren mir bekannt. Er hatte ohnehin Einfluss, unabhängig davon, ob er Sekretär war oder nicht. Als erstgradig Verantwortlicher musste er sich jedoch umsichtiger verhalten. Sowohl seine Erfolge als auch seine Fehler würden sofort bemerkt werden.

Şener war keine unumstrittene Persönlichkeit. In der Selbstkritikphase waren die Diskussionen über ihn erneut entbrannt, aber in gewisser Hinsicht war die Haltung der alten Leitung in dieser Zeit offiziell geworden, da Şener Selbstkritik geleistet hatte und das Problem damit abgehakt war.

Hasan hatte ich zwar mitgeteilt, dass ich die Beziehung mit Hamili beenden wollte, aber ich wagte nicht, es ihm selbst zu sagen. Er war noch gereizter als früher und das allgemeine Durcheinander noch größer geworden. Ich fürchtete seine Reaktion, aber je länger ich wartete, desto mehr litt auch unser genossenschaftliches Verhältnis. Ich wollte vermeiden, dass es ihm noch schlechter ging und er weiter abrutschte. Hätte es die Beziehung nicht gegeben, wäre ich viel direkter mit ihm umgegangen und hätte ihm besser helfen können.

Früher war es so gewesen. In Elazığ war ich ihn hart angegangen und hatte damit einen positiven Einfluss auf ihn ausgeübt. Er wusste, dass er mir wichtig war und ich mir Sorgen um die Partei machte. Daher nahm er meine Kritik ernst. Jetzt sprach er ständig davon, dass ich mich von anderen beeinflussen lassen würde, die lediglich unserer Beziehung schaden wollten. Da er in der Beziehung egoistisch, individualistisch und besitzergreifend war, setzte er sich über den politischen, den offiziellen und den genossenschaftlichen Rahmen hinweg. Ständig fand er neue Ausflüchte und wurde immer reizbarer. Unsere Beziehung, die er als unerreichbar betrachtet und schließlich erreicht hatte, war politisch. Selbst wenn wir es gewollt hätten, war sie keine Privatangelegenheit und konnte in dieser von Auseinandersetzungen geprägten Atmosphäre keinen Bestand haben. Es war ausgeschlossen, dass sie sich einhergehend mit dem Kampf entwickelte. Daher wirkte sie sich auf alles nur noch negativ aus. Ich konnte mit Hamili kaum reden, obwohl ich gerade in dieser Zeit das Bedürfnis hatte, die schweren Probleme zu diskutieren und gemeinsam eine Lösung zu finden. Nach den Jahren der Isolation hungerte ich geradezu danach.

Außerdem fühlte ich mich verantwortlich, da viele wertvolle Kader verlegt worden waren. Es gab viele neue Gefangene und ich kannte nicht alle Kader. Ideologisch, politisch und organisatorisch fehlte es uns an Tiefgang. Wir sahen immer nur die im Gefängnis herrschenden Probleme. Unser Kontakt mit der Außenwelt beschränkte sich auf die Angehörigenbewegung.

ich war immer apocu

1988 erreichte uns erstmalig die Zeitschrift *Serxwebûn*[47]. Es war wichtig für uns, die Arbeit der Partei verfolgen zu können. Der Kampf an der Gefängnisfront machte eine kollektive Arbeitsweise unumgänglich.

Mit Gefühlen, Sehnsüchten und Träumen kamen wir nicht weiter. Früher waren wir sehr vorsichtig miteinander umgegangen. Die Geschehnisse hatten eine emotionale Bindung untereinander entstehen lassen. Wir wollten uns gegenseitig nicht verletzen. Aber auch mit dieser Haltung kamen wir nicht weiter. Ebenso wenig waren die ständigen Auseinandersetzungen und Anschuldigungen eine Lösung. Die Beziehungen der Gefangenen untereinander gerieten von einem Extrem ins andere.

Ein weiteres Mal sagte ich im Hof zu Hamili: »Lass uns die Beziehung beenden, sie schadet uns doch nur. Früher haben wir uns viel mehr geliebt.« Seine Reaktion war heftig, ich ruderte sofort zurück. Ich wollte Hamili dazu bringen, selbst zu beschließen, dass es keinen Sinn mit uns hatte. Er musste endlich wieder zu sich kommen. An diesem Punkt waren jedoch sein feudaler Stolz und seine Besitzansprüche ausschlaggebend.

Şener sagte zu mir: »Man bekommt ja Angst vor dir, du bist sehr unbarmherzig.« Mir war jedoch bewusst, dass die Beziehung mich schwächte und mir sämtliche Energie raubte. Meine Gefühle für Hamili waren intensiv. Hätte es diese ganzen Probleme nicht gegeben, wäre eine starke

47 Kurdisch für: Unabhängigkeit, monatlich erscheinendes Parteiorgan der PKK, Erstausgabe Januar 1982

Bindung zwischen uns entstanden. Hamili verschloss sich jedoch einer Lösung, vielleicht konnte er nicht anders. Alles lief verkehrt und ich wollte sowohl mich selbst als auch Hamili aus dieser Situation befreien. Die Beziehung schadete uns mehr, als dass sie uns nützte. Von Beginn an hatte ich mich unwohl gefühlt, trotzdem hatte ich mich von meinen Gefühlen leiten lassen.

In dieser Zeit erreichte uns die Nachricht, dass Hüseyin Yıldırım sich von der PKK losgesagt und unser Archiv gestohlen hatte. Er machte Propaganda gegen die Partei, griff vor allem den Vorsitzenden an und verkündete, die wahre PKK gründen zu wollen. Eine demokratische Partei! Die allgemeine Aufmerksamkeit konzentrierte sich jetzt auf diese Entwicklung und die anderen Probleme wurden für eine Weile vergessen. Es hieß, er habe Karasu einen Brief geschrieben und einen Aufruf an die Gefangenen gerichtet, um die PKK zu retten. Vor wem wollte er sie retten? Vor dem Vorsitzenden! Diese Information reichte aus, um das Problem zu verstehen. Wer den Vorsitzenden angriff, griff die Partei und die Revolution an. Darüber gab es nichts zu diskutieren. Alle, die sich dem Vorsitzenden in irgendeiner Form verbunden fühlten, begriffen diesen Vorstoß als feindlich. Damit hatte der Feind nicht gerechnet. Unsere erste Reaktion war: »Das ist eine organisierte Provokation gegen die Partei, den Vorsitzenden und unseren Kampf«.

Zuvor hatte es in Schweden Festnahmen gegeben. In den Medien war über die Beziehung zwischen Kesire und Hüseyin Yıldırım berichtet worden. Noch vor dem Palme-Vorfall waren Hüseyin Yıldırıms provokanten Erklärungen und Drohungen in den Zeitungen erschienen. Er stellte sich als Vertreter der Linken dar und beschuldigte den Vorsitzenden als rechts. Die Situation war eindeutig. Wer Hüseyin Yıldırım kannte, wusste sowieso, dass er nichts anderes als eine Marionette war.

Ich hatte ihn bereits 1979 verdächtigt und schließlich vom Gefängnis in Malatya aus der Partei draußen meine Meinung offiziell mitgeteilt. Sein jüngster Schachzug war insofern nichts Neues. Er war nur ein gewöhnlicher Anwalt gewesen, als er angeblich die unter Geheimhaltung stehenden Akten bedeutender Spitzel von der Staatsanwaltschaft des Militärgerichts erhalten hatte. Bestimmt stand er bereits in dieser Zeit in Verbindung mit Cahit Aydoğan. Beide kamen später nach Diyarbakır. Hüseyin Yıldırım wurde verhaftet, Cahit Aydoğan hingegen wurde Staatsanwalt in unseren Verfahren.

Die Verhaftung Hüseyin Yıldırıms war kein Zufall. Vielmehr sollte der Verdacht gegen ihn zerstreut werden. Anwälte, die im Gefängnis gewesen waren, wurden schnell bekannt. Ohnehin wurde allen ehemaligen Gefangenen großes Interesse zuteil. Hüseyin Yıldırım war anschließend nach Europa gegangen. Dort hatte er sich als Überlebender des Kerkers von Diyarbakır präsentiert und Verbundenheit mit Mazlum und den anderen Gefallenen geheuchelt. Was Heuchelei und Verlogenheit betraf, war er unschlagbar. Angeblich sei er damals bereit gewesen, sein Leben zu opfern, damit Mazlum und ich draußen weiter kämpfen konnten. Seine Scheinheiligkeit war abstoßend. Ich hatte ihm niemals vertraut, das wusste er. »Du und Mazlum, ihr werdet draußen gebraucht. Wenn ihr auf eine politische Verteidigung verzichtet, werdet ihr freigelassen«, hatte er behauptet und sogar versucht, unsere Angehörigen zu instrumentalisieren.

1988 hatte er mit Mehmet Ali Birand die Parteiakademie besucht und dem Vorsitzenden gegenüber Respekt geheuchelt. In einer Zeitung war ein Foto zu sehen, auf dem er eine demütige Haltung einnahm. Angeblich wollte er den Vorsitzenden unterstützen und herausfinden, ob eine Demokratisierung den revolutionären Kampf ersetzen könne. Er war einfach nur ein dummer Bauer auf dem großen Schachbrett der Politik.

Ich sprach mit den Freunden darüber. Als wir von Kesires Flucht erfuhren, hatten wir der Partei vorgeschlagen, sie zu bestrafen. Şener formulierte den Vorschlag schriftlich, darin war er gut. Es war ein radikaler Vorschlag, Şener präsentierte sich immer radikaler. Ich hatte Bedenken: »Der Feind wird es gegen uns benutzen. Schließlich stand sie dem Vorsitzenden sehr nahe. Die Zeitungen werden schreiben, dass er seine eigene Frau getötet hat«. Şener entgegnete: »Ich dachte immer, du bist eine radikale Linke, aber das bist du anscheinend gar nicht.« – »Was bin ich denn, eine Rechte?« fragte ich. »Nein, du bist apocu«, antwortete er. Über diese Bezeichnung freute ich mich sehr, sie machte mich verlegen und stolz. Ich war eine Apo-Anhängerin!

Auch zu Hüseyin Yıldırım sollte ein Text verfasst werden. »Schreib du ihn, du kennst ihn«, sagte Şener. Ich antwortete: »Nein, du kannst besser schreiben. Wir sollten vor allem darauf eingehen, dass er versucht, sich als Demokraten darzustellen, der die PKK vor einem Diktator retten will. Was bedeutet die Realität der Führung bei uns? Der Vorsitzende und die Partei sind eins, das müssen wir besonders betonen«.

Interessanterweise hatten sich mehrere meiner BesucherInnen zuvor sehr positiv zu Hüseyin Yıldırım geäußert. Darunter war auch Onkel Haydar Akyar. Er hörte gar nicht mehr auf, ihn zu loben. Schließlich sagte ich: »Du meinst also, ich sollte Hüseyin Yıldırım gegenüber Selbstkritik leisten? Ich habe jedoch eine ganz andere Meinung über ihn. Hätte ich die Möglichkeit gehabt, hätte ich die Partei vor ihm gewarnt, als er nach Europa gegangen ist. Den Freunden im Gefängnis habe ich gesagt, was ich von ihm halte, dennoch hatte ich immer ein schlechtes Gefühl. Jetzt erzählst du mir von all seinen Tätigkeiten und dass ihm Verantwortung übertragen worden ist. Wenn er gute Arbeit leistet, bin ich bereit, mich selbstkritisch zu entschuldigen, damit habe ich kein Problem. Er weiß ja selbst, dass ich keine gute Meinung von ihm habe.« Ich ließ ihm auch Grüße ausrichten.

Diente diese Lobhudelei der Vorbereitung des Plans, die Partei zu spalten? Sollte den Gefangenen der Eindruck vermittelt werden, Hüseyin Yıldırım sei seinen ehemaligen Mitgefangenen treu verbunden und leiste gute Arbeit in Europa?

Er schrieb auch einen Brief an Karasu. Der Inhalt interessierte uns nicht. Es war klar, dass er lediglich Verwirrung im Gefängnis stiften wollte.

Şener war in Hochform. Er schrieb viele Texte. Wir schickten auch Texte für Flugblätter nach draußen. Die meisten begannen mit der Überschrift »An die kurdische Jugend«. Şener hatte einen eindrucksvollen, agitierenden Schreibstil. Mir gefiel sein Arbeitstempo. Auf diese Weise konnten wir auch die Außenwelt erreichen und unser Arbeitsfeld erweitern.

Auf verschiedenen Wegen erhielten wir die Zeitschriften *Serxwebûn* und *Berxwedan*[48], Geld und Gebrauchsgegenstände. Der Kontakt zur Partei draußen war jetzt möglich. Wir konnten Berichte nach draußen weiterleiten und empfingen Analysen und Anweisungen.

In dieser Zeit wurde in einem Brief angedeutet, dass uns etwas geschickt werden sollte. Für Hamili traf ein Paket ein. Zuvor hatte ich ihn direkt davon in Kenntnis gesetzt. Jetzt sagte er: »Nein, das Paket ist für mich, ich habe es von Zuhause, von meiner Familie angefordert. Selbst wenn eine Nachricht dabei sein sollte, ist sie für mich persönlich, ein privater Brief. Ich habe der Tochter meines Onkels väterlicherseits einige Fragen gestellt und warte auf die Antwort.« Ich durchschaute ihn

48 kurdisch für: Widerstand

und sagte: »Mach keinen Fehler. Das ist doch wieder eine Trotzreaktion. Du weißt, wie die Organisation funktioniert. Dein Name ist als Adressat genannt worden. Als Parteimitglied gibt es keine Privatangelegenheiten. Gib den Brief der Leitung, wenn er an dich gerichtet ist, bekommst du ihn zurück.« Er antwortete: »Nein, es ist mein Brief und ich würde ihn selbst Allah nicht geben«.

Ich informierte die Leitung von seiner Haltung. Alle waren verärgert. Şener sagte: »Oder geht es vielleicht um etwas anderes? Wäre es möglich, dass Hüseyin Yıldırım ihm einen Brief schickt? Das würde Hamilis Verhalten erklären«. Wir waren überrascht. Şener fuhr fort: »Vor einiger Zeit hatte es Seher doch auf ihn abgesehen. Diese Bande versucht, über die gemeinsame Heimat Dersim an ihn heranzukommen. Außerdem kennen sie seinen Charakter.« Das war ein ernster Verdacht.

»Nein«, sagte ich, »Ich kenne Hamili. Er ist wütend, weil sein Bericht zum zweiten Mal abgelehnt wurde. Seine Parteimitgliedschaft ist diskutiert worden und ihm sind alle Aufgaben entzogen worden. Außerdem gibt es Probleme in unserer Beziehung, deshalb hat er seine Cousine erwähnt.« Hamili hatte mir früher einmal erzählt, dass seine Familie die Tochter seines Onkels väterlicherseits bei einem Besuch mitgebracht hatte und sie mit ihm verloben wollte. Mit seiner Anspielung wollte er sich an mir rächen und mich eifersüchtig machen. Şeners These erschien mir zu hart. Selbst wenn Hüseyin Yıldırım einen Brief an Hamili schicken sollte, bedeutete es in meinen Augen nicht, dass Hamili nicht zu trauen sei.

Şener sagte: »Es sollte noch einmal mit Hamili gesprochen werden. Er muss verwarnt werden.«

»Dann soll eine offizielle Nachricht an ihn geschrieben werden. Wenn ich mit ihm rede, wird die Angelegenheit persönlich«, sagte ich. Die Nachricht wurde verfasst und Cahide übergab sie Hamili. Jetzt stellte er Bedingungen: »Ich werde den Brief in Gegenwart eines Freundes öffnen und die Anrede lesen. Sollte er nicht an mich gerichtet sein, gebe ich ihn ungelesen der Leitung.« Diese Haltung machte uns alle noch wütender. Schließlich sagte ich: »Hören wir auf damit, soll er doch tun, was er will. Wir befassen uns später mit seiner Einstellung. Wenn beide Seiten auf stur schalten, kann nichts Gutes dabei herauskommen«. Fuat Kav gab mir Recht: »Ich schließe mich dieser Meinung an.«

Es konnte gefährlich werden, wenn beide Seiten stur auf ihrem Standpunkt beharrten. Mein Gott, mit was für Problemen wir uns beschäftigen mussten! Mit so einem engen Blickwinkel kamen wir nicht weiter. Außerdem war auch Hamili ein Kader und der erwartete Brief ging nicht nur die Parteizentrale etwas an. Unser Organisationssystem sah vor, dass die Nachricht zunächst an die Zentrale weitergeleitet wurde. Gab es dafür keine Möglichkeit, konnte auch ein anderer Freund den Brief öffnen und lesen, das war normal. Hamili verletzte die Regeln jedoch absichtlich. Dennoch war es nicht richtig, sich an diesem Punkt festzubeißen. Merkwürdig war auch, dass wir aus unterschiedlichen Gründen verärgert reagierten. Es handelte sich um einen Verstoß gegen die Parteidisziplin, aber was war die Ursache dafür und warum wurde er so aufgebauscht? Warum steigerten sich beide Seiten in die Sache hinein? Wir gingen nicht rational, geduldig und politisch damit um, sondern beschäftigten uns sehr unprofessionell mit der formellen Seite der Angelegenheit.

Hamili blieb stur. Er öffnete den Brief und leitete ihn an uns weiter, nachdem er gesehen hatte, dass er nicht an ihn gerichtet war. Aus diesem Anlass wurde er wieder zum Diskussionsthema. Für Şener, der jede Schwäche gnadenlos ausnutzte, bot er ein zuverlässiges Angriffsziel. Ohne dass wir es merkten, kombinierte Şener auf meisterliche Art und Weise die Unzufriedenheit in der Leitung mit dem Ärger der anderen Kader. Hamili betrachtete das Problem nur oberflächlich und nahm jede Kritik persönlich. Aus seiner Sicht waren alle gegen ihn.

Es wurde vorgeschlagen, dass Hamili eine schriftliche Selbstkritik ablegen und für die Regelverletzung sanktioniert werden sollte. Auf die Frage, warum er Beschlüsse der Leitung personalisierte, erklärte er, nichts gegen Şener zu haben. Beide Seiten hätten sich provokativ verhalten.

verhaftungswelle in europa[49]

In dieser Zeit begannen die Angriffe auf unsere Befreiungsbewegung in Europa. Dutzende Kader wurden verhaftet. Dieses Vorgehen war Teil eines Plan, der sich gegen unsere Arbeit und unseren Vorsitzenden richtete. Wir vermuteten einen Zusammenhang mit anderen Provokationen. Angeblich war auch das Parteiarchiv beschlagnahmt worden. »Wie ist so

49 Die erste Verhaftungswelle fand im Januar 1988 statt. Am 25.10.1989 begann der »Düsseldorfer Prozess«, das erste Verfahren nach § 129 a gegen 18 Mitglieder der PKK, darunter Ali Haydar Kaytan, Meral Kıdır, Faruk Bozkurt und Duran Kalkan. Alle Angeklagten waren Sonderhaftbedingungen ausgesetzt. Ali Aktaş wurde erst 1998 entlassen.

etwas möglich? Warum gab es keine Vorsichtsmaßnahmen?« fragten wir uns. Es konnte kein Zufall sein, dass Abbas, Fuat, Meral und die anderen nacheinander festgenommen wurden. Diese Nachricht machte uns betroffen.

In den Medien wurden weiterhin Falschmeldungen über die Guerilla verbreitet. Monatelang wurde in Sondersendungen über die Überfälle auf Dörfer berichtet. Die Guerilla wurde als »Kinder- und Frauenmörder« dargestellt. 1987 wurde außerdem das Reuegesetz erneut auf die Tagesordnung gesetzt, obwohl die gesetzlich festgelegte Frist abgelaufen war. Die Guerilla wurde ständig zur Kapitulation aufgerufen. Einzelne Guerillakommandanten wurden in den Medien protegiert und indirekt dazu eingeladen, sich mit dem Feind zu verbünden. In der Öffentlichkeit sollte der Eindruck entstehen, dass es in der Partei jederzeit zu Abspaltungen kommen könne.

Unter der Schlagzeile ›Spaltung der PKK‹ wurden Fotos von Verrätern abgedruckt. Dazu gab es kurze Beschreibungen: ›Rechter Flügel‹, ›Legendärer Kommandant‹, ›Vielfacher Mörder‹ oder ›Militanter macht fürchterliches Geständnis‹. Die Methoden dieses Konterangriffs waren ziemlich leicht zu durchschauen.

Die wichtigste Methode war jedoch die Verdrehung unserer Ideologie und die Verwässerung der Parteilinie. Progressiven Entwicklungen wurde damit die Basis entzogen. Wir beschäftigten uns vor allem mit den sichtbaren Folgen.

»ich beende diese beziehung«

Hamili kam eigentlich nie in den 35. Trakt. An diesem Tag kam er in den Hof. Er war gereizt. Dieses Mal wurde ein Gedicht zum Anlass für einen Streit. Şener hatte ein langes Gedicht geschrieben. Es war nicht sein erstes Gedicht, er schrieb auf türkisch oder kurdisch. Wir schickten normalerweise alle Gedichte und Texte der Gefangenen nach draußen. Einige hatten sogar begonnen, Romane zu verfassen. Einmal hatte Şener mich gebeten, einen Ausschnitt eines von ihm geschriebenen Textes zu lesen. Damals waren wir noch isoliert und konnten nicht auf die anderen Höfe gehen. Mir wurde nachgesagt, etwas von Literatur zu verstehen. Mein langer Bericht über den Frauentrakt war als Roman bezeichnet worden. Daher wurde ich oft nach meiner Meinung zu den von Gefangenen verfassten Texten gefragt. Ich las Şeners Text und teilte ihm meine Kritik daran mit.

Sein Schreibstil war ungewöhnlich. Inhaltlich ging der Text über unsere gewohnten Standards hinaus. Er behandelte die verschiedenen Facetten der Geschehnisse im Gefängnis. Seine Darstellung von Frauen, Liebe und Leidenschaft entsprach jedoch der Denkweise kleinbürgerlicher SchriftstellerInnen oder der Realität anderer Länder. Das fiel zuallererst auf. Mein Kommentar lautete: »Er beschreibt seine eigenen Träume und Maßstäbe.« Es war seine eigene Realität. Eine Veröffentlichung fanden wir unangebracht. Ohnehin war der Roman nur ein Versuch, der auf geringes Interesse stieß. Damit war das Thema abgeschlossen. Wahrscheinlich schrieb er nicht weiter. Seine Gedichte waren jedoch anders. Es wurden viele Gedichte im Gefängnis verfasst. Wir hielten uns nicht lange damit auf, sondern schickten sie nach draußen.

Natürlich war es auch wichtig, die Gedichte kritisch zu lesen. Dafür musste man etwas von Poesie verstehen. Normalerweise wurden die Gedichte nach dem ersten Eindruck bewertet. Es hatte sich ein überwiegend parolenartiger Stil entwickelt, der mit Poesie wenig zu tun hatte. Poesie bedeutet, Details einzufangen und sich meisterhaft in den Labyrinthen des Lebens zu bewegen. Poesie ist Leidenschaft, Gefühlsintensität, fließende Lebendigkeit. Sie spiegelt innere Wünsche, Mysterien, Träume und Fiktionen wider. Gedichte zu schreiben, ist eine Kunst! Daher mochte ich Gedichte. Ich war jedoch nicht besonders wählerisch oder kritisch.

Şeners neues Gedicht war mir gewidmet. Ich fand es beeindruckend. Vielleicht beeindruckten mich auch nur Teile davon und ich begriff es gar nicht in seiner Gesamtheit. Eine andere Bedeutung kam mir nicht in den Sinn. Wie auch immer, ich las es Hamili vor, dem es ebenfalls gefiel. Es handelte von Mazlum, von unserem Aufschrei, von Tränen und von besiegten Armeen ... Zu einer Kritik war ich nicht fähig, dafür war ich viel zu berührt. Die Worte »Du bist meine Schwester, meine Mutter, meine Verlobte« weckten keine besonderen Assoziationen in mir. Ebenso wenig überraschte oder befremdete mich, dass meine weiß gewordenen Haare ein Gefühl des Aufstands in ihm weckten und er ein einzelnes Haar aufbewahrte, damit es ihm Kraft spendete.

Ich sagte allen Freunden offen, dass ich sie liebte. Ich küsste ihre Augen, hielt ihre Hände, berührte sie. Verse waren unnötig! Es gab auch viele, die mich geradezu anbeteten, aber niemand brachte seine Liebe so offen und direkt wie ich zum Ausdruck. Daher bildete ich mir nichts auf die Zuneigung ein, die mir entgegengebracht wurde. Ich nahm sie nicht persönlich und vermutete niemals eine bestimmte Absicht dahinter. Solchen Argwohn empfand ich als hässlich. Außerdem wurde ein besonderes Interesse schnell offensichtlich. Es ließ sich nicht verbergen. Ich war nicht so gefühllos, dass ich es nicht bemerkt hätte. Ich begriff, wenn sich mir jemand plump und triebhaft näherte und ich bemerkte auch, wenn etwas unterschwellig angedeutet und geheim zu halten versucht wurde. Es gab auch wirkliche Liebe, ehrliche Bewunderung und echtes Interesse. Zum Menschen gehören schöne Seiten ebenso wie schwache und hässliche. Nicht jedes Verhalten, das auf Interesse, Bewunderung oder sogar Trieben basiert, muss Konsequenzen haben.

Was sollte jetzt mit meinem Haar geschehen? Was stellten die Worte ›Schwester, Mutter, Verlobte‹ plötzlich auf den Kopf? Je länger ich darüber nachdachte, desto unfassbarer erschien es mir. Wie sehr unser Niveau doch gesunken war!

Zunächst begriff ich nicht, warum sich Hamilis Gesichtsausdruck nach seiner ersten positiven Reaktion plötzlich veränderte. Ich las das Gedicht noch einmal. Nein, ich konnte nichts daran finden. Hamili sah die Sache jedoch anders. Er kannte Şener und auf seine egoistische, besitzergreifende Weise erkannte er nur, dass dieser ein Gebiet betrat, das Hamili als sein Eigentum betrachtete. Anstatt seiner Verantwortung als Parteimitglied gerecht zu werden, Şener in seine Schranken zu verweisen und mir begreiflich zu machen, was dieser im Schilde führte, sah er nur den vermeintlichen Angriff auf seine »Ehre«. Und eigentlich war das der Moment, in dem er vor Şener kapitulierte und mich Şener auslieferte. Auf tragikomische Weise zeigte er, was er mit ›Liebe‹ meinte. Mit einem einzigen Satz zog er auf diesem Hof einen Schlusstrich: »Ich beende diese Beziehung«. Dann ging er. Als wolle er sich rächen, benutzte er nur dieses Wort: »Beenden«. Dabei konnte wirkliche Liebe gar nicht auf diese Weise beendet werden, konnte nicht so enden, durfte nicht so enden.

Nachdem er gegangen war, blickte ich ihm einige Minuten bewegungslos hinterher. Şener sagte: »Ich rede mit ihm«. – »Nein!« sagte ich, »Niemand wird mehr ein einziges Wort zu diesem Thema sagen. Diese Angelegenheit ist kein Kinderkram. Ich will nur, dass ihr euch ein bisschen respektvoll benehmt.«

Ich zog mich an den Rand des Hofs zurück. Fuat Kav merkte, dass etwas nicht stimmte. Er forderte mich auf, mit ihm an der Wand entlang auf und ab zu laufen. »Was ist los? Du wirkst bedrückt«, sagte er. Zuerst antwortete ich: »Es ist nichts.« Nach eine Weile fuhr ich fort: »Ich fühle mich, als ob ich eine große Last los geworden bin.«

Ja, es handelte sich wirklich um eine Last; eine Last, die mich unentwegt bedrückt hatte, und das im Namen der Liebe. Der Liebe eines Mannes! Es war wie ein Albtraum, wie ein Berg, wie ein Dolch in meinem Rücken! Eine lange Zeit hatte ich versucht, das Problem einvernehmlich und mit gegenseitigem Respekt zu lösen. Er war nicht darauf eingegangen. Jetzt hatte er unsere Beziehung auf seine eigene Weise beendet, mit der gekränkten Eitelkeit und Stärke eines traditionellen Mannes. Obwohl mich diese Tatsache bedrückte, fühlte ich mich wie aus einem Schraubstock befreit. Fast täglich hatte es Streit gegeben.

Fuat gestand: »Ich war von Anfang an dagegen, das habe ich auch auf der Versammlung mit Karasu so vertreten. Ich habe nur nichts gesagt, weil ich dir nicht weh tun wollte. Nun ja, jetzt ist es vorbei, aber ist dieser Kerl eigentlich verrückt? Warum sagt er es dir in Anwesenheit von Şener? Er hätte allein mit dir sprechen können«.

Später holte ich mein Tagebuch aus seinem Versteck und ließ Fuat einen älteren Eintrag lesen: »Vielleicht habe ich zum ersten Mal in meinem Leben bewusst einen Fehler gemacht. Im Namen der Opferbereitschaft ... Jetzt sehe ich, wozu er geführt hat und wie er meine revolutionäre Würde verletzt. Es tut sehr weh«. An dieser Stelle nahm ich mein Tagebuch wieder an mich und sagte: »Das reicht, lies nicht weiter.«

»Warum hast du nicht darüber geredet?«, fragte Fuat.

»Ich habe ständig darüber geredet!«, antwortete ich.

Am nächsten Tag hörte ich, dass es Hamili nicht gut gehe. Meine Stimmung sank noch tiefer. Ich fragte nicht nach, was mit ihm los sei. Für mich stand fest, dass er mich erpressen wollte. Fuat sagte: »Er hat sich selbst etwas angetan. Vorher hat er eine Nachricht geschrieben und Ali gegeben, als seinen letzten Willen«. Die Freunde mischten sich ein. Fuat ging zu Hamili in den 36. Trakt und redete lange mit ihm. Hamili sagte ihm, er habe es wegen der beendeten Beziehung getan. Ich hatte mich nicht geirrt.

»Solche Sachen macht man doch nicht so offen«, sagte Sait. Eigentlich wollte ich keinen Kommentar dazu abgeben, aber schweigen konnte ich auch nicht. »Ich kenne ihn. Er hat die Trennungsentscheidung aus Wut getroffen. Dann ist er davon ausgegangen, dass sie nicht rückgängig zu machen ist und wollte Aufmerksamkeit erregen, indem er sich selbst etwas antut. Gleichzeitig droht er uns damit, damit niemand ihn antastet. Schließlich ist er in letzter Zeit häufig kritisiert worden und es gab Sanktionen gegen ihn. Er verhält sich äußerst unvernünftig. Wo sind wir hier, inwieweit nützt es dem Feind, wie geht es den Freunden damit, das alles ignoriert er einfach. Er hat sein Niveau reichlich hinuntergeschraubt. Meiner Meinung nach sollte vor allem Fuat mit ihm reden. Ihm gegenüber ist er unvoreingenommen. Wir sollten seine Reaktion nicht auch noch anheizen«.

Mich machte es traurig, in welche Situation er sich gebracht hatte. Meine Bewertung war zwar nicht falsch, dennoch fühlte ich mich schuldig für das, was geschehen war. Wie hätte ich mich verhalten sollen? Hatte ich etwas übersehen? Worauf musste ich in Beziehungen achten?

Durch Hamilis Tat lastete zunächst auf mir und später auf uns allen ein Schuldverdacht. Als sich der Vorfall unter den Gefangenen herumsprach, kam es zu unterschiedlichen Reaktionen. Die meisten Kader waren sich einig, dass Hamili der Status als Kader entzogen werden sollte. Einige fanden diesen Vorschlag jedoch zu extrem. Ich sprach mit Şamil über das Thema. Şamil war sehr vorsichtig und achtete darauf, bei einer Bewertung das Schlusswort nicht vorwegzunehmen. Hamili bereitete ihm Sorgen. Auch an mir äußerte er Kritik. Als er zu Beginn, in der Zeit, als Hamili und ich uns nur schriftlich austauschen konnten, von der Beziehung erfahren hatte, hatte er gesagt, dass er sich über unser Glück freue, und uns alles Gute gewünscht. Wir wurden jedoch nicht glücklich. Es stimmte, dass ich mich unreif verhalten hatte. Vielleicht hatte ich mich selbstlos und sensibel gezeigt, aber ich hatte nicht geduldig für diese Beziehung gekämpft. Diese Haltung ensprach meinem generellen Umgang mit Problemen.

So hatte ich meine Beziehungsprobleme an sehr beliebigen Stellen thematisiert. Şener durfte von der Beziehung wissen, aber es war völlig unnötig, ohne jegliches Maß und völlig unbedacht über alles mit ihm zu sprechen. Damit gab ich sämtliche Schwachpunkte preis und verriet, was uns wie beeinflusste und was uns wichtig war. Maßlose Offenheit und extreme Verschwiegenheit liefen letztendlich auf das Gleiche hinaus. Beides ist keine wirkliche Lösung. Auch bei meinen Gefühlen und Reaktionen konnte ich nicht Maß halten. Ich hatte mein Gegenüber als inkonsequent kritisiert und mich gleichermaßen inkonsequent und prinzipienlos verhalten.

Der Unterschied war folgender: Hamili war von Beginn an nicht offen gewesen. Auch in den organisatorischen Beziehungen versteckte er sich. Diskussionen über unsere Beziehung wich er aus. Ich hingegen hatte mich von Anfang an bei jedem Thema extrem offen verhalten. Vor allem in der letzten Zeit, als es uns nicht gelang, eine einvernehmliche Lösung zu finden, hatte ich Hamili provoziert, die Beziehung selbst zu beenden. Damit verlor auch ich jedes Maß. Ich schadete meinem Ansehen. Andere dazu zu bringen, Fehler zu machen, oder sie vor neue Probleme zu stellen, zeugt nicht von Konsequenz. Ich hätte meine eigenen Fehler sehen müssen. Und ich hätte den Einfluss anderer sehen müssen.

Handelte es sich nur um einen Kampf zwischen Hamili und mir? Nein! Es stimmte, dass es eine Grundlage für einen Kampf gab, aber wer kämpfte gegen wen? Wie hatten wir an den jeweiligen Fronten Stellung bezogen? Welche Rolle spielten Persönlichkeiten im Spiel der Liebe und Leidenschaft? Wie passten Liebe und dieser Kampf zusammen? Wie wurde mit den Gefühlen gespielt?

tunnelbau

Gezgör bestand darauf, den Tunnel trocken zu legen. Er hatte Rheuma, welches bereits sein Herz angegriff, dennoch arbeitete er beharrlich weiter. Der Feind hob tiefe Gräben um das Gefängnis herum aus, ständig wurde irgendwo gebaggert. Der für das Gefängnis zuständige Staatsanwalt träumte sogar von einem Tunnel: »Wir wissen, dass er existiert, aber wir finden ihn nicht«, sagte er. In vielen Gefängnissen war es zu Fluchtversuchen gekommen.

Angeblich gab es seit 1981 den Plan, Gefangene aus dem Kerker von Diyarbakır zu befreien. Es hieß, dass sogar über eine Befreiungsaktion mit einem Flugzeug nachgedacht wurde. Auch unsere eigenen Pläne wimmelten von interessanten Ideen, aber der Plan mit dem Flugzeug war in aller Munde. Er erschien uns zwar nicht sonderlich realistisch, dennoch glaubten wir daran, dass die Partei sich irgendetwas einfallen lassen würde.

Jedes Mal, wenn ich auf den Hof des dritten Trakts ging, präsentierte Filo mir mindestens einen seiner Pläne. Er kam mit einem Heft in der

Hand zu mir und sagte leise: »Lass uns ein bisschen reden, wenn du gerade nichts zu tun hast«. Die anderen Freunde beobachteten uns, einige lächelten unter ihren Schnurrbärten. Was hatte unser Philosoph wieder ausgeheckt? Es war nicht schwer zu erraten. Filos Ideenreichtum war fantastisch, die Umsetzung seiner zahlreichen Pläne jedoch leider höchst unrealistisch. Das Gefängnis hatte drei Stockwerke. In seiner Fantasie baute Filo vom obersten Stockwerk aus eine Seilbahn zu einem gegenüber liegenden Haus. Er zeigte mir einen Lageplan, den er gezeichnet hatte. Auch an die Zeiten der Wachablösung hatte er gedacht. An das Seil montierte er in seiner Vorstellung eine Spule, um die Flucht zu beschleunigen. Alle wären innerhalb weniger Minuten draußen. Das erzählte er mir im Brustton der Überzeugung. Ich achtete seinen Eifer und seine Ernsthaftigkeit. Zählte ich ihm die Hindernisse auf, die seinem Plan im Wege standen, trübte sich seine Stimmung kurzzeitig, um direkt im Anschluss einen neuen Plan auszuarbeiten. In meinen Berichten über den dritten Trakt waren Filos Fluchtpläne das Hauptthema. Sie wurden Gegenstand vieler Witze unter den Gefangenen.

Ich machte einen ernsthaften Vorschlag in Bezug auf den Fluchttunnel. Darüber hinaus hatte ich noch einen anderen Plan, in den ich nur wenige Freunde aus der Leitung einweihte. Er sah vor, mich ins Krankenhaus einweisen zu lassen und von dort aus zu fliehen. Draußen wurden Vorbereitungen getroffen. Der Plan war nicht riskant, erforderte jedoch Glück. Ich ging davon aus, dass er erfolgreich sein würde. Bevor ich losfuhr, sagte Şener: »Wenn ich ehrlich bin, will ich gar nicht, dass es klappt. Meine Verwünschungen werden sowieso nicht erhört werden, auch nicht von Gott. Es mag egoistisch sein, aber ich will trotzdem nicht, dass es klappt.« Ich antwortete: »Vor einer Aktion wünscht man sich gegenseitig Erfolg. Dass jemand Misserfolg wünscht, höre ich zum ersten Mal.«

Nach Hasan Atmaca waren auch Sinan Caynak und Hasan Güllü aus der Haft entlassen worden. Sie waren draußen gemeinsam mit anderen sowohl für den Tunnel als auch für meinen Fluchtplan zuständig. In ihren Botschaften äußerten sie sich meist wenig optimistisch, da die Polizeikontrollen sehr intensiv waren. Sie bemühten sich trotzdem, die notwendigen Bedingungen für unsere Fluchtpläne herzustellen. Die Freunde, die sich um meine Angelegenheit kümmern sollten, tauchten jedoch nicht im Krankenhaus auf. Ich kehrte erfolglos ins Gefängnis zurück. Da ich nicht meine gesamte Hoffnung auf die Flucht gesetzt hatte, konnte ich mit dem Misserfolg umgehen. Trotzdem war es bedrückend, dass ständig etwas schief lief. Seit Jahren schmiedete ich Pläne und hatte keinen einzigen umsetzen können. Aufgeben kam für mich nicht in Frage: »Ich werde diesen Kerker verlassen!« Das hatte ich mir in den Kopf gesetzt. Eine reguläre Entlassung erwartete ich nicht. Der Feind würde sich immer neue Anklagen gegen mich ausdenken.

Gefangene denken ständig an Flucht, sie träumen sogar davon. Auch für mich war ein Ausbruch aus dem Gefängnis eine fixe Idee, die ich leidenschaftlich verfolgte. Unzählige Male stellte ich mir vor, diese Mauern zu überwinden. In Malatya hatte ich nach meinem misslungenen Fluchtversuch gelobt, es wieder zu versuchen. Zum Staatsanwalt sagte ich: »Sobald sich eine Gelegenheit ergibt, werde ich wieder flüchten. Ich bin eine revolutionäre Gefangene, daher wäre es unnatürlich, nicht an Flucht zu denken.« Der Staatsanwalt schüttelte erstaunt über meine Offenheit freundlich lächelnd den Kopf. Selbst er konnte meine Fluchtfantasien nachvollziehen.

Als ich aus dem Krankenhaus zurückkehrte, war Şener nicht auf dem Hof. Später kam er herunter und sagte: »Ich dachte, du kommst nicht wieder. Vielleicht ärgerst du dich darüber, aber mir ging es nicht gut, deshalb bin ich nicht auf den Hof gegangen. Wenn du nicht da bist, betrete ich den Hof eigentlich nie.« Verblüfft sah ich ihn an. Was sollte das bedeuten? Nahm ich tatsächlich so viel Raum in seinem Leben ein? »Schön und gut, wahrscheinlich sollte ich mich darüber freuen. Trotzdem, irgendetwas läuft ständig schief. Die Freunde haben soviel Geld ausgegeben, warum sind sie dann nicht im Krankenhaus erschienen? Sie haben doch vorher gesagt, dass ich jederzeit dorthin kommen könne, da sie auf jeden Fall davon erfahren würden. Ich glaube nicht, dass sie es ernst meinen. Wir sind hier doch nicht im Haus unseres Vaters, das wir nach Belieben verlassen können. Das begreifen sie offenbar nicht«, sagte ich. Dann sprach ich das Thema Tunnel an: »Diese Angelegenheit sollte nicht länger hinausgezögert werden, es ist zu gefährlich.«

Wir hatten zuvor darüber geredet. Mein Vorschlag, in die Gruppe der für die Tunnelflucht vorgesehenen Gefangenen aufgenommen zu werden, war angenommen worden. Bereits bei der vorgehenden Planung war diese Möglichkeit in Betracht gezogen worden, aber zu jener Zeit war es schwierig, den Frauentrakt zu verlassen. Jetzt konnte ich die anderen Höfe betreten, was ein ausschlaggebender Vorteil war. Die Entscheidung war bereits vor Hasan A.s Entlassung gefallen. Soweit ich weiß, wurde auch mit Karasu darüber diskutiert. Es gab also allgemeine Zustimmung.

Konkret sah der Plan so aus: Ich würde im 35. Trakt bleiben, einer von dort sollte in den dritten Trakt gehen und einer aus dem dritten Trakt in den Frauentrakt. In unseren Trakt konnte ein schlanker Mensch durch die Türklappe gelangen. Dieser Freund sollte bei der Zählung im Bett bleiben. Die Freundinnen würden behaupten, ich sei krank. Die Wächter würden von der Tür aus einen Blick auf das Bett werfen und einen Körper unter der Bettdecke sehen. Da wir ohnehin nur noch sehr wenige Frauen waren, würde diese Tarnung ausreichen. Falls uns bis dahin die Flucht noch nicht geglückt sein sollte, würde ich mich im 35. Trakt auf dieselbe Weise verstecken. Wir redeten viel darüber. Rein theoretisch war der Plan perfekt. Natürlich war es schade, dass viele der Freunde, die ursprünglich mit dabei sein sollten, inzwischen in andere Gefängnisse verlegt worden waren.

Hamili wurde weiterhin sanktioniert. Es kam die Frage auf, ob er noch zu der Fluchtgruppe gehörte. Ich sprach mich dagegen aus, diese Frage überhaupt zur Diskussion stellen. »Hamili aus der Gruppe heraus zu halten, würde negative Konsequenzen haben. Die Sanktion ist auch kein Hinderungsgrund«, sagte ich. Dann wurde die Frage aufgeworfen, ob Hamili es ›verdient‹ habe. Şener sagte: »Viele Freunde würden ein Problem daraus machen. Außerdem hat Hamili selbst gesagt, dass er nicht mitkommt.« Ich lehnte die Diskussion weiter ab. Früher hatte ich einmal vorgeschlagen, Hamili in den 35. Trakt verlegen zu lassen. Damals hieß es, im 36. Trakt würden Freunde benötigt, das sei auch Karasus Meinung gewesen, und so war er dort geblieben.

Nach der Entlassung von Sinan und Hasan Atmaca nahmen Hüsnü Altun und Sait Üçlü ihre Plätze in der Leitung ein. Hüsnü und Faruk waren Geschwister. Hüsnü war ungefähr zur gleichen Zeit wie Sabri Ok gekommen. Şener kannte ihn, ich kannte ihn nicht. »Es ist positiv, dass er von der Guerilla kommt, damit wird ein Gleichgewicht hergestellt«, sagte Şener. Nach dem 15. August waren vor allem in den Bergen Festnahmen erfolgt. Es kamen Menschen von der Guerilla, der Miliz und vom Volk.

1988 war das Gefängnis wie ein Miniaturmodell Kurdistans. Alle Bevölkerungsgruppen waren vertreten. Fast die Hälfte der zu uns gehörenden Gefangenen waren Menschen aus dem Volk. Mittlerweile wurde neben der Hawar eine weitere Zeitschrift herausgegeben, die diese Menschen ansprechen sollte. Die meisten Texte waren kurdisch. Wir erstellten auch ein gesondertes Bildungsprogramm für sie.

Nach der Selbstkritikphase wurde eine Unterteilung in Kader, KaderanwärterInnen, Zentrale und Ersatzzentrale eingeführt. Ich äußerte mich bei der Einteilung nur zu den Freunden, die ich gut kannte. Das wichtigste Kriterium war, wie sehr jemand Widerstand geleistet hatte. Auch das ideologische und politische Niveau und die Lebensweise galten als wichtige Kriterien. Ich schlug Şamil und weitere Freunde für die Zentrale vor. Meine Vorschläge deckten sich überwiegend mit denen von Fuat und Sait. Als Sekretär war es Şeners Aufgabe, die Meinung der anderen einzubeziehen, wenn er sich abschließend zu einer Fragestellung äußerte. Manchmal kam er jedoch der Diskussion zuvor und machte gleich einen Vorschlag. In Diskussionen nahm er eine dominante Rolle ein. Unsere Versammlungen verliefen oft konfliktreich und polemisch.

Für den Kontakt nach draußen waren Fuat, Şener und ich zuständig. Wir organisierten und kontrollierten den gesamten Schriftverkehr. Ich kümmerte mich außerdem um die Kommunikation zwischen den Trakten. Die gesammelten Informationen gab ich direkt an Şener weiter. Manchmal suchten wir gemeinsam andere Trakte auf. Gelegentlich fanden Versammlungen statt. An Feiertagen besuchten wir die anderen Gruppen und sogar die Schmuggler. Die Führungskader der TİKKO waren im 35. Trakt. Auch von ihnen sollten einige bei der Tunnelflucht dabei sein. Daher ließen sie sich nicht verlegen. Insgesamt hatten wir eine gute Beziehung zu ihnen. Ausgrenzendes, anklagendes, übertriebenes oder sektiererisches Verhalten gab es nicht mehr.

Dafür gab es Probleme mit Mehdi Zana. Er war lange Zeit mit den Freunden zusammen gewesen und wurde für seinen Widerstand geachtet. Außerdem kannte er unsere Gefallenen und galt als ein Freund, dem die Bedeutung des Gefängniswiderstands der PKK bewusst war. Nach 1987 kühlte der freundliche Umgang jedoch merklich ab. Mehdi Zana sah seine Mission darin, über den verschiedenen politischen Gruppen zu stehen. Er bezeichnete sich selbst als unabhängig. Die anderen Gruppen versuchten auf pragmatische Weise, ihn zu vereinnahmen. Sowohl draußen als auch im Gefängnis gab es Bemühungen, Distanz zwischen ihm und uns herzustellen. Gleichzeitig machten auch wir Fehler, da wir falsche Erwartungen hatten, die seine Besonderheiten übergingen und andere Entwicklungen nicht einbezogen. Mehdi Zana wurde kritisiert und verwarnt. Wir durchschauten die laufende Intrige nicht und machten daher Fehler.

Außerdem störte Mehdi Zana unser Kontakt zu Leyla, seiner Ehefrau. Es war selbstverständlich, dass sie Mitglied der Angehörigenbewegung war. Mehdi Zana ließ sich jedoch von dem Gerede beinflussen, dass die Bewegung ihm seine Frau wegnehmen wolle. Die Bürgermeisterwahlen standen an. Wir schlugen Leyla als Kandidatin vor. Mehdi Zana lehnte diesen Vorschlag vehement ab. Soweit ich mich erinnere, kandidierten auch Refik Karakoç und Atalay, weshalb wir Leyla nicht als Kandidatin aufstellen konnten. Sie war längst nicht mehr die alte Leyla. Die gesamte Bevölkerung hatte sich durch die Angriffe des Feindes politisiert. Am stärksten beeinflusst waren diejenigen, die Angehörige im Gefängnis hatten. Leyla hatte außerdem das Erwachen kurdischer Frauen selbst erlebt. Durch großen persönlichen Einsatz fand sie für sich einen Zugang zu dem Kampf und ihrer Identität als Frau.

Der Nachname Zana entsprach nicht ihrer wahren Identität. Ihre Veränderung führte unweigerlich zu Konflikten mit Mehdi Zana. Jedes Aufbegehren wirkte sich auf ihre familiären Bindungen und ihre Ehe aus. Überall lösten sich traditionelle Familienstrukturen auf. Das sollten auch die Zanas erfahren. Die neuen Beziehungsformen, die die alten Bindungen ersetzen sollten, mussten viel respektvoller sein. Der Übergang verlief schmerzhaft. Letztendlich war es diese Revolution, die Mehdi Zana seine Leyla entriss, obwohl behauptet wurde, die PKK habe sie ihm weggenommen. Dieses Problem war vielleicht der Hauptgrund für das distanzierte Verhältnis zwischen Mehdi Zana und uns.

Şener erzählte mir von den Briefen, die Elif ihm schrieb. Ich sagte, dass ich sie gerne einmal lesen würde. Er gab sie mir jedoch nie und ich kümmerte mich nicht weiter darum. Elif hatte ich 1978 in Elazığ kennengelernt. Sie wurde ›Mediha, die Türkin‹ genannt. Ich musste daran denken, was Halide von der DDKD einmal gesagt hatte: »Unsere kurdischen Männer sind komisch. Sie sind die reinsten Löwen, fahren in die türkischen Metropolen und suchen sich blinde, dürre türkische Mädchen aus, die nicht einmal richtig laufen können. Dabei gibt es doch so wunderschöne kurdische Mädchen!« Die TKP-Frauen in unserem Trakt waren damals ausschließlich Türkinnen und die meisten trugen eine Brille. Alle waren sie mit Kurden verheiratet. Halides Spruch zielte insbesondere auf diese Frauen ab, die jedoch mit uns gemeinsam darüber lachten.

Ich beschrieb sie auch in meinem Bericht über den Frauentrakt und sorgte damit für Belustigung. Jetzt erzählte ich Şener davon und fügte schnell hinzu: »Elif ist natürlich anders.«

Şener erzählte von seiner Zeit in Batman. Was Mediha betraf, hatte er sich wohl ziemlich beharrlich gezeigt. »Sie ist jetzt im Mittleren Osten«, sagte er, »das hat Hüsnü erzählt.«

Schließlich diskutierten wir über das Thema Liebe. Şener sprach über Hamili und sagte: »Eure Trennung macht ihm zu schaffen.« Ein weiteres Mal bezeichnete er mich als unbarmherzig und sagte: »Alle sind von deiner revolutionären Persönlichkeit beeindruckt. Du bist sehr natürlich. Du bist wie die Farben, die durch willkürliche Pinselstriche auf einer Leinwand entstehen. Nicht jeder ist in der Lage zu verstehen, was diese Pinselstriche bedeuten. Sie sind beeindruckend, aber nicht jeder versteht ihre Bedeutung.«

»Du sprichst sehr philosophisch und romantisch«, sagte ich. Wir redeten noch eine Weile weiter. Irgendwann sagte er: »Wäre ich nicht verlobt, würde ich mich in dich verlieben.« Ich wurde schlagartig ernst: »Das reicht. So seicht sollten unsere Unterhaltungen nicht sein. Wir können über alles reden und das ist auch gut so, aber du musst nicht alles aussprechen, was dir gerade durch den Kopf geht.«

»Du kannst doch kein Embargo gegen die Liebe verhängen! Gefühle können auch entstehen, ohne dass du es ausdrücklich willst«, sagte er und redete weiter. Ich schwieg. Plötzlich musste ich an Hamilis Worte denken und fühlte mich schuldig. Woher nahm Şener den Mut, so mit mir zu sprechen? Es war kränkend. Meine Augen füllten sich mit Tränen. Es tat mir weh, dass Hamili unter der Situation litt. Einem anderen Menschen Schmerz zuzufügen, war einfach schrecklich, und es war nicht das erste Mal in meinem Leben. Ich wollte das nicht, wieso kam es trotzdem immer wieder dazu? Lag es daran, dass ich mich den Wünschen anderer unterordnete? Oder war Liebe ein Mittel, das ich für bestimmte Zwecke einsetzte?

Nein! Liebe ist kein Mittel, Liebe ist direkte Aktion, ist das Leben selbst. War es verkehrt, sie zu einem Mittel im Leben zu machen? Liebe wurde immer falsch verstanden. Sie kann nicht angeboten oder erzwungen werden. Über Liebe kann nicht verhandelt werden. Mit Liebe spielt man nicht. In der Liebe gibt es keinen Schwindel, keine List und keine Täuschung. Liebe lässt sich nicht verheimlichen. Liebe sollte jedoch auch nicht willkürlich verteilt werden.

Natürlich merkte Şener, was mit mir los war: »Warum hast du Tränen in den Augen? Habe ich dich verletzt?« Er kannte mich gut. Es war schön, als Frau geliebt zu werden, aber er traf einen meiner schwachen Punkte, als er von meiner revolutionären Persönlichkeit sprach und mich als apocu bezeichnete. Meiner Emotionalität, meiner Suche nach Liebe und meiner Weiblichkeit fehlte diese solide revolutionäre Grundlage. Ich musste endlich Klarheit darüber gewinnen, wo Liebe anfängt und wo sie aufhört.

»Du liebst eine meiner Genossinnen und bist sogar mit ihr verlobt. Meiner Meinung nach solltest du dich ihr gegenüber respektvoll verhalten. Deine Worte haben mich berührt, aber Liebe erfordert Aufrichtigkeit«, sagte ich schließlich, als es mir für einen Moment gelang, meine Gefühle unter Kontrolle zu bringen. Dann ging ich.

Es war das erste Mal, dass ich den Hof frühzeitig verließ und allein in den Frauentrakt zurück ging. Cahide sagte ich, dass ich mich nicht wohl fühle. Ich war nachdenklich und schrieb meine Gedanken auf. Es handelte sich um ein sehr ernstes Thema. Ich hatte mich gerade erst aus der chaotischen Beziehung mit Hamili befreit. Hamili verhielt sich mir gegenüber immer noch feindlich. Ein Jahr lang hatten wir uns ständig gestritten. Jetzt redeten wir nicht einmal mehr miteinander. Ging ich auf den Hof des 36. Trakts, ließ Hamili sich nicht blicken. War er bereits dort, blieb ich nicht lange. Den Freunden gegenüber versuchte ich mir nichts anmerken zu lassen. Nicht allen war die Situation bekannt. Früher hatten Hamili und ich oft miteinander geredet, jetzt grüßten wir uns nicht einmal mehr. Daher war es besser, jeder Begegnung auszuweichen. Mir wäre es lieber gewesen, unsere genossenschaftliche Beziehung fortzusetzen, darauf ließ Hamili sich jedoch nicht ein.

Şener teilte ich schriftlich mit, dass sich aus meinem herzlichen Umgang mit den Freunden nicht das Recht ergebe, sich mir gegenüber distanzlos zu verhalten. Ich kündigte an, künftig vorsichtiger zu sein, damit meine Haltung nicht missdeutet werde. Ich schrieb, dass mich seine Worte sehr betroffen gemacht hätten, da er mit Mediha verlobt sei und sich ihr gegenüber respektvoll zu verhalten habe. Ich kritisierte seine Auffassung von Liebe.

Es war besser, ihm zu schreiben, anstatt weiter direkt über dieses Thema zu diskutieren. Am nächsten Tag gab ich ihm den Brief. Nachdem er ihn gelesen hatte, wollte er mit mir reden. Ich wich ihm aus, indem ich mich in ein Gespräch mit anderen Freunden vertiefte.

Mir kam es falsch vor. Er trug einen Ring am Finger, sie schrieben sich und er erzählte mir von ihr. Ich hatte versucht, eine Lösung für meinen Konflikt mit Hamili zu finden, indem ich mit Şener, der selbst eine Beziehung führte, darüber diskutierte. War es möglich, mehrere Menschen gleichzeitig zu lieben? Mir erschien das weder ethisch noch wissenschaftlich nachvollziehbar.

Da er keine Gelegenheit fand, mit mir zu sprechen, antwortete Şener mir schriftlich. Sein Brief war merkwürdig. Meine Reaktion auf seine Worte sei völlig übertrieben, er respektiere Mediha durchaus, aber Liebe sei mehr, als sich den gesellschaftlichen Regeln zu beugen und sich an eine Person gebunden zu fühlen, obwohl die Umstände sich geändert hätten. Sich zu einem anderen Menschen hingezogen zu fühlen sei etwas anderes als Betrug oder Täuschung. »Ich bin Mediha gegenüber aufrichtig und habe mir nichts zuschulden kommen lassen«, schrieb er. Er fand meine Kritik unangebracht, meine Einstellung engstirnig und konservativ.

Diese Auseinandersetzung beeinflusste unsere Zusammenarbeit nicht, schuf jedoch eine gewisse Distanz zwischen uns. Ich verhielt mich nicht mehr so ungezwungen wie früher und sprach das Thema nicht wieder an. Auch Şener achtete auf sein Verhalten.

Da es sehr viele PKK-Gefangene gab, konnte ich mich nicht um alle kümmern. Einige kritisierten mich dafür. Viele Freunde wollten mit mir sprechen. Vor allem diejenigen, die mich von früher kannten, hatten das Bedürfnis, mit mir über ihre Probleme zu reden. Es war mir selbst unangenehm, dass ich diesem Bedarf nicht nachkam, aber es gab über zwanzig Trakte, in denen PKK-Gefangene untergebracht waren. Als Mitglied der Leitung war es vor allem meine Aufgabe, den Austausch mit den Traktvertretern zu gewährleisten. So verlangte es die Organisationshierarchie. Unsere Arbeitsweise war ziemlich bürokratisch. Die Zeit reichte gerade aus, um mir die Probleme zusammenfassen zu lassen, allgemeine Informationen zu übermitteln und mit einigen Freunden zu sprechen. Ich war ständig unterwegs. Obwohl ich mir keine fünf Minuten Ruhe gönnte, war dieser Zustand unbefriedigend.

Gegen Ende des Hofgangs übermittelte ich Şener die zusammen getragenen Informationen. Zwischendurch sprachen wir über die gerade anliegende Arbeit. Şener beherrschte seine Aufgabe. Das machte sich sowohl in der Leitung als auch im Alltagsleben bemerkbar. Zu Beginn war er viel nachlässiger, chaotischer und zurückhaltender gewesen. Diesbezüglich kritisierte ich die Freunde oft. Ihre Lebensweise kam mir manchmal abstoßend vor. Aus der Ferne sah alles prächtig aus, aus der Nähe betrachtet war jedoch einiges befremdlich. Ich äußerte auch im Alltagsleben häufig Kritik. Şener nahm meine Kritik ernst und veränderte sich merklich. Die Freunde sagten: »Seit ihr zu uns kommt, haben sich alle verändert. Alle achten jetzt auf Sauberkeit, die Lautstärke ihrer Stimmen und ihr Verhalten. Der Unordentlichste von uns war Şener und selbst er hat sich geändert.«

Unser Bildungsprogramm war sehr umfassend. Als Quellen dienten uns die Bücher, die uns zur Verfügung standen. Wir Frauen konnten jedoch nicht daran teilnehmen. Es war unbedenklich, manchmal an Seminaren teilzunehmen, die in den Räumen unten stattfanden, aber an der Bildungsarbeit in den Trakten beteiligten wir uns nicht. Ich achtete sorgfältig darauf, mich nur auf den Höfen aufzuhalten und die Trakte selbst nicht zu betreten. An Feiertagen besuchte ich alle Höfe. Selbst der Feind war beeindruckt von meinem Umgang mit den Freunden. Eine Wächterin sagte sogar: »Früher haben uns die männlichen Wächter wie Luft behandelt. Inzwischen haben sie sich von euren Umgangsformen anstecken lassen und stehen auf, wenn wir den Raum betreten. Sogar der Direktor bietet uns einen Stuhl an.« Diese Information hatte Bedeutung, spiegelte sie doch den Eindruck wider, den der Feind von uns hatte. Unsere Umgangsformen übten einen positiven Einfluss auf den Feind aus! Dieser Eindruck musste bewahrt werden.

sowohl der feind als auch wir hatten angst

In der ersten Maiwoche ließ uns die Verwaltung ausrichten: »Die vier Frauen sollen ihre Sachen packen, sie werden verlegt.« Sofort errichteten wir eine Barrikade und riefen Parolen gegen unsere Verbannung. Die Parolenrufe griffen auf das gesamte Gefängnis über. Zwischen den Trakten verständigten sich die Gefangenen lautstark rufend darüber, um wessen Verbannung es sich handelte. Der dritte Trakt lag in unmittelbarer Nähe zum Frauentrakt. Nur die Gefangenen dort konnten wir informieren. Die Nachricht verbreitete sich wie ein Lauffeuer. Die Verwaltung versuchte zu beschwichtigen: »Es handelt sich um einen Befehl von oben, wir können nichts machen. Es liegt ein Gerichtsbeschluss vor. Für euch ist es sowieso besser, weil ihr in ein Zivilgefängnis kommt. Es ist sogar hier in der Stadt, ihr bleibt in Diyarbakır.«

»Nein, unsere Gerichtsverfahren sind noch nicht abgeschlossen und wir wollen bei unseren Freunden aus denselben Verfahren bleiben. Das ist ein vollkommen willkürlicher Beschluss, warum sind wir bisher nicht verlegt worden? Wir akzeptieren das nicht«, antworteten wir.

»Sie haben einen Aufstand im gesamten Gefängnis angezettelt. Es ist doch sehr überraschend, wie schnell sich die Nachricht herumgesprochen hat. Jetzt ist klar, dass Sie das Gefängnis leiten«, sagte der Staatsanwalt. Die Situation bereitete ihm Kopfschmerzen.

Nachdem Karasu und die anderen verlegt worden waren, hatten wir erneut über das Thema diskutiert. Es wurde kritisiert, dass die Verbannung stillschweigend akzeptiert worden war. Vermutlich würde der Feind jetzt damit fortfahren, Gefangene einzeln oder gruppenweise zu verlegen. »Wir müssen unsere Haltung überdenken«, sagten wir. Nach längerer Diskussion beschlossen wir: »Ab sofort lassen wir uns keine Verbannung mehr stillschweigend gefallen. Wir werden uns wehren, jedoch keinen Aufstand provozieren.« Niemand hatte sich vorstellen können, dass die nächste Verlegung ausgerechnet uns Frauen treffen sollte. Es gab auch gar keine gesetzliche Grundlage für diesen Beschluss. An diesem Punkt hielten wir uns fest.

Der Einsatz der Freunde war hervorragend. Vom Fenster aus riefen sie uns zu, dass sie uns beistünden und bis zum Schluss Widerstand leisten würden. Einige wurden sogar sehr emotional und sagten: »Sie können unsere Leichname herausholen, aber nicht unsere Schwestern.« Die Freunde im dritten Trakt hielten am Fenster Wache. Der Reihe nach kletterten sie auf das Fensterbrett und blieben in ständigem Kontakt zu uns. Hüseyin Eroğlu ist mir unvergesslich. Er stand ständig auf dem Fensterbrett. »Diese Dreckskerle sind bloß neidisch. Dieser eine Faschist hat ja sogar seine Mütze auf den Boden geworfen und seinen Rücktritt eingereicht. Es ist allgemein bekannt, dass ihr auf die Höfe kommt und großen Einfluss habt. So etwas gibt es in keinem anderen Gefängnis und diesen Sieg gönnen sie uns nicht. Es wird ihnen nicht gelingen, euch an irgendeinen anderen Ort zu bringen. Ich trage meine Rasierklinge bei mir. Wir haben den Typen ganz offen gesagt, dass es Selbstmordaktionen geben wird, wenn ihr verbannt werdet. Das hat ihnen Angst gemacht«, sagte er.

Auch ich hatte Angst. Wir mussten immer die Wahrscheinlichkeit gezielter Provokationen in Betracht ziehen. Bei den Verbannungen aus

Elazığ hatten wir dieselbe Sorge, aber die Stimmung dort war anders. Die Gefangenen in Diyarbakır reagierten spontan und emotional. Die Atmosphäre war angespannt. Sowohl der Feind als auch wir hatten Angst.

»Wir trauen euch nicht. Woher sollen wir wissen, wohin ihr sie bringt? Nein, sie werden keinen Schritt aus diesem Gefängnis heraus machen«, sagten viele Freunde. Die Verwaltung war nervös. »Wir haben uns Ärger eingehandelt«, sagten die Direktoren. Ihnen war klar, dass wir die anderen Trakte nicht ohne Grund besuchten. Vor allem ich bewegte mich im gesamten Gefängnis. Der Feind verfolgte unser Tun aufmerksam und es war klar, dass meine Besuche unserer organisatorischen Arbeit dienten. Die Militärkommandantur hatte mit Sicherheit entsprechende Berichte von der Verwaltung erhalten.

Als die Forderungen im Februar erfüllt wurden, war lediglich von gemeinsamen Hofgängen in einem festgelegten Trakt die Rede gewesen. Gleichzeitig wurde bekannt, dass ein Freund gefallen war. In dieser Atmosphäre wurden die Verhandlungen abgeschlossen. Anschließend fiel dem Feind keine Begründung ein, um die gemeinsamen Hofgänge zu verhindern. Ein direktes Verbot hätte zu wütenden Reaktionen geführt. Mit der Verlegung in ein anderes Gefängnis wollten sie das Problem grundlegend lösen.

Außerdem war geplant, in unserer Abteilung Überläufer unterzubringen. Die Abteilung war ein abgeschlossener Bereich mit eigenen Besuchsräumen, Höfen, Bädern und sogar einem eigenen Zugang nach draußen. Bei Neuzugängen würden die anderen Gefangenen nicht erfahren, um wen es sich handelte, und auch die Kontakte zur Verwaltung entzogen sich der Kontrolle. Gleichermaßen konnten Überläufer ungesehen nach draußen gebracht werden. Dieser Plan war einhergehend mit meiner Position im Gefängnis ausreichend Grund für den Feind, uns zu verbannen. Nur mit dem Widerstand der Gefangenen hatte er nicht gerechnet.

Ich weiß nicht mehr, wie viele Tage der Widerstand andauerte, aber nach nur einer Woche konnten wir wieder wie früher auf die anderen Höfe gehen. Şener kam gemeinsam mit dem Direktor und dem Staatsanwalt. Es hatte Verhandlungen gegeben und der Feind hatte eingelenkt. Um uns glaubhaft zu machen, dass wir nicht verlegt würden, hatten sie Şener als Gefangenenvertreter mitgebracht. Wir bauten die Barrikade ab und beendeten unsere Aktion.

Trotzdem mussten wir weiterhin auf einen plötzlichen Überfall gefasst sein. Die Freunde waren besorgt und mahnten uns ständig zur Vorsicht.

In dieser Zeit fand aus Anlass des Muttertags erstmalig offener Besuch in den Höfen und im unteren Korridor statt. Die Angehörigen wollten die Zellen von Mazlum, Pir, Hayri und den anderen sehen. Wir trafen vor ihnen ein und ich sah zum ersten Mal die Zelle, in der Mazlum seine Aktion durchgeführt hatte. Sie war normalerweise verschlossen. Eigentlich war es verboten, die Trakte am Besuchstag aufzusuchen, aber die Wächter ließen uns gewähren.

Ich bat darum, allein gelassen zu werden, lehnte mich im Toilettenbereich, in dem Mazlum sich erhängt hatte, an die Wand und weinte bitterlich. Es gab nur ein einziges Rohr. An diesem Rohr hatte er seine Krawatte festgebunden. Ich küsste die Wand, die er berührt hatte. Es war, als ob Mazlum selbst da sei. Der Raum war wie ein Denkmal für seine unvergleichliche Größe. Kein anderer Tod war so wie dieser voller Lebendigkeit gewesen. Die gefallenen Freunde hatte ich nur ein einziges Mal im Gefängnis gesehen. Mazlum war nicht dabei gewesen. Wir hatten am selben Tag eine Gerichtsverhandlung. Die Freunde gingen auf das Gebäude zu. Sie hielten die Köpfe aufrecht und hatten strahlende Augen. Ich verlangsamte meinen Schritt und kümmerte mich nicht um den Soldaten, der mich zur Eile antrieb. Hayri hatte ich noch ein weiteres Mal mit einer anderen Gruppe im Gericht gesehen. Das war alles. Trotzdem hatten wir sie immer vor Augen. Sie waren immer und überall anwesend. Ihre ideelle Kraft erfüllte unsere Herzen.

Ohne es zu merken, schlug ich mit der Faust gegen die Wand. Plötzlich hörte ich Şeners Stimme: »Fass die Wand lieber nicht an, genau dort ist der Tunneldeckel.«

»Wirklich? Genau hier?« fragte ich. Welch ein Zufall! Ich schaute genauer hin, die Tarnung war perfekt. Sie bestand aus einer Pressholzplatte, die mit Kalk und Gips verkleidet war. Und wie ging es weiter? Von hier aus ging es nach unten. Der Tunnel führte zunächst fünf oder sechs Meter in die Tiefe und bog dann zur Seite ab.

Wir verließen die Zelle. Die Angehörigen trafen ein. Viele wollten die Zelle sehen. Sie betraten sie der Reihe nach. An der Wand hingen ein Bild und eine Fahne. Die Zelle unterschied sich von den anderen, da die Freunde sie nicht nutzten. Sie gehörte Mazlum.

An diesem Tag lernte ich Şeners jüngere Schwester Fatma und seine Mutter Saliha kennen. Şener führte eine lebhafte Diskussion mit Fatma. Dann rief er mich herbei. Er hatte seinen Verlobungsring Fatma gegeben, die mit mir darüber sprechen wollte. Vielleicht hatte er noch weitere Andeutungen gemacht, ich wusste es nicht. Fatma war aufgebracht.

»Was ist geschehen? Ist Elif nicht in der Partei?«, fragte sie.

»Doch, ist sie«, antwortete ich. Fatma sagte, Şener habe ihr den Ring gegeben und mitgeteilt, die Beziehung sei vorbei. »Sie sind seit Jahren verlobt, was ist denn bloß passiert?«, fragte sie überrascht.

Ich fühlte mich unwohl. Warum klärte Şener diese Angelegenheit über seine Familie und warum zog er mich mit hinein? Vielleicht würde Fatma es missverstehen. »Ich weiß es nicht. Er hat dir wahrscheinlich den Grund genannt. Es ist nicht richtig von ihm, euch damit zu belasten«, sagte ich lediglich.

Hinterher hatten wir eine heftige Auseinandersetzung. »Nicht nur deine Familie, auch alle Freunde werden dich fragen, warum du auf einmal den Ring abgelegt hast. Vielleicht hat er keine besondere Bedeutung, aber immerhin hast du ihn bis heute getragen, wieso legst du ihn jetzt ab«, sagte ich. Im ersten Moment rechtfertigte sich Şener damit, ihm seien Gerüchte über Mediha zu Ohren gekommen. Hüsnü Altun habe ihm erzählt, dass sie in der Partei Beziehungen mit verschiedenen Männern habe. Şener beschuldigte sie jedoch nicht.

»Ich kenne sie. Sie ist nicht leichtfertig, sondern hat mit den traditionellen Maßstäben in Beziehungen gebrochen. Diese Ehrlosen haben sie ausgenutzt. Ich gebe ihr keine Schuld, ich vertraue ihr. Das ist ja nicht das einzige Problem. Es stimmt, dass mich diese Angelegenheit beschäftigt hat, aber eigentlich geht es um dich. Du bist eine Heilige für mich. Es wäre unehrlich, meine Gefühle für dich zu verheimlichen. Daher wäre es auch falsch, den Ring weiter zu tragen. Du sprichst von Betrug, aber das stimmt nicht. Ich liebe dich als apocu. Du hast mein Leben verändert. Früher hatte ich sowohl zum Leben als auch zum Tod ein anderes Verhältnis. Ich hatte Angst vor dem Tod und auch das Leben hat mir teilweise Angst gemacht. Jetzt liebe ich den Tod oder er ist mir gleichgültig geworden. Und im Leben setze ich jetzt Maßstäbe. Egal was ich tue, überall sehe ich dich.«

Er sagte, er wolle offen über alles sprechen. Unser Gespräch dauerte Stunden. Ich weinte. Die anderen Freunde bemerkten meinen Zustand.

Ich wollte gehen und blieb trotzdem, da ich befürchtete, dass auch der Feind etwas merken könne. Schließlich ging ich zur Toilette der Freunde und wusch mir Gesicht und Hände. Die Freunde wunderten sich über meine geröteten Augen, wagten jedoch nicht nachzufragen. Ich hätte ihnen auch nicht antworten können.

Şener ließ nicht locker. Er argumentierte wissenschaftlich, soziologisch, psychologisch. Er wusste, dass mich seine Fähigkeit, andere Menschen zu beeindrucken, schon immer angezogen hatte. Er wusste, wie aufmerksam ich unsere internen Probleme verfolgte und wie sehr ich um Lösungen bemüht war. Er wusste, was ich wollte und erwartete. Er kannte die Ursachen meiner Konflikte mit Hamili. Hamili war in meinen Augen ein Widerstandskämpfer, aber er brachte seine Fähigkeiten nicht in die Organisation ein. Zwischen uns fand keine Zusammenarbeit statt, die uns einander näher gebracht hätte. Letztendlich wurde unsere Beziehung dadurch zerstört.

Welchen Zielen galt meine Leidenschaft? Was wollte ich? Bei mir war alles offensichtlich. Außerdem besaß ich als Frau Einfluss in meinem Umfeld. Mit diesem ideellen Einfluss und meiner momentanen Stellung innerhalb der Organisation stellte ich eine Kraft dar. Was Şener fehlte, konnte ich ergänzen. Tatsächlich hatte ich mich in unserer gemeinsamen Arbeit immer schützend vor ihn gestellt. So verhielt ich mich allen FreundInnen gegenüber, aber Şener war sich dessen sehr bewusst. Mich hingegen zogen seine Fähigkeiten magisch an und ich trug dazu bei, dass er sie bestmöglich einsetzte. Er arbeitete Tag und Nacht. Unsere Zusammenarbeit war genau so, wie ich sie mir immer gewünscht hatte.

Hamili hatte mich häufig kritisiert: »Na klar, ich gefalle dir nicht. Andere betrachtest du dafür als perfekte Revolutionäre.« Er hatte Recht. Mit Hamili konnte ich nicht einmal eine halbe Stunde lang diskutieren. Es lag nicht daran, dass er weniger konnte oder wusste als ich. Nein! Er bemühte sich einfach nicht darum, in einer Diskussion zu einem Konsens zu gelangen, der in eine Zusammenarbeit mündete. Diese Fähigkeit fehlte ihm, ebenso wie mir die Geduld fehlte, sie ihm beizubringen. Daraus resultierte seine Schlussfolgerung: »Das kann nur Şener«. Dieser Eindruck setzte sich auch bei allen anderen fest. Und ich wollte unbedingt arbeiten. Ich genoss ein höheres Ansehen innerhalb der Organisation als Şener. Es gab nichts, weswegen ich mich hätte klein machen müssen. Obwohl Şener Sekretär war, konnte ich ihn kontrollieren. Seine Fehler aus der

Vergangenheit standen nicht mehr zur Diskussion, aber weder er selbst noch die anderen Freunde hatten sie vergessen. In gewisser Hinsicht war ich es, die Şeners Vertrauenswürdigkeit wieder herstellte. Ich gab ihm Deckung.

Eigentlich galt meine Aufmerksamkeit diesen beiden Punkten: der Kritik an seinem Verhalten in der Vergangenheit ebenso wie seiner Arbeitskapazität in der Gegenwart. Es gab viele Gerüchte über sein Verhalten im Jahr 1984. Das dadurch entstandene Misstrauen verschwand niemals ganz. Im Vordergrund stand jedoch die positive Seite seines Charakters. Niemand wünschte sich mehr als ich, er möge seine Stärken im organisierten Kampf einsetzen und damit das im Raum stehende Misstrauen endgültig ausmerzen.

Gegen Saliha hatte ich bereits Vorurteile, bevor ich sie das erste Mal traf. Sie war nicht sonderlich beliebt, aber sehr bekannt. Es lag an unserer allgemeinen Unachtsamkeit, dass sie so sehr im Vordergrund stand. Wir verfolgten kaum, wer wie in der Angehörigenbewegung aufstieg. Es gab zahllose stille, einfache Mütter, die sich von ganzem Herzen und auf bescheidene Weise an der Arbeit beteiligten. Ihnen wurde nicht genügend Wert beigemessen. Selbst wenn sie bereits großes Leid hatten erfahren müssen, wurde sich viel zu wenig um sie gekümmert. Andere drängten sich ständig in den Mittelpunkt oder stifteten nur Unruhe. Saliha betonte häufig ihre ›Opferbereitschaft‹, aber ihr fehlten Herzlichkeit und Reife, so dass sie insgesamt abstoßend wirkte. Gegen sie lagen außerdem schwerwiegende Anschuldigungen vor. In Karasus Zeit war darüber diskutiert worden. Wir wussten nicht, wie draußen damit umgegangen wurde, da wir lediglich Mitglieder der Angehörigenbewegung hatten warnen können.

Saliha war nach dem Tod von Mehmet Emin Arslan wieder ins Gerede gekommen. Überall trat sie im Namen der Organisation oder der Gefangenen auf. Dabei wurde sie von niemandem kontrolliert. Später beschlossen wir, den Vorfall zu untersuchen. Wir fragten bei Leyla Zana und anderen nach. Sie erzählten uns, wo Saliha in diesen Tagen gewesen war und worüber sie gesprochen hatte. Einige Informationen waren sehr konkret, andere aus zweiter Hand. Auch Saliha mussten einige Fragen gestellt werden. Ich traf sie gemeinsam mit Şener am Besuchstag. Die beiden sprachen kurdisch. Şener schrie, Saliha weinte und schwor, die Wahrheit zu sagen. Letztendlich widersprachen Salihas Schilderungen den Informationen, die uns vorlagen.

Dieser Angelegenheit musste draußen gründlich nachgegangen werden. Şener fühlte sich unwohl. »Diese Frau übertreibt manchmal, aber die Gerüchte sind überzogen. Irgendwer intrigiert hier. Es wäre nicht gut, wenn diese Informationen an die Partei weitergeleitet werden. Lass uns einen offiziellen Bericht schreiben. Wir müssen uns dabei auf objektive Fakten beziehen, sonst werden falsche Konsequenzen gezogen«, sagte er. Als Leitung stimmten wir zu, schrieben eine Nachricht und schickten sie ab. Damit nahmen wir Saliha als Gefängnisfront praktisch in Schutz. »Sie stellt zwar viel Unsinn an, ist aber eine Mutter.« So lautete unsere Beurteilung sinngemäß.

Der Bericht enthielt auch eine Bewertung der zentralen Kader. Außer Karasu und mir wurden alle kritisiert. Außerdem gab es noch einen Kritikpunkt. In den Parteimedien wurden viele Bilder aus den Gefängnissen veröffentlicht. Es störte uns alle. »Außer den Gefallenen sollten überhaupt keine Bilder veröffentlicht werden. In Ausnahmefällen können Gruppenbilder gezeigt werden«, sagten wir. Şener schrieb den Bericht auch in Karasus und meinem Namen. Ich widersprach, die anderen Freunde unterstützten ihn jedoch.

Manchmal störte mich die Rolle, die Şener und mir gegeben wurde. Die Gefangenen mochten und vertrauten uns. Ich freute mich darüber, aber es war falsch und oft unangenehm, ständig in den Mittelpunkt gestellt zu werden. Şener kritisierte mich an diesem Punkt: »Du bist dir deiner Mission nicht bewusst.« Das stehe im Zusammenhang mit meiner ideologischen und politischen Tiefe, meiner Beschränkung auf bestimmte Bereiche und meinem überwiegend emotional motivierten Vorgehen. Mit dieser Kritik hatte er Recht. Sie entsprach meiner Realität. Die folgenden Diskussionen brachten mich Şener immer näher.

Was wurde für die Arbeit gebraucht und wie konnte dieser Bedarf gedeckt werden? Şener hatte keine Schwierigkeiten, die allgemeinen Entwicklungen und die im Gefängnis bestehenden Probleme zu diskutieren und schriftlich auszuformulieren. Meiner Meinung nach war das eine wichtige Fähigkeit. Auch den anderen Freunden gefiel das. Die Diskussionen in der Leitung verliefen überwiegend konstruktiv. Oberflächlich betrachtet gab es niemanden, dessen Einstellung sehr abweichend war und damit die Zusammenarbeit behinderte. Trotzdem waren einige unzufrieden, sie äußerten sich jedoch nicht offen dazu. Das galt vor allem für Hüsnü und Faruk. Etwas an ihrem Verhalten war berechnend. Wir kritisierten sie ohne wirklich zu begreifen, worum es ging.

Şener vermied es, beim Thema Liebe in eine klassische Ausdrucksweise zu verfallen. Ohnehin sprach er nicht oft darüber. Er wusste, dass er mich im täglichen Leben und mit seiner Arbeitsweise beeindruckte und passte sein Verhalten meinen Gefühlen, meinen Standards und meinen Wünschen an. Er sprach mich nicht einmal mit meinem Namen an. Es falle ihm schwer, mich Sakine zu nennen, sagte er. Er nannte mich Schwester, Mutter, Opferlamm, aber auch diese Wörter benutzte er nicht oft. Auch ich siezte viele Freunde und sprach sie nicht mit Namen an. Es war eine alte Angewohnheit, die etwas mit Respekt zu tun hatte. In Briefen schrieb ich jedoch ›mein Hüseyin‹, ›mein Meto‹, ›mein Şamil‹ oder ›mein Kara‹. Diese Ausdrucksweise war meinen intensiven Gefühlen, meiner Sehnsucht und der durch die Umstände hervorgerufenen emotionalen Nähe zwischen uns geschuldet. Ich bezwang damit die auferlegte Einsamkeit.

Der Feind zeigt überall Grenzen auf. Er will dich emotional, gedanklich und sogar in deinen Träumen isolieren. Darauf reagierst du, indem du Nähe herstellst. Natürlich gelten auch hier bestimmte Maßstäbe, um Missverständnissen vorzubeugen.

»Am meisten denke ich an dich, wenn du nicht da bist«, sagte Şener. Manchmal kam er erst ans Fenster, wenn ich ihn rufen ließ, obwohl wir die Möglichkeit gehabt hätten, auf dem Hof spazieren zu gehen und uns dabei zu unterhalten. Während der Arbeitszeit sprachen wir nicht über dieses Thema. Wir nutzten die Mittagspause für kurze Diskussionen. Sprach ich das Thema zu anderen Zeiten an, wehrte er ab: »Jetzt nicht.« Seine Haltung gefiel mir. Sie basierte auf dem Prinzip, gegenseitige Besitzansprüche abzulehnen und bestimmte Umgangsformen zu wahren.

In der Anfangszeit wurde wenig darauf geachtet, wer sich wie verhielt. Wir hatten die Freunde jahrelang nicht gesehen. Im Gefängnis geschah vieles willkürlich. Das allgemeine Durcheinander war auffallend und wurde kritisiert. Nachdem eine gewisse Ordnung eingezogen war, wurden das Verhalten und die Arbeitsweise der Einzelnen deutlicher sichtbar. Es fiel auf, dass Şener und ich sehr viel Zeit damit verbrachten, gemeinsam Texte zu schreiben und uns zu unterhalten. Die Freunde bewerteten unsere Schreiberei als nebensächlich und kritisierten, dass ich anderen Freunden nicht genügend Zeit widmete. Die Kritik ging mir nahe. Daher begann ich, die Kommunikation zwischen den Trakten gemeinsam mit Fuat Kav zu führen. Allerdings gewann ich dadurch keine Zeit, es dauerte meist sogar länger.

Eigentlich war die Zeit nicht das Problem, daher machte mich die Kritik so betroffen. Es war eine Tatsache, dass ich mich zu Şener hingezogen fühlte und meine Gefühle für ihn meine Arbeit und meinen Kontakt zu anderen beeinflussten. Auf mein Arbeitstempo und meine generelle Aufmerksamkeit wirkten sie sich nicht negativ aus. Ich war ganz im Gegenteil hoch motiviert, unseren Arbeitsumfang auszuweiten. Für ein Mitglied der Leitung handelte ich die bestehenden Probleme jedoch zu oberflächlich und zu bürokratisch ab.

Wir gaben unserer Beziehung keinen Namen und stellten keine Bedingungen auf. Nach wie vor standen die parteiinternen Probleme für uns im Mittelpunkt. Bedeutete Liebe also, gemeinsam zu arbeiten? Für mich war dies die verbindlichste Seite unserer Beziehung. Daher machte ich mir weniger Gedanken darüber, wie es mit uns weitergehen würde, als vielmehr über unsere gemeinsame Arbeit. Ich war zu allem bereit. Ich vertrat vehement meine Meinung, war aktiv und zeigte Eigeninitiative, weil meine Position als Leitungsmitglied es in dieser unruhigen Zeit erforderte.

Außerdem war ich sowohl im Gefängnis als auch draußen lange allein gewesen, abgeschnitten von den FreundInnen. Dadurch hatte ich gelernt, selbständig zu arbeiten und Entscheidungen zu treffen. Ich hatte Erfahrungen gesammelt, die mir eine gewisse Autonomie verliehen. Diese Seite an mir fiel in der Leitungsarbeit auf. Manchmal spielte sie eine positive Rolle, manchmal verursachte sie auch Schwierigkeiten. Mein Individualismus ging jedoch über die egoistische Dimension hinaus. Für mich zählten die Parteiinteressen mehr als alles andere. Es gab nichts, was ich nicht für die Organisation getan hätte. Ich musste mir nur der Notwendigkeit bewusst sein. Allerdings war es viel wichtiger, zur richtigen Zeit am richtigen Ort zielführend und nachhaltig zu handeln. Dafür waren besondere Fähigkeiten erforderlich.

Eigentlich war es in der revolutionären Praxis im Gefängnis vor allem wichtig, Maßstäbe zu setzen und sich ein entsprechendes Auftreten anzueignen. Es war das ABC eines würdevollen Lebens, Widerstandes und Todes. Fehlte diese Fähigkeit, war es in der politischen Umlaufbahn schwierig, das Gleichgewicht zu halten.

liebe als teil des kampfes

Liebe war für mich ein Teil des Lebens, ein Teil meines Kampfes. Ein ›Privatleben‹ außerhalb meines revolutionären Lebens konnte es daher nicht geben. Dagegen wehrte ich mich von Beginn an, da ich keinen Sinn darin sah. Ich wollte im Kampf lieben. Ich wollte lieben, wie ich kämpfte. Die Realität sah jedoch anders aus. Trotzdem habe ich weder als junges Mädchen noch später als Frau von einem Mann geträumt, der nur mir gehört.

Die Perspektive, mit einer eigenen kleinen Familie in einem kleinen Haus zu leben, hatte für mich keine Anziehungskraft. In meinen Beziehungen spielte die Anziehungskraft, die mein Gegenüber auf mich ausübte, immer eine größere Rolle. Auch diese Tatsache war Teil meiner Lebensrealität. Mein wahres Selbst hatte ich noch nicht gefunden. Ich befand mich in einer schwachen, nach allen Seiten offenen Position. Mir fehlten klare Maßstäbe, die mir Schutz boten und mich vor Niederlagen bewahrten. Auf positive Einflüsse reagierte ich positiv, negative Einflüsse trafen mich hart.

Richtet ein Mensch seine Lebensenergie, seine Kampflust nicht auf die richtigen politischen Ziele, verliert er sich schnell in Emotionen und betrachtet die Welt eindimensional. Seine Energie verpufft auf dem gnadenlosen Pflaster der Politik. Der Mensch braucht eine stabile organisatorische Grundlage, ansonsten fliegt er aus der politischen Umlaufbahn.

Von mir konnte nicht behauptet werden, dass ich als Frau Maßstäbe für Freiheit und Revolution verinnerlicht hatte. Ich hatte bestimmte Eigenschaften erworben und einige von ihnen waren zu einer Lebensform geworden. Was jedoch die Anwendung der richtigen Mittel im ideologischen, politischen und organisatorischen Kampf anging, lag ich weit unter dem erforderlichen Niveau. Ich war keine gute Darstellerin im Schauspiel der Liebe und der Politik. Es gelang mir mehr oder weniger, den Angriffen des Feindes zu trotzen und mich auf den Beinen zu halten. Da ich jedoch den parteiinternen Kampf nicht mit der gleichen Intensität wie den Kampf gegen den äußeren Feind führte und keine Schutzmaßnahmen traf, wurde ich mit Konsequenzen konfrontiert, mit denen ich nicht gerechnet hatte. Die folgenden Auseinandersetzungen trafen mich hart.

Es war das erste Mal, dass ich einen Kriegsschauplatz betrat, auf dem Politik und Gefühle gleichermaßen eine Rolle spielten. Meine Ablehnung der Ehe und die darauf folgende Flucht aus meinem Elternhaus waren dagegen harmlos. Mein damaliger Kampf zeugte von Unerfahrenheit und Unprofessionalität. Direkt danach machte ich den Versuch, mich in einer Beziehung, die jeder Grundlage entbehrte, politisch zu bewegen. Für mich wurde damit der Beweis erbracht, dass Liebe ohne eine starke politische Persönlichkeit nicht funktionieren kann. Später im Gefängnis wurde ich erneut vom Liebreiz der Politik und der Leidenschaft heimgesucht. Und wieder sorgte ich dafür, dass die Angelegenheit sich für mich zu einer Plage entwickelte. Ich fragte mich, ob Liebe der Politik geopfert werden müsse, und opferte mich schließlich selbst.

Ja, opfern! Dabei handelt es sich um einen sehr gefährlichen Begriff, den es weder in der Politik noch in der Liebe geben sollte. Schließlich kämpfst du für das, was verloren, geopfert und geraubt wurde. Es gibt nichts mehr, was du opfern könntest. Opfern bedeutet Tod, bedeutet Mord. Es bedeutet, die Liebe in den Tod zu treiben. Verloren ist, was dir genommen wird. Nur wenn du über die Stärke verfügst, Neues entstehen zu lassen, kann von wahrer Liebe gesprochen werden. Was du erschaffen hast, musst du ausbauen und vergrößern, jedoch niemals opfern. Auf der politischen Bühne musst du kreativ und konstruktiv sein. Das gleiche gilt für die Liebe. Liebe nimmt dir nichts weg.

Während meiner Beziehung mit Hamili hatte ich Angst. Meine Ängste mischten sich mit Sorge, da Hamilis Auffassung von Liebe von konservativen Traditionen geprägt war. Sein jahrelanges Interesse an mir beruhte weniger auf einem revolutionären Anspruch als auf einem feudalen Ehrbegriff. In der Gesellschaft war es nicht ungewöhnlich, dass ein Mann jahrelang an dem Interesse festhielt, das er einst einer Frau entgegengebracht hatte. Selbst wenn sie später heiratete und Mutter wurde, gab er nicht auf. Einige nahmen sogar Blutvergießen in Kauf, um ihr Ziel zu erreichen. Das grundlegende Motiv dabei war die feudale männliche Ehre. Daher rührte ihre blinde Beharrlichkeit. Hamili war jedoch gleichzeitig ein Revolutionär und konnte sich den neuen Wertvorstellungen nicht verweigern.

Anfangs führte ich es auf seine Willensstärke und seine revolutionär-demokratischen Ansichten zurück, dass er seine Gefühle für mich jahrelang verbarg, um unser genossenschaftliches Verhältnis nicht zu belasten. Es beeindruckte mich. Schließlich ist es ganz natürlich und sogar schön, wenn sich Menschen zu anderen Menschen hingezogen fühlen. Primitiv und antidemokratisch ist es jedoch, die gleichen Gefühle vom jeweiligen Gegenüber zu erwarten und entsprechenden Druck aufzubauen. Mit revolutionären Ansprüchen ist ein solches Verhalten nicht zu vereinbaren. Hamili hatte meinen Willen zunächst respektiert. Erst später, als ich nach und nach seine Inkonsequenz und seine wahren Wertvorstellungen registrierte, bekam ich Angst. Seine alles andere überwiegenden Besitzansprüche widersprachen meiner Natur vollkommen. Schließlich war ich davongelaufen, als ich vor Jahren dazu gedrängt wurde, mich an einen Mann zu binden. Ich hatte mich aus dieser auf Besitzdenken basierenden Bindung gelöst. Obwohl ich diesen Schritt unorganisiert und planlos gemacht hatte, handelte es sich um eine revolutionäre Aktion.

Hamilis revolutionäre Entschlossenheit war nur eine seiner Seiten. Seine andere Seite entsprach dem typischen, von traditionellen Ansichten geprägtem kurdischen Mann aus Dersim, der sich im Einklang mit alevitischen Werten zu Frauen hingezogen fühlt. Gleichzeitig war er jedoch auch ein Revolutionär, der viel mit Frauen zusammen gearbeitet hatte. Dadurch hatte sich seine Haltung Frauen gegenüber positiv verändert. Er konnte sich eigentlich glücklich schätzen. Frauen sind gute Kampfgefährtinnen. Die Zusammenarbeit mit Frauen wirkt sich auf Männer immer positiv aus. Zumindest werden altgewohnte Denkmuster aufgebrochen.

In Hamilis gesamtem revolutionären Leben hatten Frauen eine Rolle gespielt. Die erste gemeinsame Tätigkeit war die Bildungsarbeit. Damit wurden bestimmte Maßstäbe für den Umgang miteinander geschaffen, die die Zusammenarbeit in anderen Bereichen vereinfachten. Hamili hatte außerdem mit einer Frau zusammengelebt, die ebenfalls Mitglied der Bewegung war. Im Gefängnis hatte er gemeinsam mit Frauen Widerstand geleistet. Und trotzdem folgte sein Frauenbild seiner eigenen Logik. Er bewunderte Frauen, die mit revolutionärer Entschlossenheit kämpften, wirklich verstehen konnte er sie jedoch nicht.

Sein Frauenbild war unklar, unbeständig und irreführend. Auf theoretischer Ebene trat er für Gleichberechtigung und Freiheit ein und bei oberflächlicher Betrachtung entsprach sein Verhalten dieser Einstellung. In der Praxis fehlte ihm jedoch eine entsprechende revolutionäre Verbindlichkeit. Sein Denken folgte der Logik: »Schön ist, was mein ist.« Letztendlich war sein Interesse an Frauen engstirnig und egoistisch.

Daher hatten meine Kämpfe mit Hamili keinen langen Atem. Er reagierte impulsiv und unberechenbar. Sowohl seine Liebe als auch seine

Wut waren wie eine Mine, die jederzeit und überall explodieren konnte. Meine Fähigkeiten reichten nicht aus, um diese Mine zu entschärfen. Wieder und wieder löste ich Explosionen aus. Bei jedem Mal verlor ich einen Teil meiner selbst. Ich führte keinen ausdauernden, ergebnisorientierten Kampf. Stattdessen ließ ich mich blind auf seine Schwächen ein. Erst hinterher bemühte ich mich um Schadensbegrenzung und musste unter den Konsequenzen leiden.

In der Beziehung zu Şener hatte ich von Anfang an ein ungutes Gefühl. Die Zweifel, die ich empfand, motivierten mich, mich noch mehr in die organisatorische Arbeit einzubringen. Es war wie ein Wettbewerb zwischen uns. Ich zeigte als Leitungsmitglied Präsenz und überließ ihm nicht die gesamte Verantwortung. Dabei verstärkte sich mein ungutes Gefühl, wenn er sich in der Arbeit zögerlich und zurückhaltend zeigte. Vehementer als alle anderen hatte ich mich dagegen ausgesprochen, als er zu Beginn gesagt hatte: »Ich möchte die Aufgabe des Sekretärs lieber nicht übernehmen, ich kann meinen Beitrag auch ohne diese Funktion leisten.« – »Du darfst dich nicht vor der Verantwortung drücken«, hatte ich geantwortet. Es lagen ernste Anschuldigungen gegen Şener vor und die Organisation hatte Sanktionen gegen ihn ausgesprochen. Er war jedoch auch talentiert und einflussreich. Die Aufgabe des Sekretärs war nicht einfach. Er trug die Gesamtverantwortung für die Arbeit im Gefängnis. Die Übernahme dieser Funktion war wie eine Prüfung. Gab es tatsächlich etwas an Şener zu beanstanden, würde es offenbar werden. Andernfalls würden seine Fähigkeiten der Organisation zugute kommen. Angesichts meiner Zweifel fühlte ich mich noch mehr als sonst für die Partei verantwortlich. Nicht umsonst hatte Şener gesagt: »Du bist wie ein Heiligtum. In deiner Anwesenheit kann kein Mensch eine Sünde begehen«. Das war ein Kompliment, mit dem Şener seine Angst vor mir eingestand.

Ich überließ ihm also nicht die gesamte Verantwortung. Er sagte zu mir: »Du bist eine ideelle Kraft, du bist heilig«. Ich sah darin nicht nur den Versuch, mich emotional zu beeinflussen. Andernfalls hätte ich mich dagegen gewehrt. Es wäre zu einem unnötigen Streit gekommen. Obwohl ich sein Interesse an mir anfangs als unangenehm empfand, stand dieses Thema für mich nicht länger im Vordergrund. Was er über seine Beziehung mit Elif sagte, war für mich nachvollziehbar. Seine Bewertung, dass bei uns alle Ehen letztendlich an traditionellen Wertvorstellungen scheiterten, erschien mir wissenschaftlich fundiert.

Şener sagte, Fatma habe den Vorsitzenden niemals gemocht. Er sprach von ihren Klasseneigenschaften und ihrer ›eisigen Kälte‹. Zu seiner Beziehung mit Elif sagte er: »Wir haben uns verlobt, ohne zuvor wirklich miteinander gearbeitet, diskutiert und gekämpft zu haben. Unsere Auseinandersetzungen begannen erst später. Die Freunde fanden unsere Beziehung problematisch. Ich habe jedoch stur daran festgehalten.« Wir sprachen viel über unsere vergangenen Beziehungen. »Ihr Scheitern war unvermeidlich«, sagte er.

Seine Gedanken stimmten mit meiner Haltung überein. »Die Liebe einer Apo-Anhängerin ist heilig«, sagte er. Ständig wiederholte er: »Ich betrachte es als Pflicht, mich zu ändern, um dir gerecht zu werden. Du hast kein Recht, dich dabei einzumischen und dich dagegen auszusprechen.« Ich fasste seine Worte nicht als Schmeichelei auf. Sie störten mich nicht, da sie mit meiner Realität übereinstimmten. Für mich war die Liebe zu einem Menschen nicht anders als die Liebe zu unserem Kampf. So wie ich an unseren Kampf glaubte und mich mit meinem gesamten Dasein darin einbrachte, so vertrauensvoll und uneingeschränkt sollte auch meine Liebe zu einem anderen Menschen sein. Eine Liebesbeziehung wollte ich nur als eine beispielhafte Beziehung führen, in der es keine Ängste und Vorbehalte gab. Dieser idealisierten Vorstellung hingen wir beide nach.

Wir schrieben Texte, die Anordnungen und Perspektiven für alle Gefängnisse beinhalteten. Karasu und die anderen waren weiterhin die Zentrale, aber der Schriftverkehr nach draußen und mit den anderen Gefängnissen wurde uns überlassen. »Sowohl hinsichtlich der Lage als auch der Kapazität eignet sich Diyarbakır besser«, sagte Karasu. Şener und ich schrieben über die Gefängnispolitik des Feindes und mögliche Gegenaktivitäten. Der allgemeine Rahmen wurde auf Versammlungen festgelegt, die Ausformulierung übernahm meist Şener. Die Texte schickten wir zunächst an Karasu, da es uns falsch erschien, sie ohne seine Zustimmung zu verbreiten. Karasu hielt sich bescheiden zurück, aber solange die Möglichkeit bestand, seine Einwilligung einzuholen, kam es uns passender vor, ihm die letzte Entscheidung zu überlassen.

Das Gefängnis in Diyarbakır hatte eine hohe ideelle Bedeutung. Formell musste jedoch Karasu die zentrale Rolle spielen. Seine Zurückhaltung war nicht richtig und wir kritisierten ihn dafür. Es ging uns nicht um die Frage, warum er keine Verantwortung übernahm. Er repräsentierte den Gefängniswiderstand und gab uns Sicherheit. Niemand von uns war damit einverstanden, dass Şener, der nur für das Gefängnis in Diyarbakır verantwortlich war, auch noch Karasus Rolle übernahm.

Ich sprach nur mit wenigen FreundInnen über dieses Thema. Fuat Kav sagte: »Karasu war schon immer so. Ich weiß nicht, ob es sich um Bescheidenheit oder um Naivität handelt. Selbst bei sehr wichtigen Themen wollte er die Entscheidung oft anderen überlassen. Das hat einige Freunde gestört, aber er hat es nicht einmal bemerkt.« Ich antwortete: »Das ist falsche Bescheidenheit. Es muss festgelegte Strukturen innerhalb der Organisation geben. Wäre die Leitungsarbeit straffer organisiert gewesen, wären die Probleme mit einigen Freunden nicht so ausgeartet. Zum Beispiel war Hamili inoffiziell an der Leitungsarbeit beteiligt, aber er hat sich über die Organisation gestellt. Er hat weder die Organisation ernst genommen noch offizielle Leitungsaufgaben übernommen. Ich habe nie begriffen, wer damals in der Leitung war und wer nicht. Es war immer unklar. Lange Zeit habe ich geglaubt, ihr wärt alle Leitungsmitglieder.« Wir redeten noch eine Weile weiter, ohne eine zufriedenstellende Lösung zu finden.

Şener begriff, was unsere Kritik zu bedeuten hatte. Er betonte, dass ihm diese Situation ebenfalls unangenehm sei. Ihm werde eine sehr große Verantwortung auferlegt, was auch hinsichtlich der organisatorischen Funktionsweise nicht richtig sei. Mit unserer Kritik wollten wir sowohl Karasu zu einer aktiveren Haltung verhelfen als auch Şener zu einem besonnenen Vorgehen bewegen.

Uns war nicht klar, ob wir richtig oder falsch lagen. Wir wollten vor allem das Ansehen der Organisation schützen. Unsere Bedenken Şener gegenüber beruhten nicht auf konkreten Anhaltspunkten, dennoch war es richtig, sie nicht zu übergehen.

Die geplante Flucht durch den Tunnel erfüllte uns alle mit großen Erwartungen. Eines Tages bekamen wir eine Nachricht von Hasan Atmaca: »Ich kann keinen Schritt unternehmen, da ich jeden Tag bei der Polizei unterschreiben muss.« Auf ihn hatten wir unsere größte Hoffnung gesetzt.

Im Stadtzentrum wurden Simon und weitere Freunde festgenommen. Sie hatten sich lange Zeit in derselben Wohnung aufgehalten. Es hieß, dass auch Saliha diese Wohnung oft besucht habe. Damit machte sie sich ein weiteres Mal verdächtig. Die Nachricht weckte Wut in uns. Diese Frau tauchte einfach überall auf! Wir überlegten, ob es möglich sei, sie ins Ausland bringen zu lassen. Sie war eine ständige Plage.

An den Feiertagen fand offener Besuch statt. Über den Bruder von Ali Kılıç sollte eine Nachricht eintreffen, aber die Nachricht war als »*pusula*[50]« bezeichnet worden. Dadurch entstand ein großes Durcheinander. Das familiäre Umfeld von Ali Kılıç war schwer durchschaubar. Einer der Brüder stand unter dem Verdacht, mit der Polizei zusammen zu arbeiten. Das hatte uns ein Schwager von Cahide berichtet. Wir hörten nicht zum ersten Mal davon und hatten die FreundInnen bereits informiert. Unsere Warnung blieb offenbar unbeachtet. Der Feind bemühte sich sehr, Spitzel im Umfeld dieser Familie anzuwerben. Die Angelegenheit musste unbedingt geklärt werden, aber aus dem Gefängnis heraus war es kaum möglich. Bei einigen, die zu Besuch kamen und mit wichtigen Aufgaben betraut wurden, wussten wir nicht einmal, ob sie sich als Angehörige den Gefangenen verbunden fühlten oder für den Feind arbeiteten.

Beim offenen Besuch wurde bei dem Mann, der sich als einer der Kılıç-Brüder ausgab, ein Kompass entdeckt. Es war klar, dass ein Kompass nicht auf diese Weise ins Gefängnis geschmuggelt werden konnte. Der Besuch wurde sofort gestoppt. Die erste Besuchergruppe war bereits eingelassen worden, darunter war auch dieser Mann. Jetzt kam er direkt zu unserem Trakt und sagte panisch: »Lasst uns sofort Parolen rufen, die Familien werden nicht herein gelassen. Draußen ist alles voller Soldaten. Die Freunde draußen haben uns geschickt, Hasan Güllü war auch hier. Er ist gegangen, als hier das Chaos ausgebrochen ist.«

Wir riefen keine Parolen, da wir sofort ahnten, dass es sich um eine Provokation handelte. Ich brachte den Mann zum 35. Trakt. Auch hier war bereits die Aufforderung zu Parolenrufen laut geworden. Ich warnte die Freunde und äußerte meinen Verdacht. Die Warnung wurde umgehend im gesamten Gefängnis verbreitet. »Wer hat einen Kompass geordert?« fragte ich. »Niemand. Noch in der Zeit, als Karasu hier war, wurde eine Nachricht angefordert. Vermutlich wurde statt ›Nachricht‹ ›pusula‹ gesagt«, antworteten die Freunde. Damit war diese Frage geklärt, wir wussten jedoch immer noch nicht, in wessen Auftrag der Mann unterwegs war. Der Feind setzte seine Provokationen fort. Das Dach wurde von Soldaten besetzt. Plötzlich waren Schüsse und Schreie der Angehörigen zu hören. Die Freunde im oberen Stockwerk beobachteten das Geschehen. Wir versuchten, Ruhe zu bewahren und zu begreifen, was vor sich ging. Da es im Gefängnis ruhig blieb, normalisierte sich auch

50 türkisch für: Zettel oder Kompass

die Situation draußen. Mit einiger Verspätung wurden weitere Besuchergruppen ins Gefängnis eingelassen.

Was war der Zweck dieser Provokation gewesen? Uns lagen keine konkreten Anhaltspunkte vor, daher konnten wir nur Mutmaßungen anstellen. Als erstes kam uns der Gedanke, dass unser Fluchtplan aufgeflogen sein könnte. Was sollten wir sonst mit einem Kompass anstellen? Wir befanden uns schließlich nicht auf dem Meer. Mir war auch nicht klar, ob ein Kompass für den Tunnelbau wirklich benötigt wurde, aber vermutlich konnte er dazu beitragen, beim Graben die richtige Richtung einzuhalten. War das alles? Oder ging es um etwas anderes, von dem wir nichts wussten?

In den darauf folgenden Tagen erfuhren wir, dass zunächst Simon und seine Gruppe, dann Saliha und schließlich Hasan Güllü und Sinan festgenommen worden waren. Diese Nachricht war zutiefst beunruhigend. Der Tunnelbau war fast abgeschlossen, angeblich musste nur noch ein oder zwei Tage daran gearbeitet werden. Soviel Hoffnung war damit verbunden, es durfte einfach nichts schieflaufen. Erstmalig nach langer Zeit wurde ich krank. Ich bekam sogar Infusionen, da der Stress mir auf den Magen schlug. Es gab viele Probleme, aber keines machte mir so sehr zu schaffen wie die Vorstellung, dass die ganze Arbeit am Tunnel umsonst gewesen sein könnte. Zwar gab es noch keine konkreten Anhaltspunkte, aber ich hatte ein sehr schlechtes Gefühl.

Gezgör fluchte: »Nicht einmal das schaffen sie! Jetzt haben sie sich auch noch erwischen lassen! Wir haben ihnen doch ohnehin nicht über den Weg getraut, warum haben wir bloß Hoffnung in sie gesetzt?« Seine Wut richtete sich auch gegen Hasan Atmaca: »Seit er entlassen worden ist, sitzt er zu Hause herum, weil er angeblich das Dorf nicht verlassen kann!« Gezgör rauchte eine Zigarette nach der anderen und lief nervös auf und ab.

Şeners Bruder İhsan, Fatma und Cahides Schwester Nevin wurden angewiesen, die Region zu verlassen und erst wieder zu kommen, nachdem sich die Lage beruhigt hatte. Angeblich wusste İhsan von dem Tunnel. Kurze Zeit später ging er nach Griechenland. Nevin tauchte für eine Weile in einer anderen Stadt unter. Von Simon und seiner Gruppe hieß es: »Sie haben den Anschluss an die Gruppe verloren, die in den Norden gehen sollte.« Wir vermuteten, dass sie in unsere Fluchtpläne nicht direkt involviert waren und der Tunnel somit nicht gefährdet war.

verbannung nach yassıada[51]!

Es war Ende Oktober. Wir befanden uns im Hof des 35. Trakts. Es war noch früh morgens. Plötzlich wurden alle Türen geschlossen, wir konnten den Hof nicht mehr verlassen. Sondereinheiten drangen in den Trakt ein. Wir hörten Parolenrufe, die sich im gesamten Gefängnis ausbreiteten. Sait befand sich innerhalb des Trakts. Er war Vertreter der Gefangenen. Offenbar handelte es sich jedoch nicht um eine normale Durchsuchung, sondern um einen geplanten und brutalen Angriff. Wir versuchten, die Situation einzuschätzen.

Wie ernst diese Operation war, zeigte sich daran, dass die Verwaltung nichts mehr zu sagen hatte, sondern die Sondereinsatzkräfte das Kommando übernommen hatten. Die anderen Trakte wurden nur sporadisch durchsucht, der eigentliche Einsatz galt dem 35. Trakt. Mit einem Vorschlaghammer wurden die Wände und der Fußboden in den Toiletten aufgeklopft. Wir versuchten, uns über das Fenster mit den Freunden zu verständigen. »Sie reißen die Wände ein und zerstören die Toiletten«, sagten sie. Es war klar, dass sie wegen des Tunnels gekommen waren. »Lasst uns weiter Parolen rufen. Wir sollten jedoch Provokationen und extremes Verhalten vermeiden«, entschieden wir. Die Freunde in den anderen Trakten hatten chiffriert angefragt: »Sollen wir irgendetwas unternehmen, um sie abzulenken?«. Diese Anfrage hatten wir verneint.

Die erste Operation dauerte bis mittags an. Gefunden wurde dabei nichts. Trotzdem waren wir mit den Nerven am Ende. Gezgör rauchte ununterbrochen. Da nicht alle Gefangenen von dem Tunnel wussten, durften wir uns nichts anmerken lassen. Wir wussten ja noch nicht, dass der Feind längst im Bilde war. »Sinan und Hasan wissen nur, dass es im 35. Trakt einen Tunnel gibt, aber den genauen Ort kennen sie nicht«, sagte Fuat. Das gab uns ein wenig Hoffnung.

Bei der Durchsuchung wurden unsere Bücher und alle schriftlich verfassten Texte beschlagnahmt. Es war uns nicht wichtig, nur der Tunnel durfte nicht entdeckt werden. »Sollten wir dieses eine Mal noch Glück haben, machen wir uns endlich auf den Weg. Ich gehe auf jeden Fall, auch wenn draußen niemand kommen sollte«, sagte Gezgör mit gepress-

51 Yassıada ist eine der Prinzeninseln im Marmarameer. Die Insel ist 0.05 km^2 groß und seit 1995 unbewohnt. Bereits von den Byzantinern wurde sie als Verbannungsort genutzt.

ter Stimme. Seine Hände zitterten beim Rauchen. Sein Anblick war beängstigend. Die Situation machte uns wahnsinnig.

Die Durchsuchung wurde unterbrochen. Wir freuten uns und sagten: »Also haben sie nichts gefunden.« Die Soldaten befanden sich jedoch immer noch im Gefängnis. Der Offizier, der die Operation leitete, verfluchte seine Soldaten und verließ wutschnaubend den Trakt. Wir lachten über seinen Ärger.

Die Gefangenenvertreter gingen in die Verwaltung. Sait verlangte ein Protokoll über die beschlagnahmten Gegenstände. Aus dem Nebenraum war ein Telefongespräch zu hören: »Wir haben nichts gefunden... er kennt den Ort mit Sicherheit, ihr müsst ihn zum Reden bringen. Ich gehe nicht, bevor ich die Stelle gefunden habe.« Die Stimme des Offiziers hallte aus dem Zimmer. Er schien nicht geneigt, die Suche aufzugeben.

Einige Zeit später kamen die Soldaten erneut in den Trakt und setzten die Durchsuchung fort. Wieder klopften sie die Wände mit einem Vorschlaghammer ab. An einer Stelle bröckelte Erde aus der Mauer. Sie hatten den Tunnel gefunden.

Es wurden Parolen gerufen, aber welchen Nutzen hatte das jetzt noch? »Um die Angriffe des Feindes zu verhindern«, sagten einige. Mir war es gleichgültig. Ich hörte weder die Parolen noch dem Gespräch zu. Wie erstarrt saß ich in einer Ecke. Nach 1984 hatte ich das Rauchen aufgegeben. Jetzt bat ich die Freunde um eine Zigarette. Sie waren überrascht. »Lass es doch«, sagte Fuat. Besorgt beobachtete ich, wie Gezgör vor Wut mit den Fäusten gegen die Wand trommelte.

Es war soviel Arbeit in den Tunnel investiert worden. Hasan Atmaca hatte mir vor seiner Entlassung sein Tagebuch geschickt. Wir waren zu dieser Zeit noch isoliert, daher waren mir wenige Einzelheiten bekannt. Das Tagebuch beschrieb sehr anschaulich die tägliche Arbeit am Tunnel. Es war wie in einem Film. Im Fernsehen hatte ich kurz zuvor den Film »Die große Flucht« gesehen. Unseren Tunnel fand ich viel spannender. Er erforderte Arbeit, Konspirativität und Geduld. Vermutlich ähnelte er keinem Tunnel auf der ganzen Welt. Auch der Feind war verblüfft. Ein Fluchttunnel aus dem vierten Stock! Wie waren die Löcher im Beton entstanden? Es war ein Rätsel.

Die Zellen lagen übereinander auf vier Stockwerken. Die Frontseite bestand jeweils aus Gitterstäben. Zwischen den Zellen verliefen Luftschächte. Zunächst hatte es auch kleine Fenster in den Zellen gegeben. Sie waren aus Sicherheitsgründen jedoch zugemauert worden. Die Freunde hatten den Luftschacht zufällig entdeckt und die Mauer durchlöchert. Von dort aus stiegen sie ins Erdgeschoss und gruben weitere fünf Meter in die Tiefe. Der Tunnel sollte in einem Haus im Stadtteil Bağlar enden. Die ausgehobene Erde wurde in den anderen Luftschächten deponiert. Eigentlich war es ein genialer Plan. Aber verdammt, er war nicht aufgegangen.

Wir blieben bis zum Abend ohne Essen und Trinken auf dem Hof. Es war kalt. Um uns aufzuwärmen, liefen wir auf und ab. Wie würde es jetzt weitergehen? Wir mussten auf alles vorbereitet sein. Jammern nützte nichts. Sicher war nur, dass es Verlegungen geben würde. Ob nur der 35. Trakt oder das gesamte Gefängnis davon betroffen sein würde, war unklar. Die meisten vermuteten, dass das komplette Gebäude evakuiert würde.

Gezgör schäumte vor Wut: »Wer hat diesen Verrat begangen? Welcher gewissenlose Dreckskerl war es?« Dabei war es ja kein großes Geheimnis. Es hatte Festnahmen gegeben und die Betroffenen hatten vermutlich der Folter nicht standgehalten. Vielleicht war auch ein geheimer Verrat mit im Spiel, aber Spekulationen halfen uns nicht weiter. Die Angelegenheit musste unbedingt aufgeklärt werden, denn dieser Verrat erforderte Rache: Für die verlorene Zeit, die umsonst geleistete Arbeit, die enttäuschten Hoffnungen, die schlaflosen Nächte, die Feuchtigkeit, den lebensgefährlichen Sauerstoffmangel und für das Rheuma, das Gezgörs Herz angegriffen hatte.

Meine Fluchtträume waren so schön gewesen. Wie oft hatte ich mir ausgemalt, wie der Freund, der während der Zählung an meiner Stelle im Bett lag, sich auf die Lippen biss, um sein Lachen zu unterdrücken. Wie ich mich im 35. Trakt versteckte. Wie wir das Gefängnis verließen und in die Berge gingen. Wie wir den Vorsitzenden trafen... Es wäre so schön gewesen, nach all den Jahren wieder bei der Partei und dem Vorsitzenden zu sein. All das war jetzt nur noch eine Traumreise. Die Realität sah anders aus.

Wir verbrachten die Zeit damit, schweigend auf und ab zu laufen, zu seufzen, zu fluchen und uns Fragen zu stellen. Die Nacht brach an. Bei genauem Hinsehen waren Sterne zu erkennen. In den Nebentrakten wurden die Nachrichten bei BBC verfolgt. Plötzlich brach Lärm aus. »Freunde, es gibt eine erfreuliche Nachricht! Esat Oktay ist erschossen worden!« rief eine laute Stimme.

Beifall, Pfiffe, halay... mein Gott, und das an diesem Tag! Es war unglaublich. Wie schön wäre es gewesen, wenn gerade heute auch die Flucht geglückt wäre. Wie wunderbar hätten sich diese beiden Nachrichten ergänzt: »Vierzig Kader aus dem Gefängnis ausgebrochen« und »Esat Oktay erschossen«. Es war so ein verdammtes Pech.

Dennoch war es ein Trost. Esat war erschossen worden, das reichte doch! Die Partei hatte diesem Henker das Leben genommen und damit Mazlum, Pir, Hayri und die anderen gerächt. Und sie würde weiter Rache nehmen. Ach, hätten wir doch auch Şahin erschossen, und Yıldırım und die anderen Ehrlosen. Sie gehörten nicht auf diese Erde.

Die Nachricht verbesserte die Stimmung schlagartig. Niemand kümmerte sich mehr darum, dass der Tunnel entdeckt worden war. Nur Gezgör wiederholte schmerzerfüllt: »Wir hätten nur noch ein oder zwei Tage gebraucht, dann wäre uns die Flucht mit Sicherheit geglückt.« Er seufzte so tief, dass sein Brustkasten zu bersten schien.

Nachts wurden die Türen geöffnet. Alle sollten in ihre Trakte zurück. An der Tür wurden wir durchsucht. Alle waren bedrückt. Ob wir uns wiedersehen würden? Beim Abschied sagte ich trotzdem wie immer: »Wir sehen uns.« Die Korridore waren voller Soldaten. Sie trugen andere Uniformen als die sonst bei uns eingesetzten Soldaten, es waren Sondereinheiten. Die zivilen Wächter und das weitere Personal unterhielten sich besorgt in kleinen Gruppen. Alle sahen uns vier Frauen an, als wir zwischen den aufgereihten Soldaten den Flur hinunter zu unserem Trakt gingen.

Der Trakt sah aus wie ein Schlachtfeld. Alle Bücher und Texte waren weg, darunter auch die Dokumentation, die Gezgör verfasst hatte. Um sie tat es mir am meisten leid. Auch die Hawar und andere Zeitschriften waren beschlagnahmt worden. Gezgör hatte über tausend Seiten geschrieben. Es war eine sehr schöne, bedeutungsvolle Dokumentation der Entwicklungen im Gefängnis. Sie enthielt mehrere Interviews. Gezgör hatte auch Mitglieder anderer Gruppen interviewt. Cahide tippte das Manuskript nach und nach ab. Wir wollten es in mehreren Teilen nach draußen schmuggeln. Einen kleinen Teil hatten wir sogar schon geschickt. Es war eine Katastrophe. Gezgör wusste noch nichts davon, es würde ihm sehr nahegehen. Weitere Exemplare gab es nicht. Einen Teil hatten wir versteckt, aber wie sollten wir jetzt daran kommen? Wir wussten ja nicht einmal, wohin wir gebracht werden würden. Ein weiteres Mal war das Ergebnis großer Anstrengung zunichte gemacht worden. Es war schwer zu ertragen.

Die Verwaltung kündigte Verlegungen an. Der Ort war unklar. Es hieß, dass nicht alle Gefangenen verlegt würden. Wir mussten trotzdem auf alles gefasst sein.

Am nächsten Tag blieben die Türen verschlossen. Niemand durfte auf den Hof. Angeblich gab es eine Liste mit den Namen derer, die verlegt werden sollten. »Es sind über hundert«, hieß es. Das war keine geringe Anzahl. Gegen Abend waren wir bereit. Laut Mehrheitsbeschluss der Leitung sollten die Aufgelisteten ihre Namen nicht nennen und die Gefangenen Ketten bilden. Niemand sollte freiwillig gehen. Das teilte mir Şener bei unserem letzten Gespräch mit, das wir durch die Türklappe führten. Wir mussten über die Anweisung, Ketten zu bilden, lachen, da wir ohnehin nur zu viert waren. »Wir würden in diesem Riesentrakt echte Witzfiguren abgeben, wenn wir vier Frauen uns einhaken«, sagten wir. Trotzdem zogen wir feste Kleidung an. Auch einigen anderen Freunden gelang es, sich durch die Klappe von uns zu verabschiedeten. Wir wünschten uns gegenseitig Erfolg.

Abends um zehn Uhr drangen die Sondereinheiten in die Trakte ein. Das gesamte Gefängnis war erfüllt von Parolenrufen, Schreien, Knüppelschlägen und Kettenrasseln. Es dauerte bis vier Uhr morgens. Die Geräusche waren wie Folter. Wir trommelten gegen die Tür, riefen Parolen und fragten nach den Freunden. Niemand hörte uns. Es machte uns wahnsinnig, keine Antwort zu bekommen.

Ganz zuletzt kamen wir an die Reihe. Als die Tür geöffnet wurde, fassten wir uns unter und riefen Parolen. Bei unseren Angreifern handelte es sich um Sondereinsatzkräfte. Einer behauptete, Polizeidirektor zu sein. Sie prügelten mit Schlagstöcken auf uns ein. Wir wehrten uns. Vier oder fünf Personen packten mich. Mein Körper war bereits taub von den Schlägen. Ich trat um mich. Sie knebelten mich mit dem Tuch, das ich um den Hals trug, und prügelten mich bis zum Wagen. Es waren die schlimmsten Schläge der letzten Jahre. Schließlich wurden wir nacheinander in ein hinten geschlossenes Militärauto verfrachtet. Der Morgen graute, außer uns war niemand in der Umgebung zu sehen. Es hatte mindestens eine Stunde gedauert, uns aus dem Trakt zu holen. Im Auto wehrten wir uns dagegen, mit Handschellen auf dem Rücken gefesselt zu werden. Es setzte weitere Schläge. Ununterbrochen riefen wir Parolen.

Der angebliche Polizeidirektor befahl von der Tür aus: »Bringt sie zum Schweigen!«

»Sie werden auch so enden wie Esat. Von Esat haben Sie doch gehört?« sagte ich. Dieser Satz brachte ihn zur Weißglut. Er stieg in den Wagen und schlug mir mit der Faust ins Gesicht. »Ich breche dir die Nase«, sagte er.

Es fühlte sich an, als ob meine Augen aus ihren Höhlen treten würden. Ich spürte einen fürchterlichen Schmerz. Meine Nase blutete. Wahrscheinlich war sie gebrochen. Dieser niederträchtige, faschistische Hund! Vermutlich wollte er Leyla Akbaş rächen. Leider hatten wir es nicht geschafft, ihre Nase zu brechen. »Vergessen Sie nicht, wie Esat geendet ist«, wiederholte ich. Der Polizeidirektor entgegnete: »Hast du von Hüseyin Yıldırım gehört? Er kommt wie du aus Tunceli. Ihr habt euch gespalten, weißt du das schon?« Ich entgegnete: »Er gehörte von Beginn an zu euch, wir haben davon gewusst. Er war kein PKKler, sondern nur eine eurer billigen Schachfiguren. Auch er wird verrecken. Er ist sowieso ein Feigling, wahrscheinlich ist er bereits vor Angst gestorben. Deine Information ist also wertlos. Die Nachricht von Esat war viel beeindruckender«. Mein Ziel war es, ihn psychisch fertig zu machen. Zu etwas anderem war ich in dieser Situation ohnehin nicht fähig.

Die Fahrzeuge setzten sich in Bewegung. Der Staatsanwalt stand am Tor. Ich beschimpfte ihn ein letztes Mal als Faschisten. Aus dem Gefängnis erklangen Parolenrufe. Auch wir riefen Parolen, bis wir die Stadt verlassen hatten. An den Motorengeräuschen konnten wir erkennen, dass wir uns in einem langen Militärkonvoi bewegten.

Das Fahrzeug, in dem wir uns befanden, war durch eine Tür und Gitterstäbe in zwei Bereiche unterteilt. Vorne saßen Soldaten. Wir schlugen gegen die Tür und sagten: »Lockert die Handschellen, unsere Hände sind angeschwollen.« Gleichgültig entgegneten sie: »Das ist verboten.« Die Handschellen waren so eng, dass die Blutzirkulation behindert wurde. Es tat weh. Schließlich gelang es uns mit einer Haarspange, die Handschellen zu lockern und sogar eine Hand herauszuziehen. Es war eine Erleichterung.

Wir schrieben kurze Texte und Parolen auf die Seiten eines Heftes und warfen sie durch winzige Löcher in der Decke nach draußen, wenn wir das Gefühl hatten, durch eine Ortschaft zu fahren. Die Umgebung konnten wir nicht sehen, nur durch die Löcher nahmen wir manchmal

Gebäude wahr. Wir beschrieben auch, wie brutal unsere Verlegung bisher abgelaufen war. »Vielleicht können wir so wenigstens das Interesse der Bevölkerung wecken«, sagten wir uns.

Die lange Fahrt in einem geschlossenen Fahrzeug nach den ganzen Schlägen war zermürbend. Wir rissen uns jedoch zusammen, um uns vor dem Feind keine Blöße zu geben. Bevor wir losgefahren waren, hatten die Polizisten auf unsere Frage, wohin wir gebracht würden, mit »Yassıada« geantwortet. Ob es wohl stimmte? Warum nicht? Früher war es eine Gefängnisinsel gewesen. Die Prozesse gegen Celal Bayar und Adnan Menderes hatten dort stattgefunden. »Wir werden viel Fisch essen. Es würde die Flucht sehr erleichtern, wenn wir schwimmen könnten«, sagten wir.

Ich musste wieder an den Roman »Papillon« denken. Während der Fahrt erzählte ich den Freundinnen diese Geschichte eines Gefangenen, der mit einem aus Kokosnusschalen gebauten Floß von einer Insel flüchtete. Sein Weggefährte war dabei gestorben. Das Meer war gefährlich.

»Dieses Mal bringen sie uns an einen so abgelegenen Ort, dass wir nicht einmal Besuch empfangen können. Wahrscheinlich werden wir vollkommen von der Außenwelt abgeschnitten sein. Nun ja, glücklicherweise gibt es ja immer die Möglichkeit, in den Hungerstreik oder das Todesfasten zu treten. Wir werden unsere Verlegung fordern«, sagten wir uns. Die ganze Zeit mussten wir an die gescheiterte Tunnelflucht denken. Der Schmerz der Schläge ging schnell vorüber. Der Schmerz bei dem Gedanken an den Tunnel war viel schlimmer als unsere verformten Gesichter, Schwellungen, blauen Flecken und gebrochenen Nasen. Dieser Verrat war unerträglich. Wer hatte uns verraten, wer? Wer konnte so niederträchtig sein?

Das Auto hielt an. Wir sahen eine Wand mit der Aufschrift »Geschlossenes Gefängnis Sivas«. Sollten wir etwa hier in Sivas bleiben? Sie ließen uns warten. Wir forderten einen Soldaten auf, die Tür zu öffnen, um frische Luft zu bekommen. Er ging zu seinem Vorgesetzten und gab unseren Wunsch weiter. Der Offizier sagte: »Nein, das geht nicht.« Daraufhin trommelten wir mit den Fäusten gegen die Tür und riefen: »Nieder mit der Verbannung, es lebe der Widerstand! Schluss mit der Folter!« Wir riefen noch weitere Parolen, um auf uns aufmerksam zu machen. Wir staunten selbst über den Lärm, den wir trotz unseres miserablen Zustands veranstalteten. Von draußen hörten wir Stimmen, aber es waren nicht die der Freunde. Waren sie zu weit entfernt? Wir wussten nicht einmal, ob es in Sivas noch ein weiteres Gefängnis gab. Da unsere Parolenrufe für Unruhe sorgten, fuhren wir nach kurzer Zeit weiter.

Wir fragten die Soldaten nach den Freunden: »Sind sie in Sivas geblieben? Es sind gar keine Motorengeräusche mehr zu hören.«

»Sie sind schon seit Malatya nicht mehr da. Ihr seid allein«, lautete die Antwort. Wir erstarrten förmlich. Also waren wir voneinander getrennt worden. Wir waren isoliert. Darum war es dem Feind ohnehin die ganze Zeit gegangen. Die Dreckskerle setzten jetzt durch, was ihnen im Mai nicht gelungen war. Wir fluchten.

Es fühlte sich an, als wäre ein Stück meines Herzens abgetrennt worden. Erst jetzt spürte ich die Trauer darüber, Amed verlassen zu haben. Solange ich geglaubt hatte, gemeinsam mit den Freunden auf dem Transport zu sein, war der Schmerz nicht zu mir durchgedrungen. »Wohin wir auch gehen, wir verwandeln jeden Ort in ein Amed.« Dieser Gedanke hatte mich getröstet. Jetzt mussten wir erfahren, dass wir bereits stundenlang allein waren. Sollten nur wir auf die Insel gebracht werden? Vielleicht waren noch andere Gefangene dorthin verlegt worden. Beharrlich fragten wir die Soldaten weiter aus: »Sind unsere Freunde in Malatya geblieben?« – »Nein. Sie sind auch weitergefahren. Als wir sie das letzte Mal gesehen haben, fuhren sie Richtung Eskişehir«, antworteten sie. Eskişehir! Und wohin fuhren wir? Auf diese Frage erhielten wir keine Antwort. »Wir wissen es auch nicht«, sagten die Soldaten. Sie verrieten uns außerdem, dass ihr Vorgesetzter einen Teil der Botschaften, die wir während der Fahrt nach draußen geworfen hatten, hatte einsammeln lassen. Die meisten seien jedoch davongeflogen. Diese Dummköpfe! Sie wollten sie wohl als Beweismittel gegen uns einsetzen. Ihr gesamtes Denken konzentrierte sich auf die Frage, wie sie uns bestrafen konnten. Wir freuten uns jedoch und lachten. Es war immer schön, dem Feind auf die Nerven zu gehen. Wir gönnten ihm keinen Moment Ruhe. Das war wie ein Eid, den wir abgelegt hatten.

Nach vierundzwanzig Stunden Fahrt hielten wir vor einem Tor mit der Aufschrift »Geschlossenes Gefängnis Amasya«. Was sollte das jetzt? Amasya war als Ort der Verbannung berüchtigt. Am Tor erwartete uns ein Mann mittleren Alters. Mit seinem über die Schultern gelegten Mantel ähnelte er einem Feudalherren. »Sind das die Ungeheuer aus Diyarbakır?«, fragte er mit einem schmutzigen Grinsen. Er lachte wie ein Betrunkener. »Na sowas, was ist denn mit denen passiert, wie sehen die denn aus? Diyarbakır war sicher schön, aber hier ist Amasya! Habt ihr jemals von Amasya gehört? Uns interessiert nicht, was in Diyarbakır gewesen ist. Hier gibt es Regeln und auch für Frauen gibt es keine Ausnahmen!« sagte er. Dann führte er uns in einen Raum.

»Geben Sie auf unsere Sachen acht, es sind zerbrechliche Gegenstände dabei. Sie dürfen nur in unserem Beisein durchsucht werden«, sagten wir. Der Großgrundbesitzertyp, bei dem es sich wohl um den Direktor handelte, ergriff erneut das Wort: »Ja, schau dir das an, die kommen zur Tür herein und geben uns sofort Befehle. Ich merke schon, wir werden unsere Mühe mit ihnen haben. Warum schleppt ihr uns diese Plage an? Mir sind hundert Männer lieber als diese Frauen.« Dabei verzog er geringschätzig das Gesicht. Es war ihm jedoch anzumerken, dass er sich unwohl fühlte.

Ich konnte den Mund nicht halten und fragte: »Wer sind Sie? Was ist Ihre Funktion?«

»Was willst du? Willst du mich verhören? Sag erstmal, wer du bist.«

Innerlich musste ich lachen. Er war komisch, ein Faschist mit Komplexen, der mit seinem Gehabe versuchte uns einzuschüchtern. Dabei war offensichtlich, dass er selbst Angst hatte. Da wir Frauen waren, behandelte er uns geringschätzig, aber wir waren PKKlerinnen und kamen aus dem Kerker von Diyarbakır. Er wusste, dass wir keine unterwürfigen Gefangenen waren.

»Werfen Sie doch einen Blick in die Akten, die vor Ihnen liegen. Daraus können Sie mehr über uns erfahren. Mein Name ist Sakine Polat, ich bin PKKlerin und aus Diyarbakır verbannt worden. Ich bin seit zehn Jahren im Gefängnis«, sagte ich mit harter Stimme. »Haben Sie das verstanden? Jetzt sind wir hier, wir werden es also nicht vermeiden können, uns besser kennenzulernen. Allerdings sind Sie ziemlich leicht durchschaubar. Ihr Verhalten seit unserer Ankunft zeigt deutlich, wer und was Sie sind. Wir sind politische Gefangene, behandeln Sie uns nicht wie Kriminelle. Wahrscheinlich sind mehrheitlich gewöhnliche Gefangene hier. Ich blicke nicht auf diese Gefangenen herab, aber Sie scheinen daran gewöhnt zu sein. Wir sind PKKlerinnen, also Revolutionärinnen. Wir sind von Ihren Gerichten verurteilt worden. Der Staat kennt unsere Identität sehr gut. Sie sollten sich auch informieren. Bei bestimmten Fragen sollten menschliche Umgangsformen gewahrt werden. Das sollten auch Sie respektieren. Unsere persönlichen Sachen werden nur in unserer Gegenwart und von einer Wächterin durchsucht. Außerdem sind wir gefoltert worden und haben Verletzungen. Wir brauchen sofort einen Arzt. Sie sollten sich nicht dafür verantwortlich machen lassen. Wir werden die Öffentlichkeit darüber informieren. Sie sehen ja selbst, in welchem Zustand wir uns befinden. Es sollte festgehalten werden, wie Sie uns übernommen haben. Ansonsten könnten Sie dafür verantwortlich gemacht werden.«

Meine letzten Worte machten ihn nervös. Er sah etwas weicher aus. Dennoch polterte er weiter: »Sie kommen herein und geben Befehle. Ich bin hier der Direktor. Mein Name ist Hasan Can. Hier gibt es Regeln. Verbotene Gegenstände werden nicht ausgehändigt. Dazu zählen auch Bücher, Radios und Fernseher. Sie sind verboten. Die kriminellen Gefangenen haben einen Fernseher, den sie zu bestimmten Zeiten benutzen können.« Dann dachte er eine Weile nach und fügte hinzu: »In Ordnung, es soll ein Arzt kommen, aber nicht zu dieser Uhrzeit. Er wird tagsüber kommen und Sie untersuchen.«

Die Nacht verbrachten wir in einer Zelle. Morgens wurden wir ärztlich untersucht. Mein Nasenbein war angebrochen. Wir zeigten dem Arzt die Stellen, an denen die Schlagstöcke Spuren hinterlassen hatten. Einige Stellen wollten wir nicht zeigen, es war auch nicht nötig. Unser Ziel war, den Feind zu etwas zu zwingen und zumindest weitere körperliche Übergriffe zu verhindern. Wir wollten deutlich machen, dass wir uns nicht alles stillschweigend gefallen ließen.

Der Arzt war überrascht und schüttelte betreten den Kopf. Wir berichteten ihm, was vorgefallen war: »Bei den männlichen Gefangenen ist ein Tunnel entdeckt worden. Den haben sie zum Vorwand genommen. Eigentlich waren sie so aggressiv, weil Esat Oktay Yıldıran, der in Diyarbakır für den Tod Dutzender unserer Freunde verantwortlich war, seine gerechte Strafe erhalten hat. Ganz gleich, wo sie sich aufhalten, wir ziehen selbstverständlich die Folterer zur Rechenschaft, die Menschenleben auf dem Gewissen haben. Sie selbst sind Arzt und an den Eid des Hippokrates gebunden, daher tun Sie, was richtig ist. Ärzte sind keine Folterer und sie schützen Folterer auch nicht.«

Er geriet in Panik und sagte schnell: »Selbstverständlich bin ich Arzt und kein Folterer.« Er stellte ein Attest aus und schrieb uns für eine Woche krank. Das war gut. Wir baten um eine Kopie. Außerdem gab er uns

Medikamente. Unsere Direktheit beeindruckte ihn. Auch die Wächter sahen uns verblüfft an. Einige waren sofort als Faschisten zu erkennen.

Außer uns gab es noch vier weitere weibliche politische Gefangene. »Die sind auch von eurer Bande«, sagte Hasan Can. Er war wirklich ein komischer Kerl und brachte uns ständig zum Lachen.

Bei den anderen Frauen handelte es sich um TİKB-Gefangene. Eine von ihnen war die Schwester von Aysel Zehir, die im Todesfasten in Metris bleibende gesundheitliche Schäden davon getragen hatte. Die Frauenbereiche in allen Gefängnissen vom Typ E ähneln einander. Die Abteilung hatte eine L-Form. Wir kamen in eine Zelle auf der Seite des ersten Blocks. Küche, Hof, Bad und Toilette nutzten wir gemeinsam mit den TİKB-Frauen. Die unpolitischen Frauen waren in einem anderen Trakt.

»In zwei Tagen ist Besuchstag«, hieß es. Wir führten einen zweitägigen Warnhungerstreik durch. Die TİKB-Frauen informierten am Besuchstag ihre Angehörigen über unsere Situation. Wir schickten auch Nachrichten in andere Gefängnisse, um mitzuteilen, dass wir in Amasya waren.

Schon länger war ein zeitgleicher Hungerstreik in mehreren Gefängnissen geplant. In Amed, Ceyhan, Antep, Eskişehir, Malatya und fast allen anderen Gefängnissen, in denen es PKK-Gefangene gab, hatte die Aktion bereits begonnen. Mit uns schloss sich jetzt auch Amasya an. Die TİKB-Gefangenen beteiligten sich nur befristet. Sie erklärten, es gebe einen Beschluss ihrer Gruppe, dass die eigenen Kader geschützt werden müssten, daher würden sie an langfristigen Hungerstreiks nicht teilnehmen. Es erschien uns nicht angebracht, dieses Thema weiter mit ihnen zu diskutieren. Wir teilten ihnen lediglich mit, dass es einen gemeinsamen Aktionsplan gebe, der allen Gruppen vorgelegt worden sei.

Es war das erste Mal, dass wir von einem derartigen Beschluss hörten. Uns wäre niemals der Gedanke gekommen, dass die Kader geschützt werden mussten. Bei uns war das Gegenteil der Fall. Selbst wenn hinsichtlich bestimmter Kader ein solcher Gedanke aufkam, war die Umsetzung unmöglich. Waren wir etwa zu hart?

Während der Dauer des Hungerstreiks wurden uns keine Briefe und Telegramme ausgehändigt. Mevlüde bekam sowieso keinen Besuch von ihrer Familie. Emines Angehörige lebten weit weg in Mardin, es war schwer für sie, die weite Reise nach Amasya auf sich zu nehmen. Meine Eltern waren in Europa. So blieben nur Cahides Angehörige. Sie kamen sofort. Cahide empfing sie, um neue Informationen zu erhalten.

So erfuhren wir, dass hundertzwanzig Freunde nach Eskişehir verlegt worden waren. Şener war in Diyarbakır. Außer ihm waren auch Fethi, Mahmut Tanrıkulu, Cevdet und einige weitere dort geblieben. Es war gut, dass nicht alle Kader verlegt worden waren, da es viele Neuzugänge gab. Trotzdem beunruhigte mich, dass auch Şener dazu gehörte. Als wir das letzte Mal durch die Türklappe miteinander gesprochen hatten, hatte ich gesehen, dass er ebenfalls feste Kleidung trug. Wusste er zu diesem Zeitpunkt etwa noch nicht, dass sein Name nicht auf der Liste stand? Warum hatte er nichts gesagt? Ich hatte ein ungutes Gefühl. Immerhin war er im 35. Trakt gewesen und der Feind wusste bestimmt, dass er zu der für die Flucht vorgesehenen Gruppe gehörte. Steckte also eine bestimmte Absicht dahinter? Oder war er einfach nicht verlegt worden, weil sein Prozess noch andauerte? Aber auch bei vielen anderen war das Verfahren noch nicht abgeschlossen. Vermutlich verfolgte der Feind einen bestimmten Zweck. Ich kam zu dem Schluss, dass der Feind die allgemeine Aufmerksamkeit erneut auf Şener lenken wollte.

Der Hungerstreik dauerte ungefähr einen Monat. Wir protestierten damit gegen die Verlegungen, die letzten brutalen Angriffe in Diyarbakır sowie die Bestimmungen des für alle Gefängnisse geltenden Erlasses. Außerdem stellten wir einige gesonderte Forderungen auf, da die Gefangenen in Amasya überhaupt keine Rechte hatten. Die Thematisierung von Rechten, die in anderen Gefängnissen bereits vor Jahren durchgesetzt worden waren, war in Amasya neu. Die Zeitung Cumhuriyet wurde nicht ausgehändigt und selbst die Zeitschrift Nokta, Nähnadeln und Scheren waren verboten. Die Haftbedingungen waren katastrophal. Es gab immer noch unterirdische Isolationszellen. In einer dieser Zellen war Terzi Fikri ermordet worden. Daher waren unsere Forderungen sehr umfassend. Im Fokus des Hungerstreiks standen dennoch die allgemeinen Angriffe.

Da der Hungerstreik in allen Gefängnissen zeitgleich stattfand, wurde er von den Angehörigen und breiten Kreisen draußen mit verschiedenen Aktivitäten unterstützt. Dadurch geriet der Staat unter Druck.

Nach einer Weile wurde der Hungerstreik in einigen Gefängnissen beendet. Diyarbakır, Ceyhan, Malatya, Erzurum, Elazıg und wir machten weiter. In Gefängnissen wie Erzurum, Malatya und Elazığ waren die Haftbedingungen schon immer sehr schlecht gewesen. Die allgemeinen Entwicklungen kamen dort kaum an. Daher fanden ständig Hungerstreiks statt, ohne dass es zu einer spürbaren Verbesserung kam.

Wir setzten also unseren Hungerstreik fort. In der Zeitung stand, dass Karasu und einige weitere sich in einem kritischen Zustand befanden. In der Öffentlichkeit gab es breite Unterstützung. Auch die Angehörigen traten in den Hungerstreik. Es gab sogar Versuche von Selbstverbrennungen vor dem Parlamentsgebäude.

Die Gefangenen in Eskişehir waren im Todesfasten. Sie wurden nach Aydın verlegt, wo Hüseyin und Mehmet fielen. Diese Nachricht beeinflusste den weiteren Verlauf der Aktion. Als wir davon erfuhren, riefen wir Parolen: »Mehmet und Hüseyin sind unsterblich! Es lebe der Widerstand! Nieder mit der Folter!« Anschließend wandelten wir den Hungerstreik in ein Todesfasten um. Durch die Todesfälle geriet der Feind unter Zugzwang. Die Forderungen wurden schließlich akzeptiert.

In Amasya hatte zum ersten Mal ein Todesfasten stattgefunden. Draußen gab es viele Proteste. Es gab auch Aufrufe, um weitere Todesfälle zu verhindern. Letztendlich erhielten wir ein Telegramm von Şener aus Diyarbakır: »Beendet die Aktion«.

In dieser Zeit schrieb ich einen langen Brief in Form eines Tagebuchs. Ich beschrieb darin vor allem die Gefühle, die meine Verbannung aus Diyarbakır ausgelöst hatte. Schon immer war der Gedanke, Diyarbakır verlassen zu müssen, schrecklich für mich gewesen. Ich liebte Diyarbakır. Kann man auch den Kerker lieben? Ja, viele reagierten erstaunt darauf. Im Kerker war brutal gefoltert worden. Es gab so vieles, was uns dort auf grausame Weise genommen worden war. Unsere wertvollsten Genossen waren gefallen. Dennoch liebte ich die Erinnerung an den erlittenen Schmerz. Er stellte für mich eine ideelle Bindung dar. Die FreundInnen, die den Brief lasen, kritisierten ihn als »extrem gefühlsbetont«. Einer davon war Şêx Mahmut.

Nach Abschluss des Hungerstreiks begann ein reger Briefwechsel. Ich schickte überall Briefe hin. Einen schrieb ich an Şener. Nach kurzer Zeit erhielt ich eine Antwort. Şener schrieb über die allgemeinen Entwicklungen und seine eigene Verfassung nach unserer Verbannung. Außerdem schickte er mir ein neues Gedicht.

Kurze Zeit später wurden weitere Gefangene aus Amed nach Elazığ und Eskişehir verlegt. Es waren nicht besonders viele, dennoch wurde deutlich, dass das Gefängnis »gesäubert« werden sollte.

Im Dezember erhielten wir ein Telegramm: »Şener und Mahmut Tanrıkulu sind entlassen worden«. Diese Nachricht kam sehr überraschend. Im ersten Moment war ich schockiert. »Das kann nicht sein!«, dachte ich. Şener war entlassen worden? Nach dem ersten Schock freute ich mich darüber.

Ich wusste wenig über die Prozesse und die Höhe der Strafen der Freunde. Es hatte keine Bedeutung für uns. Manchmal wurde aus Höflichkeit nachgefragt, aber eigentlich interessierte sich niemand dafür. Es gab einfach wichtigere Dinge im Leben als Gesetze, Gerichte, Prozesse und Strafen. Uns interessierten lediglich die Prozesstermine und die Erklärungen, die im Rahmen der Verteidigung abgegeben wurden.

Nach der ersten Überraschung über Şeners Entlassung fragte ich mich, ob er es wohl geschafft hatte, die FreundInnen zu erreichen, und ob es Probleme wegen seiner Wehrpflicht gegeben hatte. Haftentlassene wurden normalerweise direkt zur Rekrutierung an eine militärische Abteilung übergeben. Nur selten hatten sie die Möglichkeit, sich frei zu bewegen. Setzten sich Angehörige für sie ein, wurde manchmal für einige Tage Aufschub gewährt. Andererseits hatten sich die Zeiten geändert. Vermutlich war es nicht mehr so schwer, die Partei zu erreichen. Dennoch beunruhigte mich der Gedanke, dass der Feind Şener aus einer bestimmten Absicht heraus zum Militärdienst zwingen könnte.

Nach einer Weile bekam ich einen Brief von Şener. Er schrieb unter einem anderen Namen. Die Briefmarke war in İstanbul abgestempelt worden. Das beruhigte mich. Er deutete an, dass er wegen des Militärdienstes untergetaucht sei. Damals in Diyarbakır hatten wir eine Anweisung zu diesem Thema herausgebracht. Die Anzahl der ehemaligen Gefangenen, die nach ihrer Entlassung ihren Militärdienst ableisteten, war nicht unwesentlich. Die Zwangsrekrutierung war Teil der feindlichen Strategie. Viele ehemalige Häftlinge unternahmen jedoch nichts, um diese Strategie zu unterlaufen. Wer nicht direkt nach der Entlassung zur Partei ging, dem blieb nur der Militärdienst. Viele schufen sich so einen Vorwand, um nicht in die Berge zu gehen. Ohnehin galt es als Verrat, nach Jahren der Folter und Unterdrückung im Gefängnis auch nur einen Tag Militärdienst zu leisten. Wir empfanden Wut, wenn wir so etwas hörten.

Wir hatten einige Beschlüsse zu diesem Thema gefasst und einen langen Text geschrieben. Darin wurde an die revolutionäre Pflicht erinnert, sich gegen jedes feindliche Vorgehen zur Wehr zu setzen, das als Fortsetzung der Gefängnispolitik darauf ausgelegt war, Menschen ihren Idealen und ihrer Identität zu entfremden und unter Kontrolle zu halten. Weiter hieß es, gerade die Genossen, die im Gefängnis jahrelang ihre Überzeugungen bewahrt, vor Gericht eine politische Verteidigung abgelegt und sich zur Partei bekannt hatten, müssten sich um jeden Preis dem Militärdienst in einer Armee, die als die wichtigste faschistische und kolonialistische Institution des Feindes zu betrachten sei, verweigern. Zusammengefasst lautete der Inhalt:

»Soweit wir wissen, werden viele Gefangene nach ihrer Entlassung zum Militärdienst eingezogen. Daher sollte nach Möglichkeit versucht werden, den Feind hinzuhalten und die gewonnenen Tage oder Stunden dafür zu nutzen, die Partei zu erreichen. Sollte dies nicht möglich sein und eine sofortige Rekrutierung erfolgen, muss desertiert werden. Es ist möglich, die notwendigen Voraussetzungen für eine Flucht herzustellen. Hinderungsgründe sind unzulässig. Bis dahin müssen die Kader, deren politische Identität dem Feind bekannt ist, sich den feindlichen Befehlen widersetzen und deutlich machen, dass sie den Militärdienst ablehnen.«

Dieser Aufruf richtete sich an alle Gefangenen. Für die Kader galten jedoch auch eindeutige Beschlüsse: »Wer trotzdem Militärdienst leistet, wird als Verräter betrachtet.« Der Text wurde von allen Gefangenen gelesen und diskutiert.

Şener schrieb, er halte sich an einem sicheren Ort auf, habe jedoch noch keinen Kontakt zu den Freunden aufbauen können. »Ich bin bei Bekannten von Dir«, teilte er mit. Um wen es sich handelte, wusste ich nicht. Vermutlich waren es Leute aus der türkischen oder kurdischen Linken. Irgendwann erschien ein Artikel von ihm in der TKP-Zeitschrift. Mehr noch als über den Inhalt regte ich mich darüber auf, dass er überhaupt für die TKP schrieb. Jedoch war auch der Inhalt merkwürdig. Vom Geist der PKK war wenig zu spüren. Dem gesamten Artikel fehlte Prägnanz. Dabei konnte Şener sehr gut schreiben. Der Artikel war jedoch in einem Stil verfasst, der die Herausgeber der Zeitschrift zufrieden stellen sollte. Waren sie im Gefängnis zu Kumpanen geworden? Ich begriff es nicht und schrieb ihm, dass es nicht richtig sei. War er etwa auf diese Leute angewiesen? Benutzte er sie vielleicht nur, damit sie ihm halfen, das Land zu verlassen? Falls es so war, war es dann klug, sich ausgerechnet auf Menschen aus diesem Umfeld zu verlassen? Vermutlich kannte er einige von ihnen persönlich, aber waren wir denn so verzweifelt? Für mich war es auch eine Frage von Prestige. »Und sollte ich vierzig Jahre festsitzen, mit den TKPlern würde ich so etwas nicht machen«, sagte ich.

Es dauerte nicht lange bis zum nächsten Hungerstreik. Nach nur einem Monat mussten wir einen weiteren Hungerstreik beginnen, da die Verwaltung keine der zuvor akzeptierten Forderungen erfüllt hatte. Die Zusammensetzung der Gefangenen änderte sich zunehmend. Es trafen neue Gefangene von Acil[52], Dev-Sol und anderen Gruppen ein. Außerdem kamen Freunde von uns, die zum Tode verurteilt und in Sinop gewesen waren. Es freute uns, dass die Anzahl politischer Gefangener größer wurde.

Die öffentliche Aufmerksamkeit richtete sich auf Amasya, da wir mit fast denselben Forderungen wie zuvor in einen unbefristeten Hungerstreik traten. Die soziopolitische Bevölkerungsstruktur Amasyas war verschlossen und ziemlich reaktionär. Das gleiche galt für das Gefängnis. Amasya war ein typischer Ort der Verbannung. Vor uns hatten die politischen Gefangenen und selbst die Schmuggler nur Hungerstreiks mit der Forderung nach Verlegung in andere Gefängnisse durchgeführt. Alle wollten nur weg, andere Forderungen wurden gar nicht erst aufgestellt. Daher hatten die Herrscher über das Gefängnis ihr gewohntes Auftreten beibehalten können.

Hasan Can führte sich wie ein Feudalherr auf, aber auch die Wächter waren kleine Paschas. Und die Wächterinnen waren wie Feudalherrinnen, obwohl sie noch jung waren. Sie waren mit Polizisten verlobt, mit Offizieren befreundet oder hatten Brüder beim Militär. Gewöhnliche Menschen, die nur ihren Dienst taten, gab es unter ihnen nicht. In das Zahnrad des Gefängnissystems konnte man sich nur ganz oder gar nicht begeben. Wir mussten noch einmal ganz von vorne beginnen. Die Haftbedingungen waren sogar noch schlechter als 1979 in Elazığ. Es wurden sehr primitive Methoden angewandt.

»Unserem Gefängnis ging es gut, bis die PKK-Frauen gekommen sind und für anarchistische Zustände gesorgt haben«, sagte Hasan Can. Amasya war eine kleine Stadt in Anatolien. Das Gefängnis lag zwar abseits des Zentrums im Dorf Helvacılar, trotzdem sprachen sich Neuigkeiten schnell herum. In Amed war die Situation anders gewesen. Die Angehörigen unterstützten jede Aktion der Gefangenen mit Hungerstreiks und Demonstrationen. Für die Bevölkerung Amasyas hingegen waren hungerstreikende Gefangene ein neues Phänomen.

52 Nach der damals erschienenen Schriftenreihe »Die dringenden Probleme der Revolution in der Türkei« (*Türkiye devriminin acil sorunları*) benannte Organisation, die einige Jahre nach dem Tod von Mahir Çayan und seinen Genossen aus der THKP-C hervorging.

Die Einwohner Amasyas behaupteten, der Epos von Ferhat und Şirin habe sich in ihrer Stadt abgespielt. In Wirklichkeit wird diese kurdische Legende in der Schahname von Ferdowsi erzählt und spielt in Kermanschah[53]. Die Gräber von Ferhat und Şirin sind in den Bisutun-Bergen. Nach Lesart der Einheimischen jedoch schlug Ferhat aus Liebe zu Şirin einen Weg durch die Berge Amasyas. Vom Fenster des Gefängnisses aus konnte man den Berg sehen, auf dessen Gipfel ihre vermeintlichen Grabstätten lagen. Sie galten als Pilgerstätte und wurden an bestimmten Tagen besucht. »Dort wachsen zwei Rosen und zwischen ihnen sind undurchdringliche Dornen. Es ist ein wunderschöner Ort«, erzählte man sich. Auch Helvacılar, der Name des Dorfes, in dem sich das Gefängnis befand, hatte seinen Ursprung in dieser Legende. Als sich demnach das Gerücht von Ferhats Tod verbreitete, ließ Şirins Vater helva[54] verteilen, um die Glaubwürdigkeit zu erhöhen. Dabei lebte Ferhat noch. Şirin beging jedoch Selbstmord, als sie die Nachricht von Ferhats Tod erhielt. Ferhat konnte ihren Tod nicht ertragen und tötete sich ebenfalls selbst. Daher war für beide Helva ausgeteilt worden und so kam das Dorf angeblich zu seinem Namen.

Die Felsen der umliegenden Berge wiesen riesige Löcher auf. Sie wurden Ferhat zugeschrieben, dem das Glück mit Şirin verwehrt blieb. Merkwürdig, ähnelten sich eigentlich alle großen Liebesgeschichten? Diese Geschichte war eine Legende, aber sie regte zum Nachdenken an. Manchmal diskutierten wir über sie. Die Erfüllung jeder Sehnsucht hat ihren Preis. Ferhat schlug nahm seinen Weg durch die Berge und überwand die größten Schwierigkeiten, um zu seiner Geliebten zu gelangen. Liebe ist nicht einfach zu erreichen. Trotzdem ist es unrealistisch, sie als unerreichbar zu betrachten oder in den Himmel zu heben.

Was hatte es mit der »heiligen Liebe« auf sich? Şener sprach in all seinen Briefen davon. Es war ein schöner Begriff, der jedoch Heimlichkeiten, Zweifel und Sorgen ausschloss. Ich sagte: »Liebe bedeutet Kampf«. Und er sagte: »Liebe ist heilig.«

War denn nicht auch der Kampf heilig? Meine Briefe, meine Liebe, meine Gespräche, meine Jahre, alles war von Kämpfen geprägt. Wichtig waren jedoch Kern und Form, Ursache und Wirkung dieser Kämpfe. Was gewann ich damit und was verlor ich? Davon hing die Bedeutung meines Kampfes ab.

53 Stadt und Provinz in Ostkurdistan/Iran

54 Süßspeise

Der Hungerstreik ging weiter. Muzaffer Ayata und weitere Freunde wurden nach Amasya verlegt. Zu der aus Eskişehir kommenden Gruppe gehörte auch Celalettin Can von Dev-Sol. Es war merkwürdig. Zunächst wurden die Gefangenen nach Eskişehir und von dort aus nach Amasya verbannt. Wusste der Feind nicht mehr, was er tun sollte oder handelte es sich um eine weitere Etappe seiner Verbannungsstrategie? Diese Strategie sah vor, die Kräfte der Gefangenen zu spalten und unter Kontrolle zu bringen. Die Gefangenen sollten in jedem Gefängnis mit neuen Maßregelungen konfrontiert und beschäftigt werden. Der Feind ließ sich immer neue Methoden einfallen.

Wir tauschten Nachrichten aus. Noch hatten wir die Kraft, aus Brot geformte Bällchen vom Dach zu werfen. Es war trotzdem schwierig, unsere Botschaften sicher ans Ziel kommen zu lassen. Der Trakt, in dem die Freunde waren, war vom Dach aus nicht leicht zu treffen. Manchmal blieben die Briefe am Dach hängen und fielen dem Feind in die Hände. Wir konnten uns jedoch gegenseitig über die jeweiligen Neuigkeiten in Kenntnis setzen.

Die Verwaltung reagierte nervös auf die neu eingetroffenen politischen Gefangenen. Bei Muzaffer hatte auf dem Transport Magenbluten eingesetzt. Die Reise verschlechterte den Gesundheitszustand der gesamten Gruppe. Cahide vertrat den Frauentrakt bei den Verhandlungen mit der Verwaltung. Von den Freunden nahm Sait Korkmaz daran teil. Die ersten Gespräche verliefen ergebnislos, einige Forderungen lösten regelrechte Krisen aus.

Muzaffers Zustand verschlechterte sich. Wir machten uns Sorgen. Der Hungerstreik betraf nicht alle Gefängnisse. Daher spielte er keine ausschlaggebende Rolle für die anderen Gefängnisse oder unsere allgemeine Politik. Unter diesem Gesichtspunkt erschien es mir verkehrt, starrsinnig auf der Erfüllung aller Forderungen zu beharren. Sie waren den Verlust von Genossen wie Muzaffer nicht wert. Wäre es um die Lösung grundlegender Probleme gegangen, hätten wir jedes Opfer in Kauf genommen. So aber bedeutete das Festhalten an den Forderungen, den Tod bewusst herauszufordern, ohne dass eine Notwendigkeit dafür bestand. Es war einfach falsch. Ich war bereit, die Verantwortung zu übernehmen. Dev-Sol wollte nicht nachgeben und zeigte sich sektiererisch. Bei den Gesprächen mit der Verwaltung spielte die Art und Weise, wie eine Frage auf den Tisch gebracht wurde, eine wichtige Rolle. Cahide und Sait fehlte die dafür notwendige politische Erfahrung. Gegen die unnachgiebige Haltung des Feindes kamen sie nicht an. In den anderen Gefängnissen war es jedoch ruhig und der Feind schreckte vor einem Todesfall bei einem Hungerstreik zurück. Außerdem war auch Muzaffers Position bekannt.

Notgedrungen ging ich selbst zu dem nächsten Gespräch und forderte, dass Muzaffer ebenfalls daran teilnahm. Wir sprachen zunächst unter uns. Es war offensichtlich, wie schlecht es ihm ging. Ich sprach die Beendigung der Aktion an. »Wir sollten bis zum letzten Moment auf eine Lösung der noch offenen Punkte hinarbeiten und die Aktion dann beenden«, sagte ich. Muzaffer lehnte ab. Danach gingen wir zu dem Gespräch mit der Verwaltung. Letztendlich brachten wir die Verwaltung zu dem Punkt, den wir uns zum Ziel gesetzt hatten, und beendeten den Hungerstreik. »Es sind nur noch einige weniger grundlegende Forderungen offen, die wir in der Praxis umsetzen werden«, sagten wir. In der folgenden Zeit wurden wir von den TİKB- und Dev-Sol-Gefangenen kritisiert. Sie versuchten, die Beendigung des Hungerstreiks gegen uns zu verwenden. Es gelang uns in der Diskussion jedoch, die Problematik verständlich zu machen. Einige blieben trotzdem bei ihrem linken Sektierertum. Sie nahmen für sich das Recht in Anspruch, die eigenen Kader zu schützen. Bei unseren Kadern zeigten sie sich weniger sensibel. Was für ein politischer Schachzug!

Das Gefängnis Amasya hatte uns dazu gezwungen, zwei Hungerstreiks umittelbar nacheinander durchzuführen. Sie dauerten jeweils über einen Monat. Bevor wir uns davon erholen konnten, setzte eine neue Repressionswelle ein. Die Öffentlichkeit wusste wenig über die Realität im Gefängnis. Die Bevölkerung und die wenigen demokratischen Institutionen draußen waren unorganisiert. Der Widerstand der Gefangenen war ein neues Thema für die Öffentlichkeit. Den Angehörigen gelang es aufgrund der Entfernung kaum, sich zusammenzuschließen und Druck aufzubauen.

Muzaffer war wütend: »Gibt es denn keine Aktionsform außer diesen Hungerstreiks?« Wir diskutierten darüber. »Es kann nicht immer aktiv Widerstand geleistet werden. Ein Aufstand könnte unabsehbare Folgen haben. Der Feind würde ein Blutvergießen in Kauf nehmen, um ihn niederzuschlagen. Mit Parolen und dergleichen kommen wir nicht weiter. Selbst eine Geiselnahme wäre keine Lösung. Ist es denn wirklich so schwierig oder sind wir einfach nicht kreativ genug?«, sagte Muzaffer.

Aufgrund der allgegenwärtigen Präsenz des Feindes war es im Gefängnis besonders wichtig, das soziale und politische Leben der Gefangenen zu organisieren, die feindlichen Kontrollmechanismen zu unterlaufen und dem draußen geführten Kampf gerecht zu werden.

Es war trotzdem nicht richtig, den Kampf ausschließlich auf die Haftbedingungen zu reduzieren. Uns war mehr oder weniger bewusst, dass der Feind mit den Übergriffen in den Gefängnissen von anderen Themen ablenken wollte. Die Energie der Gefangenen sollte in der ständigen Konfrontation verpuffen. Gleichzeitig sollte die Aktivitäten der Menschen, die draußen von unserem Kampf angezogen wurden, durch Einschüchterung eingeschränkt werden.

Im Grunde genommen handelte es sich um eine sehr heimtückische Taktik, die mehrere Ziele gleichzeitig verfolgte. Im Briefwechsel mit anderen Gefangenen und mit FreundInnen außerhalb des Gefängnisses wurde der Wunsch deutlich, einen passenderen Umgang mit dieser Situation zu finden. Das Thema war jedoch sensibel. Es herrschte eine eher schematische Vorstellung von Widerstand. Hungerstreiks und Todesfasten waren unsere wirkungsvollsten Waffen. Diese zur Diskussion zu stellen, konnte selbst von unserer eigenen Basis falsch verstanden werden. Es war dennoch auffällig, dass so häufig selbst geringe Anlässe zu zermürbenden Hungerstreiks führten. Zu den meisten Übergriffen kam es an abgelegenen und kleinen Orten mit einer in den Augen des Feindes schwachen Zusammensetzung von Gefangenen.

palästinensische intifada in kurdistan

Wir erhielten einige Ausgaben der Zeitung Serxwebûn und nutzten sie für die Bildungsarbeit. Manchmal erreichten uns auch politische Analysen des Vorsitzenden, die wir geradezu verschlungen.

Die serhildan[55], die sich in Kurdistan entwickelten, gaben uns Kraft. Unser Kampf wurde zu einer Massenbewegung. Die Menschen in den Dörfern, den Kleinstädten und zunehmend auch in den Großstädten erhoben sich. In den Gefängnissen wurden die feindlichen Angriffe weniger, da die allgemeine Aufmerksamkeit den serhildan galt.

Die Aufstände in Kurdistan ähnelten der palästinensischen Intifada. In der TİKP-Zeitschrift wurden sie als ein Erfolg der eigenen Partei

55 Volksaufstände

gefeiert. Es wurde einfach ignoriert, dass diese Entwicklung vor allem unserem Guerillakampf zu verdanken war. Die Volksaufstände waren eine Folge dieses Kampfes. Nach Ansicht der TİKP hatten Kundgebungen in Cizre und anderen Orten, auf denen Doğu Perinçek[56] als Redner aufgetreten war, jedoch die Grundlage für unseren Kampf geschaffen. Perinçek hatte erkannt, welches Potential für eine Massenbewegung in Kurdistan entstanden war. Letztendlich bewerteten wir es als positiv, dass in einer legalen Zeitschrift über die Entwicklungen berichtet wurde.

Die Zeitschrift *Aydınlık* hatte sich in der Vergangenheit mit der Veröffentlichung von Namen aus der revolutionären Bewegung profiliert. Die PDA hatte unzählige Menschen ins Gefängnis gebracht. Nicht wenige PDA-Anhänger traten in politischen Prozesses als Zeugen der Anklage auf. Sie machten sich an der Bevölkerung Kurdistans schuldig, indem sie sich auf der Seite des Feindes gegen die kurdische Befreiungsbewegung stellten. Daher konnte es als praktische Selbstkritik verstanden werden, wenn sie heute über die Entwicklungen in Kurdistan berichteten und dabei die Forderungen der Bevölkerung zur Sprache brachten. Trotz dieser positiven Einschätzung machten wir uns keine Illusionen über ihre Aufrichtigkeit. Mit der Zeit würde sich herausstellen, ob sie es ehrlich meinten. Die These, die Volksaufstände in Kurdistan hätten sich sozusagen von selbst entwickelt oder seien gar Doğu Perinçek zu verdanken, war jedoch ignorant und verkannte die Opfer und Mühen, die diesen Fortschritt erst möglich gemacht hatten.

Unser Verhältnis zu den Acil-Gefangenen war hingegen sehr freundschaftlich. Sie waren in einem Trakt mit den Freunden untergebracht und auch ihnen gaben die Entwicklungen draußen Hoffnung. Die Freude und der Stolz über die Revolution in Kurdistan gab vielen Menschen Kraft. Die Genossen von Acil schrieben Texte mit Vorschlägen und solidarischer Kritik, um auch auf ihre eigene Gruppe draußen einzuwirken.

Die heftigen Diskussionen, die wir 1988 geführt hatten, setzten sich in etwas anderer Form in Amasya fort. »1990 wird das Jahr der Befreiung sein. Es wird zu Massenaufständen kommen. In Kurdistan und der Türkei entwickeln sich gerade die dafür notwendigen Bedingungen«, sagte

56 Mitbegründer und Vorsitzender der »Revolutionären Arbeiter- und Bauernpartei der Türkei« (TİİKP), von der sich unter seiner Führung 1978 die »Arbeiter- und Bauernpartei der Türkei« (TİKP) abspaltete. Heute Nationalist und Parteivorsitzender der *Vatan Partisi* (Heimatpartei), tut sich vor allem durch die Leugnung des Völkermordes an den ArmenierInnen hervor.

ich. Die FreundInnen nannten mich eine Träumerin. Meine Einschätzung war zweifellos von meiner Fantasie inspiriert, aber meine Hoffnung basierte immerhin auf einer realen Entwicklung. Derselbe übertriebene Optimismus hatte mich nach dem 15. August zu der Einschätzung verleitet, die Phase des strategischen Angriffs sei angebrochen. Begeistert von den serhildan vertrat ich jetzt die optimistische These eines bewaffneten Aufstandes. Diese Vorstellung war nicht gänzlich unrealistisch, entsprach der aktuellen Situation jedoch nur bedingt.

Zum ersten Mal empfand ich meine Gefangenenschaft als unerträglich. Ich hielt es in der Enge der Gefängnismauern nicht mehr aus. Der leidenschaftliche Wunsch, an der Begeisterung draußen teilhaben zu können, inspirierte mich täglich zu neuen Fluchtplänen. Auch vor großen Risiken schreckte ich nicht mehr zurück. Mehrmals suchte ich auf dem Dach nach möglichen Fluchtwegen.Wir flochten eine Strickleiter aus Bettlaken und kletterten in Sekundenschnelle heimlich hinauf, um die Wachposten und die Umgebung zu erkunden. Es war aufregend, aber wir stießen immer wieder auf unüberwindbare Hindernisse. Ich schwankte zwischen freudiger Hoffnung und brennender Enttäuschung. Nicht einmal Muzaffer, der für seine unerschütterliche Geduld bekannt war, konnte mich bremsen.

şener wird soldat

Şener sorgte für eine weitere Überraschung. Er wurde gefasst und zum Militär eingezogen. Alle hatten erwartet, dass er ins Ausland gehen würde. Wir waren bestürzt. Warum hatte er sich bloß so lange in İstanbul aufgehalten? Wer waren diese Leute, bei denen er untergeschlüpft war? Alles war unklar. Unser Misstrauen wuchs. Angeblich war er bei einem Treffen mit FreundInnen festgenommen worden. Die Rede war von Mehmet Eksen und anderen, die ich nicht kannte. Genauere Informationen lagen uns nicht vor, daher konnten wir nur Vermutungen anstellen. Später berichteten die Freunde in Diyarbakır, er habe sich geweigert, eine Uniform anzuziehen und militärische Anordnungen zu befolgen. Diese Nachricht machte mich glücklich. Kein PKKler durfte die Uniform der türkischen Armee tragen! Şener selbst hatte einen Text über dieses Thema geschrieben und entsprechende Beschlüsse formuliert. Der Militärdienst galt als ein schweres Vergehen.

Vor längerer Zeit hatte ich einen Brief von Haydar aus Nazimiye bekommen. Es hatte mich damals überrascht, dass er beim Militär gelandet war. »Auch Dilaver ist eingezogen worden. Er will Urlaub nehmen und sagt, dass er mich mitnehmen wird. Momentan warte ich ab. Es ist unerträglich hier«, hatte er geschrieben. Er drückte sich absichtlich unklar aus, da die Briefe kontrolliert wurden. Ich verstand jedoch, was er mir mitteilen wollte. Dilaver war aus dem Gefängnis entlassen und zum Militärdienst eingezogen worden. Er wollte seinen Urlaub nutzen, um sich ins Ausland abzusetzen. Seine Familie war groß, sie würde die bürokratischen Angelegenheiten regeln. Einige seiner Angehörigen waren sogar bei der Polizei. »Wenn alles gut vorbereitet wird, kann er es schaffen«, dachten wir.

Später hörten wir, dass seine Flucht gelungen war. Die genaueren Umstände kannten wir nicht. Im gleichen Jahr kam jedoch die Nachricht, er habe 1988 Selbstmord begangen. Was war geschehen? Hatte er den Militärdienst nicht verarbeiten können? Oder hatte es in der Partei Missverständnisse bezüglich seiner Rekrutierung gegeben? Wir wussten es nicht. Über den Anwalt Mahmut wurde erzählt, er habe seinen Militärdienst als Reserveoffizier absolviert, sich danach ins Ausland abgesetzt und sei dort erschossen worden. Es war ein sehr sensibles Thema. Wir vertrauten der Partei und gingen davon aus, dass sie keine Fehler beging. Trotzdem war nicht nachvollziehbar, warum ein Mensch, der nach Jahren der Gefangenschaft endlich die Partei erreichte, plötzlich Selbstmord begehen sollte.

Einige der Schmuggler, die ihn gekannt hatten, waren sehr betroffen. Cantürk, der mit Mahmut zusammen im Gefängnis Mamak gesessen hatte, sagte mit Tränen in den Augen: »Schwester, ich glaube dir alles. Bitte sag mir die Wahrheit, hat die Partei ihn erschossen? Er war nicht der Typ für einen Selbstmord, ich kannte ihn gut.« Ich antwortete: »Die Partei hat ihn mit Sicherheit nicht erschossen, das könnt ihr mir glauben.« Jetzt liefen die Tränen über sein Gesicht. »Ich wünsche mir nur, dass es nicht die Partei war. Das wäre zu hart.« Unentwegt fragte ich mich, was Mahmut zu diesem Schritt bewegt haben mochte. Es war uns allen ein Rätsel.

Mit denjenigen, die Mahmut persönlich gekannt hatten, sprach ich viel über dieses Thema. Dilaver hatte ich damals in Elazığ kennengelernt. Er war auch ein guter Bekannter von Hamili. Konnte Mamak ihn so verändert haben? Oder die kurze Militärzeit? Ohne genauere Informationen machten unsere Diskussionen wenig Sinn.

Die Erinnerung an diesen Vorfall vergrößerte die Sorge, die die Nachricht von Şeners Militärdienst auslöste. Wie würde der Feind beim Militär mit einem Menschen umgehen, der als PKK-Mitglied verurteilt war? Der Militärdienst an sich verstieß gegen unsere Prinzipien. Wie wirkten sich Zwangsrekrutierungen auf die Betroffenen aus? Das Gefängnis war durch die unmittelbare Konfrontation mit dem Feind anders. Der Feind biss sich geradezu an den Gefangenen fest. Um so wichtiger war es, Herz und Kopf zu schützen, damit sie weiter funktionierten.

Auf miilitärischem Gebiet verfügte der Feind über wirksame Mittel, um seine Politik umzusetzen. Daher musste Şener unbedingt sofort fliehen oder sich zumindest den Befehlen widersetzen. Eine andere Alternative gab es nicht. Ich sprach Muzaffer darauf an: »Wir müssen die Sache öffentlich machen, ansonsten wird er mit Sicherheit erschossen.« In der Republik Türkei galt Militärdienstverweigerung als unverzeihlich.

Wir informierten unsere Anwälte und schrieben einige Zeitungen an. İlhan Selçuk griff das Thema in seiner Kolumne auf. Ohne unser Wissen wurde auch Karasu tätig. Er vertrat jedoch die Meinung, eine offene Verweigerungshaltung mache eine Flucht unmöglich. Daher legte er Şener nahe, sich unauffällig zu verhalten, bis die Voraussetzungen für eine Flucht gegeben seien. Da ich nichts davon wusste, forderte ich in mehreren Briefen, die Angehörigen für dieses Thema zu sensibilisieren.

Die eigentliche Ursache meiner Besorgnis war jedoch Şeners schwaches Verhalten während des Widerstands im Januar 1984. Um Menschen, die bereits eine derartige Prüfung bestanden haben, macht man sich in einer solchen Situation andere Sorgen. Es gab FreundInnen, die ein so unerschütterliches Vertrauen ausstrahlten, dass ich selbst angesichts hinterhältigster Intrigen und größter Grausamkeit des Feindes nur die Angst verspürte, sie physisch zu verlieren. Şeners schwache Seite löste in mir jedoch immer den Reflex aus, ihn zurückholen und retten zu wollen. Ich hegte die Hoffnung, er werde über sich hinauswachsen und seine Schwäche besiegen. Es war, als ob ich ihn aus der Tiefe eines Brunnens nach oben zog. Er war schon weit gekommen, jetzt musste er nur noch den Ausstieg wagen, dann wäre die Angst vor dem tiefen Fall überwunden. Diese optimistische Betrachtungsweise prägte mein Verhältnis zu Şener entscheidend.

Saliha kam nach Amasya. Von hier aus wollte sie nach Tokat fahren, um Şener zu besuchen. Vorher war sie bei Karasu in Ceyhan gewesen.

Karasu habe Şener ausrichten lassen, »vernünftig« zu sein. Ich glaubte Saliha nicht, aber es war nicht ausgeschlossen, dass Karasu ein derartiges Verhalten aus taktischen Gründen forderte. Ich schrieb eine kurze Nachricht an Şener: »Du ziehst die Uniform nicht an. Bisher hast du dich geweigert, also mach jetzt keinen Schritt zurück. Wir werden dafür sorgen, dass dein Fall öffentlich gemacht wird.« Ich traute Saliha jedoch nicht. Morgens hatte es wieder einen Vorfall gegeben. Gerade als die Besuchszeit beginnen sollte, traf die Nachricht ein, dass Saliha mit ihrem Enkel festgenommen worden sei. Notgedrungen mussten wir uns dazu verhalten.

Wir nahmen es niemals schweigend hin, wenn unsere BesucherInnen drangsaliert wurden. Jede Festnahme, jede entwürdigende Behandlung fassten wir als eine Drohung auf, mit der die Angehörigenbewegung eingeschüchtert werden sollte. Jetzt argwöhnten wir außerdem, dass bei Saliha wieder eine Nachricht oder ähnliches gefunden worden war. Es war eine Riesendummheit, Saliha immer noch als Botin einzusetzen. Die BesucherInnen waren wütend, weil sie nicht hereingelassen wurden. Wir protestierten mit Parolenrufen: »Schluss mit der Kriminalisierung der Angehörigen!« An Feiertagen fand der Besuch ohne Trennscheibe statt. Die Angehörigen waren aus verschiedenen Orten, teils aus großer Entfernung angereist. Der Feind konnte jederzeit Gründe erfinden, um Besuche zu verhindern. Worum ging es diesmal? Handelte es sich wieder um eine Provokation? Die Situation ließ sich schwer einschätzen.

Saliha war bekannt dafür, überall für Aufregung zu sorgen. Unsere Protestaktion dauerte nicht lange. Die GefangenenvertreterInnen sprachen mit der Verwaltung. »Wir haben nichts damit zu tun«, sagte der Direktor. Saliha war von Zivilpolizisten festgenommen und zur Polizeiwache gebracht worden. Nach einer Durchsuchung wurde sie wieder freigelassen. Gemeinsam mit ihrem Enkel traf sie im Gefängnis ein. Vermutlich erwartete sie einen begeisterten Empfang, Muzaffer und ich verhielten uns jedoch distanziert. Sie gefiel sich in ihrer Opferrolle und sonnte sich gerne in Bewunderung. Dafür war ihr jedes Spektakel recht. Mein Gott, was war sie bloß für eine Mutter? Man konnte ihr nicht wirklich böse sein, aber ihr Geltungsbedürfnis war anstrengend.

»Sie haben mich von Kopf bis Fuß durchsucht«, sagte sie und hob ihren Rock an: »Selbst die Nähte haben sie kontrolliert. Und dann haben sie mich ausgefragt: Wo willst du hin, wo kommst du her, wen willst du besuchen. Sie waren nicht von hier, sie kommen aus Diyarbakır. Ich kenne sie, sie haben mich verfolgt.« Wir entgegneten: »Komm nicht wieder. Du bist alt und krank. Sollten sie dich auf dem Weg festhalten, würde niemand davon erfahren.« Beharrlich erklärte sie: »Von hier aus fahre ich auch noch nach Aydın und Çanakkale.« Nur mit Mühe konnten wir ihr die Idee ausreden. Die Nachricht an Şener gab ich ihr nicht mit, nur ein Foto. Auf die Rückseite schrieb ich: »Mit Grüßen an Şener, der keinen Anzug trägt. Pass auf dich auf und achte auf deine Gesundheit.« Saliha nahm das Foto und ging. Ich konnte nichts anderes schreiben, obwohl mir bewusst war, dass ich Karasus Anweisung widersprach. Letztendlich würde ohnehin Karasus Meinung ausschlaggebend sein. Logisch betrachtet hatte er sowieso Recht. Es war keine einfache Sache, aber wir mussten in der Frage des Militärdienstes neue Maßstäbe setzen und ich wünschte mir, Şener würde sich dabei bewähren. Unbewusst wollte ich ihn dazu zwingen, seine Schwäche von 1984 in einen Sieg zu verwandeln.

Ich erzählte Muzaffer von meinem Verhältnis zu Şener und zu Hamili. Mein Bericht ließ nichts aus und beschönigte auch nichts. Muzaffer saß mir gegenüber und hörte zu. Er war mein Genosse und ich hatte keine Bedenken, ihm alles offen zu erzählen, einschließlich meiner Fehler und Irrtümer.

Mit Şener hatte ich eine Vereinbarung getroffen: »Unsere Beziehung wird sich in der Praxis bewähren. Ihre einzige Garantie ist unser Kampf. Wer von uns beiden zuerst dem Vorsitzenden gegenübersteht, wird ihm von der Beziehung berichten. Die Entscheidung liegt bei dem Vorsitzenden.« Unabhängig von dieser Vereinbarung wollte ich jedoch auch mit Muzaffer reden. Meiner Meinung nach durfte eine Beziehung zwischen zwei Menschen nicht geheim gehalten werden, selbst dann nicht, wenn sie nur aus einem gegenseitigen Versprechen bestand. Bereits in Diyarbakır hatte ich mit Fuat oder Şamil reden wollen, aber Şener hatte sich dagegen ausgesprochen: »Die Freunde könnten nicht damit umgehen. Sie würden davon ausgehen, dass deine Beziehung mit Hamili aus diesem Grund zerbrochen ist, und es würde ihnen missfallen.« Dann fügte er noch hinzu: »Außerdem will niemand sehen, dass du dich an einen Mann bindest. Ich weiß das aus eigener Erfahrung, ich wollte es auch nicht.«

War ich nicht diejenige gewesen, die sich immer dagegen gewehrt hatte, einem Mann zugeordnet zu werden? Was bedeutete es, einem Mann zu gehören? »Diese Beziehung ist anders«, hatte ich gedacht. Wie anders? Şener wusste es am besten. Ich hatte keine Angst vor der Liebe, es war Şener, der meine Liebe fürchtete. Das sagte er offen. »Vor der Liebe kann man keine Angst haben«, sagte ich immer. Liebe produziert doch keine Angst! Warum fürchtest du dich dann? Für Şener war meine Liebe ebenso heilig wie beängstigend. Das war ein Widerspruch, ein ... Ich wusste es nicht, konnte es nicht in Worte fassen. Es war nur ein Gefühl. In der Liebe durfte es Lug und Trug nicht geben. Es durfte nicht einmal die kleinste Unstimmigkeit geben. Ich war eine Träumerin und gab mich Illusionen hin. Meine Einstellung zur Liebe war auf merkwürdige Weise utopisch.

Dabei liebte ich kämpferische Auseinandersetzungen. Ein einziger kampfloser Moment war wie Folter für mich. Es war der Kampf, der das Leben lebenswert machte und dem Menschen Kraft gab.

Warum schimmerten Muzaffers blaugrüne Augen? Wollte auch er nicht, dass ich jemandem gehöre? Ich sah es in seinem Blick. Er drückte ehrliche Zuneigung und Zurückhaltung aus. Seine Reaktion zeugte von einer Form der Eifersucht, die fern von egoistischer Wut Ausdruck tiefer genossenschaftlicher Besorgnis war. Unser genossenschaftliches Verhältnis war jedoch sonderbar: als ob etwas zerbrechen würde, wenn die Wahrheit offen zur Sprache käme. Ich wünschte, Muzaffer hätte mir diese grausame Wahrheit ins Gesicht sagen können, selbst wenn dabei etwas zerbrochen wäre. Während unseres Gesprächs lag meine Hand in seinen Händen. Jetzt nahm er meinen Kopf in beide Hände und zog ihn zu sich, bis unsere Köpfe aneinander stießen. »Ich sage nichts dazu. Blaue Augen verraten keine Gefühle. Auch meine Augen sind blau, was soll ich tun?« Ich spürte, dass Muzaffer diese Beziehung nicht befürwortete. Nach diesem Gespräch liefen wir noch lange auf und ab.

Ich gehörte niemandem. Aber ich suchte bei jemandem etwas, das mir oder uns gehörte. Ich lauerte geradezu darauf und ich schützte mich nicht. Risiko, Glücksspiel, gewinnen oder verlieren in der Liebe! Ich hatte mir nie Gedanken darüber gemacht, aber ich liebte Risiken. War das so ähnlich wie die Liebe zum eigenen Mörder?

Nach einiger Zeit kam ein langer Brief von Şener. Er war aus Tokat nach Bayburt versetzt worden. Der Brief war sehr ausführlich. Er schrieb, dass er die Uniform zunächst verweigert und dann doch angezogen habe. Es sei ihm sehr schwer gefallen, habe sich jedoch nicht vermeiden lassen.

An einer Stelle schrieb er: »Ich muss dir als meiner Schwester noch eine Schwäche gestehen. Du weißt, dass ich nichts verheimlichen kann. Ich stand einem Bataillonskommandeur gegenüber. In diesem Moment verlor ich die Kontrolle und musste weinen. Es war nicht gut, dass er meine Tränen gesehen hat. Es war ein Moment der Niederlage, ein Ausdruck hilfloser Verzweiflung.« Wir diskutierten in unseren Briefen. Ich schickte meine Briefe an eine Adresse in Europa, die er mir genannt hatte. Von dort aus wurden sie weitergeleitet. Ich unterschrieb mit »Deine Schwester«.

Auf der Fahrt von Tokat nach Bayburt war er durch Amasya am Gefängnis vorbei gefahren. Kerker und Militär! Ich konnte mich einfach nicht damit abfinden. Wahrscheinlich hätte mich die Nachricht von seinem Tod weniger erschüttert. Wir setzten Cahides Vater auf ihn an. Ich sprach ganz offen mit Koç Ali. Er hatte ein Auto und Geld. Wir gaben noch Geld dazu. »Du musst zu Şener fahren und mit ihm sprechen. Ihr habt denselben Nachnamen, du kannst dich als ein Verwandter ausgeben. Sprich mit ihm, er muss unbedingt fliehen. Er sollte keinen weiteren Tag dort bleiben«, sagte ich. Um Koç Ali zu überzeugen, fügten wir noch hinzu: »Der Feind wird ihn erschießen und behaupten, er sei auf der Flucht erschossen worden.« Koç Ali willigte ein und versprach, so bald wie möglich zu fahren.

Kurze Zeit später erhielt ich ein Telegramm von Şener: »Ich sitze mit Cemil in einem Restaurant. Es ist wie Urlaub«. Das Telegramm war in Antakya aufgegeben worden. Also war die Flucht geglückt! Ich schickte das Telegramm sofort weiter an Muzaffer. Alle freuten sich. Şener hatte einen weiteren Graben überwunden, er durfte sich nur nicht wieder erwischen lassen! Ein weiterer Brief traf ein. Er klang wütend. Offenbar hatte er ein Telefongespräch mit Yıldız Durmuş geführt, es war zu einer Auseinandersetzung gekommen und Yıldız hatte ihn für seine Wortwahl kritisiert, anstatt Verständnis für seine Situation zu zeigen. »Wenn es so weiter geht, bleibt mir nur die Möglichkeit, mir mein eigenes Grab zu schaufeln, um nicht noch einmal in diese Dinge hineinzugeraten, die für mich die Hölle auf Erden sind. Sie zwingen mich dazu.«

Was sollte das jetzt? Was wollte er damit sagen? Warum tat er so hilflos? Draußen konnte ein Mensch auch alleine einen Weg finden, das Land zu verlassen. Bei meiner Flucht damals in Malatya war ich zwar auch hilflos gewesen, aber es war eine andere Situation. Außerdem war er nicht allein, sein Schwager war bei ihm. Şeners Haltung war absurd. Seine

Panik war ein Zeichen von Schwäche. Es war armselig, an den Tod und sein eigenes Grab zu denken. Ich war wütend und machte mir gleichzeitig Sorgen. Vor allem fürchtete ich, dass er eine Dummheit begehen könne. Manchmal weinte ich. Ich ärgerte mich auch über Yıldız, hätte sie sich nicht ein bisschen konstruktiver verhalten können. Meine Sorge ließ mich nicht mehr los. Muzaffer ärgerte sich über mich und sagte: »Ich kenne ihn. Er neigt zur Panik und er macht Radau, wenn ihm etwas nicht passt. Du machst dir unnötige Sorgen. Er wird gar nichts unternehmen, er ist doch kein Kind!«

Nachdem ich mich etwas beruhigt hatte, setzte ich mich hin und schrieb einen langen Brief, den ich an die Adresse in Europa schickte. Ich kritisierte ihn scharf: »Wieso sprichst du gleich vom Tod, wenn es ein bisschen eng für dich wird? Sollte das eine Drohung sein? Wenn du gehen willst, dann geh, fahr zur Hölle!« Es war das erste Mal, dass ich in einem derartigen Tonfall schrieb. Meiner Meinung nach war es die einzige Möglichkeit, ihn wieder zu sich zu bringen. Ich weiß nicht, ob er den Brief jemals erhalten hat. Irgendwann erfuhren wir, dass er in Griechenland war. Ich bekam weitere Briefe von ihm. Er beschrieb die Akropolis und die Schönheit des Meeres. Dann deutete er an, er warte darauf, zur Parteiakademie fahren zu können. Nach Monaten war dies die erste beruhigende Nachricht.

Einige der Acil-Gefangenen stammten aus Samsun. Ich fragte sie nach dem Staatskrankenhaus der Stadt. Amasya hatte viele Nachteile. Hier in der Gegend gab es so gut wie keine Bekannten. Die Acil-Gefangenen sagten: »In Samsun sind die Voraussetzungen besser.« Die soziale Struktur dort war anders. Mit Unterstützung von draußen wäre eine Flucht vielleicht möglich. Die Genossen von Acil sicherten freudig ihre Hilfe zu. Sollte der Plan glücken, wäre er ein gutes Beispiel praktischer Solidarität. »Türkische Revolutionäre verhelfen kurdischer Revolutionärin zur Flucht aus dem Krankenhaus«, würde es heißen. Allein der Gedanke war schön. »Vielleicht bietet sich auch der Weg zum Krankenhaus an«, wurde mir gesagt. Es mussten nur die notwendigen Voraussetzungen geschaffen werden.

Allein die Einweisung ins Krankenhaus war ein Problem. Kieferchirurgen gab es nicht überall. Ich könnte meinen in Diyarbakır verzogenen Kiefer in Samsun regulieren lassen. Die Ärzte im Militärkrankenhaus von Diyarbakır hatten diese Behandlung abgelehnt. Da Amasya eine kleine

Stadt war, konnte eine Kieferbehandlung als Begründung für eine Einweisung nach Samsun ausreichen.

Dann fiel uns noch ein weiterer Plan ein. Die Wohnung des Gefängnisdirektors grenzte an unseren Trakt. Die Fenster der Wohnung blickten auf unseren Hof, aber es gab keinen direkten Zugang. Die Wohnungstür führte nach draußen. Die unpolitischen weiblichen Gefangenen waren aus der Frauenabteilung in einen anderen Trakt verlegt worden. Er lag etwas weiter entfernt. An Besuchstagen oder auf dem Weg in die Verwaltung nutzten sie den unteren Korridor unserer Abteilung.

Die Wächterinnen waren für beide Trakte zuständig. Normalerweise hielten sie sich bei den anderen Frauen auf, weil sie sich dort wohler fühlten. Außerdem hatten wir ihnen untersagt, außerhalb der Durchsuchungstage unseren Trakt unerlaubt zu betreten. Wir achteten sorgfältig darauf, dass sie nicht in alle Bereiche unseres Lebens eindrangen. Anfangs waren sie ständig hereingeplatzt und wir hatten uns oft deswegen gestritten. Einige Male hatten wir sie regelrecht bedrängen müssen, damit sie den Trakt verließen. Sie durften vor allem nicht dahinter kommen, wie wir den Kontakt zu den Freunden aufrecht hielten. Natürlich erfuhren sie es trotzdem irgendwann. Manchmal lauerten sie heimlich auf die aus Brot geformten Bällchen und rannten los, um sie zu erwischen. Wir nahmen sie ihnen mit Gewalt ab. Einige Nachrichten gerieten jedoch in ihre Hände und wurden zum Gegenstand neuer Gerichtsverfahren.

Es erschien möglich, durch ein Loch in der Mauer der hinteren Zelle in den Hohlraum unter der Treppe zur Wohnung des Direktors zu gelangen. Wir berechneten die genaue Stelle und begannen mit der Arbeit. An der Mauer stand ein Bett. Wir drapierten die Bettdecke so, dass sie das Loch verbarg. Außerdem bestellten wir eine Pressholzplatte, um das Loch zu schließen. Um kein Misstrauen zu wecken, orderten wir auch anderen Künstlerbedarf wie Farbe und Leinwand. Cahides künstlerisches Talent war von Vorteil. Sie malte Bilder und entwarf Muster. Die Wächterinnen interessierten sich sehr dafür. Sie waren ständig mit ihrer Aussteuer beschäftigt, nähten, häkelten und stickten.

Als erstes entfernten wir vorsichtig den Putz von der Wand. Dabei mussten wir sehr behutsam vorgehen, da jedes Geräusch an der Mauer direkt in die Wohnung des Direktors und den darunter liegenden Wachraum drang. Die Wächter kannten unsere Methoden mittlerweile und hatten sich angewöhnt, an den Wänden und dem Fußboden zu lauschen, um herauszufinden, ob irgendwo ein Tunnel gegraben wurde. Wir arbeiteten vor allem tagsüber, da es weniger auffiel. Wurde abends im Fernsehen ein beliebtes Programm ausgestrahlt, nutzten wir auch diese Stunden. In jener Zeit war die Serie »Maria« sehr beliebt. Ich sah abgesehen von den Nachrichten selten fern, daher fiel meine Abwesenheit im Fernsehraum nicht auf. Der Fernseher stand im Küchenbereich des unteren Stockwerks und lag somit in einiger Entfernung von der Stelle, an der wir die Wand bearbeiteten.

Der Zementanteil im Mörtel zwischen den Backsteinen war hoch und der Mörtel hart wie Stahl. Offenbar war der beste Zement der Welt genutzt worden, um die Wand so stabil wie möglich zu bauen. Wir benutzten Löffel und andere kleine Metallgegenstände, trotzdem kam es uns vor, als würden wir uns mit den Fingernägeln durch einen Berg graben. Es würde Ewigkeiten dauern, wenn wir keine andere Methode fanden. Wie konnte Beton zersetzt werden? Wir lernten von Muzaffer, die Mauer mit Säure aus einer Spritze zu behandeln. Trotzdem kamen wir nur langsam voran.

Es fand ein weiterer offener Besuchstag statt. Wir ließen der Partei unsere Fluchtabsicht ausrichten und forderten Ausweise an. Es war schwierig, an einen Fotoapparat zu kommen, wir fanden jedoch jemanden, der uns behilflich war. Wir veränderten unsere Frisuren und machten mehrere Fotos. Am Besuchstag trafen wir Yılmaz Dağlı. Er kam von der Akademie und brachte einen kurzen Brief von Şener mit. Angeblich sollte Yılmaz uns bei der Flucht behilflich sein. Zuvor hatten wir an Cahides Vater gedacht. Zwar trauten wir ihm nicht über den Weg, aber er würde seine Tochter nicht in Gefahr bringen. Die ganze Angelegenheit war ein Glücksspiel. Yılmaz sollte sich um die Ausweise kümmern. Wir rechneten aus, wie lange wir noch für die Mauer brauchen würden und baten ihn, sich zu beeilen.

Eines Nachts weckten uns Parolenrufe. Bei einer Razzia war bei den Dev-Sol-Gefangenen ein Tunnel entdeckt worden. Am nächsten Tag fanden Durchsuchungen in allen Trakten statt. Da vor allem nach weiteren Tunneln gesucht wurde, richtete sich die Aufmerksamkeit mehr auf die Fußböden im Erdgeschoss. Unser Loch war gut getarnt. Den Deckel hatten wir mit Gips verkleidet.

Nach und nach schickten wir unsere Tagebücher sowie alle Briefe und Texte, die sich angesammelt hatten, nach Europa. Es fiel nicht weiter auf, da wir ohnehin gelegentlich Briefe verschickten. Einige Schriftstücke gaben wir auch von Hand weiter. Hasan Atmaca und Yıldız befanden sich in Europa. Wir erfuhren, dass sich auch Cuma dort aufhielt. Es überraschte uns. Wir schrieben uns gegenseitig Briefe. Hasan witzelte, die Post arbeite nur noch für uns. Etliche große gelbe Umschläge verließen das Gefängnis. Um nicht aufzufallen, ließen wir unsere Briefe in verschiedenen Postämtern im Landkreis aufgeben. Erst viel später erfuhren wir, dass der Feind unsere Briefe öffnete und kopierte, bevor er sie weiterschickte. Da sie ihren Bestimmungsort stets erreichten, schöpften wir keinen Verdacht.

Ich schrieb Hunderte Briefe. Täglich erhöhte sich die Anzahl der Menschen, mit denen ich mich schriftlich austauschte. Dieser Eifer war der Einsamkeit der vergangenen Jahre geschuldet. Ich nutzte jede Möglichkeit, über unseren Kampf zu berichten und wenigstens auf schriftlichem Weg eine Verbindung zu den Menschen herzustellen.

Ich machte Sport auf dem Hof. Für den Hindernislauf stellte ich Kisten und Schemel auf, denen ich die Namen von Bergen gab. Ich lief stundenlang und stellte mir dabei vor, auf einen Berg zu steigen. Ich lief im Regen, bis ich von Kopf bis Fuß durchnässt war. Ich lief bei Schnee und Frost, um eine Verbindung zum Leben der Guerilla in den Bergen zu schaffen.

In meinem Tagebuch schrieb ich an Şener. Ich beschrieb jeden Moment des Lebens. Das tägliche Schreiben war mir zur festen Angewohnheit geworden. Bereits in Amed hatte ich damit begonnen. In der Zeit der Folter schrieb ich, wenn sich eine Gelegenheit ergab. Es befremdete mich, wenn die FreundInnen Nachrichten auf winzige Papierschnipsel schrieben. Ein kleines Stück Papier reichte vielleicht aus, wenn nicht mehr Papier zur Verfügung stand oder es nicht entdeckt werden durfte. Das war normal und ich habe selbst oft genug so kommuniziert. Nachdem sich die Bedingungen jedoch geändert hatten, wurde das Schreiben für mich ebenso zu einer Pflicht wie zu einem Vergnügen. Allerdings beschränkte ich mich meist auf die Geschehnisse oder auf meine Gefühle. Für politische Analysen oder Untersuchungen bestimmter Themen interessierte ich mich weniger. Dafür fehlte mir die notwendige Konzentration. Wir bekamen immer noch nicht die Bücher, die wir uns wünschten. Lange Jahre hatte ich kaum gelesen. Auch die Hungerstreiks spielten dabei eine Rolle. Die Geschehnisse schriftlich festzuhalten, zu bewerten und mit anderen zu teilen, war mir hingegen ein tägliches Bedürfnis.

Es entspannte mich, das Gefängnisleben in meinem Tagebuch ungeschminkt zu beschreiben. Ich gewöhnte mir an, die Monotonie des Alltags mit meinen Monologen zu durchbrechen und meine Gefühle offen und uneingeschränkt darzulegen. Unzensiert beschrieb ich meine Gedanken, Illusionen und Träume, meine Wut auf den Feind oder meine Haltung zu aktuellen Ereignissen. Damit wehrte ich mich dagegen, dass der Feind uns nicht nur eine räumliche Beschränkung auferlegte, sondern auch innerhalb dieser Mauern allem Grenzen setzte. Jedes Schreiben war für mich von besonderem Wert. Nachrichten zu zerreißen, empfand ich wie die Zerstörung eines lebenden Organismus. Mussten sie aus Sicherheitsgründen vernichtet werden, überließ ich diese Aufgabe anderen. Ich sammelte gern. Die gesamte Korrespondenz mit Muzaffer und den anderen Freunden in Amasya schickte ich nach draußen. Auch Muzaffer schrieb viel. Er beschrieb ebenfalls das tägliche Leben. Ich schrieb an ihn, nach draußen und an FreundInnen in anderen Gefängnissen. Vom Schreiben konnte ich nie genug bekommen, es war wie ein Ventil für meine überschüssige Energie. Die physische Gefangenschaft regte meine Fantasie an und weckte die Sehnsucht nach unendlicher Weite in mir.

widersprüche

Tageszeitungen und Zeitschriften bekamen wir jetzt meist regelmäßig. In der Serxwebûn wurde eine Serie mit dem Titel »Geständnisse von Agenten« veröffentlicht. Einer dieser ›Agenten‹ war Cihangir, der später in Dersim fiel. In der TİKP-Zeitschrift war früher einmal ein Artikel mit seinem Foto erschienen. Dasselbe Foto war jetzt auf der Titelseite dieser Zeitschrift abgebildet. Darunter stand etwas wie: »Aufnahme von M. Şener vor Gericht.« Außerdem war ein Brief abgedruckt, in dem behauptet wurde, Şener sei ein Agent. Der Brief trug den Titel »Behauptung eines Peşengci[57]« und wurde unkommentiert veröffentlicht! »Şener wurde bestraft«, hieß es, und dann weiter: »Mehmet Cahit Şeners Schwester Cahide ist noch immer im Gefängnis.«

57 Die *Partiya Peşeng Karkeran Kurdistan* (PPKK) wurde 1975 gegründet und war ein Unterarm der DDKD. Auf einem Kongress in Europa definierte die Partei 1983 ihre Ziele. Im eigentlichen Sinne kann man sie ins Lager der PSK-T gruppieren. Auch in Europa gab sie ein Organ unter den Namen *Peşeng bo Şoreş* heraus.

Anhand des Inhalts des Briefes und der Verwendung eines falschen Fotos war zu erkennen, dass diese Meldung einen bestimmten Zweck verfolgte. Es war nicht so wichtig, ob Cahide Şeners Schwester war oder nicht, und es hatte auch keine Bedeutung, dass das Foto nicht Şener, sondern Cihangir zeigte. Wichtig war nur, dass Şener hier öffentlich diffamiert wurde. Warum? Welche Absicht steckte dahinter? Ich informierte Muzaffer und die anderen Freunde und sagte: »Dreckskerle, sie haben eine neue Methode gefunden, um Verwirrung zu stiften.« Bereits im Gefängnis hatten sie Antipropaganda gegen ihn betrieben. Ging es nur darum, Zweifel und Misstrauen zu wecken?

1988 hatte sich ein Gefangener aus dem 35. Trakt, der mit unseren Schreibarbeiten betraut war, völlig unerwartet der Verwaltung ausgeliefert. Nachdem er einige Zeit bei den Überläufern gewesen war, überlegte er es sich wieder anders und kehrte zu den Freunden zurück. Er gab an, es sei ihm sehr schlecht gegangen, aber er bereue jetzt, sich von der Partei abgewandt zu haben. Außerdem behauptete er: »Die Verwaltung hat gesagt: ›Şener ist einer von uns‹.« Wir gingen damals davon aus, dass der Feind absichtlich Gerüchte über Şener streute. »Er steht ohnehin in der Kritik. Viele aus den anderen Gruppen und von denen, die sich von uns losgesagt haben, greifen ihn an. Der Feind hat bestimmt davon gehört, es sind ja auch Texte beschlagnahmt worden. Außerdem hat die Verwaltung über die Überläufer Einblick in unsere internen Probleme. Sie will dem Verdacht gegen Şener neue Nahrung geben. Aus welchem anderen Grund sollte sie sonst von diesem Typen verlangen, uns gegenüber zu behaupten, Şener arbeite mit dem Feind zusammen«, sagten wir.

Dieser Gefangene hatte sich nicht unter der Folter von der Partei losgesagt. In jener Zeit war es ruhig, viele Rechte waren bereits durchgesetzt. Später kehrte er zurück und behauptete, seinen Schritt zu bereuen. Uns kam es so vor, als sei er zurück geschickt worden, um diese eine Botschaft zu überbringen. Daher befassten wir uns weniger mit seiner Aussage als mit der Person selbst. Natürlich war ich dennoch beunruhigt, da sich seine Behauptung mit dem ohnehin in mir lauernden Unbehagen deckte.

Hauptmann Abdullah Kahırman nahm kein Blatt vor den Mund. Einmal sagte er zu Cahide Şener: »Du hast ein Geständnis abgelegt, nicht wahr?« Im nächsten Moment fragte er sie nach dem Verwandtschaftsgrad zwischen ihr und Mehmet Şener. Cahides Haltung während des Verhörs und in der ersten Zeit im Gefängnis hatte an Verrat gegrenzt und uns lange Zeit beschäftigt. Der Feind hielt ihr diese Schwäche ständig vor: »Eigentlich hast du doch längst kapituliert, warum gibst du dich immer noch als PKKlerin aus?« Das tat er sehr bewusst. Abdullah Kahırmans Worte waren kein leeres Gerede. Sie verfolgten den Zweck, Cahide zu erniedrigen, um sie doch noch dazu zu bewegen, zum Feind überzulaufen.

Möglicherweise dachte er auch, dass wir Cahides Probleme nicht kannten, und wollte uns davon in Kenntnis setzen. Auch beim Feind gab es interne Konflikte. Oftmals übernahm die Polizei die Befehlsgewalt im Gefängnis. Unbekannte in Zivilkleidung gingen ein und aus. Sie erschienen mächtiger als die Verwaltung, kümmerten sich um die Überläufer und führten Sonderverhöre. Abdullah Kahırman sagte: »Eines Tages werde ich meine Erinnerungen niederschreiben.« Es ärgerte ihn, dass er uns nicht davon überzeugen konnte, kein faschistischer Hauptmann zu sein.

Er diskutierte gern. Diskussionen über das Thema Kurdistan brach er jedoch ab: »Ich will mich nicht in Schwierigkeiten bringen«, sagte er. Vielleicht versuchte er bloß, uns etwas vorzumachen. Dennoch sagten er und auch andere manchmal ungewollt die Wahrheit. Wir sagten: »Sie sind Feinde und verfolgen immer feindliche Absichten.« Das stimmte natürlich, aber vielleicht wollten wir auch einfach nicht wahrhaben, dass nicht alle Gerüchte aus der Luft gegriffen waren. Es handelte sich um ein sehr sensibles Thema, mit dem vorsichtig umgegangen werden musste. Jede Andeutung in Bezug auf Şener verstärkte jedoch mein inneres Unbehagen.

Muzaffer schrieb mir sofort eine Nachricht: »Diese Ehrlosen verfolgen mit ihrem Artikel eine bestimmte Absicht. Du solltest dir nicht zu viele Gedanken darüber machen.« Er kannte mich gut. Oft sagte er: »Du kannst es nicht lassen, du findest immer etwas, über das du dich aufregen kannst.« Einmal meinte er sogar: »Selbst wenn wir Sakine ein unabhängiges Kurdistan präsentierten, würde sie einen Haken an der Sache finden.« Er hatte nicht ganz Unrecht. Ich widersprach zwar, er übertreibe maßlos, aber ich ließ mich tatsächlich häufig zu sehr von Problemen beeinflussen. Extreme Emotionalität trug nie dazu bei, Problemen auf den Grund zu gehen und sie zu lösen. Das war mir bewusst.

Bei unserem wöchentlichen Treffen mit Muzaffer sprach ich das Thema erneut an. Welche Absicht steckte hinter diesem Artikel? Warum wurde der Behauptung eines Peşeng-Anhängers überhaupt so viel Beachtung geschenkt? Şener hatte das Land verlassen und hielt sich bei der Partei auf, warum wurde jetzt auf diese Weise Misstrauen gesät? Sollte damit signalisiert werden, dass niemandem zu trauen sei, der aus dem Gefängnis kam? Mir gingen viele Fragen durch den Kopf und ich stellte sie laut. Dieses Mal riet Muzaffer mir nicht, mir keine Gedanken zu machen. Er hörte mir zu und dachte nach.

In einem Brief an Şamil schrieb ich: »Ich könnte es nicht ertragen, wenn einem von euch etwas zustoßen würde. Es würde mich umbringen.« Ich erwähnte auch, wie sehr mich der Artikel über Şener getroffen habe. Es war nichts besonderes, dass ich meine Gefühle offen zum Ausdruck brachte. Diesmal ging es jedoch um meine innere Unruhe. Ohne es zu merken, sprach ich ein Thema an, das mir große Sorge bereitete. Natürlich kritisierte Şamil meine Emotionalität. Hinderte sie mich daran, bestimmte Aspekte der Realität politisch und systematisch zu beurteilen?

Nur kurze Zeit später machten Spekulationen über die Frage, wer den Tunnel verraten habe, die Runde. Auch wir setzten uns in Briefen mit dieser Frage auseinander. Natürlich nannten wir keine Namen und umschrieben unseren Verdacht. Im Fokus standen vor allem Hasan und Sinan. Sie hatten von dem Tunnel gewusst. Saliha und die anderen Festgenommenen wussten hingegen nichts darüber. Sollten sie doch von dem Fluchtplan erfahren haben, so waren ihnen zumindest die Methode und der Ort nicht bekannt.

Einige BesucherInnen erwähnten jedoch noch einen weiteren Namen: Şener. Offenbar gab es draußen Gerüchte über ihn. Ich informierte Karasu und fügte meiner Nachricht eine Zusammenfassung der allgemeinen Entwicklungen seit unserer Verbannung hinzu. Ich schrieb, dass schon seit langer Zeit Gerüchte über Şener kursierten und es ein Fehler gewesen sei, diese niemals aufgeklärt zu haben. Den Spekulationen musste Einhalt geboten werden, da sie auch Şener negativ beeinflussten. Ich schlug vor, die Partei davon in Kenntnis zu setzen. »Sie kennen ihn am besten, daher wissen Sie von seinen merkwürdigen Eigenarten. Es sollte vermieden werden, dass er auf seine spezielle Art mit Rückzug reagiert und sagt: ›Wenn mir nicht vertraut wird, mache ich gar nichts mehr‹. Sie können ihm auch direkt schreiben. Ich schreibe ihm ebenfalls, aber das reicht nicht aus.« Damit ließ ich auch Karasu an meiner Sorge um Şener teilhaben. Ich verfolgte dabei gute Absichten. Mir ging es die ganze Zeit darum, Şener zu schützen, zu retten und vor einem Fehler zu bewahren. Falls es dennoch eine unbekannte Seite an ihm geben sollte, dann musste sie endlich offen gelegt werden. In mir loderten die widersprüchlichsten Gefühle.

Şener und der Tunnel! Die Vorstellung war schrecklich. Immer wieder dachte ich darüber nach, wie der Tunnel an jenem Tag entdeckt worden war. Ich fragte die Freundinnen, wie sie diesen Tag erlebt hatten. Gemeinsam rekonstruierten wir die Geschehnisse. Die anderen wunderten sich, warum ich ständig die gleichen Fragen stellte und mich so ausführlich mit dem Thema beschäftigte. Sie sagten jedoch nichts.

»Als die Sondereinheiten in den 35. Trakt eingedrungen sind, haben sie doch zuerst unten gesucht, oder? Wären sie nicht direkt in den vierten Stock gegangen, wenn sie den Ort gekannt hätten?« fragte ich. Hasan Güllü und Sinan Caynak kannten den genauen Ort angeblich auch nicht. Die Durchsuchung war bis zum Mittag erfolglos verlaufen. Nachmittags hatten sie anhand neuer Informationen, die telefonisch durchgegeben worden waren, die Suche fortgesetzt und den Eingang des Tunnels schließlich entdeckt. Aus einem Riss in der Wand war Erde gerieselt und sie hatten dieser Spur nur folgen müssen. Dieser Punkt beruhigte mich. Selbst wenn der Feind einen internen Verrat zu decken versuchte, hätte er die Entdeckung des Tunnels nicht derartig lange hinausgezögert. Außerdem hätten wir das Theaterspiel durchschaut. Wieder dachte ich an Saliha. Diese Frau war wirklich eine Hexe.

Ich war nie mit ihr warm geworden. Zwar ging ich zuvorkommend mit ihr um, nannte sie Mutter, umarmte sie und ließ mich mit ihr zusammen fotografieren, aber ich hatte sie vom ersten Tag an nicht gemocht. Die Verbindung zu ihr wurde nur wegen Şener aufrecht erhalten. Er stand ihr sehr nahe. Zwar ärgerte er sich über sie und ich hatte sogar miterlebt, wie er sie beschimpfte, dennoch machte es ihm zu schaffen, wenn Zweifel an ihr geäußert wurden. In einem Bericht nach draußen hatte er lediglich vermerkt: »Es wäre falsch, den Gerüchten über sie Konsequenzen folgen zu lassen. Sie ist jedoch unbeständig und geschwätzig.«

Ich bekam einen Brief von Şener. Er habe das Bedürfnis, über einige Punkte zu diskutieren. Gleich zu Anfang teilte er mit, der Vorsitzende kritisiere ihn, gebe ihm jedoch gleichzeitig Kraft. »Der Onkel[58] leistet hervorragende Unterstützung. Darum geht es jedoch nicht. Einige Din-

58 gemeint ist Abdullah Öcalan

ge kann ich weder begreifen noch erklären. Ich bin immer noch unruhig und habe Hemmungen zu sprechen. Vor allem tut mir leid, dass ich mein Versprechen noch nicht eingelöst habe. Es hat sich keine Gelegenheit ergeben. Es gibt so viele andere Dinge, daher habe ich den Onkel noch nicht darauf angesprochen. Ich werde es aber bei nächster Gelegenheit nachholen, das kannst du mir glauben.« Er meinte damit das Versprechen, das wir uns gegenseitig gegeben hatten: Wer von uns beiden zuerst auf den Vorsitzenden traf, sollte ihm von unserer Beziehung berichten.

Şener schrieb über das Leben: »Was bedeutet es zu leben?«, fragte er, und gab gleich selbst die Antwort, indem er auf Pavel[59] aus dem Roman »Tabak« anspielte: »Wenn es so weiter geht, ende ich wie Pavel. Einige Leute scheinen es darauf anzulegen. Es geht nicht darum, ob ich hier zurecht komme. Das ist für mich so einfach, wie von einem Zimmer ins andere zu gehen. Wie ich schon sagte, gibt es jedoch einige Dinge, die einen Menschen zur Weißglut treiben können. Ohne den Onkel würde ich durchdrehen. Er unterstützt mich am meisten.«

Der Brief entsprach Şeners üblicher Art, eine Diskussion zu eröffnen. Er warf ein Thema auf, analysierte die soziologischen, psychologischen, künstlerischen und ästhetischen Aspekte und stellte es zur Diskussion. In jedem Brief sprach er ein neues Thema an. Jetzt schrieb er jedoch auch, dass es ihm nicht gut ginge, und identifizierte sich mit Pavel. Ich gab den Freunden den Brief und fragte sie nach ihrer Meinung. Muzaffer sagte: »Du kennst doch Şener, bestimmt hat sich seine sektiererische Ader wieder bemerkbar gemacht. Er kennt sich draußen nicht aus und hat vermutlich nicht bedacht, dass seine Art falsch verstanden werden könnte. In dieser Rolle gefällt er sich sowieso am besten.«

Im Roman wird Pavel innerhalb seiner Organisation misstraut. Einiges an ihm wird als unvereinbar mit den Prinzipien der Organisation eingestuft und er wird ausgeschlossen. Sein Bruder Boris ist Tabakproduzent und kollaboriert mit mehreren imperialistischen Staaten, sogar mit den deutschen Faschisten. Ein anderer Bruder wird beim Verhör ermordet. Boris wird später von revolutionären Kräften getötet. Pavel kämpft im Spanischen Bürgerkrieg und kehrt schließlich nach Bulgarien zurück, wo er wieder eine aktive Rolle an der Kriegsfront übernimmt. Was also wollte Şener mir sagen? Vermutlich hatte er ernste Probleme. Ich schrieb ihm

59 Romanfigur des bulgarischen Schriftstellers Dimitar Dimov in »Tabak« (Volk und Welt, Berlin 1957)

zurück und kritisierte ihn hart: »Was sollen deine Andeutungen zu Pavel? Warum legst du es immer darauf an, nicht verstanden zu werden? An der Situation kannst nur du etwas ändern. Wenn der ›Onkel‹ dich tatsächlich so unterstützt, dann solltest du dich auf ihn konzentrieren und nicht auf andere Leute.« Ich teilte ihm außerdem mit, er solle derartiges nie wieder schreiben und ich erwarte positivere Entwicklungen.

Immer wieder betonte Şener, wie sehr er meine Briefe brauche. Ich schrieb ihm ohnehin ständig. Was konnten Karasus und meine Briefe schon ausrichten? Schließlich hielt sich Şener an der Parteiakademie auf. Er musste sich mit dem richtigen, dem kämpferischen Pavel identifizieren. Warum kam es immer wieder zu Auseinandersetzungen und Verdachtsmomenten gegen ihn? Inwieweit kam Kritik überhaupt bei ihm an? Meine Zweifel sollten mir auch weiterhin keine Ruhe lassen. Über Şener war zu jeder Zeit geredet worden. Und ich hatte es mir zur Aufgabe gemacht, diese unheilvolle Angelegenheit zu lösen. Mich lockte diese negative Seite an Şener ebenso wie seine Stärken und Fähigkeiten. Es war ein Widerspruch, aber selbst dieser Widerspruch wirkte anziehend auf mich.

In meinem Verhältnis zu Şener haben niemals nur Gefühle den Ausschlag gegeben. Meine Zuneigung zu ihm entwickelte sich einhergehend mit den Widersprüchen und Auseinandersetzungen jener Zeit. Sie prägten unsere Beziehung. Um so wichtiger war es, konkrete Anhaltspunkte zu finden, die den Verdacht gegen Şener entweder bestätigten oder ausräumten. Unsere Beziehung war wie ein Mosaik, auf dessen einer Seite eine Idealisierung stand, die keine Unstimmigkeiten und Widersprüche zuließ, und auf der anderen Seite eine von Widersprüchen und Konflikten gekennzeichnete Realität. Ich machte mir keine Sorgen um die Zukunft dieser Beziehung, ich machte mir Sorgen um Şener. Unsere Beziehung gab ihm Sicherheit. Sie bot ihm Schutz und verhalf ihm zu Einfluss innerhalb der Organisation. Er betrachtete sie als eine Art Garantie und war sich dieses Vorteils von Beginn an bewusst. Er brauchte mich. Daher war es nur konsequent, dass er mich verehrte und meine Maßstäbe für Liebe widerspruchlos übernahm. Natürlich ließ ich mich trotzdem davon beeindrucken.

Er stellte eine Kraft in einem problematischen Umfeld dar und beschäftigte sich auf eine Art und Weise, die meine Gefühle ansprach, mit denselben Fragen, die auch im Mittelpunkt meines Interesses standen. Ich hatte eine gute Stellung im Gefängnis und war allgemein beliebt, aber für Şener war ich so wichtig, dass er sich bei jedem Thema meiner Meinung anpasste. Ich hungerte nach Arbeit und war voller Energie. Şener bot mir ein seltenes Talent für die Umsetzung meiner Pläne. »Ich tue, was du willst«, sagte er und tat es tatsächlich. Keine Entscheidung fiel ohne meine Zustimmung, er fragte mich bei allem um Rat. In unseren Briefen küsste er meine Hände, ich küsste seine Augen, seine Stirn und seinen Kopf. Diese Briefe wurden auch von anderen FreundInnen gelesen. Einige wussten von der Beziehung, aber auch alle anderen waren an den herzlichen Umgangston gewöhnt, den ich mir im Gefängnis angeeignet hatte.

Ich fragte Hasan und Yıldız, ob sie die Tagebücher lasen, die wir ihnen geschickt hatten. Es war mir wichtig, dass sie alle Aspekte unseres Lebens erfuhren. Hasan kannte das Gefängnis, aber bei Yıldız befremdete es mich, dass sie sich nicht dafür zu interessieren schien. Ich forderte sie auf, meine Briefe unbedingt an Şener weiterzuleiten. Wie sehr er sie brauchte, konnte ich mir ausmalen.

Nachdem Şener entlassen worden und insbesondere seit er an der Akademie war, beobachtete ich ihn intensiver. Ich wollte, dass er seine Fähigkeiten in die Parteiarbeit einbrachte und dadurch an Einfluss gewann. Viele ehemalige Gefangene waren eine Enttäuschung. Sie saßen zu Hause oder beschäftigten sich mit Nebensächlichkeiten. Für uns war es immer eine gute Nachricht, wenn jemand die Partei erreichte und sich aktiv an der Arbeit beteiligte. Da ich große Hoffnung in Şener setzte und mir seinen Erfolg sehnlichst wünschte, waren meine Erwartungen um so höher.

Einmal hatten wir Pullover für den Vorsitzenden gestrickt, die wir nach draußen schickten. Sie waren Ausdruck unserer Liebe und Sehnsucht. Andere Mittel hatten wir nicht. Jetzt strickte ich auch für Şener einen Pullover und verschickte ihn zusammen mit einem Brief. Es war vermutlich das erste Mal, dass ich meine Zweifel kaum spürte, als ich den Brief verfasste. Ich brachte darin zum Ausdruck, was unsere Beziehung für mich bedeutete.

Ich verschloss mich der Liebe nicht, obwohl ich bereits viel erlebt hatte. In dem Brief schrieb ich, dass Liebe für mich gleichbedeutend mit dem Leben und dem Kampf sei. Meine große Sorge, diesen Schritt eines Tages zu bereuen, hätte ich weitgehend überwunden. Damit gestand ich sozusagen ein, dass er mich überzeugt hatte.

Ich gab also zu, dass mir die Beziehung wichtig war. Wahrscheinlich gab mir die Tatsache, dass er sich an der Parteiakademie befand und damit trotz aller Probleme in direkter Verbindung zur Partei stand, eine gewisse Sicherheit. Die Verantwortung lag jetzt bei Şener. Es gab nur noch ihn und die Partei. Meine Sorgen waren nicht gänzlich verschwunden, aber ich vertraute darauf, dass die Partei alle Probleme lösen könne. Ich war nur noch dafür verantwortlich, Şener über unsere Beziehung Kraft zu geben und ihn zu ermutigen. Wie immer war ich voller guter Absichten, die nicht gänzlich unrealistisch waren. Manchmal hatte ich ein sehr positives Bild vor Augen, das jedoch bei der kleinsten Neuigkeit über Şener überschattet wurde. Meine optimistische Haltung war nie von Dauer. Auf der einen Seite war unsere Beziehung für mich gleichbedeutend mit Grenzenlosigkeit und Unendlichkeit, auf der anderen Seite rechnete ich jederzeit mit einem Bruch. Beide Erwartungen verstärkten jedoch mein Gefühl der Verbundenheit mit Şener. Niemals fühlte ich mich ihm näher als in dieser Zeit intensivster Widersprüche.

»tunnel entdeckt«

Mit der Arbeit an der Mauer kamen wir gut voran und auch die Ausweise trafen ein. Sie waren nicht zu beanstanden. Passende Kleidung hatten wir uns bereits besorgt. Die Freunde um Muzaffer hatten einen Modekatalog angefordert und damit Aufsehen erregt. Alle, die davon hörten, dachten wohl, wir seien an der neuesten Mode interessiert oder planten eine Modenschau im Kerker. Muzaffer blieb wie immer gelassen, mich regte der Klatsch jedoch auf.

In der Wohnung des Direktors gingen häufig Gäste ein und aus. Wir stellten fest, dass es einen regelmäßigen Anlass zu geben schien, zu dem besonders viele Gäste kamen. Unsere Flucht sollte an einem dieser Tage stattfinden. Cahide und ich würden das Gelände als elegant gekleidete Damen verlassen. Mit Cahides Vater hatten wir vereinbart, uns auf dem Weg nach Samsun zu treffen. Telegrafisch wollten wir ihm über ein Kennwort den Zeitpunkt mitteilen. Wiederholt hatten wir ihm eingeschärft, sich unauffällig zu verhalten. Auf Anraten der Freunde von Acil hatten wir uns für Samsun entschieden, da es am Schwarzen Meer einfacher war, sich zu verstecken. Falls es notwendig sein sollte, wollten die Acil-Genossen uns dabei helfen.

Der Krankenhausplan scheiterte an der Weigerung der Verwaltung, mich nach Samsun zu überweisen. Wir durften nur in Amasya Ärzte besuchen, da die Verwaltung Bedenken hatte, uns in eine andere Provinz zu schicken. Hasan Can war ein Fuchs, er schöpfte schnell Verdacht und verhielt sich geradezu paranoid. Natürlich hatte er nicht ganz Unrecht, da wir ohne Unterlass für Unruhe sorgten. Die Zellen wurden häufig durchsucht. »Ich habe schon viele Gefängnisse geleitet und überall waren etliche Frauen. Keine hat mir so viel Angst gemacht wie ihr«, sagte er ständig. Besorgt fragten wir uns, ob er wohl etwas gemerkt hatte.

Wir bearbeiteten den letzten Backstein. Der Putz an der Außenmauer durfte nicht beschädigt werden. Daher gingen wir trotz unserer Ungeduld vorsichtig vor. Die meisten unserer Texte hatten wir bereits aus dem Gefängnis geschafft, nur ein kleiner Teil musste noch verschickt werden. In diesen Tagen erzählte ich Cahide von meiner Beziehung zu Şener. Sie reagierte überrascht. In gekränktem Tonfall sagte sie: »Bei ihm habe ich etwas geahnt, aber von dir hätte ich so etwas niemals erwartet.« Wir redeten nicht viel über dieses Thema. Ich sagte jedoch auch ihr, dass diese Beziehung ›anders‹ sei. Sie schien nicht überzeugt. Seit über zehn Jahren war sie mit Süleyman verlobt und diese Zeit war nicht einfach für sie gewesen. Vor ihrer Verhaftung hatte sie unter dem Verhalten der FreundInnen in Siverek gelitten. Danach hatten ihr vor allem ihre eigenen Wertvorstellungen zugesetzt. Außerdem lauerte der Feind ständig darauf, ihre Beziehung für seine Zwecke zu benutzen. Nach 1983 wurde Cahides Ausstrahlung zunehmend positiver, da sie ihre anklagende Haltung aufgab. Vor Gericht hatte sie sich als Patriotin verteidigt. Mit den FreundInnen aus Siverek arbeitete sie in schriftlichen Diskussionen die Probleme aus der Vergangenheit auf. Selbst Yılmaz Uzun übte Selbstkritik wegen seines »engstirnigen und feudalen Verhaltens«. Mit ihm hatte sich Cahide damals in Siverek am meisten gestritten. Auch ihr Verhältnis zur Partei wurde offiziell geklärt und die Sanktionen gegen sie aufgehoben.

1988 hatte sich für sie die Gelegenheit ergeben, direkt mit Süleyman zu sprechen. Cahide sagte jedoch, die Beziehung blockiere ihre Entwicklung. In der Zeit der Folter hatte sie ihr Kraft gegeben. Die Beziehung war wie ein Ast gewesen, an dem sie sich festhalten konnte. Cahides Wut auf die Partei traf später jedoch auch Süleyman. Beide pflegten einen traditionellen Ehrbegriff. Süleyman war aufrichtig und unbedarft, Cahide setzte sich jedoch intensiv mit der Beziehung auseinander. Die Briefe, die sie in Amasya an Süleyman schrieb, zeugten von einem kritischen Blickwinkel. Damit erklärte sie auch die positive Veränderung, die sich bei ihr bemerkbar machte. Ihrer Ansicht nach war es falsch, die Beziehung als unveränderliches Schicksal für den Rest des Lebens zu betrachten. War es Liebe, sich zehn Jahre lang an einem Ring festzuhalten? Welche Rolle spielte Liebe überhaupt in dieser Beziehung, und welche Prinzipien lagen ihr zugrunde? Darüber diskutierten wir. Bis zu einem gewissen Punkt hatte Cahide Recht. Aber welche Wertvorstellungen wollte sie anstelle derer setzen, die sie ablehnte? War es nicht gefährlicher, mit kleinbürgerlichen Werten zu liebäugeln? Cahide war von einer kleinbürgerlichen Weltanschauung beeinflusst. Ihre Mutter, die viel proletarischer veranlagt war, arbeitete hart, um die kleinbürgerlichen Sehnsüchte ihrer Töchter zu erfüllen. Ihre Wertvorstellungen hatte Cahide auch nicht abgelegt, als sie die PKK kennenlernte und sich an der Parteiarbeit beteiligte. Ihr berechnender Charakter war Produkt ihrer Kindheit und ihrer familiären Verhältnisse. Cahides Vater war als Vermittler von Saisonarbeitskräften tätig. Zwar arbeiteten er und die anderen Familienmitglieder selbst auch, aber für die Vermittlung kassierte er zusätzlich zu seinem Lohn Provision. Sein Verhältnis zu den Arbeitgebern hatte Cahide als Kind fasziniert. Sie stand ihm von seinen Kindern am nächsten. Ihre Mutter stellte Süßwaren her. Die Familie hatte auch mit Schmuggel zu tun gehabt. Ihr Vater war außerdem ein spielsüchtiger Trinker.

Eigentlich hat Cahide viele Talente, die sie als Revolutionärin hervorragend hätte einsetzen können. Sie war schlau, einfallsreich und ergriff gern die Initiative. Diese Eigenschaften hätten der Organisation in vielerlei Hinsicht nützen können. Während der Kämpfe in Siverek war sie sehr aktiv gewesen. Sie beschaffte Waffen und Munition von Leuten, die eine hohe Stellung in staatlichen Einrichtungen bekleideten, und sorgte dafür, dass bestimmte Personen, die ihr nützlich sein konnten, Karriere machten. Sie erschoss sogar jemanden vom Bucak-Klan, der daraufhin ein Kopfgeld auf sie aussetzte.

Nach diesen Erfolgen erlebte Cahide eine Zeit der Niederlagen. Sie brauchte lange, um sich davon zu erholen. Niederlagen sind manchmal unvermeidlich. Gefährlich sind sie nur, wenn du gar nicht erst gekämpft hast. Wer im Kampf geschlagen wird, kann wieder aufstehen und es ein weiteres Mal versuchen. Bei Niederlagen, die sich in der Seele festsetzen und von den Gefühlen, Gedanken und dem Willen eines Menschen Besitz ergreifen, droht jedoch immer die Gefahr des Verrats.

Cahide war sich der Ursachen ihrer Niederlage eigentlich bewusst. Eine davon war ihr egoistischer, individualisierter Umgang mit ihrer Beziehung zu Süleyman, die sie einiges gekostet hatte. Aufgrund dieser Beziehung war sie innerhalb der Organisation isoliert und schließlich vom Feind verhaftet worden. Unter der Folter hatte sie Aussagen gemacht und nahezu kapituliert. Sie begann die Beziehung mit anderen Augen zu sehen und erkannte, dass sie einer der Gründe für ihre Misserfolge war. Die Treue, mit der sie ihre Beziehung zuvor verteidigt hatte, hatte zu schwerwiegenden Konsequenzen geführt. Jetzt verspürte Cahide den Wunsch, sich von allem Ballast zu befreien und die Beziehung zu beenden. Sie sprach mit mir darüber. Oberflächlich betrachtet erschien ihr Wunsch nachvollziehbar, aber ich spürte, dass ihr eigentliches Motiv Rache war. Cahide stritt das ab. Auch bei Gönül hatte ich eine ähnliche Reaktion beobachtet. Hinter ihrer vermeintlich innigen Bindung und Treue lauerte eine unberechenbare Wut, die sie fast dazu brachte, dem Feind ihre Beziehung auf eine sehr hässliche Art zu verkaufen. Sie war nahezu besessen von Rachegedanken. Cahide war nicht so extrem, aber Gönül war von Anfang an nicht aufrichtig gewesen, weder in ihrer Liebesbeziehung noch in der Parteiarbeit. Ihre Beweggründe waren weniger revolutionäre Ideale als vielmehr eine kleinbürgerliche Abenteuerlust.

Aysels Umgang mit dem Thema Liebe war von ihrer generellen Schicksalsergebenheit und traditionellem Denken geprägt. Ihre ständigen tiefen Seufzer spiegelten die Realität einer unterdrückten, versklavten Frau wider. Ihre Liebe erweckte auf den ersten Blick den Eindruck von tiefer Verbundenheit und Treue, entsprach jedoch eher der verzweifelten Hoffnung eines Waisenkindes, das sich an einen Menschen klammert, der ihm Aufmerksamkeit schenkt.

Tuberkulose ist eine gemeine Krankheit. Besonders im Gefängnis war die Ansteckungsgefahr groß. Der Feind trug mit verseuchter Nahrung zur Verbreitung des Erregers bei. Der Schmutz, die unzureichende Ernährung und der Sauerstoffmangel boten die besten Voraussetzungen für die Ausbreitung ansteckender Krankheiten. Wir versuchten dennoch eisern, unsere Körper vor Krankheiten zu schützen. Natürlich hatte Aysel an ihrer Erkrankung keine Schuld, aber ursächlich für ihre diversen Beschwerden war ihr psychischer Zustand. Sie jammerte und weinte unentwegt. Diese Seite an ihr war bedauerlich und ich kämpfte ständig dagegen an. Selbst im Todesfasten hatten wir uns deswegen gestritten. Liebe macht nicht krank, sondern gesund und widerstandsfähig. Aysels Liebe war jedoch eher ungesund.

Es waren die letzten gemeinsamen Tage mit Muzaffer und den anderen. Nicht alle wussten von unserem Fluchtplan, aber es lag eine gespannte Erwartung in der Luft. »Vergesst uns nicht, wenn ihr heraus kommt. Dieser verfluchte Ort ist unerträglich. Ein Weg lässt sich immer finden, es muss sich bloß jemand darum kümmern. Den Freunden muss ein bisschen Druck gemacht werden. Was Dev-Sol möglich ist, sollte wohl auch uns möglich sein«, sagte Muzaffer. »Außerdem müssen ein paar Faschisten erledigt werden. Die Folterer würden sich etwas mehr zurückhalten, wenn ein oder zwei Aktionen gegen sie durchgeführt würden«, fuhr er fort. Geeignete Angriffsziele kannten wir alle. Muzaffer freute sich für uns, wirkte jedoch auch bedrückt. Wir glaubten sicher an unseren Erfolg und waren dementsprechend aufgeregt.

Während wir uns unterhielten, kam eine Wächterin und sagte: »Du hast Besuch«. Es war kein Besuchstag, wer mochte es bloß sein? Er musste eine staatsanwaltschaftliche Genehmigung haben. Manchmal wurden auch Ausnahmen bei Leuten gemacht, die von weit her kamen oder einen wichtigen Grund für ihren Besuch hatten. Aufgeregt ging ich in die Besuchskabine. Plötzlich erschien Baki auf der anderen Seite der Trennscheibe. Ich war überrascht und bekam sofort schlechte Laune.

»Hallo Sakine, wie geht es dir? Wir haben uns lange nicht gesehen«, sagte er.

»Mir geht es gut«, sagte ich und fügte sofort hinzu: »Was willst du hier? Was gibt dir das Recht, mich zu besuchen? Hast du mich um Erlaubnis gefragt?«

»Ist das notwendig? Wir sind verwandt. Du bist die Tochter meines Onkels, das gibt mir doch wohl das Recht zu fragen, wie es dir geht.«

»Nein. Gegen meinen Willen dürfen mich nicht einmal meine Eltern besuchen. Und warum schreibst du mir ständig? Ich finde es höchst merkwürdig, zumal ich dir niemals geantwortet habe. Übrigens zerreiße ich deine Briefe, ohne sie zu lesen. Sie haben keinen Wert für mich. Nur den ersten Brief habe ich gelesen. Du schreibst immer das gleiche, als ob du besessen wärst. Zwischen uns besteht keinerlei Verbindung, auch Verwandtschaft ist für mich keine Bindung. Geh jetzt. Ich habe nichts mit dir zu besprechen«, sagte ich. Weinend entgegnete er: »Ich habe einen so weiten Weg hinter mir, lass uns doch ein bisschen reden. Vielleicht bedeute ich dir nichts, auch das respektiere ich.« Ich forderte ihn erneut auf, zu gehen. Er weigerte sich. Schließlich verließ ich die Kabine und sagte im Gehen: »Hast du eigentlich überhaupt keinen Stolz? Warum stellst du dich selbst so armselig dar? Du weißt doch, dass ich dich nicht sehen will. Ich wollte dir vor dem Feind nicht zu nahe treten, aber du hast es darauf angelegt.«

Ich kehrte zu den FreundInnen zurück. Muzaffer reagierte wütend, als ich ihm von Baki erzählte. »Dieser Kerl ist der reinste Blutegel! Wo hast du den bloß aufgetrieben? Seit Jahren musst du dich mit dieser Plage beschäftigen.«

Ja, wo hatte ich ihn aufgetrieben? Ich wusste nicht, zum wievielten Mal ich die Geschichte erzählte. Cahide ergänzte: »Ich vernichte seine Briefe inzwischen, ohne sie Sakine zu zeigen. Was er schreibt, ist unerträglich. Außerdem hat er geheiratet und Kinder bekommen. Er ist trotzdem weiter hinter Sakine her, ein äußerst fragwürdiger Mensch!«

Gegen einen freundschaftlichen oder auch verwandtschaftlichen Kontakt hätte ich gar nichts einzuwenden gehabt. Das Ende einer Beziehung ist für mich kein Grund, mich ablehnend zu verhalten. Auf dieser Ebene bewegte sich Baki jedoch nicht. Er tat so, als sei für ihn eine Welt untergegangen, dabei hatte er sich längst eine neue Welt geschaffen. In seiner feudalen Besessenheit kehrte er immer wieder an denselben Punkt zurück. Es störte mich, dass er mich nicht als Menschen und Revolutionärin betrachtete, sondern bloß als eine Frau, mit der er vor Jahren zusammen gewesen war. Nichts anderes suchte er bei mir. Er wollte die Beziehung mit der Frau, die ich vor Jahren gewesen war, wiederbeleben. Es war abstoßend und unerträglich. Ich musste gar nicht erst versuchen, mit ihm darüber zu sprechen, es hatte keinen Sinn. Ich mag es nicht, wenn jemand versucht, Mitleid zu erregen.

Eines Abends arbeitete ich wieder einmal an der Wand, während alle anderen im Fernsehen die Serie »Maria« verfolgten. Ich beeilte mich. Je länger wir warteten, desto größer wurde das Risiko, erwischt zu werden. Emine lief auf dem Korridor auf und ab, sie hielt Wache. Plötzlich rief eine Wächterin sie in die Küche und schloss sie dort ein. Eine andere rief die Wächter, die sich auf dem Korridor versammelt hatten. Von der Treppe waren laute Schritte zu hören. Die Freundinnen in der Küche hämmerten mit den Fäusten gegen die Tür und riefen Parolen: »Schluss mit der Repression!« Sie wollten mich warnen. Ich unterbrach sofort meine Arbeit, setzte den Deckel schief auf das Loch und versuchte, das Werkzeug zu verstecken. Bevor ich fertig war, drangen unzählige Wächter wie eine hungrige Meute in den Trakt. Sie bedauerten, mich nicht direkt am Tatort erwischt zu haben, schoben jedoch schnell das Bett beiseite und traten gegen die Wand, bis sie das Loch entdeckten. Ich saß auf einem Stuhl und versuchte, ruhig zu bleiben, während um mich herum helle Aufregung herrschte.

Der Direktor rief: »So, ihr wolltet also fliehen! Seit Tagen warten wir bereits draußen auf euch. Es wäre noch viel vergnüglicher geworden, euch dort abzufangen.« Fieberhaft durchsuchten die Wächter den gesamten Trakt. Einer zeigte auf die Wand: »Sehen Sie nur, Herr Direktor, sie haben Bilder von Apo aufgehängt. Hier sind überall Fotos von Terroristen. Das ist verboten!« Er hob den Arm, um die Bilder abzureißen.

Ich sprang auf: »Fassen Sie sie ja nicht an! Hier bricht die Hölle los, wenn Sie es wagen, diese Bilder anzurühren! Es ist alles in Ordnung, Sie führen eine Razzia durch und haben unser Geheimnis entdeckt. Das ist kein Grund, sich so aufzuführen. Wir sind Revolutionärinnen, auch im Gefängnis bleiben wir kreativ. Ihre Aufgabe ist es, uns daran zu hindern. Jetzt haben Sie gefunden, was Sie suchten, also übertreiben Sie jetzt nicht!« Der Direktor suchte verblüfft nach einer Antwort und sagte schließlich: »Ach so ist das also! Du hast dich schuldig gemacht und gibst dich trotzdem stark! Wir haben überhaupt nichts gemacht und du bedrohst hier meine Angestellten.«

Meine Warnung zeigte Wirkung, die Wächter verhielten sich jetzt vorsichtiger. Sie entdeckten weitere Werkzeuge und drehten einen Schrank um, in dem wir einige Texte versteckt hatten. Ich bekam Angst, es gelang mir jedoch, sie durch Gespräche abzulenken. Die Freundinnen riefen von unten: »Sakine, was ist los? Was machen sie, geht es dir gut?«

»Keine Sorge, mir geht es gut«, antwortete ich. Jetzt hörte ich auch Stimmen aus den hinteren Blocks. Muzaffer und die Freunde machten sich Sorgen. Ich antwortete absichtlich nicht, damit sie Druck auf die Verwaltung ausübten. Ohnehin wäre ich nicht in der Lage gewesen, mich ihnen verständlich zu machen. Dem Feind gegenüber bemühte ich mich, einen gelassenen Eindruck zu machen, aber innerlich blutete mein Herz. Wir waren ein weiteres Mal gescheitert. Woher wussten sie von unserem

Plan? »Wir warten seit drei Tagen«, hatte der Direktor gesagt. Falls das stimmte, wie waren sie uns auf die Schliche gekommen? Hatten sie uns gehört? Vielleicht hatten sie in der Direktorenwohnung gelauscht. Legte man sein Ohr im Gefängnis an eine beliebige Wand, hörte es sich immer so an, als lebten Hunderte Personen in einem Kellergewölbe.

Es wurde ein Durchsuchungsprotokoll erstellt: »Tunnel gefunden«. Die eingeschlossenen Freundinnen in der Küche drohten: »Macht sofort die Tür auf, sonst legen wir Feuer!« Die Parolenrufe rissen nicht ab. Nachdem die Wächter mit ihrer Arbeit fertig waren, öffneten sie die Tür.

Ich informierte Muzaffer, der Nachrichtenaustausch setzte wieder ein. Die Freunde bedauerten uns und versuchten, uns zu trösten. Wir sollten uns die Angelegenheit nicht zu Herzen nehmen, meinten sie.

Es wurde ein Verfahren wegen Fluchtversuchs eingeleitet. Gegen mich lief ohnehin immer irgendein Prozess. Zuletzt waren wir wegen der Zettel, die wir auf dem Transport nach Amasya aus dem Fahrzeug geworfen hatten, angeklagt worden. Jeder kleine Papierschnipsel wurde als ›Flugschrift separatistischer Propaganda‹ gewertet. Dieser Prozess war noch nicht abgeschlossen, jetzt folgte der »Tunnelprozess«.

Die Verhandlung fand im Gefängnis statt. Der Feind hatte Angst, uns zum Gericht nach draußen zu bringen. Wir waren zu viert. Unsere Aussagen wurden aufgenommen. Ich übernahm die Verantwortung: »Es handelt sich um ein Versteck. Ich habe es angelegt.« Darüber lachten die Anwesenden. »Was wolltest du denn mit so einem großen Versteck?«, fragten sie. »Ich wollte unsere Texte verstecken. Ich habe langfristig gedacht, daher ist es so groß. Wir hätten auch Bücher deponieren können.« Selbst die Freundinnen mussten lachten. Ich hielt an meiner Aussage fest, aber sie glaubten mir natürlich nicht.

Wie hatte der Feind von dem Fluchtplan erfahren? Hatte Koç Ali uns verraten? Yılmaz wollten wir keinesfalls sofort verdächtigen. Es war ein Fehler gewesen, Koç Ali einzuweihen. Hätten wir doch den Mund gehalten! Es war jedoch zu spät, wir hätten früher darauf kommen müssen.

von gefängnis zu gefängnis

Das Jahr neigte sich dem Ende zu. Vor einem Jahr waren wir aus Diyarbakır verbannt worden. Wieder ertönten Parolenrufe. Dann wurde uns ein Nachrichtenbällchen zugeworfen. »Muzaffer ist verlegt worden«, hieß es. »Schluss mit den Verlegungen!« Wie oft hatten wir diese Parole schon gerufen? Verbannungen von Gefängnis zu Gefängnis! Wie hilflos musste der Feind sein? Er setzte seine ganze Macht ein, um die Kontrolle über die Gefängnisse zu behalten. Es war Krieg, aber es war lächerlich. Wir forderten, mit Muzaffer zu sprechen. Der Feind lehnte ab. Durch die Türklappe hallte seine Stimme: »Sakine!« Eine Wächterin sagte: »Da bricht einem ja das Herz, wie dieser blauäugige Junge schreit.« Muzaffer wurde verlegt, ohne dass wir uns ein letztes Mal sehen konnten.

Vermutlich würden weitere Verlegungen folgen. Ich ahnte, dass es auch mich treffen würde. Der Tunnel war dem Feind Grund genug. Meine Ahnung wurde einige Tage später bestätigt. Mir wurde mitgeteilt, dass ich nach Çanakkale verlegt werden würde. Muzaffer war nach Kurdistan, nach Antep gebracht worden. Ich dagegen sollte ganz in den Westen. Hinter diesem Beschluss stand die nackte Wut des Feindes. Erbarmungslos sann er weiter auf Rache.

Ich ließ Amasya hinter mir. Vielleicht würde sich auf dem Transport eine Fluchtgelegenheit ergeben. Meinen gefälschten Ausweis trug ich heimlich bei mir. Geld hatte ich auch, vielleicht würde ich es brauchen. Ich wurde jedoch ohne Unterbrechung direkt nach Çanakkale gebracht. Die lange Reise war beschwerlich. Ich wusste, dass in Çanakkale FreundInnen waren. Mit einigen hatte ich mir geschrieben. Im Frauenbereich waren auch unpolitische Gefangene untergebracht. Von der PKK war Zübeyde da, außerdem etwa zehn Frauen der türkischen Linken.

Noch am Tag meiner Ankunft sprach ich mit den Freunden. Sie freuten sich über meine erneute Verlegung und scherzten: »Wo ist das Problem, jetzt bleibst du erstmal bei uns.« Eigentlich hatten sie Recht. Warum waren wir manchmal so fanatisch? Ich hatte in allen Gefängnissen GenossInnen. Selbst eine Verbannung hatte positive Seiten.

Die Zusammensetzung der Gefangenen in Çanakkale war sehr vielfältig. Fast jede Fraktion war vertreten. Wir waren ungefähr dreißig von der PKK, darunter Celal Özalp (Numan), Cemal Şerik, Burhan, Mehmet Çınar (Resul), Deza (Hamit Kankılıç), Dursun Ali, Can und Sadrettin. Dursun Ali hatte ich zuletzt 1977 gesehen, als ich ihn im Gefängnis in Ağrı besuchte. Von dort war er quer durch das gesamte Land über Erzincan und Niğde nach Çanakkale gekommen. Die ständigen Verlegungen führten uns an viele Orte Kurdistans und der Türkei. Wir witzelten darüber, wer von uns den Rekord halte. Unser »Dienstältester« war natürlich Dursun Ali, in Bezug auf die Anzahl der Gefängnisse war ich ihm jedoch überlegen. Can war ich bisher nur ein einziges Mal bei den Hungerstreikverhandlungen im Februar 1988 begegnet. Er war mit Pir zusammen festgenommen worden. Nur Mahsum Korkmaz (Agit) war damals entkommen. Sie waren aus einem fahrenden Kleintransporter gesprungen, um einer Militärkontrolle zu entgehen. Nach dem Sprung konnten sie nicht mehr fliehen. Can war krank. Während des Todesfastens war sein Kopf angeschwollen. Er befand sich in ärztlicher Behandlung, die Freunde bezeichneten seinen Zustand als kritisch. Als ich ihn sah, machte er jedoch einen lebhaften Eindruck.

Dursun Ali hatte sich überhaupt nicht verändert. Numan, also Celal Özalp, traf ich zum ersten Mal. Er war in der Zeit von Sabri erwischt worden. Aus dieser Gruppe kannte ich niemanden gut. Ihre Gerichtsverhandlungen hatten nicht lange gedauert, danach waren sie in verschiedene Gefängnisse verlegt worden. Cemal Şerik und Burhan galten als Veteranen in Çanakkale. Sie waren nie verlegt worden und gehörten sozusagen zum Inventar. Hasan Şerik saß in Antep ein. Cemal kümmerte sich um die jungen Gefangenen. In Tuzluçayır war er selbst das jüngste PKK-Mitglied gewesen. Ich war einmal in der Wohnung der Familie in Tuzluçayır gewesen, hatte jedoch nur die Schwester von Cemal und Hasan angetroffen. Hasan hatte ich bei der Pressearbeit in Elazığ kennengelernt. Cemal war riesengroß geworden, er war längst nicht mehr der Junge von damals. Burhan war ein Enkel von ağa Bakıl, der in Dersim als vermeintlicher Agent bestraft worden war. Es stimmte, dass er enge Kontakte zum Staat unterhalten hatte, aber Burhan meinte: »Er war kein Agent, zumindest aus diesem Grund hat er den Tod nicht verdient. Nun ja, er ist eben erschossen worden.« Burhan war ein sehr ruhiger und reflektierter Genosse.

Ein internes Besuchsrecht gab es in Çanakkale noch nicht. Als ich den Freunden von der Regelung in Amasya und Diyarbakır berichtete, freuten sie sich. »Das können wir hier auch durchsetzen«, sagte ich. Can fragte: »Wie ist dein Verhältnis zu Hamili?« Ich antwortete: »Nicht gut, wir reden später darüber.«

Zübeyde wurde kurze Zeit später entlassen. Ihre gewohnte Schnodderigkeit war noch auffälliger als früher. Sie war eine Weile in Antep gewesen und gemeinsam mit Mürvet von der TİKB nach Çanakkale verlegt worden. Vor ihrer Entlassung war Zübeyde erklärt worden, wie sie

Verbindung mit der Partei aufnehmen sollte. Sie ging jedoch zuerst zu Yılmaz Dağlı. Alle beide gingen sehr eigenmächtig vor. Als wir davon hörten, schickten wir eine Nachricht.

Die Kommunikation zwischen den Gefängnissen verlief stockend. Es gab nur einen unzureichenden schriftlichen Austausch. Eine Diskussion insbesondere über die Bedeutung und die Form des Gefängniswiderstands war jedoch unerlässlich. Diesen Punkt hatte Muzaffer bereits in Amasya angesprochen, als er gefragt hatte: »Gibt es keine anderen Methoden oder sind wir einfach nicht kreativ genug?«

Der Feind konzentrierte sich gerade wieder auf Eskişehir. Dort hatte es bereits zwei Gefallene gegeben. Es war kein Zufall, dass in diesem Gefängnis das Zellensystem erneut eingeführt werden sollte. Wir diskutierten darüber und schickten die Diskussionsergebnisse mit Vorschlägen an Karasu und andere Gefängnisse.

Unsere Haltung zu feindlichen Angriffen auf Grundsätze, die wir erkämpft hatten, war eindeutig. Wir würden uns immer zur Wehr setzen. Auf der anderen Seite durften wir nicht zulassen, dass der Feind uns ständig zu Hungerstreiks und Aufständen zwang. Widerstandsaktionen mussten im Einklang mit dem Kampf draußen stehen. Natürlich handelte es sich um ein sensibles Thema. Nur zu schnell stand die Anschuldigung ›rechter‹ Tendenzen im Raum. Trotzdem war es notwendig, eine verbindliche Diskussion zu führen und einen ebenso zeitgemäßen wie tragfähigen Widerstandsplan zu entwerfen.

Die schärfste Reaktion auf unseren Diskussionsbeitrag erfolgte aus dem Gefängnis in Aydın. Es wurde angedeutet, wir stünden unter dem Einfluss der türkischen Linken. Dabei hatten wir nur gesagt, dass Hungerstreiks und Todesfasten nicht immer die richtige Methode seien. In einigen Gefängnissen wurden selbst bei geringfügigen Anlässen sofort Hungerstreiks ausgerufen, die von den anderen Gefängnissen nicht übergangen werden konnten. Das kritisierten wir und forderten eine verbind liche und übergreifende Gefängnispolitik. Die Kritik aus Aydın an unserer Einstellung war extrem. Die Gefangenen in Ceyhan äußerten sich insgesamt zustimmend, vertraten jedoch die Auffassung, dass das in Eskişehir vorgesehene Zellensystem unbedingt verhindert werden müsse. Auch Antep stimmte mit uns überein und machte konkrete Vorschläge.

Ohne den Kern des Problems zu begreifen, lief die Diskussion Gefahr, in Extreme zu verfallen. Vereinzelt wurde sogar als Reaktion auf unsere Argumentation der Widerstand insgesamt in Frage gestellt, da er auf Hungerstreiks reduziert wurde, anstatt ihn als eine unverzichtbare Lebensform zu begreifen. Ingesamt war jedoch niemand dagegen, Widerstand zu leisten. Selbst schlichte PatriotInnen wussten, dass es kein Leben ohne Widerstand geben konnte. Dieses Bewusstsein hatte der Kampf der PKK durchgesetzt. Es musste jedoch kreativ und unter Einbeziehung aller denkbaren Aspekte mit der Frage umgegangen werden, unter welchen Bedingungen, mit welchem Ziel und welchen Konsequenzen Widerstand zu leisten war.

Während die Diskussion über die praktische Umsetzung noch lief, kam eine Anweisung des Vorsitzenden zur Perspektive des Kampfes in den Gefängnissen. Sie war gleichzeitig eine Neujahrsbotschaft, die wegen der jüngsten Verhaftungen zwar verspätet eintraf, jedoch von höchster Bedeutung für uns war.

Der mit »Parteiführung« unterzeichnete Text richtete sich an »alle Genossinnen und Genossen, die in den Gefängnissen Widerstand leisten.« Weiter hieß es: »Hinter uns liegt ein Jahrzehnt bedeutender Kämpfe. Zu Beginn des neuen Jahres sende ich euch meine Grüße und nutze diesen Anlass, um auf auf einige Entwicklungen hinzuweisen.« Im letzten Teil wurde auf die Gefängnispolitik des Feindes eingegangen, die einen sensiblen Umgang erfordere. Es sei nicht richtig, ständig auf die Aktionsform des Hungerstreiks oder des Todesfastens zurückzugreifen. Die Gefangenen sollten gegen wesentliche Angriffe gewappnet sein, den Schwerpunkt ihrer Arbeit jedoch auf die Stärkung des Kampfes draußen legen und insbesondere die legalen Parteiorgane mit Beiträgen bereichern. Der Gefängniswiderstand sollte über Kunst und Literatur breiten Kreisen vermittelt werden. Außerdem könnten wir ohne Schwierigkeiten Kontakt zu demokratischen Einrichtungen und anderen legalen Kreisen aufnehmen und diese aktivieren. Möglicherweise werde es zu neuen Organisationsformen kommen, um die politische Front der Kontrolle des Feindes zu entziehen und alle gesellschaftlichen Gruppen in den Kampf einzubeziehen. Innerhalb dieses Rahmens sei jede Form der Eigeninitiative denkbar. Das Schreiben endete mit den Worten: »Ich wünsche euch Erfolg und übermittele euch meine Liebe und Achtung.«

Gelegentlich erhielten wir die Serxwebûn oder Berxwedan und konnten Analysen des Vorsitzenden lesen. Ein direkt an uns gerichtetes Schreiben war jedoch außergewöhnlich. Unsere Freude war groß. Außerdem stärkte es unser Selbstvertrauen, dass die Perspektiven des Vorsitzenden mit unseren Vorstellungen übereinstimmten. Brieflich wiesen wir die Gefangenen, die uns besonders hart kritisiert hatten, darauf hin. Bei erster Gelegenheit leiteten wir die Botschaft des Vorsitzenden in die anderen Gefängnisse weiter. Einige erreichte sie schnell, andere mit Verzögerung. Zu einigen Orten war eine Weiterleitung nicht möglich, aber wir sorgten zumindest dafür, dass die Inhalte vermittelt wurden.

Zusammen mit dem Schreiben des Vorsitzenden traf auch ein von Şener verfasster Text über die politischen Entwicklungen und die Aufgaben der Gefangenen ein. Er konkretisierte darin die Perspektiven des Vorsitzenden zu Fragen des organisierten Kampfes und der Rolle der Gefangenen. »Bestimmt hat der Vorsitzende ihm aufgetragen, diesen Text zu schreiben. Şener weiß genau, dass ein Text mit seiner Unterschrift im Gefängnis ansonsten keinen großen Wert hätte«, mutmaßten wir. Beide Schreiben waren zusammen gekommen und ähnelten sich inhaltlich. Natürlich freuten wir uns darüber. Ich schloss daraus, dass Şener sich in die Parteiarbeit einbrachte. Außerdem erschien ein Interview mit dem Vorsitzenden in der Zeitschrift von Doğu Perinçek, auf dem außer diesen beiden auch Şener zu sehen war. Die Gerüchte über Şener verloren damit ihre Aktualität. Can sagte: »Offenbar steigt Şeners Stern wieder auf, das ist gut. Wenn er vernünftig arbeitet und sich einbringt, kann er von großem Nutzen sein.« Er merkte, wie sehr ich mich freute, und teilte diese Freude.

Doğu Perinçek traute ich jedoch nicht. Auf mich wirkte er immer abstoßend. Ständig zog er eine politische Show ab. Jetzt präsentierte er sich als mutiger Politiker, der den PKK-Vorsitzenden besuchte. Vor ihm war bereits der Journalist Mehmet Ali Birand beim Vorsitzenden gewesen. Den türkischen Linken missfiel diese Entwicklung. Sie taten so, als sei dieses Treffen repräsentativ für unsere politische Linie. Dabei hatte es keine größere Bedeutung als das Gespräch mit Birand. »Wer ist Doğu denn? Er ist ein riesengroßer Opportunist mit ungeklärter Identität. Es ist falsch, mit ihm zu sprechen«, wüteten einige VertreterInnen der türkischen Linken.

Ihnen missfiel nicht nur unser Kontakt zu Doğu, sondern auch zu Yalçın Küçük[60] und İsmail Beşikçi. Beşikçi wurde vor allem von der kurdischen Linken hart angegriffen. Sie zeigten damit nur, wie es um

60 Türkischer Publizist aus dem marxistischen und linksnationalen Spektrum

ihre eigene Realität bestellt war. Nur die türkische und kurdische Linke konnte so paradox sein, sich selbst einem Bündnis mit der Revolution Kurdistans zu verweigern und gleichzeitig die Kontaktaufnahme anderer vehement zu verurteilen.

Außerdem konnten nicht alle in einen Topf geworfen werden. İsmail Beşikçi war ein aufrichtiger und warmherziger Vertreter der Völker. Seine Ansichten zu Kurdistan, unserem Kampf und dem Vorsitzenden waren wissenschaftlich fundiert und realistisch, sie basierten auf Freundschaft und Geschwisterlichkeit. Niemand konnte unser Verhältnis zu ihm im Namen der Revolution verurteilen. Einige kurdische Gruppen wurden jedoch sehr ausfallend.

Doğu war anders. Niemand kannte seinen Klassencharakter und die Linie, die er vertrat, besser als die PKK. Diesen Punkt übersahen die anderen Gruppen. Auf dogmatische Weise übten sie sich in billigen Schuldzuweisungen. »Ihr scheint schon vergessen zu haben, dass es die PDA war, die euch verraten und vor Gericht gegen euch ausgesagt hat«, belehrten sie uns. Eigentlich war eine andere Bewertung von ihnen nicht zu erwarten, da sie seit Jahren denselben Irrtümern nachhingen und selbst untereinander kein vernünftiges Bündnis zustande brachten. Doğu war mit Sicherheit nicht das Maß aller Dinge.

Außerdem beschäftigte uns eine ganz andere Frage. In der Reportage über den Besuch von Doğu Perinçek beim Vorsitzenden war ein Interview mit dem »Lagerkommandanten Metin« enthalten. Wir wussten nicht, dass es sich um Şahin Baliç handelte. Einige Stellen in dem Interview überraschten uns. Auf die sehr bewusst gestellte Frage »Wird in diesem Lager gefoltert?« antwortete Metin: »Es gibt keine Folter, aber manchmal gibt es einen Faustschlag in den Bauch, um etwas herauszufinden.« Wir waren verblüfft. Ein Freund las die Stelle erneut laut vor und begann zu fluchen. »Was ist das denn für ein Lagerkommandant? Bestimmt foltert dieser Kerl. Ein revolutionärer Kommandant von der PKK würde niemals eine so dumme Antwort geben. Das ist doch Ganovenjargon! Wir müssen der Partei unsere Kritik übermitteln. Ob es etwas nützt, wissen wir nicht, aber solche Typen dürfen doch nicht mit Journalisten sprechen. Es handelt sich um ein sehr sensibles Thema. Doğu ist ein Fuchs, er stellt solche Fragen ja nicht ohne Grund. Bestimmt weiß er etwas. In dieser Zeitschrift ist oft genug behauptet worden, dass die PKK Agenten aus den eigenen Reihen erschossen hat.«

Wir vermuteten, dass es bei Aktionen gegen das Bandentum[61] zu Diskrepanzen zwischen dem Verständnis der Partei und der Praxis kam. Der Feind benutzte diesen Widerspruch. »Manche Aktionen tragen sogar zur Ausbreitung des Bandentums bei«, sagten wir. Wiederholt hatten wir dementiert, dass die PKK die Verantwortung für besagte Aktionen trug und diese vor Gericht sogar verurteilt. Später stellte sich heraus, dass Agenten der Konterguerilla dahinter steckten, die sich bei uns eingeschlichen hatten. Für die Partei stellten sie ein großes Problem dar.

1988 hatten wir uns vor Gericht zu dem Verrat von Hüseyin Yıldırım geäußert, bevor die Partei eine Erklärung dazu abgegeben hatte. Das hatte zu der Spekulation geführt, dass die Gefangenen eine eigene Linie vertraten. Daher hatten wir umgehend Selbstkritik geleistet.

Dieser Fehler sollte sich in der folgenden Zeit wiederholen. Der Vorsitzende kritisierte die praktische Arbeit der Kader in seinen Analysen. Wir konzentrierten uns auf die Perspektiven, die er aufzeigte. Unsere Kritiken übermittelten wir der Partei. »Sollten wir falsch liegen, wird uns die Partei darauf aufmerksam machen«, sagten wir. Allerdings ließ sich nicht leugnen, dass wir zur Besserwisserei neigten. Unsere Wortwahl vermittelte wohl manchmal den Eindruck, wir wüssten alles besser als der Vorsitzende.

Abgesehen von diesen Entwicklungen verspürte ich Erleichterung, was Şener betraf. Wir schrieben uns Briefe. Ich führte weiter Tagebuch. Cahide warnte mich, dass der Feind alle Schriftstücke kontrollierte, die aus Amasya abgesendet wurden. Hatte der Wächter ein doppeltes Spiel betrieben? Wir gaben ihm verschlossene Umschläge, die er abschickte. Wäre es nicht aufgefallen, wenn die Briefe geöffnet worden wären? Allerdings gab es sicherlich die Möglichkeit, Umschläge zu öffnen und wieder zu verschließen, ohne Spuren zu hinterlassen. Vermutlich war es in Çanakkale nicht anders. Briefe konnten in der Regel auch über die Verwaltung versendet werden, aber es kam dabei häufig zu Verzögerungen. Außerdem ließ sich kaum vermeiden, dass wir ungewollt Informationen preisgaben, obwohl wir verschlüsselt schrieben. Wichtige Nachrichten leiteten wir ohnehin auf anderen Wegen weiter. Vor allem meine Ta-

61 Zu Beginn des Guerillakampfes waren die Gruppen oft auf sich selbst gestellt, da es z. B. keine Funkverbindung gab. In den ersten Jahren waren teilweise feudale, wenig politisierte Kommandanten aktiv, die ihre eigene Linie als die richtige betrachteten und beispielsweise Intellektuelle hinrichten ließen. Der Staat protegierte diese Bandenchefs durch Berichte in den Medien, in denen sie zu Banditenkönigen stilisiert wurden.

gebuchaufzeichnungen gaben dem Feind jedoch Auskunft über meine Stärken und Schwächen.

Karasu deutete in einem Brief an, ich solle in meinen Aufzeichnungen auf die Wortwahl achten. »Wir kennen dich und deine Gefühle, aber draußen können Missverständnisse auftreten. Du bist sehr offen und emotional. Nicht überall gibt es dieselben Voraussetzungen. Wir müssen vorsichtig sein. Versteh mich nicht falsch, ich habe bestimmt kein Problem damit, aber auf die FreundInnen draußen machst du einen sehr emotionalen Eindruck. Sie erwarten eher politische Texte.«

Beim Lesen spürte ich, wie schwer ihm diese Warnung gefallen sein musste und wie sehr er darum bemüht war, mich nicht zu verletzen. Ich konnte nachvollziehen, was er meinte, aber die Kritik von den FreundInnen draußen ging mir nahe. Zuvor hatte ich Yıldız und Hasan wiederholt aufgefordert, meine Texte zu lesen und mir ihre Meinung mitzuteilen. Yıldız schrieb mir, meine Aufzeichnungen seien eine Nachahmung der Briefe Rosa Luxemburgs an ihren Geliebten. Diese Kritik erschien mir sehr plump. Meine Briefe hatten alle denselben Stil. Auch die Briefe an Yıldız unterschieden sich inhaltlich nicht von anderen. Es waren Tagebuchaufzeichnungen. Den Inhalt mochte sie kritisieren, aber sie als Imitation zu bezeichnen, empfand ich als ungerecht. Andere zu imitieren, lag mir einfach nicht. Ich ließ mich von anderen Menschen beeindrucken und es hatte immer schon Menschen gegeben, deren Persönlichkeiten ich bewundert hatte. Die positiven Eigenschaften von Menschen bereiteten mir manchmal mehr Freude als den Betreffenden selbst. Anteilnahme war für mich etwas Schönes. Nachahmung empfand ich jedoch als abstoßend.

Warum schrieb Yıldız so etwas? Wie kam sie darauf? Spielte sie darauf an, dass sich meine Texte an eine bestimmte Person richteten? Oder fand sie den Inhalt zu persönlich? Ich konnte nicht begreifen, warum sie meine Natürlichkeit als Nachahmung bezeichnete. Karasus Kritik an meiner Emotionalität konnte ich nachvollziehen und ich sah ein, dass ich vorsichtiger sein musste. Der Vorwurf der Imitation zeugte aus meiner Sicht jedoch von einer kompletten Fehleinschätzung meiner Person. Trotzdem nahm ich ihn ernster als alle anderen Kritiken und ärgerte mich über mich selbst.

Ich hörte auf, Tagebuch zu schreiben. Ich wollte überhaupt nicht mehr schreiben. Ich schickte auch meine bereits verfassten Aufzeichnungen nicht nach draußen. Da ich sie nicht selbst vernichten wollte, übergab ich sie den Freunden: »Erledigt ihr das. Ich kann es nicht. Wenn meine Texte Anlass für Diskussionen und Kritik geben und ich als kleinbürgerliche Imitation von Rosa beschuldigt werde, schreibe ich nicht weiter. Ich kann nicht mehr schreiben. Meine Tagebücher halten jeden Moment unseres Lebens fest. Vielleicht haben sie keinen aussagekräftigen politischen Inhalt, aber sie spiegeln unsere Realität in ihrer emotionalen Dimension wider. Für diese Seite interessieren sich die FreundInnen anscheinend weniger als für meine Wortwahl. Ich schreibe immer ›meine Yıldız‹ oder ›mein Hasan‹. Alle meine Briefe enden mit Küssen und Umarmungen. Im Gefängnis sind alle daran gewöhnt, aber für draußen, insbesondere für eine in Schablonen denkende Genossin wie Yıldız mögen es Begriffe sein, die ihre Moralvorstellungen verletzen.«

Die Freunde antworteten: »Natürlich sind nicht alle Kritiken richtig. Die Kritik an deinen angeblichen kleinbürgerlichen Vorstellungen oder der Vorwurf der Nachahmung sind nebensächlich, aber du reagierst manchmal maßlos emotional. Außerdem neigst du zum Subjektivismus. Die meisten von uns sind zum Beispiel subjektiv, wenn sie ihre Familien analysieren. Deine Bewertungen halten sich manchmal zu sehr an Einzelheiten auf. Dadurch versperrst du den Blick auf die Gesamtheit und die politische Dimension einer Angelegenheit, was wiederum zu irrtümlichen Schlüssen führen kann.«

Sie hatten Recht. Meine Meinung stand meist sofort nach dem ersten Eindruck fest. Ich brachte nicht die Geduld auf, zur richtigen Zeit am richtigen Ort einen Zusammenhang zwischen kleinen Begebenheiten und dem großen Ganzen herzustellen. Ich handelte und urteilte voreilig, ohne mich abzusichern und die Konsequenzen vorauszusehen. Mir fehlte die Ausdauer, Bruchstücke zusammenzusetzen. Damit traten auch alle positiven Aspekte meines Handelns in den Hintergrund.

Es war gut, dass diese Kritik zur Sprache kam, obwohl sie teilweise hart für mich war. In der Diskussion begriff ich immer mehr, welche Konsequenzen mein Verhalten auf das Zusammenleben mit anderen hatte. Die Isolation im Gefängnis führte zu extremer Emotionalität. Auf der einen Seite stand der Verlust von Überzeugung, Willenskraft, Gefühlen und somit der gesamten Persönlichkeit, auf der anderen Seite eine um so festere Verbundenheit, die aus tiefem Glauben entstand. Es war sehr wichtig, in dieser Verbundenheit den internen Kampf nicht zu vernachlässigen und seine Regeln einzuhalten. Allzu oft brachten wir es nicht einmal übers Herz, uns gegenseitig zu kritisieren. All unsere Wut, unsere Rachegefühle, unser gemeinsames Aufbegehren richteten wir gegen den Feind, mit dem wir ununterbrochen konfrontiert waren. Auf ihn verschossen wir unsere Pfeile. Der jahrelange gemeinsame Kampf schweißte uns zusammen und schuf eine Bindung von hohem ideellen Wert. Dennoch mussten Schutzmaßnahmen getroffen werden. Erst dann konnten Träume, Sehnsüchte und unbändige Gefühle in die richtige Richtung fließen. Ansonsten drohte die Gefahr, angezogen vom Sog der Freiheit im Ozean des Lebens an Wellenbrechern zerschmettert zu werden.

Die Entwicklungen draußen gaben uns viel Kraft. Es verging kein Tag, an dem nicht in Zeitungen und im Fernsehen von der PKK, von unserem Kampf berichtet wurde. Obwohl die Berichterstattung darauf ausgelegt war, die Bewegung zu diskreditieren, konnten wir uns vorstellen, welche Auswirkungen der Guerillakampf und die serhildan hatten. Der Guerillakampf verankerte sich zunehmend in der Bevölkerung. Die serhildan in Cizre, Nusaybin, Kerboran und vielen weiteren Orten griffen auf die Großstädte über. Von unseren BesucherInnen erfuhren wir die neuesten Entwicklungen.

In der Türkei blieb es jedoch ruhig. In den Gefängnissen wurde zwar über einen geeinten Kampf diskutiert und viele Gruppen entwarfen entsprechende Programme, aber sie wurden meist wieder umgeworfen, bevor der erste praktische Schritt umgesetzt war. Im Anschluss wurde weiter diskutiert. Diese Wiederholung hatte bereits Tradition und ließ sich anscheinend nicht brechen. Wir bemühten uns immer wieder um Optimismus, aber eine konkrete Entwicklung war nicht zu verzeichnen. Allerdings wirkten sich die Geschehnisse in Kurdistan auch auf die anderen Gruppen aus. Die kontinuierliche Ausbreitung unseres Kampfes zerstörte viele Vorurteile. Wir strebten ein ebenso freundschaftliches wie kritisches Verhältnis zu ihnen an und suchten nach einem Minimalkonsens für den gemeinsamen Widerstand gegen den Feind.

In Gefängnisssen wie Çanakkale war es inzwischen normal, bei Aktivitäten wie Hungerstreiks gemeinsam vorzugehen. Einige bezogen sich immer noch engstirnig auf die Interessen ihrer eigenen Gruppen, insgesamt spielte solches Verhalten jedoch keine Rolle mehr. Nur Dev-Sol zeigte sich verschlossen. Ihre Organisationsstrukturen waren merkwürdig. Sie betrachteten sich als allen anderen Gruppen überlegen und verachteten insbesondere unseren ‚kleinbürgerlichen Nationalismus›. Obwohl sie Distanz zu uns wahrten, nahmen sie uns ernster als die anderen Gruppen. Nach der Flucht von Dursun Karataş[62] leiteten sie draußen eine ›neue Phase‹ ein, die gefährliche Auswirkungen auf die Gefängnisse hatte. Den Begriff ›interne Abrechnung‹ mag ich eigentlich nicht, aber auf diese Gruppe traf er zu. Uns fehlte der Überblick, aber allein die Auswirkungen im Gefängnis in Çanakkale waren furchterregend.

Ali Akgün, der damals in Elazığ ›Gavur Ali‹ genannt wurde, hatte sich sehr verändert. Wir hatten uns lange nicht gesehen, mir waren allerdings diverse Gerüchte über ihn zu Ohren gekommen. Bereits in der Vergangenheit hatte er stets Aufsehen erregt. Der Eindruck, den ich in Elazığ gewonnen hatte, war nicht besonders gut. Jetzt war er jedoch seit langer Zeit im Gefängnis. Die Freunde, mit denen er zusammen war, kannten ihn gut. In letzter Zeit beschäftigte er sich mit dem Thema Kurdistan. Es war normal und sogar unausweichlich, dass sich Menschen, die sich als revolutionär bezeichneten, angesichts der Realität Kurdistans selbst hinterfragten.

Gavur Ali stammte aus Kurdistan, somit konnten ihm die Entwicklungen nicht gleichgültig sein. Außerdem war er ein führender Kader von Dev-Sol. Zu Beginn achtete er darauf, die Diskussion nur innerhalb seiner Gruppe zu führen. Dennoch drohte die Gefahr, zum Verräter erklärt zu werden.

Wir sprachen mit den anderen Gruppen. Zwischendurch diskutierten wir auch mit Gavur Ali über die kurdische Frage. Er sagte, er habe vor allem über den Kemalismus geschrieben und den Zusammenhang mit dem Blick auf Kurdistan untersucht. Offen brachte er seine Sorge zum Ausdruck: »Ich werde es nicht zulassen, dass mir etwas anderes nachgesagt wird. Mir ist klar, dass ich gewissen Leuten eine Handhabe gebe, wenn ich prinzipielle Widersprüche thematisiere. Zu diesem Thema machen Behauptungen die Runde, die nicht der Wahrheit entsprechen. Ich habe meine Gedanken offiziell der Partei draußen mitgeteilt und noch keine Antwort erhalten. Es heißt, dass darüber zu einem späteren Zeitpunkt gesprochen werden wird.«

Sowohl Gavur Ali als auch wir waren uns der Situation mehr oder weniger bewusst. Die Freunde sagten: »Es ist nicht zu beanstanden, dass du dein Problem offiziell innerhalb der Organisation klären willst. Das

62 Dursun Karataş wurde 1980 festgenommen und zu einer lebenslangen Freiheitsstrafe verurteilt. Es gelang ihm 1989 auszubrechen und unterzutauchen.

respektieren wir. Offenbar wird die Angelegenheit jedoch hinausgezögert. Das bereitet uns Sorgen. Wenn es dir recht ist, kannst du in unseren Trakt kommen. Du musst nicht bei Dev-Sol bleiben.« Gavur antwortete: »Nein, ich bleibe dort, egal was es kostet.« Das war unser letztes Gespräch. Er bekam Besuch von Verwandten aus Europa. Über sie ließ er verlauten, es sei unausweichlich, sofort die richtige Haltung zur Revolution in Kurdistan anzunehmen. Auch das war eine Botschaft.

Er wusste genau, dass er sterben würde. Sein Stolz ließ ihm jedoch keine andere Wahl. Gavur Ali wurde im Gefängnis in Çanakkale mit elf Messerstichen ermordet. An diesem Tag wurde über ihn gesprochen und überlegt, wie es zu diesem tragischen Ende gekommen war. Es ging um eine grausame Abrechnung. Gavur Ali wurde in Elazığ beerdigt, dem Ort, den er am meisten liebte ...

Draußen fanden sehr umfassende Entwicklungen statt. Parallel dazu wuchsen auch die Probleme. Wir diskutierten über Inhalte, die in unseren Medien veröffentlicht wurden. Es gab wichtige Analysen des Vorsitzenden zu der Zeit nach dem 15. August. »Wären die Entwicklungen im Jahr 1985 richtig interpretiert und genutzt worden, hätten die Voraussetzungen für einen allgemeinen Aufstand entstehen können. Der Sieg der Revolution in der Türkei und Kurdistan hätte beschleunigt werden können«, sagte er und kritisierte das Verhalten der Kader. Seine Kritiken und Perspektiven waren nachvollziehbar und konstruktiv. In unseren Diskussionen versuchten wir nachträglich zu begreifen, was sich in dieser Zeit ereignet hatte. Es war zutiefst bedauerlich, dass uns die Analysen des Vorsitzenden erst jetzt erreichten.

Die Freunde hatten den Vorteil, intensiv miteinander diskutieren zu können. Ich konnte nur gelegentlich mit ihnen sprechen. Bei unseren Treffen mussten wir etliche Fragen gleichzeitig abhandeln. Diese Situation war unbefriedigend. Meine Position war eindeutig die schlechteste.

Mit viel Mühe gelang es uns, weitere Analysen des Vorsitzenden zu bekommen. Es handelte sich um Aufzeichnungen von Dialogen, die er an der Parteiakademie mit FreundInnen geführt hatte. Sie boten uns einen interessanten Einblick in die Probleme der praktischen Arbeit und die entsprechenden Lösungsansätze. Der Vorsitzende beschäftigte sich mit allen Problemen, analysierte die Arbeitsbereiche und die Individuen.

Vermutlich gab es keinen anderen politischen Führer, der sich so intensiv mit den Fehlern in der revolutionären Arbeit auseinandersetzte und für jedes Problem eine konstruktive Lösung forderte. Für Außenstehende war die Bedeutung dieses Vorgehens schwer zu begreifen. Wir gaben die Texte auch Gefangenen anderer Gruppen zu lesen, da wir davon ausgingen, dass sie davon profitieren konnten. Sie zeigten sich jedoch überrascht von der Härte der Auseinandersetzung. »Wenn wir uns auf diese Weise kritisieren würden, bliebe niemand bei uns«, sagten sie.

Ja, die Dialoge verliefen hart, die Kritiken waren ernst und umfassend. Uns missfiel gelegentlich die Wortwahl: »Beim Redigieren hätten die FreundInnen einige Schimpfwörter auslassen können, selbst wenn der Vorsitzende sie benutzt hat«, sagten wir. Die wortgetreue Abschrift der aufgezeichneten Dialoge zeugte von fehlender Flexibilität und es bestand die Gefahr, dass Außenstehende oder der Feind sie benutzten, um uns zu diskreditieren. Wir beschäftigten uns jedoch mehr mit den Inhalten. Es war offensichtlich, dass das Verhalten vieler Kader dem Vorsitzenden Schwierigkeiten bereitete und den Kampf negativ beeinflusste.

Sorgfältig versuchten wir die angesprochenen Fragen nachzuvollziehen. Es gab ernste Probleme, entsprechend hart waren die Kritiken. Die verwendeten Schimpfwörter fassten wir nicht als bloße Verwünschungen auf. Sie waren bedauerlich, wütend machten uns jedoch die Anlässe, die zu dieser Wortwahl geführt hatten. »Trotzdem wäre es besser gewesen, wenn einige Begriffe ausgelassen worden wären. Schließlich lesen auch viele Außenstehende diese Dialoge. Sie werden darauf herumreiten, da sie unsere Realität nicht wirklich begreifen können«, sagten wir. Mit dieser Einschätzung sollten wir Recht behalten.

Wir diskutierten auch über die Form von Guerillaaktionen. Die Überfälle auf Dörfer und die extreme Vorgehensweise gegen die Dorfschützer entsprachen nicht unserer Kampfweise. Wir kamen zu dem Schluss, dass derartige Aktionen unserer Bewegung schadeten. Sie waren einfacher durchzuführen als Angriffe auf die wesentlichen Stützen des Feindes. Die Basis des Dorfschützertums wurde damit ausgeweitet. Die Partei geriet unter Druck und der Feind nutzte dies für seine Antipropaganda.

Wir leiteten unsere Kritiken und Vorschläge zu diesen Themen an die Partei weiter. Insbesondere unsere Meinung zu den Dialogen formulierten wir mit Bedacht. Unsere Kritik galt nicht den Inhalten, sondern sollte lediglich dafür sorgen, dass die FreundInnen, die für die Veröffentlichung zuständig waren, sorgfältiger redigierten. Unsere Nachricht klebten wir zu und versahen sie mit der Aufschrift: »Nicht öffen. Direkt dem Onkel auszuhändigen.« Wir wollten vermeiden, dass sie überall gelesen und möglicherweise missbraucht wurde. Um den Vorsitzenden zu diskreditieren, war dem Feind jede Methode recht.

Alle FreundInnen schrieben gern. Nach Erhalt der Perspektiven und Anweisungen des Vorsitzenden wurde diese Arbeit ernster genommen. Wir versuchten einen Überblick über die zahllosen Romane, Erzählungen, Gedichte und Untersuchungen zu gewinnen. Allen, die aus dem Gefängnis entlassen wurden, trug Gezgör auf, nach dem Verbleib seiner in Diyarbakır verfassten Texte zu forschen.

Aus einem mit Muzaffer in Antep geführten Interview eines Dev-Yol-Gefangenen entstand ein Text von tausend Seiten.[63] Eine Kopie davon schickte er nach Çanakkale. Wir lasen sie sorgfältig und übermittelten ihm in einem ausführlichen Schreiben unsere Korrekturvorschläge. Nicht jeder vermochte es, den Kerker von Diyarbakır zu beschreiben. Alle, die es versuchten, konnten nur einen kleinen Ausschnitt der Realität umreißen. Jahre hätten nicht ausgereicht, um ein vollständiges Bild wiederzugeben. Außerdem war die Verantwortung groß, da es um eine öffentliche Bewertung der Entwicklungen einschließlich der daran Beteiligten ging. Daher war große Vorsicht geboten. Diesen Druck verspürten alle, die sich daran versuchten. Eine zu extreme Besorgnis jedoch konnte auch zur Selbstzensur führen.

Es stellte sich die Frage, inwieweit die Veröffentlichung von Texten aus dem Gefängnis kontrolliert werden musste. Alle schickten ihre Texte nach eigenem Belieben zur Veröffentlichung nach draußen. Schreiben aus dem Gefängnis hatten jedoch Verbindlichkeit. Sie mochten die persönliche Meinung Einzelner widerspiegeln, handelten jedoch von gemeinsam durchlebten Entwicklungsprozessen. Außerdem gab es eine Parteilinie und die revolutionäre Arbeit in den Bereichen Veröffentlichungen, Literatur und Kunst konnte nicht willkürlich erfolgen. Denkbar war ein System, das in diesem Sinne dazu beitrug, den Reichtum an Texten der Öffentlichkeit zugänglich zu machen. Letztlich wurde die Gründung eines Komitees als notwendig angesehen. Es sollte die Funktion eines Rates haben, der alle zur Veröffentlichung bestimmten Texte kontrollierte und überarbeitete.

63 Der Text wurde unter dem Titel »*Tarihe ateşten bir sayfa: Diyarbakır zindanı*« als Buch in zwei Bänden veröffentlicht (Weşanên Serxwebûn 1999).

Mehmet Çimen erklärte sich in Çanakkale zum Schriftsteller, obwohl er keine konkrete Arbeit vorweisen konnte. In allen Gefängnissen standen die Isolationszellen leer. Diese Forderung hatte als Ergebnis eines erbitterten Widerstands durchgesetzt werden können. Jetzt wollten sich Gefangene freiwillig dorthin verlegen lassen, um in Ruhe und Einsamkeit schreiben zu können. Diesen Vorschlag machte Mehmet Çimen. Er hatte sich einen Bart wachsen lassen und gab sich die Aura eines Intellektuellen. Sein Wunsch stand in direkter Verbindung zu seiner Lebensweise. Das Zusammenleben mit den Freunden fiel ihm schwer und er wirkte immer etwas mysteriös. Der Geist eines Menschen, der sich mit Kunst und Literatur beschäftigt, ist eigentlich eher von Schönheit, Vielfalt und Kreativität geprägt, er ist anziehend und lebendig. Mehmet Çimen hatte jedoch sonderliche Eigenschaften, für die er kritisiert wurde. Für die Schließung der Isolationszellen war ein sehr hoher und grausamer Preis gezahlt worden. In diesem Kampf hatten sogar Genossen ihr Leben verloren. Daher war es verblüffend, dass jemand freiwillig dort leben wollte. Sein Vorschlag beinhaltete den Wunsch, sich dem Leben zu entziehen, und er wurde abgelehnt.

Es gab viele Gefangene, die solche oder ähnliche Eigenarten aufwiesen. Sie produzierten aus verschiedenen Zutaten alkoholische Getränke, präsentierten den Vorschlag, im Gefängnis ein Kind zu zeugen, setzten anstelle von Organisierung auf Individualismus als die bessere Lebensform. Eine tragische Dimension der Gefängnisrealität in der Türkei machten auch die Gefangenen aus, die der Politik den Rücken kehrten, sich von der Organisation abwandten und ihre Hoffnungen verloren. Jede Missachtung von Prinizpien im Leben wirkte sich direkt auf die eigene Positionierung innerhalb der Organisation aus.

Wer sich individuellen Ansprüchen und egoistischen Wünschen im Leben auslieferte, erlitt in der Politik ebenfalls heftige Niederlagen. Diese Erfahrung machte auch Mehmet Çimen. Sein mentaler Absturz war auffällig. Der Gedanke, ihn bei uns zu halten und auf ihn einzuwirken, war nicht verkehrt, aber nur von begrenztem Nutzen. Unsere Lösungsansätze waren selten tiefgreifend, radikal und revolutionär. Die stete Sorge, der Feind könne solche Charaktere instrumentalisieren, führte zu einem lapidaren, auf Deeskalation ausgerichteten Umgang mit derartigen Problemen. Es gelang uns kaum, revolutionäre Standards für ausgewogenen Lösungsmethoden aufzustellen.

Wir fragten uns ständig, wie wir uns in die aktuellen Entwicklungen einbringen konnten. Nichts erschien uns befriedigend. Die Gefangenschaft wurde unerträglich. Niemals hatte ich mir so sehr gewünscht, draußen zu sein. Die Berge, der serhildan, die Analysen des Vorsitzenden zogen mich magisch an. Die Vorstellung, im Kerker von der Revolution überrascht zu werden, war schön, zeigte sie doch, wie nahe wir uns dem Sieg sahen. Ich verspürte jedoch den brennenden Wunsch, diese berauschende Entwicklung an den zentralen Orten zu erleben, denen meine wildeste Sehnsucht galt.

Daher rissen auch meine Fluchtpläne nicht ab. Manchmal beschwerten wir uns: »Draußen werden ständig Beschlüsse gefasst, aber wir bekommen nicht einmal regelmäßig die Parteischriften zu lesen. Selbst an diesem Punkt müssen wir uns im Gefängnis Methoden einfallen lassen, wie sie hereingeschmuggelt werden können. Draußen fehlt der Ehrgeiz dafür. Vieles ist nur Gerede. Die auf Kongressen und Konferenzen gefassten Beschlüsse werden einfach nicht umgesetzt.«

Wir ärgerten uns vor allem über die Gefangenen, die nach ihrer Entlassung zur Partei gingen. Im Gefängnis hatten sie unsere Beschwerden zu diesem Thema geteilt. Sie wussten von unserer Lage und welche Unterstützung von draußen notwendig war. Trotzdem handelten sie nicht danach. Ohne Hilfe von außen war die Flucht schwierig. Alle derartigen Versuche waren missglückt. Wir suchten dennoch weiter nach Möglichkeiten, ohne uns allzu viel Hoffnung auf Unterstützung zu machen.

Das Gefängnispersonal war für uns leicht durchschaubar. Die Angestellten waren Teil eines Systems, das vor allem mit Angst arbeitete. Trotz der Sorge, ihren Arbeitsplatz und ihr Einkommen zu verlieren oder gar selbst verurteilt zu werden, errichteten sie ein System innerhalb des Systems. Korruption war ein gängiger Nebenjob, der mit Dreistigkeit ausgeübt wurde. Für alles verlangten sie eine materielle Gegenleistung. Sie bezogen ein niedriges Gehalt, das für ihren Lebensunterhalt kaum ausreichte. Meist begannen sie mit kleinen Bestechungsgeldern und lernten dann schnell, wie sie sich im Gefängnis bereichern konnten. Die Gefängnisse wurden immer mit Folter, Unterdrückung und Verboten in Verbindung gebracht. Im Hintergrund gab es jedoch noch ein weiteres System, das auf Handel und Korruption setzte.

In den Gefängnissen, in denen mehrheitlich politische Gefangene inhaftiert waren, war Veruntreuung ein offenes Geheimnis. Vor allem in den ersten Jahren nach dem Militärputsch war völlig unklar, was mit dem Geld und den Gegenständen geschah, die von Angehörigen mitgebracht wurden. Das Geld der Gefangenen wurde unter anderem für Wandgemälde verwendet, auf denen die türkische Fahne und Atatürk abgebildet waren. Im Grunde genommen herrschte dieselbe Korruption, die auch in anderen Institutionen des herrschenden Systems üblich war. Nur die Form wurde den besonderen Gegebenheiten angepasst. In dieser Hinsicht war jedes Gefängnis eine Welt für sich. Überall gab es jedoch Angestellte, die neben der persönlichen Bereicherung auch allen anderen Anforderungen gerecht wurden. Je nach Bedarf waren sie Folterer, Geldeintreiber, Speichellecker oder sogar Linke und kurdische Nationalisten. Sie betätigten sich als Spitzel, verrieten ihre engsten Kollegen und hatten überall die Finger im Spiel. Einige galten gleichzeitig als engste Vertraute der Verwaltung und Lieblingswächter der Gefangenen.

Es war nicht schwer, diese Machenschaften zu durchschauen. Natürlich gab es auch ehrenhafte und aufrichtige Menschen unter den Angestellten, aber höchstens einen von tausend. Ein doppeltes Spiel zu treiben, gehörte für die Wächter zum Alltag. Einer dieser Wächter hieß N.. Ich beobachtete ihn seit langer Zeit und wusste von seiner Geldgier. Seine Frau war Kurdin. Er kannte sich im Gefängnis gut aus und vertrat keine bestimmte politische Meinung. Wichtig war für ihn nur sein persönlicher Profit. Aus seinem Verhalten schloss ich, dass er seit Jahren inoffiziellen Beschäftigungen nachging. Er war ängstlich, übernahm aber kleinere Aufträge wie die Weiterleitung von Nachrichten oder den Einkauf von persönlichen Bedarfsgegenständen. Natürlich tat er es nicht uneigennützig, sondern verlangte Gegenleistungen. Nachdem ich seine Schwachstelle entdeckt hatte, lockte ich ihn zunächst mit der Andeutung einer zusätzlichen Einnahmequelle. Später sprach ich offen mit ihm: »Wir brauchen einige Dinge, die du besorgen könntest. Es soll nicht zu deinem Nachteil sein.« Er antwortete, dass er Angst habe: »Ich will nicht an deiner Stelle hier sitzen.« Ich beließ es vorläufig dabei, da ich nicht einschätzen konnte, ob er lediglich den Preis in die Höhe treiben wollte. Letztlich willigte er jedoch ein. Ohnehin war sein Auftrag nicht sonderlich gefährlich: Er sollte eine Perücke und einen Ausweis besorgen. Wir benötigten noch etwas anderes, das ich nicht sofort benennen wollte.

Leyla kam zu Besuch. Sie hatte mich bereits in Amasya besucht. Jetzt sagte sie: »Wir werden das Land verlassen, wir wollen zur Partei.« Ihr

Schwager war gemeinsam mit ihr gekommen. Ich sagte: »Das geht nicht.« Es gab immer noch Probleme mit Mehdi Zana, die geklärt werden mussten. Daher war ihr Vorschlag nicht zu befürworten. Die Entscheidung lag zwar bei ihr, aber ihr Vorhaben musste einem vernünftigen Zweck dienen. Wollte sie etwa vor den Problemen weglaufen? Dabei wussten wir nicht einmal, was das eigentliche Problem war. Angeblich schäumte Mehdi vor Wut auf uns. Bereits früher hatte er uns vorgeworfen, wir hätten ihm seine Frau genommen. Wir hatten ihm geantwortet: »Nicht wir, sondern die Revolution trägt sie davon.« Die Frauen in Kurdistan waren buchstäblich zu neuem Leben erwacht und schlossen sich in Scharen der Revolution an. Leyla war eine dieser Frauen. ›Xalo‹ hatte sich jedoch in den Kopf gesetzt, dass wir an allem schuld wären. Bestimmte Kreise verbreiteten abstruse Gerüchte, um seine Wut anzuheizen. Dabei kannte er uns eigentlich gut.

Ich versuchte zu erklären, dass man nicht beliebig ›zur Partei gehen‹ konnte. »Ohne Zustimmung der FreundInnen geht das nicht. Ihr müsst warten. Wir reden später«, sagte ich. Hinterher informierte ich die Freunde, die meine Meinung teilten. Die Zustimmung wurde verweigert, Leyla musste bleiben.

Für meinen neuen Ausweis ließ ich einige Bilder mit einem ins Gefängnis geschmuggelten Fotoapparat machen. Die Freunde trauten dem Wächter N. jedoch nicht. Ich selbst traute ihm auch nicht, es war eben ein Glückspiel. Bereits in Malatya hatte ich keine Unterstützung von außen erhalten und nur auf mein Glück vertraut. Es war viel riskanter gewesen und mein Glück währte nur zwei Stunden. Anschließend brauchte ich drei Monate, um mich von meinem Misserfolg zu erholen.

Die Freunde warnten mich ständig: »Pass auf, dass du nicht hereingelegt wirst. Der Typ macht keinen guten Eindruck.« Ich wartete aufgeregt auf den Abschluss der Vorbereitungen. Meine Briefe und einige Bücher gab ich nach und nach an die Freunde weiter. Einen Teil schickte ich auch nach draußen. »Dieses Mal muss es klappen«, sagte ich. Meine Gespräche mit den Freunden drehten sich oft um eine Zukunft außerhalb der Gefängnismauern. Sie glaubten zwar nicht recht, dass meine Flucht glücken würde, schlossen es jedoch auch nicht aus.

In dieser Zeit erschienen in den Zeitungen Meldungen über Gerichtsurteile, die vor dem Verfassungsgericht erfolgreich angefochten wurden. Die Betroffenen waren sowohl wegen Mitgliedschaft als auch aufgrund von Erklärungen im Rahmen ihrer Verteidigung vor Gericht verurteilt worden. Die nachträgliche Feststellung dieses ›juristischen Fehlers‹ führte dazu, dass sämtliche Gefangenen, bei denen ein ähnlicher Sachverhalt vorlag, ihre Anwälte zur Überprüfung ihrer Fälle drängten. Zur gleichen Zeit wurde auch über die Aufhebung der Paragraphen 141 und 142 diskutiert[64].

Die Geschehnisse um Sargın und Kutlu[65] waren kein Zufall. Die Gründung einer kontrollierbaren linken Partei war vom Staat von langer Hand geplant. Es handelte sich um ein typisch kemalistisches Projekt, das mehrere Ebenen hatte. Unter dem Deckmantel einer angeblichen Demokratisierung wurden neue Maßnahmen gegen die Revolution in Kurdistan und mögliche Entwicklungen in der Türkei getroffen. Einzelpersonen und Organisationen wurden in die offizielle staatliche Politik integriert und legitimiert. Der Staat wollte mit dieser Manipulation eine revolutionäre Entwicklung innerhalb der Linken verhindern.

Unterdessen entwickelte sich der revolutionäre Kampf in Kurdistan unter Führung unserer Partei aus eigener Kraft weiter. Die Guerillagebiete wurden täglich größer und viele Menschen wurden von dem Kampf angezogen. Dem Feind gelang es nicht, diese Ausbreitung zu verhindern, obwohl er alle zivilen und militärischen Mittel einsetzte. Die kurdische Frage blieb im Inland wie auch international ein aktuelles Thema in der Politik.

Der türkische Staat nutzte die Schwachpunkte innerhalb der revolutionär-demokratischen Bewegung, um erprobte Formen kemalistischer Politik umzusetzen. Wir diskutierten darüber und konnten uns ausrechnen, welche Konsequenzen sich daraus ergaben. Es kam nicht zum ersten Mal vor, dass auf die TKP zurückgegriffen wurde. Dieses Spiel hatte bereits eine siebzigjährige Geschichte. Natürlich beschränkte sich die Problematik nicht die TKP.

Der eigentliche Plan galt Kurdistan und hierfür wurden Kooperationspartner gesucht. Wer konnte das sein? Es gab verschiedene Vermutungen. In letzter Zeit war in den Medien neben Spekulationen über die Gründung einer kurdischen Partei auch über Auslandsreisen eini-

64 Diese Paragraphen des türkischen Strafgesetzbuches wurden 1991 durch ein Antiterrorgesetz ersetzt.

65 Kommunistische Politiker, die 1987 aus dem Exil in die Türkei zurückkehrten und die aus TKP und TİP hervorgegangene TBKP (Vereinigte Kommunistische Partei Türkei) gründeten.

ger kurdischstämmiger Abgeordneter berichtet worden. Der Staat gab sich kurdenfreundlich und fand sogleich die notwendigen Mitspieler, die den Anspruch erhoben, die kurdische Sache zu vertreten. Es war jedoch nicht so leicht wie angenommen, in der politischen Arena zu bestehen. Wie sehr konnte diese vermeintliche Großzügigkeit des Feindes in Kurdistan greifen? Das war wichtig. Natürlich bestand auch die Möglichkeit, aufrichtige Politik auf einer stabilen und realistischen Basis zu machen und somit das bestehende Vakuum zu füllen. Nur so war eine Entwicklung denkbar.

Wir schlossen aus den uns vorliegenden Informationen, dass die gemeinsame Suche der Vertreter des Imperialismus und der Türkei nach einer Interimslösung der kurdischen Frage konkreter wurde. Die Gründung einer legalen kurdischen Partei war denkbar und die kurdischstämmigen Abgeordneten boten sich dafür an. Da wir nur diese Seite der Entwicklungen kannten, folgerten wir, dass die kurdische Frage mit einer von imperialistischen Kräften forcierten Zwischenlösung niedergeschlagen werden sollte.

Die HEP[66] beurteilten wir in diesem Rahmen. Wir warteten jedoch ungeduldig auf eine Bewertung des Parteivorsitzenden. In der letzten Analyse, die wir erhalten hatten, war er bereits auf dieses Thema eingegangen und hatte vorausgesagt, dass die imperialistischen Kräfte auf künstliche Zusammenschlüsse im Sinne einer ›Kurdenpartei‹ setzen würden. Wir müssten die legalen Möglichkeiten an der politischen Front ausschöpfen und gegebenenfalls selbst eine legale Partei gründen. Die Entwicklungen gaben ihm Recht.

Schnell wurde deutlich, was das vermeintliche Demokratisierungspaket des Staates beinhaltete und worauf es abzielte. Für uns war es ohnehin kein Rätsel gewesen.

Unsere Anwälte beschäftigten sich mit den vom Verfassungsgericht aufgehobenen Urteilen und suchten nach Gesetzeslücken und Verfahrensfehlern in unseren Prozessen. Sie zeigten sich nahezu übereifrig, da es wenig Risiken gab.

Alle PKK-Mitglieder wurden nach Paragraph 125 verurteilt. Paragraph 168 wurde für die Verhängung der Todesstrafe herangezogen. Die Paragraphen 141 und 142 betrafen eher andere Verfahren und wurden gegen uns nur in zusätzlichen Prozessen angewendet, in denen wir wegen un-

66 Die Halkın Emek Partisi (Arbeitspartei des Volkes) existierte 1990 bis 1993.

serer Verteidigung angeklagt waren. Alle Angeklagten, die sich politisch verteidigten, wurden deswegen in gesonderten Verfahren verurteilt. Die vorgesehene Gesetzesänderung betraf außerdem Strafverfahren wegen einiger Artikel, die in Zeitschriften erschienen waren.

Unser Hauptverfahren war immer noch beim Revisionsgericht. Aufgrund der Diskrepanz zwischen den Gerichten hatte das Urteil noch keine Rechtskraft. Aus formellen Gründen wanderte das Verfahren zwischen dem Revisionsgericht und den untergeordneten Instanzen hin und her. Gelegentlich erhielt ich offizielle Beschlüsse. In allen Nebenverfahren war ich verurteilt worden, einige dauerten noch an. Die Strafe wegen Mitgliedschaft war inzwischen abgelaufen, der Haftbefehl wurde aufgrund der anderen Verurteilungen aufrecht erhalten.

Das Verfassungsgericht berief sich in der Begründung für die Aufhebung der genannten Urteile auf den Grundsatz, dass ein verurteiltes Organisationsmitglied nicht wegen gleicher Inhalte im Rahmen der Verteidigung erneut verurteilt werden durfte. Diese Feststellung konnte möglicherweise auch in meinem Fall nützen. Die Anwälte äußerten sich optimistisch. Meinen Fluchtplan gab ich dennoch nicht auf.

Der Wächter N., den ich eingespannt hatte, wusste von dem Bemühen der Anwälte. Er betete für ihren Erfolg, da er Angst hatte und sich nicht in Gefahr bringen wollte. Der eigentliche Grund für seine Nervosität war jedoch das doppelte Spiel, das er trieb. Die angeforderten Gegenstände brachte er nicht, dafür wurden die Kontrollen an Besuchstagen verschärft. N. hatte von uns direkt und indirekt Geld angenommen, gleichzeitig jedoch die Verwaltung informiert. Die Freunde lachten über meine Wut: »So ist das eben. Du musst immer damit rechnen, dass etwas schief läuft. Aber du steigerst dich immer in eine Sache hinein und bist hinterher am Boden zerstört. So geht das nicht, du musst kaltblütig bleiben«, sagten sie.

Numan fügte hinzu: »Ich habe ohnehin von Anfang an nicht daran geglaubt, wollte dich aber nicht enttäuschen.« Cemal machte sich über N. lustig und Deza erzählte eine lange Geschichte über die Menschen aus Siverek. So ging es weiter, jeder hatte etwas zu der nicht umgesetzten Flucht zu sagen. Ich selbst empfand meinen erneuten Misserfolg nicht mehr als Pech, sondern als Unfähigkeit.

kritik und selbstkritik

Die Selbstkritikplattformen begannen in einigen Gefängnissen zu Newroz, in anderen am 27. November, dem Gründungstag der PKK. In Çanakkale hatte sich der November etabliert.

Unter dem Vorwand, gemeinsam an unserer Verteidigung zu arbeiten, begannen wir zu fünft mit der Arbeit an einem Text zum Thema »Frauen in Kurdistan.« Anhand von Beispielen aus meinem Leben sollte die Situation von Frauen im Befreiungskampf herausgearbeitet werden. Can, Numan, Cemal und Dursun Ali stellten Fragen, die ich beantwortete. Diese Dialoge nahmen wir auf. Wir füllten damit über fünfzig Kassetten. So entstand eine Analyse der spezifischen Situation von Frauen. Auch die Männer beschäftigten sich intensiv mit dieser Frage. Auf Anregung von Can plante ich außerdem einen weiteren Text zur Frauenfrage. Ich erstellte einen Entwurf und sammelte Material aus Büchern und Zeitschriften. »Der Fluchtplan ist ins Wasser gefallen, daher werde ich künftig weniger Briefe schreiben und stattdessen an etwas arbeiten, das bleibenden Wert hat«, nahm ich mir vor. Auf meiner Selbstkritikplattform wurde ich kritisiert. Die Freunde bemängelten, dass ich angesichts meiner Position nicht umfassend genug dachte und handelte. Ich müsse meine Emotionalität, meine Engstirnigkeit und meine Oberflächlichkeit überwinden.

Während ich meine Recherchen für den geplanten Text fortsetzte, dachte ich gleichzeitig über neue Fluchtpläne nach. Dieser Gedanke hatte sich in meinem Kopf festgesetzt, er ließ mich nicht los und beschäftigte mich mehr als alles andere. Es konnte doch wohl kein Schicksal sein, dass alle meine Versuche scheiterten. Wir hatten unzählige mögliche Wege gefunden und die FreundInnen draußen darüber informiert. Sie nahmen unser Anliegen nicht ernst genug und leisteten nicht die notwendige Unterstützung. Wir kritisierten diese Haltung und schickten einen weiteren konkreten Vorschlag an Hasan Atmaca, der jedoch kurz darauf festgenommen wurde. Unsere Nachricht wurde bei der Festnahme von der Polizei entdeckt. Selbst darüber informierte uns niemand, daher hofften wir lange auf eine positive Antwort. Erst später erfuhren wir, dass die Nachricht in die Hände des Feindes gefallen war, und konnten uns die verschärften Kontrollen im Gefängnis erklären.

In Amasya war es nicht gelungen, eine Überweisung ins Krankenhaus durchzusetzen. Nach langen Anstrengungen erreichte ich jetzt, dass ich aufgrund meiner Blutwerte nach Bursa verlegt werden sollte. Einige freundlich gesinnte Ärzte machten meine Beschwerden sogar öffentlich. Wir intervenierten sofort dagegen, da eine solche Reklame immer die Gefahr in sich barg, gegen uns verwendet werden zu können.

Ein Krankenhausaufenthalt bot günstige Gelegenheiten. Mit großen Hoffnungen trat ich in Begleitung von zwei Soldaten und einem Unteroffizier die Fahrt nach Bursa an. Wir fuhren durch ländliches Gebiet. Ein einziger bewaffneter Mensch hätte für meine Befreiung ausgereicht. Da mir im Wagen übel wurde, mussten wir mehrmals anhalten. Zu diesem Anlass wurden sogar die Handschellen gelöst. Die Gelegenheit war perfekt. Letztlich wurde ich jedoch nicht ins Krankenhaus, sondern ins Gefängnis von Bursa gebracht.

Da es keinen Bereich für weibliche politische Gefangene gab, kam ich zu den sozialen Gefangenen. Das erste, was ich sah, war eine riesige türkische Fahne, die an der Wand hing. Sofort nahm ich sie ab. Daraufhin wurde der Trakt von allen an diesem Tag anwesenden WächterInnen überfallen. Es kam zu einem Gerangel mit gegenseitigen Fußtritten und Ohrfeigen. Als Einzelperson machte es zwar nicht viel Sinn, Parolen zu rufen, aber ich tat es trotzdem: »Nieder mit der Folter! Faschistische Verwaltung!«

Aus diesem Anlass wurde ein weiteres Strafverfahren gegen mich eingeleitet. Mir wurden Beleidigung und Zerstörung der türkischen Fahne sowie Widerstand gegen die Staatsgewalt vorgeworfen. Vor Gericht erklärte ich, der Vorfall sei von der Verwaltung absichtlich herbeigeführt worden: »Ich bin nach Bursa gekommen, um im Krankenhaus stationär behandelt zu werden. Stattdessen wurde ich im Gefängnis von faschistischen WächterInnen angegriffen. Ich habe die Fahne nicht zerrissen, ich will mich einfach nicht an einem Ort aufhalten, an dem diese Fahne hängt. Ich bin Revolutionärin und als PKK-Mitglied verurteilt worden. Meine Identität ist sozusagen offiziell anerkannt. Warum wird mir dann eine Fahne vor das Gesicht gehalten? Es ist mein Recht, mich dagegen zu wehren.«

Es fanden mehrere Verhandlungen statt. Die Richter studierten meine Akte und reagierten schockiert auf meine jahrelange Haftstrafe. Ohnehin war es merkwürdig, ein Verfahren gegen eine Gefangene einzuleiten, die eigentlich ins Krankenhaus gehörte. Ich forderte, umgehend nach Çanakkale zurückgeschickt zu werden und verweigerte jegliche medizinische Behandlung. Zur Untermauerung meiner Forderung und aus Protest gegen den Angriff auf mich führte ich einen zweitägigen Hungerstreik durch. Nach einer Weile wurde ich zurück nach Çanakkale verlegt.

Fluchttunnel waren inzwischen nicht ungewöhnlich, in fast jedem Gefängnis gab es derartige Versuche und an einigen Orten waren sogar mehrere Tunnel entdeckt worden. Aus diesem Grund fanden ständig Kontrollen statt. Der Feind war wachsam.

Während der gemeinsamen Arbeit mit den Freunden an dem Frauentext wurde sogar Anzeige gegen mich wegen des Verdachts auf Fluchtvorbereitung erstattet. Als ich dem Gericht vorgeführt wurde, ging ich zunächst davon aus, es handele sich um eine Verhandlung in einem der anderen Verfahren. Tatsächlich war ich aufgrund einer Denunziation angeklagt. Ich musste lachen und sagte herablassend zu den Richtern: »Einen dermaßen lächerlichen Prozess hat es wohl noch nie gegeben. Sie machen aus fast jedem Moment meines Lebens einen Straftatbestand. Ich muss ganz offen sagen, dass Ihre Angst mir Vergnügen bereitet. Letztendlich wird mir die Flucht wahrscheinlich doch noch gelingen.« Danach verweigerte ich jede weitere Aussage.

Es war unerheblich, wer mich angezeigt hatte. Die Angestellten denunzierten sich sogar gegenseitig, da war es ganz normal, dass sie auch uns anschwärzten. Es wäre absurd, wenn der Feind keine Fluchtpläne bei uns vermuten würde. Dennoch konnten wir nicht hinnehmen, dass sie uns ständig vor Gericht zerrten. Es war auch eine Art der Folter, sich laufend mit lächerlichen Anschuldigungen auseinandersetzen und diese widerlegen zu müssen. Vermutlich war ich diejenige, die von dieser Folter am stärksten betroffen war.

Außerdem hatten die Freunde eigene Fluchtpläne, daher war es nicht gut, die Aufmerksamkeit des Feindes auf ihren Trakt zu lenken. Wir schafften es trotz aller Hindernisse, den Frauentext fertig zu stellen und mit den Selbstkritikplattformen zu beginnen. Ich konnte an vielen Plattformen persönlich teilnehmen, von den anderen bekam ich ein Protokoll bei unseren wöchentlichen Zusammentreffen vorgelegt. Die Freunde achteten darauf, mich nicht zu übergehen. In dringenden Situationen versuchten sie mich über kurze Gespräche durch die Türklappe oder schriftliche Nachrichten einzubeziehen.

Einen großen Teil meiner Zeit widmete ich dem Schreiben von Briefen. Meine Korrespondenz reichte von den Gefängnissen in der Türkei und Kurdistan bis nach Europa und sogar Australien. Es gab Hunderte freundlich gesinnter Menschen, die sich für mich und die Situation in den Gefängnissen interessierten. Auch verschiedene Institutionen wie Kirchen und Amnesty International schrieben mich an. Jeder Brief bedeutete einen neuen Kontakt, den ich sorgfältig pflegte. Das Schreiben war kein Zeitvertreib für mich, im Gegenteil beklagte ich mich ständig, zu wenig Zeit zu haben.

All die Jahre war es im Gefängnis schwierig, die Zeit sinnvoll zu nutzen. Bücher wurden erst nach langen Bemühungen zugelassen. Danach hatten wir uns ständig mit weiteren Verboten und Formen der Repression beschäftigen müssen. In Amasya beanspruchten die Hungerstreiks die Hälfte des Jahres. Außerdem hatten wir Probleme mit der Zeiteinteilung. Es gelang uns selten, Arbeitsprogramme aufzustellen und umzusetzen. Wir schrieben nur auf Anfrage und arbeiteten kaum an Texten, die einen bleibenden Wert für die Allgemeinheit darstellten. Den Ansprüchen der Partei wurden wir damit nicht gerecht. In Çanakkale war die Arbeitsdisziplin etwas besser. Zunehmend verspürte ich das Bedürfnis, mich auf bestimmte Themen zu konzentrieren und sie nicht nur oberflächlich abzuhandeln. Meine nicht enden wollenden Fluchtgedanken lenkten mich jedoch von der Arbeit ab.

Ich bekam einen weiteren Brief von Şener. »Heute hat mir der Onkel deinen Brief gegeben. Ich habe mich darüber gefreut, er war gut für mich«, schrieb er. Dann sprach er einen Punkt an, der mich aufhorchen ließ. Es ging dabei um Gefühle: »Es ist wunderschön, wild und reißend zu fließen wie der Zap. Es kann aber auch manchmal notwendig sein, so ein tiefer und ruhiger Strom wie der Tigris zu sein.« Ich hatte weder den Zap noch den Tigris jemals gesehen. Manchmal wurden im Fernsehen Landschaften in Kurdistan gezeigt, wenn über Militäroperationen berichtet wurde. Vielleicht waren diese Flüsse auch gezeigt worden. Außerdem konnte ich mir anhand der Erzählungen der FreundInnen eine Vorstellung machen.

Ich versuchte zu begreifen, was das eigentliche Thema des Briefes war. Es stimmte, dass meine Gefühle häufig mit mir durchgingen, aber ich verstand nicht, ob Şener explizit auf meine Briefe anspielte oder etwas anderes falsch war.

gegenseitige erlösung

Das Verfahren der Elazığ-Gruppe wurde vor das Verfassungsgericht gebracht. Nur noch wenige aus der Gruppe waren im Gefängnis. Die Anwälte suchten nach Verfahrensfehlern. Präzedenzfälle lagen bereits vor, außerdem konnten die Unstimmigkeiten zwischen den Gerichten genutzt werden. Ich selbst betrachtete diese juristischen Bemühungen als unnötig verschwendete Energie. Die Anwälte ließen sich von meinem Desinteresse jedoch nicht irritieren. Es gab einen freundschaftlich gesinnten Menschen, der sich in den Kopf gesetzt hatte, »seine Schwester da herauszuholen«. Natürlich hatte seine Beharrlichkeit ihren Preis.

Eines Tages wurde ich zeitgleich mit den Gefangenenvertretern in die Verwaltung gerufen. Einige gratulierten mir. Ich begriff nicht, worum es ging. Zunächst dachte ich, es handele sich um einen Scherz. Normalerweise vertrat eine andere Freundin unseren Trakt gegenüber der Verwaltung, vielleicht dachten die Freunde, ich sei zur Sprecherin ernannt worden. Wir wurden von Dursun Ali vertreten, er reichte völlig aus. »Ich mag diese Aufgabe nicht und weiß nicht, was ich hier soll«, sagte ich. Dursun Ali wusste jedoch Bescheid. Ich war aus einem anderen Grund in die Verwaltung gerufen worden. »Nun, ich gratuliere auch«, sagte der Direktor, »wir werden von dir erlöst und du von uns.« Ich verstand immer noch nichts. »Von mir gibt es keine Erlösung. So einfach ist das nicht. Ich werde mich auch nach der Revolution noch mit den Gefängnissen beschäftigen«, sagte ich. Alle lachten. »Sakine, dein Urteil ist aufgehoben worden. Der Staat schuldet dir noch drei Jahre, du hast drei Jahre zu viel abgesessen«, sagte Dursun Ali. Ich blickte ihn ungläubig an. »Hier ist der Beschluss, lies selbst, wenn du mir nicht glaubst«, forderte er mich auf.

Ich blickte auf das Papier, das er mir reichte, und sagte: »Und warum sagt ihr mir das erst jetzt? Was ist jetzt? Komme ich jetzt heraus? Ihr seid unglaublich! Was ist denn das für eine Art? Warum seid ihr so ruhig? An eurer Stelle hätte ich ordentlich Wirbel gemacht! Bei meiner Entlassung will ich Radau! Kommt, ich gehe zu Can und den anderen. Ich bleibe die Nacht über dort, ich will erst morgens entlassen werden.«

Der Direktor genehmigte meinen Wunsch mit den Worten: »Sakine macht ja doch, was sie will.« Ich ging sofort zu den Freunden. Bereits durch die Türklappe gab ich die Nachricht meiner Entlassung weiter. Zunächst wollte mir niemand glauben. Erst nachdem der Wächter die Tür aufgeschlossen hatte, konnte ich sie überzeugen, dass ich keine Witze machte. Die Freude war unbeschreiblich. Ich selbst fühlte mich jedoch merkwürdig bedrückt, als hätte ich etwas verloren. Ich konnte es immer noch nicht fassen, dass ich das Gefängnis verlassen würde. Wir sprachen nicht besonders lange. Anschließend suchte ich alle Trakte auf, um mich zu verabschieden. Jeder wünschte mir Erfolg. »Wir sehen uns«, sagte ich.

Es war meine letzte Nacht im Gefängnis. Alle redeten über ihre Gedanken und Gefühle, gaben mir Ratschläge und erklärten, worauf ich achten müsste.

Am nächsten Tag brachten mich Can, Numan, Dursun Ali und Cemal bis zur Tür des Außenkorridors. Niemals zuvor war mir ein Abschied so schwer gefallen. Ich wollte mich nicht von ihnen trennen und weinte schluchzend. Dann umarmte ich sie nacheinander. Numan zwinkerte heftig und sagte: »Nun geh schon! Du bringst uns sonst auch zum Weinen.« Die Freunde wollten gefasst wirken, zum Schluss lagen wir uns jedoch weinend in den Armen. Selbst die Wächter ließen sich von der Atmosphäre anstecken.

GenossInnen im Gefängnis zurückzulassen, zerreißt einen Menschen. Du lässt dein Herz zurück. Einen derartig schmerzhaften Abschied erlebte ich zum ersten Mal. Schließlich sagte ich: »Wir sehen uns draußen, in den Bergen, wir sehen uns auf jeden Fall, aber passt gut auf euch auf.« Dann ging ich.

Can hatte Besra telefonisch informiert, damit sie mich abholte. Sie ließ mir ausrichten, dass sie mich am Bahnhof erwartete. Bevor ich das Gefängnisgelände endgültig verließ, stritt ich mich ein letztes Mal mit dem Offizier am Kontrollposten. Zunächst ließ er mich unter dem Vorwand warten, mein Koffer müsse durchsucht werden. Eine Polizistin oder Wächterin sollte kommen. Schließlich gab er auf und wies seine Soldaten an, den Koffer zu kontrollieren. Ich wehrte mich natürlich dagegen. »Er ist drinnen sowieso schon durchsucht worden«, sagte ich. Der Offizier entgegnete: »Es gibt die Anweisung, dass hier alles nochmal kontrolliert wird.« Wir gerieten in Streit. Schließlich kam eine Wächterin. Sie bestätigte, dass meine gesamte Habe bereits durchsucht worden war und ein zweites Mal nicht nötig sei. Der Offizier stellte sich stur. Er war ein echter Faschist und wollte unbedingt seine Macht demonstrieren. »Ich wünsche mir sehr, dass wir uns unter anderen Bedingungen wiedersehen«, sagte ich und sah ihm in die Augen. Er erwiderte meinen Blick und fragte: »Willst du mir drohen?« – »Versteh es, wie du willst«, antwortete ich und trat auf die Straße. Mit einem Taxi fuhr ich zum Bahnhof. Ich fühlte mich, als würde ich seit Jahren in Çanakkale leben. Nichts kam mir fremd vor. In Gedanken war ich noch bei den Freunden. Mein Herz brannte. Ich ließ sie im Kerker zurück und ging fort…

bilder von sakine cansız aus den gefängnisjahren

Sakine Cansız und ihr Bruder Metin im Gefängnis von Diyarbakır 1984

Im Gefängnis von Diyarbakır

Im Gefängnis von Diyarbakır: Mevlüde Acar, Sakine, Cahide Sener, Gönül Atay

Fuat Kav, Sakine Cansız

Im Gefängnis von Diyarbakır 1986: Sakine Cansız, Hamili Yıldırım

Im Gefängnis von Diyarbakır 1986

Im Gefängnis von Diyarbakır

Im Gefängnis von Diyarbakır

Im Gefängnis von Diyarbakır

Im Gefängnis von Amasya 1989: Sakine Cansız, Saliha Şener, Muzaffer Ayata

Muttertag im Gefängnis Amasya 1989

Im Gefängnis von Amasya 1989

Im Gefängnis von Çanakkale

Im Gefängnis von von Çanakkale

Ismail Cansız, Ali Akgün, Zeynep Cansız, Sakine, Hasan Cansız, 1990

Sakine Cansız, 1990

SEAN MICHAEL WILSON
& KEKO
ABDULLAH ÖCALAN
EINE ILLUSTRIERTE
BIOGRAFIE